民国学术经典丛书

中国风俗史

（外一种）

张亮采　尚秉和 著

中国社会科学出版社

图书在版编目（CIP）数据

中国风俗史（外一种）/（清）张亮采、尚秉和著. —北京：中国社会科学出版社，2012.2
（民国学术经典丛书）
ISBN 978-7-5161-0521-4

Ⅰ.①中⋯　Ⅱ.①张⋯②尚⋯　Ⅲ.①风俗习惯史—中国—古代　Ⅳ.①K892

中国版本图书馆 CIP 数据核字（2012）第 016928 号

出版策划	任　明
特约编辑	成　树
责任校对	郭　娟
封面设计	弓禾碧
技术编辑	李　建

出版发行	中国社会科学出版社	出版人	赵剑英
社　　址	北京鼓楼西大街甲 158 号	邮　编	100720
电　　话	010 - 64040843（编辑）　64058741（宣传）　64070619（网站）		
	010 - 64030272（批发）　64046282（团购）　84029450（零售）		
网　　址	http://www.csspw.cn（中文域名：中国社科网）		
经　　销	新华书店		
印　　刷	北京奥隆印刷厂	装　订	廊坊市广阳区广增装订厂
版　　次	2012 年 2 月第 1 版	印　次	2012 年 2 月第 1 次印刷
开　　本	787×1092　1/16		
印　　张	39.5	插　页	2
字　　数	647 千字		
定　　价	78.00 元		

凡购买中国社会科学出版社图书，如有质量问题请与本社发行部联系调换
版权所有　侵权必究

目 录

上编　中国风俗史

序例 …………………………………………… 3
第一编　浑朴时代 ………………………… 7
第一章　黄帝以前 …………………………… 7
　第一节　太古人民之饮食衣服居处 ……… 7
　第二节　畜牧 ……………………………… 8
　第三节　农耕 ……………………………… 8
　第四节　贸易 ……………………………… 9
　第五节　金属器物之使用 ………………… 9
　第六节　婚姻 ……………………………… 10
　第七节　丧葬祭祀 ………………………… 11
　第八节　歌舞 ……………………………… 11
　附太古帝王表 ……………………………… 12
第二章　黄帝至夏商 ………………………… 13
　第一节　饮食衣服 ………………………… 13
　第二节　宫室 ……………………………… 13
　第三节　文字 ……………………………… 14
　第四节　漆器陶器之使用 ………………… 14
　第五节　人民之程度 ……………………… 15
　第六节　婚姻 ……………………………… 19
　第七节　丧葬 ……………………………… 19
　第八节　祭祀 ……………………………… 20
　第九节　养老 ……………………………… 21
　第十节　谚语 ……………………………… 21

1

第三章 周初至周之中叶 ………………………………… 22
第一节 概论 …………………………………………… 22
第二节 饮食 …………………………………………… 23
第三节 衣服 …………………………………………… 24
第四节 阶级制度 ……………………………………… 24
第五节 家族主义 ……………………………………… 25
第六节 名姓氏族之辨 ………………………………… 25
第七节 冠婚 …………………………………………… 26
第八节 乡饮酒、养老 ………………………………… 27
第九节 丧葬 …………………………………………… 27
第十节 祭祀 …………………………………………… 28
第十一节 蛊毒 ………………………………………… 29
第十二节 言语 ………………………………………… 30

第二编 驳杂时代 ………………………………………… 35

第一章 春秋战国 ………………………………………… 35
第一节 概论 …………………………………………… 35
第二节 阶级制度之破坏 ……………………………… 36
第三节 义侠 …………………………………………… 36
第四节 游说 …………………………………………… 37
第五节 周末之学风 …………………………………… 38
第六节 周末人民之程度 ……………………………… 39
第七节 婚姻废礼及春秋时变礼之始 ………………… 42
第八节 淫祀渐兴 ……………………………………… 44
第九节 谚语见道 ……………………………………… 44
第十节 隐语之起源 …………………………………… 45

第二章 两汉 ……………………………………………… 46
第一节 概论 …………………………………………… 46
第二节 饮食 …………………………………………… 49
第三节 衣服 …………………………………………… 50
第四节 仕宦之一斑 …………………………………… 52

第五节　任侠刺客 ………………………… 52
　　第六节　家法 …………………………… 54
　　第七节　分居 …………………………… 55
　　第八节　居乡 …………………………… 56
　　第九节　乡评 …………………………… 58
　　第十节　婚娶 …………………………… 59
　　第十一节　丧葬 ………………………… 60
　　第十二节　淫祀 ………………………… 62
　　第十三节　佛道 ………………………… 62
　　第十四节　奴婢 ………………………… 63
　　第十五节　诗歌 ………………………… 64
　　第十六节　言语 ………………………… 65
　　第十七节　汉末风俗之复古 …………… 77

第三编　浮靡时代（浊乱时代） ………… 78

第一章　魏晋南北朝隋
　　第一节　清议 …………………………… 78
　　第二节　流品 …………………………… 78
　　第三节　门第 …………………………… 79
　　第四节　氏族及名字 …………………… 80
　　第五节　仕宦 …………………………… 81
　　第六节　名节 …………………………… 82
　　第七节　清谈 …………………………… 83
　　第八节　佛老 …………………………… 84
　　第九节　鲜卑语 ………………………… 84
　　第十节　美术 …………………………… 85
　　第十一节　婚娶 ………………………… 86
　　第十二节　丧葬 ………………………… 87
　　第十三节　言语 ………………………… 89

第二章　唐 ………………………………… 97
　　第一节　概论 …………………………… 97

第二节 饮食	97
第三节 衣服	99
第四节 科举之观念及仕宦之现影	100
第五节 忠义之缺乏	101
第六节 人民之规避税役	102
第七节 朋党	103
第八节 清议	103
第九节 氏族	104
第十节 家法	104
第十一节 婚娶	105
第十二节 赌博	106
第十三节 斗鸡走马养鹰	107
第十四节 游宴	107
第十五节 任侠刺客	108
第十六节 械斗	109
第十七节 巫觋	109
第十八节 言语	110

第三章 五代 119
  第一节 概论 119
  第二节 氏族及名字 120
  第三节 言语 120

第四编 由浮靡而趋敦朴时代 121

第一章 宋 121
  第一节 概论 121
  第二节 饮食 121
  第三节 衣服 122
  第四节 忠义 122
  第五节 廉耻 125
  第六节 学风 125
  第七节 婚娶 127

第八节　丧葬 ················ 128
　　第九节　巫觋 ················ 129
　　第十节　言语 ················ 130
第二章　辽金元 ················ 136
　　第一节　概论 ················ 136
　　第二节　崇重忠义 ············ 137
　　第三节　好尚儒雅 ············ 137
　　第四节　人民之性质 ·········· 138
　　第五节　方言 ················ 138
第三章　明 ···················· 142
　　第一节　概论 ················ 142
　　第二节　仕宦骄横 ············ 142
　　第三节　才士傲诞 ············ 143
　　第四节　势豪虐民 ············ 144
　　第五节　官民交通 ············ 145
　　第六节　奸豪胥役与词讼 ······ 146
　　第七节　结社 ················ 148
　　第八节　风节 ················ 149
　　第九节　朋党 ················ 149
　　第十节　忠义 ················ 151
　　第十一节　衣服 ·············· 152
　　第十二节　丧葬 ·············· 153
　　第十三节　淫祀与巫觋 ········ 154
　　第十四节　奴婢 ·············· 156
　　第十五节　赌博 ·············· 157
　　第十六节　拳搏 ·············· 158

下编　历代社会风俗事物考

《历代社会风俗事物考》叙 …………………… 163
例言 ……………………………………………… 165
卷一　有巢燧人时社会状况 ………………… 167
　上古无父时代 ………………………………… 167
　　上古穴居，有巢氏始架屋 ………………… 167
　　燧人氏始造火，始炮食 …………………… 168
卷二　伏羲神农黄帝时社会状况 …………… 170
　伏羲有父时代之始 …………………………… 170
　　始制嫁娶，有夫妇 ………………………… 170
　　自开辟至伏羲，人始知有父 ……………… 170
　　始创网罟，以佃以渔 ……………………… 171
　　始创陶器 …………………………………… 171
　　始名事物 …………………………………… 171
　　更创八卦，以代结绳 ……………………… 172
　　始创为音乐 ………………………………… 172
　神农 …………………………………………… 173
　　始艺五谷不专肉食，始作耒耜 …………… 173
　　时织布已大盛 ……………………………… 174
　　始教民凿井 ………………………………… 174
　　始有医药以救人 …………………………… 174
　　时市政益发达 ……………………………… 175
　　时已有城 …………………………………… 175
　黄帝时代 ……………………………………… 175
　　始造舟车，始役使牛 ……………………… 175
　　始修官道 …………………………………… 176

始造年历、起甲子	176
时男女始有别	176
时宫室已有栋宇	176
始服垂衣冠履	177
时字已大备	177
时八音已大备	178
始以黍粒创度量衡	178
时陶器木器已大备	179

卷三 五帝时社会状况 180

五帝时代 180

始以斗构指寅为正月	180
时男女之别益严，女遇男须避行，不避则辱之	180
时始有祭祀	181
尧时以华表今牌楼标识都城衢路	181
时父母丧三年	181
始有流刑、鞭刑、扑刑、赎刑	181
时商贾已发达	182
时已有绘画	182
时已有刺绣	183
时葬用瓦棺，始不用薪	183
时学校已大备	183
时五礼咸备	183
始以详历授民，以日月星辰鸟兽为识时标准	184
然其时历法实略，远方日月不免错误，故中央常为订正	184

卷四 三代以来首服 186

三代社会状况 186

三代首服状况	186
——大礼冠状况	186
冕之表里颜色及其高低	187
——常礼冠状况	187
弁之物质及其形状之颜色	187

历代社会风俗事物考 / 目录

——燕居冠服状况 …………………………………… 187
春秋时视冠极重，去冠则失礼，以为大耻 …… 188
古制冠有模，至求之于外国，以为冠法 ……… 188
春秋吊用白冠 …………………………………… 188
冠若非法，可至杀身 …………………………… 189
春秋战国时冠样可随意制，有獬豸冠 ………… 189
有鸡冠 …………………………………………… 189
有鹬冠 …………………………………………… 189
其固冠之法，则有纽武，贯之以笄，而以纮约其发 … 189
然服冠亦有不同笄贯者，但必围以组 ………… 190
而系冠之法，缨尤为重 ………………………… 190
缨上有饰 ………………………………………… 190
周庶人首服状况 ………………………………… 191
周庶人亦露髻，髻在项后不在顶 ……………… 191
汉冠服状况，冕仍周制 ………………………… 191
有爵弁爵同雀 …………………………………… 191
时仍有獬豸冠 …………………………………… 191
有刘氏竹皮冠 …………………………………… 192
有高山冠 ………………………………………… 192
时学者皆服进贤冠 ……………………………… 192
汉仍重视冠 ……………………………………… 192
汉冠卷 …………………………………………… 192
汉帻状况 ………………………………………… 192
汉卷帻及帻梁状况 ……………………………… 193
汉头巾贵贱前后不同 …………………………… 193
汉官吏谢罪则免冠，士庶则脱巾 ……………… 194
汉以前士庶尽白巾，不忌白色 ………………… 194
魏晋六朝冠服状况 ……………………………… 194
魏晋时帽帢大行 ………………………………… 194
魏帢有歧，六朝尚白帽 ………………………… 194
晋时以帻为礼服，帽为便服 …………………… 195

晋帻质劲、帽质软	195
晋帽无缨	195
六朝至隋帽有裙	195
唐尚乌纱帽	196
唐宋头巾形尖为美	196
宋头巾带垂前	196
周以来笠之状况	196
笠无贵贱皆服之	196
古笠有柄	197
古簦笠即今之伞	197
晋时有曲柄笠	197
唐以笠御雪	197
清时草帽	197
周时沐发义意	198
周沐发状况	198
周沐发洗面盥手去垢之法,惟恃米汁,至汉犹然	198
古栉发盥沐靧面次数	198
晋时澡豆	199
唐宋人用澡豆者仍少	199
古沐后晞发状况	199
晋、唐晞发状况	199
周栉发器	199
汉、唐理发用梳	199
若周时越人则剪发不冠	200
周以来重须状况	200
周时以无须为耻	200
汉仍以须多为美	200
六朝人之保护须法	201
六朝时面脂	201
汉以来口脂	201
汉初男子傅粉	201

历代社会风俗事物考 / 目录

周以来妇女首饰状况　周妇人不冠 …………… 201
周妇笄衡头上饰以玉 …………………………… 201
周时以发黑为美 ………………………………… 202
古又以敛发为庄重 ……………………………… 202
然周初贵妇人已有假发 ………………………… 202
至春秋妇人假发盛行 …………………………… 202
古以油沐发使光泽 ……………………………… 202
春秋贵妇人时髻样 ……………………………… 202
古妇人理发器 …………………………………… 203
周时妾不得笄 …………………………………… 203
汉妇首上步摇 …………………………………… 203
汉步摇状况 ……………………………………… 203
汉假髻 …………………………………………… 203
汉妇人画眉 ……………………………………… 203
周妇人以粉黛为饰 ……………………………… 204
汉美人傅粉状况 ………………………………… 204
晋妇人仍重假发 ………………………………… 204
后齐时妇人至贵假发，贱真发，髻状如飞鸟 … 204
春秋时美人项领眉目口齿姿态 ………………… 204
战国美人眉目朱唇姿态 ………………………… 205
东汉时美人首部时妆姿态 ……………………… 205
唐时美人粉黛之重致印眉痕 …………………… 205
自周以来妇女穿耳 ……………………………… 206

卷五　身服 ………………………………………… 207
三代以来衣服状况　殷尚白衣 ………………… 207
周时单衣 ………………………………………… 207
周时夹衣 ………………………………………… 207
周时绵衣 ………………………………………… 207
周时裘服之杂、等级之分 ……………………… 208
周时裘服毛外向 ………………………………… 208
惟裘毛外向，故服有裼袭之分 ………………… 208

- 周时暑衣状况 ········· 209
- 周时大礼服状况 国君礼服 ········· 209
- 卿大夫礼服 ········· 209
- 大礼服形状如帷 ········· 209
- 周深衣状况 ········· 210
- 深衣去地高度 ········· 210
- 深衣袖口尺寸 ········· 210
- 深衣腰深尺寸 ········· 210
- 深衣下摆尺寸 ········· 211
- 深衣袖长尺寸 ········· 211
- 深衣抬肩宽窄尺寸 ········· 211
- 古袖下馀衣尺寸 ········· 211
- 深衣前后幅交接处皆在旁 ········· 211
- 周时衣方领，其高二寸 ········· 212
- 周蔽膝状况 蔽膝尺寸 ········· 212
- 蔽膝异名 ········· 212
- 蔽膝颜色以贵贱而分 ········· 212
- 古衣不定身长尺寸之故 ········· 213
- 周时束带高下之度 ········· 213
- 周带之颜色等级及缘饰等级 ········· 213
- 周带结束真相 ········· 213
- 周垂绅尺寸 ········· 213
- 绅下垂过裳 ········· 213
- 周时观衣裳缘饰即知父母存否 ········· 214
- 古庶人布衣 ········· 214
- 春秋时紫色衣服最贵，僭服则杀身 ········· 214
- 春秋六国时惟儒服宽大守周制 ········· 214
- 周以灰水洗衣 ········· 214
- 周时虽不忌白衣，然事若可哀，则白衣而不彩衣 ········· 215
- 周时内衣 ········· 215
- 周下体无衣，故防露下体 ········· 215

古振衣致敬状况	216
汉单衣、纱衣、夹衣	216
汉絮衣	216
汉衣青紫最贵	216
汉白衣贱	217
汉士大夫仍宽博	217
汉官吏衣长拖地	217
汉学者犹方领，余则圆领交而下垂	217
汉官吏不吏服则罚	218
汉仍有蔽膝	218
西汉朝服尚单衣	218
东汉朝服状况	218
汉时里衣　单襦	218
汉裤开裆如今日小儿	219
汉时之裈	219
犊鼻裈	219
贯脚裈与袴不连，非若今日之为一	219
汉时袍大行	220
汉禁贾人衣锦	220
魏晋时之裙	220
魏晋时袴褶	220
晋时单衣、夹衣	221
晋时之复裈、复襦	221
六朝时衣服宽博	221
六朝时尚白衣冠	221
唐官服颜色	222
隋唐士庶白衣	222
唐皂袍短后	222
唐宋以袍为朝服	222
汉庶人以索韦为带	223
唐宋有犀带、玉带、金带	223

历代社会风俗事物考／目录

宋时犹以不束带为不敬	223
宋时裹肚今云兜兜	223
宋时背心	224
周以来服剑状况	224
古佩剑在左	224
春秋时佩剑为必需之礼饰	224
汉人仍带剑成俗	224
晋佩木剑	225
周以来搢笏状况	225
周时子事父母亦搢笏	225
周笏等级以质为差	225
周笏尺寸	225
汉晋名手版，谒长官用之	225
汉时谒长官持版，不许垂臂入门	226
晋时笏头有笔	226
三国及晋时又名笏曰簿	226
晋时参谒长官仍以执笏为公仪	226
唐时在家庭仍搢笏	226
五代时执笏有笔无笔之分	227
宋外官亦执笏	227
明笏之等差	227
周以来之重长爪	228
汉末仍重长爪	228
周以来妇女衣服状况	228
周女衣表里之色	228
周士人妻服色	228
古妇人尚长袖	228
古袿衣以肩瘦为美	229
西汉时贵妇衣曳地	229
汉妇衣尚缘饰	230
唐宋妇人著裙之风盛于古	230

历代社会风俗事物考／目录

历代社会风俗事物考／目录

周以来妇人下体之里衣 …………………… 230
唐女裤仍开裆如今日小儿 ………………… 231

卷六　足服 ……………………………………… 232

周时足衣种类 ……………………………… 232
周时登堂即脱履户外 ……………………… 232
不脱履则可得大祸 ………………………… 232
周时处室内皆跣足 ………………………… 233
周无袜之证 ………………………………… 233
古户外解履、着履状况 …………………… 234
古履有綦束缚取固今谓鞋带 ……………… 234
古人饰履之侈 ……………………………… 234
秦时脱履状况 ……………………………… 234
西汉时仍脱履户外 ………………………… 235
西汉时仍无袜，脱履后即赤足 …………… 235
西汉多以革为履 …………………………… 235
西汉履仍有系 ……………………………… 235
西汉有罪则徒跣不履 ……………………… 235
西汉有织履，如今之毛绳鞋 ……………… 235
东汉末有鞋 ………………………………… 236
东汉末男女皆着木屐 ……………………… 236
魏晋仍入室脱履赤足 ……………………… 236
晋时屐大行 ………………………………… 236
刘宋时尚着赤舄 …………………………… 237
自南北齐始有长靿靴，古履制一变 ……… 237
隋唐鞋始大行，然非官服，且有带 ……… 237
唐时仍登堂脱履 …………………………… 237
唐以长靿靴为官服 ………………………… 238
唐靴皆黑色 ………………………………… 238
唐时制靴状况 ……………………………… 238
唐时避雨湿，不用舄用钉鞋 ……………… 238
唐木屐仍大行 ……………………………… 238

14

五代及宋以靴为朝服，鞋为便服，鞋仍有带 … 238
　　周以前足无里衣，有之自汉始 … 239
　　至后汉而有袜，仍之至今 … 239
　　周以来妇女足服 … 240
　　古妇女仍上堂脱履跣足 … 240
　　秦汉时妇女履始有锐形 … 240
　　六朝时男女靴可换著 … 240
　　六朝时之女皮履 … 240
　　唐时女著木屐、皮屐 … 240
　　宋时妇人鞋底已成尖形，与清无异 … 241
卷七　饮食 … 242
　　周时制造食物之法炮豚 … 242
　　周制杂肉糜法名捣珍 … 242
　　周食生牛肉法古名曰渍 … 243
　　周制干肉糜法古名熬 … 243
　　周煎肉饼法名糁 … 243
　　周制炙肝法名肝膋 … 243
　　周制薄粥法 … 243
　　周人拌饭之香料名淳熬、淳母 … 244
　　周配置食味之法 … 244
　　周食物所忌 … 244
　　周人制酸菜、泡菜之法名菹 … 244
　　周时肉酱种类之多今只遗虾酱一法 … 245
　　周时纯以豆米所为之饼饵 … 245
　　周专置调和食味之官，名曰食医 … 245
　　周时制造糖果之法 … 245
　　周时置食次序 … 246
　　古弟子尚食、侍食、彻食礼节 … 246
　　周宾主食时礼节 … 246
　　若君赐食则礼节益谨 … 247
　　侍食于尊长礼节 … 247

历代社会风俗事物考／目录

古将食罢最重飧礼 ················· 247
若食于敌体者，主人失礼，客可不食而飧 ······ 247
古食罢以酒漱口礼节 ················ 248
古食罢彻馔情景 ·················· 248
古极重礼食不能食 ················· 248
古燕食共器，以手取饭 ··············· 249
古食时所忌，犯则不恭 ··············· 249
古食须释剑 ···················· 249
古礼食不共器，器之多少以爵秩而分 ········ 249
古贵人燕食，每食奏乐 ··············· 249
春秋时贵人尽肉食 ················· 250
食时祭先礼节 ··················· 250
古食器类别：载食器、造食器、取食器；箸尚不重 ··· 250
周时以鱼、稻、黍为美食 ·············· 251
周穷民至食蒺藜实 ················· 251
周时已普食百菜 ·················· 252
古食盐种类之多，而以虎形为尤奇 ·········· 252
周时男女及小儿食盐量数 ·············· 252
古食盐防身肿 ··················· 253
周食狗之剧，且以祭神 ··············· 253
汉时食麦饭，以葱为菜 ··············· 253
汉时仍贵黍，常炊黍饷客 ·············· 253
汉时烧饼贩子 ··················· 253
汉时食品繁于古 ·················· 254
汉时食器箸最要 ·················· 254
汉食时忌后饱 ··················· 254
汉时炊饭已用箄蒸 ················· 255
汉魏晋之豆粥、粟粥 ················ 255
晋时仍不共器食 ·················· 255
六朝时食饭多用漆器 ················ 255
晋时贵人以五盘碗为俭食 ·············· 256

晋人已食韭菜花	256
唐贵人犹以鼎食	256
唐人爨饼状况	256
唐时已不食狗	256
宋时食品之种类	256
周以来饮酒状况，造酒之法	257
古酿酒未熟既熟之识别	257
周时酒名	257
周时无烧酒	257
周时饮料之多	258
周以冰保持食味状况	258
周时卖浆者独多	258
周时以酒为刑，至晋犹然	258
古君臣有过，皆可罚以酒	258
周时卖酒即悬旗帜，而量酒则以升概	259
古礼酒必和以水	259
古饮时安放尊壶规矩	260
古酒尊多以角制	260
古盛酒多用皮壶	260
汉人之赛酒多少须平均	260
汉时贵人恃势不肯多饮	260
汉人行酒时礼节	261
古饮酒一饮须一析，不尽则有罚	261
古少者与长者饮，亦一饮一析，但有后先	261
唐时仍一饮一杯，故有酒巡	261
汉魏人之闹酒与今同	262
唐凡宴饮皆设酒纠掌罚筹	262
汉行酒不用侍从	263
古至尊亦行酒	263
汉时禁三人以上饮酒	263
宋时主人劝酒必冠带	263

古皇帝临幸臣家，必为君具酒食，至唐犹然 … 263
　　晋时迁官，往贺者皆款以酒食 … 264
　　古食时不饮酒，食后饮酒，唐宋犹然 … 264
　　历代饮食时席地、用床、用桌之状况 … 265

卷八　周时车马 … 266

车马部（一） … 266
　　周马车箱及轮广衡长尺寸 … 266
　　周车式高矮宽广尺寸 … 266
　　周马车一辕尺寸及形状与马驾车之法 … 267
　　周车盖状况 … 267
　　古车盖可解下，至汉犹然 … 268
　　周车轮状况　泽行轮如刃 … 269
　　周车辋用火弯之，无锯故也 … 269
　　周轮不敷铁，轮末以木为齿 … 269
　　周牛车两辕状况 … 270
　　牛车箱纵长横狭，与马车相反 … 270
　　牛车之辕长于马车 … 271
　　牛车辕前端亦曲 … 271
　　周时立乘执绥 … 272
　　惟立乘，故须有骖乘 … 272
　　周国君登车时状况 … 272
　　古为妇人御礼节 … 273
　　古乘车尚左 … 273
　　古车盖朱色，可倾仄用之 … 273
　　古登车时有乘石 … 274
　　古在车上行式礼状况 … 274
　　古乘车遇人多亦式 … 274
　　周妇人车有衣，又不立乘，故不外露 … 275
　　古为国君及妇人御仪式 … 275
　　古御者鞭策之端有针 … 275
　　古以脂油膏车 … 275

古栈车饰车宽狭之不同 …………… 276
　　周时已有雇车 …………………… 276
　　周时车箱内铺席，马身上被衣 …… 276
　　周时非命民不得乘饰车骈马 ……… 276
　　古惊车状况 ……………………… 277
　　周末贵人车从之多，因是证明数事 … 277
　　战国时赏赉恒以车 ……………… 277
　　古兵车状况 ……………………… 277
　　古兵车尊者居中 ………………… 278
　　古兵车有楼车 …………………… 278
　　兵车上建旗状况 ………………… 278
　　旗之长度有等差 ………………… 279
　　古国君旅行以车为官、辕为门 …… 279

卷九　汉以来车马 …………………… 280
车马部（二） ……………………………… 280
　　西汉时车马状况 ………………… 280
　　西汉仍立乘 ……………………… 280
　　西汉初已乘辒辌车 ……………… 280
　　汉时乘车两辕渐改周制 ………… 281
　　汉时坐乘之安车，开周所未有 …… 281
　　汉安车上有荐有凭 ……………… 282
　　汉时贵人皆朱轮 ………………… 282
　　汉时较轼益华美 ………………… 282
　　汉时驷马须一色 ………………… 282
　　西汉时仍有骖乘 ………………… 283
　　汉时对尊者登车为不敬 ………… 283
　　西汉士夫因贫始乘牛车 ………… 283
　　西汉时官吏法驾皆马 …………… 284
　　汉官吏不法驾则免官 …………… 284
　　汉初随从车乘仍多 ……………… 284
　　汉贾人不得乘马车、骑马 ……… 284

历代社会风俗事物考／目录

汉车盖颜色、物质 ······ 285
后汉时车上羽盖 ······ 285
后汉时男子皆乘帷车而贱轺车 ······ 285
汉辎軿车以平顶圆顶分贵贱 ······ 285
汉末犊车风行，自是贵人无乘露车者 ······ 285
汉末车有后户旁户，为西汉所未有 ······ 286
魏晋已无骖乘之名，车特大，可客四五人 ······ 286
晋时同车并坐之证 ······ 286
汉魏六朝上下车仍在车后 ······ 286
晋世因尚牛车，故贵人赛牛 ······ 287
牛车之贵至隋男子仍乘之 ······ 287
晋非法驾礼车不立乘 ······ 288
晋时车有耳 ······ 288
晋士大夫偶游戏骑马 ······ 288
南北朝时，南朝多乘车不能骑，北朝多骑马少乘车 ··· 288
唐京官上朝骑马 ······ 289
唐外官亦骑马 ······ 289
唐京官贫者无马，至骑驴上朝 ······ 289
唐京官暇日出门必骑 ······ 290
唐人远行亦骑马 ······ 290
唐女子亦乘马 ······ 291
唐时惟妇女专乘牛车，车上有帘 ······ 292
唐时妇女下车以帏拥入，不使人见 ······ 292
唐车有门有锁 ······ 292
宋时妇女仍乘犊车 ······ 292
宋时士夫仍骑马，与唐同 ······ 293
宋妇女仍骑马 ······ 293
宋时轿子 ······ 293
轿之历史 ······ 293
骑之历史 ······ 294
驴之历史 ······ 295

20

	骡之历史	295
	车轮敷铁之历史	296
卷十	**屋室** 取暖附、灶附	**297**
	夏宫室修广丈尺	297
	夏堂阶室窗及涂墙之色	298
	夏门堂广修之度	298
	殷王宫高度修度	298
	周明堂修广崇度	298
	周王宫门高五丈，宫角楼高七丈，城角楼高九丈	299
	古宫室墙皆土筑	299
	古屋脊坡度之率	299
	古庙堂亦以茅覆顶	300
	周庭中甬路高度	300
	古筑墙时状况	300
	古筑墙以版计功	300
	春秋时有东西厢	300
	周屋上加涂，敷瓦者少	300
	战国时瓦屋渐多	301
	周时已有平房	301
	古贫民门户状况	301
	周时屋内取暖之法	301
	古灶突形状	302
	古户枢涂油	302
	古庶人皆白屋	302
	汉唐谓里间屋为箱	302
	后汉始以墼砌墙，不纯用版筑	303
	自三代迄两汉皆以蜃灰涂墙，至汉末蜃竭，始代以石灰	303
	唐以麻和石灰泥壁，贩卖者益多	304
	唐住宅临街有窗牖	304
	晋唐时屋梁皆可不梯而登	305
卷十一	**灯烛**	**306**

历代社会风俗事物考 / 目录

周时以薪为烛 …………………………………… 306
故古亦谓烛为火 ………………………………… 306
古学校弟子执烛之详情 ………………………… 306
古宴客必至饮时始燃烛 ………………………… 307
古夜宴时主人执烛礼节 ………………………… 307
古执烛者必在屋隅 ……………………………… 308
古人夜书须人执烛，至宋犹然 ………………… 308
古庭烛状况 ……………………………………… 308
古大烛以苇制 …………………………………… 308
其手烛制法 ……………………………………… 308
至战国始有油灯 ………………………………… 308
汉时中国尚无蜡烛 ……………………………… 309
晋初有蜡烛 ……………………………………… 309
六朝已燃植物油 ………………………………… 310
宋之省油灯盏 …………………………………… 310
古灯台之高度 …………………………………… 310
古蜡烛皆蜜烛，与今蜡烛异，今蜡宋尚无 …… 311
古妇人会烛夜绩状况 …………………………… 311

卷十二　城廓 …………………………………… 313
周王城高广 ……………………………………… 313
王城十二门 ……………………………………… 313
周列国城高广 …………………………………… 313
周城墙上女墙与今同 …………………………… 314
周城有县门 ……………………………………… 314
古保护城垣之法 ………………………………… 314
周都城内布置概况 ……………………………… 314
周朝面积及位次 ………………………………… 315
周正月国民至阙下观象读法 …………………… 315

卷十三　都城街衢 ……………………………… 316
周都城街衢 ……………………………………… 316
周诸侯都城路广亦九轨 ………………………… 316

周时夜禁 ………………………………………… 316
周街衢行人秩序 ………………………………… 316
殷周时道路厉行清洁 …………………………… 316
汉长安之街衢概况 ……………………………… 317
秦仍刑弃灰 ……………………………………… 317
唐城门出入规程 ………………………………… 317
汉唐以来都会盗劫则鸣桴鼓 …………………… 317
汉禁夜行 ………………………………………… 317
晋时禁夜行 ……………………………………… 318
唐夜鼓一动即禁夜行 …………………………… 318
古长途官道路政，专官掌之 …………………… 318
古修长涂官道 …………………………………… 319
古重视行旅死者 ………………………………… 319
古禁蒙布巾、持兵仗行官道 …………………… 319
自周以来列树表道 ……………………………… 319
秦以松表道，晋以槐表道 ……………………… 319
唐仍以槐表道 …………………………………… 319
清官道多柳而杂以槐 …………………………… 320

卷十四 都市市肆 ……………………………… 321

周市在王官后，面积百亩 ……………………… 321
周时市朝之布置 ………………………………… 321
周管理市政制度 ………………………………… 321
　一、市官之严厉 ……………………………… 321
　二、市货以类陈列，不许杂乱 ……………… 322
　三、严禁靡物与诈欺 ………………………… 322
　四、物有定价，悬高处使人知 ……………… 322
　五、严防盗贼与市民秩序 …………………… 322
　六、遗物招领 ………………………………… 322
　七、设专官掌契券 …………………………… 323
　八、贷民钱国息五厘 ………………………… 323
古市一日三合 …………………………………… 323

古以人民与牛马同上市 …………………………… 323
周时卖兽肉者悬兽首于门，以为识 …………… 323
汉都城市场 …………………………………………… 323
汉酒市 …………………………………………………… 324
周时商货皆以玺节出入，否则没官 …………… 324
古商贾之诈伪 ………………………………………… 324
汉时已有在街上叫卖食物者 ……………………… 325
汉已有书肆 …………………………………………… 325
汉晋时酒垆 …………………………………………… 325
唐时鬻胡饼状况 ……………………………………… 326
唐都市卖蒸饼状况 …………………………………… 326
汉已有牛牙人 ………………………………………… 326
唐马牙人 ……………………………………………… 326
唐各行有首 …………………………………………… 326
唐衣肆、质肆当铺、书肆 ………………………… 326
古契券，周名质剂，汉名下手书，唐名画指券 …… 327
古收债以合券为凭 …………………………………… 327

卷十五　闾里 …………………………………………… 328
周民居闾里概况 ……………………………………… 328
至春秋以社为里之代名 ……………………………… 329
汉闾里必有门，门有监 ……………………………… 329
汉长安里名 …………………………………………… 329
汉仍有乡名 …………………………………………… 329
秦汉亭制 ……………………………………………… 329
晋唐仍有亭 …………………………………………… 330
秦汉乡吏、亭长以外之乡官 ……………………… 330
乡官之等级 …………………………………………… 331
六朝时乡官 …………………………………………… 331
古乡官之于风俗关系 ………………………………… 332
周因乡制善，盗贼奸宄逃亡无所容 ……………… 332

卷十六　祠祭 …………………………………………… 334

郊天用牛须卜，牛口伤即不用 …………………… 334

牛角伤亦不敢郊 …………………………………… 334

祭宗庙亦以牛为重，至衣以文绣 ………………… 334

牛入庙时为牛歌舞 ………………………………… 335

牺牛之尊贵 ………………………………………… 335

凡祭牲皆衣以文绣 ………………………………… 335

古以牛为质祷病 …………………………………… 335

古以牛祭燕子 ……………………………………… 335

古以犬为祭牲，或伏瘞或磔 ……………………… 335

古祭时以香草达馨香 ……………………………… 335

古祭先必以尸，尸服亡者之服 …………………… 336

尸之坐位 …………………………………………… 336

为尸之光荣 ………………………………………… 336

古以石函藏主 ……………………………………… 336

古祭必以祝史致祷词 ……………………………… 336

古祭先齐戒之诚 …………………………………… 337

古庶人不得立宗庙，不能用牛羊豕，祭服则尚黄 …… 337

周年终大蜡之盛况 ………………………………… 338

秦仍年终大蜡 ……………………………………… 338

社祭 ………………………………………………… 338

古二十五家必有社 ………………………………… 339

古以丛木为社，外围以垣，中有门 ……………… 339

社树必涂绘彩画，其实为狐鼠之宅 ……………… 339

周时祭社之盛况 …………………………………… 340

祭社亦有尸 ………………………………………… 340

古春秋两季祭社 …………………………………… 340

社鸟不可犯 ………………………………………… 341

若亡国之社则上覆以屋，不使见天阳 …………… 341

凡盟必于社 ………………………………………… 341

又听阴不正讼则在亡国旧社 ……………………… 341

汉社日分肉 ………………………………………… 341

汉仍春社秋社 …………………………………… 342
　　汉亦为人立社 …………………………………… 342
　　六朝唐宋社日仍盛 ……………………………… 342
　　周以甲日社，后代社日用戊巳日 ……………… 343
卷十七　学校 …………………………………………… 344
　　周时乡校校规 …………………………………… 344
　　授课规程及诵读仪式 …………………………… 344
　　言行坐作应对宾客及请业仪式 ………………… 344
　　弟子馈食陈列食品仪式 ………………………… 345
　　弟子侍食仪式及礼节 …………………………… 345
　　弟子会食礼节 …………………………………… 346
　　洒扫仪式及规矩 ………………………………… 346
　　弟子在塾，夜间执烛状况 ……………………… 346
　　夜寝时弟子侍枕席礼节 ………………………… 347
　　古学校之等级　学子按等递升与今同 ………… 347
　　周学校年年招考，年年考试 …………………… 347
　　三代大学小学之位置 …………………………… 347
　　古学校亦为乡老饮酒游息习礼之地 …………… 348
　　战国时学官仍以习礼为重 ……………………… 348
　　汉师教授必居帐中 ……………………………… 348
　　汉时学校弟子赁人作食 ………………………… 348
　　古入学必与师以资 ……………………………… 349
　　古弟子礼师须北面 ……………………………… 349
卷十八　农田 …………………………………………… 351
　　三代井田状况 …………………………………… 351
　　井与井间之水道沟洫 …………………………… 351
　　井与井间之道路 ………………………………… 352
　　古按都邑室数授田，田下者可多授 …………… 352
　　古农民夏日出而就田状况 ……………………… 352
　　古农毕归都邑状况 ……………………………… 353
　　牛耕考 …………………………………………… 353

古农妇饷耕状况 …………………… 354
　　古灌园以桔槔 ………………………… 355
　　古锄苗去留规矩 ……………………… 355
　　古农家种苗不地、不时、不行之防备 …… 355
　　古穷民在田拾穗状况 ………………… 356
　　周时农民之概况 ……………………… 356
卷十九　嫁娶 出妻礼节，再嫁妻妾当夕次叙附 …… 358
　　周时有官媒 …………………………… 358
　　春秋仍有官媒 ………………………… 358
　　婚期多于春日举行 …………………… 359
　　周议婚时礼节 ………………………… 359
　　古亲迎必以夜，衣服皆尚黑 ………… 359
　　亲迎时礼节及新妇登舆时状况 ……… 359
　　古亲迎时奠雁、御车及新妇入门共牢、合卺状况 …… 360
　　古入洞房将寝时男御女媵交换铺陈卧席状况 …… 361
　　天明新妇谒见舅姑仪式 ……………… 361
　　第三日舅姑享新妇仪式 ……………… 361
　　古嫁女后三夜不息烛，娶亦不贺 …… 362
　　古新妇入门之眼波视态羞媚况 ……… 362
　　汉初女过期不嫁则有罚 ……………… 362
　　汉时贺婚成俗 ………………………… 362
　　汉时新婚夜听房状况 ………………… 363
　　春秋时已有回门礼 …………………… 363
　　汉时婚用青庐 ………………………… 364
　　看新妇 ………………………………… 364
　　六朝时男家催妆及回门时女家打婿之恶习 …… 364
　　隋唐时娶妇之详礼 …………………… 364
　　唐婚时用晓 …………………………… 364
　　六朝时南北重娶不重娶之异 ………… 364
　　宋时婚礼令婿坐马鞍为乐 …………… 365
　　汉时嫁女之早为前后所未有 ………… 365

古人之轻于出妻年五十无子必被出 ……………… 365
古箕踞出妻，生子不类亦出妻，因口舌或一枣栗而出妻 … 366
惟常被出，故必预先蓄积以备养老 ………………… 366
古出妻礼节 …………………………………………… 366
自周迄宋，妇女皆不讳再嫁 ………………………… 367
圣人家妇改嫁 ………………………………………… 367
春秋人视异姓同母兄弟如亲兄弟 …………………… 367
春秋士人妻中道改适他姓及再归，本夫仍可再受 … 368
春秋时女守寡，其家即亟为择配 …………………… 368
汉时仍重视同母兄弟，仍寡则再嫁 ………………… 368
如不再嫁而私奔，则以为耻 ………………………… 369
魏晋时名族女再嫁 …………………………………… 369
唐宋名族女再嫁 ……………………………………… 370
古出妇改嫁后再见前夫，前后夫皆不避 …………… 370
古妻妾当夕次序 诸侯每夜御二人，五日而遍 …… 370
天子十五日而遍 ……………………………………… 371
王后当夕次叙，望前与望后不同 …………………… 371
卿大夫三日妻妾遍当夕，士二日而遍 ……………… 371
月辰避夕 ……………………………………………… 371

卷二十 丧事 …………………………………………… 372

古人将死时，以生绵覆口上以候绝气 ……………… 372
古人初死必登屋招魂，大呼死者名字使归，至唐犹然 … 372
殓前先浴尸沐头 ……………………………………… 372
古殓衣左衽，结绞不纽死结难解 …………………… 373
古殓时口须含饭 ……………………………………… 373
古未殓前以冒覆尸 …………………………………… 373
古必三日始殓 ………………………………………… 373
三代入殓时晨暮不同 ………………………………… 373
古殓以衾裹尸，以布束尸 …………………………… 373
初遭丧即袒括发 ……………………………………… 374
丧服袖特宽，至三尺三寸 …………………………… 374

服斩缞麻带草履杖行	374
古孝子之居处饮食	374
古处丧之瘠弱饥寒状况	375
古孝子处倚庐，非谒母不入内，寡言语	375
倚庐架木为屋，垒墼音激为墙	375
古哭必辟踊，若伛者跛者则否	375
古哭君亦踊	376
丧拜之不同	376
周时遭丧，父斩衰，母齐衰，男免女髽	376
女髽以榛为笄	376
古以白布缠髻，故秃者不免	377
古乡里助丧详情 邻里代为糜粥	377
古丧事必有主丧者代主人负责治事	377
居丧期限，殷周皆三年，至战国已不行	377
前汉仍短丧	377
有服丧三年者则名誉特起	378
然亲死不奔丧则有罚	378
至后汉遭丧无不去官守制，且有以弟丧、师丧去官者	378
汉时丧服皆缟素	378
古赙丧成俗至今不改	378
汉时官吏死，可因赙致富	379
历代吊丧者之礼节	379
晋时吊丧须执孝子手	379
晋时吊丧必主人先哭客乃哭	380
唐人吊丧须服白衫，须哭泣	380
六明时哭有词	380
六朝时不吊则怨	380
南北朝年节时对丧家之异	381
六朝时年节见孤子则泣	381
六朝时初释服见君必泣，否则见薄于人	381
历代忌日之重	381

六朝时忌日仍与周同 …………………… 381
　　唐忌日状况 …………………………… 382
卷二十一　葬 ………………………… 383
　　周时以独木板棺为最贵 ………………… 383
　　周制棺以椫木为最贵 …………………… 383
　　周人饰棺之丽 …………………………… 383
　　周出殡运柩之法及护丧者之众 ………… 384
　　周引柩索用麻 …………………………… 384
　　周葬时先以椁布冢内，再以鹿卢系棺入冢 …… 384
　　古贫贱者之出殡及下葬状况 …………… 385
　　古窆内保护棺之法，以蜃炭为最贵 …… 385
　　周时从葬之物品　明器 ………………… 386
　　又以实物从葬 …………………………… 386
　　甚至以生人从葬 ………………………… 386
　　未葬前方相氏以戈击圹 ………………… 387
　　周时即有挽歌 …………………………… 387
　　汉魏时以白布缠棺 ……………………… 387
　　汉时仍以绋引柩，以墙翣饰棺 ………… 387
　　汉冢内以炭苇保护棺椁 ………………… 388
　　汉仍以偶车马及诸明器送葬而加以铜钱 …… 388
　　汉送葬者人多至数千，虽车马亦白，兼奏乐 …… 388
　　唐运灵柩仍以车，仍挽而不异及杠房形状 …… 389
　　古柩前有铭旌，书官爵于上 …………… 389
　　汉坟之特高 ……………………………… 389
卷二十二　坟墓 ……………………… 390
　　自殷以前不封无坟不树 ………………… 390
　　周贵人有公葬地，不冢自为墓 ………… 390
　　周庶民有公葬地，有墓官掌之，不许异地 …… 390
　　周始为坟，坟高有制，若庶人则不得起坟 …… 391
　　周墓树之等差 …………………………… 391
　　周墓形状种种之不同 …………………… 391

周已祭墓 ………………………………… 392
　　周以来之重墓哭墓 ……………………… 392
　　古侯王墓内陈设精美及其宽广状况 …… 392
　　秦始皇墓内状况 ………………………… 393
　　汉士夫坟上起祠堂 ……………………… 394
　　晋人已迷信坟墓风水 …………………… 394
　　汉时墓上已有石马 ……………………… 395
　　古盗墓状况 ……………………………… 395
　　西汉始有墓志埋铭，后则墓上亦有碑 … 395
卷二十三　坐席 床榻椅子附 ………………… 396
　　周坐席状况 ……………………………… 396
　　一席容四人 ……………………………… 396
　　若有丧则可专席 ………………………… 396
　　坐席规矩 ………………………………… 396
　　登席礼节 ………………………………… 397
　　跪坐客态之同异 ………………………… 397
　　若两脚向前则为箕踞，不恭 …………… 397
　　故古之跪礼并不重，略示敬于人 ……… 397
　　古因下衣不全，屈身之事皆跪行之，以防露体 … 398
　　周宾主席向 ……………………………… 398
　　汉仍坐席，仍一席坐数人 ……………… 398
　　汉坐席以东向为尊 ……………………… 398
　　汉宴饮食时坐席之礼节 ………………… 399
　　古有忧则不正席坐以见意 ……………… 399
　　古席甚薄，一人可坐五十重 …………… 399
　　后汉兼坐床，然仍跪坐 ………………… 399
　　东汉坐床者虽多，然床上尚无茵席 …… 399
　　魏晋时皆坐床榻不席地，而有独榻坐、连榻坐之分 … 400
　　晋时不席地之证 ………………………… 400
　　魏晋床上始铺簟褥及草 ………………… 400
　　若今日之坐，古人皆曰踞 ……………… 401

若今日之着鞋垂脚坐，始见于梁侯景	401
然至唐坐床仍跪坐，不垂脚	401
榻登	401
胡床考	401
桌子考	402
椅子考	402
机子考	402
桌、椅、机至南宋遂大兴	403
几案考	403

卷二十四　拜跪 404

古拜屈膝，头与腰平	404
拜后稽首、顿首礼节轻重之区分	404
稽首之真相	405
顿首之真相	405
空首之真相	405
吉拜之真相	405
凶拜之真相	406
奇拜、褒拜之真相	406
肃拜即揖之真相	406
古男女拜之异	406
古小官见大官必拜	407
古拜谒须称名	407
南北朝送迎宾客捧手与揖之状况	408
古朋友幼者见长者必拜	408
唐朋友仍见面则拜	408
唐时虽男女相乱，初见亦拜	408
至宋虽后辈见前辈不尽拜矣	409
唐宋见天子既拜而舞	409

卷二十五　讼狱 410

| 古欲讼先以财物为抵，然民事与刑事不同 | 410 |
| 古讼两造皆坐而无席 | 410 |

古命夫命妇不躬坐狱讼	410
古立肺石以达民隐	410
讼不决则使两造盟于社，而使其乡党供酒牲以惧之	411
古狱为圜形	411
古徒刑必赭衣	411
凡犯徒刑罪，先坐嘉石以示众	412
古防范囚犯之刑具	412
古递解罪人胶目鞯手	412
周极轻之刑曰觵罚酒挞、曰髡	413
周时五刑之惨酷	413
周处分残废人之法	413
古盗贼妻子入官为奴	414
又罪人亡逸，其妻子亦为奴	414
汉唐犯重罪，妻子皆没为官奴婢	414
古杀人状况	414
古杀人后必暴其尸三日	415
古有焚尸刑，有车裂刑	415
古以金帛赎罪	415
汉女刑有顾山	416
汉死罪可改宫刑	416

卷二十六　笔墨纸砚之沿革 417

文具 417

成周以前皆以刀代笔	417
春秋战国以竹木为笔而不废刀	417
秦汉以兽毛为笔	418
至汉仍刀笔并用	418
至晋只用笔不用刀	418
春秋战国时以漆为墨	418
至西汉始制墨成块	419
晋始废漆墨、用烟墨	419
古以竹帛为纸	419

故夫今日可以纸为者，古无不以竹木 …………… 420
　一、契券 ………………………………………… 420
　二、名刺 ………………………………………… 420
　三、书疏 须盛以囊 ……………………………… 421
　四、书籍 ………………………………………… 421
东汉时以竹简制书之法，简长二尺四寸 …………… 421
若法令之书则简长三尺 ………………………………… 421
后汉始有纸 …………………………………………… 422
古贫者得书难，常写于门墙、衣服及股上 ………… 422
至东晋纸大行，始不用竹，书而以卷计 …………… 422
唐时书籍仍为卷，至宋装为册，而仍以卷计 ……… 423
汉人作书已用砚 ……………………………………… 423
古佣书致富 …………………………………………… 423
古人作书不凭几 ……………………………………… 424
古竹书易亡之故 ……………………………………… 424
隋唐已有木板书 ……………………………………… 424
五代始刻九经及其他经籍 …………………………… 424
至宋刻板书始大备 …………………………………… 424
书籍变迁之历史 ……………………………………… 425

卷二十七　迷信　禁忌 ……………………………… 426
古救日食状况 ………………………………………… 426
古忌迎太岁动作 ……………………………………… 426
周时忌子卯日 ………………………………………… 427
古忌晦日 ……………………………………………… 427
汉忌癸亥日 …………………………………………… 427
古忌五月五日生 ……………………………………… 427
汉及六朝人忌辰日哭丧 ……………………………… 428
春秋时忌见科雉及两头蛇 …………………………… 428
古以女为不祥 ………………………………………… 428
古忌东益宅 …………………………………………… 429
周及汉皆恶枭鸣，唐以枭为报喜 …………………… 429
古人迷信蛇妖 ………………………………………… 429

古以狗矢浴不祥	430
古以乌狗祷病	430
古以桃木避不祥	430
周以来梦之迷信	431
古梦棺者必得官	431
古诅祝所恶之人使神加殃	432
古盟誓歃血状况	432
若天子之合盟及列国会盟，则执牛耳，不以豭	433
古重视卜筮	433
周设卜筮专官	434
至战国遂有卖卜为业者，以迄于今	434
古相术	434
至战国秦汉相术能以纹理知休咎	435
古有巫官	435
古巫有事时之盛况	435
古巫能下神、视神鬼	436
唐宰相堂饭常人食之即死	436
以纸钱为冥资之历史	436
墓俑之历史	437

卷二十八　厕溷　便旋 …… 438

古厕溷制度　周制与洋茅厕同	438
周路上有官厕	438
周厕有池坎	438
古不共厕	439
古厕有垣墙为蔽，又有马桶	439
古便器状况	439
古遗时先以枣塞鼻	440
古大遗时先脱衣，至宋犹如此	440
更衣说	440
自六朝至宋，大遗后以筹子拭秽，并以水涤净	441
至元始以纸拭秽	441
古不厕遗则有罚	441

汉魏时侍中为皇帝执虎子 …………………… 442
卷二十九　取水　取火　取材木 ………… 443
　　古取火法 ……………………………………… 443
　　钻木取火法 …………………………………… 443
　　钻燧取火之巧法 ……………………………… 444
　　至周时兼用金燧取火 ………………………… 444
　　汉末仍用金燧取火 …………………………… 444
　　金燧取火之详情 ……………………………… 445
　　魏晋后敲石取火 ……………………………… 445
　　以石敲火之法 ………………………………… 445
　　发烛之历史 …………………………………… 445
　　古钻燧时代，家家皆藏火种 ………………… 446
　　古汲水用瓶，公共置之，瓶常在井旁供众用，至唐有木桶 … 446
　　古村聚会汲状况 ……………………………… 446
　　古桔槔汲水状况 ……………………………… 447
　　宋时之水车 …………………………………… 447
　　民取材木及燃料状况 ………………………… 447
　　守护山林之法 ………………………………… 448
　　古今燃料之概况 ……………………………… 448
　　春秋时燃料足，常烧泽以裕租税 …………… 449
　　又常烧泽猎兽 ………………………………… 449
　　周已有木炭，盖皆富贵人用之 ……………… 449
　　作炭须在山中 ………………………………… 449
　　六朝已发见石炭，至隋渐有用者 …………… 449
　　至宋烧石炭者渐多 …………………………… 450
　　晋唐以来贵人用木炭之侈 …………………… 450
　　至清末，石炭为民生不可离之物 …………… 450
卷三十　官吏休沐今日放假**　佩印　受杖　多虱** … 451
　　汉官吏五日一休沐 …………………………… 451
　　病则以沐偿，郎官富者可买沐 ……………… 451
　　然宰相亦休沐 ………………………………… 452

宦官、武士、郡吏亦休沐 ………………………… 452
自六朝至唐宋官吏皆有休沐 …………………… 452
汉冬夏至放假 …………………………………… 452
宋节假多至七日 ………………………………… 453
魏郎官受杖须脱裤缠裈束缚 …………………… 453
晋官吏受杖不脱裤 ……………………………… 453
北齐时仍杖参佐 ………………………………… 453
唐宋参军、簿尉、判官仍受杖 ………………… 454
古官吏佩印状况 ………………………………… 454
古拜某拜官即与某官印以为信，不似后世受代始有印 …… 455
古官吏多虱 ……………………………………… 455

卷三十一　古贵贱之观察 ………………………… 456
古官吏暴民之习惯 ……………………………… 456
汉百姓逢官吏不下车即罪之 …………………… 457
唐时百姓逢官吏不避则予杖 …………………… 457
古官史之威风 …………………………………… 457
古官吏卤簿即今日出殡时道旁行列之仪仗 …… 457
如失官仪则有罚 ………………………………… 458
汉至六朝时以骑马为失官仪被劾 ……………… 458
唐宋官吏禁马上食物，禁入酒肆 ……………… 458
古重视贵人之丑态 ……………………………… 459
贵则亲畏 ………………………………………… 459
汉虽家庭亦亲不敌贵 …………………………… 460
古以官视为荣 …………………………………… 460
唐贵贱不平等之丑态 …………………………… 460
豪贵见郡王则骇散 ……………………………… 460
士人不能与官人同宴 …………………………… 461
闻婿及第即与女同席 …………………………… 461
唐宋时请贵人到宅饮宴后须往谢 ……………… 461

卷三十二　历代物价 ………………………………… 463
周时粮每石值黄金二两，每两金值钱不足百文 …… 463

历代社会风俗事物考 / 目录

汉金价贵银价五倍 …………………………… 463
汉时银价 …………………………………………… 463
元明清金银钱之值 ……………………………… 464
两汉之谷价、米价 ……………………………… 464
唐时寻常米价每斗四十文 ……………………… 465
汉时地价及一金之值 …………………………… 465
汉中人产值十金 ………………………………… 465
周时兰草之贵 …………………………………… 465
战国时之锥价、狸价 …………………………… 465
汉胡饼价 ………………………………………… 466
汉唐酒价 ………………………………………… 466
汉时一饭之价 …………………………………… 466
六朝时木柴屋椽及木制魁、碗价 ……………… 467
历代奴婢之价 …………………………………… 467
晋时羊价 ………………………………………… 467
汉唐马价 ………………………………………… 467
唐时牛价 ………………………………………… 468
唐驴价 …………………………………………… 468
唐时鸡子价、鸡价、竹笋、竹竿价 …………… 468
唐鸭卵价 ………………………………………… 469
唐时楮价 ………………………………………… 469
晋时赁牛车价 …………………………………… 469
唐镰刀价 ………………………………………… 469
六朝布价 ………………………………………… 469
晋练价一匹一金 ………………………………… 469
五代时之靴价 …………………………………… 470
宋时造船价 ……………………………………… 470
唐牡丹花价及绢价、筵价 ……………………… 470
唐马医价 ………………………………………… 470
唐竹笼价 ………………………………………… 470
宋缣价每匹千钱 ………………………………… 470

唐宋时平民每年生活费	471
明时米价及清乾隆时米价	471

卷三十三　历代称呼 ······ 472

历代之称呼天子	472
晋时仆称主人曰官	472
唐仆媪称男主人曰郎、女曰娘子	473
历代父母之异称	473
称人父母	474
若对子字父则为失礼	474
古伯父叔父之称呼	475
兄弟子至晋始称为侄	475
妇称夫族今古之不同	476
甥与母族之称呼	476
婿与妻族之称呼	477
婿称妻兄弟及娣与婿称	478
唐谓及第进士为先辈	478

卷三十四　奴婢佣赁 ······ 479

周盗贼妻子没为奴婢,可上市买卖	479
亦有因饥寒而鬻为奴婢者,故多可赎	479
汉奴婢状况	479
汉奴婢之多空前绝后	480
汉时卖奴婢衣以绣衣,置市上阑中	480
惟买卖奴婢者多,故价有定准	480
汉为奴婢开一线生机	481
唐仍有官奴婢	481
唐脱奴婢籍名从良	482
唐时仍贫则卖童仆	482
历代奴婢价	482
古奴仆之服装	482
古奴仆之忠主	482
佣与客作	483

古待遇佣耕者状况 …………………………… 484

卷三十五　治病　傩疫 ……………………… 485
　　古以口吮疽 …………………………………… 485
　　古以舌舐痔 …………………………………… 485
　　古为小儿剔首、揃痤 ………………………… 485
　　至汉时吮痈已嫌其秽 ………………………… 486
　　古皆官医 ……………………………………… 486
　　至春秋末始有以医为业者 …………………… 486
　　中医退化之故，因自古贱医 ………………… 487
　　周时防疫之法 ………………………………… 487
　　以蜃炭攻狸虫 ………………………………… 487
　　荻室防疫 ……………………………………… 487
　　至春则淘井易水 ……………………………… 488
　　傩疫 …………………………………………… 488
　　汉傩年只一次，以十二月腊祭前一日为傩期 …… 489
　　唐傩疫之盛况 ………………………………… 489
　　宋傩疫 ………………………………………… 489
　　古防疫已用隔离法 …………………………… 480

卷三十六　赋税　力役　户籍 ……………… 491
　　周赋税过后世 ………………………………… 491
　　周即有人口税 ………………………………… 492
　　周税居宅 ……………………………………… 492
　　周已敛布帛 …………………………………… 492
　　汉田税轻于周 ………………………………… 492
　　汉人税百二十钱 ……………………………… 493
　　至武帝复税小儿，年二十三钱 ……………… 493
　　武帝复税人家藏钱及六畜 …………………… 493
　　魏晋复兼税布缕以迄于明 …………………… 493
　　民役 …………………………………………… 494
　　周赴役、免役期限及自然免役之人 ………… 494
　　周役民年只三日而弗与食 …………………… 495

40

汉赴役期、免役期 …………………… 495
汉兵役一月，戍边役三日，然可雇人代役 …… 495
汉役平等 ………………………………… 496
六朝时从军自买鞍马 …………………… 496
古从军戍边之惨状 ……………………… 496
户籍 ……………………………………… 497
周有户籍专官 …………………………… 497
周户籍上亲属必详 ……………………… 498
汉唐造户口册时，无论男女老少皆入城查看 …… 498
唐户口册登记之标识种种 ……………… 498

卷三十七 行旅 ………………………… 499
周会盟时旅野状况 ……………………… 499
一、古无鬻食者，凡旅行须自行担粮 …… 499
二、旅行须携釜鬲，自行炊饭 …… 499
三、旅行无节传则即时入狱 ……… 500
春秋战国客店之情状 …………………… 501
周贵人旅行时祖道犯軷之盛况 ………… 501
周送行必饮饯 …………………………… 502
汉魏时旅行 ……………………………… 502
汉客店仍不卖食，客仍自炊 …………… 502
汉初旅行仍须持传，但只过关用 ……… 503
至汉末凡官民旅行皆用传，否则厨传不留 …… 503
后汉过关符传须向官家买 ……………… 504
东汉时旅行，有符传则到处护送 ……… 504
五代时旅行仍用传 ……………………… 504
汉魏送别时之祖饯 ……………………… 504
六朝时客店始卖食 ……………………… 505
六朝时送别须啼泣，否则谓为寡情 …… 505
唐宋时旅行已大便，唯唐仍以帛为路费 …… 506

卷三十八 兵事 ………………………… 507
周时以鼓进兵、以金退兵 ……………… 507

汉战时仍用金、鼓	507
古战时主将可面对语	507
砲（炮）之沿革	507
烽燧报寇警	508
至唐则焚狼粪为烽烟	509
历代驿传之状况	509

卷三十九　岁时伏腊　511

其在周时，则假祭神为娱乐期	511
至战国仍以社腊为惟一令节	511
社腊外，周重上巳节	512
两汉时所行之节令	512
汉末之寒食	513
魏晋六朝之佳节	514
六朝时至冬至即拜节	514
唐宋之令节　上元灯火之大观	515
唐宋之清明节	517
唐宋之社日	520
妇女停针线归宁	520
社日箫鼓饮燕之盛况	520
唐宋之端午、中秋	520
唐宋之重阳	522
唐谓冬至前一夜为除夜，宋谓冬住	522
唐宋之七夕与中元	522
宋时节令轻重之等差	523
明清时之端阳、中秋	523

卷四十　各种游戏　525

打球古戏失传之一	525
打球之时节及其规矩	525
至宋打球仍赌物	526
汉时打球窟室中	526
古球制造之法	526

至隋唐有球场，与汉异 ……………………… 526
　　唐大臣皆善于马上击球 …………………… 526
　　至宋有球门 ………………………………… 527
　　唐宋有球杖 ………………………………… 527
弹棋古戏失传之二 …………………………… 528
　　棋数及棋局形状 …………………………… 528
　　弹棋规则胜负及其巧妙 …………………… 528
　　弹棋至宋已失传 …………………………… 529
斗草古戏失传之三 …………………………… 529
藏钩古戏失传之四 …………………………… 530
　　射钩之巧法 ………………………………… 530
格五古戏失传之五 …………………………… 531
博古戏失传之六 ……………………………… 531
　　博之定名 …………………………………… 531
　　博具考箸棋、五木 ………………………… 531
　　箸之形象，后又名箭、矢、策、子 ……… 532
　　棋之形象 …………………………………… 533
　　五木形状 …………………………………… 533
　　博关 ………………………………………… 533
　　彩名考 ……………………………………… 534
　　对局人数 …………………………………… 535
　　古得枭则倍赢食子 ………………………… 535
　　然既胜则杀枭 ……………………………… 536
　　东晋贵卢雉，唐以枭为最贱 ……………… 536
　　卢雉牛白四王彩等级考 …………………… 536
　　各项规则考 ………………………………… 537
　　古谓博有神，尝以此卜富贵 ……………… 538
双陆古戏失传之七 …………………………… 538
弈棋古戏仅存之一 …………………………… 539
　　古棋局状况及攻守之法 …………………… 539
　　古今棋局道数及棋子数目考 ……………… 540

古以两眼为活、一眼为死之证 …………… 541
　　打劫 …………………………………………… 541
　　受子 …………………………………………… 541
　　古围棋皆赌物 ………………………………… 541
　　弈棋为诸戏之王 ……………………………… 541
象戏古戏仅存之二 ………………………………… 542
　　北周时象戏为日月星辰 ……………………… 542
　　唐象戏略与今同 ……………………………… 542
　　宋有七国象戏 ………………………………… 543
色子戏古戏仅存之三 ……………………………… 543
牙牌古戏仅存之四 ………………………………… 544
斗鸡 ………………………………………………… 544
古捕蝉戏 …………………………………………… 545

卷四十一　家庭状况 ………………………… 546
食饭次数 …………………………………………… 546
古人早起 …………………………………………… 547
晨起为父母进盥洗状况 …………………………… 548
古浴身详状 ………………………………………… 548
古沐浴、靧面、洗足次数 ………………………… 548
古今沐浴去垢法之变迁 …………………………… 548
古家庭妇女嬉戏日期 ……………………………… 549
古以牵牛娱小儿 …………………………………… 550
汉以来妇女皆学乐 ………………………………… 550
古育婴方法 ………………………………………… 550
古贺生儿 …………………………………………… 551
小儿束发状况 ……………………………………… 551
试儿 ………………………………………………… 552
古屋内冬日取暖之法 ……………………………… 552
家庭捕鼠之历史　周猫为野畜 …………………… 553
周以狗捕鼠 ………………………………………… 553
以狸捕鼠 …………………………………………… 553

最后用猫 …………………………………… 554
　　古妇人见男子则以帐自蔽 …………………… 554
　　古家庭对于各项禽虫之征验 ………………… 555
　　谓嚏喷为人道之历史 ………………………… 555
卷四十二　社会杂事杂物 ……………………… 556
　　古以头戴物历史 ……………………………… 556
　　发辫之历史 …………………………………… 557
　　古敬老状况 …………………………………… 557
　　汉魏时劫质今俗曰"绑票" …………………… 558
　　古租宅状况 …………………………………… 559
　　暖房 …………………………………………… 559
　　历代贷钱利息　周息五厘 …………………… 559
　　汉普通息二分，急则十分 …………………… 559
　　中保人为债权者奔走状况 …………………… 560
　　汉贫民租地种每年租率 ……………………… 560
　　斫䃕 …………………………………………… 560
　　古以磨面为业 ………………………………… 560
　　古有以磨镜生光为专业者 …………………… 561
　　历代养蜂考 …………………………………… 561
　　明刘基养蜂之详法 …………………………… 562
　　糖之历史 ……………………………………… 563
　　汉冬日艺蔬之法 ……………………………… 564
　　汉织锦法 ……………………………………… 564
　　古杀猪后以火燎毛 …………………………… 565
　　自古狐为祟 …………………………………… 565
　　古吹火用棑 …………………………………… 566
　　饮茶之历史 …………………………………… 567
　　古扫地苕帚即用黍穰 ………………………… 568
　　古帚之长短与今同 …………………………… 568
　　魏晋宫殿榜额皆墨书 ………………………… 568
　　古待遇乳母之重 ……………………………… 569
　　古缣帛之幅广幅长 …………………………… 569
　　六朝时布帛匹长四十尺，幅广二尺二寸 …… 570

唐帛匹长仍四十尺，广尺八寸，布幅广亦八寸，
　　长五丈为一端 …………………………………………… 570

卷四十三　平民仕进 ……………………………………… 571
　　周时选举以三物 …………………………………………… 571
　　汉平民仕进之法　有以富得官者 ………………………… 571
　　有由郡县吏为大官者 ……………………………………… 572
　　有以文学入仕者 …………………………………………… 572
　　有以品行得举者 …………………………………………… 573
　　魏晋六朝尚门第，平民进取难 …………………………… 573
　　以尚门阀之故，策士时出种种丑态 ……………………… 573
　　隋唐以来进士科之荣贵 …………………………………… 574
　　进士科荣贵之由 …………………………………………… 574
　　唐新进士曲江大宴之盛况 ………………………………… 574
　　唐举人考试规矩及入棘闱情况 …………………………… 575
　　唐社会待遇新进士之丑态 ………………………………… 575
　　惟唐考试之法尚疏，不尽公允 …………………………… 576
　　至宋考试之法始密，不能徇私 …………………………… 577

卷四十四　妓 ……………………………………………… 579
　　唐时妓女聚居之地及妓院布置之清雅 …………………… 579
　　假母今之养家之状况与今同 ……………………………… 580
　　唐妓之来历及受虐情形 …………………………………… 580
　　唐妓捐钱始能出游 ………………………………………… 580
　　妓从良仍不悛 ……………………………………………… 580
　　點妓自高声价以敛钱 ……………………………………… 581
　　唐时妓院之危险 …………………………………………… 581
　　唐京妓与外妓谨肆不同，然遇贵人皆须行参谒礼 ……… 582
　　唐宋时官妓 ………………………………………………… 583
　　凡官吏宴饮则召官妓侑酒 ………………………………… 583
　　官妓皆由私妓选拔 ………………………………………… 583
　　有能脱籍者同辈皆羡之 …………………………………… 584
　　唐宋名人与官妓之眷恋 …………………………………… 584
　　唐宋时妓界之文采 ………………………………………… 585

上编

中国风俗史

序 例

风俗乌乎始？始于未有人类以前。盖狉榛社会，蚩蚩动物，已自成为风俗。至有人类，则渐有群，而其群之多数人之性情、嗜好、言语、习惯常以累月经年，不知不觉，相演相嬗，成为一种之风俗。而入其风俗者，遂不免为所熏染，而难超出其限界之外。《记》曰："礼从宜，事从俗。"谓如是则便，非是则不便也。圣人治天下，立法制礼，必因风俗之所宜。故中国之成文法，不外户役、婚姻、厩牧、仓库、市廛、关津、田宅、钱债、犯奸、盗贼等事，而惯习法居其大半。若吉凶之礼，则尝因其情而为之节文，无他，期于便民而已。虽然，风俗出于民情，则不能无所偏。应劭《风俗通》序曰："风者，天气有寒暖，地形有险易，水泉有美恶，草木有刚柔也。俗者，含血之类，像之而生。故言语歌谣异声，鼓舞动作殊形，或直或邪，或善或淫也。"《尔雅·释地》曰："大平之人仁，丹穴之人智，大蒙之人信，空桐之人武。"《鲁语》曰："沃土之民不材，瘠土之民向义。"其不齐也若此，非有以均齐而改良之，则常为社会发达上之大障碍。而欲使风俗之均齐改良，决不能不先考察其异同，而考察风俗之观念以起。观念起而方法生，于是或征之于言语，或征之于文字，或征之于历史地理，或征之于诗歌音乐等。穷年累月，随时随地，以搜集风俗上之故实，然后得其邪正强弱文野之故，而徐施其均齐改良之法。《礼·王制》："天子巡狩，至于岱宗。觐诸侯，见百年，命太师陈诗，以观民风俗。"周秦常以岁八月遣辅轩之使，求异代方言，还奏籍之，藏于秘室。《诗》三百篇，言风俗最详，大半皆辅轩之所采也。盖已视风俗之考察，为政治上必要之端矣。而后世稗官野乘，及一切私家著述，亦于此三致意

_{《记》，《礼记》的省称。}

_{《鲁语》，《国语·鲁语》的省称。}

焉。亮采夙有改良风俗之志，未得猝遂，乃以考察为之权舆。又以为欲镜今俗，不可不先述古俗也。自惭荒陋，搜讨频年，东鳞西爪，杂碎弗捐。自开辟至前明，几千年风俗，粗具端末。虽芜杂谫陋，不值覆瓿，然正风俗以正人心，或亦保存国粹者之所许也。故述鄙意而举其例如左。

一、前人观察风俗，其眼光所注射，不外奢俭、劳逸、贞淫、忠孝、廉节、信实、仁让等方面，而尤以去奢崇俭，教忠教孝，为改良风俗之先著。历代帝王之诏令，士夫之训诫，每兢兢于此焉。是书亦存此意，故于各章列饮食、衣服、婚娶、丧葬等条，所以觇奢俭也；列忠义、名节、风节、廉耻等条，所以励忠节也。

二、诗歌乡评，为民情舆论之所发表。周采诗歌，汉魏六朝重乡评，公是公非，无所假借，此风俗之所由厚也。后世此意渐失，天子不采风，而民间亦无复存三代之直道。且见东汉党锢，成于标榜，辄引为清议之戒；不肖官绅，复以裁抑舆论为快事。故上德不宣，而民情难以上达。书中列诗歌、乡评、清议等条，欲据民情舆论，以知风俗之厚薄也。

三、淫祀、巫觋之盛，固由于民智未开，而医药之不讲求，实为其总因。今酬神赛会，各省皆有此俗，而吴楚尤甚。然都会之地，及商业发达之区，商人借神会以联商团，尚无足异。最可怪者，若吾萍及湖南土俗，有病必曰神为祟，辄延巫觋救治，不问其有无效验也，甚者求医药于神。冥冥何知，杂投温补，病者服之，即因而死，不归咎于神，但归之于命而已。于是木璎石溜，动号神奇，持斋者死，辄云仙去，庙宇日增，斋匪日众。识者忧之，而当事者固置若罔闻也。故书中列淫祀、巫觋二条，以醒时俗。

四、风俗有为此时代所有，而为彼时代所无者，则仅著于此时代中，如周之阶级制度，周末之游说，魏晋南北朝之清谈、鲜卑语、门第流品，明之结社是也。有为数时代所有，而非各时代所均有者，则仅著于数时代中，如周及魏晋南北朝之氏族，周末及汉唐之任侠刺客是也。有为各时代所均有，而不必于各时代全列此条者，则仅著于一时代或数时代中，如周之蛊毒，周末之隐语，汉之佛道，魏晋南北朝之美术，唐之械斗游宴、斗鸡走马养鹰，明之势豪拳搏，汉明之奴婢是也。

五、周末学术，汉代经学，宋代理学，亦一时风俗所趋，然究属学术史部分中。故于"周末学风"一条，略言其关系外，至"宋代学风"，则

专论士习之坏焉。

六、言语随时代而异，即扬子《方言》所载，今就其地求之，往往不能通晓。非已失其语，则所传多讹。是书于各章之末，系以言语，亦从其时代而别也。且风俗所传，以言语为最确。如以《仪礼》"妇人侠床"为**庖牺**以前之遗语，即可知庖牺以前有男女杂乱之俗。（日本加藤宏之曰："蒲斯门人种，以同部女子为男子所公有。故无夫妇配偶之言，妇人、处子，语亦无所区别。"按《仪礼·士丧礼》"妇人侠床"注："妇人谓妻妾子姓也。"此亦语无区别，与蒲斯门种无殊，可断为庖牺以前之遗语。）因汉有"金不可作，世不可度"之谚，而知其俗好神仙；因六朝有"山川而能语，葬师食无所"之谚，而知其俗信风水是也。故书中于言语一条，搜集独多。

> 庖牺，即伏羲。

七、风俗有附见各条，而未别行标目者，如鸦片附于"周之蛊毒"条，风水附于"魏晋南北朝之丧葬"条，火葬附于"宋之丧葬"条是也。

八、各章首节之概论，有以当时人论说代之者。如汉之概论，以《史记·货殖传》、班氏《地理志》代之；明之概论，以《歙县志·风土论》代之是也。

九、是书分四时代，自黄帝以前至周之中叶，为浑朴时代。固历史家所公认，不待赘说。自春秋至两汉，民情尚诈伪，行奸险，尊重势力，不讲道德，未若成周以上之浑朴，虽汉末名节之盛，不能掩也，故命为驳杂时代。自魏晋至五代，矜尚风流，奔竞势利，轻藐礼法，不顾行检，以文词为事业，以科举为生涯，忠义衰而廉耻丧，故命为浮靡时代。自宋至明，有讲学诸儒，提倡实学，人知自励，尽洗五季之陋，仁人义士，清操直节，相望于数百年间，而负社会之责任者，不可胜数也，故命为由浮靡而趋敦朴时代。

宣统二年九月既望
萍乡张亮采识于皖江之寄傲轩

第一编 浑朴时代

第一章 黄帝以前

第一节 太古人民之饮食衣服居处

《礼·礼运》："昔者先王未有宫室，冬则居营窟，夏则居橧巢。未有火化，食草木之实，鸟兽之肉，饮其血，茹其毛。未有麻丝，衣其羽皮。后圣有作，然后修火之利。"盖巢穴为初民之居处。而其饮食，则由果食时代，进而为鲜食时代，再进而为艰食，则神农氏时也。火化始于燧人，民间渐脱茹毛饮血之俗矣。太古之民，被发卉服，蔽前而不蔽后。其后辰放氏时，始知搴木茹皮以御风霜，绚发冒首以去灵雨，号曰衣皮之民。至神农时，纺织麻枲，则皮服之俗已变而为布服。不过至黄帝时，而衣裳冠冕始备耳。

谨按：饮食为人类生存竞争之要素，故无之则争且乱，有之则足以平争而止乱。《礼·礼运》谓为"人之大欲"，而近儒仁和龚氏（名自珍，号定庵）以能饮食民为帝者之始，谅哉言也。彼庖牺、神农、后稷，皆被其饮食者所上之徽号。而尧之游康衢，至闻耕食凿饮之歌。又史称赫胥氏之民，鼓腹而游，含哺而喜；无怀氏之民，甘食而乐居，怀土而重生，亦可见民间生活问题之关系不小矣。且太古国

身披兽皮的黄帝史官

家，无君之名称，只有酋长。酋本绎酒。(《说文》)引申之则以酒官为大酋(《礼·月令》："乃命大酋。")酒尊之尊，上从酋。《尔雅·释文》引《说文》，训酒官法度，而引申之则为高为贵。(《广雅·释诂》："尊，高也。"汉赵岐《孟子注》："尊，贵也。")齐之稷下犹称长者为祭酒，后人称天子为至尊是也。酒为饮食后起之事，有酒则饮食之饶足可知，故酋长亦即所以纪念其能饮食民之意耳。近世民族帝国主义发生，各国政策全注射于殖民之点。"殖民"云者，质言之即为民谋食也。至于讲求饮食卫生，犹其后焉者耳。然则饮食不但足以觇风俗之奢俭，亦可以考世运之隆替矣。

第二节 畜牧

太古之民，多取天然物以为食。禽兽亦天然物之一种也，狩猎时代，于焉仰足。然狩猎不可必得，得之亦不胜劳苦。且今日得之，今日食之，明日苟不从事狩猎，则不得食也。于是积多少之经验，始知牛羊、犬马、鸡豕等类，易为我所生得者之易于驯服。(家畜之始，必先将所生得者圈之于家，食之有余则供玩具，以此渐得考察其性质。英人甄克思谓豢扰之事，始于择禽以为玩好，至饥不可忍，则杀而飨之，由是知畜牲可以御饥。)遂定为家畜之种，常畜之于家，遇狩猎不足之时，取而用之。然后禽兽始为我所常有，种类孳息，不待狩猎而饶足。是为游牧时代。此时代殆始于庖牺氏时，绎庖牺之名义，而知庖牺固教民畜牧者也。

第三节 农耕

游牧之世，民随水草迁徙，土著绝少。至神农氏时，民始知播殖五谷，则行国变为居国。且畜牧必择善地，而农耕随地皆宜。肉食有时生病，谷食不惟不生病，并能养人而却病，非多经考验不克知此。畜牧成效易睹，农耕之收获，必历三时，非民智大开，不能确信而耐久。中国以农立国，而风气早开于是时，由是安土重迁，井里酿成仁让之俗，五谷之食利赖至今，非偶然也。

第四节　贸易

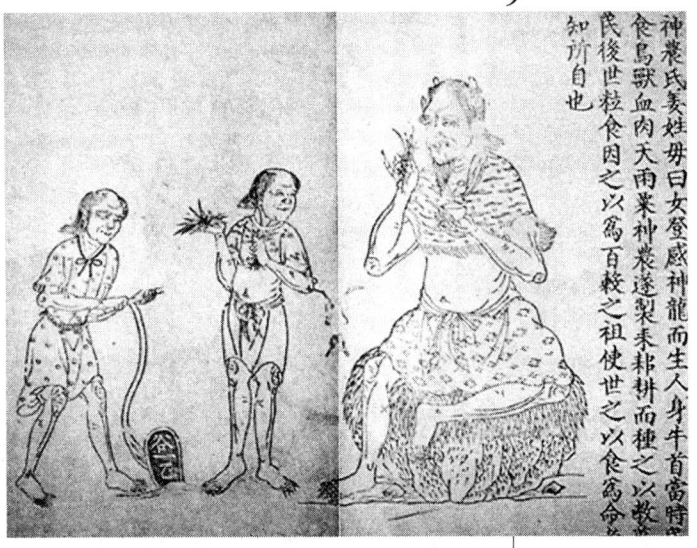

神农氏姜姓母女登感神龙而生人身牛首当时食鸟兽血肉天雨粟神农遂製耒耜耕而种之以教民後世粒食因之以为百榖之祖使世之以食为命知所自也

神农教稼图

狩猎时代，全社会衣食相同，无所谓有无，即无所谓交易。至由狩猎而畜牧，由畜牧而耕稼。耕稼时代，不能遽废狩猎、畜牧之事。狩猎、畜牧者不必耕稼，则于粒食常不足；耕稼者不必狩猎、畜牧，则于肉食常不足。既不足矣，于是有无不得不交通，而贸易之事以起。《易·系辞》言"神农日中为市，致天下之民，集天下之货，交易而退，各得其所"是也。然当时货币未兴，除以物交易外，大概山居之民，交易以皮；水居之民，交易以贝。故皮、贝即为当时之货币。观汉时尚以皮为币，而财、贿、宝、贵等字皆从贝，可以知矣。

第五节　金属器物之使用

近世地质学家，考太古人民进化之度，谓必经过石器时代，而后入金属时代；金属时代之初，又必先经铁器时代，而后入铜器时代。盖草昧初开，为防敌御兽而武器重。为渴饮饥食，而饮食之器、耕作之器起。饮食之器，由洼尊、抔饮、土簋、土铏易之以陶匏，而解剖牺牲，不能不借助于庖刀，刀固须金属也。耕作之器，有耒耜，有锄耨，有斧斤，锄耨斧斤，亦须金属也。武器以防敌御兽，兼为狩猎之利技。民智未开，只知用石。至燧人氏铸金作刃，其时必发五金之矿，故由用石时代，突入用金时

代。至庖牺时遂有干戈，神农时遂有斤斧，而蚩尤之铠、刀、剑、矛、戟、大弩，此其滥觞矣。

第六节　婚姻

上古杂昏时代，以女子为一国男子所公有。（**《社会通诠》**注云：蛮夷男子，于所婚图腾之女子，同妻行者皆其妻也；女子于所嫁图腾之男子，同夫行者皆其夫也。凡妻之子女，皆夫之子女也。其同图腾、同辈行，则兄弟姊妹也。与其母同图腾、同辈行，则诸父诸母也。母重于父，视母而得其相承之宗。）故几蘧氏之民，知有母而不知有父。（《亢仓子》、《风俗通》说皆同。）因之血统相续，咸以女而不以男。而"姓"字从女从生，即古代帝王大抵从母得姓。如神农、黄帝皆为少典之后裔，而神农姓姜、黄帝姓姬，则以母姓不同之故耳。其于妇女也，视之如奴婢。亡国之民，降为臣妾，后世犹然。此时妇女，多因战胜他族俘虏而来，故以奴婢待之。此外又有摽掠妇女之俗。其摽掠必以昏夜，所以乘妇家之不备。（"婚"之从昏，谓以昏时行礼，古则以昏摽掠。）今以《士昏礼》观之，犹有摽掠之遗义。（《社会通诠》曰：欧俗嫁娶，为夫傧相者称良士，此古助人夺妇者也。为新妇保介者曰扶娘，此古助人扞贼者也。若《士昏礼》之婿行亲迎，必以从车载从者，妇人夫门，有姆有嫂，咸从妇行，非即古时助人夺妇、助人扞贼之遗俗乎？）然摽掠与俘虏，固即当时婚礼也。至庖牺制为俪皮之礼，则易摽掠而为买卖矣。古者以皮为货币，俪皮为礼，乃所以酬此女之值。周时婚礼，除纳征用元纁、束帛、俪皮外，纳采、问名、纳吉皆奠雁，则以畜偿值，又以皮偿值之一变俗也。既以买卖妇女为婚姻，则无同姓异姓之辨，更不待言矣。

按：俚俗每于春时合邻峒男女，束装来游，携手并肩，互歌相答，名曰作剧。有乘时为婚合者，父母率从无禁。又每村男女众多，必设一楼，登必用梯，名曰阑房。遇晚，村中幼男女尽驻其上，听其自相谐偶，非即太古风俗之现影欤？

河姆渡文化的骨耜

《社会通诠》，英国社会学家甄克思著作，严复译。

中国风俗史

第七节 丧葬祭祀

孟子谓:"上世尝有不葬其亲者,其亲死则举而委之于壑。"《易·系辞》:"古之葬者,厚衣之以薪,葬之中野。"唐杜氏《通典》谓此即太古之凶礼。盖棺椁未备之时,固应如此。太古民智未开,其神权之迷信甚深。八蜡始于神农,其祭也至于迎猫虎,虽重农主义,亦因民也。又泰壹氏尝正神明之位,神民氏使神民异业,盖多神教。凡物教之盛行于是时,可意想而知矣。

第八节 歌舞

"凡音之起,由人心生也。人心之动,物使之然也。感于物而动,故形于声;声相应,故生变,变成方谓之音。"(《乐记》)音者,歌之所从出也;歌者,所以补言之不足也。太古之民,言语渐次发达,遂不知不觉而衍为声歌,以发抒其心意。东户氏时,民间之歌已能乐而不淫。至祝融氏,听弇州之鸣鸟而作乐歌,亦不过以此定为民间之标准耳。且三人操牛尾,投足以歌八阕,葛天氏之乐也,投足则已具有舞之神情矣。阴康氏作乐舞,以救民气郁阏、筋骨瑟缩之患,则又注意体育,开后世舞勺舞象之风焉。《文子》(精诚篇)曰:"听其言则知其风,观其乐则知其俗。"当时之歌词,传自民间者,如伏羲网罟之歌,神农丰年之咏(《太平御览》五百七十一引夏侯元《辩乐论》曰:"伏羲氏因民兴利,教民田渔,天下归之,时则有网罟之歌。神农继之,教民食谷,时则有丰年之咏。"《唐文

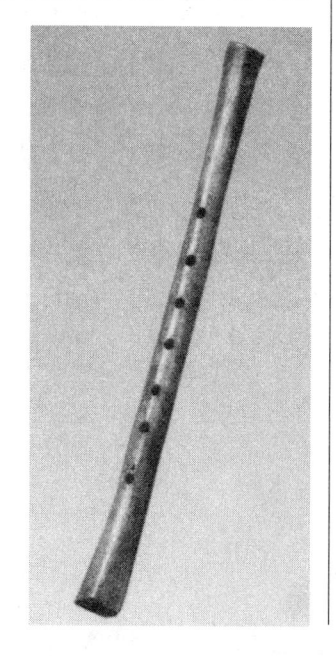

新石器时代的乐器——骨笛

第一编 浑朴时代

粹·元结补乐歌十编》："网罟，伏羲氏之乐歌也。其义盖称伏羲能易人取禽兽之劳。歌辞曰：'吾人苦兮水深深，网罟设兮水不深。吾人苦兮山幽幽，网罟设兮山不幽。'丰年，神农氏之乐歌也。其义盖称神农教人播殖之功。辞曰：'猗大帝兮其智如神，分华实兮济我生人。猗大帝兮其功如天，均四时兮成我丰年。'"），皆表扬其君主，最有益于民生之事业。盖自古至今，凡君主最有益于民生之事业，民间常不能忘，而传为歌咏。而网罟、丰年，皆关于饮食问题，以此可察知当时民情之趋向矣。

附太古帝王表

循蜚纪

钜灵氏　句彊氏　谯明氏　涿光氏　钩陈氏　黄神氏

犯神氏　犁灵氏　大騩氏　鬼騩氏　弇兹氏　泰逢氏

冉相氏　盖盈氏　大敦氏　灵阳氏　巫常氏　泰壹氏

空桑氏　神民氏　猗帝氏　次民氏

因提纪

辰放氏　蜀山氏　豗傀氏　混沌氏　东户氏　皇覃氏

启统氏　吉夷氏　几蘧氏　狶韦氏　大巢氏　燧人氏

禅通纪

轩辕氏（非黄帝）　祝融氏　庖牺氏　女娲氏

柏皇氏　中央氏　大庭氏　栗陆氏　骊连氏　混敦氏

赫胥氏　尊卢氏　昊英氏　有巢氏　朱襄氏　葛天氏

阴康氏　无怀氏

相传自开辟至获麟，二百七十六万岁，分为九头、五龙、摄提、合雒、连通、叙命、循蜚、因提、禅通、疏仡十纪。疏仡纪自黄帝始。

第二章　黄帝至夏商

第一节　饮食衣服

　　饮食不外肉食、谷食两种。(《尚书·益稷谟》："奏庶艰食鲜食。"《汲冢周书》："黄帝始炊谷为饭。")而橘柚酒醴，已登食品。(橘柚见《禹贡》，酒为夏禹时仪狄所发明。)嗜酒之俗，自上倡之。禹虽恶旨酒，而有酣酒之戒(《五子之歌》)。而自太康、羲和及桀，皆淫湎于酒，桀竟以此亡国。殷纣嗜酒，沫土化之。成王封康叔于卫，至命周公作《酒诰》以警戒之。盖酒害之中于风俗，非一日矣。其时烹调之法，常用盐梅为之助。(《尚书·说命下》："若作和羹，尔惟盐梅。")故割烹要汤，虽系诬圣之言，然亦可见当时之研究烹饪也。

　　育蚕之事始黄帝，而衣裳冠冕，亦起于是时。《易·系辞》"黄帝、尧、舜垂衣裳而天下治"是也。文明日启，则华丽日增。故即尧时之山龙藻火，知民间之绘绣已工；即禹时之织文、织贝、纤缟、絺纻、元纁，玑组、纤纩等贡物，知民间之纺织已精。其时又有皮服(《禹贡》："岛夷皮服。")、卉服(《禹贡》孔疏："卉服是草服葛越也。葛越，南方布名，用葛为之。")、毛罽(《禹贡》："熊罴狐狸织皮。"孔疏："以织皮为毛罽。")以供常用；有羽毛、齿革、球琳、琅玕以为服饰，盖渐洗洪荒之陋矣。

第二节　宫室

　　宫室之制，起于黄帝，《管子》"黄帝有合宫"，《白虎通》"黄帝

作宫室避寒湿"是也。黄帝又创楼阁明堂之制。汉武帝时方士言：黄帝为五城十二楼；《帝王世纪》："黄帝之时，凤凰巢于阿阁"；《史记·封禅书》："济南人公玉带，上黄帝时明堂图"可证。至夏殷时，则宫室更以壮丽为尚。观桀纣民财，造琼宫瑶台；纣实财鹿台，为琼室玉门，作沙邱宛台，为游宴之所，足见一斑矣。盖君主之建设，民间常受其影响，以渐为风气。故即其时君主宫室之美，可知民间宫室之不甚相远也。

第三节 文字

楔形文字

《易·系辞》："上古结绳而治，后世圣人易之以书契，百官以治，万民以察。"案结绳之治，盖在燧人氏时。书契之作，实始伏羲。[伏羲画卦即字，如乾☰为天字，坤☷为地字（《汉书》坤作𡿨𡿨𡿨）。坎☵为水字（今水尚作𡿨𡿨），与巴比伦楔形文字之二三四八十廿三等字，以阳爻示奇数之一、阴爻示偶数之二者正同。近人考《易》为古代字典，谓《易》之文皆所以解释古字。] 至黄帝之史仓颉，始作六书，民间用以记事，即讴歌亦借以流传，名物称谓并得表著，以供后人之考究，不但一洗结绳之陋已也。文字为智识之搬运具，而此时之民已利用之，殊堪骇绝。

第四节 漆器陶器之使用

《尚书·禹贡》："厥贡漆丝，子华子、尧不以土阶为陋，而有虞氏惕戒于涂髹。"髹，漆器也。盖有虞氏作漆，布漆于器，而后世始有漆工焉。陶窑字古止作匋，外从勹，象形；内从缶，指事也。《说文》曰："古者昆吾作匋。"其说出于《世本》，亦见《吕览》。按：昆吾，国名，即春秋卫地，所谓"昆吾之墟"也。卫地滨河，虞舜陶于河滨，或即在是欤？据高诱《吕览》注、韦昭《国语》注，昆吾为己姓始封之君。吴回禄之孙，陆终之子，时代实在舜前。作陶者当即其人。而或以昆吾后裔，为汤所灭者当之，误矣。《考工记》曰"有虞氏上陶"，盖自器不苦窳以来，瓦甒泰尊，名详礼器，啜型饭蹭，用达宫廷。厥后世传其业，阏父入周犹为陶正，有自来矣。

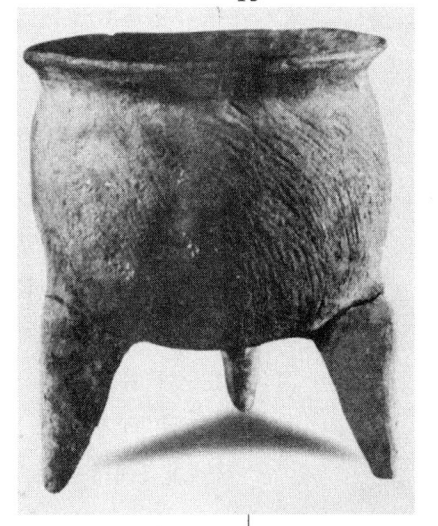

二里头文化（夏文化）遗址出土的陶器

第五节 人民之程度

甲、民之好恶

《左传·文十八年》："季文子论莒仆篇：'昔高阳氏有才子八人，齐、圣、广、渊、明、允、笃、诚，天下之民谓之八恺。高辛氏有才子八人，忠、肃、共、懿、宣、慈、惠、和，天下之民谓之八元。帝鸿氏有不才子掩义、隐贼、好行凶德、丑类恶物、顽嚚不友、是与比周，天下之民谓之浑敦。少皞氏有不才子毁信、废忠、崇饰恶言、靖谮庸回、服谗搜慝、以诬盛德，天下之民谓之穷奇。颛顼氏有不才子不可教训、不知话言、教之则顽、舍之则嚚、傲很明德以乱天常，天下之民谓之梼杌。缙云氏有不才子贪于饮食、冒于货贿、侵欲崇侈、不可盈厌、聚敛积实、不知纪极、不分孤寡、不恤穷匮，天下之民谓之饕餮。'"元恺、四凶皆出自民间之舆论，舜能举之去之，遂为天下所戴，民情大可见矣。近世群学家言：欲善其群，必先去一群之蠹。四凶，民之蠹也，而民恶之，必除之以为快，已有自善其群之观念。且既以贪食、黩货、不分财、恤穷为恶，则深恶利己主义，而尚公德、谋公益、均财产、营共同生活之观念生；以掩义、毁

群学，即今社会学。

第一编 浑朴时代

信、不可教训、比丑类、诬盛德为恶,则注重道德而保全善类、服从教训之观念生。社会之裁制,固易于得力也。

乙、民之自爱

刑法起于后世,所以济教化之穷也。唐虞之民,皆服教而畏威。故舜之五刑,不过用三苗所制之名号,实常以象刑养人廉耻。《尚书·益稷谟》:"方施象刑惟明。"《太平御览》引《慎子》云:"唐虞象刑,犯墨者蒙皂巾,犯劓者赤其衣,犯膑者以墨蒙其膑处而画之,犯宫者履杂菲,犯大辟者衣无领。"(《北堂书钞》引《书大传》,略同)然则民知自爱,五刑正可不设也。至夏则有牢狱之制(夏台即圜土),有杀戮之法(《左传·昭十年》叔向引《夏书》曰:"昏墨贼杀,皋陶之刑也。"今《夏书》无此文。盖世益变而法益严,不得不用刑。特夏人制之,而托之于皋陶耳。);商汤则有官刑墨刑(《伊训》:"臣下不匡其刑墨。"),以警官吏之陷于三风十愆者。而三风中之恒舞、酣歌、殉货色、比顽童,与禹戒之酣酒、嗜音、内作色荒同意。当时此种风气,必已传染于民间,盖"上有好者,下必甚焉"。官刑之作,治官即所以治民也。然夏商之民,虽不及唐虞,要其干犯法禁者鲜矣。

丙、民之戴上及爱国

《孟子》言:"尧崩三年之丧毕,舜避尧之子于南河之南。天下朝觐讼狱者,不之尧之子而之舜;讴歌者,不讴歌尧之子而讴歌舜。舜崩三年之丧毕,禹避舜之子于阳城,天下之民从之,若尧崩之后,不从尧之子而从舜也。禹崩三年之丧毕,益避禹之子于箕山之阴,朝觐讼狱者不之益而之启,曰:吾君之子也;讴歌者,不讴歌益而讴歌启,曰:吾君之子也。"盖尧、舜、禹以天下为公,民亦仰体其意,注重于进贤,不斤斤于传子与不传子也。然以民情之倾向,始得定传贤、传子之局,其势力亦不小矣。

夏大康失德,有穷后羿(有穷,国名)因民弗忍拒于河(《尚书·五子之歌》)。夏后相避羿,羿因夏民而代夏政。少康居纶(邑名),有田一成,有众一旅(方十里为成,五百人为旅),能布其德而兆其谋,以收夏众,卒复禹续(并见《春秋》襄四年及哀元年传)。盖凡欲灭人之国家者,必因其民有郁而必发之势,然后从而为之发动,则其势自如摧枯而拉朽。汤因夏民有"时日曷丧,予及尔偕亡"之语,而始伐夏。汤之未伐夏也,先

征葛，因葛伯仇饷而民怨之也。由是东征西夷怨，南征北狄怨，曰："奚独后予。攸徂之民，室家相庆"，曰："徯我后，后来其苏"，诚有如孟子所谓"若大旱之望云霓"者。纣之无道，小民与为敌仇。武王伐纣誓师，因引"抚我则后，虐我则仇"之古言，而直指纣曰"乃尔世仇"，以激动民心，遂有倒戈之事——此其明征也。羿之因夏民代夏政，似后世莽、操之所为，而其因民弗忍，固未尝不假仁义以燠咻之也。夏民之从之也，偶然也，勉强也，爱国之心未尝泯也。故少康以夏裔而图恢复，遂能号召忠义，以一成一旅而建中兴。盖爱国心即国魂，宜其一呼而凛凛有生气也。且国之亡也，必有暴君如桀纣以招民怨，然后民离之。夏后相未闻失德，而羿灭其国，民安得不有反正之意。况即暴君可恶，而民之恶暴君，尚不如其爱祖国也。纣之凶恶，民可以倒戈，然既为周民，常有狡焉思逞之事，武庚因此畔周，周公东征三年而始克之。宋儒王氏伯厚曰："商之泽深矣。周既篡商，既历三纪，而民思商不衰。考之《周书》，《梓材》谓之'迷民'，《召诰》谓之'仇民'，不敢有怨疾之心焉。盖皆商之忠臣义士也。至《毕命》始谓之'顽民'，然犹曰'邦之安危，惟兹殷士'，兢兢不敢忽也。"盖周人对于商民之爱国，不但畏之，而且敬之也。若夫箕子感故宫禾黍，作《麦秀之歌》（《史记》："箕子朝周过故殷墟，感宫室毁坏生禾黍。箕子伤之，欲哭则不可，欲泣为其近妇人，乃作《麦秀之歌》，其词曰：'麦秀渐渐兮禾黍油油，彼狡童兮不与我好兮。'"），夷齐不食周粟，作《采薇之歌》（《史记》："武王平殷乱，天下宗周，伯夷、叔齐耻之，义不食周粟，采薇首阳山，饿且死作歌，其词曰：'登彼西山兮，采其薇矣。以暴易暴兮，不知其非矣。神农虞夏，忽焉没兮，我安适归矣。吁嗟徂兮，命之衰矣。'"），尤仁人君子所闻而心恻者。

《尚书·尧典》："黎民于变时雍。"雍者，和也，谓风俗大和也。是以击壤之歌（《帝王世纪》："帝尧之世，天下大和，百姓无事，有老人击壤而歌，其辞曰：'日出而作，日入而息。凿井而饮，耕田而食，帝力于我何有哉！'"），康衢之谣（《列子》："尧游于康衢以察民情，有儿童谣曰：

虞舜像

王氏伯厚，即王应麟，著有《困学纪闻》。

第一编 浑朴时代

伯夷像

'立我烝民,莫匪尔极。不识不知,顺帝之则。'"),忘帝力,顺帝则,其戴上之忱,诚有如瞻云而就日者。华封人之戴舜,而祝舜以富寿多男也(舜观于华,华封人祝曰:"'使圣人富寿多男子。'帝曰:'多男多惧,富则多事,寿则多辱。'封人曰:'天生烝民,必授之以职。多男而授之职,何惧之有?富而使人分之,何事之有?天下有道,与物皆昌。天下无道,修德就闲。千岁厌世,去而上仙,乘彼白云,还于帝乡,何辱之有?'"),注意于生命财产,及种族之发达。又云"多男授职",其目的务使人人各尽其天职,以担任家庭社会义务,决不令子弟游惰,致以分利而阻社会之进步。又云"富而分人",其目的在广布公益公德(如今善堂工场及各种义举之类),深有合于今日生计学家掷母财养劳动者之主义,可为当日社会思想之代表。以此寿君上,虽南山之颂,何以过之。至于黄帝龙衮之颂(《太平御览》五百七十一引夏侯元《辩乐论》曰:"黄帝备物,始垂衣裳,时则有龙衮之颂。"),夏禹大化、大训、六府、九厚之歌(《尚书大传》曰:"歌大化大训六府九原,而夏道兴。"郑注谓此四章皆歌禹之功),皆不能忘其君上之功德,乃作为歌颂以纪念之也。

丁、民之参预政事

《周礼》小司寇之职,掌外朝之政以致万民而询焉。一曰询国危,二曰询国迁,三曰询立君,是人民参预政事也。而其事实始于唐虞,《尚书·大禹谟》:"帝曰:禹,官占,惟先蔽志,昆命于元龟。"《孔传》:"蔽,断也,官占之法。先断人志,后命于元龟。"《孔疏》引《洪范》"谋及乃心,谋及卿士,谋及庶人",以释先断人志。然则舜之传位于禹,固曾谋及庶人也。夏时谋及庶人之事,虽不可考,然禹得《洪范》之传,必能施诸实际。若盘庚之诞告有众,咸造在王庭,尤其彰彰者。总之,自唐虞以来,人民有参预政事之能力,可断言也。

虞帝之教,其君子尊仁畏义,耻费轻实。夏民之敝,蠢而愚,乔而野,朴而不文。殷民之敝,荡而不静,胜而无耻。(孔子之言,见《礼·表记》)

第六节　婚姻

无同姓异姓之别，如颛顼女女修，为伯益之曾祖母，尧二女嫁舜，皆同姓连婚是也。娶妻甚早，故三十不娶便谓之鳏，如《尚书·尧典》称有鳏在下曰虞舜（舜时年方三十，《舜典》："舜生三十，征庸。"）是也。一夫娶数妇，姊妹嫁于一夫，无嫡庶之分，如舜妻尧二女，夏少康娶虞思二姚是也。有赠嫁之奁，如尧以女娶舜，并备牛羊仓廪是也。至于馆甥贰室，乃作婿之韵事，嫁女而天下随之，尧之相攸尤特别焉。

娥皇女英像

第七节　丧葬

父母之丧三年，"舜崩，百姓如丧考妣三年"（《孟子》）是也。有棺椁，《礼·檀弓》言"有虞氏瓦棺，夏后氏堲周，殷人棺椁"是也。有坟墓。《黄帝内传》"帝斩蚩尤，因置坟墓"；《汉书·地理志》"济阴成阳有尧冢"（《皇览》，又《帝王世纪》说同）；《春秋》僖三十二年《传》："其南陵夏后皋之墓也"（皋，夏桀之祖父）；《史记·殷本纪》裴骃《集解》引《皇览》曰："汤冢在济阴亳县北东郭，冢四方，方各十步，高七尺"；《尚书·牧誓》封比干墓，是也。有墓铭。唐开元四年，偃师耕者得比干之墓，铜盘篆文，有"右林左泉，后冈前进"云云（周益公跋王献之保母碑引此），是也。夫妇不合葬。《礼·檀弓》："舜葬于苍梧之野，盖三妃未之从也。"郑注："古者不合葬。"孔疏："从，犹就也。古不合葬。故舜之三妃，不就苍梧与舜合葬也。"

第八节 祭祀

　　黄帝作合宫以祀上帝，接万灵，立天神地祇。物类之官，各司其序，使民神异业。自少皞氏之衰，九黎乱德，民神杂糅，家为巫史（黎，苗也。苗俗信鬼，至今犹然），神权迷信，牢不可破。至颛顼时，有南正重司天以属神，北正黎司地以属民，民间乃复故常，不相侵渎。舜巡狩五岳，禋于六宗，望于山川，遍于群神。大概我国古时，以天为万能有力之主宰，谓平生所为事业，悉出于天之支配，遭凶祸，则曰天罚而谢之；遇幸福，则曰天佑而拜之，因此遂有祭天之事。而祭有一定之季节，又有一定之牺牲，然亦有临时特别祭之者。次于天之祭者，有四时、寒暑、日月、星辰、水旱等，曰六宗之祀。次于六宗者，有群神之祭，山川之祭。当时所祭之山川，则为泰、霍、华、恒、嵩五岳，江、淮、河、济四渎。此外蜡及祖先之祭，亦皆备礼焉。其致神之礼，有虞氏尚用气，殷人尚声（《礼·郊特牲》）。其祭器，有虞氏有泰尊，夏后氏有山罍，殷有著尊；夏后氏爵以琖，殷以斝；有虞氏俎以梡，夏后氏以嶡，殷以椇；夏后氏以楬豆，殷玉豆。其祭品，夏后氏牲尚黑，殷白牡；有虞氏祭首，夏后氏祭心，殷祭肝。（均见《礼·明堂位》）又《夏书》奠高山大川；孔子告子张以为牲币之物，五岳视三公，小名山视子男；《山海经》作于禹益，其中每言自某山至某山，其祠之礼用何祈，用何瘗，用何糈（大概米用秾稻，牲用雄鸡白狗牛羊豕等，玉用圭璋璧等），亦可考

泰山神东岳大帝

见当时祭祀之品物矣。

第九节　养老

养老之礼，始于虞舜，名曰燕礼；夏曰飨礼，殷曰食礼。《记》称"有虞氏贵德而尚齿，夏后氏贵爵而尚齿，殷人贵富而尚齿"是也。其原因为怜困难之老人，及恤有功勋于国家者而设，以化万民于慈顺，导万民于孝悌。其养之之地，有虞氏养国老于上庠，养庶老于下庠；夏后氏养国老于东序，养庶老于西序；殷人养国老于右学，养庶老于左学。

第十节　谚语

"吾王不游，吾何以休；吾王不豫，吾何以助"（《孟子》，晏子对景公引夏谚），此非夏人之谚乎？以王者之游为乐，以王者之不游为虑，可想其时下情上达、上德下宣之景象。而君主既出而与民相见，民亦决无惊犯乘舆之事也。后世君主，深宫高拱，常不知稼穑之艰难。加以贪污官吏之匿灾，乡间清议之衰息，民情风俗，壅于上闻，坐困颠连而无所控诉。读《小雅·各什》，可以悲矣。间有举巡方之典者，又复一意遨游（如秦皇、汉武之类），不注意于民情风俗。官吏供亿之费，苛派于民间；侍从需索之物，取办于闾里。民一闻天子之来，且不胜其惶遽愁苦焉。以视夏民，其忻戚之相去为何如也。

秦始皇嬴政像

第三章 周初至周之中叶

第一节 概论

周之始祖后稷，为中国研究农学之鼻祖。其裔孙太王居豳，虽陶复陶穴，不脱戎狄之俗；然能复修旧业，注重农务，观《诗·豳风》所咏，可以知矣。故周公常以此示成王，使知稼穑之艰难。而周代人民之职业，大抵以农为本位。太王之迁岐也，渐革陋俗。至于文王，教化大行，国中耕者让畔，行者让路，虞、芮（二国名）由此质成。且南方旧为苗族之根据地，古称难化，虽经神禹削平而驱逐之，究为王化所不及；乃因被文王之化，遂尔风清俗美。今观《诗》《周南》、《召南》所咏，如《桃夭》篇之男女以正，婚姻以时；《江汉》篇之前日游女，不可复求；《行露》篇之女子守礼，不能无家强取；《摽梅》篇之女子贞信，惧见辱于强暴；《野有死麕》篇之女子贞洁，不为强暴所污，可见前日淫乱之俗已革，而强掳人女为妻之恶俗，亦将不禁而自绝也。又以文王后妃之不妒，而小星江汜，嫡妾无猜，苤苢之和平，蘩蘩之肃穆，皆征刑于之效。加以周召之制礼宣化，成康之重熙累洽，于是社会之进化，遂有一飞冲天之概。

一切风俗制度，即当文明之世，亦必略最存初之制，以示不忘古。如古时未有衣裳，人但知蔽前而不蔽后；其后既有衣裳，而仍为芾以象之，《诗》所谓"赤芾在股"是也。古时未有宫室，至黄帝为合宫，覆以茅茨；其后明堂之制特

周文王像

隆，而仍略缀以茅，《左氏》所谓"清庙茅屋"是也。古时未有酒醴，而祭用水；其后酒醴既丰，而祭仍用水，《礼·郊特牲》所谓"元酒明水贵五味之本"是也。古时未有火化，茹毛饮血；其后既熟食，而祭仍不废毛血，《礼·礼运》所谓"荐其毛血"是也。古时狩猎为生而饮其血，故盟誓皆歃血，器成亦涂以血；其后虽不茹血，而器成及盟誓仍用之，《周官》所谓"衅宝器"、《左传》所谓"歃血"是也。是亦崇古思想之一斑矣。

第二节 饮食

　　常食用谷类、蔬菜等物，多蒸而食，蔬菜多用羹。又食肉之风亦盛行，鱼、鸟、牛、豚、羊，称五鼎之食，当时人民最嗜好焉。又马、鹿、熊、狼之类，亦多捕而食之。其制作配合之法，观《礼·内则》一篇，可得大概矣。饮物有酒、醴、浆、酏等。酒系夏后时仪狄之发明，周时有杜康者，更改良其制造法，大流行于世间，为燕飨之必需品，朝廷设酒正掌之。醴者，甘酒也；浆、酏为食物之附属品。此外犹有种种饮料，而茶其最著者也。茶发明于殷周时，周人用之者多。齐晏婴甚爱赏之。(《尔雅·释木》："茶，苦荼。"郭注："树小如栀子，冬生叶，可以为饮。"唐皮日休《茶经序》以苦茶为茶。《野客丛书》说亦同)。又夏月用冰。《诗》曰："二之日凿冰冲冲，三之日纳于凌阴。"凌阴即冰室，《周礼》有"凌人掌冰正"，是也。

杜康塑像

第三节 衣服

衣正色，裳间色（《玉藻》）。普通之冠用弁（《诗》"突而弁兮"），大夫士则冠元端。诸侯斋时，用元冠丹组缨；大夫士斋时，元冠綦组缨。大夫士夕服深衣。士不衣织，不衣狐白。无君者（大夫士去位）不二采。裘用狐麛羔等兽皮为之。童子不裘不帛，其衣缁布，以锦缘之，带亦锦为之（《玉藻》），有衿缨（用双发结之）、容臭（香物也）、槃（小囊也）等之饰。妇人之命服，除世妇外，皆从男子。其常服亦用绤絺布锦，其首饰有笄髢、玉瑱、象揥等。凡男女之衣服，多用袭衣（郑注《内则》："袭，重衣也。"）。

第四节 阶级制度

凡一种族征服他种族之人民，必加其所征服者以不同等之号，甚则以奴隶待之。如《尧典》分百姓、黎民为二。百姓，贵族也（《国语》：王公之子弟由天子赐姓以监其官者，是谓百姓）。黎民，即苗民。黎，黑色也，犹言黑人。以其为汉族所征服，故以种色区之为贱族也。周人之称殷民为迷民、仇民、顽民，亦略有此意。是征服之民一级也。（印度分人为四种，最上者称婆罗门，其次为刹利，其次为毗舍，最下者为首陀，不许互通婚。欧人大率分僧侣、贵族、公民、奴隶四种。）奴隶起源，一由罪人，二由鬻身。罪人之为奴隶，又分二种：有犯重辟而籍其家族为奴者（《周礼·秋官》："为奴，男子入于罪隶，女子入于舂藁。"），有无钱赎罪而为奴以赎罪者（《周礼》："质人掌民人之质剂。"）。至鬻身为奴，实因生计窘迫，而其主人率视之为赀产。《曲礼》："问大夫之富，曰有宰食力。"宰，即家臣。而"宰"字本义，为罪人在屋下执事者之称，从宀从辛。辛，罪也，见《说文》。《三国志》注引《魏略》："匈奴名奴婢曰赀。"）可证是奴隶又一级也。《曲礼》："礼不下庶人，刑不上大夫。"周制命夫命妇

不躬坐狱讼，王族有罪不即市。而庶人祭不得立庙，不得行冠礼，葬不为雨止，贵贱之分甚严。是庶人又一级也。周时封建世禄之制备，诸侯之臣下，皆为世官。故士之子常为士，农之子常为农，工之子常为工，商之子常为商。士以外农、工、商，皆庶人也。然亦设特别之例，凡聪颖异常者，可由农工商之资格而升为士。农工商中，农居多数，农之秀者为士。观董仲舒《春秋繁露·五行相生》篇，有"农斯有士"之言而益信。

第五节 家族主义

中国为宗法社会，故家族政治自古已严，至周尤甚。盖儒家最注心力于此，正父子兄弟之道，明长幼贵贱之序，严男女之别。一家之内，子必从父，妇必从夫，弟必从兄。虽有极重大、极紧要之事件，不能破范围而违其节制，否则加以犯分之恶名，定以不孝、不恭、不顺之大罪。又，男女至七岁以上者不得共席，一切物品不可交相授受。

第六节 名姓氏族之辨

夏禹之世，有名有姓而无字与谥，亦无氏，贵贱皆呼其名不相讳。至周时，呼字之俗起，丈夫二十冠而命字，无称名者，惟于臣子及幼贱者名之。谥法亦自周始，人死则谏其行以立谥，而讳生时名。有物与死者同名，臣子必易其物名。如晋僖侯名司徒，便废司徒为中军；宋武公名司空，便废司空为司城。鲁申繻谓"以畜牲则废祀，以器币则废礼"是也。姓者，生也，所以明世系而别种族也。氏者，犹家，所以表家门也。故一姓分为数十百氏。姓之起在太古，据古史，五帝皆有姓。唐虞时种族甚多，有百姓之称。及周兴，姬姓繁衍于华夏，异姓渐绌，然犹有二十余姓。周衰，姜、芈、妫、

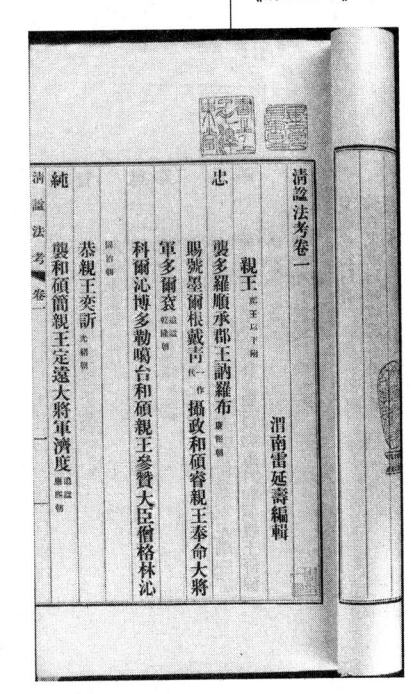

《清谥法考》书影

嬴踵兴，与诸姓相轧，而他姓愈微。氏始于以地名冠名，自周以前亦有之，然非人人必用之。周时王子王孙、公卿诸侯，大抵以国邑为氏，后裔虽亡，其地亦袭称之。诸侯子孙称公子公孙，公孙之子以王父字为族，世臣率以邑为族，官有世功则有官族。族者，氏之支别也，通谓之氏。男子冠名以氏而不称姓。姓者，妇人所称也，故其字多从女，如姬、姜之属。及战国时，妇人亦不称姓，而姓之用废。自是以氏族作姓，姓与氏无有异义矣。（以邑为氏，如晋韩氏、赵氏、魏氏之类。以官为氏，如晋士氏及中行氏之类。以字为氏，如郑子国之后以国为氏，子驷之后以驷为氏。）

第七节 冠婚

男子二十而冠，女子十五而笄，表其有成人之资格也。冠礼为礼之始，不可不恭敬行之。故先卜日之吉凶，而请人举行加冠式。至期，冠者之父著礼服，迎加冠之人，而使加其冠于子，又命冠者之字。成人后自称以名，称人以字。加冠式既终，有谒亲属之长者，及乡大夫、乡先生等之礼。婚礼必有媒氏以交通二家，依彼介绍而举行其礼节者也。其举行之次第如下：凡娶女先由夫家托赘物于媒氏，纳于女之父，谓之纳采。女父既承诺，则问女之名，谓之问名。媒氏归于夫家而卜其吉凶，若吉，则更遣使告之于女父，谓之纳吉。纳吉之式既终，则纳元纁十端、兽皮（即太古时之俪皮）二枚于女父，为纳婚之约信，谓之纳征。由是自夫家请求婚礼之期日，谓之请期。至期为婿者著礼服，乘黑车，往女家亲迎其妇，谓之亲迎。其时嫡妾之分甚严，王之嫡妻曰后，诸侯曰夫人，大夫曰内子，士曰妇人，庶人曰妻，皆与其夫齐位，群妾莫敢与为匹。

周更夏、商之制，称女以姓。男子三十而娶，女子二十而嫁。嫁娶不能太早，且不可施于同姓。买妾不知其姓则卜之，恐其同也。此其理由，暗与今日生理学家忌早婚及血属结婚之理相符合。（东西**统计家**言，愈文明之国，其民之结婚愈迟，野蛮国反是。故印度人十五而生子者，率以为常，欧人二十而结婚者甚少。且结婚太早，男女身体、神经未发达，生子必痿弱。且早婚不但害于传种，而亦害于教育，以其身无为人父母之资

统计家，即统计学家。

中国风俗史

格，必不能任家庭之教育也。）汉王吉所谓"未知为人父母之道而有子，是以教化不明而民多夭"（《汉书》本传）；史伯所谓"气同则不继"（《国语·郑语》）；叔詹所谓"男女同姓，其生不蕃"（《春秋》僖十二年传），是也。且中国之始立国也，群后列据四方，不相混和。王者虽能以德与力尽服九州，然异姓之于王家，既非宗藩之亲附者可比，究难泯其竞争，而求其协和。故利用嫁娶以联合异姓，在当时为切要之事，从此因仍成俗，遂为不易之法。

第八节 乡饮酒、养老

乡饮酒之礼，集一乡之人而开宴会，今所谓乡党亲睦会、恳亲会者，是其遗意也。其主义重相亲睦、相尊敬，明长幼之序，习宾主之礼。其集会之时，有三年一度者，乡学生卒业而出仕。时乡大夫为主人，乡之父老为宾客，其中最老而知礼节者为上宾，余为众宾。又有一年二度者，州长习射而为饮也；一年一度者，党正于习射时开会也。又乡大夫常会其乡之贤能而开筵宴，凡宴时，乐人奏歌诗以发扬其志气，盖一地方自治之现象也。

养老自五十岁者始，五十岁以上，每增十岁者，用最殷勤之礼，养之于大学或小学，然非终身恩给。一年中七次招集之，使学士亲目击之。谋风教之陶冶，与乡饮同为良法。

第九节 丧葬

丧葬之礼节，皆整顿于周，由贵贱亲疏而有种种差别，其用情之厚，世界所未见也。周公立制，节目详备，哭泣擗踊皆有法。人死则必先复。复者，招魂之礼也。又有沐浴、饭含、小敛、大敛之礼。凡居父母君师之丧，上自天子，下至庶人，无贵贱上下之别，皆以三年为定例。父母之丧曰制丧，君之丧曰方丧，师之丧曰心丧。今由亲疏论其差异：父母之丧，著斩衰之服二十五月，谓之三年之丧；其次祖父母、伯叔父母、昆弟之

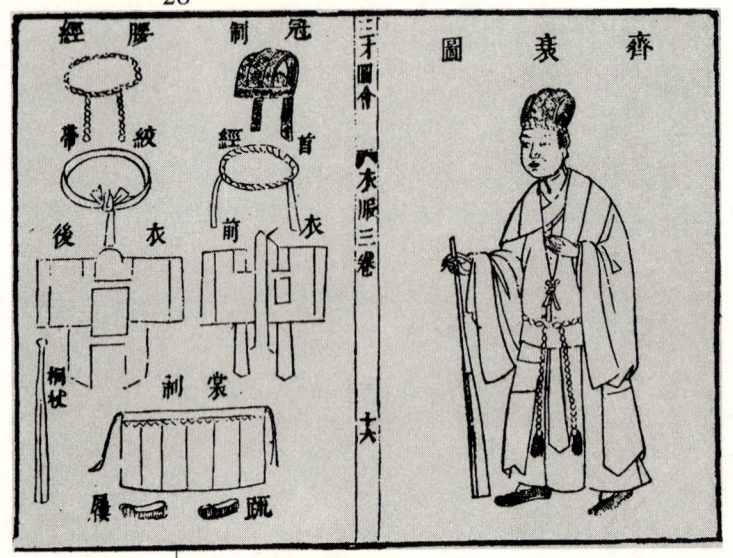

古代齐衰图

丧，著齐衰之服十三月，谓之期丧；又次为从父昆弟之丧，著大功之服九月；又次为再从昆弟、外祖父母之丧，著小功之服五月；又次为三从昆弟之丧，著缌麻之服三月。王崩，群臣诸侯皆居丧三年，嗣王不亲政，谓之谅暗，百官皆听于冢宰。诸侯薨，亦如之。葬式之差别，天子七日而殡，七月而葬；诸侯五日殡，五月葬；大夫、士三日殡，三月或逾月葬。而天子葬同轨毕至，诸侯葬同盟至，大夫、士葬同位至，庶人葬族党相会。棺椁衣衾，自天子至于庶人，务尽其美。棺厚五寸，椁称之。而其做法，天子四重，诸侯三重，皆用松；大夫二重，用柏；庶人一重，用杂木。葬之时有挽歌，见于《檀弓》、《春秋》、《庄子》、《列子》等书。（《檀弓》："季武子之丧，曾点倚其门而歌。"《春秋》："哀公会吴子伐齐。将战，公孙夏命其徒歌虞殡，示必死也。"《庄子》："绋讴所生，必于斥苦。"司马彪注："绋读曰拂，引柩索；讴，挽歌；斥，疏缓；苦，急促。言引绋讴者，为人用力也。"《列子·仲尼篇》："季梁之死，杨朱望其门而歌。随梧之死，杨朱抚其尸而哭。"唐段成式《酉阳杂俎》曾引《春秋》、《庄子》二事，以辨挽歌之非始于田横之客。）

第十节 祭祀

国之大事，祀居其一。天地、日月、星辰、山川、林泽，皆神而祭之。不营神祠，不设神像，或作主，或望祭之。有大采朝日、小采夕月之礼。以日月之食，及山崩川竭为灾变，必有以禜之。大夫祭宗庙五祀，士庶人祭其祖先。此等之祭有四时，春曰祠，夏曰礿，秋曰尝，冬曰烝。庶人祭品，春用韭，夏用麦，秋用黍，冬用稻。始祖之庙，其主百世不迁。迁主所藏之庙曰祧祖庙，亲尽则迁其主于祧，而致新主于庙。天子七庙，诸侯五庙，大夫三庙，士一庙；庶人无庙，祭于寝。

第十一节　蛊毒

《周官·诵训》："掌道方志以诏观事，掌道方慝以诏避忌，以知地俗。"谓蛊毒之类，皆为方慝。"庶氏掌除蛊，以攻说禬之嘉草攻之。"是周时已有蛊毒也。按：《隋书·志》云："江南之地多蛊，以五月五日取百种虫，大者至蛇，小者至虱，合置器中，令自相啖，余一种存之。蛇则曰蛇毒，虱则曰虱毒。欲以杀人，因入人腹中，食其五脏，死则其产移入蛊主之家。三年不杀人，则蓄者自钟其害，累世子孙相传不绝。自侯景之乱，杀戮殆尽，蛊者多绝。既无主人，故飞游道路之中则殒焉。后其俗移于滇中，每遇亥夜，则蛊飞出饮水，其光如星。鲍照诗所谓'吹痛蛊行

蛊毒遇救图

晖'者也。"

大抵蛊毒起于野蛮时代，及世界文明，则惟野番之俗行之。蛊之字上从虫、下从皿，皿内多虫，蛊之所由制也。伏羲重卦，即有蛊卦。孔颖达《易正义》引褚氏云："蛊者，惑也。"《春秋》昭元年传："秦医和谓晋侯之疾如蛊，非鬼非食，惑以丧志。"亦引《易》女惑男谓之蛊为证。盖中蛊毒者，必迷惑不省人事，故惑为蛊字应有之义。由蛊之有惑义，可推知伏羲重卦之蛊，即蛊毒之蛊，而蛊毒不自周时始矣。此蛊毒起于野蛮时代之说也。至于野番之行蛊毒，则今黔粤之苗黎最著焉。

然粤地之胡蔓草麻药，亦蛊毒之类也。胡蔓草叶如茶，其花黄而小，一叶入口，百窍溃血，人无复生。迩来品汇益盛，花叶异常，不独郊外，虽邑中亦在在有之。凶民将取以毒人，则招摇若喜舞然，真妖物也。或有私怨者茹之，呷水一口，则肠立断。或与人哄，置毒于食以毙其亲，诬以人命者有之。麻药置酒中，饮后昏不知人，富室每诱小民饮之以夺其货财。然醒后不死，亦恶物也。《范石湖集》有治蛊毒之方，岭南卫生方有治胡蔓草毒之法，皆问俗者所宜加意者耳。

然今之鸦片，亦蛊毒之类也。李时珍《本草纲目》云："鸦片前代罕闻，近方有用者。"盖自明以前，上不称于史传，下无闻于私家记录，而流行之速，倏忽遍于内地。烁人之膏血，丧人之志气，陷全国民族于气息奄奄、不生不死之中。小之则以败家，大之至于亡国。虽有识者正告之以如何之毒，而懵然不一悟，或悟而不能自拔。前者林文忠公既徒费苦心，今者朝廷虽大申吃烟之禁，而我烟民之沉梦如故。此种人若与之语及蛊毒，则咸畏之如蛇蝎虎豹，独于几千万倍于蛊毒者，自吸之而自安之，焰蛾巢燕，甘心走入死地也。悲夫！

第十二节 言语

父为考，母为妣。父之考为王父，父之妣为王母。王父之考为曾祖王父，王父之妣为曾祖王母。曾祖王父之考为高祖王父，曾祖王父之妣为高祖王母。父之世父叔父为从祖父，父之世母叔母为从祖母。父之昆弟，先

《范石湖集》，宋人范成大（号石湖）的别集。

生为世父,后生为叔父。男子先生为兄,后生为弟。女子谓先生为姊,后生为妹。父之姊妹为姑,父之从父昆弟为从祖父。父之从祖昆弟为族父,族父之子相谓为族昆弟,族昆弟之子相谓为亲,同姓兄之子、弟之子相谓为从父昆弟。子之子为孙,孙之子为曾孙,曾孙之子为元孙,元孙之子为来孙,来孙之子为昆孙,昆孙之子为仍孙,仍孙之子为云孙。王父之姊妹为王姑,曾祖王父之姊妹为曾祖王姑,高祖王父之姊妹为高祖王姑。父之从父姊妹为从祖姑,父之从祖姊妹为族祖姑,父之从父昆弟之母为从祖王母,父之从祖昆弟之母为族祖王母。父之兄妻为世母,父之弟妻为叔母,父之从父昆弟之妻为从祖母,父之从祖昆弟之妻为族祖母。父之从祖祖父为族曾王父,父之从祖祖母为族曾王母,父之妾为庶母。母之考为外王父,母之妣为外王母,母之昆弟为舅,母之从父昆弟为从舅。妻之父为外舅,妻之母为外姑。姑之子为甥,舅之子为甥。妻之昆弟为甥,姊妹之夫为甥,妻之姊妹同出为姨。女子谓姊妹之夫为私,男子谓姊妹之子为出。女子谓昆弟之子为侄,谓出之子为离孙,谓侄之子为归孙,女子子之子为外孙。女子同出谓先生为姒,后生为娣。女子谓兄之妻为嫂,弟之妻为妇。长妇谓稚妇为娣妇,娣妇谓长妇为姒妇。妇称夫之父曰舅,称曰之母曰姑。姑舅生则曰君舅君姑,没则曰先舅先姑。谓夫之庶母为少姑,夫之兄为兄公,夫之弟为叔,夫之姊为女公,夫之女弟为女妹,子之妻为妇,长妇为嫡妇,众妇为庶妇,女子子之夫为婿,婿之父为姻,妇之父为婚。妇之父母,婿之父母,相谓为婚姻。两婿相谓为亚。妇之党为婚兄弟,婿之党为姻兄弟。谓我舅者,吾谓之甥也(《尔雅·释亲》)。

如 《尔雅·释诂》:"如,往也。"按:如即奴字,妇女在内,必借奴传出入之言,故从女从口,即走信的人,故训往也。各亦即奴字,从口,犹有如义,谓供奔走者。各加足则为路,路亦走路的人。蛮貉之貉从各,以奴称之也。洛水出于貉地,故洛亦从各。知各之为奴,而如之为奴益确。今吾江

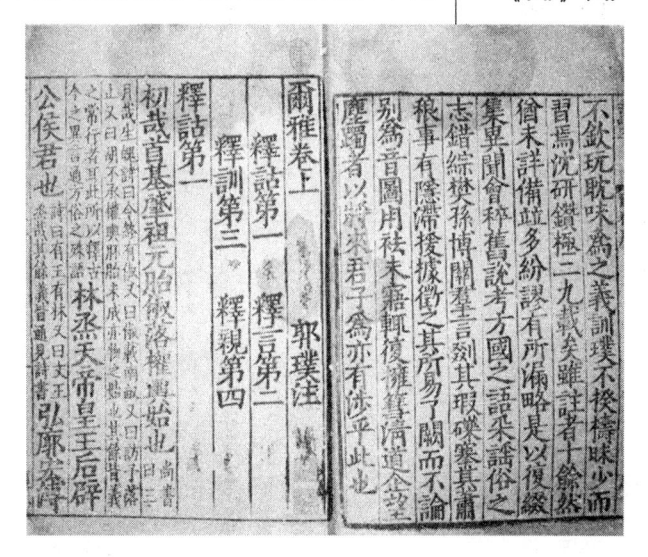

《尔雅》书影

西万载土语,尚读如为奴。

作 《尔雅·释言》:"作,为也。"按:作即做字。《诗·小雅》:"采薇采薇,薇亦作止。曰归曰归,岁亦莫止。"莫即今之暮字,作与莫叶韵,故作即做字也。《后汉书·廉范传》:"民歌之曰:廉叔度,来何暮,不禁火,民安作。昔无襦,今五袴。"亦同。

胡(鬍) 《诗》"狼跋其胡",毛以为狼之老者,则颔下垂胡。胡考之休,注疏家皆训为寿考。按:胡从月从古。月,古老也。老人颈上,月常下垂,与狼老之垂胡者同,寿征也。胡加髟则为胡须也,老人有须也。

吴(吳) 《诗·周颂》:"不吴不敖。"《毛传》:"吴,哗也。"按:吴,大呼也,古音我瓜切,与𠃑字同。蛙之从圭,以声大也。勹象头不正之形,口出声大,头必不正,故吴从勹也。吴加虍则为虞。虍,戴虎冠也。戴虎冠而大呼,犹是喧哗之义。吴、虞字古通用,《汉书·武帝纪》引"不吴不敖",作"不虞不骜"。《释名》:"吴,虞也。"石鼓文有吴人,注曰虞人。杨用修谓吴,古虞字省文,如摩之省为乎。今昆山有浦名大虞小虞,俗称大吴小吴,吾萍称蜈蚣为蟆蚣。

舟 《诗·大雅·公刘》章:"何以舟之,维玉及瑶,鞞琫容刀。"《毛传》:"舟,带也。"按:舟与刀倒字义同。《诗》:"曾不容刀。"《毛传》:"舠,小舟也。"古人带刀常倒挂,舟之行,舟子常倒走,故谓舟为刀,倒之义也。舟有酬义,以受(受)字证之,受之受,即摽梅之摽。摽读为求妙切,今人谓以物件摽(俵)人即此字。中加一,舟也。舟不时往还,摽者礼尚往还,酬报之也,亦含倒意。且何以舟之下文,即鞞琫容

《诗经·豳风·狼跋》诗意图

刀，刀固须倒挂也。倒挂，即带也。又舟之行或三五艘，或十数艘，前后以环索相连，亦带之义也。

选　《左传》："弗去惧选。"杜预注："数也。"今苏州谓责人罪过曰抚选，而吾萍语亦同，但读若迁。

秠　《国语》："军无秠政。"吾萍语面鄙薄人，或谓人言不是，皆曰秠。但一作否，丕上声，而苏州谓事不实亦曰秠。

捽　《左传》："捽而出之。"吾萍语谓打人曰捽，而苏州谓以手执人曰捽。

眠娗　眠，莫典切。娗，徒典切。《列子》："眠娗諈诿。"眠娗，瑟缩不正之貌。今苏州谓不倜傥曰眠娗。

璞鼠　《尹文子》：郑人谓玉未理者为璞。周人谓郑贾曰："欲买璞乎。"郑贾曰："欲之出其璞，乃腐鼠也。"

妻子　谓妻也。《诗》："妻子好合。"《韩非子》：郑县人卜子，使其妻为袴。其妻问曰："今袴何如？"夫曰："象吾故袴。"妻子因毁新，令如故袴。杜子美诗：结发为妻子，席不暖君床。

月半　《仪礼·士丧礼》："月半不殷奠。"《礼记·祭义》："朔月月半君巡牲。"后人以十五为月半，本此。又《周礼·大司乐》"王大食三侑"注：大食朔月月半，以乐侑食时也。岑参诗："凉州三月半，犹未脱春衣。"韩愈诗："南方二月半，春物亦已少。"李商隐诗："白日当天三月半。"晋温峤与陶侃书："克后月半大举。"

陇种　顾氏《日知录》：按《荀子》角鹿埵陇种东笼而退耳。注云：其义未详。盖皆摧败披靡之意。今考之《旧唐书·窦轨传》，高祖谓轨曰："公之入蜀，车骑骠骑从者二十人，为公所斩略尽。我陇种车骑，未足给公。"《北史·李穆传》：芒山之战，周文帝马中流矢，惊逸坠地。穆下马，以策击周文背，骂曰："笼冻军士，尔曹主何在？尔独住此！"盖周隋时人尚有此语。今江浙间尚有怪怪龙东之语。

盐　去声，以醯腌物也。《礼·内则》：屑桂与姜，以洒诸上而盐之。

火　《司马法》"人人正正辞辞火火"注：言一火与一火，犹人人殊之人人也。按即俗谓火伴。古《木兰诗》：出门看火伴。《唐书·兵志》：府兵十人为火，火有长。骠骑十人为火，五火为团。《通典·兵制》：五人为烈，烈有头目。二烈为火，立火子，五火为队。

恙 《尔雅·释诂》："恙，忧也。"疏："恙者，《聘礼》云：'公问君，宾对，公再拜。'郑注云：'拜其无恙。'郭云：'今人云无恙，谓无忧也。'"又噬虫，善食人心。《风俗通》："噬虫能食人心。"古者草居多被此毒，故相问劳曰无恙。如《战国策》赵威后问齐使曰"王亦无恙"，及《说苑》魏文侯语仓庚曰"击无恙"，《前汉书》武帝报公孙宏曰"何恙不已"，《晋书·文苑》顾恺之与殷仲堪笺"布帆无恙"，《隋书》"日本遣使致书皇帝无恙"，皆问劳之辞也，音漾。《楚辞·九辩》"还及君之无恙"，音羊。

孟浪 《庄子·齐物论》："夫子以为孟浪之言。"徐邈读"莽朗"，向秀读"漫澜"。《集韵》："孟浪犹较略也。一曰不精要之貌。"

步行 《管子》："步行者杂文采。"又《淮南子》："为车者步行。"

强梁 《庄子》："从其强梁，随其曲传。"又《扬子》："君子强梁以德，小人强梁以力。"《诗·武人东征》疏："荆舒强梁而难服。"

多事 《庄子》："尧曰富则多事。"《韩非子》："喜之则多事。"《魏书·斛斯椿传》："椿狡猾多事。"

家事 《左传》赵孟对子木曰：夫子之家事治。《国语》公父文伯之母曰："合家事于内朝。"又《史记·赵奢传》：受命之日，不问家事。

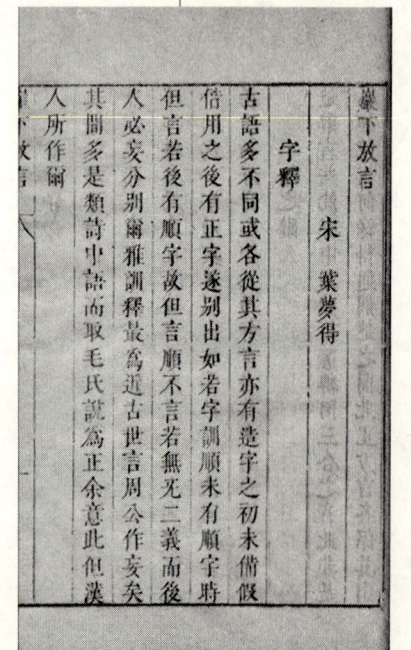

宋叶梦得《岩下放言》：楚辞曰些。沈存中谓梵语萨缚阿三合之音，此非是。不知梵语何缘得通荆楚之间，此正方言各系其山川风气使然，安可以义考。大抵古文多有卒语之词，如"螽斯羽诜诜兮，宜尔子孙振振兮"，以"兮"为终，《老子》文亦多然；"母也天只，不谅人只"，以"只"为终；"狂童之狂也且，椒聊且，远条且"，以"且"为终；"唐棣之华，偏其反而，俟我于著乎而，充耳以素乎而"，以"而"为终；"既曰归止，曷又怀止"，以"止"为终，无不皆然。风俗所习，齐不可移之宋，郑不可移之许。后世文体既变，不复论其终，为楚辞者类皆用些语，已误；更欲穷其义，失之远矣。

其余见于《尔雅》者不可枚举。

第二编　驳杂时代

第一章　春秋战国

第一节　概论

　　先儒谓风之变也，匹夫匹妇得以讽刺。盖《诗·国风》所咏，多系春秋时事，其美善刺恶，犹存三代之直道，与《春秋》一书之笔削，无甚差异。至王迹熄而《诗》亡，《诗》亡而《春秋》作，王者之天下，变而为霸者之天下，霸者之天下，变而为七雄之天下，觇世变者每不胜匪风下泉之思焉。然春秋时犹尊礼重信，而七国则绝不言礼与信矣；春秋时犹宗周王，而七国则绝不言王矣；春秋时犹严祭祀、重聘享，而七国则无其事矣；春秋时犹论宗姓氏族，而七国则无一言及之矣；春秋时犹宴会赋诗，而七国则不闻矣；春秋时犹有赴告策书，而七国则无有矣。李康《运命论》所谓"辨诈之伪，成于七国"者也。盖至七国时，文武周公之礼乐刑政既荡然扫地，攻伐争斗，较春秋尤甚，诈力权谋，公行而无所讳惮。脱仁义道德之假象，而露出弱肉强食之真面目，英雄豪杰，互相见于战争场里，演极

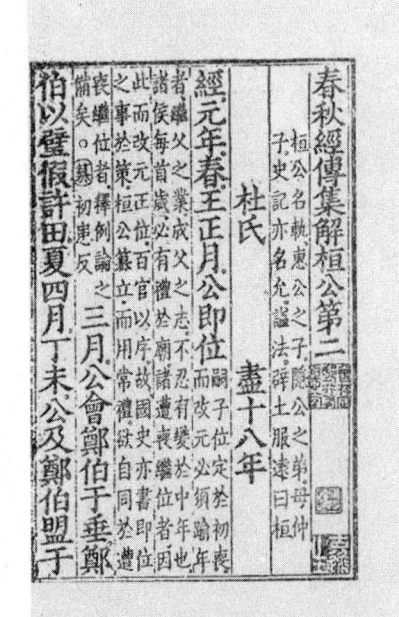

《春秋经传集解》书影

惨烈之活剧；诸侯自称王号，各不相下，周虽有其名，而天下早已无王矣。然则以春秋较诸战国，犹觉彼胜于此。今以《国风》证之：《葛屦》、《彼汾》，见魏俗之勤俭而褊急；《蟋蟀》、《山枢》，见唐俗之勤俭而质朴；《小戎》、《无衣》，见秦俗之尚武，而女子亦知勤王；《缁衣》、《同车》，见郑俗之爱贤而好德，宛如好色；《干旄》之美下贤也，《羔裘》之重司直也，《伐檀》之志不素餐也，《素冠》之思终丧人也，《凯风》、《陟岵》之慕孝子也，《芄兰》之戒童子躐等也，《扬之水》之戒偏重外戚也，《采苓》防有鹊巢之刺谗贼也，皆于世道人心大有关系，以视战国之薄俗何如哉！

第二节 阶级制度之破坏

周代阶级之制甚严，至孔子作《春秋》始讥世卿（武氏，任叔之子），以等贵族于平民。自是用人亦渐不拘资格，如楚举申鲜虞于仆赁，晋举屠蒯于庖厨，管仲之举盗，晏子之举囚，赵文子举管库之士，公叔文子举家臣是也。至于宁戚以饭牛歌干齐桓（其歌中有云："大臣在汝侧，吾将与汝适楚国。"），已开战国策士之渐焉。战国则门阀之风荡然扫地。或由匹夫而为将相，或朝贫贱而暮公侯，或起自刑余，或出于盗薮。不论新旧，不问亲疏，苟有奇才异能，虽仇必用，虽奸必荐。加之群雄割据方隅，各自掌握立法行政之权，故士之求显头角者，甲国不用，去而之乙国；或昨日为逃亡之羁旅，今日为荣誉之宰相，以左右其国大政。盖一言论自由、思想自由之社会也。

第三节 义侠

昔太史公之传游侠也，谓"其言必信，其行必果，专以身趋人之急，或借交报仇而不矜其能，羞伐其德"，实有足多，且引季次、原宪以为标准，盖有慨乎其言之也。游侠之风，倡自春秋，盛于战国。春秋之时，晋

荆轲刺秦王画像砖

有公孙杵臼、程婴（《史记·赵世家》：晋屠岸贾杀赵朔，灭其族。朔之妻为晋成公姊，匿于公宫，有遗腹子名武，屠岸贾百计欲索而杀之。朔之客公孙杵臼，与朔之友程婴合谋，以死保赵氏孤儿。杵臼乃抱他人婴儿为赵孤，诱屠岸贾杀死，赵氏真孤得以保全。后赵武卒族灭屠岸贾。）、毕阳（《晋语》：晋伯宗索士庇州犁，得毕阳。及栾弗忌之难，诸大夫害伯宗，毕阳实送州犁于荆），秦有偃息、仲行、鍼虎（秦穆公卒，三良殉葬，国人哀之，为之赋《黄鸟》。历代史家对于此事，未免怀疑。惟东坡咏秦穆公墓，本《郑笺》自杀之说，谓穆公生不诛孟明，岂死之日而忍用其良。乃知三良殉公，意亦如齐之二子从田横云云。则三良亦义侠之士矣），吴有专诸，皆可谓已诺必诚、不爱其躯者。战国时代，强力轻死之风尤甚，故任侠刺客如豫让、要离、墨子、孟胜、徐弱、聂政、蔺相如、信陵君、朱亥、毛遂、鲁仲连、王蠋、虞卿、平原君、唐雎、缩高、荆轲、高渐离、田光、樊於期辈，皆先人后己，勇悍坚卓。其轻死重义之风操，若能尽轨于正，固可使社会上无不平之事也。

第四节　游说

春秋之世，各国多用客卿。如巫臣适吴以病楚，伍员强吴以入郢，晋用楚之亡臣而声子发"楚材晋用"之叹是也。若春秋之末至于战国，则诸侯卿相皆争养士。上自谋夫说客、谈天雕龙、坚白异同之流，下至击剑扛

鼎、鸡鸣狗盗之徒，莫不宾礼，靡衣玉食以馆于上者，何可胜道。越王勾践有君子六千人，魏无忌、齐田文、赵胜、黄歇、吕不韦皆有客三千人。而田文招致任侠奸人六万家于薛，齐之稷下谈者亦千人，魏文侯、燕昭王、燕太子丹皆致客无数。非以此自豪也，因当时竞争剧烈，惟以得人才为第一义。故苟有一技一艺之长，能利于国家者，则不论贵贱，不问亲疏，皆招之为国家之顾问。就中有说士，有剑客，有力士，其种类虽不少，要皆留意于政治上。盖评论政治之得失，为民间之政谈家也，其能力可以裁决政务，及画种种之计略。是故以宾礼待之，则常收非常之效；否则煽动民间，或去而益资敌国。因此一时说客势力，轰震天下，随处惟恐其奉养之不足。国君、卿相以多致贤能之士为名誉，彼孟尝、平原、信陵、春申诸君，有贤公子之价值者，皆以说客之多购之也。

第五节 周末之学风

周室既衰，官失其职，官守之学术，一变而为师儒之学术。且阶级既破，前此为贵族世官所垄断之学问，一举而散诸民间。其传播也最速，其发达也更捷。盖当时言论自由，九流百家，各具有坚苦独行之力，精深奥玮之论，毅然自行其志，思立教以范围天下。孔子为诸子之卓，遂创立儒教，以集其大成。教为儒教，则其书自为儒书，犹今称二教书为佛典、道藏也。故后汉时王充著《论衡》，犹以六经传记为儒书。孔子之没也，儒书大行于齐鲁之间，鲁人皆从儒教，而齐之民间亦传习之。如今之信教自由，不能禁止，然齐人犹有忌之者。《春秋》哀二十一年传："公及齐侯邾子盟于顾，齐人责稽首，因歌之曰：'鲁人之皋，数年不觉，使我高蹈，惟其儒书。'"以为二国忧，盖忌之辞也。自春秋之末至于战国，诸子创教，互相攻击，而攻儒尤甚。如春秋时叔孙武叔、微生亩、荷蒉、接舆、长沮、桀溺、丈人之攻儒，均见于《论语》。若楚子西沮昭王书社之封，齐晏子谏景公以尼溪田封孔子（二事见《史记·孔子世家》），子桑伯子之答门人曰"其质美而文繁，吾欲说而去其文"（《说苑·修文篇》），尤其彰彰者也。战国则墨子攻儒，以久丧厚葬为第一义（见《墨子·非儒

篇》、《淮南子·氾论训》)。孟子将行道,而有臧仓之沮、尹士之讥;滕之父兄百官,皆不欲从孟子三年丧服之制;许行欲以并耕之道胜孟子。好事者至诬孔子于卫主痈疽,于齐主侍人瘠环。庄子、商君、邹衍、尹文子攻儒尤力,然于孔子之教无损也。但当时九流百家既各抱宗旨,自必有一得之长,虽孔子之教不能掩之。此墨子所以竟与孔子中分天下,而**班氏《艺文志》**亦谓"九流为六经之支与流裔",不能废也。然则周末之学界,已呈光明灿烂之景象矣。

孔子讲学图

班氏《艺文志》,即《汉书·艺文志》。

第六节　周末人民之程度

甲、民德

齐民贪粗而好勇,楚民轻果而贼,越民愚疾而垢,秦民贪戾而罔事,齐晋之民谄谀、欺诈、巧佞而好利,燕民愚戆而好贞、轻疾而易死,宋民简易而好正(《管子·水地篇》)。秦国之俗,贪很强力,可威以刑而不可化以善,可劝以赏而不可厉以名(《淮南子·要略训》)。此其大较也。又贾生之论秦俗曰:"商君遗礼义,弃仁恩,并心于进取。行之数岁,秦俗日败。故秦人家富子壮则出分,家贫子壮则出赘;借父耰锄,虑有德色,母取箕帚,立而谇语,抱哺其子,与公并倨;妇姑不相说,则反唇而相稽。"

第二编　驳杂时代

郑子产像

桓十六年传，指《春秋》的"桓公十六年"条之"传"。传即《春秋》三传。

中国风俗史

呜呼，即贾生此言，可以代表战国之民德矣。恶直丑正，各国皆同。如齐之国子，晋之伯宗，皆以好直言而不见容是也。贪纵奢侈之风，由士大夫倡之，如晋栾黡、羊舌鲋、齐庆封、郑伯有、齐子旗、子良等，民间大受其影响。故人皆求富，而子文逃之；富人之所欲，而晏子弗受。郑伯张则谓贵而能贫，晋郤缺则思贱而有耻。子产治郑，予忠俭而毙泰侈者，亦欲以挽斯弊也。

淫乱无耻，以郑卫为最，陈次之，各国亦不甚相远。考之《诗·国风》，卫俗之淫乱，至于男女相约，俟于城隅；婚姻动怀，远其父母。郑俗之淫乱，至于遵大路而揽人袪，相轻薄而谓为"子都"。《狂且狡童》章："子不我思，岂无他人"，《东门》章："岂不尔思，子不我即"，其秽亵已全神如绘。陈俗之淫乱，至于女不绩麻，而赴男女歌舞之会，谓所私为"予美佼人"，而不胜其爱，惟恐其或间。女之思男，有时寤寐无为，涕泗滂沱。呜呼，何其无耻之甚也。及以《春秋》考之，而知其淫乱无耻，固皆自上倡之。盖春秋之世，男女杂乱，怪状百出。有上淫者（桓十六年传：卫宣烝其庶母夷姜。庄二十八年传：晋献烝其庶母齐姜。僖十五年传：晋惠公烝其庶母贾君。宣三年传：郑文公报其叔母陈妫。成七年传：楚襄老之子黑要烝其母夏姬），有夺子妇者（桓十六年传：卫宣为其子伋娶于齐而自取之。昭二十八年传：楚平王为其子建娶于秦而自取之），有夺昆弟之妻者（文七年：鲁穆伯为襄仲聘己氏而自取之），有易内而饮酒者（襄二十八年传：庆封与卢蒲嫳），有彼此通室者（昭二十八年传：晋祁胜与邬臧），有妻好淫而夫纵之者（桓十八年传：桓送文姜与齐襄。定十四年传：卫侯为夫人南子召宋朝），有兄弟姊妹相乱者（齐桓之于文姜），有欲夺人妻而先灭人国、因夺人妻而自杀其身者（庄十四年传：楚文王灭息，取息妫。襄二十二年传：郑游贩将如晋，而以夺妻见杀），有君臣同淫一妇者（陈灵），以及周襄王狄后与夫弟叔带通（僖二十四年传），鲁庄公哀姜与夫弟庆父通（闵二年传），齐声孟子与大夫庆克通（成十七年传），鲁穆姜与大夫叔孙侨如通（成十六年传），晋骊姬与优人通（《国语》），鲁季公鸟之妻与饔人通（昭二十五年传），晋栾桓子之妻与室老通（襄二十一年传）。上自王家，下及士大夫家，内室秽乱，毫不为怪。于是庶子烝母，孙烝祖母，及以兄嫂为妻，竟出自国人之赞成［闵二年传，齐人强招伯（即顽）烝于宣姜。文十六年传：宋人奉公子鲍以因其祖母襄夫人。哀十一年传：卫大叔疾出奔，卫人立其弟遗，使室其妻孔姞］。此时之人民，更乌知世间上有所谓廉耻者乎？上有好者，下必有甚，无怪民人之淫乱也。

或谓中国人民之所以淫乱，实由于男女之界太严，女子不常与宾客交际，故男子以得见女子为异数。且女学未兴，女子殆无知识，男子因视女子为消磨块垒、活动精神之一物。所以男女之界益严，而淫乱愈甚。方今欧美文明之国，女学盛兴，男女相近，毫不为异。且以女子充男学堂教师，充病院看护妇，充邮便、火车、工场、商店、旅馆、浴堂等之委员、司事、写生、佣工，朝夕与男子接近，而犯奸凶杀之事绝少。虽其男子程度较中国为高，亦所以开放之者有术也。彼越王勾践，输淫佚过犯之寡妇于山上，士有忧思者，令游山上以喜其意（《吴越春秋》），固与汉高、淮南之鼓舞英雄同一手段（汉高祖待英布，帷帐宫室拟于王者。淮南王异国中民家有女者，以待游士而娶之），而诲淫实甚焉。然则发达女学，其禁淫之本务矣。

乙、舆论

舆论莫备于诗。诗人之刺恶，虽以国君、贵族之势力，亦言之无所讳忌。斯真三代之直道，中流之砥柱也。若夫恶执政之非时兴作，而有泽门之讴（**左襄十七年传**：宋皇国父为大宰，为平公筑台，妨于农收，子罕请俟农功之毕，公弗许。筑者讴曰："泽门之皙，实兴我役；邑中之黔，实慰我心。"）；恶贲军之将而有于思之歌、朱儒之诵（左宣二年传：郑伐宋，宋师败绩，囚华元。宋人赎华元于郑。后宋城，华元为植巡功。城者讴曰："睅其目，皤其腹，弃甲而复。于思于思，弃甲复来。"思音腮。左襄四年传：邾人莒人伐鄫，臧纥救鄫。侵邾，败于狐骀。国人诵之曰："臧之狐裘，败我于狐骀。我君小子，朱儒是使。朱儒朱儒，使我败于邾。"）。孔子治鲁，而麛裘章甫，前后异辞；子产治郑，而孰杀谁嗣，毁誉迭至（《家语》：孔子始用于鲁，鲁人鹥诵之曰："麛裘而韠，投之无戾。韠之麛裘，投之无邮。"及三月政成，化既行，又诵之曰："衮衣章甫，实获我所。章甫衮衣，惠我无私。"左襄三十年传：郑子产从政一年，舆人诵之曰："取我衣冠而褚之，取我田畴而伍之。孰杀子产，吾其与

> 左襄十七年传，指《左传》的"襄公十七年"条。"左"指左氏（传）。

之。"及三年又诵之曰:"我有子弟,子产诲之。我有田畴,子产殖之。子产而死,谁其嗣之。"),亦足见舆论之一斑矣。郑国之舆论集于乡校,子产不毁乡校,与人民以议政之权,其卓识为何如哉!战国时说客实为舆论之代表,故民间舆论,无可表见焉。

丙、忧国爱国

《园桃》忧小国之无政,《黍离》悯周室之颠覆;《匪风》瞻周道,叹天下之无王;《下泉》念周京,伤天下之无霸,此非可泣可歌之诗乎?公山不狃曰:"君子违不适仇国,所托也则隐",此非仁人君子之言乎?考春秋亡国五十二,其间仁人义士不少,而能复国仇者,惟遂之因氏、领氏、工娄氏、须遂氏及申包胥而已。然遂之四氏仅能歼齐戍,无补于遂国之亡。而包胥则能使楚国亡而复存,其坚苦卓绝、一片热诚,固春秋时之不可多得者;宋儒王伯厚氏以比张子房,洵不诬也。至于盟向之民不肯归郑(桓七年传),阳樊之民不肯从晋(僖廿五年),事虽未成,志足悲已。战国则鲁仲连、王蠋、荆卿、燕太子丹辈,尤具爱国之热诚。至楚怀王入秦不反,楚人怜之,乃有"三户亡秦"之说。(《史记·项羽本纪》:范增说项羽,言故楚南公曰:"楚虽三户,亡秦必楚。"孔颖达《正义》:"三户津在相州滏阳县界。")屈子以逸见黜,仍惓惓于楚国,所作《离骚》,忧国爱国之心溢于言表,悱恻动人,影响所及,流风所被,不可消灭。所以秦仅二世而覆,秦之师竟发起于楚人也。

屈原《天问》图

第七节 婚姻废礼及春秋时变礼之始

《郑风·丰兮》篇《序》:"刺乱也。郑国衰乱,婚姻礼废,有男亲迎而女不从者,已而悔之,思复从之,其失在女子也。"《陈风·东门之杨》篇《序》略同。《齐风·俟著》篇,朱子谓"齐俗不亲迎,故女至婿门始见其俟己也"。《唐风·绸缪》篇，朱子谓"国乱民贫，婚姻失时"。《御纂诗义折中》："悯贫也。国乱民贫，婚姻不能备礼。"然则婚礼之废也，非一日矣。是故先配而后祖，则有郑公子忽（左隐八年传）；私约私奔，则有鲁庄公之从孟任（庄三十二年传），鲁泉邱人女之奔孟僖子（左昭十一年传），郧阳封人女之奔楚平王（左昭十九年传），声伯之母无媒礼，叔姬之嫁以强从（左宣五年春，公如齐，高固使齐侯止公，请叔姬焉。高固以齐之大夫强与鲁成婚也。宣公勉从其请，后高固来逆），诸如此类，不可枚举。甚至夺人之妻，而转嫁他人（左成十一年传：声伯之母不聘。穆姜曰："吾不以妾为姒。"生声伯而出之，嫁于齐管于奚，生二子而寡，以归声伯。声伯嫁其外妹于施孝叔。晋郤犨来聘，求妇于声伯，声伯夺施氏妇以与之）；主张人之出其妻，而妻以己女（左哀十一年传：卫大叔疾初娶于宋子朝，子朝出，孔文子使疾出其妻而妻之），其无礼极矣。然郑徐吾犯之妹与楚季芈，尚不失为自由结婚（左昭元年传：郑徐吾犯之妹美，公孙楚聘之矣。公孙楚又使强委禽焉，犯惧，告子产。子产曰："惟所欲与。"犯请于二子，请使女择焉。子皙、子南先后至，女自房观之曰："子皙信美矣，抑子南夫也。"适子南氏。子南即公孙楚。定公五年楚子入于郢传：王将嫁季芈，季芈辞曰："所以为女子，远丈夫也。钟建负我矣。"以妻钟建。定四年吴入郢传：王奔郧，钟建负季芈以从），固文明国所不禁者。

《礼记》孔氏之不丧出母，自子思始也；士之有诔，自县贲父、卜国始也；邾娄复之以矢，盖自战于升陉始也；鲁妇人之髽而吊也，自败于狐骀始也；帷殡非古也，自敬姜之哭穆伯始也；庙有二主，自桓公始也；丧慈母，自鲁昭公始也；下殇用棺衣，自史佚始也；庭燎之百，由齐桓公始也；大夫之奏肆夏，由赵文子始也；大夫强而君杀之，义也，由三桓始也；公庙之设于私家，非礼也，由三桓始也；元冠紫緌，自鲁桓公始也；朝服之缟也，自季康子始也；夫人之不命于天子，自鲁昭公始也；宦于大夫者之为之服也，自管仲始也，皆记变礼之始。《左传》隐五年，始用六佾；僖三十三年，晋于是始墨；成二年始厚葬，始用殉；襄四年，鲁于是乎始髽；襄十一年，魏绛于是乎始有金石之乐；昭十年，始用人于亳社；定八年，鲁于是乎始尚羔，亦记礼之始变也。又《礼·坊记》以此坊民，诸侯犹有薨而不葬者；以此坊民，鲁春秋犹去夫人之姓曰吴，其死曰孟子

卒；以此坊民，阳侯犹杀穆侯而窃其夫人，故大飨废夫人之礼；以此坊民，民犹淫佚而乱于族；以此坊民，妇犹有不至者，则叹息于礼之所由变、所由废焉。孔子恶始作俑者，以始之不谨，末流不胜其弊也。

第八节 淫祀渐兴

春秋以降，阴阳家言，风靡一世。其别有五：曰天道，曰鬼神，曰灾祥，曰卜筮，曰梦；而鬼神之说尤盛。以故淫祀渐兴，如钟巫、冈山、炀宫、实沈、台骀、次睢之社等，不可枚举；神灶、梓慎之流，大扬其波。虽有孔子、子产之力持正论，不足以辟之也。呜呼！此秦汉方士之所由来欤？

第九节 谚语见道

"虽鞭之长不及马腹"（左宣十五年，晋伯宗引古语），欲人之自量也。"虽有挈瓶之知，守不假器"（左昭七年，鲁谢息引人言），欲人之慎所守也。"匹夫无罪，怀璧其罪"（左桓十年虞叔引），戒人之贪财也。"室于怒，市于色"（左昭二十五年，楚令尹子瑕引），戒人之迁怒也。

战国白玉龙凤云纹璧

"辅车相依，唇亡齿寒"（僖五年，虞臣宫之奇引），戒人之无团体也。"高下在心，川泽纳污，山薮藏疾，瑾瑜匿瑕，国君含垢"（左宣十五年，晋伯宗引），望人之恢宏度量也。"无过乱门"（左昭十八年，郑子产引），恶人之作乱，教人之远乱也。"庀焉而纵寻斧"（左文七年，宋乐豫引），欲人之慎重恩怨也。"牵牛以蹊人之田而夺之牛"（左宣十五年，楚申叔时引），欲人之不为已甚也。"畏首畏尾，身其余几"

（左文十七年，郑子家引），戒人之柔懦退缩，所以唤起冒险精神也。"心苟无瑕，何恤乎无家"（左闵元年，晋士劳引），欲人正其心术也。"其父析薪，其子弗克负荷"（左昭七年，晋韩宣子引），戒人之不修先业也。"狼子野心"（左宣四年，楚令尹子文引），喻小儿之不可教，即荀子性恶之说也。"鹿死不择音"（音即荫字。左文十七年，郑子家引），欲人之轻死，盖畏死者则必多所择而迟回也。"山有木工则度之，宾有礼主则择之"（左隐十一年，鲁羽父引），言宾之不能侵主权也。"兽恶其网，民怨其上"（《国语》，单襄公引），言上无道则招民怨也。"众心成城，众口铄金"（《国语》，伶州鸠引），言众怒难犯，人言可畏也。"狐藉之而狐挖之"（《国语》），言反复无常也。"从善如登，从恶如崩"（《国语》，卫彪傒引），言为恶易、为善难也。"生相怜，死相捐"（《列子·杨朱篇》引），欲人之不背死亡也。"人不婚宦，情欲失半；人不衣食，君臣道息"（《列子》引），盖以为无婚宦二事，不过流于枯槁，若衣食决不可无；衣食可无，则不必有君以制治，有臣以佐治，人类同于草木，不久将归于澌灭也。"宁为鸡口，无为牛后"（《战国策》，苏秦说韩引），戒人之无志进取，而劝人发愤为雄也。"削株掘根，无与祸邻，祸乃不存"（《战国策》，张仪说秦引），欲人早断祸根也。

第十节　隐语之起源

　　隐语始于《春秋》"麦麴鞠穷"之语（宣十二年传），及首山庚癸之呼（哀十三年传）。至齐威王之喜隐，淳于髡以隐说之，见《史记·滑稽传》，即后世之所谓谜。许氏《说文》："谜，隐语也。"《演繁露》："古无谜字。若其意制，即伍举、东方朔谓之隐者是也。"至《鲍照集》，则有井谜矣。《文心雕龙》："自魏代以来，颇非俳优而君子隐，化为谜语。谜也者，回互其辞使昏迷也。"然则谜自周末已有，不过至今日而俗间盛行耳。

第二章 两汉

第一节 概论

以后人述古代风俗，不如当时人自述之切也。汉人自述当时风俗，以《史记·货殖传》为最确。《汉书·地理志》微有增益，然究不离《史记》范围。今摘《货殖传》，而以《班志》之增益者附下。

关中自汧雍以东至河华，膏壤沃野千里，有虞夏之贡以为上田。而公刘迁邠，大王、王季在岐，文王作丰，武王治镐，故其民犹有先王之遗风，好稼穑，治五谷。地重，重为邪。及秦文、孝缪居雍隙，陇蜀之货物而多贾；献孝公徙栎邑，北却戎翟，东通三晋，亦多大贾。武昭治咸阳，因以汉都诸陵，四方辐辏，并至而会，地小人众，故其人益玩巧而事末也。（《班志》：汉兴，立都长安，徙齐诸田，楚昭、屈、景及诸功臣家于长陵。后世世徙吏二千石、高赀富人及豪桀并兼之家于诸陵。是故五方杂厝，风俗不纯。其世家则好礼文，富人则商贾为利，豪桀则任侠通奸。濒南山近夏阳，多阻险轻薄，易为盗贼，常为天下剧。又郡国辐辏，浮食者多，列侯贵人，车服僭上，众庶仿效，羞不相及。嫁娶尤崇侈靡，送死过度。

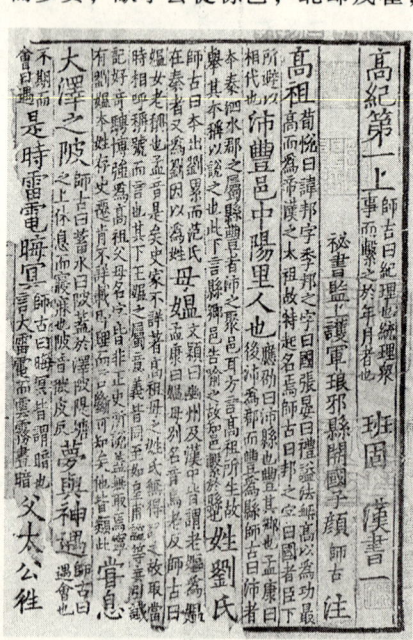

《班志》，指班固《汉书》的"志"，此处指上文提及的《地理志》。

《汉书》书影

中国风俗史

天水、陇西山多林木，民以板为室屋。及安定、北地、上郡，皆迫近戎狄，修习战备，高尚气力，以射猎为先，民俗质木，不耻寇盗。巴蜀、广汉本南夷，秦并以为郡，民食稻鱼，亡凶年忧，俗不愁苦，而轻易淫逸，柔弱褊阨。景武间文翁为蜀守，教民读书法令未能，反以好文刺讥，贵慕权势。及司马相如游宦京师诸侯，以文辞显于世，乡党慕循其迹，后有王褒、严遵、扬雄之徒，文章冠天下。由文翁倡其教，相如为之师，故孔子曰"有教亡类"。)

夫三河（河东、河内、河南）在天下之中若鼎足，王者所更居也，建国各数百千岁。土地小狭，人民众，都国诸侯所聚会。故其俗纤俭习事。（《班志》：河内既远唐叔之风，而纣之化犹存。故俗刚强多豪桀，侵夺薄恩礼，好生分。周人之失，巧伪趋利，贵财贱义，高富下贫，喜为商贾，不好仕宦。郑土狭而险，山居谷汲，男女亟聚会，故其俗淫。）

种代石北也，地边胡，数被寇，人民矜懻忮，好气任侠为奸，不事农商。其民羯羠不均，自全晋之时固已患其僄悍，而赵武灵王益励之，其谣俗犹有赵之风也。中山地薄人众，犹有沙丘纣淫地余民，民俗儇急，仰机利而食。丈夫相聚游戏，悲歌慷慨，起则相随椎剽，休则掘冢作巧奸冶，多美物为倡优；女子则鼓鸣瑟跕屣，游媚贵富，入后宫遍诸侯。〔《班志》：太原、上党，又多晋公族子孙，以诈力相倾，矜夸功名，报仇过直（当也），嫁取送死奢靡。汉兴号为难治，常择严猛之将，或任杀伐为威。父兄被诛，子弟怨愤，至告讦刺史二千石，或报杀其亲属。定襄、云中、五原，其民鄙朴，少礼文，好射猎。〕

郑卫与赵相类，然近梁鲁，微重而矜节。濮上之邑徙野王，野王好气任侠，卫之风也。（《班志》：卫地有桑间濮上之阻，男女亦亟聚会，声色生焉，故俗称"郑卫之音"。周末有子路、夏育，民人慕之。故其俗刚武，上气力。宣帝时韩延寿为东郡太守，承圣恩，崇礼义，尊谏诤，至今东郡号善为吏，延寿之化也。其失颇奢靡，嫁娶送死过度。）

夫燕亦勃碣之间一都会也，人民稀，数被寇，大与赵代俗类，而民凋悍少虑。（《班志》：初燕太子丹宾养勇士，不爱后宫美女，民化以为俗，至今犹然。宾客相过，以妇侍宿。嫁娶之夕，男女无别，反以为荣。其俗轻薄无威；亦有所长，敢于急人，燕丹遗风也。）

临淄亦海岱之间一都会也，其俗宽缓阔达，而足智好议论。地重，

孔子及其后裔的墓地——孔林

难动摇。怯于众斗，勇于持刺，故多劫人者，大国之风也。(《班志》：管仲身在陪臣，而取三归（三姓之女），故其俗弥侈。其士多好经术，矜功名。其失夸奢朋党，言与行缪，虚诈不情。急之则离散，缓之则放纵。始桓公兄襄公淫乱，姑姊妹不嫁，于是令国中民家长女不得嫁，名曰巫儿，为家主祠，嫁者不利其家，民至今以为俗。）其中具五民，而邹鲁滨洙泗，犹有周公遗风。俗好儒，备于礼，故其民龊龊俭啬，畏罪违邪。及其衰，好贾趋利，甚于周人。（《班志》：丧祭之礼，文备实寡，然其好学犹愈于俗。）

夫自鸿沟以东，芒砀以北，属巨野，此梁、宋也。其俗犹有先王遗风，重厚多君子，虽无山川之饶，能恶衣食，致其畜藏。（《班志》：沛楚之失，急疾颛己，地薄民贫，而山阳为奸盗。）

以上北方风俗

越、楚则有三俗。夫自淮北、沛陈、汝南、南郡，此西楚也。其俗剽轻易发怒。地薄，寡于积聚。江陵故郢都，西通巫巴，东有云梦之饶。陈在楚夏之交，通鱼盐之货，其民清刻矜己诺。

彭城以东，东海、吴广陵，此东楚也。其俗类徐僮。朐缯以北，俗则齐浙。江南则越。夫吴自阖庐、春申、王濞三人，招致天下之喜游子弟，亦江东一都会也。

衡山、九江、江南、豫章、长沙，是南楚也。其俗大类西楚，与闽中、于越杂俗。故南楚好辞，巧说少信。江南卑湿，丈夫早夭。（《班志》：始楚贤臣屈原作《离骚》诸赋，以自伤悼。后有宋玉、唐勒之属，慕而述之，皆以显名。至汉有枚乘、邹阳、严夫子之徒，兴于文景之际。而淮南王安，亦都寿春，招宾客著书。而吴有严助、朱买臣贵显。汉朝文辞并发，故世传楚辞。其失巧而少信。初，淮南王安异国中民家有女者，以待游士而妻之，故至今多女而少男。）

九嶷、苍梧以南至儋耳，与江南大同俗，而杨越多焉。番禺亦其一都会也。

颍川、南阳，夏人之居也。夏人政尚忠朴，犹有先王之遗风。颍川敦愿，秦末世迁不轨之民于南阳，其俗杂好事，业多贾。

以上南方风俗

此汉代风俗之大略也。惟西汉重势利，东汉多气节，又为谈当时风俗者所不可不知。

屈原《楚辞·九歌》中的湘君湘夫人形象

第二节 饮食

汉人饮食，除谷类茶酒外，尚有粽（《续齐谐记》谓始于光武）、饼（《续汉书》："灵帝作麻饼。"）、馒头（《事物纪原》谓始于诸葛亮）、面粉（《学斋呫哔》："王莽始有啖面之文。"）之属，以供小餐。其普通制作饮食之法，率以盐豉（见宋玉《九辩》"大苦咸酸"注，及《史记·货殖

汉代舂米画像砖

《前汉》，即《汉书》，与《后汉书》相对，有时也称《前汉书》。

传》、《前汉·食货志》）、醋（《汉武内传》，但醋作酢）佐其烹调，蜜及蔗汁（蜜见《汉武内传》，蔗亦作柘。柘浆见宋玉《大招》、《前汉·郊祀歌》："柘浆析朝醒。"）助其滋味。其香料，除姜桂外，多用蒜荽及脂麻（张骞使西域，得来荽，香菜也）。其制作肉食，别有烧割之一法，刘熙《释名》"貊炙，全体炙之，各自以刀割食"是也。喜食犬，故屠狗之事，豪杰亦为之。嗜酒之风太甚，高祖初定天下，廷臣饮酒争功，高祖颇为厌之。武帝乃榷酒酤（昭帝罢之，犹令民得以律占租卖酒，升四钱。遂以为利国之一孔。而酒禁之弛，实滥觞于此。孝宣以后，时禁时开），以严其禁。然未几而禁弛，群饮之风如故。求如邴原之游学，未尝饮酒，既不可多得；求如诸葛武侯之治蜀，路无醉人，尤难数觏云。

第三节　衣服

《汉书·五行志》曰："风俗狂慢，变节易度，则为剽轻奇怪之服，故有服妖。"王符《潜夫论·浮侈篇》曰："昔孝文皇帝躬衣弋绨（《汉书音义》："弋，厚也。绨，缯也。"），革舃韦带。而今京师贵戚衣服、饮食、车舆、庐第，奢过王制，固亦甚矣。且其徒御仆妾，皆服文组彩牒，（《后汉书》注："即今叠布也。"）锦绣绮纨，葛子升越，筒中女布（《说文》曰:"绮,文缯也。"《前书》曰:"齐俗作冰纨。"子,细缯也。沈怀远《南越志》曰:"蕉布之品有三:有蕉布,有竹子布,又有葛焉。"扬雄《蜀都赋》曰:"布则蜘蛛作丝,不可见风。筒中黄润,一端数金。"《荆州记》曰:"秭归县室多幽闲,其女尽织布,至数十升。今永州俗犹呼贡布为女子布也。"),犀象珠玉,琥珀玳瑁,石山隐饰,金银错镂(石山,谓隐起为石山之文也),穷极丽美,转相夸咤。"可知当日衣服之好尚矣。然汉末王公名士多委王服,以幅巾为雅(沈约《宋书·礼志》),今观郑康成、韦彪、冯衍、鲍永、周磐、符融及逸民韩康等传可知。盖轻视冠冕,以洒脱为高,不但开陶靖节角巾之一派,亦魏晋清谈轻脱之雏影也。

衣服之材料,多用布、绫(《西京杂记》)、罗(《地理志》及郭宪《洞冥记》)、纱段缯(《蔡邕传》)、绢、葛麻、锦绣。冠之类,有帻(蔡邕《独断》及《后汉·舆服志》)、有帽(刘熙《释名》)、有布巾(《急就篇》:"古者士夫有冠无巾,惟庶人有之。"),妇人则有冠子(《事物原始》)。衣之类,有汗衫(《中华古今注》)、有袄(《物原》)、有袄肚(《古今注》:始汉光武帝)。裳之类,有袴褶(《舆服杂事》:始汉武时)、有裤(明张萱《疑耀》:"古人裤皆无裆。裤之有裆,起自汉昭帝。")、有抱腹(刘熙《释名》:"抱腹上下有带,抱裹其跟上无裆者也。")。屦之类,有履、有舄、有不借(草履也)、有伏虎头鞋(《中华古今注》)。妇人之首饰,有五采通草花(《物原》:吕后制)、有面花(《酉阳杂俎》:昭帝时制)。而裋褐则为贱者之衣(《汉书·贡禹传》颜注:"裋者,谓童竖所著布衣襦。褐,

汉墓壁画——纺车图

第二编 驳杂时代

毛布之衣也。"），襂衣则为厨人之服（《中华古今注》："厨人襂衣，廝徒之服也。取其便于用耳。乘舆进食者或服之。董偃绿帻青褠，加襂衣见武帝，厨人服也。"）。余均与秦以上同。

第四节 仕宦之一斑

汉人势利颇重，权幸交横，人轻犯法，仕途淆杂，行私罔上，诈伪相倾。观元帝时贡禹奏言风俗，略谓："武帝纵嗜欲，用度不足。乃行一切之变，使犯法者赎罪，入谷者补吏。是以天下夸侈，官乱民贫，盗贼并起，亡命者众。郡国恐伏其诛，则择便巧史书、习于计簿、能欺上府者以为右职；奸宄不胜，则取勇猛能操切百姓者，以苛暴威服。下者使居上位，故亡义而有财者显于世，欺慢而善书者尊于朝，悖逆而勇猛者居于官。故俗皆曰：'何以孝弟为，财多而光荣；何以礼义为，史书而仕宦；何以谨慎为，勇猛而临官。'故黥剠而髡钳者，犹复攘臂为政于世。行虽犬彘，家富势足，目指气使，是为贤耳。故谓居官而置富者为雄桀，处奸而得利者为壮士。兄劝其弟，父勉其子。俗之败坏，乃至于是。察其所以然者，皆以犯法得赎罪，求士不得真贤，相守崇财利，诛不行之所致也。"仲长统《昌言》有曰"豪人货殖，乐过封君，势侔守令，财赂自营，犯法不坐"，及《史记·货殖传》谓"自廊庙、朝廷、岩穴之士，无不归于富厚。等而下之，至于吏士舞文弄法，刻章伪书，不避刀锯之诛者，没于赂遗"，《平准书》甚言捐纳之滥，可以见矣。

《平准书》，《史记》十书之一。

第五节 任侠刺客

自战国豫让、聂政、荆轲、侯嬴之徒以意气相尚，一意孤行，能为人所不敢为，世竟慕之。汉初有田横之客五百人，及贯高、田叔、朱家、郭解辈，徇人刻己，然诺不欺以立名节；而灌夫、汲黯、郑当时、朱云、楼护、陈遵等，并以喜任侠称。驯至东汉，其风益盛。杜季良（葆）豪侠好

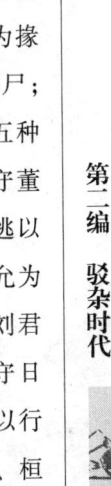

徐悲鸿
《田横五百士》

义，忧人之忧，乐人之乐，清浊无所失，父丧致客，数郡毕至，虽马文渊（援）亦爱之重之；而耿弇父况，至以侠游为字（袁术、董卓、段颎、贾淑、李固之子燮等，亦好任侠），可想见当日之习尚矣。时尤慕荆轲之风。公孙述曾遣刺客，制来歙、岑彭之死命。马文渊之对光武有云："臣今远来，陛下安知非刺客，而诞易若是？"则以刺客之多，宜动色相戒也。

且汉时荐举征辟，必采名誉，故凡可以得名者，必全力赴之，好为苟难，遂成习尚。其大概有数端：是时郡吏之于太守，本有君臣名分，为掾吏者，往往周旋于死生患难之间。如李固被戮，弟子郭亮上书请收固尸；杜乔被戮，故掾杨匡守护其尸不去，由是皆显名（固、乔本传）。第五种为卫相，善门下掾孙斌。种以劾宦官单超兄子匡坐徙朔方。朔方太守董援，超外孙也。斌知种往必被害，乃追及种于途，格杀送吏，与种俱逃以脱其祸（《后汉·种传》）。大原守刘瓆，以考杀小黄门赵津下狱死。王允为郡吏，送瓆丧还平原，终三年乃归（《允传》）。公孙瓒为郡吏，太守刘君坐事徙日南，瓒身送之。自祭父墓曰："昔为人子，今为人臣，送守日南，恐不得归，便当长辞。"乃再拜而去（《瓒传》）。此尽力于所事，以行其义侠者也。至若感知遇之恩而制服从厚，则有傅奕、李恂、乐恢、桓典、荀爽诸人；以让爵为高，则有韦元成、邓彪、刘恺、桓郁、丁鸿、郭贺、徐贺诸人；轻生报仇，则有何容、郅恽诸人。皆由任侠好气，已成习

第二编　驳杂时代

尚。故志节之士，好为苟难，务欲绝出流辈，以成卓特之行，而不自知其非也。能举世以此相高，故国家缓急之际，尚有可恃以支拄倾危。以视名节绝少之国，国亡而奄奄无生气者，其相去直不可以道里计矣。

第六节 家法

萧相国为家，不治垣屋，曰："后世贤，师吾俭；不贤，毋为势家所夺。"（《史记·萧相国世家》）万石君家以孝谨闻乎郡国（《前汉·石奋传》）。而疏广之示子孙，有"贤而多财则损其志，愚而多财则益其过"之语，后世以为名言。马援之以书戒侄也，令其效**龙伯高**之敦厚周慎，而勿效杜季良之豪侠好义。此等谨饬之论，是亦士大夫救正其子弟骄纵者之一法也。《后汉·党锢传》：范滂以党锢逮捕，其母与之诀曰："汝今与李杜齐名，死亦何恨。"夫滂母一妇人女子耳，而能励其子以忠义，以此见滂之成立有自，而又可征当时风俗之厚也。若夫陈万年为三公而教其子以谄，其无耻已达极点。（《前汉书·陈万年传》："万年始为郡吏，以高第至右扶风，内行修。然善事人，赂遗外戚许史，倾家自尽，竟代于定国为御史。病将死，召其子咸，教戒于床下。语至夜半，咸睡，头触屏风。万年怒，欲杖之，咸曰：'具晓所言，大概教咸谄也。'"）霍光不能治其家，后竟遭族灭之祸（《前汉·霍光传》："光爱幸监奴冯子都，常与计事。及显寡居，与子都乱。光子禹，兄孙云、山，皆贵。云、山并缮治第宅，走马驰逐平乐馆。云当朝请，数称病私出，多从宾客张围猎黄山苑中，使苍头奴上朝请，莫敢谴者。而显及诸女昼夜出入长信宫殿中，亡期度。宣帝自在民间，知霍氏尊盛日久，内不能善。显欲贵其女，弑宣帝许皇后，光不忍发举，光薨后语稍泄。后显、禹、云、山与范明友、邓广汉谋废立，事觉伏诛。"）显，光之妻也。）居家者可不戒哉？

龙伯高，龙述，字伯高。湖南新田人，东汉时期任山都长，后提为零陵郡太守。

萧何像

第七节 分居

汉人以分居为恶俗，如太史公言"商君治秦，令民有二男以上不分异者，倍其赋"（《史记·商君传》）；贾谊言"秦人家富子壮则出分，家贫子壮则出赘"（《前汉·谊传》）；班氏《地理志》云"河内薄恩礼、好生分，颍川好争讼生分。黄（霸）韩（延年）化以为俗"，皆以分居为国俗之敝也。汉桓帝之时，更相滥举，时人为之语曰："举秀才不知书，举孝廉父别居。"（《抱朴子》）蔡邕与叔父从弟同居，三世不分财，乡党高其义（《后汉·邕传》），应劭《风俗通》所谓"兄弟同居为上"也。以分居为恶，同居为美，已成社会上普通之观念。惟陆贾家于好畤，有五男，出所使越得橐中装卖千金，分其子，子二百金，令其生产，不但可谓之达，其卓识固有与今日**生计学**理相合者。盖同居共财，最长子弟之倚赖性，子弟之衣食常仰给于父兄，遂至不能生利，而仅能分利。故有子弟益多，而父兄益困，父兄匮乏，而子弟因之以无赖者。诚使胥天下之父兄而主张同居共财，是将胥天下之子弟而为分利之人也；胥天下之父兄因同居共财而困难，是将胥天下之子弟而归于无赖也，岂非大戾于生计学理耶！若北魏裴植，虽自州送禄奉母及赡诸弟，而各别资财，同居异爨，一门数灶；唐姚崇遗令，以"达官身后失荫，多至贫寒，斗尺之间，参商是竞"，欲仿陆生之意，预为分定以绝其后争，斯亦不慕同居共财之虚名，而务求切实者。

又按：分居之俗，自来君主及士大夫皆不以为然。如唐肃宗（乾元元年四月诏）、**元宗**（天宝元年正月敕）、宋太祖（开宝元年六月诏、二年八月诏）、太宗（淳化元年九月

生计学，即今经济学。

元宗，即（唐）玄宗中。本书"玄"字多写作"元"。

蔡邕像

第二编　驳杂时代

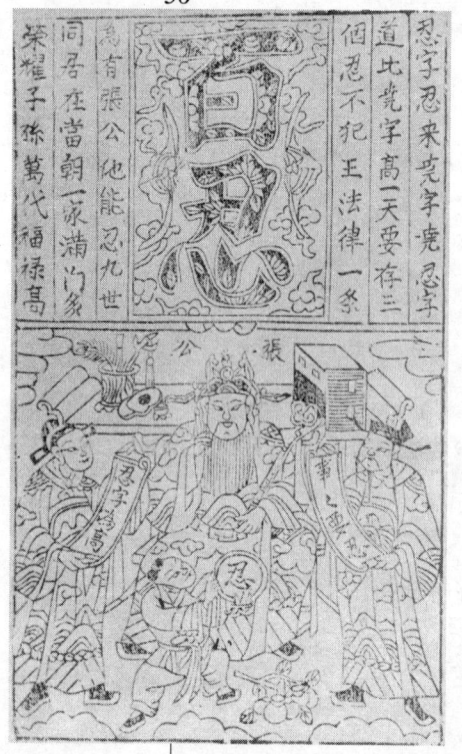

《百忍图》
唐高宗幸泰山曾宿于张公艺宅，问及张氏九世同居之本末，张公艺以"百忍"对

诏）、真宗（大中祥符二年三月诏），辽圣宗（统和元年十一月诏），皆下诏禁止或论罪。隋卢思道聘陈，以诗嘲南人，有"共甑分炊饭，同铛各煮鱼"之句；唐李义山《杂纂》以父母在，索要分析为愚昧；宋刘安世劾章惇，父在别籍异财，绝灭义理；马亮为御史中丞，上言祖父未葬，不得别财异居（李元纲《厚德录》）；顾亭林痛斥江南之俗，人家儿子娶妇，辄求分异（《日知录》），是已。柴氏绍炳曰："累世同居，自古为美谈。如杨椿、张公艺、江州陈氏、浦江郑氏之属，并见旌异。"而袁君载独云："每见义居之家，交争相疾，甚于路人，则甚美反成不美。故兄弟当分，宜早有所定。倘能相爱，虽异居异财，不害为孝义也。"余谓一家内外大小，果能同心协力，自当以共居为善。倘其间未免参差，恐难强合而不相得，不如析箸为愈耳。至于父子别籍，若蔡京、蔡攸之各立门户，是则恶孽之大者。然则分居未尝不美，惟《三国志》所言冀州之俗，父子异部，更相毁誉；顾氏《日知录》所言江浙之俗，父子兄弟各树党援，两不相下，万历以后，三数见之，则真恶俗也。

第八节 居乡

汉士大夫居乡，若召驯之德行恂恂（《后汉·召驯传》：驯，字伯春，俶傥不拘小节，以志义闻乡里，号曰"德行恂恂召伯春"），张湛之详言正色（《后汉·张湛传》，矜严好礼，动止有则，及在乡党，详言正色，三辅以为仪表），许劭之品题乡党人物（《后汉·许劭传》：劭与从兄靖俱有高名，好共核论乡党人物，每月辄更其品题，故汝南俗有月旦评焉。同郡袁绍，公族豪侠，去濮阳令归，车徒甚盛，将入郡界，乃谢遣宾客曰："吾舆服岂可令许子将见。"遂以单车归家），皇甫规之退污吏而进自好之士

(《后汉·王符传》：皇甫规为度辽将军，解官归安定。乡人有以货得雁门守者，书刺谒规。规卧不迎，既入而问："卿前在郡食雁美乎？"有顷，乡人王符至，规遽起，衣不及带，屣履出迎。时人为之语曰："徒见二千石，不如一缝掖。")、王烈之化盗（《后汉·王烈传》：烈字彦方，以义行称。乡里有盗牛者，主得之，曰刑戮是甘，乞不使王彦方知也。烈闻之，使遗布一端。后有老父遗剑于路，一人见而守之，老父还寻得剑，怪而问其姓名，以告烈，乃先盗牛者也）、郭林宗之化凶德为善良（《后汉·贾淑传》：郭林宗善人伦，而不为危言激论，故宦官擅政而不能伤。其居乡遭母丧，乡人贾淑，字子厚，虽世有冠冕，而性险恶，邑里所共患之者也，来修吊。既而钜鹿孙威直亦至。威直以林宗贤而受恶人吊，心怪之，不进而去。林宗追而谢之，曰："贾子厚诚实凶德，然洗心向善。仲尼不逆互乡，故吾许其进也。"淑闻之，改过自厉，终成善士。乡里有忧患者，淑辄倾身营救，为闾里所称）、司马均、陈寔、蔡衍之平争讼（《后汉·贾逵传》：东莱司马均，字少宾，安贫好学，隐居教授，不应辟命，信诚行乎州里。乡人有所评争，辄令祝少宾，不直者终无敢言。祝即盟誓也，言令于少宾之前发誓也。《陈寔传》：寔在乡里，平心率物，其有争讼，辄求判正，晓譬曲直，退无怨者。《蔡衍传》：衍以礼让化乡里，乡里有争讼者，诣衍决之，所平处皆曰无怨），有足多者。《后汉书·杜密传》：密为北海相，去官还家，每谒守令，多所陈托。同郡刘胜亦自蜀郡告归乡里，闭门扫轨，无所干及。太守王昱谓密曰："刘季林清高士，公卿多举之者。"密知昱激己，对曰："刘胜位为大夫，见礼上宾，而知善不荐，闻恶无言，隐情惜己，自同寒蝉，此罪人也。今志义力行之贤而密达之，违道失节之士而密纠之，使明府赏刑得中，令闻休扬，不亦万分之一乎？"昱惭服。**胡氏**《读史管见》曰："如密之论，轩扬激发，固非常士所及。然胜之行深潜静，退可为乡里之式；若密者，非惟患出位之讥，亦取祸辱之道也，遇王昱贤者能容之耳。"愚谓刘胜居乡，犹效袁盎、张竦、龙述；杜密居乡，犹效陈遵、杜葆。为刘胜易，为杜密难。盖恶直丑正之风，久行于世，刘胜之流，不失为乡愿伎俩，而偏与乡里相宜。且居乡而欲自见才具，遇事干涉，未免迹近武断，常授訾议者以口实。杜密虽不至于武断，而恶之者固多也。三代之盛治始于乡，全恃一二贤有力者，集乡人而谋地方自治。若人尽如刘胜，则社会之事，谁与肩任？明高忠宪答朱平涵

胡氏，即胡寅，字仲明，号致堂，宋建州崇安人。人称致堂先生。

居乡书,谓:"居庙堂之上,则忧其民;处江湖之远,则忧其君,此士大夫实念也。居庙堂之上,无事不为我君;处江湖之远,无事不为我民,此士大夫实事也。实念、实事,凋三光、敝万物而常存。"夫处江湖之远而忧君为民,其不能如乡愿之流,一意沽乡人之誉也,不待智者而知矣。刘胜者,乃规避取巧之徒,焉能比杜密也。

第九节　乡评

两汉乡举里选,必先考其生平(《高帝纪》:遗诣相国府署行义年,谓书其平日为人之实迹。《昭帝纪》:元凤元年三月,赐郡国所选有行义者涿郡韩福等五人帛。《宣帝纪》:令郡国举孝弟有行义闻于乡里者各一人。武帝元朔五年,礼官劝学一诏,亦曰崇乡里之化),一玷清议,终身不齿。君子有怀刑之惧,小人存耻格之风。教成于下而上不严,论定于乡而民不犯。故韩信无行,不得推择为吏;陈汤无节,不为州里所称;主父僞学纵横,诸儒排摈不容;李陵降匈奴,陇西士大夫以为愧;范滂少励清节,为

李陵降匈奴

中国风俗史

州里所服；蔡邕与叔父从弟园居，三世不分财，乡党高其义。东汉末叶，臧否人伦之风最盛。汝南有许劭月旦之评，遂以成俗。若曳白之徒，倩买文字，侥幸仕进，流俗亦耻之。故阳球奏罢鸿都文学画像疏，至谓"假手倩字，妖怪百出，有识掩口"。盖公是公非，无所假借，斯固三代直道之仅存者也。

第十节 婚娶

嫁娶太早，尤崇侈靡，贫人不及，故多不举子。（并见《前汉》《地理志》、《王吉传》及《后汉·王符传》）。举行之时，大率以父主婚（《王吉传》"翁主"，颜注言"其父主婚"也），而有幕帷之俗（《通典》：东汉魏晋以来，时或艰虞，岁遇良吉，急于嫁娶，乃以纱縠蒙女首，而夫氏发之，因拜舅姑，便成婚礼，六礼俱废），有撒帐之俗（《事物原始》：李夫人初至，帝迎入帐中共坐，欢饮之后，预戒宫人遥撒五色同心花果，帝与夫人以衣裾盛之，云得果多得子多也）。结婚自由（司马相如之于卓文君），离婚自由（朱买臣妻因贫求去）。配合之时，不论行辈（汉惠帝后张氏，乃帝姊鲁元公主之女，则帝之女甥也。哀帝后傅氏，乃帝祖母傅太后从弟之女，则外家诸姑也。又江都王建女细君，嫁乌孙昆莫，其孙岑陬欲尚之，武帝竟诏从其请）。一夫多妻之制盛行，公侯之宫美女数百，卿士之家侍妾数十（仲长统《昌言》）。重男轻女之风亦盛，宣帝时王吉上疏，至谓"汉家列侯尚公主，诸侯则国人承翁主。（《吉传》晋灼曰："娶天子女曰尚公主，国人娶诸侯女曰承翁主。"）使男事女，夫诎于妇，为逆阴阳之位"，斯亦昧于敌体之义者矣。其时女子私夫不以为讳，如武帝之姊馆陶公主寡居，宠董偃十余

卓文君像

年，武帝至主家呼偃为主人翁，后主竟与董偃合葬（《东方朔传》）；昭帝之姊安鄂邑盖公主寡居，私通丁外人，帝与霍光闻之，不绝主欢，诏丁外人侍主，是也。桓宽《盐铁论》云："送死殚家，遣女满车。"此等事司马迁、班固亦三致意焉。马季长（融）谓"嫁娶之礼俭，则婚者以时矣；丧祭之礼约，则终者掩藏矣"，亦有心世道之言也。

第十一节 丧葬

自汉文短丧之诏下，而大臣不行三年丧，遂为成例。统计两汉臣僚，为父母服三年丧者甚少。邓衍不服父丧，明帝闻之，虽薄其为人，然朝廷本无服丧定例，故亦不能以此罪之。其臣下丁忧、自愿行服者，则上书自陈，有听者，有不听者，亦有暂听而朝廷为之起复者。又因两汉丧服无定制，听人自为轻重，于是徇名义者宁过无不及。除江华、东海王臻、原涉（《游侠传》）铫期、韦彪、鲍昂（《鲍永传》）、袁绍等之丧父母三年外，尚有为父及后母行六年服之薛包（《刘赵淳于传》），为后母服丧三年之公孙宏，为举主服丧三年之傅毅、荀爽、桓鸾，为郡将服丧三年之李洵、桓典、王允，以师丧持服之侯芭、冯胄（前汉戴德，亦为朋友服丧三月），以期功丧去官之崔寔、韦义、杨仁、谯元、马融、陈富、戴封、贾逵焉。人未死之前，则有生圹（《赵岐传》）。既死之后，则有招魂（武帝于李夫人），有挽歌（田横之客作《薤露》、《蒿里》），有行状（裴松之《三国志注》引用先贤行状甚

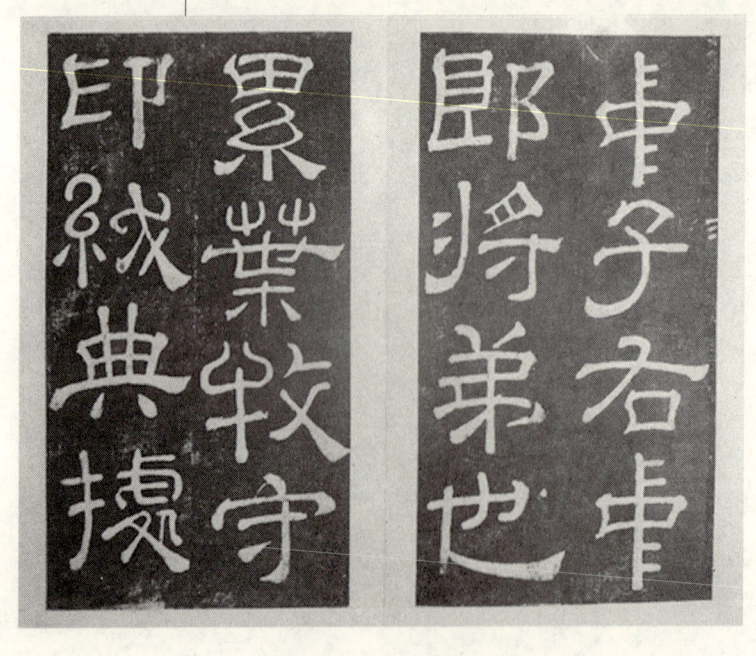

《夏承碑》
　传说为蔡邕所书

多），有堪舆相地吉凶（《汉书·艺文志》有堪舆《金匮书》十四卷）。既葬之后，有碑文（欧阳修《集古录》），有墓志铭（《郭太传》：蔡邕自谓为碑铭甚多。亦有自作碑文者，如赵嘉、傅奕、杜子夏是也）。而墓上须种柏、作祠堂（《龚胜传》），祠堂之内常设影堂，顾亭林所谓"尸礼废而像事兴"者也。

墦间之祭始于周人，而汉人亦尚墓祭。**桥元**之死，曹操感其知己，于寒食时，自为文，以炙鸡斗酒祭于其墓（制文为寒食墓祭，始此）。盖汉人以宗庙之礼移于陵墓，有人臣而告事于陵者（苏武），有因上冢而会宗族故人及郡邑之官者（楼护、班伯），有上冢而大官为之供具者（董贤），有人主而临人臣之墓者（光武于樊重，先主于霍峻），有赠谥而赐之于墓者（肃宗于阴兴夫人），有庶人而祭古贤之墓者（《东征赋》"民亦飨其丘坟"）。人情所趋，遂成风俗。其流弊，有如杨伦行丧于恭陵者矣；有如赵宣葬亲而不闭埏隧，因居其中行服二十余年者矣；至乃市井小人，相聚为宣陵孝子者数十人（《蔡邕传》），皆除太子舍人。此其坏礼教之尤者也。

当时厚葬之俗，系沿春秋列国之旧。至于引盗贼之发掘，虽帝王陵寝，亦所不免（《汉书·王莽传》：赤眉发掘园陵。《晋书·索綝传》：建兴中，盗发汉霸、杜二陵。按：文帝霸陵，宣帝杜陵）。刘更生（向）《谏起昌陵疏》所为痛陈厚葬之祸，而引吴阖闾、秦始皇以为戒也。若龚胜、张奂主张薄葬以免发掘，贡禹、周磐、王符、赵咨皆深不以厚葬为然，杨王孙至裸葬以挽流俗。王孙答友人书，大概谓"体魄无知，死欲速朽"，赵咨与子书意同。其针砭当世，殊激切矣。（汉成帝、明帝、和帝，亦曾下诏禁民葬埋逾制。）

桥元，即桥玄，汉末人。

汉宣帝杜陵

第十二节 淫祀

　　古者祀典掌于秩宗。《周礼》春官一职，厘然不紊。春秋以降，渐有淫祀。秦汉之际，方士说兴，淫祀更不可究诘，观史迁《封禅》一书可知矣。然《封禅书》之作，史迁具有深意，其终曰："无有验，无有效，其心如揭也。"贡禹、匡衡、韦元成、谷永力辟淫祀，汉之郊祀赖其驳奏，古制复存。然王莽末年，犹崇淫祀千七百所。应劭《风俗通·祀典篇》于淫祀及神怪禁忌之事，多所指斥匡正；其《正失篇》又力斥汉武封禅延寿、王乔仙令、东方朔太白星精、淮南王安神仙、王阳能铸黄金及天雨粟、日再中、虎渡河、马生角等说为不经。王符《潜夫论》，亦甚言巫祝祈祷之靡费无益。宋均则师西门豹，禁河伯娶妇之故智，杀巫以禁九江公妪奉神之俗。第五伦则按论依托鬼神恐怖愚民者，以禁会稽之淫祀。议论之正，立禁之严，固皆有心世道者。然迷信既深，有朝禁而夕弛、此息而彼兴者，毋亦民智未开之故耶？

第十三节 佛道

室利防，秦时天竺沙门高僧。

　　佛法之入震旦也，据别史所言，或谓秦时与**室利防**等交通，西汉时从匈奴得金人，实为我国知有佛之嚆矢，真伪第弗深考。其见于正史信而有征者，则东汉明帝永平十年西印度之摄摩、竺法兰二师应诏赍经典而至，于是佛之教义始东被。然我民族宗教迷信之念甚薄，不能受也。至桓帝，始自信之；兴平间，民间亦渐有信者。自此经三国以至六朝隋唐，遂为佛教极盛之时代。

　　道者，老学之支流也。老学有二派：一丹鼎派，二符箓派。丹鼎派起于汉初，符箓派起于汉末，道教即符箓派也。顺桓间，宫崇襄楷，始以于吉神书上于朝。后张角用其术以乱天下。同时张道陵亦传此术，密相传授，延至后世，仰为真人，奉为天师。自是南北朝士夫习五斗米道者（五

建于东汉的白马寺中的佛像

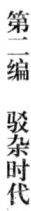

斗米,即张道陵教派之名)史不绝书,而寇谦之最显于北,陶宏景最显于南,六艺九流一切扫地,而此派独滔滔披靡天下矣。

第十四节 奴婢

《说文》曰:"奴婢,古之罪人。"按:《书》曰"予则奴戮汝",《论语》曰"箕子为之奴",即《周官》所谓罪隶之奴也。《春秋传》曰"斐豹,隶也,著于丹书。请焚丹书,我杀督戎",耻为奴,欲焚其籍也。神州旧俗,无所谓奴婢,有之乃从坐而没入者耳。於戏!均产主义不复行于吾国,则人数中不能无奴婢一伦,吾滋痛尔。先王分土授田,一夫无失其所。当彼其时,事父兄者子弟也,事舅姑者子妇也。《周官》九职,臣妾聚敛疏材,质人掌民人之质剂,盖役于士大夫之家,如后世所谓官奴耳。战国秦汉以后,平民始得相买为奴。(《汉书·货殖传》:齐俗贱奴虏,而刁间独爱贵之。桀黠奴,人之所患也,惟刁间收取,使之逐鱼盐之利,或连车骑,交守相。然愈益任之,终得其力,起家数十万。又《高祖本纪》:五年夏五月,诏民以饥饿自卖为人奴婢者,皆免为庶人。)然若汉制严卖人法(《后汉书·世祖本纪》:建武七年五月,诏吏人遭饥乱及为青徐

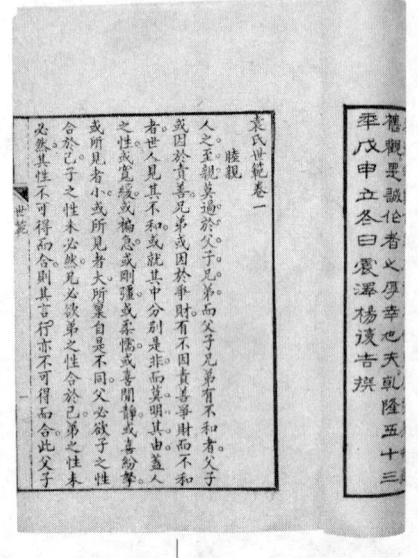

贼所掠为奴婢下妻，欲去留者悉听之，敢拘制不还，以卖人法从事)，与唐律不许典贴良人男女做奴婢驱使，则犹欲从古之道。至若罪隶舂藁之属，从坐没入者，犹必恤爱之。是故汉制，有杀奴婢之禁，有灼炙奴婢之禁。(《后汉书·世祖本纪》：建武十一年二月诏曰："天地之性人为贵。其杀奴婢不得减罪。"八月诏曰："敢有灼炙奴婢论如律，免所灼者为庶人。")其后立奴婢与庶人犯罪平等之律（建武十一年十月，诏除奴婢射伤人弃市律），又其后诏从没者悉免为庶人。(《后汉书·孝安帝本纪》：永初四年二月，诏没入官为奴婢者，免为庶人。)呜呼！吾汉世盖俨然有释奴之风矣。顾亭林曰："士大夫之家所用仆役，令出赀雇募。"苟不由此，则对于奴婢，苛虐既失之，宽纵亦失之。无已，则有取于袁氏之治家（《袁氏世范·治家篇》言待奴婢最详，多可取），然尚未去奴婢之名也。吾知他日世界进化，对于奴婢必有两事，一在实行一妻之制，而先之以唐甄之去奴婢（唐甄《潜书》有《去奴婢》一篇，言去阉也），则庶几近古之风，而不须别立禁制也。

《袁氏世范》书影

第十五节 诗歌

《三百五篇》，即《诗经》。

汉人以《三百五篇》当谏书（《前汉·王式传》），又自孝武立乐府而采歌谣，于是有代赵之讴、秦楚之风，皆感于哀乐，缘事而发，亦可以观风俗、知厚薄焉（《前汉·艺文志》"诗歌类"）。虽然，赋亦古诗之流也。故当时言语侍从之臣，若司马相如、虞丘寿王、东方朔、枚皋、王褒、刘向之伦，皆朝夕论思，日月献纳；而公卿大臣儿宽、孔臧、董仲舒、刘德、萧望之等，时时间作。或以抒下情而通讽谕，或以宣上德而著忠孝（班固《两都赋序》），其作用与今之报纸等，以予所闻。东方朔不失为主文谲谏，相如、扬雄则常以贡媚献谀为事，班固《两都》、张衡《两京》，庶乎讽谏切至者。又徒歌为谣，若翟方进坏陂之谣（《前汉》本传）、赵飞燕张公子

中国风俗史

之谣（《前汉·外戚传》），及桓灵时之童谣（《后汉·本纪》），或刺政贪，或言党祸，或指中常侍之乱，皆系实录，足以警戒人主焉。

汉武柏梁台联句，有"三辅盗贼天下危，盗阻南山为民灾，外家公主不可治"之句，足见当时臣下能指斥时事。而朱虚侯（刘章）之《耕田》，张衡之《四愁》，梁鸿之《五噫》，蔡琰之《悲愤》，江都王建女细君之《悲愁》，皆发于忧国爱国之忱，不可多得。以及班婕妤《怨歌行》之"凉飙夺炎热，恩情中道绝"，辛延年《羽林郎》之"男儿爱后妇，女子重前夫。人生有新故，贵贱不相逾。多谢金吾子，私爱徒区区"，《陌上桑》之"使君自有妇，罗敷自有夫"，窦元妻所歌之"衣不如新，人不如故"，不但见其爱情之缠绵，节操之凛烈，亦即所以讽人主，使之注意新故也。其对于循吏之有感情者，除白公、召父、杜母、贾父外，其朱晖、张堪、范丹、廉范、樊晔等传，可取而观焉。以视《颍水》之歌灌夫，《印累绶若》之歌石显，好恶迥不侔矣。嗟夫！"男儿重意气，何用钱刀为"，此卓文君之《白头吟》也，可以增人豪气；"枭骑战斗死，驽马徘徊鸣"，此汉铙歌之《战城南》也，可以激发人尚武精神；至诸葛武侯为《梁父吟》，崇拜义侠，其自负亦岂小耶！

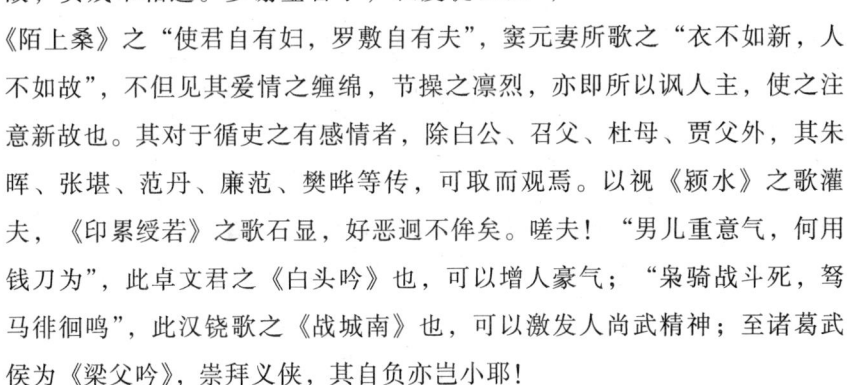

第十六节 言语

甲、名称

一、先生。汉时先生二字，或称先，或称生。如《史记·晁错传》"错初学于张恢先所"，《汉书》则云"初学于恢生所"，一称先，一称生。又《晁错传》"诸公皆称为邓先"，《贡禹传》"朕以生有伯夷之廉"，或称先，或称生。颜注皆训为先生，是也。

二、足下。足下乃战国时人主之称（苏代遗燕昭王书、乐毅报燕惠王

书、苏厉与赵惠文王书及苏秦说燕易王、范雎见秦昭王,皆称足下是也)。楚汉之交,郦生说沛公亦称足下。汉兴犹然,《汉书·文帝纪》"丞相臣平、太尉臣勃、主客臣揭等,再拜言大王足下"是也。后遂为彼此通称矣。

三、门生。汉世公卿多自教授,聚徒至数百人,其亲受业者为弟子,转相传授者为门生(见欧阳公《孔宙碑阴名跋》)。顾亭林则谓汉人以受学者为弟子,其依附名势者为门生。引《郅寿传》"窦宪使门生诣寿",《杨彪传》"王甫使门生辜榷",以宪外戚、甫奄人,不应有转授之门生为证。实则二说皆可存也。

四、臣。对人称臣,亦战国之余习。《史记·高祖纪》吕公曰"臣少好相人",张晏曰"古人相与言多称臣,犹今人相与言自称仆也。天下已定,廷臣对诸侯王虽称臣,其后此风遂息,仅王官于国君、属吏于府主称之"。然汉之诸侯王有自称臣者,齐哀王之遗诸侯王书称臣是也。天子有自称臣者,如高祖之奉玉卮为太上皇寿,景帝之对窦太后,皆称臣是也。

五、人君。《汉书》高帝诏曰:"爵或人君,上所尊礼。"颜师古曰:"爵高有国邑者,则自君其人,故云'或人君'也。"是人臣亦可称人君也。

六、本朝。汉人有以郡守之尊称为本朝者,司隶从事郭究碑云"本朝察孝,贡器帝庭",豫州从事尹宙碑云"纲纪本朝"是也。亦谓之郡朝,《后汉·刘宠传》"未尝识郡朝"是也。亦谓之府朝,《晋书·刘琨传》"造府朝"是也。

七、殿。人臣之屋称殿。观《汉书》霍光、黄霸、董贤等传及《三国志·张辽传》可知矣。

八、法驾。《后汉·鲍宣传》"为豫州牧,行部乘传去法驾"。是法驾,人臣亦得称之也。

九、万岁。万岁为当时相庆贺之通称。《后汉·吴良传》注引《东观汉记》:岁旦,郡门下掾王望举觞上寿,掾史皆称万岁;及《后汉》韩棱、马援、冯鲂等传,亦多称人臣为万岁,是也。然李固出狱,京师市里皆称

万岁,遂为梁冀所疾,而卒以见杀,亦可见其为非常之辞矣。

母家,亦谓之外家。《后汉·王符传》:符,安定人。安定俗鄙庶孽,而符无外家,为乡人所贱。著书三十篇,号《潜夫论》。宋黄山谷所谓"解著《潜夫论》,不妨无外家"者也。

乙、谚语

以权利合者,权利尽而交疏(《郑世家赞》)。能行之者未必能言,能言之者未必能行(《孙吴传赞》)。变古乱常,不死则亡(《袁盎传赞》)。不知其人视其友(《张冯传赞》)。当断不断,反受其乱(《春申君传赞》)。桃李不言,下自成蹊(《李将军传赞》)。百里不服樵,千里不贩籴(《货殖传》)。千金之子,不死于市(同上)。农不如工,工不如商,刺绣文不如倚市门(同上)。窃钩者诛,窃国者侯。侯之门,仁义存(《游侠传》)。人貌荣名(同上)。利令智昏(《平原君虞卿传赞》)。力田不如逢年,善仕不如遇合(《佞幸传》)。此见于《史记》者。

千人所指,无病而死(《王嘉传》)。水至清则无鱼,人至察则无徒(东方朔《客难》)。不习为吏,视已成事(《贾谊传》)。前车覆,后车诫(同上)。投鼠而忌器(同上)。狡兔死,走狗烹;飞鸟尽,良弓藏;敌国破,谋臣亡(《韩信传》)。遗子黄金满籯,不如教子一经(《韦贤传》)。前有赵张,后有三王(赵广汉等传)。萧朱结绶,王贡弹冠(《萧望之传》)。惟寂寞自投阁,爱清净作符命(《扬雄传》)。楚人沐猴而冠(《项籍传》)。妇儿人口不可信(《陈平传》)。以管窥天,以蠡测海(《东方朔传》)。猰糠及米(《吴王濞传》)。此见于《前汉书》者。

万事不理问伯始,天下中庸有胡公(《胡广传》京师谚)。车如鸡栖马如狗,疾恶如风朱伯厚(即朱震也。《陈蕃传》三辅谚)。灶下养,中郎将;烂羊头,关内侯(《刘圣公传》)。城中好高髻,四方高一尺。城中好广眉,四方且半额。城中好大袖,四方全匹帛(《马援传》马廖引)。贵易交,富易妻(《宋宏传》)。关西出将,关东出相(《虞诩传》)。孤犊触乳,骄子骂母(《循吏仇览传》)。此见于《后汉书》者。

又刘向《别录》引:唇亡而齿寒。河水崩,其坏在山。《新序》引:蠹喙仆柱梁,蚊芒走牛羊。应劭《风俗通》引:狐欲渡河,无奈尾何。妇死腹悲,惟身知之。县官漫漫,怨死者半。金不可作(音做),世不可度

（点破秦皇汉武）。桓谭《新论》引：人闻长安乐，则出门而西向笑。知肉味美，则对屠门而大嚼。《牟子》（东汉牟融）引：少所见多所怪，见橐驼言马肿背。《易纬》引：一夫两心，拔刺不深；踶马破车，恶妇破家。崔寔《四民月令》引农语：三月昏，参星夕；杏花盛，桑叶白；河射角，堪夜作；犁星没，水生骨。郑康成《月令注》引俚语：蜻蛉鸣，衣裘成；蟋蟀鸣，懒妇惊。马总《意林》卷四引汉王逸《正部论》：政如冰霜，奸宄消亡；威如雷霆，寇贼不生。《意林》卷五引《魏子》：己是而彼非，不当与非争；彼是而己非，不当与是争。

右所举或达世情，或识治体，或持清议，或寓讥讽，亦可略考当时民情矣。而尤以"金不可作，世不可度"之语为切中时弊。

丙、方言

《公羊》多齐言，《淮南》多楚语，此易考见者。扬子《方言》，其目甚繁，难于枚举。今将许氏《说文》中方言之最著者录于下。

僷　僷同，宋卫之间谓华僷僷。《方言》：凡美容谓之弈，或谓之僷。宋卫曰僷。段玉裁按：僷亦作㜎，㜎㜎，轻薄美好貌。按吾萍语，谓美容曰飘僷，或谓之飘飘僷僷。

倩　人美字也。《东齐》：壻（婿）谓之倩。段按：郭云：言可借倩也，盖方俗语谓请人为之。

伱　乃里切，音近昵，上声，秦人呼旁人之称。《玉篇》云："尒也。"按：《小学》诸书，皆详于自称，而略于称人之名。《尔雅》："卬吾台予朕身甫余，言我也。"朕余躬，身也。台朕赉畀卜阳，予也。注疏家谓赉畀卜，当训赐予之予，与自称无涉，其余则自称之名。故即史传所载，称人之名曰君、曰公、曰卿，均尊之之辞。若足下、陛下、阁下、执事，则并不敢直呼其人，而指其左右，皆未可为通称。其与"我"为对文者，惟称"子"为雅驯。《孟子》："子亦来见我。"《诗》："子不我思。"如尔汝，则为轻贱之辞。故

《说文解字》书影

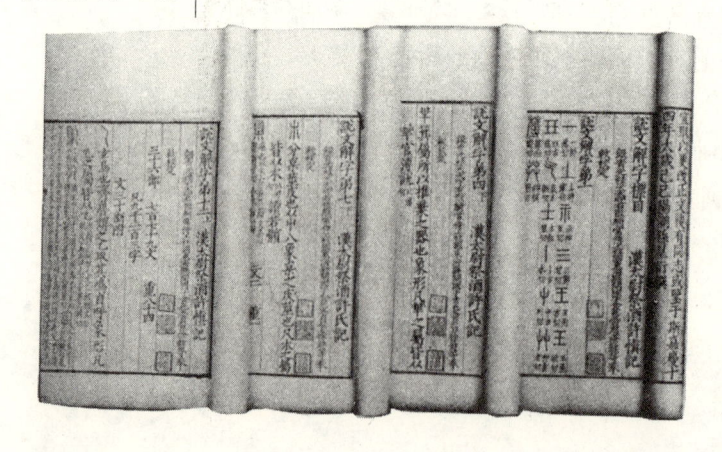

孟子以为非人所愿受。尔汝之音，转之为而、为若、为乃。《小尔雅》："而乃尔若，汝也。"《通雅》："尔汝而若，乃一声之转。"尔，古文为尔，俗加人旁作你，读为乃里切，今世俗所通行者。

　　姎　女人自称我也。按郝户部《尔雅义疏》：今伊犁、乌鲁木齐回民称女曰姎哥。而《后汉书》长沙武陵蛮，相呼为姎徒。章怀太子注：姎音胡朗反。入匣母，竟与吾萍乡土语自称曰顽之入匣母者适合（顽去声，有下浪切）。夫范书本记长沙武陵之语，吾萍接壤长沙，窃意孙吴建县之初，县境当有割自长沙者，古音古语犹有存焉，可谓千载孤证。又按姎转为卬字，别音通。《尔雅》："卬，我也，自称之名。"吾萍人自称曰顽，有引卬须我友为证者。盖卬既可证顽，则顽实可证姎矣。卬为姎之转，姎为顽之正。故郭注《尔雅》亦云卬犹姎也。又北人称我曰俺，郝户部谓与卬我亦一声之转。俺音近暗，而萍语顽字，或读如憨，吾萍前辈刘金门宫保诗，所谓"幸（即衡字，萍语称人曰衡。）随憨及看龙船"者也。俺为姎之转，俺憨音近，则用顽如用俺，用俺如用姎也。

　　媦　楚人谓女弟曰媦。

　　嬧　迟钝也，阗嬧亦如之。《长笺》：阗嬧，浙省方言曰阿带，愚懫貌。阿入声，带子声。一曰阿呆。按吾江西及湖南，谓痴呆为带子，书痴为书带子。

　　娃　圜深目貌也。或曰吴楚之间谓好娃。段注《方言》：娃，美也。吴楚衡淮之间曰娃，故吴有馆娃之宫。娃于佳切，音哇，今其地答人美好之事，尚称好娃。

　　姐　蜀人谓母曰姐，淮南谓之社。从女且声，读若左。段注：羌人呼母一曰嫚。按吾江西万载人呼母亦曰姐。

　　恓　有所恨痛也。今汝南人有所恨，言大恓。

　　嫛　秦晋谓细为嫛。

　　捛（掩）　自关以东，取曰捛。《方言》曰：掩，索取也，从手台声。一曰覆也。

《尔雅义疏》书影

第二编　驳杂时代

𠷂　呼鸡重言之，从叩州声，读若祝。段注：当云𠷂𠷂，呼鸡重言之也，浅人删之耳。《夏小正》"正月鸡桴粥粥也"者，相粥之时也。按：一本作"相粥粥"，呼也。粥𠷂古今字，鸡声𠷂𠷂，故人效其声呼之。《风俗通》曰：呼鸡朱朱。𠷂与朱音相似。祝者，引致禽畜和顺之意。则祝当重谓𠷂𠷂，读若祝祝也。《左传》作州吁，《穀梁》作祝吁。《博物志》：祝鸡翁善养鸡，故呼祝祝。

咦　南阳谓大呼曰咦。

喔　良遇切，吴人呼狗。

咣　羌去声，秦晋谓儿泣不止曰咣。

聹　益梁之州谓聋为聹。秦晋听而不聪，闻而不达，谓之聹。

聉　吴楚之外，凡无耳者谓之聉言，若断耳为盟。段按：聉五滑切，无耳，吴楚语。

眄　目偏合也，一曰衺视也。秦语。

眮　吴楚谓瞋目顾视曰眮。

餪　乃管切，音暖。女嫁三日送食曰餪。

餽（馈）　吴人谓祭曰餽。

膿　益州鄙人言人盛讳其肥，谓之膿。段注：膿假借作壤。邹阳上书亦云：壤子王梁代。

膘　读若繇，牛胁后髀，前合革肉也。段注：合革肉者，他处革与肉可分剥，独此处不可分剥也。《七发》所谓"雏牛之膘"。《毛传》云：射左膘。《三苍》云：膘，小腹两边肉也。繇，敷绍切。今俗谓牲肥者曰膘壮。音如标。

夥　齐谓多也。《方言》曰：大物盛多。齐宋之郊、楚魏之际曰夥。按今楚人言夥计。

胖　匹绛切。顾亭林《唐韵正》云：今人谓体肥为胖。即古之丰字。

㪋　又取也。段按：《方言》担擔，取也。南楚之间，凡取物清泥中，谓之担，或谓之擔。

八　别也。段按：今江浙俗语，以物与人谓之八，与人则分别矣。按吾江西及湖南亦然，但

段玉裁像

八音，读若把。

此《说文》中之方言也。至于毛与多谢等语，则又可以考焉。

毛　《汉书·高惠高后文功臣表》：靡有孑遗，耗矣。师古注：今俗语犹谓无为耗，音毛。《后汉书·冯衍传》：饥者毛食。李贤注：按衍集毛字作无，今俗语犹然，或古亦通乎？按：谓无为毛，两汉唐宋相沿已久。曾慥《高斋漫录》载钱穆父折简召东坡食皛饭，以盐、萝、蔔饭为三白。东坡再召穆毳饭，以毛盐、毛饭、毛萝蔔为三毛。谓以毛为无，乃蜀语。又《佩觿集》：河朔谓无为毛。《通雅》：江楚广东呼无曰毛。

多谢　辛延年《羽林郎》诗：多谢金吾子。《汉书·赵广汉传》注：多问者言殷勤，若今千万问讯也。陶靖节诗亦有"多谢绮与甪"之句。

阿谁　《蜀志·庞统传》：向者之论，阿谁为失。

手下　《江表传》：孙策谓太史慈曰："先君手下兵数千余人，尽在公路许。"又曰："卿手下兵宜将多少自由意。"

负　老母之称。《史记·高祖本纪》：常从王媪武负贳酒。《汉书》注：如淳曰：俗谓老大母为阿负。师古曰：《列女传》云：魏曲沃负者，魏大夫如耳之母也。古语谓老母为负耳。

公　妇谓舅也。《前汉书·贾谊传》：与公并倨。

了了　慧也，晓解也。《后汉·孔融传》：小而了了，大未必奇。

收债　《战国策》：冯谖为孟尝君收责于薛。《史记》作收债。

媪　母老之称。《史记·高祖本纪》：常从王媪武负贳酒。

娿　楚人谓姊为娿。

姡　《释名》：青徐呼女曰姡。姡，忤也。女始生，人意不喜，忤忤然也。扬子《方言》：吴人谓女曰姡。五故切，音误。

嚽冥　《前汉·外戚传》"嚽妍太息"注：晋灼曰：三辅谓忧愁面省疲曰嚽冥。嚽妍，犹嚽冥也。

寄居　《前汉·息夫躬传》：归国未有第宅，寄居邱亭。

不中用　《史记·始皇本纪》：吾前收天下书不中用者。《外戚世家》：武帝择宫人不中用者斥出归之。《王尊传》：其不中用，趣自避退，毋久妨贤。

小家子　《汉书·霍光传》：使乐成小家子，得幸将军。

主人翁　《史记·范雎传》：主人翁习知之。

十八九　《汉书·丙吉传》：至今十八九矣。

年纪　《光武纪》：建武十五年诏下州郡，检核垦田顷亩及户口年纪。

分付　《汉书·游侠·原涉传》：分付诸客。

交代　《汉书·盖宽饶传》：及岁尽交代。《白虎通义》：封禅必于泰山何？万物之始，交代之处。

什物　《后汉·宣秉传》：即赐布帛帐帷什物。

晓示　《汉书·循吏·童恢传》：吏人有违犯禁法，辄随方晓示。《班超传》：令晓示康居王。

主者　《史记·陈丞相世家》：各有主者。《后汉·刘陶传》：事付主者，又主者旦夕迫促。《乐巴传》：主者欲有所侵毁。

传语　《后汉·清河王庆传》：令庆传语中常侍。

收拾　《光武纪》：吏人死亡，或在坏垣毁屋之下，而家赢弱不能收拾者。

寻思　《汉书·循吏·刘矩传》：以为忿恚可忍，县官不可入，使归更寻思，讼者感之。

见在　郑康成《周礼·夏官》"蕙人亡者阙之"注：阙，犹除也。弓弩矢箙，弃亡者除之，计今见在者。

比数　郑康成《周礼·大司马》"简稽乡民"注：简，谓比数之。

先辈　郑康成《诗·采薇》笺：今薇生矣。先辈可以行也。

如今　郑康成《诗·杕杜》笺：征夫如今已闲暇，可归也。

杂碎　《后汉·仲长统传》：百家杂碎，请用从火。

普请　《三国志·吕蒙传》：孤普请诸将，咨问机宜。

牢固　《三国志·陆抗传》：吾宁弃江陵而赴西陵，况江陵牢固乎？

享福　《后汉书·郎顗传》：是故高宗以享福，宋景以延年。

久住　《蜀志·诸葛传》：是以分兵屯田，为久住之基。

《三国志》书影

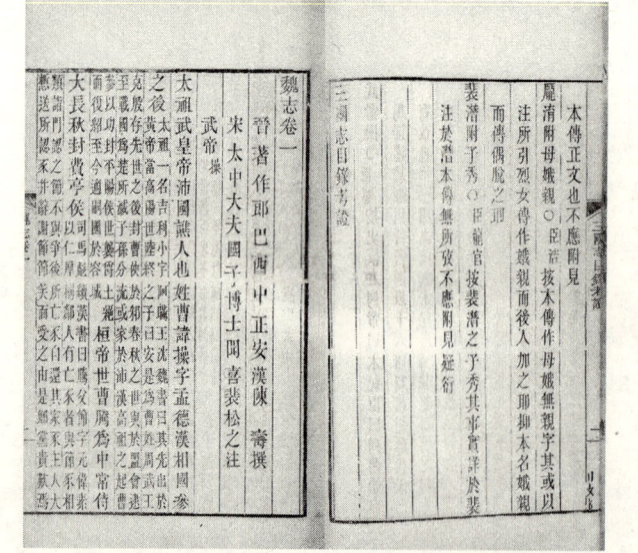

暂住　《吴志·钟离牧传》：闻君意顾，故来暂住。

长住　《易林》：乾作圣男，坤作智女，配合成就，长住乐所。

扇　须缘切。《淮南子》：左拥而右扇之。又束皙《补亡诗》：八风代扇。

开张　《释名》：袂，掣也。掣，开也。开张之以受臂屈伸也。诸葛孔明《前出师表》：诚宜开张圣听。

临场　《后汉·刘表传》论：临场决敌，则惮夫争命。

辞谢　《史记·吕后纪》：代王使人辞谢。

清亮　《后汉·郎顗传》：清亮自然。

奉行故事　《书》：率百官若帝之初传，顺舜初摄帝位故事，奉行之。

管事　《史记·李斯传》：赵高以刀笔吏入秦宫，管事二十余年。

那　音乃贺切。《后汉书》"公是韩伯休那"注：那语余声。

些　款乃　《弇州山人稿》：宋玉之些，子云之款，乃皆方言也。款乃音袄霭，湘中人泣舜之余声也。

罢休　《史记》吴王谓孙武曰：将军罢休。今苏州语谓罢必缀一休字。

抓　音爬，搔也，扫也。见《淮南子》。

数　责人也。范雎之数须贾，汉高之数项羽，是也。今苏州谓责人曰数说。

脂　《周礼·考工记》"凡眡之类不能方"注：脂，亦黏也。今苏州谓发黏亦曰脂。

钻　班固《答宾戏》：商鞅挟三卫以钻孝公。钻即钻营之意。今谓善趋权势曰善钻，谓善钻者为头尖，犹钻物之钻，以尖而易入也。又吾萍语谓入曰钻，如进去曰钻，进去好弄曰闹里钻，是也。

放手　《后汉书》：残吏放手。今苏州谓贪纵为非曰放手。

卒暴　《前汉·陈汤传》：兴卒暴之师。卒音猝，今太仓州谓性急为卒暴。

勃窣　窣音孙，入声。《司马相如传》：婴珊勃窣上金堤。今嘉定呼人体笨行步不轻脱，曰勃窣。

伿儃　音如炽腻，谓人进退不果也。司马相如赋：仡以伿儃。师古又音态碑，今嘉定亦有此语。

发笑　《前汉·司马迁传》：适足以发笑而自點耳。嘉定俗指可鄙笑曰

发笑。

䙰褷　《古乐府》：今世䙰褷子，独热向人家。今俗谓人懒惰不振作，及不自整理物件曰䙰褷。而嘉定谓人性乖劣曰䙰褷。

麋糟　《汉书·王霸传》"麋兰皋下"注：世俗以尽死杀人为麋糟，盖血肉狼藉之意也。今俗谓污秽之物曰麋糟，而京师糟皋之语亦本于此。

蒂芥　《前汉·贾谊传》"细故蒂芥，何足以疑"注：蒂芥，小鲠也。又司马相如《上林赋》：曾不蒂芥。按今俗谓小嫌曰芥蒂。

掉磬　《礼·内则》郑注"虽有勤劳，不敢掉磬"疏：崔氏云：北海人谓相激事为掉磬。《隐义》云：齐人谓相绞讦为掉磬。按即今俗语所谓掉皮之所本。

几所　里所　《前汉·疏广传》"问金余尚有几所"注：几所，犹几许也。《张良传》"父去里所复还"注：里所，犹里许也。

无赖　《汉书·高帝纪》：始大人常以臣无赖。

客作　《野客丛谈·吴曾漫录》曰：江西俚俗骂人曰客作儿。按：陈从易诗：枇杷客作儿。今人斥受雇者为客作。此语殆始于南北朝，观袁翻谓人曰"邢家小儿为人客作章表"，可知。按：《后汉·匡衡传》：衡乃与客作而不求价。《三国志》：焦先饥则为人客作，饱食而已。则此语殆始于汉。

痴种　《越绝书》：慧种生圣，痴种生狂。今嘉定俗骂人曰痴种。

乞儿　《汉官仪》曰：明帝临轩雍、历二府，光观壮丽，而太尉府独卑陋。显宗东顾叹息曰："椎牛纵酒，勿令乞儿为宰。"

老狗　《汉武故事》：栗姬尝骂上为老狗。

酒家儿　见《栾布传》。

无状子　见《前汉书》。

妳妳　《焦仲卿妻古诗》云：媒人下床去，诺诺复妳妳。

小姑　《古乐府·焦仲卿妻词》曰：却与小姑别，泪落连珠子。

妹婿　《三辅决录》：赵岐取马续女宗姜为妻。续兄子融，岐曰："妹婿之故，屈志于融。"

郎君　《世说》：诸葛瑾为豫州，遣别驾诣台，语云

《越绝书》书影

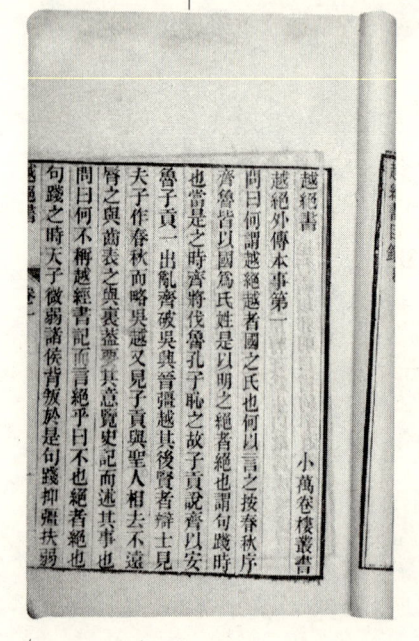

小儿恪知谨，卿可以语速。速往诣恪，恪不相见。后相遇，别驾唤恪，咄咄郎君云。

先后 《郊祀志》：见神于先后宛若。孟康曰：古谓娣姒。今关中呼为先后。

累重 《西域传》：募民壮健有累重敢徙者，诣田作。注：累谓妻子家属也。今嘉定俗呼妻子曰贱累，又子女多曰累重。

眷 亲属也，字或作婘。《史记·樊哙传》：诛诸吕婘属。又《五代史·裴皞传》：裴氏自晋魏以来，世为名族，居燕省者号东眷，居凉者号西眷，居河东者号中眷。按今通称有家眷、女眷、亲眷之目。

索妻 即娶妻也。《关羽传》：孙权遣使索羽女为子妇。又《隋书·房陵王传》独孤后曰：为伊索得元家女。今临晋亦谓娶妻为索妻，而吾萍则谓之讨亲，讨亦索之义也。

有身 《高帝纪》：已而有娠。孟康曰：娠音身。《汉书》身多作娠，盖古今字也，今俗亦有谓怀孕为有身者。

主故 见《后汉书》。

亡聊赖 无所事事也。《前汉·张释之传》：尉窋亡聊赖。

不快 《后汉·华佗传》：体有不快，起作五禽之戏。今俗谓人有病曰不快活，一曰不舒服，自称有病亦然。

人道我 《毛诗》"愿言则嚏"注曰：今俗人嚏曰人道我。今人喷嚏，必曰有人道我。

沾寒 《史记·滑稽传》：置酒而天雨，陛楯者皆沾寒。吾萍语谓有寒疾亦曰沾寒。

财主 《世说》陈仲弓

华佗五禽戏图

曰：盗杀财主，何如骨肉相残。

鲜翠 王伯厚《困学纪闻》评诗陆务观记东坡诗"翠欲流"，谓蜀语鲜翠，犹言鲜明也。愚按：嵇叔夜《琴赋》云：新衣翠粲。李周翰注：翠粲，鲜色。李善注引《子虚赋》：翕呷翠粲。张揖曰：翠粲衣声，《汉书》作萃蔡。班婕妤赋：纷綷縩兮纨素声。其义一也。以鲜明为翠乃古语。

当 《正字通》：凡出物质钱，俗谓之当。《后汉·刘虞传》：虞所赉赏，典当胡夷，瓒复抄夺之。注：当，音丁浪反。

搜牢 牢音潦。《后汉·董卓传》：卓纵放兵士，突其居舍，淫略妇人，剽掳资财，谓之搜牢。注：言牢周者，皆搜索取之也。一曰牢，漉也。二字皆从去声。

姘 《仓颉篇》：男女私合曰姘。汉律，与妻婢奸曰姘。又斋与女交罚金四两曰姘。

相公 顾亭林《日知录》：前代拜相者必封公，故称之曰相公。《羽猎赋》：相公乃乘轻轩，驾四骆。相公二字似始见此。

阿 顾亭林《日知录》：《隶释·汉殽阮碑阴》云：其间四十人，皆字其名而系以阿字，如刘兴阿兴、潘京阿京之类。必编户民未尝表其德，书石者欲其整齐而强加之。犹今间巷之妇，以阿挈其姓也。《成阳灵台碑阴》有"主吏仲东阿东"，又云"惟仲阿东年在元冠，幼有中质"，又可见其年少而未有字。《抱朴子》：祢衡游许下，自公卿国士以下，衡初不称其官，皆名之云阿某，或以姓呼之为某儿；《三国志·吕蒙传》注：鲁肃拊蒙背曰：非复吴下阿蒙；《世说》注：阮籍谓王浑曰：与卿语不如与阿戎语，皆是其小时之称也。妇人以阿挈姓，则隋独孤后谓云昭，训为阿云；唐肃淑妃谓武后为阿武；韦后降为庶人，称阿韦；刘从谏妻裴氏，称阿裴；吴湘娶颜悦女，其母焦氏称阿颜、阿焦，是也。亦可以自称其亲。《焦仲卿妻诗》"堂上启阿母"，"阿母谓阿女"，是也。谨按：以阿系其名者，始于汉，盛于南北朝。唐陆龟蒙《小名录》所载汉武陈后名阿娇，曹操名阿瞒，蜀后主名阿斗，王濬名阿童，王忱名阿大，殷浩名阿源，王

《世说新语》书影

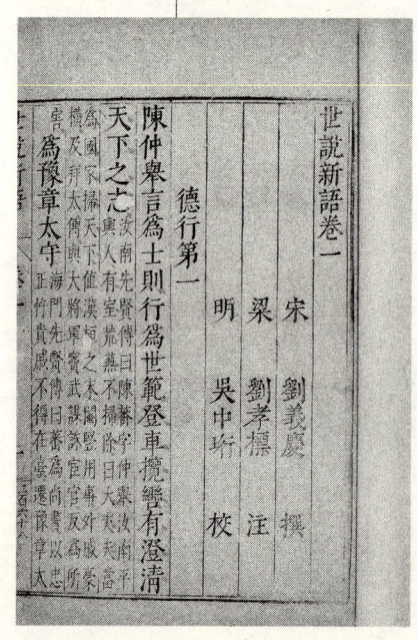

临之名阿林，郗恢名阿乞，王循龄名阿龄，王蕴名阿兴，王敬豫名阿璃，石邃名阿铁，刘敬宣名阿涛，谢瞻名阿远，陶侃名阿舒，刘王献名阿称，是也。

幺 《汉书·食货志》：王莽作钱货六品，内有幺钱；贝货五品，内有幺贝；布货十品，内有幺布。班彪《王命论》：幺麽不及数子。蔡邕《短人赋》：其余尪幺。《尔雅》幺幼注曰：豕子最后生者，俗呼为幺豚。故后人有幺麽之称。《说文》：幺，小也，象子初生之形。幼字从幺，亦取此义。顾亭林曰：一为数之本，故可以大名之。一年之称元年，长子之称元子，是也。又为数之初，故可以小名之，骰子之谓一为幺，是也。《唐书·杨炎传》：卢杞貌幺陋。《宋史·岳飞传》：杨幺本名杨太，太年幼，楚人谓小为幺，故曰杨幺。俗作么，非。

第十七节　汉末风俗之复古

王莽居摄，颂德献符者遍于天下。虽有何武、鲍宣、高固及辛庆忌三子之不附莽而死，翟义、贾萌、张充诸人之讨莽而死，龚胜之不应征而死，曹竟之不附莽而死，于赤眉、李业、王皓、王嘉、谯元之不仕莽而死，于公孙述、彭宣、王崇、邴汉、梅福、逢萌之不附莽而去，胡纲、郭坚伯、郭游君、杨宝、牟长、高翊、高容、洼丹、孔子建、郭宪之不仕莽，王谭、文参之不从莽，足以立懦廉顽，少答百年前汉武表章六经、尊用儒士之盛意，然岁寒松柏，寥寥无几。盖由西汉师儒虽盛，而大义未明也。光武、明章有鉴于此，故尊崇节义，敦厉名实，所举用者莫非经明行修之人，而风俗为之一变。至其末叶，朝政昏浊，国事日非，而党锢之流，独行之辈，依仁蹈义，舍命不渝。风雨如晦，鸡鸣不已。三代以下，风俗之美，无尚于东京者。**范蔚宗**之论，以为桓、灵之间，"君道秕僻，朝纲日陵，国隙屡启，自中智以下，靡不审其崩离。而权强之臣，息其窥盗之谋；豪杰之夫，屈于鄙生之议。所以倾而未颓，决而未溃，皆仁人君子心力之为"（《左雄传论》），信不诬也。

范蔚宗，《后汉书》作者范晔，字蔚宗。

第三编 浮靡时代（浊乱时代）

第一章 魏晋南北朝隋

第一节 清议

　　汉末名士互相品题，遂成风气。于时朝廷用人，率多采之，颇足以挽势利夤缘之习。故魏之何夔、杜恕皆注重乡评，陈群遂立九品中正之法。晋因之，乡邑清议，不拘爵位，褒贬所加，深足劝励。故有被议坐废者，如陈寿、阎义（《晋书·何攀传》）、卞粹诸人是也；有被议贬黜者，如韩预（《张辅传》）、李含、王式（《卞壸传》）、温峤、任让（《华恒传》）、周馥（《韩康伯传》）、陈暄（《陈庆之传》）诸人是也。《南史》宋武帝、齐高帝《纪》于受禅即位大赦下诏，皆有"犯乡论清议者，一皆荡涤洗除先注"等语。先注者，即被议为中正所注者也。清议之严如此，而又皆持之于中正，用以区别流品，亦六朝之一特色。虽法久弊生，中正不尽秉公，或上下其手，然乡间之清议自峻也。

第二节 流品

　　曹孟德既有冀州，崇奖跅弛之士，以盗嫂受金为无害于才。观其下令再三，至于求负污辱之名、见笑之行、不仁不孝而有治国用兵之术者。然于慎重流品之风，毫无所损。晋宋以来，已成普通观念，如宋王道子之不呼蔡兴宗坐，王球之不令王宏就坐，梁羊侃之拒宦者张某，曰"我床非阉人所坐"是也。顾氏亭林曰："自万历季年,搢绅之士不知以礼饬躬,而声气及于宵人,（如汪文言一人,为东林诸公大玷。）诗字颁于舆皂,至于公卿上寿,宰执称儿。而神州陆沉,中原涂炭,夫有以致之矣。"呜呼!观顾氏所言,知流品之关系于廉耻上者不小也。

曹孟德像

第三节 门第

中国阶级制度已为周末游说所破,乃至六朝而转严。当时以望族为士,平民为庶（有旧门、次门、后门、勋门、役门之类）。士庶之见,深入人心,若天经地义。大抵士庶不得通婚,其不幸而与庶族通婚者,则为士族之玷。（化士庶界限,当以通婚为第一义。然南朝最著之望族,若琅邪王氏、陈国谢氏等,惟与皇族联姻,不必本属清门。北朝最著之望族,若范阳卢氏、荥阳郑氏、清河博陵二崔氏等,苟非士族,虽帝王亦不与联姻。界限之严,不但侯景之凶强,不能强与王谢联姻已也。又王源嫁女于富阳满氏,即为沈约所弹。）故当时庶族有一起居动作之微,亦以偕偶士族为荣幸。而终不得者（如《齐纪》"僧真诣江敩,敩不答"是也。）,甚至纳赀为士族门生,以求进身。盖六朝所称门生,不过傔从之类,非受业弟子也。（观《晋书·刘隗传》、《宋书》徐湛之、谢灵运、颜竣、颜琛等传,《南齐书》刘怀珍、谢超宗传,《南史·齐后妃传》,可知矣。）然富人子弟多愿充之。因中正之弊,既已上品无寒门、下品无世族,庶姓寒人无寸进之路,惟此可以年资得官,故不惜身为贱役,且有出财贿以为之者。究竟士族亦无他长,不过雍容令仆,裙屐相高,心目中惟知有"门第"二字（《北史·崔棱传》每谓卢元明曰："天下盛门,惟我与尔。博崔赵李,何事者哉?"）,而任事又不能不借重寒人,此南朝所以多用寒人掌机要也。

第三编 浮靡时代（浊乱时代）

第四节 氏族及名字

自五胡云扰，种族殆不可辨识。于是衣冠之族不能不自标异，乃假中正以重其门阀；有司选举，必稽谱籍而考其真伪。然当时同姓通谱之风最甚（通谱之事，晋以前未有），如石勒之引石朴为宗室，孙旃之与孙秀合族（见《晋书》石苞、孙旗二传），侯景之托侯瑱为宗族，崔浩之与崔宽相齿而厚抚之（《魏书·崔元伯传》），杜佺之延引杜超（《北史·佺传》），韦鼎之作韦氏谱与韦世康，是也。此又适为庶族联络士族、依附士族之一善策。虽其中亦有同族而不同望者，（《魏书·高阳王雍传》：博陵崔显世号东崔，地寒望劣。又《高士廉传》言每姓第其房望，虽一姓中高下悬隔。）是亦北人偶染南人之习，（顾亭林云："北人重同姓，多通谱系；南人则有比邻而各自为族者。"引《宋书·王仲德传》"北土重同姓，谓之骨肉"为证。）实则氏族未有不混淆者。又冒姓始自汉之吕平（《汉书·外戚恩泽侯表》注）、灌孟（《史记·灌夫传》）、堂邑甘父（《汉书·西域传》注）等，而魏晋以来尤盛，甚至以异姓为人后。如魏陈矫本刘氏子，出嗣舅氏吴；朱然本姓施，以姊子为朱后；而贾谧之后贾充，则有莒人灭鄫之讥。宋许荣上疏，至谓"今台府局吏、直卫武官及婢隶婢儿，取母之姓者，本臧获之徒，无乡邑品第"（《宋书·王道子传》）。可见当时冒姓之多矣。庶族因界限之严，或藉通谱冒姓，以徼幸仕进；士族因通谱冒姓多，则亦有难完全其为士族者。至隋罢中正，而氏族始废焉。

名与字相同，起于晋宋之间。史之所载，晋安帝讳德宗字德宗，恭帝讳德文字德文，会稽王道子字道子，殷仲文字仲文，宋蔡兴宗字兴宗，颜见远字见远，梁王僧孺字僧孺，刘孝绰字孝绰，庾仲容字仲容，江德藻字德藻，任孝恭字孝恭，师觉授字觉授，北齐慕容绍宗字绍宗，魏兰根字兰根，后周

谢安像
东晋时，谢安、王导家族均为高门世族

王思政字思政，辛庆之字庆之，崔彦穆字彦穆之类，是也。

六朝人最重避讳，有闻讳徒跣者，谢超宗、王亮等（《南史》本传）是也；有闻偏讳而敛容者，萧琛（《南史》）是也；有闻讳必哭者；有讳其与讳同音之字，而与人书全不称及者；有人来书疏犯其父讳，竟对之流涕、不省公事者；有父讳"云"而呼纷纭为"纷烟"者；有父讳"桐"而呼梧桐树为"白铁树"者；有父讳"昭"而一生不为昭字，惟依《尔雅》火傍作召者，并见《颜氏家训·风操篇》。

幼小之名谓之小名，长则更名，而以小名为讳。或长亦以小名行，如吕后之名娥姁，武帝陈后之名阿娇，光武郭后之名圣通，郑康成之孙名小同，光武之名秀，扬雄之子名童乌，此长而不改者也。司马长卿之名犬子，匡稚圭之名鼎，刘禅之名阿斗，曹孟德之名阿瞒，臧宣高（霸）之名寇奴，班惠姬之名昭，此长而隐其名者也。晋宋以来，小名尤盛行，观陆龟蒙《小名录》可知矣。

第五节 仕宦

中正取士，权归著姓。惟梁置州重郡崇，乡豪专典授荐，颇无膏粱寒素之隔。此外若晋王戎选举，驱扇浮华，亏败风俗，虽为傅咸所奏，戎与贾、郭通亲，竟得不坐。齐之乡举里选，不核才德，其所进取，以官婚胄籍为先，遂令甲族以二十登仕，后门以三十试吏，故有增年矫貌以图进者。其时士人皆厚结姻援，奔驰造请，浸以成俗焉。（《通志·选举略》）梁徐勉掌选时，奏立九品为十八班，自是贪冒者以财货取进，守道者以贫寒见没。（《南史·勉传》）隋之选举冒滥，非为巨害，至死不黜。故里语谓"人之为官若死然，未有不了而倒还"者（《通志·选举略》）。加以其时专尚词赋，士习浮浇，尤不以奔竞为耻焉。颜之推《家训·涉务篇》曰："多见士大夫耻涉农桑，羞务工伎，射既不能穿札，笔则才记姓名，饱食醉酒，以此消日。"又曰："梁朝全盛之时，贵游子弟多无学术，无不熏衣剃面，傅粉施朱，驾长檐车，跟高齿屐，坐棋子方褥，凭班丝隐囊，列器玩于左右，从容出入，望若神仙。及势利既失，遂为驽材。"此可以知

《北齐校书图》
此图描绘士大夫校书的活动，南北朝士大夫形象可窥豹一斑

当时仕宦伎俩矣。《晋书·潘岳传》：岳与石崇谄事贾谧，每候其出，辄望尘而拜。《南史·陈卞彬传》：时有广陵高爽，博学多才。刘瑺为晋陵县，爽经途诣之，了不相接。俄而爽代瑺为县，瑺遣迎赠甚厚。此可以知当时炎凉丑态矣。

第六节 名节

以一家物又与一家，南北朝人臣之惯技。赵王伦之篡，乐广素号元虚，乃奉玺绶劝进；王谢为司马氏世臣，而王导之孙谧授玺于桓元，导曾孙宏又为宋佐命；谢安之孙澹亦持册于宋祖刘裕，谢朓历仕宋、齐、梁，如三嫁之妇人，而世俗不以为怪，名节扫地矣。然以六朝之浮薄，而疾风劲草未尝无之。宋之袁粲，梁之韦粲，千古流芳。渊明归隐，不失为晋处士。晋河南辛恭靖之言曰："宁为国家鬼，不为羌贼臣"（《晋书·忠义传》）；齐新野刘思忌之言曰："宁为南鬼，不为北臣"（《南齐书·魏虏传》）；宋沈攸之之言曰："宁为王凌死，不为贾充生"（《南史》本传）；宋石头城之谣曰："宁为袁粲死，不作褚渊生"（见《南史》袁粲、褚渊传），英风劲气，肝胆照人。上溯之魏，魏以不仁得国，而魏文又最慕通达者也，然犹有王凌、文钦、毋丘俭、诸葛诞诸人。故气节在当时虽居少数，亦不能谓全无人也。

第七节 清谈

　　清谈起于魏，正始中何晏、王弼之祖述老庄，而阮籍复以不遵礼法继其后（籍尝作《大人先生传》，谓世之礼法君子，如虱之处裈）。厥后王衍、乐广慕之，俱宅心事外，名重于时。天下言风流者，以王、乐为称首，后进莫不竞为浮诞，遂成风俗。学者以老庄为宗而黜六经，谈者以虚荡为辨而贼名检。行身者以放浊为通而狭节信，仕进者以苟得为贵而鄙居正，当官者以望空为高而笑勤恪。间有斥其非者（刘颂每言治道，傅咸每纠邪正），世反谓之俗吏。裴頠之著《崇有论》，江惇之著《通道崇俭论》，卞壸之斥王澄、谢鲲谓"悖礼伤教，中朝倾覆"，实由于此。范宁谓王弼、何晏之罪深于桀纣，熊远、陈頠各有疏论，莫不大声疾呼，欲以挽回颓俗。而习染既深，竟有江河日下之势。盖其风气所自，一由于东汉之苦节（程子云），一由于魏文之慕通达（傅元云），一由屡经丧乱、中原涂炭，厌世主义遂以发生。于是酒色棋局，皆为清谈之后劲。

竹林七贤图
　　表现了晋代名士的放旷不羁、玄虚清谈

第三编　浮靡时代（浊乱时代）

当时除陶侃之甓，温峤之裾，祖逖之楫，颜之推、王通之学问，卓然流俗；陶渊明之酒，嵇康之琴，谢安之东山妓，谢灵运之登山屐，独有寄托外，其余胸无挟持，徒矜尚风流，翩翩浊世，若今日士大夫沉酣于花酒、鸦片、麻雀中者，乃完全亡国之资料。然大势所趋，众人方以为高妙，非此则谓之不达；虽有志之士，亦有因之不能自主者，亦可慨已。士人学问不出庄老，佛经专为清谈预备，而文词亦购名士之代价，而清谈者之家珍也。绮靡轻薄，风俗日漓，燕泥庭草，遂以贾祸。（《隋唐嘉话》：炀帝善属文，而不欲人出其右。司隶薛道衡由是得罪，后因事诛之，曰："更能作'空梁落燕泥'否？"炀帝为《燕歌行》，文士皆和，著作郎王胄独不下帝，帝每衔之，胄竟坐此见害，而诵其警句曰："'庭草无人随意绿'，复能作此语耶？"）以人主而与臣下竞文词，其好尚可知矣。《南史·恩幸传》论清谈之弊，"士大夫不亲政务，致小人得以倖进"，是不刊之论也。

第八节　佛老

清谈之资料，佛老最有价值。当时佛学直掩过老学，然鲜能知佛之作用者。多谓事佛可以求福，至于号取寺名，诏用佛语，人以僧名（如王僧达、王僧虔之类，不可枚举），几若无事可以离佛。非误以佛为神，即误以佛为厌世也。

第九节　鲜卑语

其时鲜卑人事战争，而汉人事耕稼，有古秦人待三晋之风；而汉人亦谨事鲜卑人，学鲜卑语，以求自媚。《隋书·经籍志》所载学国语之书（即鲜卑语）至夥，几如今人之学东西文也。（此事观《北齐书·神武纪》及颜之推《家训》即知其详。）

第十节 美术

魏晋之士放弃礼法，不复以礼自拘。及宅心艺术，亦率性而为，视为适性怡情之具。且士务通脱，以劳身为鄙，不以玩物丧志为讥。加以高门贵阀，雅善清言，兼矜多艺。然襟怀浩阔，见闻而外，别有会心。诗语则以神韵为宗，图画则以传神为美。二王书法，间逞姿媚，遂开南派之先。推之奏音审曲，调琴弄筝，亦必默运神思，独标远致。旁及博弈，咸清雅绝俗，以伸雅怀。美术之兴，于斯为盛。晋代以降，学士大夫以书画弈棋相尚。以言乎书法，则南人长于书帖，北人长于书碑。以言乎文词，则南人清新俊逸，北人硗确自雄。美术之分南北，始于东晋，历晋至隋，相沿不革。南朝之士，兼喜赏鉴，《画品》录于谢赫，《书品》成于庾肩吾，品第优劣，人各系评，姚最诸人，递有赓续。若《碑英》著于梁元，《鼎录》成于虞荔，《刀剑谱》于陶隐居，则又由赏鉴而兼考古。然其书皆出于南人。自西魏灭梁，秘阁二王之书入于北朝，为颜之推所秘。王褒由梁入周，北人多习其书。庾信、江总又以轻绮之文传于北土。迄于初唐，美术渐泯南北之分焉。

又按：以弈品画人入正史，亦始于南朝（《南齐书·萧惠基传》"当时能棋人，琅邪王抗第一品，东郡褚思庄、会稽夏赤松并第二品"，《刘係传》"弟瑱，字士温。荥阳毛惠远善画马，瑱善画妇人，世并为第一"，《刘係宗传》"少便书画"，是也）。以其好尚既专，精绝足传也。书法之

王羲之《兰亭序》

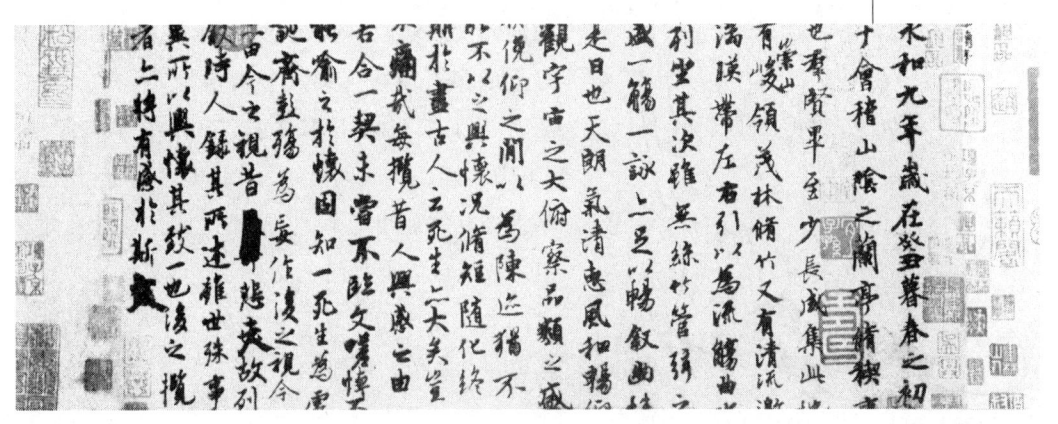

美，朝廷并拔擢之。故颜之推谓"厮猥之人，多以能书见用"也。

第十一节 婚娶

不论行辈，如宋蔡兴宗以女妻姊之孙袁彖是也。以妇女为买卖，故注重财币（《颜氏家训·治家篇》亦云"卖女纳财，买妇输绢"），魏齐时尤甚。其始高门与卑族为婚，利其所有，财贿纷遗，其后遂成风俗。婚嫁财币，争多竞少（观魏文成帝之诏及《封述传》可知）。妾媵继室各处，好尚不同。（《颜氏家训·后娶篇》：江左不讳庶孽，丧室之后，多以妾媵终家事，疥癣蚊虻，或未能免。限以大分，故稀斗阋之耻。河北耻于侧出，不预人流，是以必欲重娶，至于三四，母年有少于子者。后母之弟与前妇之兄，衣服饮食，爱及婚宦。至于士庶贵贱之隔，俗以为常。身没之后，辞讼盈公门，谤辱彰道路，子诬母为妾，弟黜兄为佣，播扬先人之辞迹，暴露祖考之长短，以求己直者多有。）然北齐百官大率无妾，因其时父母嫁女，必教之以妒；姑姊逢迎，必相劝以忌。以劫制为妇德，能妒为女工（宋世宫庭秽乱，士大夫以联姻帝室为畏途，且凡为公主者皆淫妒，人主亦自知之。故江敩当尚主，明帝使人代敩作婚表，遍示诸公主以愧励之）。又将相多尚公主，王侯率取后族。一夫一妻之制，实成于自然。若宋废帝为姊山阴公主置面首左右三十人（与俄国**加他邻女后**同），则又俨然一妻多夫之制矣。其时士庶多不通婚（梁武帝谓侯景曰："王谢门高，当于朱张以下求之。"齐沈约弹王源曰："王满连姻，实骇闻听。"《北史》：崔巨伦之姑不肯令其姊屈事卑族），通婚之时，往往比量父祖。故庶族以娶高门士女为荣，即夫家坐罪没官之妇女，寒人得之，且荣幸无比。观《北齐书》郭琼、孙搴传，可知矣。

加他邻女后，即俄国女皇叶卡捷琳娜。

南北朝仕女像

丧娶始于春秋鲁公子遂之纳币（文公二年），而汉文帝短丧之诏，亦云"天下吏民，毋禁取妇、嫁女、祠祀、饮酒、食肉"。自是丧娶甚多，六朝尤甚。石勒之禁国人在丧嫁娶（《晋书·载记》），张辅之贬韩预，刘隗之奏王籍之、颜含，固当时仅见者（《晋书》本传）。

第十二节　丧葬

晋代期功之丧犹以为重，自祖父母、伯叔父母以至兄弟、姊妹、妻子之丧。初丧去官，除丧然后就官（见《王纯碑》，陶渊明《归去来辞传》《自序》，《晋书》嵇绍、韩光、傅咸等传，及潘岳《悼亡诗》）。非此则上挂弹文，下干乡议。自谢安期丧不废乐，王坦之以书喻之不从，衣冠效之，遂以成俗。虽阮籍以居丧食肉坐贬议，而六朝此种风气未尝少息。甚至国恤宴饮，毫不为异，皆轻蔑礼法之结果也。停丧之事，自古所无。自建安离析，永嘉播窜，于是有不得已而停者，后遂以为常。如晋贺循为武康令，严禁厚葬，及有拘忌，回避岁月，停丧不葬之俗（《晋书》本传），是也。有迁葬之俗，《梁书·顾宪之传》：衡阳土俗，山民有病者，辄云先人为祸，皆开冢剖棺木，洗枯骨，名为除祟，是也。厚葬之俗最甚，如杜预、徐苗、石苞、庾峻（《晋书》）、王徽、郝昭、裴潜（《魏书》）、到溉（《梁书》）之遗命薄葬，固不可多得者。

坟墓必择吉地，谓之相墓术。此术之流传，世谓始于晋郭璞，故璞有《葬经》一书。今观璞本传，称璞葬母暨阳，去水百步。或以近水言之，璞曰："当即为陆矣。"其后果沙涨数十里。又璞为人葬墓，晋明帝微服观之，问主人何以葬龙角。主人曰："郭璞云此葬龙耳，当致天子。"帝曰："当出天子耶？"主人曰："非出天子，能致天子

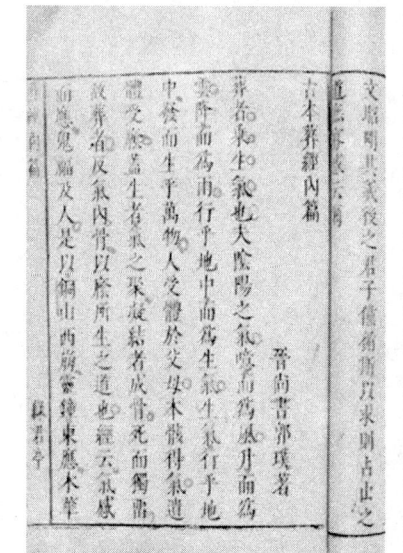

《葬经》书影

第三编　浮靡时代（浊乱时代）

至耳。"此璞以相墓传名之确证也。而葬术之行，实即由此时而盛。《晋书·周光传》载陶侃听老父之言，葬其父于牛眠之地，卒为三公。《南史》齐刘后、荀伯玉、梁杜嶷各传，皆言相墓事；而孔恭、高灵文及富阳人唐寓之祖父之相墓，亦见《南史》（《南史·宋纪》：武帝父墓在丹徒侯山，有孔恭者善占墓，谓此非常地，后果为天子。《齐纪》：高帝旧茔在武进彭山，冈阜相属，百里不绝，其上常有五色云。宋明帝恶之，遣占墓者高灵文往相之，灵文先给事齐高，乃诡曰："不过方伯耳。"私谓齐高曰："贵不可言。"后果登极。《沈文季传》：齐时富阳人唐寓之祖父，亦以图墓为业），可见六朝时此术已盛行。又如梁《昭明太子传》曰"不利长子"，梁《吴明彻传》曰"最小子大贵"（《南史》），则术家长房小房之说也。宋废帝以不为父孝武帝所爱，将掘其陵，太史言不利于帝而止，则术家神煞禁忌之说也。

　　相墓之术，多缘饰阴阳家言，后世惑之，以为穷达寿夭，皆卜葬所致。于是趋吉避凶，有久淹亲丧不葬者，有既葬失利而改卜者，有谋人宅兆而迁就马鬣者。呜呼！藉骨之朽以荫家之肥，已为不仁不智矣；又况迷信龙脉风水、山川封禁，至数十里富有矿产而不之开，不但为东西文明国人所窃笑，抑亦富强政策之一大阻力也。夫郭璞《葬经》，世称伪托；杨、曾、廖、赖及近代术士诸书，尤支离诡异，不足凭据。且风水之说，至宋始盛，而自宋以来，辟其谬者亦复不少。昔司马文正为谏官，奏乞禁天下葬书；而张无垢律葬巫以左道乱政，假鬼神时日卜筮以疑众之辟；又涑水与横浦、东山、梨洲四家，并辟鬼荫；前清名臣张清恪、朱文端、蔡文勤、徐健庵以及儒者张稷若、张考夫、卢子弓辈，均斥风水之非，其言激烈切直，固深冀流俗之一悟。若翁普恩东安禁

司马文正，即司马光，谥"文正"。

大禹陵

金罐示，痛言迁葬之害，亦有心世道之言也。再考《记》言成子高之葬，以择不食之地为嘱，以为死不可有害于人；《博物志》言澹台子羽之子溺于水，遂以水葬之；《墨子·节葬篇》言尧道死葬蛩山之阴，舜道死葬南已之市，禹道死葬会稽之山；《尸子》言禹治水为丧，法使死于陵者葬于陵，死于泽者葬于泽；《吕氏春秋·安死篇》意同，无所谓吉凶也。唐吕才亦引古之葬者，皆于国都之北，兆域有常处，以证古不择地。此种迷信，古今有识之士皆能勘破。若夫曹操作疑冢，令人莫识其处，以免发掘，而魏祚不永；鱼朝恩盗发汾阳父墓，而于汾阳之富贵寿考不损毫末，试问信风水者，何所据以信其必然乎？当此民穷财尽时代，而迷信不破，势非焚禁葬书，严治葬师，并定阻挠开矿之律不可也。悲夫！

第十三节　言语

甲、名称

一官。南北朝谓帝为官，是也。

二公。南北朝朝士相呼为公，是也。(《宋书·颜延之传》：延之与何偃从上南郊，偃路中遥呼延之曰"颜公"。延之以其轻脱，答曰："身非三公之公，又非田舍之公，又非君家阿公，何以见呼为公？"《北史·李幼康传》：齐文宣语及杨愔，误称为杨公。此见"公"为平日熟称，故出于不觉。又按：以称公为轻脱，自汉有之。高祖称所送徒曰公，见《本纪》；晁错父称错为公，见《错传》。)

三儿。对兄亦自称儿。齐《安德王延宗传》：后主谓其兄延宗曰："并州阿兄取儿今去"，是也。

四娘。《北史·后妃传》言齐之姬侍称娘，是也。

五卿。陆慧晓、斛律信皆以卿为轻贱之称，是也。(《南齐书·陆慧晓传》：未尝卿士大夫。或问其故，曰："贵人不可卿，而贱者可卿。"《北史·斛律光传》：祖䂮少年时，父逊为李庶所卿，因诣庶，谓庶曰："暂来见卿，还辞卿去。"庶父谐，杖庶而谢焉。)

六内外兄弟。舅子为内兄弟，姑子为外兄弟，而亦有以舅子为外兄弟

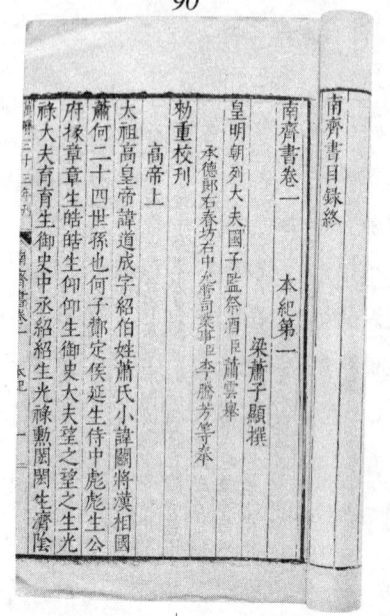

者。《宋书·隐逸·宗炳传》：母同郡师氏传，末又云"炳外弟师觉授"，是也。《颜氏家训·风操篇》曰："昔侯霸之子孙称其祖父曰家公，陈思王称其父为家父、母为家母，潘尼称其祖父曰家祖。及南北风俗，言其祖父及二亲无云'家'者，田里偎人，方有此言耳。凡与人言言己世父，以次第称之。凡姑姊妹女子子，已嫁则以夫氏称之，在室则以次第称之。凡称彼祖父母、世父母、父母及长姑，皆加'尊'字；自叔父以下，则加'贤'字。姪名虽通男女，并是对姑之称。晋世已来，始呼叔姪。凡家亲世数，有从父、有从祖、有族祖。江南风俗自兹以往，高秩者通呼为尊，同昭穆者百世犹称兄弟。若对他人称之，皆云族人。河北士人虽三二十世，犹呼为从伯从叔。至于外祖父母，河北人皆呼为家公家母，江南田里间亦言之，则非合理，当加'外'字以别之。"此亦可见当时名称之大概矣。

乙、谚语

生女耳耳。（《三国志·魏·崔琰传》）　上车不落则著作，体中何如则秘书。（《颜氏家训·勉学篇》）　积财千万，不如薄技。（同上）　博士买驴，书券三纸未有驴字。（同上）　上山斫檀，榽檍先殚。（郭璞《尔雅注》引。按：《正义》引陆机《诗疏》："檀与系迷相似，系迷一名挈檍，故齐人谚曰云云。"榽作挈）　尺牍书疏，千里面目。（《颜氏家训·杂艺篇》）　越阡度陌，互为主客。（《文选注》）　射的白，斛米百；射的元，斛米千。（《水经注》：射的，山名。远望状若射侯，士人以验年之登否）　蚍珠千枚，不及玫瑰。（梁任昉《述异记》引南海谚）　种千亩木奴，不如一龙珠。（同上，越人谚）　虽有神药，不如少年。虽有珠玉，不如金钱。（《述异记》引）　山川而能语，葬师食无所。肺腑如能语，医师色如土。（《山经》）　教妇初来，教儿婴孩。（《颜氏家训》引）　数面成亲旧。（陶潜《答庞参军诗》序引）　官无中人，不如归田。（鲁褒《钱神论》引）

丙、方言

兄兄家家，姊姊妹妹　《北齐书·南阳王绰传》：绰兄弟皆呼父为兄兄，嫡母为家家，乳母为姊姊，妇为妹妹。

爹 《南史·梁始兴王憺传》：人歌曰：始兴王人之爹。爹，徒我切，荆楚方言，谓父为爹。按：《玉篇》：爹，屠可切，父也。又钩斜切。

耶耶 《南史·王彧传》：子绚读《论语》"周监于二代"，何尚之戏曰："可改耶耶乎文哉？"尚之以下文郁郁乎郁，与彧通故也。按：唐无名氏《古文苑·木兰诗》：卷卷有耶名。宋章樵注耶以遮切。今作爷，俗呼父为爷。杜甫《兵车行》：耶娘妻子走相送。又《北征诗》：见耶背面啼。以父为耶，六朝及唐多有。

豆卢 北人谓归义为豆卢，见《北史·豆卢革传》及《隋书·豆卢勣传》。

杨婆儿 《南史·齐郁林王本纪》：在西州，令女巫杨氏祷祠速求天位。及文惠薨，谓由杨氏之力，倍加敬信，呼杨婆。宋氏以来，人间有《杨婆儿歌》，盖此征也。洪氏颐煊《诸史考异》：按：《袁彖传》：于时河涧为文惠太子作《杨畔歌》，辞甚恻丽。《隋书·音乐志》：其歌曲有阳畔，后呼杨叛儿。皆此曲一声之转。按：今江西、湖南俗，呼男女轻佻为阳畔，呼物不坚实而外华美，为阳畔货。

呼杨为赢 《隋书·五行志》：时人呼杨姓多为赢。洪氏颐煊《诸史考异》：按：《文选》祭颜光禄文李善注：郭璞《三苍解诂》曰：杨音盈。《匡谬正俗》文：据晋灼《汉书音义》，反杨惲为由婴，谓杨姓旧有盈音，盖是方俗语。

犹自可 《宋书·王元谟传》：军士为之语曰：宁作五年徒，莫逢王元谟。元谟犹自可，宗越更杀我。

善见观 犹今人言仔细识认也。《南史·齐高帝纪》：休范已斩萧道成，登城谓乱者曰：身是萧平南，诸军善见观。

霹雳 野虖 《梁书·曹景宗传》：景宗谓所亲曰：拓弓弦作霹雳声。又：腊日宅中作野虖驱逐。《南史》作邪呼。盖驱鬼呼叫声。按：吾袁郡语，以霹雳二字状火烧物声，及人性躁暴。

寻 《齐书》：文帝幸豫章王嶷第，须由宋宁陵道过，帝曰："我便是入他家墓里寻人。"

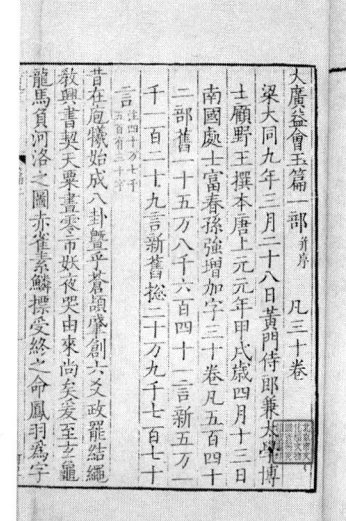

《玉篇》书影

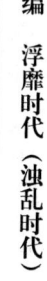

第三编 浮靡时代（浊乱时代）

俌　魏李登《声类》：于末反，今南人痛则呼之。

舑　呼干反，江南行此音，见晋郭洪《要用字苑》。

菱　魏李登《声类》：草木，烟也，关西言烟，山东言蔫，江南亦曰菱。

鸡伏卵　通俗文，北燕谓之菢，江东呼蓲，音央富反。

生人妇　魏《杜畿传》：臣前所录皆亡者，妻今俨送生人妇也。

奇怪　《北史·魏道武纪》：保者以帝体重于常儿，窃独奇怪。又《五代史·罗绍威传》：绍威父弘信，状貌奇怪。

见怪　臧洪《答陈琳书》：言甘见怪。

袴裆　见《北齐书·陆法和传》。

一两处　《魏志·华佗传》：若当灸不过一两处，若当针亦不过一两处。

盐　《全唐诗话》：隋曲有疏勒盐，唐曲有突厥盐、阿鹊盐。或云关中谓好为盐。故施肩吾诗云："颠狂楚客歌成雪，妩媚吴娘笑是盐。"盖当时语也。今杖鼓谱中尚有盐杖声。

音信　沈约《铜鞮歌》："若欲寄音信，汉水向东流。"又李白诗："不见眼中人，天长音信断。"

家信　《北史·刘璠传》：璠在淮南，其母在建康遘疾，璠未之知。忽一日举身楚痛，寻而家信至。

家务　《南史·张务传》：率嗜酒，于家务尤忘怀。

不牢　《吴志·吕范传》注：一事不牢，即俱受其败。

留住　陈琳《饮马长城窟行》："边城多健少，内舍多寡妇。作书与内舍，便嫁莫留住。"白居易诗："光阴纵惜难留住，毛滂席上词先遣，歌声留住欲归云。"

滞货　《抱朴子》：和璧变为滞货。

够　多也，足也。左思《魏都赋》：繁富夥够，不可单究。

搟　力展切。《南史》：何远为武昌太守，以钱买井水，不受钱者，搟水还之。搟者，搬运也。今吴语搬茶搟水。

嬲　《嵇叔夜书》：嬲之不置。今嘉定俗，言人戏扰不已，及作事不循理曰嬲。音如袅。

淘　《避暑录话》：刘惔盛暑见王导，导以腹熨弹棋局云："何乃淘。"惔出，人问王公何如，惔曰："未见他异，唯闻吴语，尝谓淘为冷。"吴人语，今二浙乃无此语。

事际　有事也。《南史》：王晏专权，帝虽以事际须晏，而心恶之。今苏州语谓有事曰事际。

过世　秦《苻登传》：陛下虽过世为神。今谓死为过世。

宁馨　晋山涛谓王衍：何物老妪，生宁馨儿？《容斋随笔》：宁馨，晋宋间人语助耳。今吴语多用宁馨为问，犹言若何也。城阳居士《桑榆杂录》：宁犹言如此。馨，语助。《江南志书》以《杂录》所释为是。

子细　《北史·源思礼传》：为政当举纲，何必太子细也。杜诗：野桥分子细。

停待　《晋书·愍怀太子传》：陛下停待。

匡当　当去声。《韩子》：人主漏言，如玉卮无当。《广韵》：当，底当也。徐铉云：今俗犹有匡当之言。

不耐烦　《庾炳之传》：为人强急而不耐烦。

寒毛　《晋书·夏统传》：闻君之谈，不觉寒毛尽戴。

绵絮　《晋书·徐则传》：虽隆冬冱寒，不服绵絮。

抽替　匮有板匣者，见《宋书》。

一顿　晋仆射陶太常诣吴领军，日已中，客比得一顿食。《世说》罗友曰：欲乞一顿饭。杜诗：顿顿食黄鱼。

一出　谓一番也。《世说》林道人云：今日与谢孝剧谈一出来。

侬　《大业拾遗记》：炀帝宫中喜效吴言，故多侬语。《湘山野录·钱王歌》：你辈见侬的欢喜，永在我侬心子里。嘉定俗呼我为吾侬，呼人曰你了侬，对人呼他人曰渠侬，故嘉定号三侬之地。

伧　《晋阳秋》云：吴人谓北人为伧。《韵会》：吴人骂楚人曰伧。今俗骂人曰个伧，是也。陆抗曰：几作伧鬼。顾辟疆曰：不足齿之伧。陆机骂左思为伧父，欲作《三都赋》。宋孝武目王元谟为老伧。

老奴　单故谓嵇康曰：老奴汝死是其分。

杂种　《晋书·前燕载记赞》曰：蚕兹杂种。梁丘迟书：姬汉旧邦，无取杂种。今俗骂人曰杂种。

冤家　梁简文始生，志公贺梁武曰：冤家亦生矣。盖指侯景亦生于是

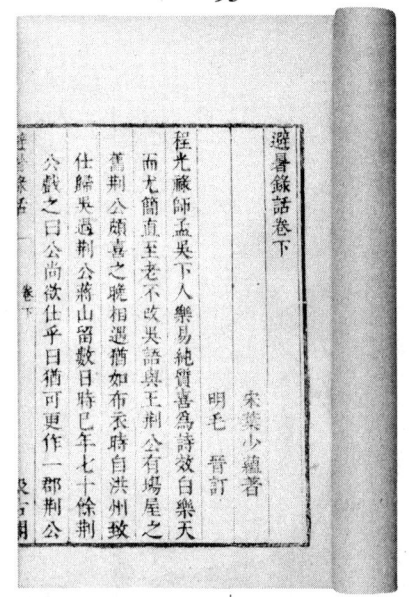

岁也。今俗谓仇人为冤家。

小鬼头 《青楼集》：曹娥秀呼鲜于伯机为伯机，鲜于佯怒曰：小鬼头，敢如此无礼。

妠婆 妠音钳。晋书妠姆、尼僧。妠，婆之老者，能以甘言悦人，故曰妠。今嘉定骂老妇曰妠婆。

后生子 鲍明远《少年时至衰老行》篇云：寄语后生子，作乐当及春。今吾江西及湖南均有此语，但子读为仔，亦有谓后生客者。

珠儿珠娘 《述异记》：越俗以珠为上宝，生女谓之珠娘，生男谓之珠儿。

家嫂 《晋书·谢朗传》：谢安谓坐客曰：家嫂辞情慷慨，恨不使朝士见之。

舍弟 魏文帝《与钟繇谢玉玦书》：是以令舍弟子建，因荀仲茂时，从容喻鄙意。

家兄 《晋书·谢幼度传》：戴逵对谢安曰：下官不堪其苦，家兄不改其乐。谓其兄逸也。又鲁褒《钱神论》：虽有中人而无家兄，是犹无足而欲行，无翼而欲翔也。

乡里 谓妻也。《南史·张彪传》：我不忍令乡里落它处。姚宽曰：犹会稽人言家里。

傒偧 《玉篇》：燕之北郊曰傒偧，谓形小可憎之貌。

把稳 《晋书·姚苌载记》"陛下将牢大过耳"注：将牢，犹俗言把稳。

草驴女猫 顾亭林《日知录》：今人谓牝驴为草驴。《北齐书·杨愔传》：选人鲁漫汉在元子思坊桥，骑秃尾草驴。是北齐时已有此语。山东、河北人谓牝猫为女猫。《隋书·外戚·独孤陁传》：猫女可来，无住宫中。是隋时已有此语。

果然 《宋书·后妃传》：今果然矣。卢肇诗：果然夺得锦标归。

高兴 殷仲文诗：独有清秋日，能使高兴尽。今通谓欢喜为高兴，不快意则云不高兴。吾萍语谓有兴致曰有兴头。

憨 《玉篇》：愚也，痴也。《广韵》：呼谈切，音甜。吾江西及湖南皆有此语，但音如谙，或如限。

皂白 《北史·魏临淮王传》：中山皂白太多。今俗谓不辨黑白，曰不分皂白。按《玉篇》：皂，黑色也。《释名》：皂，早也。日未出时，早起视物皆黑，此色如之也。《周礼·地官·大司徒》"其植物宜皂物"注：皂

柞栗之属，或作早。《韵会》：今世谓柞实为皂斗，柞即橡也，其房可以染，俗因谓黑色为皂。又《博雅》：缁谓之皂。而今俗谓以物染布曰皂布。

晓事 《魏志·曹真传》注：桓范前在台阁，号为晓事。

潇洒 《唐史·隐逸传》：神权潇洒。又李白诗：一身自潇洒。

相骂 《隋书·流求国传》：文言相骂。

老拳 《晋书·石勒载记》：孤往日厌卿老拳。

待客 《宋书·孝武文穆皇后传》：江敩让婚表曰："当宾待客，朋友之义。"

接客 《宋书·王惠传》：为吏部尚书，未尝接客。

阿堵 即若个、这个、兀的之意也。《晋书·王衍传》：举却阿堵中物。

笨伯 《晋书》：史畸以人肥大，时人目为笨伯。笨，《广韵》：蒲本切，音獖。

浮浪人 见《隋书》。

令弟 《文选》谢灵运从弟惠连云：末路值令弟酬问，开颜披心。

分外 《程晓传》：上不责非职之功，下不务分外之赏。

致意 《晋书·简文帝纪》：帝谓郗超曰：致意尊公。《孙绰传》：桓温曰：致意兴公。兴公，孙绰之字。

料理 《晋书·王徽之传》：卿在府日久，比当相料理。

弄 《南史》：萧谌接郁林王出延德殿西弄，弒之。弄，巷道也。

多许 《隋书》：天下何处有多许贼。许，音若，黑寡切。

一头 谓食也。晋元帝谢赐功德净馔一头，谢斋功德食一头。又刘孝威谢赐果食一头，见《北户录》。

家酿 《增韵》：后人谓酒为酿。《世说新语》刘惔曰："见何似道饮，令人欲倾家酿。"

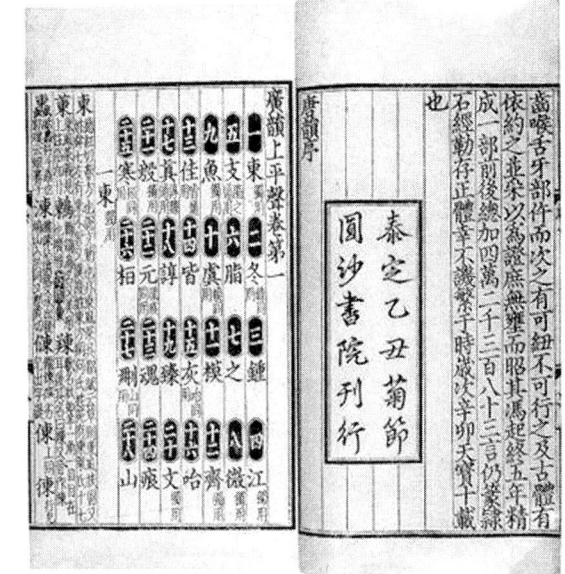

《广韵》书影

第三编 浮靡时代（浊乱时代）

八米 《北齐书·卢师道传》：择卢师道之诗得八首，人称八米卢郎。姚令威《西溪丛语》曰：八米，关中语，岁以六米、七米、八米分上、中、下。言在谷取八米，取数之多也。

看人眉睫 见《南北史》。吾萍语谓人不知观人颜色曰不知眉头眼摇。摇，音如耀。

剥人面皮 《语林》：贾充谓孙皓曰："何以剥人面皮？"皓曰："憎其颜之厚也。"

笑得齿冷 《乐预传》：此事人笑褚公，至今齿冷。

晋郭璞注《尔雅》，多用当时方言。然其中有普通者，如姑之子、舅之子、妻之昆弟、姊妹之夫，皆为甥；夫之兄为兄钟，即兄公之转；夫之女弟为女妹，兄弟之妻相谓为妯娌，妹谓之娚妇，谓之新妇；自呼为身；谍谓之细作，无忧谓之无恙，妖言谓之讹物，丛致谓之积集、谓之拘搂，酒食谓之饎馔，缝紩衣谓之紨之类，是也。有特殊者，如河北人呼食为餐，谓待为徯；东齐呼息为呬，谓病为瘵，谓逮为遏；南阳人呼雨止为霁；齐人谓衣襡为㡓；巴濮之人自呼为阳阿；荆州谓山形长狭者为峦；长沙谓小瓮为瓿；南方呼剪刀为剂刀；韩郑谓怜为慕之类，是也。又璞书成于江东，故引江东语为多。如江东通谓语为行，谓大为驵，呼病曰瘵，呼慕为怜，谓暖为燠，谓号为謤，呼母为姼（音是），谓兄为昆，呼虹为雺，呼迁运为迁徙，呼地高堆者为敦，呼同门为僚婿，呼刻断物为契断，呼麋鹿之属通为肉，呼帐为帱，呼鸡少者为僆之类，是也。

宋何承天《纂文》：吴人以积土为垛，兖州人以相欺为讹人，江湖以铚为刘，鲁人谓淅箕为淅囊，扬州以取鱼罶为罟，吴人以罟为笱，主关中以鷃为䳡，烂堆赵代以筥为筲。

第二章 唐

第一节 概论

科举时代以有唐为开始，故唐代之风俗，可以科举代表之。天下人心所注射，不离乎科举也。唐代之科举又可以文词代表之，无所谓实学也。然其卒也，至无忠臣义士，效可睹矣。君子观于唐之风俗，而始知科举之害烈也。

第二节 饮食

唐人食品，有汤料、膻炙、脍蒸、丸脯、羹臛、䊚钉、饆饦、馄饨、糕酥、包子（《燕翼贻谋录》：宋仁宗诞日，赐群臣包子。即馒头之别名）、面粽等名目。其所食之肉，除六畜外，兼用鹿、熊、驴、狸、兔、鹅、鸭、鹑子、鳜、鳖、蟹、虾、蛤蜊、蛙等类。其制造之精妙，鸡有葱醋、乳渝、剔缕三种，鹅有八仙盘、花折鹅糕两种，鸭有交加鸭脂、生进鸭花汤饼二种，鱼有乳酿凤凰胎（鱼白）、金粟子𩽾（鱼子）、剪云析鱼羹、加料盐花鱼、屑吴兴、连带鲊六种，鳖有遍地锦装、金丸玉叶脍二种，蟹有金银夹花平截、藏蟹含春侯二种。炙品有升平炙筋头春（炙活鹑子）、光明虾炙、火炼犊、龙须炙、金装韭黄、艾炙、干炙满天星七种。面有甜雪、清蒸声音部（面蒸象蓬莱仙人，凡七十字）、汤装浮萍面、婆罗门轻高面四种。其参和数种为一种者，如鹿鸡参拌，谓之小天酥；细治羊豕牛熊鹿，谓之

唐代宴饮壁画

五生；盘治鱼羊体，谓之逡巡酱；薄治群物，入沸油烹，谓之过门香（见韦巨源《食谱》）。而桃花醋、葫芦酱、照水油，尤为俗间所贵重。

至于研究食品之著名者，长安以张手美家为第一，而花糕员外，亦其次也。张手美家（韦巨源《食谱》：长安阊阖门外通衢有食肆，人呼为张手美家。水产陆贩，随需而供，每节则专卖一物，遍京辐辏，名曰浇店。）每节专卖一物，如元日之元阳脔，人日之六一菜，上元之油画明珠，二月十五之涅槃兜，上巳之手里行厨，寒食之冬凌粥，四月八日之指天馂馅等，真可谓脍炙人口者也。花糕员外（韦巨源《食谱》：长安皇建僧舍旁有糕坊，主人由此入赀为员外官，盖高宗显德中也，都人呼为花糕员外。）研究最精之品，则有满天星、操拌金糕、糜员外、糁花截肚、大小虹桥、木密金毛面六种焉。此外则金陵为士大夫渊薮，家家研究烹饪，故有所谓建康七妙者（详《食谱》）。又朱象髓、白猩唇，当时以为异味（《剧谈录》）。而熊翻家所制作之过厅羊，亦盛行于时（《云仙杂记》：熊翻每会客至酒半，阶前旋杀羊，令众客自割，随所好者彩线系之记号，毕燕之，客自认取，以刚竹刀切食，一时盛行，号过厅羊）。

其饮料不外茶酒等物，而于茶味之研究，较六朝以上独精，观《茶经》可知矣。

中国风俗史

第三节 衣服

唐初士人以棠苎襕衫为上服，贵女工之始也。一命以黄，再命以黑，三命以纁，四命以绿，五命以紫。士服短褐，庶人以白。而袍襕、襕袖褾襈之制，始于太宗朝。其时袍为寻常供奉之服，长孙无忌请于袍上加襕，取象于缘，诏从之；马周尝上议曰："礼无服衫之文，三代之制有深衣，请加襕袖褾襈，为士人上服；开胯者曰缺胯衫，庶人服之。"诏从之，是也。以半臂为轻佻之服，如房大尉家法不著半臂是也。然唐初马周上疏，请士庶服章，于中单上加半臂，以为得礼（马缟《中华古今注》）。岂衣服之时尚，固有不同欤。带本古革带之制，自秦汉以来，庶人服之。而贵贱通以铜为铸，以韦为鞓，六品以上用银为銙，九品以上及庶人以铁为銙。唐贞观二年，令三品以上以金为銙，服绿；庶人以铁为銙，服白。太宗尝于端午赐文官黑玳瑁腰带，武官黑银腰带，示色不更改故也。又天子用九环带。百官及士庶皆同幞头，本名上巾，亦名折上巾，似以三尺皂罗后裹发，盖庶人之常服。沿至后周武帝，裁为四脚，名曰幞头。唐诗中马周更以罗代绢，又令重系前后，以象二仪；两边各为三撮，以象三才，百官及士庶为常服。乌纱帽，自天子至于庶人皆服之。武德贞观中，宫人骑马多著冪䍥以障蔽全身。至神龙末，冪䍥殆绝。开元初，宫人马上著胡帽，靓妆露面，士庶咸效之。天宝年中，士人之妻著丈夫靴衫鞭帽，内外一体焉。至女人之披帛，亦始于开元中云（《中华古今注》）。

唐代官服图

第三编 浮靡时代（浊乱时代）

第四节 科举之观念及仕宦之现影

甲、好尚文词

唐承六朝余习,选贤授任,多在艺文。故当时习程典,亲簿领,谓之浅俗;务根本,去枝叶,目以迂阔。武后时刘峣上疏,谓"古之作文必谐风雅,今之末学不近典谟,劳心于草木之间,极笔于烟云之际,以此成俗,斯大谬也",可知士习之浮矣。开元以后,士无贤不肖,耻不以文章达。故杨绾、李德裕亦谓其徒长浮华,终无实用。

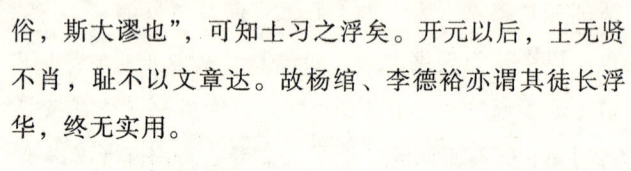

乙、崇重门阀

垂拱中纳言魏元同疏称:"今贵戚子弟例早求官,或龆龀之年已腰银印,或童卯之岁已袭朱紫。虽技能浅薄,而门阀有素,遂尔资望自高。"张鷟《朝野佥载》:"张文成曰:'选司考练,总是假手冒名。势家嘱请,手不把笔,即送东司;眼不识文,被举南馆。'"可见世家子弟之幸进,由于崇重门阀矣。

丙、重视进士

封演《闻见录·贡举篇》曰:"唐代以进士登科为登龙门,释褐多拜清紧。十数年间,拟迹庙堂。轻薄者语曰:'及第进士,俯视中黄郎;落第进士,平揖蒲华长。'"(落第尚可再举,一得即蹑清要,故平揖蒲州、华州之令长。)王定保《摭言》:"唐之科举,初明经、进士并重,后专重进士。缙绅虽位极人臣,不由进士出身,终不为美。"(刘餗《隋唐嘉话》:薛元超身为中书,尚以不由进士及第为恨。玉泉子、李德裕以己非由科第,恒嫉进士举者。)又《隋唐佳话》载进士曲江大宴,大牒教坊,请奏上御紫云楼垂帘观之。公卿家率以是日择婿,车马填塞,其心目中直以进士为神仙,不知几生修到也。

丁、钻营舞弊，不顾廉耻

《朝野金载》："张昌宜为洛阳令，借易之权势属官，无不允者，风声鼓动。有一人姓薛，赍金五十两，遮而奉之，宜领金受其状，至朝堂付天官侍郎张锡。数日失状，以问宜。宜曰：'我亦不记得，但有姓薛者。'即与锡检案内姓薛者六十余人，并令与官。"其蠹政也如此。郑愔为吏部侍郎掌选，赃污狼藉。引铨有选人，系百钱于靴带上，愔问其故，答曰："当今之选，非钱不行。"愔默而不言。《南楚新闻》："江陵富民郭七郎之子，输数百万于鬻爵者门，竟以白丁易得横州刺史。"此买卖官爵者也。有仇士良之关节，而裴思谦可得状头（见王定保《摭言》）。有裴垍（相国）之子之私议名氏，而常出入其家之僧人，可以为同乡翁颜枢要求及第（见《玉泉子》）。有元载署名之空函，至河北而其丈人可获绢千匹（张固《幽闲鼓吹》）。崔元输为杨炎所引，欲举进士，则先求题目为地（李肇《国史补》）。贿赂公行，情伪百变，但求遂一己之私，又何事不可为？人心风俗之坏，至于此极。薛谦光所谓"今之举人，有乖事实，第宅喧竞于州府，祈恩不胜于拜伏。明制适下试遣搜敭，则驱驰府寺，请谒权贵，陈诗奏记，希咳唾之泽；摩顶至足，冀提携之恩"者也（武后时奏）。至于李林甫、杨国忠因高力士得相；钟绍京为相，而称义男于中官；杨思勖之父杨历（见蔡京所撰《杨历碑》），李揆当国，以子侄事阉奴李辅国，呼之为五父；张岌之谄事薛师，郭霸之谄事来俊臣，宋之问以著名文人而谄事张易之，其卑污之行，有言之而适足污人口吻者。科举时代之人才，固应如是。元次山恶圆，至谓"宁方为皂，不圆为卿"，盖亦愤时嫉俗之言也。

第五节　忠义之缺乏

安禄山之乱，唐臣贵如宰相陈希烈，亲如驸马张垍，皆甘心从贼，靦颜为之臣。此即处以极刑，岂得为过？乃广平王收东京后，希烈等数百人押赴长安。崔器定仪注：陷贼官皆露头跣足，抚膺顿首于含光殿前，令扈从官视之，并概请诛死。李岘争之，以非维新之典，且谓陷贼者多，若尽诛之，恐坚从贼之心，乃议六等定罪。李勉之奏肃宗，与岘意同。新旧《唐

胡旋舞
　　安禄山因跳
　此舞起家

书》皆是岘而非器,大概当日时势,有不得不用轻典者。然一时权宜,用以携离贼党则可;若竟以岘所奏为正论,则非也。堂堂大一统之朝,食禄受官,一旦贼至,即甘心从贼,国法安在?故当时之是岘者,皆因六朝以来,君臣之大义不明,民人不复知有国家,其视贪生利己、背国忘君已为常事。有唐虽统一区宇已百余年,而见闻习尚犹未尽改,颜常山、卢中丞、张睢阳辈激于义愤者,不一二数也。唐之后半部历史,焉得不成为藩镇擅命之历史哉!全氏祖望曰:"收拾遗文,唐末忠义尚可得十余人",司空图、韩偓、孙郃、罗隐、王居岩、朱葆光、颜荛、李涛、梁震、黄岳、张鸿、梁昊是也;又有许儒,见《王荆公集》,然亦寥寥矣。其时女子转有可风者,如肃宗乾元元年,青州妇人王娘,请赴行营讨贼;仆固怀恩叛唐,李日月为朱泚将,而其母皆知顺逆之理;(仆固怀恩之母,见其子不听训,提刀逐之,曰:"吾为国家杀此贼,取其心以谢三军。"朱泚将李日月为浑咸射杀,母不哭,骂曰:"奚奴天子负汝何事,死且晚!")刘辟乱于蜀,其嫂庾氏绝不为亲,是也。唐之臣子对此,能不愧死!

第六节　人民之规避税役

《唐书·李德裕传》:徐州节度使王智兴奏准在淮泗设坛度人为僧,每人纳二绢,即给牒令回。德裕时为浙西观察使,奏言江淮之人闻之,户有三丁者,必令一丁往落发,意在规避徭役,影庇赀产。今蒜山渡日过百余人,若不禁止,一年之内,即当失却六十万丁矣。按当时一得度牒,即可免丁钱,庇家产,甚至影射包揽,上不之禁,故趋之者若鹜。然食国家之恩惠,而以逋税役义务为快,其国民之程度可知矣。

第七节　朋党

　　唐之朋党，与汉之党锢不同。汉之党锢，起于甘、陵二部相讥，而成于大学生相誉。唐之朋党，始于牛僧孺、李宗闵对策，而成于钱徽之贬（《唐书·李宗闵传》：长庆初，钱徽典贡举，宗闵托所亲于徽，而李德裕、李绅、元稹在翰林，有宠于帝，共白徽取士不以实。宗闵坐贬，由是嫌忌显，结树党相谋轧，凡四十年，缙绅之祸不能解）。汉党锢以节义，群而不党之君子也，以君子而受党之名，故其俗清；唐朋党以势利，比而不周之小人也，以小人而趋势利，势利尽而止。故其衰季，士无操行（论出王伯厚氏）。

第八节　清议

　　唐代不以乡论为重，故乡论因之衰息。观武后天授二年薛谦光论取士之弊，谓"乡议决小人之笔，行修无长者之论"，又云"所举非不询于乡间，归于里正。然虽迹亏名教，罪加刑典，或冒籍窃资，邀勋盗级，假其

兵车行

　　根据杜甫《兵车行》诗意所绘的现代画作，描绘了官府强迫征兵的悲惨情景

贿赂，即为无犯乡间"云云，则并六朝之不若矣。然爱国诗人若杜子美、韩昌黎、孟东野、元次山、杜樊川、白香山等，所作诗多规讽时事，犹得风骚忠厚之旨焉。顾亭林曰："天下有道，则庶人不议。"然则政务风俗苟非尽善，即许庶人之议矣，故盘庚之诰曰"无或敢伏小人之攸箴"；而国有大疑，卜诸庶民之从逆，子产不毁乡校，汉文止辇受言，皆以此也。唐之中世，此意犹存。鲁山令元德秀，遣乐工数人，连袂歌于芳于（即德秀所作歌），元宗为之感动。白居易为盩厔尉，作乐府及诗百余篇，规讽时事，流闻禁中，宪宗召入翰林。斯亦近于陈列国之风、听舆人之诵者矣。

第九节　氏族

当时族望犹重，如李积门户第一而有清名，常以爵位不如族望，虽官至郎中刺史，与人书札，犹称陇西李积（李肇《国史补》），是也。然一乱于义男（当时义男最多），再乱于同姓通谱（李肇《国史补》：李峤与李迥秀同在庙堂，奉诏为兄弟。又西祖王璋，与信安王祎同产，故赵郡、陇西二族，昭穆不定，一会之中，或孙为祖，或祖为孙），而氏族殆不可辨矣，又况私鬻告敕者之层见叠出乎！

第十节　家法

唐河东节度使柳公绰，在公卿间最名有家法。中门东有小斋，自非朝谒之日，每平旦辄出至小斋。诸子仲郢，皆束带晨省于中门之北。公绰决私事、接宾客，与弟公权及群从弟再会食，自旦至莫，不离小斋。烛至，则命一人子弟执经史，躬读一过讫，乃讲论居官治家之法，或论文，或听琴。至夜深然后归寝，诸子复昏定于中门之北。凡二十余年，未尝一日变易。其遇饥岁，则诸子皆蔬食，曰："吾兄弟侍先君为丹州刺史，以学业未成，不听食肉，吾不敢忘也。"公绰居外藩，其子每入境，郡邑未尝知。

既至，每出入，常于戟门外下马，呼幕宾为丈，皆许纳拜，未尝笑语款洽。公绰之子仲郢，以礼律身，居家无事，亦端坐拱手。出内斋，未尝不束带。三为大镇，厩无良马，衣不熏香。公退必读书，手不释卷。家法：在官不奏祥瑞，不度僧道，不贷赃吏法（朱子《小学》引）。此柳氏家法之足垂教后世者。柳玭曰："王相国涯，方居相位，掌利权。窦氏女归请曰：'玉工货一钗奇巧，须七十万钱。'王曰：'七十万钱，我一月俸金耳，岂于汝惜。但一钗七十万，此妖物也，必与祸相随。'女子不复敢言。数月，女自婚姻会归，告王曰：前时钗为冯外郎妻首饰矣，乃冯球也。王叹曰：'冯为郎吏，妻之首饰有七十万钱，其可久乎？'冯为贾相餗门人，最密。贾有苍头颇张威福，冯召而勖之。未浃旬，冯晨谒贾，有二青衣苍头捧地黄酒出，饮之，食顷而终。贾为出涕，竟不知其由。又明年，王贾皆遘祸。噫！王以珍玩奇货为物之妖，信知言矣。徒知物之妖，而不知恩权隆赫之妖，甚于物邪。冯以卑位贪宝货，已不能正其家，尽忠所事而不能保其身，斯亦不足言矣。贾之臧获，害门客于墙庑之间而不知，欲终始富贵，其可得乎？此虽一事，作戒数端。"呜乎！观于柳氏之所以兴，王、贾、冯之所以败，居家者宜知所去取矣。

第十一节　婚娶

唐世婚礼纳采，有合欢、嘉禾、阿胶、九子蒲、朱苇、双石、绵絮、长命缕、乾漆九事。胶漆取其固，绵絮取其调柔，蒲苇取其心可屈可伸，嘉禾分福也，双石义在双固也。当迎妇，以粟三升填臼，席一枚以覆井，枲三斤以塞窗，箭三支置户上。妇上车，婿骑而环车三匝。女嫁之明日，其家作黍臛。女将上车，以蔽膝覆面。妇入门，舅姑以下皆从便门出，复从门入，言当躏新妇迹。又妇入门，先拜猪枳及灶，行礼则夫妇并拜，或共结镜纽。娶妇之家，喜弄新妇。腊月娶，妇不见姑

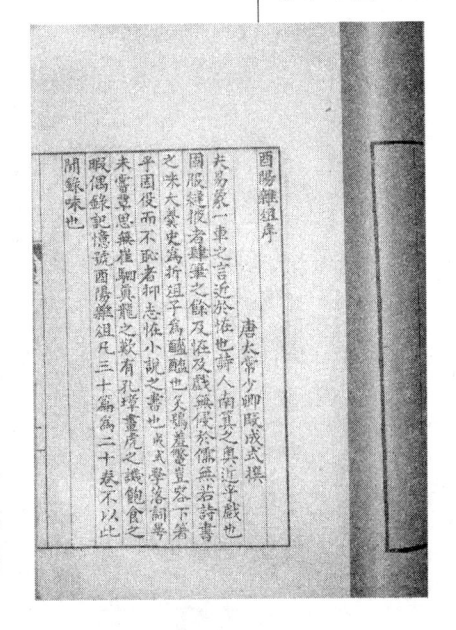

《酉阳杂俎》书影

(《酉阳杂俎》)。通婚最重族望，依然六朝之风。李日知贵，诸子方总角，皆通婚名族。李怀远与李林甫善，常慕与山东著姓为婚姻，引就清列。张说好求山东婚姻，与张氏亲者，皆为门甲。四姓郑氏，不离荥阳。冈头卢、泽底李、土门崔，皆为显族。窦威尝谓关东人与崔、卢婚者，犹自矜大（见《汇苑》及《合璧事类》）。盖结婚者以得望族为荣，而望族若太原王、范阳卢、荥阳郑、清河博陵二崔、陇西赵郡二李等七姓，又恃其族望，耻与卑族为婚。自高宗禁其自相姻娶，于是不敢复行婚礼，饰其女以送夫家焉（《隋唐嘉话》）。山东士嫁娶，必多取资，人谓之卖婚（刘知几《史通》）。时又有冥婚之事，韦后为其弟洵与萧至忠殇女冥婚（《唐书·至忠传》），是也。结婚自由，如李林甫之女于宝窗选婿，张嘉贞之女于绣幔牵丝（《山堂肆考》），是也。离婚自由，如严灌夫以无子而欲出妻，妻作诗喻意而止；杨志坚之妻求离婚，颜鲁公为抚州刺史而不能判其复合（《云溪友议》），是也。

第十二节　赌博

唐时赌博之事，上自天子，下及庶人，不以为讳。武后竟自置九胜博局，令文武官分朋为此戏（《记纂渊海》）。武三思与韦后双陆，中宗至为之点筹。张贾出守衢州，上曰：“闻卿大善长行。”贾曰：“臣公事之余，聊与宾客为戏，非有所妨也。”杨国忠乃以善摴蒲得入供奉焉。盖当时博戏，长行最盛，王公大人莫不耽玩。至于废庆吊、忘寝食，有通宵而战者，有破产而输者（李肇《国史补》）。双陆最近古，号雅戏，始于西竺，流于曹魏，盛于梁陈魏齐隋唐之间（宋洪迈序）。高宗咸亨中，贝州潘彦好双陆，每有所诣，局不离身。曾泛海遇风船破，彦右手持一板，左手抱双陆局，口衔双陆骰子，二日一夜至岸，两手见骨，局终不舍，骰子亦在口，其癖一至于此（《朝野佥载》）。此所谓上有好者，下必有甚者也。其时纠率摴蒲者谓之公子家，又谓之录事，又谓之囊家（《山堂肆考》）。李翱作《五木经》，志摴蒲之事最详，虽游戏之文字乎，抑亦有所寄托也？

第十三节 斗鸡走马养鹰

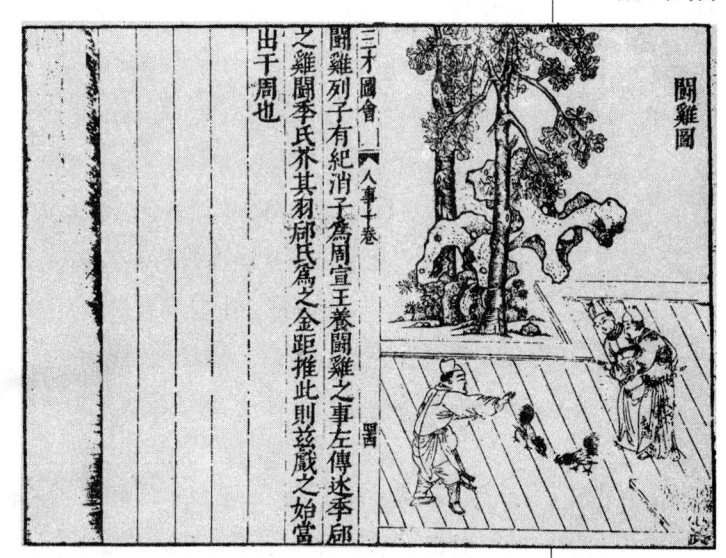

唐时斗鸡之戏，最盛于上巳之辰。元宗在藩邸乐此戏，及即位，治鸡坊于两宫间，索长安雄鸡千数，养于鸡坊，选六军小儿五百人，使驯扰教饲。上之好之，民风尤甚，诸王世家倾帑破产，市鸡以偿鸡值，都中男女以弄鸡为事，贫者弄假鸡。贾昌以善弄鸡，得为五百小儿长。开元十四年，昌之父忠从封东岳道死，得旨沿途护送丧车，天下号昌为"神鸡童"。时人为之语曰："生儿不用识文字，斗鸡走马胜读书。"（陈鸿《东城老父传》）斯亦元宗之不善作则者矣。按：斗鸡之事，始于春秋时之季郈（季平子郈昭伯），至战国而齐俗最盛。斗鸡之外，兼及纵犬，与当时走马之戏并行。至汉而养鹦鹉者纷纷矣。唐代除斗鸡、走马外（李义山《杂纂》以重孝斗鸡走马为癫狂，则无孝服时，常为之矣)，养鹰之事，亦盛行于俗间，此段成式所以有"肉攫部"之作也。夫走马本足以厉尚武精神，较之斗鸡养鸟犹为有益。然游闲公子流连忘返，因之倾家荡产或大启斗争者，屡见不一见，竟与无业游民之斗鸟、斗蟋蟀同为敝俗焉，可胜叹哉！

古人斗鸡图

浮靡时代（浊乱时代）

第十四节 游宴

王仁裕《开元天宝遗事》云："都人士女每至春时，各乘车跨马，供

唐张萱
《虢国夫人游春图》

帐于园圃或郊野中，为探春之宴。"又云："长安有平康坊，妓女所居之地。"京都侠少萃集于此，兼每年新进士，以红笺名纸游谒其中，时人谓此坊为风流薮泽。而孙棨《北里志》，谓曲中诸妓之母皆假母，妓入其中，则无以自脱。诸妓多为富豪辈，日输一缗于母，谓之买断。诸妓以出里艰难，南街保唐寺有讲席，多以月之八日相率听焉。皆纳其假母一缗，然后能出于里。其于他处，必因而游，或约人与同行，则为下婢而纳赀于假母。故保唐寺每三八日，士子极多。然大中以前，北里颇为不测之地，往往有谋杀人之事。王式、令狐滈尝目击之，几罹其毒云。盖自来辇毂之地，士女必极豪华，而士大夫之游宴歌舞，虽盛世亦不之禁，谢安所谓"不尔何以为京师"也。且自六朝以来，士大夫挟妓饮酒赋诗，本属寻常之事。唐代重视进士，进士之所玩狎，当时并传为嘉话。故新进士赠妓之诗，唐人独多。而士大夫之赠妓以诗者，亦复不少。扬州风景，秦淮夜月，名士诗人，风流自赏。或半生薄幸，或别有怀抱（如杜牧之、白香山等），识者乃于此觇世运焉。

第十五节 任侠刺客

唐代任侠刺客，如段成式《剑侠传》所述之车中女子、僧侠、京西店老人、兰陵老人、卢生、聂隐娘、荆十三娘、田膨郎、红线、昆仑奴、贾人妻、虬须叟等，及《江行杂录》所述之李龟寿，其趋人之急，而又不轻

示人以技、许人以身，绰有古风，其胸次则逊古人远甚。又唐代盗杀宰相有二事。其一，元和十年盗杀武元衡，刺裴度伤而免，王承宗之所遣也；其二，开成三年盗刺李石，以马逸得脱，仇士良之所遣也。盖是时藩镇、宦官，皆得以暗杀手段挟制朝廷。唐事已不可为，而为藩镇、宦官所用之刺客，其人格亦不足数矣。

第十六节　械斗

唐杜佑《通典》："五岭以南，人杂夷獠，不知教义，以富为雄。铸铜为大鼓，初成悬于庭中，置酒以招同类。人多构仇怨，欲相攻击，则鸣此鼓。有此鼓者，号为都老。"《海槎余录》："黎人皆善射好斗，积世之仇必报。每会聚，亲朋各席地而坐，饮酣顾梁上弓矢，遂奋报仇之志，而众论称焉。其弓矢，盖其祖先有几次斗败之耻，则刻箭几次，射于梁上以记之者也。饮醉，鼓众复饮，相与叫号作狗吠声，自云本系狗种，欲使祖先知而庇之也。以次则宰羊羔肉，俵散就近村落，无不踊跃接受，克日起兵。仇家闻之，亦如此法，募兵应敌临阵。遇府县公差人役，乐请观战。两家妇女亦各集本营，当退食之时，妇女争出营认箭，两不拘忌。其俗云男子仇则结于男子面上，若及女子，则其家更深仇怨矣。其胜败追奔，亦各有程度，不少逾其数。中罹锋镝死者，父母妻子讳不悲泣，恐敌人知其不武也。"观此二说，而知械斗本野蛮之俗所常有，盖不自唐始也。然由唐以至于今，经数千年之文化，而两粤及吾江西之吉赣乐平等处，械斗之案犹层见而迭出，岂其野蛮之俗竟不可变耶？呜呼！使移其私斗之勇而用之于公战，则尚武之风一倡百和，于以振中国民族之衰弱，岂非卓卓焉军国民之资格哉！惜其梗化而莫之悟也。

第十七节　巫觋

昔者圣人处未开化之时代，知神权迷信之难以猝破也，故本神道以设

教，而巫觋在所不禁，观《周礼·春官》可知矣。春秋以降，淫祀渐兴，诅祝多有，桑田之巫、梗阳之巫及楚之范巫，缘是以出。汉时乃有巫蛊，以至六朝，巫觋盛行，《颜氏家训》至目之为妖妄。然信巫觋者至唐而又甚焉。元宗之封东岳也，用老巫阿马婆以礼岳神（《开天传信记》）。王玙之相肃宗也，分遣女巫于各州县，恶少数十人随之，所到横索金帛（《唐国史补》）。棣王琰之二孺人争宠也，密求巫者置符琰履中以求媚（《唐书》本传）。奉巫觋为神明，号巫觋为天师，不但用之医病、祈福、祈雨也，即升迁之事亦决之于巫觋。如范摅《云溪友议》所载，石州巫言石雄升迁之事悉验，是也。然韦觐为太仆，使巫祷求节度使，而卒贬潘州司马（《云溪友议》）；赵彦昭以巫力得宰相，为御史郭震所奏；姚崇执政，卒贬江州别驾（《隋唐嘉话》），巫觋之术安在乎？《灵异记》又载：白行简生魂求食，中巫术而死；苏州巫赵十四平日能致生魂，又曾以术致许至雍妻之死魂，其说尤怪诞，而世俗信之。大抵当时社会上迷信巫觋，已成为一种之神经病。虽有崔郸之毁金天神像，杖责神巫董氏（《酉阳杂俎》）；狄惟谦之因求雨不验，杖杀女巫郭天师（《剧谈录》），而信之者如故也。彼李嘉祐、王建赛神之诗，其犹有醒俗之意乎？

第十八节 言语

周瑜像

郎　郎之名起自秦汉郎官，而吴中之呼周瑜为周郎（《三国志》），吴民之呼孙策为孙郎（《江表传》），僮隶之呼桓石虔为镇恶郎（《世说》石虔小字镇恶），军士之呼独孤信为独孤郎（《后周书》），由来已久，故唐人多用之。温大雅《大唐创业起居注》：时文武官人并未署置。军中呼太子、秦王为大郎、二郎，此与隋时人之呼滕王瓒为杨三郎（《隋书》）同。张易之、张昌宗有宠，武承嗣、武三思、宗楚客、宗晋卿等候其门庭，争执鞭辔，呼易之为五郎，昌宗为六郎。郑杲谓宋璟曰："中丞奈何卿五郎?"璟曰:"以官言之,正当为卿。足下非张卿家奴,何郎之有?"安禄山德李林甫,呼十郎。王鉷谓王琪为七郎。李辅国用事,中贵人不敢呼其官,但呼五郎。程元振军中呼为十郎。陈少游谒中官董秀称七郎。甚至臣下称天子亦谓之郎。《唐书·韦坚传》:三郎当殿坐,看唱《得宝歌》。三郎谓元宗,以其行第三,故呼三郎也。曾祖呼曾孙亦谓之郎。刘宾客《嘉话录》:元宗呼德宗为崽郎,是也。然郎实为奴仆称其主人之辞,观宋璟之言可知。又隋京兆韦衮之奴,称衮为郎君,见张鷟《朝野佥载》。而《通鉴》注亦云:门生、家奴呼其主为郎,今俗谓之郎主。盖自唐以后,童奴称主人通谓之郎矣。

哥　哥之称谓,随时而异。有以之称帝王者,《汉武故事》"王母命侍者四拜答哥哥"是也。有以之称子者,宋王荆公谓子雱曰"大哥",赵善湘语子范曰"三哥甚有福(谓第三子蔡)",是也。有以之称弟者,宋钦宗卧太后车前,曰"传语九哥(谓高宗)",是也。唐人则竟呼父为哥。观《旧唐书·王琚传》:元宗泣曰"四哥(睿宗行四)仁孝,同气惟有太平";元宗子棣王《琰传》:惟三哥(元宗行三)辨其罪,可知。按今人称兄为哥,而六朝或呼父为兄(见北齐诸王),唐人之呼父为哥,固无足异。总之,哥为兄之别称,若唐元宗与宁王宪书称"大哥",以哥称其兄,尚不失为正。五代晋王存勖呼张承业为七哥,孔谦呼伶人景进为八哥,亦称兄长。

宅家　天子原有天家、大家、官家之称。蔡邕《独断》:天家,百官小吏之所称,天子无外,以天下为家,故称天家。亲近侍从官,称天子为大家。《晋书·五行志》:义熙初童谣曰:"官家养芦化为荻,芦生不止自成积。"《湘山野录》:五帝官天下,三王家天下,故曰官家是也。唐时宫中则呼天子为宅家。《通鉴》:唐昭宗乾宁四年,韩建发兵围十六宅,诸王呼曰"宅家救儿";昭宗光化三年,刘季述等至思政殿,皇后趋至,拜曰"军容勿惊宅家",是也。《资暇录》:官家又称宅家,言以天下为宅、四海为家也。

官人　南人称士人为官人。韩昌黎《王适墓志铭》:一女怜之必嫁官人,不以与凡子。杜子美《逢唐兴刘主簿诗》:剑外官人冷。

好汉　《新唐书·张柬之传》:武后谓狄仁杰曰:"安得一奇士用之?"仁杰曰:"荆州长史张柬之,宰相才也。"《旧唐书》入此事《仁杰传》,

狄仁杰像

陶隐居，即陶宗仪，元代学者。

中国风俗史

"奇士"作"好汉"。《能改斋漫录·事实编》引东坡诗云："人间一好汉，谁似张长史。"谓男子为汉，唐已有之。元宗谓吉温为不良汉，见《旧唐书·酷吏·温传》。刘蕡为杨嗣复门生，对策忤时，仇士良谓嗣复曰："奈何以国家科第，放此风汉。"见《玉泉子》。郑愔骂选人为痴汉，见《朝野佥载》。又穷汉，见《义山杂纂》。

娘子 始于隋柴绍妻典兵之呼娘子军。昌黎有祭周氏十二娘子文，花蕊夫人《宫词》"诸院各分娘子位"，《北里志》诗"两头娘子谢夫人"，盖以为妇女之通称矣。幼女亦称小娘子，见《玉泉子》。

丫头 刘宾客诗：花面丫头十二三。

阿妳 李义山《杂纂》"七不称意"内云：少阿妳。李贺称母曰阿婆。《正字通》：《通雅》曰"沐猴，猕猴"，母猴也。《前汉·西域传》沐猴注：沐猴即猕猴母，音转如马，方言呼母曰婆。此其证也。

半子 《唐书·回纥传》：咸安公主下嫁可汗，上书恭甚，其言昔为兄弟，今为半子也。

檀郎 李义山诗：谢傅门庭旧未行，今朝歌管属檀郎。李贺诗：檀郎谢女眠何处。

亲家 男女缔姻者，两家相谓为亲家。见《唐书·萧嵩传》。

花娘 陶隐居《辍耕录》云：娼妓为花娘。李贺《申胡子觱篥歌》序：命花娘出幕徘徊拜客，是也。今嘉定俗骂妇人之贱者曰花娘，吾江西骂妇人之贱者曰婊子，又谓娼妓为花婆子。

家生儿 《史记·陈胜传》：免骊山徒人奴产子。师古曰："奴产子，犹人云家生儿也。"今俗谓奴仆为家人，或曰管家。而嘉定俗谓奴婢所生子，亦曰家生儿。

阿奢 媪婿也。《通鉴》：窦怀贞再娶韦后乳妪为妻，奏请辄自署阿奢，不惭。

矬 七禾反，短身也。《唐书·王伾传》：伾貌矬陋。《玉泉子》裴垣谓子勋曰：矬人饶舌。

郎当 不强健也，见《唐书》。按：一作锒铛。《说文》：锁也。《前汉·王莽传》"以铁锁锒铛其颈"注：亦训长锁。《六书故》：锒铛之为物，连牵而重，故俗以困重不举为锒铛。又《前汉·五行志》作琅当。

楼罗 《唐书·回纥传》：加册可汗为登里颉咄登蜜施含俱录英义建功毗伽可汗。含俱录，华言娄罗也，盖聪明才敏之意。《鹤林玉露》：偻儸，谓猾也。《五代史·刘铢传》：诸君可谓楼罗儿矣。《宋史》：张思钧起行伍，征伐颇有功，质状小而精悍。太宗尝称其楼罗，自是人目为小楼罗焉。则宋人用唐人之遗语也。然楼罗二字，究不始于唐。观《酉阳杂俎》引梁元帝《风人辞》云"城头网雀，楼罗人著"；《南齐书》顾欢论云"娄罗之辨"；《北史·王昕传》：尝有鲜卑聚语，崔昂戏问昕曰："颇解此不？"昕曰："楼罗楼罗，实自难解。"可知矣。

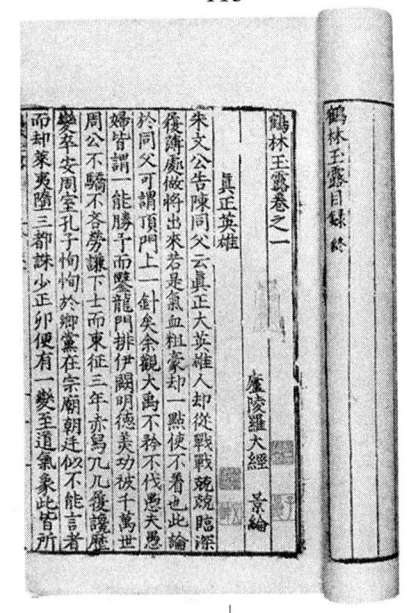

措大 寒山子诗：个是何措大，时来省南院。《通鉴·唐文宗纪》《考异》曰：皮光业《见闻录》曰：崔慎由寓直，有一中使引至一小殿，见文宗坐于殿上，有某径登阶，疏文宗过恶，上唯俯首，又曰："不为此拘木枕措大，不合更在此坐矣。"街谈以好拘为拘木枕。仍戒慎由曰："事泄即是此措大。"慎由遂秘不敢言。李义山《杂纂》：必不来，穷措大唤妓女。相似鸦似措大，饥寒则鸣，不如不解，措大解音则废业。

白袍子 唐士子入试，皆著白衣，故有"白袍子何太纷纷"之语。今俗谓未进身者为白衣人。按白衣、白袍，与《管子·乘马篇》之"白徒"、《北史·李敏传》之"白丁"、《魏书·食货志》之"白民"同。

底 唐张嘉贞为舍人，崔湜轻之，呼为张底。今嘉定俗，轻薄人亦呼为某家底。

村气 刘𫗧《隋唐嘉话》：薛方彻尚丹阳公主，太宗尝谓人曰："此乃薛驸马村气也。"

夭邪 夭音歪。唐诗：钱塘苏小小，人道最夭邪。夭邪，谓妇人身容不正也。

流落 《明皇杂录》：李白、杜甫、孟浩然虽有文名，俱流落不偶。按：一作留落。《史记·匈奴传》"然而诸将常坐留落不遇"注：谓迟留

零落，不遇合也。又"留"本与"流"通，则谓流落与留落同义可也。

含胡 唐颜杲卿含胡而死。今俗谓人语不明了曰含胡。宋苏长公《石钟山记》：南声函胡，亦谓声不明了也。

辜负 谓虚人意也，见《唐书》。

欺负 李翊《俗呼小录》：见陵于人为欺负。

罗师 张鷟《朝野佥载》：宗楚客除袁守一为监察御史，于朝堂抗衡于宝怀贞曰："与公罗师。"罗师者，市郭小儿语无交涉也。

活计 生理也，出白乐天诗。

认得 白居易诗：一班遥认得。

记得 刘禹锡诗：记得云鬟第一歌。

穷相 《摭言》：与郑光业同居之人谢光业，有穷相骨头之语。

背面 杜甫《北征诗》：见爷背面啼。李商隐诗：十五泣春风，背面鞦韆下。

错认 《摭言》无名子嘲郑薰诗：主司头脑太冬烘，错认颜摽作鲁公。

琐细 杜诗：逶迤罗水族，琐细不足名。权德舆诗：琐细何以报。又陆游诗：洒扫一庵躬琐细。《却扫编》：宣徽使本唐宦者之官，故其所掌皆琐细之事。

花样 《国史补》：薛兼训为江东节制，密令军中未有室者于北地娶织妇以归，岁得数百人，由是越俗大化，竞添花样。

乌鬼 杜甫诗：家家养乌鬼。《邵氏闻见录》：夔峡之人，正月十一日，为曹设牲酒于田间，已而众操兵大噪，谓之养乌鬼。《漫叟诗话》：川人嗜猪，家家养猪，每呼猪作乌鬼声，故谓之乌鬼。

当面 杜甫诗：奸佞每思当面吐。

差脚 《旧唐书·宣宗纪》：赐泾原、凤翔、邠宁诸镇绢制，有"度支差一脚支送"之语。今谓专差及挑夫搬运夫亦曰脚子。

吃饭 杜甫诗：但使残年饱吃饭，但愿无事长相见。《传灯录》惠海禅师曰：我修道只是饥来吃饭，困来即眠。

零碎 《唐书·懿宗纪续》：据户部牒称州府除陌钱有折色零碎。白居易《老柳树诗》：雪花零碎逐年减。

多半 方干《送孙百篇游天台诗》：更有仙花与灵鸟，恐君多半未知名。《林逋诗》：常怜古图画，多半写渔樵。欧阳原功《西湖诗》：小船多

半载吴姬。

无理取闹　韩愈《食虾蟆诗》：为声相呼和，无理只取闹。

稳当　杜牧诗：为报眼波须稳当，五陵游客莫知闻。

来厘　《吴中记闻》：吴民呼来为厘，始于陆德明。贻我来年，弃甲复来。皆音厘，盖德明吴人也。

里许　谓里面也。温岐词：合欢桃核终堪恨，里许原来自有人。

在何许　杜诗：我生本飘摇，今复在何许。

噫吁嘻　喔　喏　《弇州山人稿》，蜀人见惊异者曰噫吁嘻。晋音尊者喔，左右应曰喏。故太白《蜀道难》：表圣休休，亭记用之。

懊　《广韵》：乌皓切，音袄，恼也。《集韵》：恨也，或作忨。晋绿珠有《懊侬歌》。吾江西及湖南有所恨曰懊人，但音如爱，盖懊本有爱忧之义。见郭璞《尔雅·释言》：懊，忧也。注：人情因爱生恼。终为懊恨之意。且谓懊为爱，犹谓治为乱，谓洗为污，谓故为今，谓存为徂，谓嘉耦为好仇，语之反也。

懵懂　《广韵》：心乱也，懂亦作㦖。

眼睛　韩愈《月蚀诗》：念此日月者，为天之眼睛。

一样　王建《宫词》：新衫一样殿头黄。

早饭　白居易《履道西门诗》：行灶朝香炊早饭。又文天祥《简李深之诗》：早饭带星炊。张宪《寄天香师

《蜀道难》诗意图

第三编　浮靡时代（浊乱时代）

诗》：海龙邀早饭。

中饭　李频《南游诗》：向野聊中饭。

乘凉　李频《南游诗》：乘凉探暮程。

点心　《唐史》郑傪夫人顾其弟曰："治妆未毕，我未及餐，尔且可点心。"盖谓小餐也。

快活　《翰林志》：梅询为翰林学士，一日书诏频多，构思甚苦。忽见老卒卧于日次，欠伸甚适。梅叹曰："畅哉！"徐问之曰："识字乎？"曰不识。梅曰："更快活也。"《五代史·刘昫传》：三司诸吏闻昫相，相贺曰：自此我曹快活矣。《道山清话》：太皇之圣，称为女尧舜。方其垂帘，每有号令，天下人谓之快活条贯。刘克庄诗：莫是后身刘快活。

寄信　张籍诗：寄信觅吴鞋。贾岛诗：寄信船一只。又欧阳修诗：寄信无秋雁。

乞相　《摭言》：薛逢晚年厄于宦途，尝策羸马赴朝，值新进士缀行而出，团师所由辈，见逢行李萧条，前曰："回避新郎君。"即遣一介语之，曰："莫乞相阿婆，三五少年时，也曾东涂西抹来。"

书魔　白居易诗：书魔昏两眼。苏轼《午寝》诗：平生尚有书魔在。

属付　贾餗《大悲禅师碑》：一旦密承属付，莫有知者。又朱子《题李氏遗经阁诗》：更得湖南亲属付，归来端的有余师。

商量　《大唐嘉话》：睿宗与群臣呼明皇为三郎，凡所奏请，必曰"与三郎商量未"。

唐玄宗像

用费　《唐书·崔仁师传》：迁度支郎中，尝口陈移用费数千名。

送行　高适诗：只言啼鸟堪求侣，无那春风欲送行。

好处　韩愈诗：最是一年春好处。郑谷诗：村逢好处嫌风便。

喜事　韩愈《灯花诗》：更烦将喜事，来报主人公。

方便　元稹《台中鞫狱诗》：死款依稀取，斗辞方便删。又《维摩经》：摩诘以无量方便，饶益众生。

摘茶　采茶　韩偓诗：生涯采芝叟，乡俗摘茶歌。温庭筠诗：采茶溪树绿。又陆游诗：采茶歌里春光老。

对面　《唐书·房乔传》：高祖曰："若人机识，是宜委任，每为吾儿陈事，千里外若对面语。"杜甫诗：忍能对面为盗贼。杨万里诗：对面一双峰。陆游诗：舟中对面不得语。

热闹　《清异录》：武宗谓王才人曰："朕非不能取热闹快活，正要与弦管尊罍，暂时离别。"白居易诗：热闹渐知随念尽。

什么　《摭言》：韩愈见牛僧孺所作《说乐篇》，问曰："且以拍板为什么？"

到底　《旧唐书·李渤传》：凡十家之内，大半逃亡，亦须五家摊税，似投石井中，非到底不止。又张咏《寄郝太冲诗》：新编到底将何用。陆游诗：更事老翁顽到底。耶律楚材诗：功名到底成何事。

一半　唐太宗《望雪诗》：迎风一半斜。方干诗：生涯一半在渔舟。罗隐诗：一半秋光此夕分。

一霎　孟郊《春后雨诗》：昨夜一霎雨。又陈造《宿商卿家诗》：蝶梦蘧蘧才一霎。

郎罢　罢，薄蟹切。顾况《囝诗》"郎罢别囝，吾悔生汝"云云，自注：囝音蹇，闽俗呼子为囝，父为郎罢。陆游诗：阿囝略知郎罢老。

一片　众声高也，出薛能诗。

一泼　李翊《俗呼小录》：雨一番一起为一泼。

哑牙　鸦牙二音。司空图文：女则牙牙学语。

温暾　冷热适中也。一曰热不透也。王建诗：新晴草色暖温暾。今苏州有此语。

庳露　玲珑，空虚也。皮日休诗：襄阳作髹器，中有庳露真。今苏州谓亮窗曰庳露格，但庳露读作平声。

直笼统　不委曲也，见《唐书》。

黑暗　《闻见后录》：南人谓象齿为白暗，犀角为黑暗。少陵诗：黑暗通蛮货，用方言也。

耳边风　杜荀鹤诗：百岁有涯头上雪，万般无染耳边风。今嘉定谓人聆言不省，曰耳边风。

岸溉土锉　宋王伯厚《困学纪闻》评诗云：杜诗多用方言，如岸溉土

锉。乃黔蜀人语。

彭亨　韩文公石鼎联句：豕腹胀彭亨。今嘉定俗呼腹胀曰彭亨。

波　站　李翊《俗呼小录》：跑谓之波，立谓之站。

添　李翊《俗呼小录》：呼下酒具为添。

俺　《广韵》：于验切，音俺，我也。按：北人称我曰俺。

侎　《广韵》：方庙切，标去声。《六书故》：俵，分畀也。

唐人称呼人喜用次第。高祖呼裴寂为裴二，明皇呼宋济为宋五，德宗呼陆贽为陆九，见王定保《摭言》。韦夏卿有知人之鉴，因退朝，于街中逢再从弟执谊、从弟渠牟舟，三人皆第二十四，并为郎官。簇马良久曰："今日逢三二十四郎，辄欲题目之。"王藻、王素贞元中应举齐名第十四，每偕往还通家，称十四郎，见《大唐传》载。而范摅《云溪友议》称李绅为李二十。《玉泉子》：崔铉谓路岩为路十。刘宾客《嘉话录》亦有韩十八愈、李二十六程、李二十六丈、丞相席十八舍人之称。《唐书·郑綮传》：本善诗，其语诽谐，故使落词，世共号郑五歇后体，是称郑綮为郑五也。而綮又自称郑五，亦见本传。

第三章 五代

第一节 概论

罗仲素曰："教化者，朝廷之先务。廉耻者，士人之美节。风俗者，天下之大事。朝廷有教化，则士人有廉耻。士人有廉耻，则天下有风俗。"至哉言也。欧阳公《五代史》于家人及诸臣死事一行王进等列传，皆痛斥当时风俗上之绝灭伦理，丧失廉耻。而于冯道传言之尤切，其言曰："礼义廉耻，是谓四维。四维不张，国乃灭亡。善乎！《管子》之能言也：'礼义，治人之大法；廉耻，立人之大节。'盖不廉则无所不取，不耻则无所不为。人而如此，则祸败乱亡，无所不至。况为大臣，而无所不取、无所不为，则天下其有不乱，国家其有不亡者乎？予读冯道《长乐老叙》，见其自述以为荣，其可谓无廉耻者矣。则天下国家可得而知也。"按冯道事四姓十君，窃位于篡弑武人之朝，不自知愧，故欧阳公骂之如此。又于传末引王凝妻李氏，以愧忍耻偷生之辈之学冯道者，其意深矣。明高忠宪有言曰："世间一点耻心，至冯道灭尽。"呜呼！古今之无耻者，无过于冯道，则冯道为古今无耻者之代表；而五代风俗之无耻，更何不可以冯道代表之也。冯道可谓衣冠禽兽矣，然后世之崇拜冯道、模仿冯道、利用冯道，而生非五

罗仲素曰，此段文字出自清顾炎武《日知录·廉耻》。

冯道像

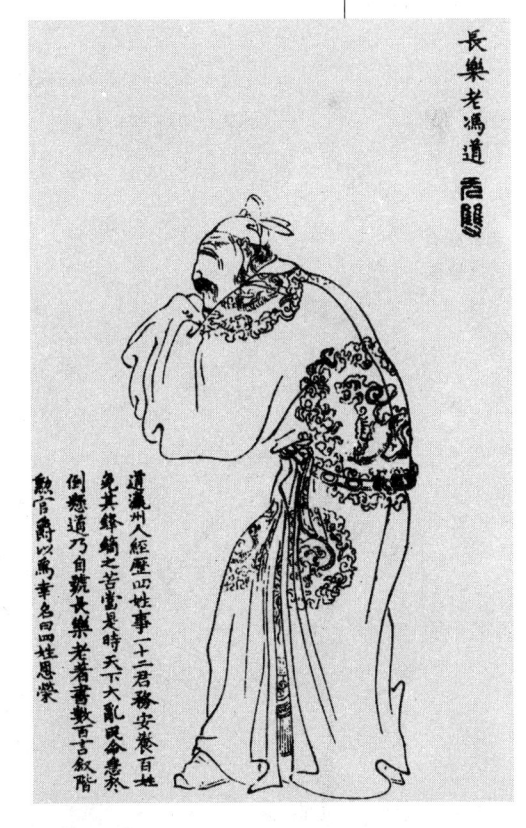

代、不见立于欧公之笔者，可胜道哉！

第二节 氏族及名字

氏族之乱，莫甚于五代之时。当日承唐余风，犹重门荫。故史言梁唐之际，仕宦遭乱奔亡，而吏部铨文书不完，因缘以为奸利。至有私鬻告敕，乱易昭穆，而季父母舅反拜侄甥者（《五代史·豆卢革传》）。当时人取名多用"彦"字（**赵云松**《廿二史札记》言之最详），与六朝人取名之多用"僧"字者相同，亦一时无谓之好尚矣。

> **赵云松**，即赵翼，清代学者。

第三节 言语

姑夫 《五代史》：石敬瑭入纂时，皇后云姑夫。

风子 《通鉴·梁纪》《考异》：陶岳《五代史补》云：杨涉之子凝式，见事泄，即日佯狂，时谓之风子。

赖子 《五代史》：高从诲为高赖子。今俗谓攘夺无耻者为赖子。

亲家翁 男女缔姻者，两家相谓为亲家，五代则谓为亲家翁。见《五代史·刘煦传》及苏氏《开谈录》。

眼孔小 屋子 《书言故事》云：桑维翰爱钱。上曰："措大眼孔小，与钱十万贯，塞破屋子矣。"

吃饭处 《五代史·安叔千传》：耶律德光劳叔千曰："汝在邢州，已通诚款，吾今至此，当与汝一吃饭处。"

泥窗 蜀人谓糊窗为泥窗。花蕊夫人《宫词》：红锦泥窗绕四廊。

> 后晋高祖石敬瑭像

第四编　由浮靡而趋敦朴时代

第一章　宋

第一节　概论

顾亭林先生曰：《宋史》言士大夫忠义之气，至于五季变化殆尽。宋之初兴，范质、王溥犹有余憾。艺祖首褒韩通，次表卫融，以示意向。真、仁之世，田锡、王禹偁、范仲淹、欧阳修、唐介诸贤，以直言谠论倡于朝。于是中外荐绅咸以名节为高，廉耻相尚，尽去五季之陋。故靖康之变，志士投袂，起而勤王（如宗泽、韩琦、刘锜诸人），临难不屈，所在有之。及宋之亡，忠节相望。呜呼！观哀平之可以变而为东京，五代之可以变而为宋，则天下无不可变之风俗也。

宋墓庖厨砖雕

第二节　饮食

《枫窗小牍》云：旧京工役固多奇妙，即烹煮盘案亦复擅名。如王楼梅花包子、曹婆婆肉饼、薛家羊饭、梅家鹅鸭、曹家从食、徐家瓠羹、郑家油饼、王家乳酪、段家熝物、石逢巴子南食之类，皆声称于时。若南迁湖上鱼羹、宋五嫂羊肉、王家血肚羹、宋小巴

之类，皆当行不数者。此可以觇当时饮食之好尚矣。其普通制作饮食之法，则虞悰《食珍录》言之最详。

第三节　衣服

《文献通考》：宋真宗大中祥符间，禁民间服皂班缬衣。《宋史·舆服志》曰：初皇亲与内臣所衣紫，皆再入为黝色。后士庶渐相效，言者以为奇衺之服，仁宗始禁之。紫衫本军校之服，中兴士大夫服之以便戎事，高宗绍兴二十六年，禁毋得以戎服临民，自是紫衫遂废。凉衫其制如紫衫，亦曰白衫。孝宗乾道初，王俨奏："窃见近日士大夫皆服凉衫，甚非美观，而以交际临民，居官纯素，可憎有似凶服。陛下方奉两宫，所宜革。且文武并用，本不偏废，朝章之外，宜有便衣，仍存紫衫，未害大体。"于是禁服白衫。先是宫中尚白角冠梳，人争效之，谓之内样，名曰垂肩等肩，至有长三尺者，梳长亦逾尺，言者以为服妖。仁宗乃下诏，令妇人所服冠高毋得逾四尺，广毋得逾一尺，梳毋得逾四寸，毋以角为之。《朝野杂记》述宋代衣服之改变，则谓自渡江以后，人情日趋于简易，不能复故云。

第四节　忠义

以宋代仁人义士之接踵，徒随劫运以俱尽，卒无补于国之危亡，读史者未免有余憾。然试一思其身当国变，茹辛忍苦，百折不回，又不觉肝胆照人，生气凛凛，如演一场英雄之活剧，不但崇拜之，歌舞之，且有勃然兴起者，以其可为万古国家社会风俗上之标准也。夫既可为万古国家社会风俗之标准，则其可为当时风俗之代表自不待言。故吾言宋之风俗，不得不急举仁人义士以为冠冕焉。

（一）岳飞（字鹏举）

"号令风霆迅，天声动北陬。长驱渡河洛，直捣向燕幽。马蹀阏氏血，

旗枭克汗头。归来报明主，恢复旧神州。"此岳飞所作诗也，每一读之，未尝不振触盛衰兴废之往事，而动凭吊英雄之慨于无已也。其所作《满江红》词云："怒发冲冠，凭栏处，萧萧雨歇。抬望眼，仰天长啸，壮怀激烈。三十功名尘与土，八千里路云和月。莫等闲，白了少年头，空悲切。

靖康耻，犹未雪，臣子恨，何时灭。驾长车，踏破贺兰山阙。壮志饥餐胡虏肉，笑谈渴饮匈奴血。待从头收拾旧河山，朝天阙。"盖又未尝不读之而意气飞动，怦怦不能自已，而唤起人生不可不自励为英雄豪杰之心。盖英雄者，以时势而增重者也。故平易时代之人才，每不及艰难时代之人才。南宋则需才孔亟之时代也。而岳飞能以积弱之宋，抗方兴之金，一二月间屡战屡捷，势如破竹，固早已悬一指顾间渡河洛、捣幽燕，直抵黄龙，与诸君痛饮之快事之希望于胸中，其前途正未可量。乃金牌见召，不但十年之功废于一旦，竟以三字狱死于秦桧之手，于中国历史上结构一最悲壮之剧。盖岳飞虽为未成事之英雄，而千载下犹有余痛，正以其功败于将成，而爱国排外之思想又不可多得也。然岳飞虽功败于将成，而其精诚浩气固长流行照耀于天地间也。

岳飞平杨么图

（二）文天祥（号文山）

钦定《四库全书提要》：《文山集》二十一卷，宋文天祥撰。天祥事迹具《宋史》本传。天祥平生大节，照耀今古，而著作亦极雄赡。其廷试对策及上理宗诸书，持论剀切，尤不愧肝胆如铁石之目。故长谷真逸《农田馀话》曰："宋南渡后，文体破碎，诗体卑弱，惟范石湖、陆放翁为平正。及文天祥留意杜诗，所作顿去当时之凡陋，观《指南前后录》可见。不独忠义贯于一时，亦斯文间气之发见也。又文信国集《杜诗》四卷，于国家沦丧之由，生平阅历之境，及忠臣义士之周旋患难者，一一详志其实，颠末粲然，不愧诗史之目云。"今读其诗，如"厥角稽首二百州，正

第四编　由浮靡而趋敦朴时代

气扫地山河羞;几多江左腰金客,便把君王作路人",何等痛切!"不是谋归全赵璧,东南那个是男儿;江山不改人心在,宇宙方来事未休;人生自古谁无死,留取丹心照汗青;国破家亡双泪暗,天荒地老一身轻",何等悲壮!又南康军和东坡《酹江月》云:"庐山依旧凄凉处,无限江南人物空。翠晴岚,浮汗漫,还障天东半壁。雁过孤峰,猿啼老嶂,风急波雪翻。乾坤未歇,地灵尚有人杰。堪嗟漂泊孤舟,河倾斗落,客梦催明发。南浦闲云连草树,回首旌旗明灭。三十年来,十年一过,空有星星发。夜深愁,听胡笳,吹彻寒月。"代王夫人作词云:"彩云散,香尘灭。铜驼恨,那堪说。想男儿慷慨,嚼穿龈血。回首昭阳离落日,伤心铜雀迎新月。算妾身不愿似天家,金瓯缺。"爱国之心,亡国之恨,读之不觉声泪俱下。至于《正气》一歌,及绝命后元人检得衣带中"成仁取义"之语,浅人皆能道之。呜呼!天祥之心苦矣,志壮矣。后世论史家常以张世杰、陆秀夫、李庭芝、李芾、陈文龙、单公选、赵与择、马暨、姜才、赵淮、赵卯发、夏椅、王安节、阮正己、江万里等与天祥同为宋数百年国家养士之报,及宋儒提倡学风之效果。谅哉言也!故闻天祥之风者,顽夫廉,懦夫有立志。

(三)郑思肖(号所南)

昔人有言,哀莫大于心死。心者精诚之所集,所以植天经、立人极,亘万古而不磨者也。故自古国家,有人心然后有风俗。宋遗民郑思肖,固一心宋室者。其言曰:"国之所与立者,非力也,人心也。故善观人国家者,惟观人心尔",又曰:"今之人,万其心,一于利",皆痛恶夫乱臣贼子,无人心者之言也。故读其所为《心史》,益知其心之光明俊伟,为有宋一代元气之所存。其诗曰:"一心中国梦,万古下泉诗";"春风仍日月,世界自山河";"不知今日月,但梦宋山川";"生得男儿骨,一死亦精神";"丈夫立身乃大事,一失此足死亦耻";"小臣有誓曾铭骨,不到神州不太平";"我非办得中兴事,一点英灵死不消";"宁可枝头抱香死,不曾吹落北风中";"心救雷霆开世界,手提日月上山川";"誓以匹夫纾国难,艰于乱世取人才。屡曾算至难谋处,裂破肺肝天地哀",真一字一泪。凡所为文皆然,每尽一篇,腔血辄腾跃一度。呜呼!先生之诗文一日在天壤,则先生之精神

郑思肖画作
《墨兰图》

与中国永无尽也,岂仅于宋代历史上占最高之价值已哉!

此外爱国之诗人,犹有陆务观、姜白石、范石湖等。而王伯厚《困学纪闻》又云:"更无柳絮随风舞,惟有葵花向日倾",可以见司马公之心;"浮云世事改,孤月此心明",可以见东坡公之心。

第五节 廉耻

延平先生(李侗)论治道,必以明天理、正人心、崇节义、厉廉耻为先。故欲察人心之廉耻,觇之于官吏足矣。官吏者,有维持风化、表率下民之责者也。理宗时,真文忠公(德秀)奏曰:"乾道、淳熙间,有位于朝者,以馈遗及门为耻;受任于外者,以苞苴入都为羞。"然淳熙十五年朱文公封事,言浙中风俗之弊,甚者以金珠为脯醢,以契券为诗文,则此风犹未革也。盖官吏之贪污,非一日所能去矣。

第六节 学风

陈止斋曰:"宋兴,士大夫之学无虑三变。起建隆(太祖)至天圣、

陈止斋,名傅良,字君举,止斋是他的号,浙江瑞安人,南宋理学家,永嘉学派代表人物。人称止斋先生。

第四编 由浮靡而趋敦朴时代

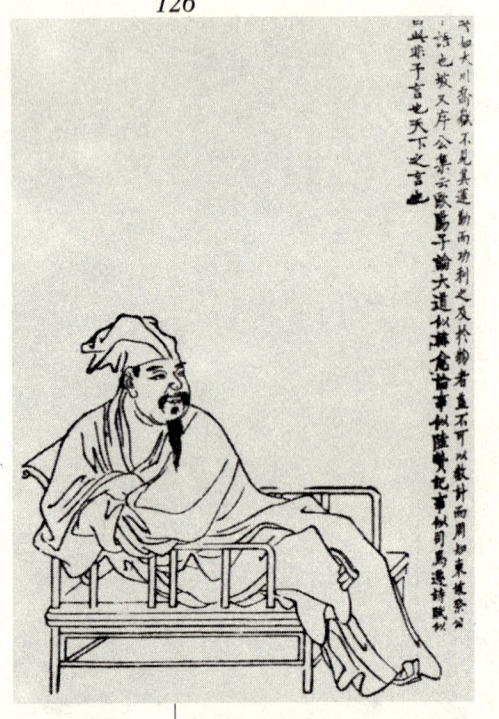

欧阳修像

欧阳子，即欧阳修。

中国风俗史

明道（仁宗）间，一洗五季之陋，而守故蹈常之习未化。范文正公始与其徒抗之以名节，天下靡然从之，人人耻无以自见也。**欧阳子**出，而议论文章粹然尔雅，轶乎晋魏之上。久而周子出，又落其华，一本于六艺，学者经术，庶几于三代，何其盛哉！则本朝人物之所由众多也。"（见其所作《温州学田记》）其说于宋代学术之演进，言之甚确。按：宋自神宗立太学三舍法，厥后邓肃即以太学生上十诗，论花石之扰（见王明清《挥麈录》）；陈东即以太学生上书，论大臣误国，并痛陈时事，论史者以为兴学育才之效。但学风之提倡于上者，民之受之，犹在被动地位，不如濂洛关闽诸儒之自行集徒讲学，转足以正人心而维风化也。故宋末忠义之气，实胚胎于讲学诸儒。而太学诸生，除邓肃、陈东外，其余犹多訾议焉。《东轩笔录》曰：王荆公在中书作《新经义》以授学者，故太学诸生几及三千人。又令判监直讲程第诸生之业，处以上中下三舍，而人间传以为试中上舍者，朝廷将以不次升擢。于是轻薄书生，矫饰言行，坐作虚誉，奔走公卿之门者若市矣。邓志宏《沙县重修县学记》曰：崇宁（徽宗）以来，蔡京群天下学者，纳之黉舍，校其文艺等为三品，饮食之给，因而有差，旌别人才，止付于鱼肉铢两间，学者不以为羞，且逐逐然贪之。周密《癸辛杂识后集》曰：三学之横，盛于景定、淳祐之际。凡其所欲出者，虽宰相台谏，亦直攻之使必去，权乃与人主抗衡。一时权相如史嵩之、丁大全，不惜行之，亦未如之何也。贾似道作相，度其不可以力胜，遂以术笼络。每重其恩数，丰其馈给，增拨学田，种种加厚。于是诸生啖其利而畏其威，虽目击似道之罪，而噤不敢发一语。及贾要君去国，则上书赞美，极意挽留，今日曰师相，明日曰元老，今日曰周公，明日曰魏公，无一人敢少指其非。《齐东野语》曰：贾似道欲优学舍以邀誉，乃以校尉告身钱帛等俾京庠。拟试时，黄文昌方自江阃入为京尹，益增赏格，虽未缀犹获数百千，于是群四方之士，纷然就试。时襄郢已失，江淮日以遽告，有无名子作诗揭之试所云："鼙鼓惊天动地来，九州赤子哭哀哀。庙堂不问平戎策，多把金钱媚秀才。"观以上诸说，以可以去权奸之太学生，转而为媚权奸之太学生，盖志趋不端，故笼络之术得以中之也。被动之效果，如是如是。

第七节　婚娶

议婚太早，或于襁褓童幼之时，轻许为婚，因亦有指腹为婚者。及其既长，或不肖无赖，或身有恶疾，或家贫冻馁，或丧服相仍，或仕宦远方，遂至弃信负约，速狱致讼者多矣（见**司马温公**《家范》）。联姻多主因亲及亲之说，以示不相忘（《袁氏世范》）。故苏洵以女嫁其内兄程濬之子之才，而其女作诗，有"乡人嫁娶重母党"之句。吕荣公夫人张氏，乃待制张昷女，待制夫人即荣公母申国夫人之姊，则姨表兄弟姊妹也。然姑舅兄弟，当时犹有疑其不可为亲者，《容斋续笔》曾论及之。婚姻论财，故媒妁言最难信。给女家，则曰男家不求备礼，且助出嫁遣之资；给男家，则厚许其所迁之贿，且虚指数目。往往有轻信其言而成婚，其后责恨见欺，夫妻反目，至于仳离者（《袁氏世范》）。娶妇谓之索妇（陆游《老学庵笔记》），娶妇之夕用乐（《清波杂志》：宣仁云：寻常人家娶个新妇，尚点几个乐人），有上高座之礼（《袁氏世范》：今之士族，当婚之夕，以两

司马温公，司马光封温国公，故称。

宋代草帖、婚书聘礼状式

椅相背，置一马鞍，反令婿坐其上，饮以三爵，女家三请而后下，谓之上高座。不及设者，则为缺礼，虽一时衣冠右族，莫不皆然）。余详《文公婚礼》。

第八节 丧葬

宋时丧礼尽废，士大夫居丧，食肉饮酒，无异平日。又相从宴集，靦然无愧，人亦毫不为怪。乃至鄙野之人，初丧未敛，亲宾则赍酒馔往劳之，主人亦自备酒馔，相与饮啜，醉饱连日。及葬亦如之。甚者初丧作乐以娱尸，及殡葬则以乐导輀车，而号泣随之。亦有乘丧即嫁娶者（论出司马温公）。当时信浮屠诳诱，凡有丧事，无不供佛饭僧，云为死者减罪资福，使生天堂，受诸快乐；不为者必入地狱，剉烧舂磨，受诸苦楚。此种谬说，朱文公曾力辟之。

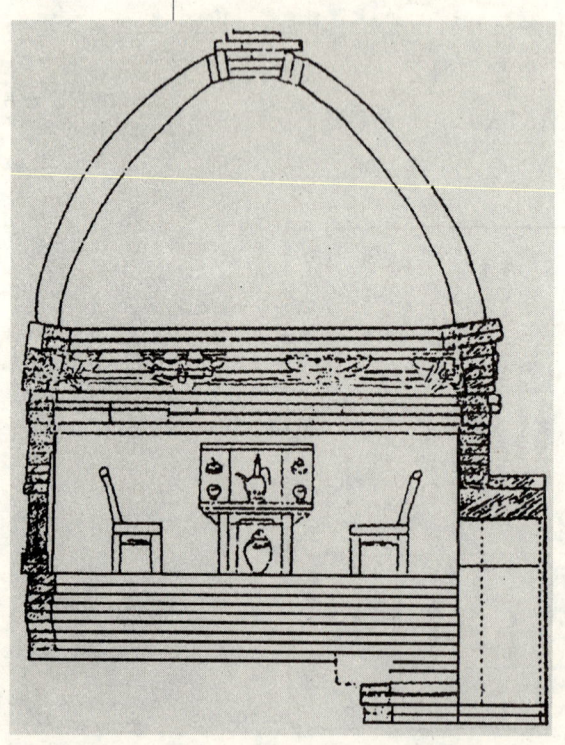

丧祭用纸钱以礼鬼神。纸钱起于汉之葬埋瘗钱，而南齐东昏侯始实行之（见洪庆善《杜诗辨证》）。唐元宗时，王玙为祠祭使祈祷，或焚纸钱（《唐书·王玙传》）。五代以来，寒食野祭率用之。至宋而纸钱盛行于俗间，邵康节比之于明器（邵伯温《闻见前录》）。钱若水不烧楮镪，吕南公（字次儒，南城人，《宋史》入《文苑传》）至为文颂之（叶大庆《爱日丛抄》），而杜正献亦不焚纸钱（见《却扫编》），然亦寥寥矣。

火葬之俗，当时最盛。《宋史》绍兴二十七年，监登闻鼓院范同言：今民俗有所谓火化者，生则奉养之具惟恐不至，死则燔热而捐弃之。国朝著令，贫无葬地者，许以官地安葬。河东地狭人

河南洛阳出土宋砖雕墓

众,虽至亲之丧,悉用焚弃。景定(理宗)二年,黄震为吴县尉,乞免再起化人亭状曰:"照对本司久例,有行香寺曰通济,在城外西南一里。本亭久为焚人空亭,约十间以罔利。合城愚民,悉为所诱,亲死即举而付之烈焰;余骸不化,则又举而投之深渊。哀哉斯人,何苦而遭此身后之大戮耶!震久切痛心,以人微位下,欲言未发。乃五月六日夜,风雷骤至,独尽撤其所谓焚人之亭而去之。意者秽气彰闻,冤魂共诉,皇天震怒,为绝此根。越明日,据寺僧发觉陈状,为之备申使府,盖亦幸此亭之坏耳。案吏何人,敢受寺僧之嘱,行下本司,勒令监造。震窃谓此亭为焚人之亲设也。人之焚其亲,不孝之大者也。此亭其可再也哉!"按:《列子》言:秦之西有义渠之国者,其亲戚死,聚柴积而焚之,熏则烟上,谓之登遐,然后成为孝子。《荀子》言:氐羌之民,其虏也不忧其系累,而忧其死不焚也。盖西羌之俗始有火葬。而中土焚尸之事始见于春秋,卫侯之焚褚师定子,然风俗上殊不谓然。田单以掘齐墓烧死人,激怒齐人,而因以破燕;尉佗在粤闻汉掘烧其先人冢,而有反意,皆以焚尸骸之骇人听闻也。有之则以施之于仇人恶人,如汉尹齐为淮阳都尉,所诛甚多,及死,仇家欲烧其尸;东海王越乱晋,石勒剖其棺,焚其尸;杨元感反,隋乃掘其父素冢,焚其骸骨是已。今泰西及日本火葬盛行,而中国杭城火葬之俗犹昔。或者即孔子死欲速朽之义耶?佛重灵魂、轻体魄之说乎?则吾不得而知矣。

厚葬之俗,较唐以前尤盛,士大夫罕有斥其非者。如赵概《闻见录》,谓晏殊薄葬而遭剖棺碎骨之惨祸,张耆以厚葬而免,固犹注重厚葬也。

第九节 巫觋

《宋史·李惟清传》:惟清解褐涪陵尉,蜀民尚淫祀,病不疗治,听于巫觋。惟清擒大巫笞之,民以为及祸,他日又加箠焉,民知不神,然后教以医药,稍变风俗焉。《侯可传》:可知巴州化城县,巴俗尚鬼而废医,惟巫言是用。可禁之,几变其俗。《蒋静传》:为安仁令,俗好巫,疫疠流行,病者宁死不服药。静悉论巫罪,聚其所祀淫像三百躯,毁而投诸

江。《陈希亮传》：希亮知鄠县，巫觋岁敛民财祭鬼，谓之春斋，否则有火灾。民讹言有绯衣老人行火。希亮禁之，民不敢犯，火亦不作。毁淫祠数百区，勒巫为农者七十余家。《夏竦传》：竦徙寿、安、洪三州。洪俗尚鬼，多巫觋惑民。竦索部中得千余家，敕还农，毁其淫祠以闻，诏江浙以南悉禁绝之。

按：巫觋缘鬼神以求食者也。鬼神之迷信既深入人心，至于病不服药，惟事祈禳，故巫觋得以施其诳诱之术。徒禁巫觋，本不足以拔除迷信，然巫觋惑人之力不小，禁之亦大有益于风俗。至于医药之不讲求，又为社会尊用巫觋之一原因。盖其心理上以为医药与巫觋均索之冥冥，求人医不如求神医，而医遂见贱矣。

第十节 言语

两样　范成大《晚步西园诗》：一种东风两样心。

破费　苏轼诗：破费八姨三十万，大唐天子要缠头。

讨饭　黄庭坚《跋昭清公诗》：老禅延恩长老法安师，怀道遁世，虽与慧林本法云秀同师，颇以讨饭养千百闲汉为笑也。陈造诗：投荒忍死经人鲊，讨饭充肠上岳阳。

午饭　苏辙《漱玉亭诗》：入瓶洞鼎春茶白，接竹斋厨午饭齐。

煮饭　东坡诗：破铛煮饭莅三间。

留饭　《老学庵笔记》：予见陈鲁公留饭未食。梅尧臣诗：日中将过晡，留饭具粗粝。

半生半熟　《抚掌录》：北都有妓女美色，而举止生硬，人谓之生张八。因寇忠愍乞诗于魏野，野赠之诗云："君为北道生张八，我是西州熟魏三。莫怪

《老学庵笔记》书影

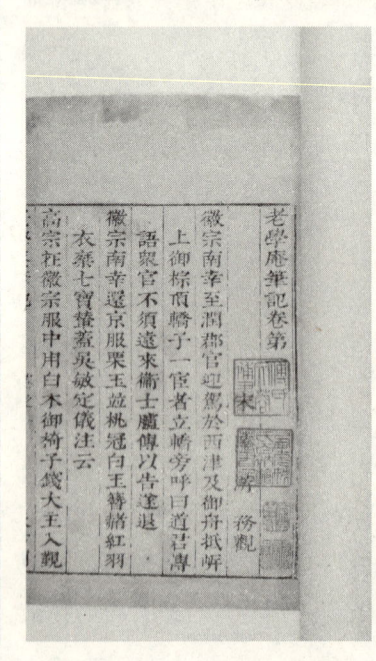

中国风俗史

尊前无笑语，半生半熟未相谙。"

打鱼 打水 打饭 打船 打车 《归田录》：世俗言语之讹，举世君子小人皆同其谬者，惟"打"字尔。造舟车者曰打船、打车，网鱼者曰打鱼，汲水者曰打水，役夫饷饭曰打饭。

安顿 《乾淳起居注》：天中圣节，驾诣德寿宫进香，并进奉银绢，令幕士安顿寝殿前。杨万里诗：客心未便无安顿。

路费 《客语》：范纯夫谒告省蜀公于许，上以手诏抚问蜀公。又使中使赐纯夫银百两为路费。王禹偁诗：路费无百钱。

草鞋费 范成大《催租行》：床头悭囊大如拳，扑破正有三百钱。不堪与君成一醉，聊复偿君草鞋费。

过了 苏轼《书参寥诗》：寒食清明都过了。

错到底 《老学庵笔记》：宣和末，妇人鞋底尖，以二色合成，名"错到底"。

可恶 陆游诗：雨来红鹤更可恶，争巢一似婴儿号。

洗面 《宋史·蒲宗孟传》：宗孟尝曰有小洗面、大洗面、小濯足、大濯足、小大澡浴之别。

渴睡 《归田录》：胡旦谓吕穆公为渴睡汉。

笑面 《老学庵笔记》：人谓蔡元度为笑面夜叉。

这个 王安石诗：只缘疑这个。葛长庚《徐公悫求进纳疏》：前个后

蔡元度，即蔡京。

陆游自书诗帖卷（局部）

第四编 由浮靡而趋敦朴时代

个，只有这个。千时百时，恰恨今时。

担搁了　杨万里诗：秋月春风担搁了，白头始嫁不羞人。

安妥　《宋史·岳飞传》：湖广江浙亦获安妥。

家里　黄庭坚诗：但知家里俱无恙，不用书来细作行。

变相　《图画见闻志》：道经变相。

春忙　黄庭坚《过昆阳诗》：田园恰恰值春忙。

也得　《续湘山野录》：祖、宗居潜日，与赵韩王游长安市，陈抟遇之，下驴大笑，挽太祖、太宗曰："可从市饮乎？"太宗曰："与赵学究三人并游，可当同之。"陈良久曰："也得也得，非渠不得预此席。"

儱侗　《集韵》：音笼统，未成器也。

齣歆　《杨公笔录》：俗谓大齿为齣，大歠为歆。

欢　弹子　帆　去声，《齐东野语》：余生长泽国，每闻舟子呼造帆曰欢，以牵船之索曰弹（平声）子，意谓吾谚耳。及观唐乐府有诗云：蒲帆犹未织，争得一般成；而钟会呼捉船索为"百丈"，赵氏注云："百丈者，牵船篾，内地谓之宜（音弹）"；韩昌黎诗云"无因帆江水"，而韵书去声内亦有扶帆切，是知方言俗语皆有所本。陆放翁入蜀，闻舟人祠神，方悟杜诗"长年三老挼钱"之语，亦此类也。

溞　《集韵》：步卧切，婆去声。燕代谓喜言人恶为溞。

色叫　《麈史》王德用召入两府，有干荐馆职者，王曰："某武人素不阅书，若奉荐则色叫矣。"色叫者，谓事理不相当也。

鼾睡　打呼也。宋太祖曰：卧榻之侧，岂容他人鼾睡。

则剧　游乐也。《朱子语类》谓闽广有此语。

黑甜　软饱　《墨客挥犀》：诗人多用方言，里人谓睡美为黑甜，饮酒为软饱，故东坡诗曰："三杯软饱后，一枕黑甜余。"

呆　不慧也。范成大诗：千贯卖汝痴，万贯卖汝呆。又曾作《卖痴呆词》。《白獭髓》记石湖《戏答同参》诗云：我是苏州监本呆。

鹘突　谓人愦愦不晓事也，见《朱子语类》。《宋史·吕端传》作糊涂。《明道杂录》：钱穆内相，决大滞狱，苏长公誉以霹雳手。钱曰："仅免葫芦蹄。"《灼艾集》云：葫芦音鹘突。

有甚意　没些巴鼻　《调谑篇》：熙宁初有人自上调，上书迎合宰相意，遂擢御史。苏长公戏之曰："有甚意头求富贵，没些巴鼻作奸邪。"

有甚意、没些巴鼻,皆俗语也。

铜臭 《释常谈》:将钱买官谓之铜臭。后汉崔烈有重名,灵帝时,入钱五百万,拜司徒,烈名誉遂减。乃问其子钧曰:"外人议我以为何如?"对曰:"人尽嫌大人铜臭。"烈怒,举杖击之。

里头空 宋谣也,"臻蓬蓬,外头花艳里头空"。嘉定亦有"外头闪电里头空"之谣。吾萍骂人摆空心厊、摆空心架子,亦此意也。

骨董 《霏雪录》:骨董乃方言,初无定字,东坡尝作骨董羹,用此二字;晦庵先生《语类》亦作汩董。

伟 《弇州山人稿》:宋时上梁文,有儿郎伟,伟者,关中方言"们"也,其语极俗。

渠 宋陈无己曰:"汝岂不知我不著渠家衣耶?"

通事 唐帕 周密《癸辛杂识》:译者有寄象狄鞮译之名,见《礼记》。今北方谓之通事,南蕃海舶谓之唐帕,南方蛮瑶谓之蒲,又皆译之名也。

程 《梦溪笔谈》:庄子云:"程生马,尝观文字注:'秦人谓豹曰程予至,延州人至今谓虎豹为程,盖言程也。'"方言如此,抑亦旧俗也。

硬雨 雹也。宋吕居仁曰:"绍兴初,临安大雨雹,太学屋瓦皆碎,学官申朝廷修,不可言雹,称硬雨。"

泰山 《释常谈》:丈人谓之泰山。元宗开元十三年封禅于泰山,张说为封禅使,说女婿郑镒,本是九品官。旧例封禅后,自三公以下皆转迁一阶一级,惟郑镒是封禅使女婿,骤迁至五品,兼赐绯服。因大酺次,元宗见镒官位腾跳,怪而问之。镒无词以对,优人黄幡绰奏曰:"此乃泰山之力也。"因此以丈人为泰山。

媄 《集韵》:弥计切,音谜。吴俗呼母曰媄。

妮 《六书》:故今人呼婢曰妮。

姁 《集韵》:区遇切,音抠。河南谓妇曰姁。

爸 《集韵》:必驾切,音霸。吴人呼父曰爸。按吾江西万载人呼父曰爸爸。

母母 吕祖谦《紫薇杂记》:吕氏母母受婶房婢

《梦溪笔谈》书影

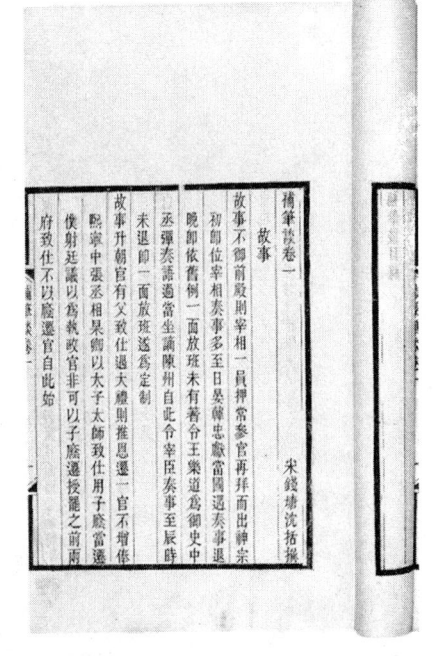

拜，婶见母母房婢拜，即答。按此弟妻呼兄嫂为母母也，今俗犹然，但母作姆。

大姊姊 宋人呼嫡母为大姊姊，妻之于嫡母亦然。宋高宗母韦后，称徽宗后为大姊姊，见《宋史·后妃传》。

沙家 前清《康熙字典》人部佘字下：古有佘无余，余之转韵为禅遮切，音蛇，姓也。五代宋初，人自称白沙家，即佘家之近声可证。而赊字从佘，亦可知也。

波 范成大《吴船录》：蜀中称尊者为波祖，及外祖皆曰波。

镣子 《正字通》：宋仁宗游后苑，还宫索浆急，宫嫔曰："大家何不于外宜索而受渴？"曰："吾屡顾不见镣子。恐问之，则所司有得罪者。"杨慎曰："镣子，厨人之别称。"

小底 贱者之称。一说，供役使者。《宋史》有内班小底；又承应小底，见《辽史》。《晋公谈录》：刘承规在太祖庙为黄门小底。

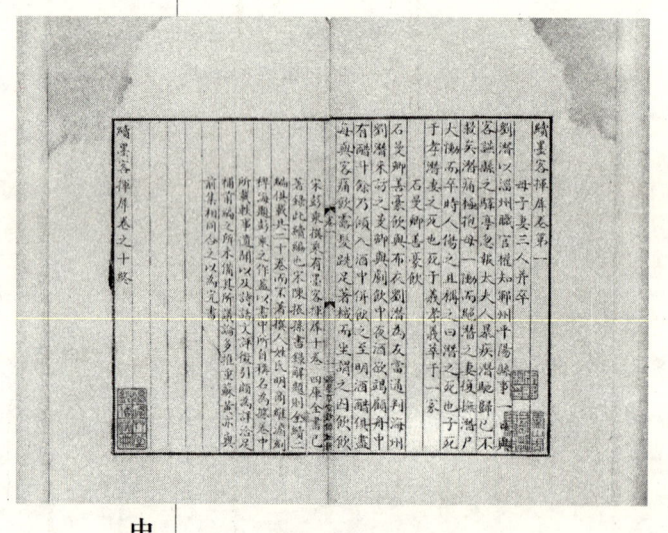

同庚 《墨客挥犀》：文彦博居洛日，年七十八，与和蓬、司马旦、席汝言为同庚会，各赋诗一首。《癸辛杂识》：张神鉴赘而慧，每谈一命，则旁引同庚者数十，皆历历可听。

娘娘 母后也。苏轼《龙川杂志》：仁宗谓刘氏为娘娘，杨氏为小娘娘。

铳䥽 《字汇补》引郎仁宝说，谓此二字是蜀语，见《黄山谷集》。

朵朵 晏殊词：佳人钗上玉尊前，朵朵秾香堪惜。

筛米 见《指月录》。

散场 见《指月录》。

脚甲 《云笈七签》：甲午日可割脚甲。

丁丁董董 《西湖志馀》：董宋臣、丁大全用事，一日内宴，杂剧一人专打锣，一人朴之曰："今日排当，不奏他乐，丁丁董董不已，何也？"

曰："方今事皆丁董，吾安得不丁董？"按丁董与丁东、丁当，皆以状金玉等器相撞相击之声，然宋人此语，含有颠倒意。故吾萍语谓人不瞭亮，及做事无秩序，曰丁董，但丁转为去声。

老嫩　《图画见闻志》：画花竹有四时景候，阴阳向背，笋筱老嫩，苞萼先后，自然艳丽闲野。袁桷赵昌《荷花诗》：迩来冯於号能事，老嫩风情毫发证。

的当　秦观诗：不因霜叶辞林去，的当山翁未觉秋。

贱货　陈东《诮卖玉器》诗：楚玉非贱货。按：吾萍及湖南土俗，骂女为贱货。

错安头　照天烛　《宋史·李先传》：知信州南安军，抚楚州，所至治官如家，人目以俚语，在信为错安头，谓其无貌而有材也；在楚为照天烛，称其明也。

水晶灯笼　《宋史·刘随传》：随临事明锐，敢行，在蜀人号为水晶灯笼。

"薄饼从上揭"，欧阳公《事文类集·刘龙图事》引谚。"忍事敌灾星"，吕居仁《官箴》引谚。"等人易得久，瞋人易得丑"，徐度《却扫篇》引《石林公述》吴中俚语。"鸡寒上树，鸭寒下水"，陆游《老学庵笔记》引淮南谚。"山水险阻，黄金子午"，王伯厚《地理通释》引谚。"兜不上下颏"，《齐东野语》引谚（谓人喜过甚，即解颐之意）。"书三写，鱼成鲁，帝成虎"，《芥隐笔记》引谚。"常调官好做，家常饭好吃"，《独醒杂志》引谚。"学书者纸费，学医者人费"，苏轼《墨宝堂记》引蜀谚。"掘得窖子"（谓江南人作盘游饭，下埋鲊脯脍炙），《仇池笔记》引里谚。

第二章 辽金元

第一节 概论

《辽史》言契丹部族生生之资，仰给畜牧，绩毛饮湩，以为衣食。各安旧风，狃习劳事，不见纷华异物而迁。故家给人足，戎备整完。《金史》世宗尝谓宰臣曰："朕尝见女真风俗，迄今不忘。今之燕饮音乐皆习汉风，非朕心所好。东宫不知女真风俗，第以朕故犹尚存之，恐异日一变此风，非长久之计。"他日与臣下论及古今，又曰："女真旧风虽不知书，然其祭天地，敬亲戚，尊耆老，接宾客，信朋友，礼意款曲，皆出自然。其善与古书所载无异，尔辈不可忘也。"又曰："女真旧风，凡酒食会聚，以骑射为乐。今则弈棋双陆，宜悉禁止，令习骑射。"《金史·食货志》言金起东海，其俗纯实，可以返古。初入中夏，犹未大变；及其中叶，鄙辽俭朴，袭宋繁缛之文，是以国不永久。《元史·世祖本纪》略谓元起朔漠，

专以畜牧为业。观此可以知辽金元风俗之大概矣。

第二节 崇重忠义

元柯鲁图《进宋史表》曰："厥后瀛国归朝，吉王航海，齐亡而访王蠋，乃存秉节之臣；楚灭而论鲁公，堪矜守礼之国。"《金史·忠义传序》曰："圣元诏修辽金宋史，史臣议凡例，前代之臣忠于所事者，请书之无讳。朝廷从之。"此皆宋世以来尊经儒、重节义之效。其时之人心风俗，犹有三代直道之遗，不独元主之贤明也。

第三节 好尚儒雅

元季士大夫好以文墨相尚，每岁必联诗社，四方名士毕集，宴赏穷日夜，其诗胜者辄有厚赠。**贯酸斋**工诗文，所至士大夫从之若云，得其片言尺牍，如获拱璧（《元史·小云石海涯传》）。浦江吴氏，结月泉社，聘谢皋羽为考官，"春日田园杂兴"题，取罗公福为首（《怀麓堂诗话》）。松江吕璜溪尝走金帛，聘四方能诗之士，请杨铁崖为主考，第其甲乙，厚有赠遗，一时文人毕至，倾动三吴（《四友斋丛说》）。又顾仲英玉山草堂，杨廉夫、柯九思、倪元镇诸人尝寓其家，流连觞咏，声光映蔽江表。其他以

贯酸斋，元代曲作家贯云石，号酸斋。

元代水陆画中的儒士形象

名园别墅、书画古玩相尚者，更不一而足。如倪元镇之清閟阁、杨竹西之不碍云山楼，花木竹石，图书彝鼎，擅名江南，后世犹艳称之。独怪有元之世，文学甚轻，当时有"九儒十丐"之谣。宜乎风雅之事，弃如弁髦，乃缙绅之徒风流相尚如此？盖自南宋以来，遗民故老，相与唱叹于荒江寂寞之滨，流风余韵，久而弗替，遂成风会，固不系乎朝廷之所好也。

第四节 人民之性质

金元取中原后，俱有汉人、南人之目。金则以先取辽地人为汉人，继取宋河南、山东人为南人；元则以先取金地人为汉人，继取南宋人为南人。然当时民族最富于服从性，《金史》所谓燕人最卑贱，金人来则从金，宋人来则从宋，辽人来则从辽；（崔立以汴城降蒙古，其党竟为立碑纪功。见《金史·王若虚传》）。赵云崧《廿二史札记》所谓"元时汉人，皆以蒙古名为荣"者，是也。呜呼！他不足论，燕人固古称多慷慨悲歌之士者，赡怀渐离，凭吊荆卿，筑声惨烈，剑气悲鸣。山河不殊，人物非故，曾几何时，遂至于此。今之燕人，非所谓首善之区之民族耶。然自庚子一役联军入京以还，悬顺民之旗，献德政之伞，屈意媚外，丑态百出。昔法相哥尔别尔之对**鲁易十四**曰："国之大小，不以疆域而论，视其国民之品格何如。品格者，金城铁壁，不可破也。"今吾燕人之品格如此，能免为外人所轻视乎？

鲁易十四，今通作路易十四。

第五节 方言

《辽史·国语解》节略

乡之小者曰弥里，郎君曰沙里，请曰射，有力曰虎斯，一人肩任曰担，两人共舁曰床，讨平曰夺里本，兴旺曰耶鲁盌，慈息曰窝笃盌，辅佑曰何鲁盌，实大曰阿斯，孝曰得失得本，遗留曰监母，马不施鞍辔曰鞑，后土曰耨斡，母曰么，酒尊曰撒刺，金曰女古，玉曰孤稳，以白鹭羽为网曰白毦罽，亦曰白毦大，首曰捏褐耐。正月朔旦曰迺捏咿聒，二月一日曰悷里喊(悷曰读作狎，喊读颇)，上巳日射兔之节，名曰陶里桦，重午日曰讨赛咿聒，日辰之好曰赛咿聒奢，重九日曰必里迟离，管率众人之官曰挞马狘沙里，统军马大官曰夷离堇（会同初改为大王），典族属官曰惕隐，参知政事曰夷离毕王，狱官曰选底官、曰克，掌文翰官曰林牙，诸官府监治长官曰详稳，统军官曰三克（犹云三帅也），诸部下官曰梯里已（后升司徒），县官曰达刺於（后升副使），县官之佐曰麻都不（后升为令），官府之佐史曰敞史，扈从之官曰挞马掌，马官曰飞龙，使诸帐下官曰敞稳掌，礼官曰敌烈麻都，掌诰命奏事官曰知圣旨头子事，诸宫典兵官曰提辖司，工部曰厅房，虞人曰女瓖。阿主，父祖称也。阿点，贵称也。阿庐朵里，贵显名也。夷离的，大臣夫人之称也。暴里，恶人名也。著帐，籍没之户也。

《金史·国语解》节略

官称：

都勃极烈，总治官名，犹汉云冢宰。谙版勃极烈，官之尊汉贵者。国论勃极烈，尊礼优崇得自由者。胡鲁勃极烈，统领官之称。猛安，千夫长。谋克，百夫长。乌鲁古，牧圉之官。斡里朵，官府治事之所。

人事：

字论，出胚胎之名。阿胡迭，长子。骨赧，季也。蒲阳温，曰幼子。益都，次第之通称。第九，曰乌也。十六日，女鲁欢。散亦孛，奇男子。撒答，老人。什古乃，瘠人。保活里，侏儒。阿里孙，貌不扬也。答不也，耘田者。阿土古善，采捕者。阿合，人奴也。兀尤，头。粘罕，心。盘里合，将指。谩都訶，痴騃。谋良虎，无赖之名。赛里，安乐。迪古乃，来也。凡事之知者，曰后伦。习矢，犹人云常川也。

物象：

兀典，明星。阿邻，山。釜曰阇母。刃曰斜烈。金曰按春。布囊曰蒲卢浑。盆曰阿里虎。罐曰活女。乌烈，草廪也。沙剌，衣襟也。活腊胡，

《辽史》书影

第四编　由浮靡而趋敦朴时代

色之赤者也。

物类：

恒端，松。孰辇，莲。活离罕，羔。讹古乃，犬之有文者。斜哥，貂鼠。蒲阿，山鸡。窝谋罕，鸟卵也。

姓氏：

完颜，汉姓曰王。纥石烈曰高。徒单曰杜。兀颜曰朱。蒲察曰李。颜盏曰张。温迪罕曰温。石抹曰萧。奥屯曰曹。移剌曰刘。斡勒曰石。斡准曰赵。阿里侃曰何。抹颜曰孟。尤虎曰董。

《元史·八师巴传》

八师巴时，有国师胆巴者，其后又有必兰纳识里及必兰纳识里之诛。有司籍之，得其人畜土田金银货贝钱币，以及妇人七宝装具，价值巨万万。若岁时祝釐祷祠之常号，目尤不一，有曰镇雷阿蓝纳四，华言庆赞也；有曰亦思满蓝，华言药师坛也；有曰搠思串卜，华言护城也；有曰朵儿禅，华言大施食也；有曰朵儿只列朵四，华言美妙金刚回遮施食也；有曰察儿哥朵四，华言回遮也；有曰笼歌儿，华言金轮也；有曰嗒朵四，华言作施食也；有曰出朵儿，华言出水济六道也；有曰党剌朵四，华言回遮施食也；有曰典朵儿，华言常川施食也；有曰坐静，有曰鲁朝，华言狮子吼道场也；有曰黑牙蛮答哥，华言黑狱帝主也；有曰搠思江朵儿麻，华言护江神施食也；有曰赤思古林搠，华言自受主戒也；有曰镇雷坐静，有曰吃拉坐静，华言秘密坐静也；有曰掛惹，华言文殊菩萨也；有曰古林朵四，华言至尊大黑神回遮施食也；有曰歇白咱拉，华言大喜乐也；有曰必思禅，华言无量寿也；有曰睹思哥儿，华言白伞盖咒也；有曰收札沙剌，华言五护陀罗尼经也；有曰阿昔答撒昔里，华言八十颂般若经也；有曰撒思纳屯，华言大理天神咒也；有曰阔儿鲁弗卜屯，华言大输金刚咒也；有曰且八迷屯，华言无量寿经

八师巴，今通作八思巴。

八师巴像

也；有曰亦思罗八，华言最胜王经也；有曰撒思纳屯，华言护神咒也；有曰南占屯，华言怀相金刚也；有曰卜鲁八，华言咒法也。

忒杀　谓太甚也。《元人传奇》："忒风流，忒杀思。"按：白乐天"半开花时西日凭，轻照东风莫杀吹"，自注：杀，沙去声，音厦，亦作煞。明杨升庵谓京师语大曰杀大，高曰杀高，即今吾乡曰杀能大、杀能高也。今嘉定俗谓太甚曰忒杀，杀音沙去声。吾江西及湖南谓太甚曰忒如，太远曰忒远，太紧曰忒紧，太迟曰忒迟，太长曰忒长之类，是也。

笼袖骄民　《玉堂漫笔》："尝见阎闳尚有宪副云笼袖骄民，为我文皇帝白沟之役时事。"欧阳圭《齐南词》中已有此语，想是元时方言，不知是何等也。

跳槽　《元人传奇》谓魏明帝为跳槽。按：明帝纳虞氏为妃，及毛氏有宠而黜虞氏，其后宠郭夫人，而毛氏亦爱弛，故云跳槽也。今娼家以嫖客他往为跳槽，实本于此。

魏明帝像

第四编　由浮靡而趋敦朴时代

第三章 明

第一节 概论

顾亭林《郡国利病》引《歙县志·风土论》曰："国家厚泽深仁，重熙累洽，盖綦隆矣。于时家给人足，居则有室，佃则有田，薪则有山，艺则有圃。催科不扰，盗贼不生。婚媾依时，闾阎安堵。妇人纺绩，男子桑蓬，臧获服劳，比邻敦睦。诚哉一时之三代也，岂特宋太平、唐贞观、汉文景哉！诈伪未萌，讦争未起，纷华未染，靡汰未臻，则正冬至以后春分以前之时也。驯至正德（武宗）、嘉靖（世宗）初，则稍异矣。土田不重，操赀交接，起落不常。能者方成，拙者乃毁，东家已富，西家已贫。高下失均，锱铢共竞，互相凌夺，各自张皇。于是诈伪萌，讦争起，纷华染，靡汰臻，此正春分以后夏至以前之时也。迨至嘉靖末隆庆（穆宗）间，则尤异矣。末富居多，本富益少，富者愈富，贫者愈贫。起者独雄，落者辟易。资爱有属，产自无恒，贸易纷纭，诛求刻核。奸豪变乱，巨猾侵伴。于是诈伪有鬼蜮，讦争有干戈，纷华有波流，靡汰有丘壑。此正夏至以后秋分以前之时也。迄今三十余年，则复异矣。富者百人而一，贫者十人而九。江河日下，不堪设想。此正秋分以后冬至以前之时也。"按：此亦足见明代风俗之一斑矣。

第二节 仕宦骄横

鄢懋卿恃严嵩之势，总理两淮河东盐政，其按部常与妻偕行，制五彩

《郡国利病》，即《天下郡国利病书》。

舆，令十二女子舁之（见《严嵩传》）。张居正奉旨归葬，藩臬以上皆跪迎，巡方御史为之前驱。真定守钱普，创为坐舆，前轩后室，旁有两庑，各立童子给使令，凡用舁夫三十二人。所过牙盘上食，味逾百品，犹以为无下箸处。普无锡人，能为吴馔，居正甘之，曰："吾至此始得一饱。"于是吴人之能庖者召募殆尽（《居正传》）。夫以居正之贤，尚且如此，则汪直、严嵩、魏阉之骄横，更无足异矣。呜呼！明代官方之坏一至此哉！

张居正像

第三节　才士傲诞

唐寅《立石丛卉图》

《明史·文苑传》：吴中自祝允明、唐寅辈才情轻艳，倾动流辈，放诞不羁，每出名教外。今按诸书所载，寅慕华鸿山学士家婢，诡身为仆，得娶之后事露，学士反具资奁，缔为姻好（《朝野异闻录》）。文征明书画冠一时，周徽诸王争以重宝为赠（《玉堂丛话》）。宁王宸濠慕寅及征明，厚币延致，征明不赴，寅佯狂脱归（《明史·文苑传》）。又桑悦为训导，学使者召之，吏屡促，悦怒曰："天下乃有无耳者！"期以三日始见，仅长揖而已。王廷陈知裕州，有分巡过其地，稍凌挫之。廷陈怒，即遣散士卒，不得祗应，分巡者窘而去。于是监司相戒勿入裕州。康德涵六十生日，召名妓百人为百年会，各书小令付之，使送诸王府，皆厚获。谢榛为赵穆王所礼，王命贾姬独奏琵琶，歌其所作竹枝词。歌罢，即饰姬送于榛。大河南北，无不称谢榛先生者（俱见《裨史汇编》）。此等恃才傲物，跅弛不羁，宜足以取祸。乃声光所

及，到处逢迎，不特达官贵人倾接恐后，即诸王亦以得交为幸，若唯恐失之。可见明中叶世运升平，物力丰裕，故文人学士得以跌荡于词场酒海间，亦一时盛事也。

第四节 势豪虐民

前明一代风气，不特地方有司私派横征，民不堪命；而缙绅居乡者，亦多倚势怙强，视细民为鱼肉，上下相护，民无所控诉也。《杨士奇传》：士奇子稷居乡，尝侵暴杀人，言官交劾，朝廷不加法，以其章示士奇。又有人发稷横虐数十事，乃下之理。士奇以老病在告，天子不忍伤其意，降诏慰勉，士奇感泣遂不起。是时士奇方为首相，而其子至为言官所劾，平民所控，则其肆虐已极可知也。《梁储传》：储子次摅为锦衣百户，居家与富人杨端争民田，端杀田主，次摅遂灭端家一百余人。武宗以储故，仅发边卫立功。《朝野异闻录》又载，次摅最好束人臂股或阴茎使急迫，而以针刺之，血缕高数尺，则大叫称快。此尤可见其恣虐之大概矣。

《焦芳传》：芳治第宏丽，治作劳数郡。是数郡之民皆为所役。《姬文允传》：文允宰滕县，白莲贼反，民皆从乱，文允问故，咸曰祸由董二。董二者，故延绥巡抚董国光子，居乡暴横，民不聊生，故被虐者至甘心从贼，则其肆毒更可知也。《琅琊漫钞》载，松江钱尚书治第，多役乡人，砖甓亦取给于役者。有老佣后至，钱责之，对曰："某担自黄瀚坟，路远，故迟耳。"钱益怒，答曰："黄家坟亦吾所筑，其砖亦取自旧冢，勿怪也。"此又势家役民故事也。

其后昆山顾秉谦附魏忠贤得入阁，忠贤败，秉谦家居，昆民焚掠其家，秉谦窜渔舟以遁

（《秉谦传》）。时秉谦已失势，其受侮或不足为异。至于宜兴周延儒方为相，陈于泰方为翰林，二家子弟暴邑中，宜兴民至发延儒祖墓，又焚于泰于鼎墓（《祁彪佳传》）。王应熊方为相，其弟应熙横于乡，乡人诣阙击登闻鼓，列状至四百八十余条，赃一百七十余万，其肆毒积怨于民可知矣。温体仁当国，唐世济为都御史，皆乌程人。其乡人盗太湖者以两家为奥主，兵备冯元飏捕得其魁，则世济族子也（《元飏传》）。是缙绅之族且庇盗矣。

又有投献田产之例，有田产者，为奸民窃而献诸势要，则悉为势家所有。天顺中曾翚为山东布政使，民垦田无赋者，奸民指为闲田，献诸戚畹，翚断还民（见《李棠传》）。河南濒黄河，淤地民就垦，奸民指为周王府屯场，献王邀赏，王辄据而有之；原杰请罪献者，并罪受者（《原杰传》）。《戒庵漫笔》：嘉定青浦间，有周星卿者素豪侠。一寡妇薄有资产，子方幼，其侄阴献其产于势家。势家方坐楼船鼓吹至阅庄，星卿不平，纠强有力者突至索斗，乃惧而去，诉于官。会新令韩某，颇以扶抑为己任，遂直其事。此亦可见当时献产恶习。此一家因周星卿及韩令得直，其他小民被豪占而不得直者，正不知凡几矣。

魏忠贤像

第五节 官民交通

部民乞留者，如周舟、胡梦通、郭伯高、李思进、高彬、刘郁、纪惟正之坐事当逮，而民诣阙言多善政；余彦诚、郑敏等十人之坐事下狱，而耆民列政绩以闻（见《循吏传》）。况钟之丁忧，陈本深之满秩，而民乞留，皆获允许。后郭璡为吏部尚书，虑其中有妄者请核实，从之，自是遂为例（见各本传）。宣宗因刘迪、王聚之邀吏民保留，自后部民乞留者，率下所司核实。盖久则弊生，部民不尽可信，而为刘迪、王聚者正多也。且唐时已有驱迫人吏上言政绩，请刊石纪德者。三代之直道不存，往往以一二媚官者私人之感情，而为乞留颂德之举。重以贪官污吏，复从而贿嘱

第四编　由浮靡而趋敦朴时代

之，私托之，遂使民不能见信于上；而民情不得上达，循良之绩亦多壅于上闻，致可慨已！

第六节 奸豪胥役与词讼

彰德府安阳县，军校杂民而居，易犯法，逮之辄匿，颇称难治。

武安、涉皆并山作邑，民性健武喜讼。

苏州风俗倾险狡悍，往往上官欲察州里之豪，不能不假耳目。而奸人常为之窟，欲中害人者，阴行贿赂，置怨家其中，罗织罪状，暗投陷阱，及对簿，上之人虽心知其冤，终不得释，其人扬扬然谓执一县生死之柄。上至长吏，犹或阴持短长，伺间肆螫，名曰访行。市井恶少，恃勇力辩口，什伍为群，欲侵暴人者，辄阴赂之，令于怨家所在，阳相触忤，因群殴之，则又诬列不根之辞，以其党为证佐，非出金帛谢之不得以解，名曰打行。告讦成风，一家有事，里中即成党，连数十人为一党，连数十事为一词，非必真负冤抑，特为鱼肉之以为利耳，名曰连名投呈。睚眦之憾，

明代官员衙门审案图

中国风俗史

或先有借贷邂逅，一家之内有死者，辄以告官禁丧，不服则求检验，检验则无不破家矣。其所谓人命，无真假，只在原告不肯罢。

江东之人与灶户杂居，黠者欲侵愚弱，辄以灶籍讼之运司。运司悬隔数百里，一经勾摄，亲友哭别，如赴市曹。既至，私幽之假处，进无对簿之期，退乏饔飧之资，动延岁月，多缧绁以死者。漕折以来，田价倍增，故民间讼事多起于赎田。既经明禁，又不得言田事，则扩为游词，无一语及田，而良民不习置对，不能与辨，或有妻子抆泪而还契券者。若其人能自置于官，则诬告者往往抵罪，盖亦有两家俱破者。

浙江永康县健讼之风尤甚，民间稍失意则讼，讼必求胜，不胜必翻。讼之所争甚微，而枝蔓相牵，为讼者累十数事不止。每越诉会城，人持数词，于巡院则曰豪强，于盐院则曰兴贩，于戎院则曰理侵，于藩司则曰侵欺，于臬司则曰人命强盗，于水道通则曰淤塞，随所在编投之。惟觊准理，即设虚坐诬不恤，而被讼者且破家矣。又如民之阴鸷而黠者，上不能通经学，下不能安田亩，以其聪明试于刀笔，捏轻为重，饰无为有，一被笼络，牢不可出。凡健讼者为害，皆此辈尸之也。人有指斥其恶者，即以他词中之，即有司且有拘制上下，莫之谁何者矣，是曰起灭。城中揭保户，与讼家为地邻，每偏相佐佑，至为陈禀以乱是非；或伺而遮之，俾其情不得上达，稍与抗则结众殴辱之，使负屈而去。故人家有事，必重贿揭保之桀黠者以为羽翼。盖未至于庭，而所费固已不赀，贫弱每因此受重困，是曰扎帮。

九江之讼，至无情者惟盗与杀。讼杀者必令其负尸而验之，市人及邑门，郊人及郭门，验弗逾日弗委任，验伤与陈牒合，则理之；虚而不合，则存其词而籍之，以证再讼。令之职也，其讼盗也，本窃而词以劫者，未窃而词以劫者，舍盗而指其仇者，与盗通而诬人以货者，捕之与盗市者，捕之噬人者，告盗而与盗解而自息者，公举盗而以为私者，保往盗而以为私

《大明律》书影

第四编　由浮靡而趋敦朴时代

者，不可枚举（《郡国利病》）。

李维桢参政游朴《大政纪略》曰："沔阳州士大夫散处四境，视州城如寄。其始舆台伍伯之属，至微细耳，交关曹掾为奸利，羽翼成而胆势益壮。小民有讼，赇豪为居间，其有拳勇者任受刑，桀黠者任对簿，无不捷矣。所得贿赂日益富，则使其徒为州胥吏；已为郡胥吏，又以其赂通监司若两台之为胥吏者；两台耳目寄六十五郡司理，又以其赂通六十五郡司理，侦事有朋，随地构会。阴操州长吏幕短长，所不便予下考，千里之外，其应如响。即士大夫惴惴惧不免，而不肖者欲有所甘心，或阴回之。于是视士大夫州长吏蔑如，即郡若监司、若两台，且玩弄股掌之上。长吏至且与为宾主礼，仰其鼻息，舞文犯科，不可穷诘。岁加州赋数千金以实其橐，若固有之。夫纪纲风俗之敝坏，莫甚于楚，楚尤莫甚于我郡。自江陵败，大臣往往为系累，堂廉冠履，陵夷殆尽。士大夫垂首结舌，吏无所忌惮，城狐社鼠又从而为之釜鬵。情日壅塞，权日旁落，威日假借，而横民出焉。其种有六：曰土豪，曰市猾，曰讼师，曰访窝，曰主文，曰偷长。梗枝窟火，常相通为用。如荆门豪，兼六者而有之，其党以千计，其众以万计。功繁拜请，妖讹汹沸，远则楚之六十五郡，近则辇毂，力折权行，岂一朝一夕之故哉！"

第七节 结社

社之名起于古之国社、里社，故古人以乡为社。《大戴礼》：千乘之国，受命于天子，通其四乡，教其书社。《管子》：方六里名之曰社。今河南、太原、青州乡镇，犹以社为称是也。（《左传》昭二十五年，齐侯唁鲁昭公曰："自莒疆以西，请置千社。"注：二十五家为社，千社二万五千家。哀公十五年，齐与卫地书社五百。《晏子》：景公与鲁君地山阴数百社。《吕氏春秋》：越王请以书社三百封墨子。）又古者春秋祭社，一乡之人无不会聚。《三国志》：蒋济为太尉，尝与桓范会社下，是也。《汉书·五行志》：兖州刺史浩赏，禁民私所自立社。臣瓒曰：旧制二十五家为社，而民或十家五家为田社，是私社。《隋书·礼仪志》：百姓二十五

家为一社，其旧社及人稀者不限。然后人聚徒结会，亦谓之社。万历之末，士人相会课文，各立名号，亦曰某社某社。崇祯中，陆文升奏讦张溥等复社，至奉旨察勘，在事之官多被降罚。考《宋史·薛颜传》，耀州豪姓李甲结数十人，号没命社。《曾巩传》：章邱民聚党村落间，号霸王社。《石公弼传》：扬州群不逞为侠于闾里，号亡命社。而隋末谯郡贼有黑社、白社之名。元泰定帝亦禁民结扁担社。想明时士人，必别有取义也。天启以后，士子书刺往来，社字犹以为泛，必曰盟，曰社盟，其《辽史》之所谓刺血友乎！

第八节 风节

明自中叶以后，士大夫峻门户而重意气，其贤者敦厉名节，居官有所执争，即清议翕然归之。然建言者分曹为朋，率视阁臣为进退，依附取宠，则与之比，反是则争。比者不容于清议，而争则名高，于是一时端揆之地，遂为抨击之丛。故当时不患其不言，患其言之冗漫无当，与其心之不能无私，言愈多而国是愈淆也。但其中公是非自在，亦不可尽委之沽直好事耳。至若海瑞、邱橓、吕坤、郭正域、卢洪春、马经纶、赵南星、邹元标、孙慎行、高攀龙、冯从吾、杨涟、左光斗、魏大中、周朝瑞、袁化中、顾大章、王之寀等，守正不阿，直言不讳，其风节之愈峻者，其受祸愈烈，与东汉季年若出一辙。明社之屋，基于此矣。

海瑞像

第九节 朋党

成弘以上，学术纯而士习正，其时讲学未盛也。正嘉之际，王守仁聚徒于军旅之中，徐阶讲学于端揆之日，流风所被，倾动朝野。于是缙绅之

士，遗佚之老，联讲会，立书院，相望于远近。而名高速谤，气盛招尤，物议横生，党祸继作，乃至众射之的，咸指东林，甘陵之部，洛蜀之争，不烈于是矣。顾宪成、顾允成、钱一本、于孔兼、史孟麟、薛敷教、安希范、刘元珍、叶茂才诸人，清节姱脩，为士林标准。虽未尝激扬标榜，列君、宗、顾、俊之目，而负物望者引以为重，猎时誉者资以梯名，附丽游扬，亦不免薰莸猥杂焉。魏允中、王国、余懋衡皆以卓荦宏伟之概，为众望所归；李三才英迈豪俊，倾动士大夫，皆负重名。当时党论之盛，数人者实为之魁。而李植、江东之、汤兆京、金士衡、王元翰、孙振基、丁元荐、李朴、夏嘉遇等，尤风节自许，矫首抗衡，意气横厉，抵排群枉。大要君子、小人日相水火，而缙绅之祸，遂烈于前古矣。

《明史·阉党列传》总序曰："明代阉宦之祸酷矣，然非诸党人附丽之，羽翼之，张其势而助之攻，虐焰不若是之烈也。中叶以前，士大夫知重名节，虽以王振、汪直之横，党与未盛。至刘瑾窃权，焦芳以阁臣首与之比，于是列卿争先献媚，而司礼之权居内阁上。迨神宗末年，讹言朋兴，群相敌仇，门户之争，固结而不可解。凶竖乘其沸溃，盗弄太阿，黜桀渠金，窜身妇寺，淫刑痡毒，快其恶直丑正之私，衣冠填于狴犴，善类殒于刀锯。迄乎恶贯满盈，亟伸宪典，刑书所丽，迹秽简编，而遗孽余

明代东林书院

烬，终以覆国。庄烈帝之定逆案也，以其事付太学士韩爌等曰："忠贤不过一人耳，外廷诸臣附之，遂至于此，其罪何可胜诛？"痛乎哉！患得患失之鄙夫，其流毒诚无所穷极也。然则搢绅之受祸，又未尝不因一二士大夫之自隳气节，始而假借小人，继而为小人所用，终而比附小人，以致正气扫地，大丧国家之元神也。

第十节　忠义

从古忠臣义士为国捐生，节炳一时，名垂百世，历代以来，备极表章，尚已。明太祖创业江左，首褒余阙、福寿以作忠义之气。至从龙将士，或功未就而身亡，若豫章康郎山两庙及鸡笼山功臣庙，所祀诸人爵赠公侯，血食俎豆，侑享太庙，恤录子孙，所以褒厉精忠，激扬义烈，意至远也。建文之变，群臣不惮膏鼎镬、赤姻族，以抗成祖之威凌，虽《表忠》一录，出自传疑，亦足以知人心天性之不泯矣。仁宣以降，重熙累洽，垂二百余载。中间如交阯、土木之变，宸濠之叛，以暨神、熹两朝边陲多故，湛身殉难者未易更仆数。而司勋褒恤之典，悉从优厚。或所司失

明代土木之变遗址

第四编　由浮靡而趋敦朴时代

奏，后人得自陈请，故节烈之绩，咸得显暴于时。迨庄烈之朝，运丁阳九，时则内外诸臣或殒首封疆，或致命阙下，蹈死如归者尤众（《明史·忠义传序》）。

第十一节 衣服

顾氏炎武《日知录》："《汉书·五行志》曰：风俗狂慢，变节易度，则为剽轻奇怪之服，故有服妖。余所见五六十年，服饰之改变，亦已多矣。"故录其所闻，以示后人焉。《豫章漫钞》曰：今人所戴小帽，以六瓣合缝，下缀以檐，如桶。阎宪副闳谓予言：亦太祖所制，若曰"六合一统"云尔。杨维桢廉夫以方巾见，太祖问其制。对曰："四方平定巾。"上喜，令士人皆得戴之。商文毅用自编氓，亦以此巾见。《太康县志》曰：国初时衣衫褶，前七后八。弘治间上长下短，褶多。正德初，上短，下长三分之一。士夫多中停冠，则平顶高尺余，士夫不减八九寸。嘉靖初，服上长下短，似弘治时。市井少年帽尖长，俗云边鼓帽。弘治间妇女衣衫仅掩裙腰，富者用罗缎纱绢织金彩通袖，裙用金彩膝襕，髻高寸余。正德间，衣衫渐大，裙褶渐多，衫惟用金彩补子，髻渐高。嘉靖初衣衫大，至膝，裙短褶少。髻高如官帽，皆铁丝胎，高六七寸，口周四尺二三寸余。《内丘县志》曰：万历初童子发长，犹总角，年二十余始戴网；天启间则十五六便戴网，不使有总角之仪矣。万历初，庶民穿䩺靸，儒生穿双脸鞋。非乡先生首戴忠靖冠者，不得穿边云头履（原注：俗云朝鞋）。至今日而门快舆皂，无非云履；医卜星相，莫不方巾。又有晋巾、唐巾、乐天巾、东坡巾者。先年妇人非受封不敢戴梁冠、披红袍、系拖带，今富者皆服之。又或着百花袍，不知创自何人。万历间辽东兴冶服，五彩炫烂，不三十年而遭屠戮，兹花袍几二十年矣。服之不

明代女子服饰

衷，身之灾也，兵荒之咎，其能免欤！

《太祖实录》：洪武二十六年，禁官民步卒人等服对襟衣，惟骑马许服，以便于乘马故也。其不应服而服者罪之。明末之罩甲，即对襟衣也。《戒庵漫笔》云：罩甲之制，比甲稍长，比袄减短，正德间创自武宗，明末士大夫有服者。按《说文》：无袂衣谓之裪。赵宧光曰：半臂衣也，武士谓之蔽甲，方俗谓之披袄，小者曰背子，即此制也。《魏志·杨阜传》：阜尝见明帝著帽披缥绫半袖，问帝曰"此于礼何法服也"，则当时已有此制。

第十二节 丧葬

苏州丧葬之家置酒留客，若有嘉宾。丧车之前，彩亭绣帐，炫耀道途，聊夸市童，不顾雅道。河南磁州之武安、涉两邑，人死则举尸瘗室中，笃修佛事。临淄自古为都会，承富庶之风，陵冢隆阜，葬埋皆奢，然卒致后来发掘之祸。如晋曹嶷为青州刺史，发齐桓公及管仲墓，尸并不朽，缯帛万匹，珍宝巨万。内有二尊，形如牛象，皆古之遗器是也。谚传临淄多古物，盖本于此。大概铜器仅有存者。火葬之俗，自宋时已盛行于江南，至明而移于浙江。顾氏亭林痛诋其俗，黄汝成氏亦谓非仁人孝子之

存心。

夺情之典不始于李贤，然自罗伦疏传诵天下，而朝臣不敢以起复为故事（见《明史》罗伦等传赞）。顾亭林云：三代圣王教化之事，其仅存于今日者，惟服制而已。丧乱以来，浸以废坠。窃谓父母之丧，自非兵革不得起复。然则明之起复，多有不以兵革者矣。起复者，丧制未终，勉其任用，所谓"夺情起复"者也。如欧阳公《晏殊神道碑》：明年迁著作佐郎，丁父忧去官，已而真宗思之，即其家起复为淮南发运使；及史嵩之丧父，经营起复，是也。今人不考，例以服阕为起复，误矣。

第十三节 淫祀与巫觋

《天下郡国利病书》曰：山西忻州郡境，村落约三百许，皆有梵寺数楹，最小者亦斗室供奉香火。贫民为僧，佣作者挈妻傍居，流倡傥居僧舍，与僧谐狎，藉资衣食焉。河南磁州之武安、涉两邑皆尚鬼，赛祷淫祀，有病惟事祈禳。湘楚之俗尚鬼，自古为然。少皞之衰，九黎乱德，民神杂糅。湘楚为三苗旧日根据之地，其尚鬼固自无怪，然其淫祀日多。有最可笑者，衡州人赛盘古，病及仇怨，重皆祷祀，今误作盘鼓。赛之日，巫者以木为鼓，圆径斗一握，中小而两头大，如今之杖鼓。四尺者谓之长鼓，二尺者谓之短鼓。巫有绠帛，长二三丈，画自盘古而下三皇及诸神，靡所不有。是日以帛三皇五帝，尽悬之长竿，鸣锣击鼓吹角，巫一人以长

《天下郡国利病书》书影

鼓绕身而舞，两人复以短鼓相向而舞。昔所许若干会，为所舞之节，随口而唱，无复本据。仇怨重者，夜至野池灭灯烛，谓之盘黑鼓。每鼓罢一会，则恣口饮食，极其村野。乡俗合二三十家，共祀一大王神。其神或以其山，或以其陂泽，或以其地所产之物而得名，辄加以圣贤、帝王、公相之号。如愚家溪田所祀云：平生相公大王祠下；城外敝居所祀云：南平水东三圣公王祠下；其他如高山槲甫大王祠。询之云：其山多产椒土硃，大王祠其地产红土。其他不能枚举。愚忆惟天抚世曰王，主宰天下曰帝，大而化之曰圣，复而执焉曰贤，首五爵以无私为德曰公，长六卿辅其君曰相。今乃妄乱称呼，甚至加之土地所产之物，其为讹妄不经，莫此为甚。又其俗事女神，每家画一轴神，分班而坐，多不可数。中标题云：家居侍奉李家天子三楼圣贤神仙；两旁题云：三千美女，八百妓娥。岁晚用巫者鸣锣击鼓，男作女妆，始则两人执手而舞，终则数人牵手而舞，从中翻身轮作筋斗。或以一人仰卧，众人筋斗从腹而过，亦随口唱歌。黎明时起，竟日通宵而散。夫女子本以柔弱之质，死而为神，如节妇烈女，庸或有之，他不尽然也。今云"李家天子三楼圣贤"，何所据哉？可一笑也。又如师巫盗窃庙中神像首，以为魇魅，收阴兵以作下坛，书符箓以为庙中青简，鄙俗怪诞，不可尽书。又青山侍郎行祠，其所祀无所考。或云为南岳六部之一，故云侍郎行祠。愚意侍郎之名起于近古，周之《六典》建官，《周礼》有六部之名。岳山与天地相为终始，明朝正其号，曰衡山之神，又焉有部？则自《六典》未建有部侍郎之名，未起时又以何官为属？此皆讹谬不通。且以为土神而误袭侍郎之号，则衡阳境内原无青山之高大，可以表识也。嘉靖辛卯，例毁淫祠，地方妄为援引，以惑当国有司，此祠遂幸免云。

山西《平定州志》云：祠庙自祀典神祇外，古帝王如太皞、女娲非民间所得祀。东岳非本境所宜祀。关真君祠不时增建，多至二三十处。与其余不在祀典者，皆渎祀也。如妒女祠、黑水祠、崔府君祠，妖妄不经，皆淫祠也。春秋祈报，以社以方，载于《风》《雅》。太祖高皇帝许民间每里一坛，令祭五祀五谷之神，以里长主祭。祭毕饮酒，其中为乡饮式，载在《会典》。今民间俱不行，而但取小大王、龙王等神赛祷，杂奏妓乐，士女纵观，甚为不雅。司风教者，宜考古正今，尊制厚俗，庶使民不惑于匪类，骎骎然兴于礼教云。

山西运城解州关帝庙

《孟县志》曰：若地之人，不问贤愚，祠堂之礼，废而不讲，特惑于祸福感应，辄自立寺，饰偶标木。噫！是谓不知类者也。

《松江府志》曰：松俗颇尚淫祀，信师巫。城市乡镇，迎神祈赛，盛饰彩亭仪仗，沿门抑派，因而射利。男女骈集，远近若狂，舟车饮食，又糜费亡算。至有为神娶妇之事，春月演戏酬神之事。崇祯时，郡守岳贡，正首事者以法，并禁演戏，此风始息焉。

《上杭县志》曰：汀俗夙称尚鬼，而杭邑巫觋，装魔设醮，建坛郊外，金鼓达旦，名为做大翻。如是者三日夜，男女喧闐，群趋坛所。妇之不孕者惑其说，解袒服付巫者，名为斩煞，以煞去而身可孕也。知县蒋廷铨就坛所擒其为首者数人，痛惩之，其风始息。呜呼！今之淫祀巫觋遍于天下，然禁之者几人哉！

第十四节 奴婢

明时士大夫之仆，率以色而升，以妻而宠。若严分宜之仆永年，号曰鹤坡；张江陵之仆游守礼，号曰楚滨。不但招权纳贿，而朝中多赠之诗文,俨然与缙绅为宾主,名号之轻,文章之辱,至斯而甚。厥后媚阉建祠,即此为之嚆矢焉。顾亭林曰:人奴之多,吴中为甚,仕宦之家,有至一二千人者。其专恣横暴,亦惟吴中为甚。有王者起,当悉免为良民,而徙之以实远方空虚之地。士大夫家所用仆役,并令出赀雇募,如江北之例,则横豪一清,而四乡之民得以安枕。其为士大夫者,亦不受制于人,可以勉而为善。讼简风纯,其必自此始矣。

第十五节 赌博

万历之末,太平无事,士大夫无所用心,间有相从赌博者。至天启中,始行马吊之戏。而明末之朝士,若江南、山东,几于无人不为。诚有如韦昭论所云"穷日尽明,继以脂烛,人事旷而不修,宾旅阙而不接"者,吁!可异也!

《金史·刑志》大定八年制:品官犯赌博法杖。曰杖者,所以罚小人也。既为职官,而无廉耻,故以小人之罚罚之。《明律》犯赌博者,皆文官革职为民;武官革职,随舍余食粮差操,亦此意也。但百人之中,未有一人坐罚者,上下相容,而法不行故也。《唐书》:杨国忠以善樗蒱得入供奉,常后出,专主蒱博计算钩画,分铢不误。帝悦曰:度支郎才也。卒用之而败。元宗末年荒佚,遂以小人而乘君子之器,此亦国家之妖孽也。唐宋璟为殿中侍御史,同列有博于台中者,将责名品而黜之,博者惶恐自匿,后为开元贤相。而史言唐文宗切于求理,每至刺史面辞,必殷勤戒敕曰:"无嗜博,无饮酒。"内外闻之,无不悚息。然则勤吏事而纠风愆,乃救时之首务矣。

明之士大夫不慕宋璟而学杨国忠,其官方之坏极矣。《山堂考索》:宋大中祥符五年二月丁酉,上封者言:进士萧玄之本名琉,尝因赌博抵杖刑,今易名赴举登第。诏有司召玄之诘问,引伏,夺其

唐文宗李昂像

敕，赎铜四十斤，遣之。宋制之严如此。明之进士，竟有以不工赌博为耻者。《辽史》：穆宗应历十九年正月甲午，与群臣为叶格戏。解曰："宋钱僖公家有叶子揭格之戏。"而其年二月乙巳，即为小哥等所弑。君臣为谑，其祸乃不旋踵。此不祥之物，而士大夫终日执之，其能免于效尤之咎乎！"《宋史·太宗纪》淳化二年闰月己丑诏：犯蒱博者斩。《元史·世祖纪》：至元十二年，禁民间赌博，犯者流之北地。刑乱国用重典，固当如此。按《宋书·王景文传》：为右卫将军，坐与奉朝请毛法因蒱戏，得钱百二十万，白衣领职。《刘康祖传》：为员外郎十年，再坐樗蒱戏免。《南史·王盾传》：为司徒左长史，坐招聚博徒免官。晋陶侃勤于吏职，终日敛膝危坐，阃外多事，千绪万端，罔有遗漏。诸参佐或以谈戏废事者，命取其酒器蒱博之具，悉投于江，将吏则加鞭朴，卒成中兴之业，为晋名臣。夫以六朝尚清谈诙谐之时代，赌博之事，几为社会上人人必须之知识技能，而犹或引为官箴之玷。近今士大夫朝夕不离麻雀，公事废弛，不但无人议其非，而且以此为应酬官僚，交结权势，弋取虚誉，营谋差使之专门学问焉，亦可耻也。

第十六节 拳搏

拳搏之字见于《诗》与《春秋》，（《诗》：无拳无勇。《春秋》僖二十八年传：晋侯梦与楚子搏。）而其术滥觞于蚩尤之以角牴人。秦汉之时乃有角牴之戏。应劭《汉书·武帝本纪》注：角者，角技也。牴者，相牴触也。文颖曰：两两相当，角力角技艺射御也。而汉魏时人谓手搏亦曰弁，或谓之卞，或谓之抃（《汉书·哀帝纪赞》"时览卞射武戏"注：苏林曰："手搏为卞，角力为武，戏也。"左思《吴都赋》"抃射壶博"注：孟康曰："抃，手搏。"《汉书·甘延寿传》"试弁为期门，以材力爱幸"注：孟康曰："弁，手搏也。"）。唐时犹谓之角牴（振武军节度王卞，常于晏后命角牴，有一人自邻州来较力。见《玉堂闲话》）。宋以来始谓之拳术。

盖拳术之流行，自宋以来始盛。宋太祖、少林僧张三峰，皆以拳术著名者也。明洪武初，欧千斤以善搏授太仓卫百户（《太仓州志》）。后边澄、

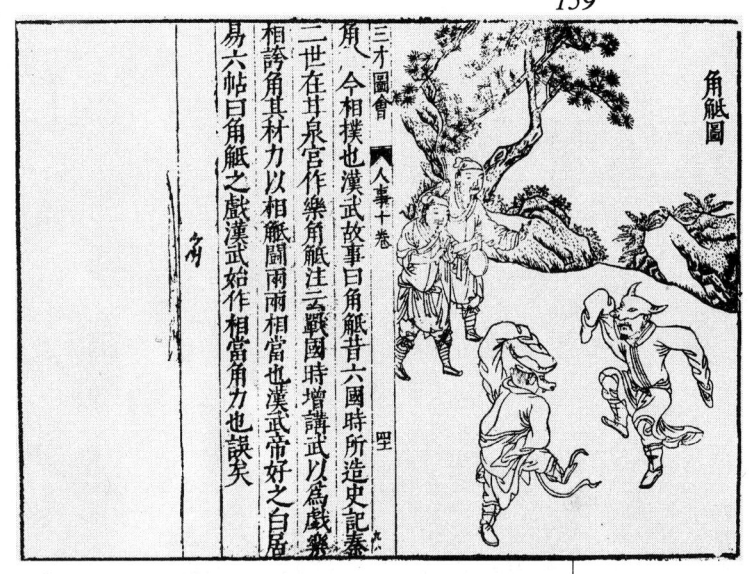

张松溪，亦以拳术显。《宁波府志》曰：边澄闻少林寺僧以搏名天下，托身居炊下者三年，遂妙悟搏法。正德（武宗）间倭人来贡，有善枪者，闻澄名求一角，太守张津许之，召至遂胜，倒十余辈。澄又曾应募至京宇演武场，以梃胜北兵双刀。张松溪善搏，师法十三老法，其法自言起于宋之张三峰。三峰为武当丹士，徽宗召之，道梗不前。夜梦元帝授之拳法，厥明以单丁杀贼百余，遂以绝技名于世。由三峰而后，至嘉靖（世宗）时，其法遂传于四明，而松溪为最著，曾一胜少林僧。夫松溪之术，至可以胜少林僧，其精妙可想而知。故《宁波府志》又谓："拳术有内家、外家之分，外家则少林为胜，其法主于搏人，而跳踉奋跃，或失之疏，故往往得为人所乘。内家则松溪之拳为正，其法主于御敌，非遇困厄不发，发则所当必靡，无隙可乘。故内家之术为尤善。其搏人必以其穴，有晕穴，有哑穴，有死穴。其敌人，相其穴而轻重击之，或死、或晕、或哑，无毫发爽者。其尤秘者则有敬、紧、径、勤、切五字诀，非入室弟子不以相授。盖此五字，不以为用而所以神其用，犹兵家之仁、信、智、勇、严"云。

然拳术是尚武精神之一端，而为武备上不可少之事。戚氏《纪效新书》论之详矣，其言曰："拳法似无预于大战之技，然活动手足，惯勤身体，此为初学入艺之门也，故存之以备一家。学拳要身法便利，手法活便，脚法轻固，进退得宜。腿可飞腾，而其妙也颠番倒插，而其猛也披劈横拳，而其快也活捉朝天，而其柔也知当斜闪。故择其拳之善者三十二，势势相承，遇敌制胜，变化无穷，微妙莫测，窈焉冥焉。人不得而窥者谓之神，俗云拳打，不知是迅雷不及掩耳，所谓'不招不架，只是一下；犯了招架，就有十下'。博学广记，多算而胜。古今拳家，宋太祖有三十二

古代角牴图

第四编 由浮靡而趋敦朴时代

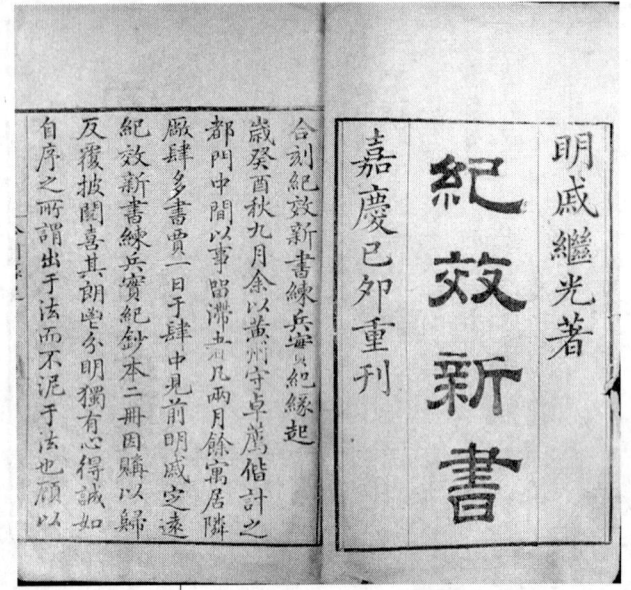

戚继光
《纪效新书》书影

势长拳，又有六步拳、猴拳、囮拳名势，各有所称，而实大同小异。至今之温家七十二行拳、三十六合锁、二十四弃探马、八闪番十二短，此亦善之善者也。吕红八下虽刚，未及锦张短打。山东李半天之腿鹰爪，王之拿千跌，张之跌，张伯敬之打，少林寺之棍，与青田棍法相兼，杨氏枪法与巴子拳棍，皆今之有名者。虽各有所长，各传有上而无下，有下而无上，就可取胜于人，此不过偏于一隅。若以各家拳法兼而习之，正如常山蛇阵法，击首则尾应，击尾则首应，击其身而首尾相应，此谓上下周全，无有不胜。大抵拳、棍、刀、枪、钗、钯、剑、戟、弓、矢、钩、镰、挨、牌之类，莫不先由拳法，活动身手。"观戚氏此言，知拳搏之关系于武备者甚大也。

下编

历代社会风俗事物考

《历代社会风俗事物考》叙

中国历代典章制度，详于各朝专史，而统纪于"三通"诸书，灿乎备矣。然一国之事，有巨有细。其巨者，固宜考定，以为法戒；其细者，又何莫不然？社会之推移，风俗之演变，一事一物之沿革，可以考人群之进化，防弊害于未然。其事虽小，其所关则甚大。且历代风俗事物，真相不明，一读古书，则生扞格。目前一事一物，虽通儒达士，有不能道其所以然者矣。昔之人如程大昌之《考古编》，叶大庆之《考古质疑》，高承之《事物纪原》，彭大翼之《山堂肆考》，或语焉不详，或强说而误。盖中国历代风俗之演变，事物之改革，从古学者，以其微细，忽焉不察，无一书可为资借。非多读古书，不能知其事；第多读古书，不旁征曲证，钩深索隐，仍未易会其通而得其真相也。

吾师行唐尚节之先生，凡所著述，皆发前人所未发。其注焦氏《易林》也，得失传之象百五十余，于是《周易》二千年之不能解，或解之而误者，一一正之。《左传》、《国语》之言易象，杜预、韦昭不能解，或解之而误者，亦一一正之。兹复以其余暇，成《历代社会风俗事物考》四十四卷。近取诸身，如周秦时下之体无衣，则于《墨子》、《吕氏春秋》、《拾遗记》证明之。于是《礼记》之"不涉不撅，暑月不寒裳"得解。"履而无袜"，从《左传》之卫褚师证明之。于是《史记》王生履行雪中，其下留足迹；后汉向栩、管宁坐床久，床有足趾痕得解。由

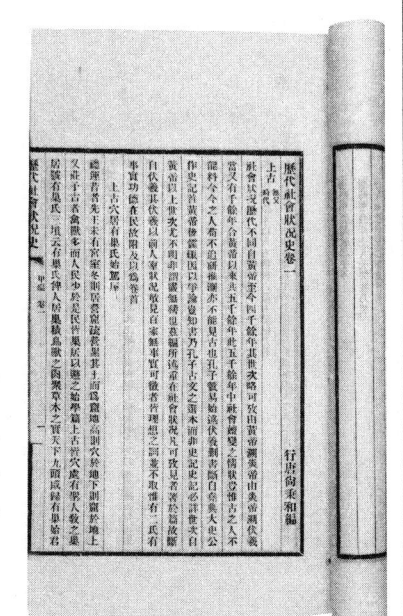

《历代社会风俗事物考》书影

《历代社会风俗事物考》叙

是而推及于社会，凡家庭之琐屑，起居之早晚，民气之朝暮，张弛之深意，下而至于更衣之状况，遗后拭秽之用筹用纸，防鼠之用犬用狸用猫，无不详稽其起源，及其成功之历史。而于古令节人民活泼之气象，古游戏锻炼身体之方法，古灯节鳌山星桥高五十余丈之伟观，春秋两社全国箫鼓之腾沸，一切繁华，统亡于蒙古时代之钳束禁忌，尤涕洟慨叹，痛恨于外族之蹂躏！至宋以前，家庭女子必习音乐；上九下九，斗草迷藏；士夫宴会，乐妓咏歌；少妇失夫，必为改嫁，具见古人于家庭节宣之得宜，于礼制、人情并行而不悖。自南宋诸儒倡"女人无才便是德"之说，而家庭之和乐无；自明初方、胡诸儒扬严气正性之波，而官吏狎妓之风寂，而文化因以低落矣。文化既低，道德亦因以日降，至末世遂生反响，而越轨之事层出而不穷。此先生所尤痛恨腐儒之说之误我人群，蠹我社会，致使有今日悲惨之风俗也。他若此书考订之精详，征引之繁富，及剖驳汉唐古注之讹误，虽起古人质之，亦不得不俯服也。真读古书者之管钥，祛疑惑者之蓍龟，而究研古社会状况者之渊海也。至其文章之宽博，词藻之华赡，论断之宏通公允，一洗考据家呆滞之病，使人读之，有顺流看山之乐，尤古文家之余事也。

民国二十六年三月，受业杜琨谨识

例 言

一、中国书籍皆详于国家章制，至社会情状、风俗变迁，无专书记录。兹编因经史百家之言，追想其社会情状，类别区分，捃拾荟萃。凡人所习焉不察者，均择出研究，以期易明。

二、古社会真状不明，故一读古书则生隔阂，如《礼》"夏月忌褰裳，不涉不撅"，一再言之。夫褰裳亦偶然之事耳，胡谆谆若是？而不知古下体无衣，褰则露矣。而注疏恐伤雅，只以不敬为说。又如《左传》"褚师袜而登堂。卫哀公怒。褚师曰：'臣有疾，异于人，若见之，君将殻音却之。'"又，《史记补传》"东郭王生，履有上无下，人笑之。生曰：'孰能履行雪中'视之，其上履也，其下乃似人足者乎？"初读之莫明其故，不知古人足无袜，脱履即赤足，故惧见而殻；履无下，足即亲地，故印成足形。从来注释家，皆不详其故，在古人作注时，或以为无须说明，今则茫然矣。推之拜跪、坐席、乘车等事亦然。故夫古社会真状不明，则古书难读。兹编本自幼读书经过之困难，力为剖析，纵伤大雅，亦所不避。

三、社会事物，汉唐以前则详，以后则略，因事物变迁，大概至唐而极。如灯烛至晋则油灯、蜡烛具备，后即不详；履至隋唐，以长勒靴为官服，鞋为便服，后即不述，其余例推。

四、"三通"等书专纪大事。兹编则专察小。例如周时，下体无衣，撅即搴外衣则露体，则于《墨子》之"是犹裸者，谓撅之不恭也"证明之。又如汉魏时坐床，床上铺席与否，古无言者，则于《后汉·向栩传》"床上有膝踝足趾痕"，及《魏书·管宁传》"榻上当膝处皆穿"，证明其无席，复证明其仍跪坐。又汉魏时士夫仍脱履即赤足，亦于《向栩传》"床上有膝踝足趾痕"证明之。盖若著袜，任何年久，不得有足趾痕也。借甲以证乙，因乙以明丙，以是考沿革，察变迁，自知琐碎，无关宏博，倘大雅君子加

以匡正，则幸甚矣。

　　五、前三卷只有上古社会衣、食、住之创造，及礼教缘起，不能如周以后之分类，阅者谅之。

行唐尚秉和识

卷一 有巢燧人时社会状况

上古无父时代

社会状况，历代不同。自黄帝至今四千余年，其世次略可考。由黄帝溯炎帝，由炎帝溯伏羲，当又有千余年。合黄帝以来，共五千余年。此五千余年中，社会嬗变之情状，岂惟古之人不能料今，今之人苟不追研推测，亦不能见古也。孔子赞《易》始述伏羲，删《书》断自《尧典》。太史公作《史记》首黄帝，后儒辄因以争论。岂知《书经》乃孔子古文之选本，而非史记。《史记》必详世次，自黄帝以上，世次尤不明，非谓尽无稽也。兹编所述，重在社会状况，凡可考见者著于篇，故断自伏羲。其伏羲以前人群状况，散见百家，无事实可征者，皆理想之词，并不取。惟有二氏，有事实功德在民，故附及以为卷首。

上古穴居，有巢氏始架屋

《礼运》："昔者先王未有宫室，冬则居营窟。"疏："营，累其土而为窟，地高则穴于地，下则窟于地上。"又，《庄子》："古者禽兽多而人民少，于是民皆巢居以避之。"《始学篇》："上古皆穴处，有圣人教之巢居，号有巢氏。"《三坟》云："有巢氏俾人居巢，积鸟兽之肉，聚草木之实，天下九头，咸归有巢，始君也。"按：《始学篇》：人皇九头。九头者，九首长也。

按：穴居之苦，不得光，一也；暑湿，二也；不得空气，三也；易为猛兽所害，毒虫所螫，四也。而民智未启，睢睢盱盱，无如之何。有巢氏出，架木巢居，出幽谷，迁乔木，置身高旷，诸害尽除，以此功德，民尽

《礼运》，《礼记》中的一篇。此书常见类似省称。

归之，宜矣。

后之宫室，亦巢也，进而益精耳。有巢氏之巢，不必在树上，垒土石，上架以木，简陋有类于巢，实即屋也。

燧人氏始造火，始炮食

《尸子》："燧人上观星辰，下察五木以为火。"《拾遗记》："遂明国有大树名遂，屈盘万顷。后有圣人，游至其国，有鸟啄树，粲然火出，圣人感焉，因用小枝钻火，号燧人氏。"《古史考》："太古之初，人吮露精，食草木实，山居则食鸟兽，衣其羽皮，近水则食鱼鳖蚌蛤，未有火化，腥臊多，害肠胃。于是有圣人出，以火德王，造作钻燧出火，教人熟食，铸金作刃，民人大悦，号曰燧人。"《三坟》："燧人氏教人炮食，钻木取火，有传教之台，有结绳之政。"

按：火自无而有者也，其发明至为难能。燧皇感森林自焚，知木实藏火，不知几经攻治，几经试验，始钻木得之。其功又进于有巢，而即以是为帝号，可见当时之诧为神圣，而利赖之深矣。

或谓火化而食始于庖羲，故以为号，岂知燧人既发明出火，其智慧岂尚不知炮食？况炮者裹肉而烧之，燎其毛使熟耳，在熟食中，为至粗之法。燧人去伏羲近，伏羲益发达美备耳。其创于燧人，无疑也。

由今追想未有火之先，凡肉皆生食，其有害于人而夭折者，不知凡

燧人氏钻木取火

几，且不知味。及得熟食，肉之腥臊者忽馨香矣，草木实之淡泊寡味者忽甘腴脆美矣；水之冰者可爊饮，居之寒者可取温矣；至黑夜燔柴以御虎豹，犹后也。当夫登台传教、广播火用之时，万民之感戴庆幸为何如，真惊天动地之伟业矣。既有火，则可冶金作刃，及他器用。未有火之先，凡器皆以石为之，今所谓石器时代也。

上古之时，无所谓风俗，无所谓纲常，人但知有母，不知有父，食住略有基础，衣服尚未虑及，亦生活之程序然也。至于廉耻礼义，相去尚远。其情状略与南洋诸岛之土人同，尚不及滇、黔之苗瑶。于此之时，有能于衣、食、住生活上创一新法，以利生民者，民自然归之，而奉以为君，听其号令。此时之君，殊无所利于民，以无富贵荣华之念，故亦无争帝位者。如有巢，如燧人，皆以功致帝也。

卷二 伏羲神农黄帝时社会状况

伏羲有父时代之始

始制嫁娶，有夫妇

《白虎通》云："古之时未有三纲六纪，民人但知有母，不知有父，衣能覆前，不能覆后，卧之詓詓，起之吁吁，饥即求食，饱即弃余，茹毛饮血，而衣皮苇。于是伏羲仰观象于天，俯察象于地，因夫妇，正五行，始定人道。"又，《古史考》："伏羲制嫁娶，以俪皮为礼。"

伏羲像

按：俪者，并也，偶也。自太昊以前，男女随遇匹配，初无定偶，朝暮更易，或女弃男，或男弃女，弃则相仇；其姣而艾者，或女争男，或男争女，争则相杀。不见夫犬乎？春秋婚媾之际，日夜斗争，狺犴牙之声，中夜不绝猿，何况于人。当时社会，因此相仇相杀者，日不知几千百起。不惟于礼教有伤，且于治安有碍。太昊仰观天，俯察地，首定夫妇一伦，而礼教基矣。

自开辟至伏羲，人始知有父

《新语》云："先圣仰观天，俯察地，图画乾坤，以定人道，民始开悟，知有父子。"

《礼·郊特牲》："男女有别，然后父子亲；父子亲，然后义生；义生，然后礼作。"

　　由开辟至太昊，其年虽不可考，然据百家所常称道者，有天皇、地皇、人皇、女娲氏、大庭氏、赫胥氏、葛天氏、无怀氏、有巢氏、燧人氏，中间不显著之氏尚不知凡几，而夫妇一伦讫未有定。无夫妇则无父子，只有母子。太昊制为嫁娶，以礼迎聘，于是男女别而夫妇定。其非夫妇而相悦者，则必有禁矣，且必以为耻矣。夫妇定而生子，然后父子一伦，相因而生。若以前，则妇无定夫，子无定父。

始创网罟，以佃以渔

　　《易》曰："伏羲作结绳而为网罟，以佃以渔，盖取诸离。"《汉书》云："作网罟以佃渔，取牺牲，故天下号曰**炮牺**氏。"《尸子》："**宓牺**氏之世，天下多兽，故教民猎。"

炮牺、宓牺，即伏羲。

　　按：此时虽火化而食，然五谷尚未发明，仍以动物为主要食料。而动物之获颇艰，猎兽之器，虽有兵刃，而无弧矢，佐之以罟，获兽易矣；至水中动物，非网不得。太昊由结绳而为网罟，为谋食之唯一利器。

始创陶器

　　《拾遗记》："均土为埙。"《世本》："暴辛公作埙。"《通志》："伏羲作瓮。"

　　按：埙者，乐也，《诗》所谓"吹埙吹篪"也。锐上平底，以土为之，燥以火，音大如叫呼。且既能作瓮，其他日用之陶器必多矣，记载失之耳。

新石器时代三孔陶埙

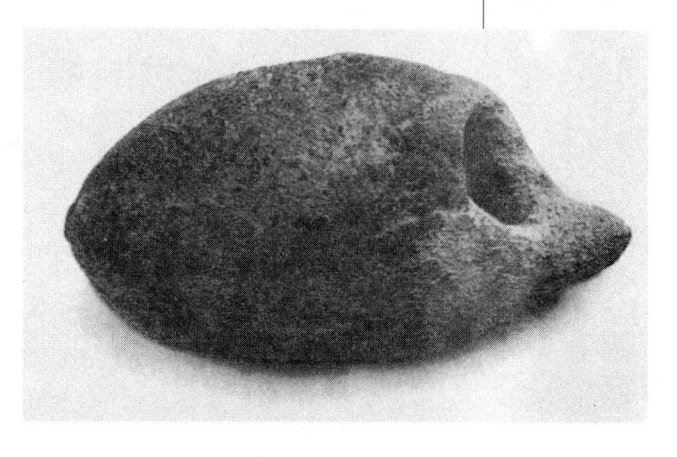

始名事物

　　《春秋命历序》："伏羲始名物虫鸟兽。"

　　按：凡事凡物，须皆有名，然后能识别。草昧之世，甲历未作，人知有寒暑而已，年之名无有也；知月盈亏而已，月之名无有也。推之天空地上，山登之而怵其高，水荡之而骇其流；金石草木，虫鱼鸟兽，日月星辰，风云雨露，日相见相接相用而不可离，不有定名，胡由取携，胡由指目？太昊知之，凡百事物，皆与以名，由少及多，由甲推乙，以定民志，以一民称。由是谈虎而色变，说梅而舌津矣，则名之效也。

更创八卦，以代结绳

《易·系》："古者庖羲氏之王天下也，仰则观象于天，俯则观法于地，观鸟兽之文与地之宜，近取诸身，远取诸物，于是始作八卦，以通神明之德，以类万物之情。"《拾遗记》："伏羲和八风以画八卦，分六位而正六宗。"《古史考》："庖羲氏作卦，始有筮。"

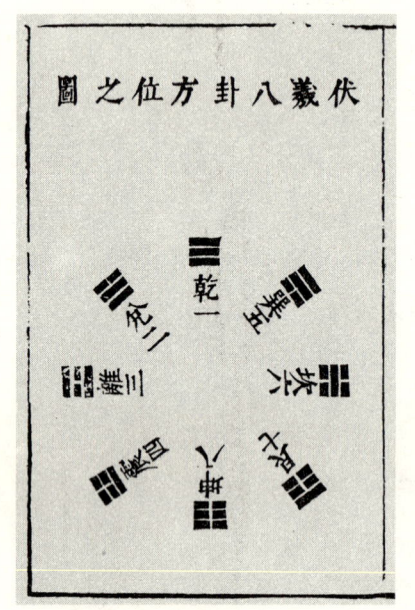

伏羲八卦方位图

按：结绳为识，其变化甚难。代以八卦，则肆应不穷，较结绳进矣。《三坟》云："命飞龙氏造六书。"《三坟》号称伪书，难尽信。然以理揣之，太昊始名草木禽兽虫鱼，后神农尝百草，必有详细记载。若六书至黄帝始有，将无法以记物名及百草之味矣。故谓六书至黄帝改造增修则可，谓黄帝以前无书契则不可。矧太昊既能作八卦以为筮，必能再由八卦增造六书，以记事无疑也。

始创为音乐

《世本》："庖羲氏作瑟五十弦。瑟，洁也，清洁于心，淳一于行。"《史记》："太帝使素女鼓五十弦瑟，悲，帝禁不止，故破其瑟为二十五弦。"《拾遗记》："太昊立礼教以导文，造干戈以饬武，丝桑以为瑟，均土以为埙，礼乐于是兴。"《前汉·律历志》："八音曰埙，大如雁卵。"

按：乐也者，心之所乐者也，盖所以平和性情，宣导抑郁，发于心之所不容已。太昊首创丝、土二音，后八音以次生矣。

由今追思，伏羲之世人群状况，居处则由巢穴渐进为庐室矣，饮食则由炮燔渐进而燖炙矣。至衣服，既可以蚕丝制为瑟弦，编为网罟，则必能

织为衣服，史失之耳。而最大之更革，在能对男女淫乱无别之状况，制为夫妇。《易》曰："有夫妇然后有父子，有父子然后有君臣上下。"故夫夫妇者，人道之起源，风化之根本也。春夏秋冬，孰界之哉？东南西北，孰定之哉？自太昊定名，凡百事物，昭著明晰，无隔阂之虞。盖至是世界称谓大定，文明之启，十已五六矣。

神 农

始艺五谷不专肉食，始作耒耜

《白虎通》："古之人民，皆食禽兽肉。至于神农，人民众多，禽兽不足，于是神农因天之时，分地之利，制耒耜，教民农作。"《易·系》云："伏羲氏没，神农氏作，斫木为耜，揉木为耒。"

按：《月令》："季冬之月，命农计耦耕，修耒耜。"注："耜者，耒之金也。"《周礼·冬官·考工记》："耜广五寸，二耜为耦。"疏："耜谓来头金，金广五寸。"《释名》："耜者，似也，似齿之断物也。"是耜者金器，戴于耒足以耕地，故云似齿，今北方民犹用之。神农之时，金器尚未大行，故斫木为之，后方易以金也。

又，《新语》："民人食肉饮血，衣皮毛。至于神农，以为行虫走兽，难以养民，乃求可食之物，尝百草之实，察酸苦之味，教民食五谷。"

又，《淮南子》："古者民茹草饮水，采树木之实，食蠃蚌之肉，时多疾病毒伤之害。于是神农乃始教民播

《月令》，《礼记》中的一篇。

神农掘地画像拓片

卷二 伏羲神农黄帝时社会状况

种五谷，相土地，宜燥湿，尝百草之滋味，水泉之甘苦，令民知所避就。当此之时，一日而遇七十毒。"

按：由太昊至神农，不知若干年，而人民日益众者，势也；禽兽为人所害，必日益寡，其不能供给于人者，亦势也。且谋食而必猎，猎有获有不获，何其难哉。故尝百草，择其可久食而无病者，种而食之；又不知试验比较若干年，而始得五谷之最良也。因尝草之故，一日遇七十毒，是直以身殉民也。后世思其功，血食数千年，宜矣。

时织布已大盛

《文子》："神农之法曰：丈夫丁壮不耕，天下有受其饥者；妇人当年不织，天下有受其寒者。故其耕不强者，无以养生；其织不力者，无以衣形。"

按：《吕氏春秋》、《汉书》皆引此教，而吕氏"织"作"绩"。绩，绩麻也。并曰"身亲耕，妻亲绩"，男女工作，似此时已分。章身之具，至此已大有进步，盖已不衣皮韦，彬彬有文矣。

神农尝百草

始教民凿井

《本草经》："神农问于太一曰：'凿井出泉，五味煎煮，口别生熟。'"盖古圣所居皆在大河左右，不能处处有水泉，故必凿井以济其穷。《水经注》曰："神农既诞，九井自穿。"是亦凿井之证。当时之人必甚骇怪，神之曰自穿耳。

始有医药以救人

《本草经》："神农从太一尝药，以救人命。上药一百二十种为君，久服不伤；中药一百二十种为臣，有毒无毒，斟酌其宜，欲遏病补虚羸者本之；下药一百二十种为佐使，不可久服，欲除寒热邪气破积聚愈病者本之。"

按：所谓上药无毒可久服，必五谷之属也。中药、下药，即今日药肆所有之药也。既有药必有医，为民诊治疾病。

时市政益发达

《易》曰:"神农日中为市,致天下之民,聚天下之货,交易而退,各得其所。"

按:此时百姓于衣、食、住既日臻美备,嗜欲亦日益多,交易有无,生活始便;而钱币未兴,只以物易物耳。日中为期,路远者可往返也。法实创于伏羲,但其时未大盛耳。

时已有城

《汉书》神农之教曰:"有石城十仞,汤池百步,带甲百万,而无粟不能守也。"按:人有欲必有争,争则战,故筑城以为卫。唯创于神农,或神农以先即有之,无从考也。

按:《帝王世纪》:"神农在位百余年。"此百余年中,救济人民生活者甚众:发明谷食,救肉食之穷,一也;穿井汲水,济自然水之穷,二也;夫耕妇织,救衣皮之穷,三也;尝百药医民疾,四也;创耒耜以便耕耨,五也;大市政以便民,六也。由是,百姓非猎不得食之苦免。既有井,则无河流之地亦可移居,以前地无泉水即无居民之困亦免。未有药之先,百姓有疾,任其夭折。神农殉身制药,于是疾始有医。农器以耒耜为最重,织绩以机杼为最繁,耒耜人知为神农所创,机杼纺车,亦必创自神农,史失纪耳。衣食备而不通工易事,则有匮乏积滞之患,为之市以通有无,济困乏,民皆得所矣。盖自开辟至神农,其间圣哲,皆致力于衣、食、住之创造,至是已大备。在今日视之,而觉为寻常者,在创造之始,皆列圣焦神劳思,而后有此效果也。

黄帝时代

始造舟车,始役使牛

《汉书》:"黄帝作舟车以济不通。"《古史考》:"黄帝作车,引重致远。少昊时略加牛,禹时奚仲加马。"《吕氏春秋》:"舟车之始见也,三

世然后安之。"《世本》："黄帝臣骸作服牛。"

按：《易》"刳木为舟，剡木为楫，及服牛乘马"之事，不专属之黄帝，盖黄帝创之于始，尧舜增修于后也。始有车时，必先以人力推挽，既而牛马渐驯，更用牛马也。自黄帝以前，无役使牛马之记录，亦无牧畜鸡犬羊豕明文，疑其时皆为野兽，尚未驯熟，至此时役使之事，始及于牛，尚未及马；迟至禹时，始以马引车。以此见马之驯熟，难于牛也。今之谈中国古史者，自黄帝以前，辄曰游牧时代。吾疑中国古时，并未游牧。何言之？神农之时，民族人口虽渐增多，而地皆荒芜，到处皆牧场。若其时牛羊犬豕之属，可以牧畜，足可供给民食而无匮，胡以神农遽代以五谷哉？可见此时牛羊皆为野兽，不服于人，非佃猎不能得食，故必以五谷济其穷。观役使牛马，至黄帝时始试验，而马尚不能引车，是其证已。

凡今之以游牧时代谈中国古史者，皆未详考，而服从于发达最晚民族之理想学说。须知晚起民族之必有游牧时代者，乃我民族驯服禽兽，既成功以后之事也。

始修官道

《史记》："黄帝披山通道，未尝宁居。"按：披者，开也。或刈榛莽，或移土石，以利交通。交通利则文明易于传播。

始造年历、起甲子

《史记正义》："黄帝命大挠造甲子，容成造历。"

按：炎帝既教民艺五谷，五谷之生，与天时有莫大关系，其时春夏秋冬、节气寒燠，必已明晰。至黄帝更作历颁之民，所谓"敬授民时"也。既有历，则宜有甲子以为标识。六十年一更，六十日一易，计算便矣。

时男女始有别

《淮南子》："黄帝治天下，别男女，异雌雄。"

按：神农时始盛织布，当时之民，由衣皮进而衣布，既便且观美。然其服制，必男女为一，往来动作，社会上必有许多误会，或因以召乱。别雌雄，异服式，风俗易以整齐矣。

时宫室已有栋宇

《易·系》云："上古穴居野处，圣人易之以宫室，上栋下宇。"《新

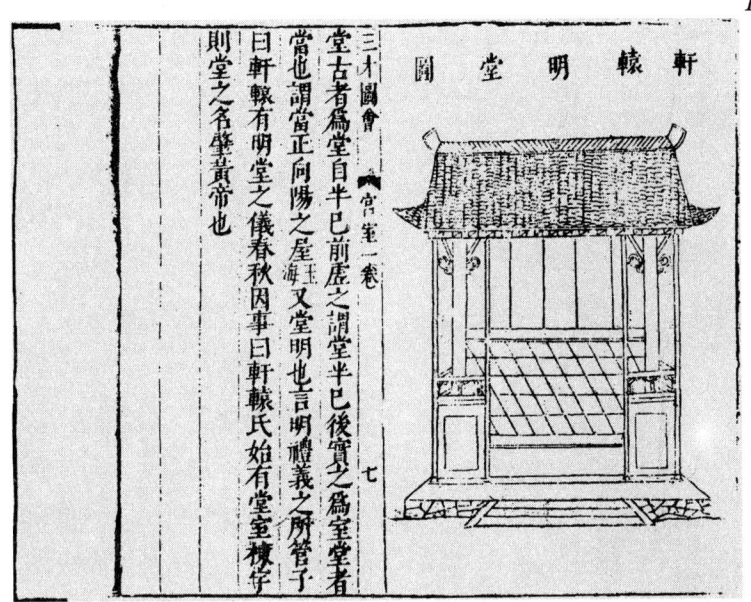

语》:"天下人民与鸟兽同域,黄帝乃伐木构材,筑作宫室,上栋下宇。"

按:《说文》:"栋,极也。"《尔雅·释宫》郭注:"栋,即屋脊也,即今日屋式也;宇,即今日之廊檐也。"《诗》:"八月在宇。"笺:"宇,檐下也。"盖自有巢创为屋室,苟简朴陋。至黄帝则上有屋脊,以壮观瞻;旁为廊檐,以为掩护,以便憩息。至于今四千余年,仍而不改,则其制之大备可知矣。

始服垂衣冠履

《拾遗记》:"黄帝始垂衣服冕。"又,《世本》:"黄帝作旃冕,伯余作衣裳,于则作扉履。"《通典》:"上古衣毛帽皮,黄帝始用布帛。"

按:神农始织布帛,其时尚贵,只短衣蔽体,尚无威仪。至黄帝始讲求仪式,襟袖宽博,彬彬下垂矣。百姓化之,渐褒衣博带也。黄帝以前,只努力于衣服之构造,至冠履则未闻。至黄帝衣服垂垂,既已完备,遂渐及于首足。帝既服冕,人民必冠帻矣。足无衣则寒,且不利行走,于是以草制扉,以皮制履。盖足衣之发明为最后,较衣服更难也。

时字已大备

《拾遗记》:"轩辕始造书契。"《淮南子》:"仓颉作书,天雨粟,鬼夜哭。"《荀子》:"故好书者众矣,而仓颉独传者一也。"

仓颉像

按：书契断非一时所能造成，诸书多言始于轩辕。余以为伏羲能画八卦，必能造书契。神农若无字，百草之名，胡从而记？不过初尚少，至轩辕增修大备耳。轩辕时有史官记录其事，后人不察，以为轩辕命仓颉始创耳，观《荀子》可证已。

又，仓颉不定为黄帝时人。《马氏逸史》引《外纪》曰："仓帝名颉，始创文字，在伏羲前。"又按：《春秋元命苞》："仓帝史皇氏，名颉，姓侯。仰观奎星圆曲之势，俯察龟文鸟羽、山川指掌而创文字。天为雨粟，鬼为夜哭。治百有一十载，都于阳武。"是则仓颉为古之皇帝，史皇乃其号，而在伏羲前。是说也，颇可信。仓颉惟在伏羲前，所以能开伏羲易学。又自伏羲至神农事渐详，足征有记录。其称曰史皇者，以能造字为史所自起耳，犹燧人造燧，即曰燧皇也。

时八音已大备

《汉书·律历志》："黄帝命令伶伦《吕氏春秋》作"伶伦"，疑后世"伶人"本此。为律。自大夏之西，昆仑之阴，取竹之嶰谷生，其窍厚均者，断两节间而吹之，以为黄钟之宫。注：律之最长。制十二筒以听凤之鸣，其雄鸣为六，雌鸣亦六，比黄钟之宫，而皆可以生之，是为律本。"《礼·乐记》："咸池备矣。"《庄子》："帝张咸池之乐。"注："咸池者，黄帝乐也。"

按：黄帝即创为律管以候气，六阴六阳，上下相生。阳谓之律，阴谓之吕，故亦曰十二律：曰黄钟，十一月律管。太簇，正月。姑洗，三月。蕤宾，五月。夷则，七月。无射，九月。六律也；大吕，十二月。夹钟，二月。中吕，四月。林钟，六月。南吕，八月。应中，十月。六吕也。律以黄钟为最尊，而黄钟之宫声，实五音之本。帝既定律，于是诸乐备作，金、石、丝、竹、匏、土、革、木，八音咸备，承用至今。

始以黍粒创度量衡

《汉书·律历志》："度者，分、寸、丈、引也，所以度长短也。本起黄

钟之长。以子谷秬黍黑黍。中者，一黍之广度之，九十分讹字，《隋书》引作秬。黄钟之长，言九十黍为黄钟之长。一为一分。言一黍为一分，黄钟长九寸。

"量者，龠、合、升、斗、斛也，所以量多少也。本起于黄钟之龠，用度数审其容，以子谷秬黍中者千有二百实其龠，以井水准其概。合龠为合，十合为升，十升为斗，以次量也。"

"衡者，秤杆。平也；权称锤。重也，所以称物知轻重，分铢、两、斤、钧、石也。本起于黄钟之重。一龠容千二百黍，重十二铢；两之即二十四铢。为两，十六两为斤。"

按：《说苑》云："度量权衡以粟生。"一粟为一分。一粟者，一黍也。时市政久已发达，交易繁多，不有度量衡，胡由交易？而度量衡不有根本，胡能齐一？黄钟与黍，皆永久不变者也，故以为本。古人立法之精如此。晋荀勖作乐，自谓谐调，独阮咸心不谓然，无一言。勖忌咸，出为始平太守。后田父耕得周玉尺，勖持以校已所作钟磬，觉皆短一黍，始服阮神识。周尺即律尺也。是千百世后，仍可以黍正误也。

时陶器木器已大备

《通考》："神农作瓮瓶缶，黄帝作釜甑碗碟。"

按：自伏羲烧土作器，为陶之始；炎黄继作，器用益备，利赖至今。盖中国社会之制造，至黄帝时，不惟衣、食、住皆备，且有文有章矣。而其最大最深之创作，为年历，为甲子，为律，万世赖之。而六律尤能辨阴阳之气，识造化之微。武王伐纣，吹律听声，便知吉凶；师旷知《南风》之不竞，亦以律知。《周礼》所谓"太史执同律以听军声"是也。又，历代制作之不能决定者，则以律考定之，而其源实创于黄帝。其深微奥妙，为何如哉！

新时器时代的陶器

卷三 五帝时社会状况

五帝时代

太史公列黄帝为五帝首，而灭少昊氏。后人颇议其轻信《大戴礼》，致舜禹世次，权枢不合。然观太史公后叙，不谓无疑，特以《大戴礼》文尚雅驯，故依据之耳。后世重行论定，大概以少昊、颛顼、帝喾、帝尧、帝舜为五帝。今从之。

始以斗杓指寅为正月

《逸史》："颛顼以斗杓建寅为岁尹。"《古史考》："颛帝以孟春正月为岁元。"按：建者，指也；寅，东北方也。盖自黄帝以来，考定星历，建立五行，起消息，正闰余，节四时之度而已，无正月之名。正月者，政教之始，故不曰一月，而曰正月。元者，长也，首也，即以正月为岁首也。正月之名始此，即夏时也。

少昊像

时男女之别益严，女遇男须避行，不避则辱之

《淮南子》："帝颛顼之法，妇人不避男子于路者，拂之于四达之衢。"

按：黄帝之时，但曰别男女而已。此云妇人须避男子，不云男子避妇人，不公甚矣。拂之者，以手摩其肌肤；四达之衢，人众之地。以女既不避男，即令男子拂其肌肤，又何妨哉？罚太酷矣！

时始有祭祀

《史记》："颛顼依鬼神以制义，治气以教化，洁诚以祭祀。"

按：颛顼以前，无祭祀之名，至颛顼始以神道设教也。第所祭为何，尚不详耳。

尧时以华表_{今牌楼}标识都城衢路

《古今注》："尧立诽谤之木，今之华表木也。以横木交柱头，若花也，形若桔槔，大路交衢悉施焉。或谓之表木，以表王者纳谏也，亦以表识衢路也。"又，《尸子》："尧立诽谤木于四达之衢。"

按：《古今注》所言古华表之形，与今之牌楼无以异。然则今北平城内之东四牌楼、西四牌楼，仍唐虞之制也。

时父母丧三年

《书·尧典》："二十有八载，帝乃殂落，百姓如丧考妣，三载四海，遏密八音。"《史记》："尧崩，百姓悲哀，如丧父母。三年，四方莫举乐。"《孟子》："尧崩，三年之丧毕。"是可证唐虞时，父母之丧，行之三年，已成定礼，故《书》以父母喻君也。

始有流刑、鞭刑、扑刑、赎刑

《通考》："自黄帝以来，不用命者则征之以兵，无所谓刑。刑之作，

东四牌楼
老北京水彩画

始于唐虞。"《虞书》："流宥五刑,鞭作官刑,扑作教刑,金作赎刑。流者,流之远方,今所谓充军也;鞭扑者,挞也;赎刑者,以金赎罪也。"《史记集解》："以墨、劓、剕即刖足、宫、大辟当五刑。"或谓此时只有大辟,尚无上四刑,不知果如何耳。

时商贾已发达

《孟子》："舜迁于负夏。"《益稷谟》："懋迁有无化居。"《尚书大传》："舜贩于顿丘,就时负夏。"

按:就时者,逐时射利,即《益稷谟》所谓"懋迁有无化居"也。时民尚愚鲁,只知耕田为农,至为贾为商,则不能也。观舜之所为,则当时社会商贾之状况,可知矣。

时已有绘画

《书》："予欲观古人之象,日、月、星辰、山、龙、华虫,作会。"

按:注："会者,绘也,画六章于上衣也。"六章者,即日、月、星辰、山与龙、雉即华虫也。又,《孟子》："及其为天子,被袗衣。"注:"袗衣,画衣也。"是可证当时画学已盛。

十二章纹——中国古代皇帝礼服上的纹样

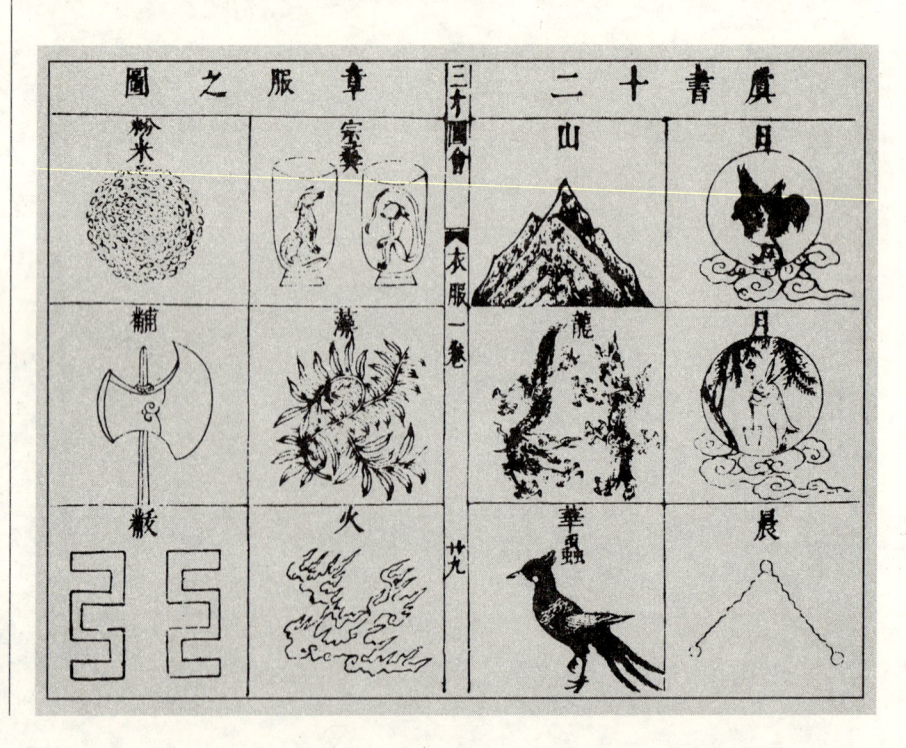

时已有刺绣

《书》："宗彝、藻、火、粉米、黼、黻、絺绣，以五彩章施于五色。"按：絺绣者，以絺绣六章于下裳也。六章者，宗彝、藻、火、粉米、黼、黻也。五彩者，言无论绘衣绣裳，色皆有五色。

自黄帝制为垂衣即长衣，较以前进化矣。然至尧时尚服素衣，未有服色，史所谓黄收，纯衣也。至舜则加以五色，绘绣兼施，上衣下裳，文采彪炳，而六章之制，承用至清末，抑可谓久矣。

时葬用瓦棺，始不用薪

《礼·檀弓》："有虞氏瓦棺。"注："始不用薪。"

按：《易·系》云："古之葬者，厚衣之以薪，葬之中野，不封不树，丧期无数。后世圣人易之以棺椁。"盖有虞氏有棺而无椁。郑注盖以进化程序考之，故曰"始不用薪"。

时学校已大备

《书》："命汝典乐，教胄子，直而温，宽而栗，刚而无虐，简而无傲，诗言志，歌永言。"此言学校教学子之宗旨也。《礼·王制》："有虞氏养国老于上庠，养庶老于下庠。"郑玄云："上庠、右学，大学也，在西郊；下庠、左学，小学也，在国中。周之小学，为有虞氏之庠制，是以名庠云。"观此，则舜时之学制，实已大备，故至周犹采用其法。而《虞书》但言教胄子之法，不详其制，由是知唐虞遗法，为后世所知者，百不及一也。

时五礼咸备

《虞书》："修五礼，五玉，三帛，二生，一死贽。"

按：五礼者，注云："吉、凶、军、宾、嘉各礼也。"修者，言旧有此五礼，舜巡狩所至，考察其是否举行也。《史记·五帝纪》

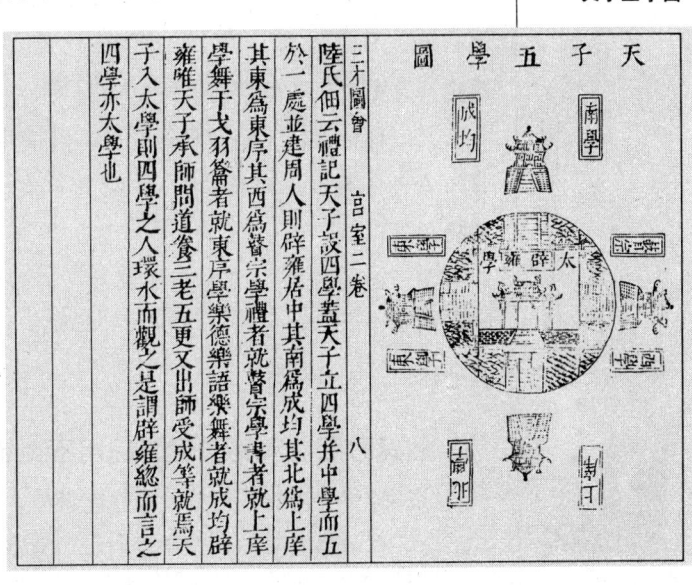

《虞书》，《尚书》中的一篇。

天子五学图

天子五学图

《三才图会》宫室二卷：陆氏佃云礼记天子说四学盖天子立四学并中学而五於一处并建周人则辟雍居中其南为成均其北为上庠其东为东序其西为瞽宗学礼者就瞽宗学书者就上庠学舞干戈羽籥者就东序学乐德乐语乐舞者就成均天子承师问道养三老五更又出师受成释奠于入太学则四学之人环水而观之足谓辟雍总而言之四学亦太学也

"三帛"注云："郑玄曰：'帛所以荐玉，高阳氏后用赤缯，高辛氏后用黑缯。'"是高辛、高阳时已有此礼，故其后沿用之。然则谓五礼至唐虞咸备则可，谓始于唐虞则不可也。唐虞以前，皆失记耳。

始以详历授民，以日月星辰鸟兽为识时标准

《尧典》："乃命羲和，钦若昊天，历象日月星辰，敬授民时。"按：此时识时之法，尚不能如《夏小正》、《月令》之详，而以春分、秋分、夏至、冬至为定四时之最大关键。详仲春、仲夏、仲秋、仲冬，其孟、季则不详，因仲月定，其孟、季亦定也。

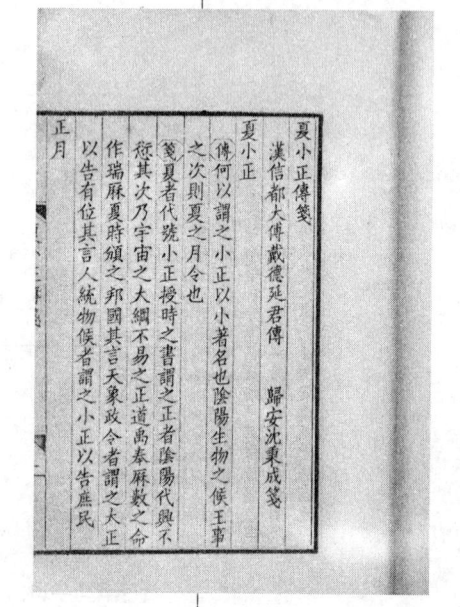

其定仲春之法，曰"日中星鸟，以殷仲春。厥民析，鸟兽孳尾"。按：日中者，春分也。星鸟者，言至春分，昏则鸟星毕见，此一识也；乳化曰孳，交接曰尾，言至春分，则鸟兽自然孳乳交接，此又一识也。殷者，定也。仲春定，则孟、季可知。

其定仲夏之法，曰"日永星火，以正仲夏。厥民因，鸟兽希革"。按：日永者，夏至也。星火者，言至夏至，则昏时火星正中也。希革者，言夏时热，鸟兽毛羽脱落也。亦以星辰鸟兽为识。

其定仲秋之法，曰"宵中星虚，以殷仲秋。厥民夷，鸟兽毛毨"。按：宵中星虚者，注云："虚星见，则正秋分也；毨者，理也。言毛更生若整理然。"

其定仲冬之法，曰"日短星昴，以正仲冬。厥民隩，鸟兽氄毛"。按：日短者，冬至也。昏昴星中，则冬至到矣。氄毛者，言温柔也。时天寒，鸟兽氄以自温。

按：此时识时，尚未及于草木，不能如《夏小正》、《月令》之详。然以闰月定四时成岁，岁历之成，至尧已大备，《虞书》纪事简，想尚有其他标识，未备举耳。

然其时历法实略，远方日月不免错误，故中央常为订正

《虞书》："协时月正日，同律度量衡。"

按：自黄帝以来，用甲子纪日、月、年，每六十则一周。《史记》称

纣为长夜之饮，忘其日辰。春秋时各国月日，亦每有错误，况简略如唐虞。远方节候，差错不齐，因以误民者多矣。舜因巡狩，协同时日，使之齐一，非为奉行正朔，亦利民要政也。至于度量衡之制造，皆原本于律，执黄钟律，随所至而同之，不忧不齐一矣。

盖唐虞之时，社会状况：其属于风俗者，夫妇、父子、尊卑、上下，已秩然有章；其属于政教者，已五礼、五刑，定有常制；其属于音乐者，已声律克谐，八音咸备；其属于技艺者，则绘画利绣，黼黻文章。孔子曰："大哉！尧之为君。巍巍乎其有成功，焕乎其有文章。"惜其详细状况皆失载，仅《礼记》中溯各事源流，偶尔及之，为可惜耳。

又，唐虞时洪水为灾，当其未平，草木畅茂，禽兽逼人，兽蹄鸟迹，遍于中国，人与兽杂处，水与人争地。观禹鼎所铸及《山海经》所述，魑魅魍魉及殊形诡状，不可名言；害人之禽兽，如巫支祁属者，不可胜数，盖极恐怖之时代也。及夫大禹疏导，注入东海，万派顺流；益更烈山泽，以与逼人之禽兽战，然后稷播百谷，益、夔兴礼乐，唐虞之郅治乃成。

卷四 三代以来首服

三代社会状况

夏殷礼俗，捃拾所得，不及周之十一，仅名物制度，散见于"三礼"而已。社会状况，欲窥其全要难。虽然，孔子云："周监于二代，郁郁乎文哉！"又曰："周因于殷礼，殷因于夏礼，其损益可知也。"孟子述三代井田学校，名异实同。是周之礼俗，即夏殷礼俗。夏殷社会，与周无大异也，故并述之。

三代首服状况

欲知古人首服，须先明古人留发状况。古人发皆上挽，约之以笄音鸡。《说文》："笄，簪也，所以连冠于发，使不坠也。"然其详至汉郑康成作注时，已云不能尽详。兹所述者，特其形状之概略耳。

《通考》，即马端临《文献通考》。

一 大礼冠状况

《王制》云："夏后氏收而祭，殷人冔而祭，周人冕而祭。"似夏、殷无冕。然《论语》云："禹致乎黻冕。"《书·太甲》："惟三祀十有二月朔，伊尹以冕服奉嗣王归于亳。"是夏、殷亦冕也，特异其名曰收、冔耳。至冕之形象，据《后汉书》引大小夏侯说，皆广七寸，长尺二寸，前圆后方，前垂四寸，后垂三寸，系白玉珠为十二旒。《通考》云："冕惟卿大夫以上得服之，以旒数多寡为等差：天子十二旒，大夫三旒。大夫以下不得服。"即今所谓平天冠也。民国初年，常采用其制，以为祭服，而无垂旒。盖冕之制起于黄帝，至周而大备，故孔子取之，曰"服周之冕"。冕之制至明尚承用。中国冠服，沿袭至数千年之久者，惟此耳。

古代帝王的冕

冕之表里颜色及其高低

按：《周礼·夏官·弁师》："掌王之五冕，皆玄冕、朱里、延、纽。"注："延之覆在上，故名延。皆玄表覆之，在冕上也。"疏云："爵弁前后平，故得弁称。冕则前低一寸余，故得冕名。冕则俯也，以低为号也。"由上说考之，是冕之上色玄，里则色朱，前檐较后檐低一寸余也。

——常礼冠状况

按：《通考》云："弁亚于冕，《郊特牲》所谓周弁、殷冔、夏收是也。自天子至于士，皆得服之。"《周礼·夏官·弁师》疏云："爵弁前后平，故得弁称。"观经传所载，国君及卿士大夫，除大朝大祭外，皆御弁，弁固为常礼服。《通考》谓为冕之亚者，信矣。

弁之物质及其形状之颜色

弁之形前后平，前既言之矣。至其物质颜色，据《白虎通》云："皮弁者，何谓也？所以法古至质冠名也。弁之言樊也，所以樊持其发也。以鹿皮者，取其文章也。"又，《左传·僖二十八年》："初，子玉自为琼弁、玉缨。"杜注："弁以鹿皮为之，须琼玉为饰。"是古之弁者以鹿皮为之，且必以鹿皮之带毛者为之。鹿毛斑驳可爱，故曰"文章"。又，《释名》云："弁，如两手相合抃时也。象形。以爵韦为之，谓之爵弁；以鹿皮为之，谓之皮弁。以靺赤色韦为之也。"

按：《释名》之说与《白虎通》稍异。《白虎通》谓必以鹿皮者，取其文章，明皮而有毛也。《释名》则谓以靺韦为之，似用赤色之皮而去毛者，是鞸也，鞸则何必鹿皮？又，爵弁，《后汉书》谓象形，《释名》谓以爵韦，疑《释名》或误也。

——燕居冠服状况

按：《通考》云："冠亚于弁，所谓委貌、章甫、毋追是也。"按《郊特牲》云："委貌，周道也；章甫，殷道也；毋追，夏道也。"《士冠礼》郑注云："委，安也，

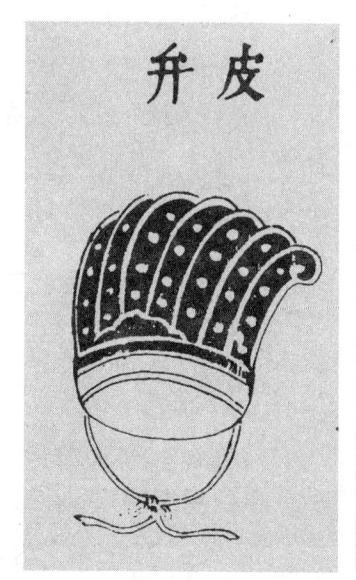

《郊特牲》，《礼记》中的一篇。

皮弁

委貌、章甫、毋追

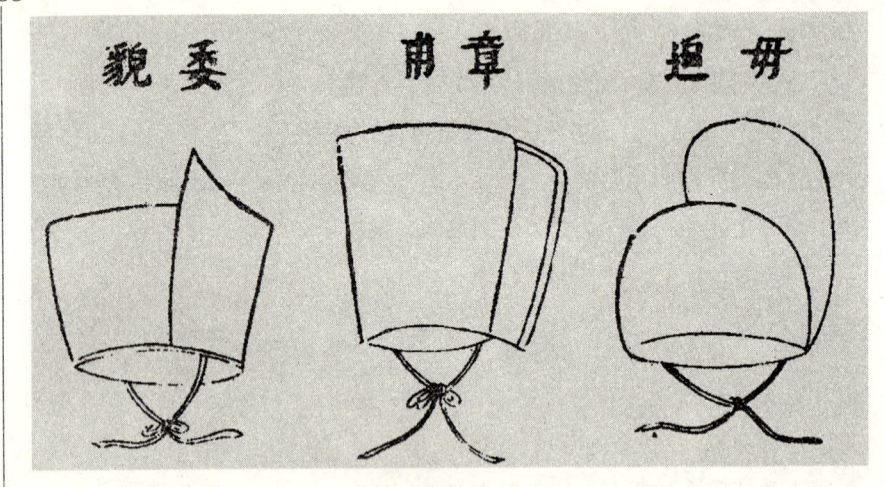

言所以安正容貌；章，明也，言所以表明丈夫；毋，发声；追，犹堆也。皆言冠之形。道者，言常所服以行道之冠也。"《正义》曰："行道，谓养老、燕饮、燕居之服。若视朝，则皮弁也。"《晋书·舆服志》云："委貌，形如覆杯，与皮弁同制。"清时夏日服委貌，形正如覆杯，殆采周制欤？

《通考》云："周以前冠冕之制，其详不可得闻，惟《虞书》言章服，《戴记》言冠制耳。"然冠之制有三：曰冕，曰弁，曰冠。弁与冠自天子至于士，皆得服之；冕则卿大夫以上服之，而可以兼服弁；弁则士以下服之，而不可以僭服冕。

《戴记》，即《大戴礼记》。

春秋时视冠极重，去冠则失礼，以为大耻

《韩非子》："齐桓公饮酒，醉，遗其冠，耻之，三日不朝。"

按：《韩诗外传》："齐景公纵酒，醉而解衣冠，鼓琴以自乐。顾左右曰：'仁人亦乐此乎？'晏子曰：'自齐国五尺以上，力皆能胜婴与君；而不敢者，畏礼也。今君先失礼矣。'"据此，虽燕居不冠，亦非礼也。

古制冠有模，至求之于外国，以为冠法

《左传·昭二十三年》："晋范献子求货于叔孙，使请冠焉。取其冠法，而与之两冠。"注："冠法者，作冠模法也。"以是为国际交际品，其重可知矣。

春秋吊用白冠

《说苑》："楚孙叔敖为楚令尹，一国吏民皆来贺，有一老父衣粗衣、

冠白冠而吊。"

冠若非法，可至杀身

《左传·僖二十八年》："楚子玉自为琼弁、玉缨。"人知其将得祸，后果然。然其杀身之故，不尽在冠也。《左传·僖二十四年》："郑子华之弟子臧出奔宋，好聚鹬冠。鹬，翠鸟，羽可为饰。郑伯闻而恶之，使盗诱而杀之。"则直以冠杀身矣。

春秋战国时冠样可随意制，有獬豸冠

《左传·成九年》："南冠而絷者谁也？"《正义》曰："南冠，楚冠，即今獬豸冠也。獬豸，触不直，故法冠象其形。"

按：《后汉书》："獬豸，神羊，能别曲直。楚王常获之，故以为冠。秦灭楚，以其君服，赐执法近臣御史服之。"夫獬豸既为羊，则有两角，冠状如是，怪甚矣。而春秋时楚人，全国服之，故一望而知为南冠也。楚灭，只法官服之，沿至汉唐不改，盖冠式以此为最久矣。

有鸡冠

《史记·弟子列传》："子路性鄙，好勇力，志伉直，冠雄鸡，佩豭豚。"是又以雄鸡为冠，取其勇猛。其形状之可畏，亦獬豸之亚。

有鹖冠

《真隐传》："鹖冠子，楚人。隐居幽山，衣被屡空，以鹖为冠。著书言道家，庞谖常师事之，后显于赵。鹖冠子惧其荐己，乃与谖绝。"又，《坊记》云："赵武灵王制鹖冠以表武士。"

按：《正字通》："鹖，色黄黑而褐，首有毛，角有冠。性爱侪党，有被侵者，直往赴斗，虽死不置。"是亦鸟之勇猛者，取其状以为冠，亦犹鸡冠之义也，状愈奇矣。

其固冠之法，则有纽武，贯之以笄，而以纵约其发

《周礼·夏官·弁师》"延纽"注云："纽，小鼻在武冠卷也。《礼·玉藻》："缟冠玄武。"上，笄所贯也。今时冠卷当簪者，广袤以冠縰，同纚。《释名》云："以韬发者。"《前汉·江充传》"冠禅纚步摇"，注云："纚，织丝为之，即今方目纱也。盖未冠之前，先以纵约束其发也。"其旧象欤？"疏："古

《坊记》，《礼记》中的一篇。

卷四 三代以来首服

冠图

凡冕冠弁服以玄冠幂首謂之冠

之纽武，笄贯之处，若汉时冠卷，当簪所贯者，于上下之处，及随纵之衰《博雅》："长也。"以冠。纵者，贯簪之处，当冠縰之中央。云'旧象'者，是周冕垂纽于武，贯纵之旧象也。"《士冠礼》："缁纚，广终幅，长六尺。"是纚长之度也。

然服冠亦有不同笄贯者，但必围以组

《仪礼·士冠礼》："缁布冠缺项。"又，《诗·小雅》："有頍者弁。"郑康成直读"頍"为"缺"，以为弁貌。《六书通》云："冠无笄者用頍，以组围头，以系冠缺。其当项处，以俟系束也。"据此是以组围头，以期冠固，而组之两端，盖当脑后冠缺处，使下垂以为系束。若有笄之弁，则屈组为纮，冠卷。垂为饰，不用頍。

而系冠之法，缨尤为重

《士冠礼》："缁布冠缺项，青组缨属于缺。"《左传》："子玉为琼弁、玉缨。"《说苑》："楚庄王与群臣夜宴，尽醉，烛灭，有人牵王之夫人，夫人绝其缨，语王云：'顷有人无礼于妾，妾断其冠缨，请罚之。'庄王遂令于群臣曰：'今日饮，须尽断冠缨以为乐。'于是群臣尽断其缨。"

按：《说文》："缨，冠系也。"《释名》："缨，颈也，自上而系于颈也。"以故《左传·哀十五年》："以戈击之，断缨。子路曰：'君子死，冠不免。'结缨而死。"结缨于颈，则冠固，故曰不免。《战国策》："淳于髡仰天大笑，冠缨索绝。"头仰后则缨急，急则绝也。《庄子》："曾子居卫，缊袍无表，正冠而缨绝。"冠久则缨敝，敝而顿之，故亦绝也。愈见缨与冠所系之重已。

缨上有饰

《左传》："楚子玉为琼弁、玉缨。"是饰缨以玉也。《仪礼·士冠礼》：

"其緌也。"注云："緌，缨饰也。"是缨上更缀以缅，以为美观。

周庶人首服状况

以上所言弁冕，皆士以上所服，庶人不与。然则古庶人首服，果何如乎？

按：蔡邕《独断》云："帻，古者卑贱执事不冠者之服。"又，《释名》云："巾者，谨也。二十成人，士冠，庶人巾。"据是则厮役帻而庶人巾。巾为普通商民之首服，然庶人有事亦冠，《郊特牲》"黄衣黄冠而祭"是也。

周庶人亦露髻，髻在项后不在顶

《庄子》："支离疏者，驼背。肩高于顶，会撮指天。"注："会撮，髻也。"古人髻在项中，脊曲头低，故髻指天。据是则古人或露髻，髻在项后，不似后人之在顶也。

汉冠服状况，冕仍周制

《后汉书·舆服志》："冕皆广七寸，长尺二寸，前圆后方，朱绿里，玄上，前垂四寸，后垂三寸，系白玉珠为十二旒。"是仍周制也。惟周冕里朱，汉增以绿为小异。又，周制大夫以上方服冕，《汉志》未言限制。然据《赵憙传》："不得已，解巾之郡。"注云："既服冠冕，故解帻巾。"是太守即可服冕也。

有爵弁 爵同雀

《后汉书·舆服志》："爵弁，一名冕。广八寸，长尺二寸，如爵形，前小后大，缯其上似爵头色。"

按：周弁纯以鹿皮为之，不言加缯帛其上，亦未云后大前小。盖汉弁视周，小异其状矣。

时仍有獬豸冠

《后汉书》："法冠，或谓之獬豸冠。"又，《淮南王传》："作汉使节法冠。"又

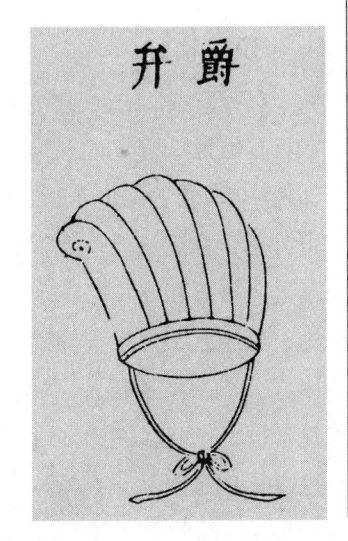

《张敞传》:"且当以柱后惠文冠弹治之耳。"注:"汉法冠也。"是獬豸神羊之象,至汉仍存也。

有刘氏竹皮冠

《史记·高帝纪》:"高祖为亭长,乃以竹皮为冠,时时冠之,及贵常冠,所谓刘氏冠也。"后诏曰"爵非公乘以上,不得冠刘氏冠",即此。但史只言其质,未详其形。

有高山冠

《后汉书》:"高山冠,盖齐王冠也。"注:"以其形似山。"

时学者皆服进贤冠

《后汉·舆服志》:"进贤冠,文儒者之服也。前高七寸,后高三寸。"以梁多少别贵贱,自博士以至私学弟子皆一梁。是凡学者皆服之。魏晋六朝,承用不改。

汉仍重视冠

《汲黯传》:"丞相弘燕见上,或时不冠。至如黯见,不冠,不见也。"

汉冠卷

《周礼·弁师》"延纽"疏云:"古之纽武,笄贯之处,若汉时冠卷,当簪所冠者。"

汉帻状况

《后汉·舆服志》:"古者有冠无帻。"至战国时,"秦雄诸侯,乃加其武将首饰为绛袙同帕,以表贵贱,其后稍稍作颜题。颜也。汉兴,续其颜,却摞理也。之,施巾连题,却覆之。""至孝文乃高颜题,续之为耳,崇其巾为屋,合后施收。上下群臣贵贱皆服之,文者长耳,武者短耳。"又,蔡邕《独断》云:"帻,古者卑贱不冠者之服,元帝额有壮发,不欲令人见,始服之,群臣皆随焉,然尚无屋。至王莽内加巾,故言王莽秃帻施屋。"又,《刘玄传》:"侠卿为制绛单衣,半头赤帻。"注:"帻,巾所以覆髻也。"《续汉书》曰:"童子帻无屋,示未成人也。半头帻即空顶帻也,其上无屋。"《广韵》:"弁缺四隅为帢。"夫既有四隅,则形方也。

《后汉》,即《后汉书》。书中多有类似省称。

按：帻之起，《独断》谓始于元帝，《后汉书》谓始于战国，盛于文帝；并谓崇其巾为屋，《独断》则谓至王莽始加巾，微有不同。然帻之始起，以绛帕首，盖与巾无异。后始加颜，加耳为屋，形状又略同于冠矣。然前汉时不多见，至东汉末则大盛。《集异记》云："汉延熹中，京师帻额短耳长，短上长下。时中常侍单超、徐璜、左悺至于家贫，不能自办，自号无头，就人借头。"此其沿革之大略也。

屋者，隆起而空上。今戏剧之冠，色青，顶后半隆起，有两耳横于左右者，殆即帻之遗制也。《续汉书》谓半头帻即空顶帻，其上无屋。然则帻之平顶者，虽空其上，不得谓之屋。屋则有脊高起，前后渐低如屋形也。

王莽像

汉卷帻及帻梁状况

《士冠礼》："缁纚，广终幅，长六尺。皮弁笄，爵弁笄，缁组纮。"郑康成注云："纚，今之帻梁也。"又云："今未冠笄者，著卷帻。"疑其形与冠卷类也。

汉头巾贵贱前后不同

《正韵》云："巾，蒙头衣也。"《玉篇》云："佩巾本以拭物，后人著之于头。"《急就篇》注云："巾者，一幅之巾，所以裹头也。"《释名》云："巾者，谨也。二十成人，士冠，庶人巾，当自谨修于四教也。"在两汉时，巾纯为庶民所服。《郭泰传》注云："巾以葛为之。"居士野人所服是也。《朱博传》："皆罢斥诸病吏，白巾走出府门。"《冯衍传》："乃共罢兵，幅巾降于河内。"是甫罢官即须白巾，不得服官帻。《赵喜传》："诏书追切，不得已，解巾之郡。"是既为官吏，即须脱去白巾，不得仍庶人服。《赵咨传》："太尉杨赐特辟，咨使饰巾出入，请与讲议。"是既非官吏，须特许其服巾，然后能出入府门。是两汉四百年间，只庶人服巾，其界甚严。至东汉末，虽王公学士亦服之，遂无区别。《魏武纪》注云："傅子曰：'汉末王公，多委王服，以幅巾为雅。'"是以袁绍之徒，虽为将帅，皆著缣巾。王公且然，官吏可想。《郭泰传》："常于梁陈间行，遇雨，巾一角垫。下也，溺也。时人乃故折巾一角，以为'林宗巾'。"其见慕皆如此。

卷四 三代以来首服

孔融像

《孔融传》："融幅巾奋袖，谈词如云。"名士且巾，儒雅风流，效慕益众。于是自周迄汉，以下等社会之头服，至此乃遍于朝野，而周代礼秩之等差，遂涽然莫辨矣。彼《晋书·舆服志》谓巾古尊卑共服者，非也。

汉官吏谢罪则免冠，士庶则脱巾

《周亚夫传》："景帝视而笑曰：'此非不足君所乎？'条侯免冠谢。"《后汉·高凤传》："邻里有斗者，解之不已，乃脱巾叩头固请。"是无论贵贱，皆以脱冠巾表示待罪之意，且服过也。

汉以前士庶尽白巾，不忌白色

汉以前只官吏冠服有色，或青、或玄、或缃、浅黄。余士庶尽白巾，成为风俗。不似后世，必持服而后服白也。观汉末妖贼，以黄为巾，亦所以别于白，自为标识。

魏晋六朝冠服状况

天子冕旒，历代皆然，故不更详。兹所重者，燕居之服及社会真状也，故略于冠冕，而详于帽帢。

魏晋时帽帢大行

帢，《玉篇》云："帽也。"《广韵》云："弁缺四隅曰帢。"《类篇》："帢或作䩍。"䩍，《玉篇》云："帽也，同帢。"然则帢也、䩍也、帽也，一物也。《魏志·太祖纪》注云："汉末公卿，多委王服；以幅巾为雅。魏太祖拟古皮弁，裁缣帛以为帢，以色别其贵贱。"是为帽之所自始。

魏帢有歧，六朝尚白帽

《晋书·舆服志》："䩍，本未有歧，荀文若名或。巾之，行触树枝成歧，谓之为善，因而弗改。"按：触树枝而成歧者，中陷，两边高也。晋

因之，《舆服志》云："汉仪，立秋日猎，服缃浅黄帻，后哀帝改用素白帢。"又，"咸和九年制，听尚书八座丞郎、门下三省侍官乘车，白帢低帏，出入掖门。"又，"二宫直官，著乌纱帢。然往往士人燕居皆著帢矣。"又，《隋书·礼仪志》："宋、齐之间，天子燕私著白高帽。""太子在永福省，著白纱帽。""南齐桓崇祖守寿春，著白纱帽，肩舆上城。"至隋，以白帢通为庆吊之服，国子生亦服白纱巾。是六朝至隋，上自天子，下至士庶，皆白巾帽之证也。

晋时以帻为礼服，帽为便服

《世说》："王镇西往尚书墓还，葬后三日反，哭。诸人要之，便回驾，把臂下车，裁得脱帻，着帽酣宴。半坐，乃觉未脱衰。"是帻为礼服，帽为燕服，故脱帻着帽。又，《晋书·谢安传》："安为桓温司马，温诣谢，值谢梳头，遽衣帻。温命以帽见。"是亦以帻为礼服，帽为便服，故温令帽见，以示优异。

晋帻质劲、帽质软

《世说》："时庾颓然已醉，帻堕几上，以头就穿取。"可证帻为劲质，故可以头穿取。又，"桓宣武少家贫，戏大输，求救于袁耽。耽遂变服，怀布帽，随温去。"可证帽为软质，故可怀也。

晋帽无缨

《世说》："孟参军九月九日从桓公游龙山，风吹落帽。"是晋帽无缨，有缨则不致风吹落也。

六朝至隋帽有裙

《南史·和帝纪》："百姓皆著下屋白纱帽，而反裙覆顶。"又，《隋书·礼仪志》："帽自天子下至庶人皆服之。以白纱者，名高顶帽。又有缯皂杂纱为之，高屋下裙。"又云："其制不定，或为卷荷，或为下裙。"

按：帽有裙为古所未见。《五代史补》云："僧谦先饮酒食肉，尝曰：'但愿鹅生两掌，鳖留两裙足矣。'"是以鳖边下垂者为裙也。又，《释名》云："裙，连接裾幅也。"六朝至隋时，或于帽檐下缀横幅以为饰，故反裙可覆顶也。

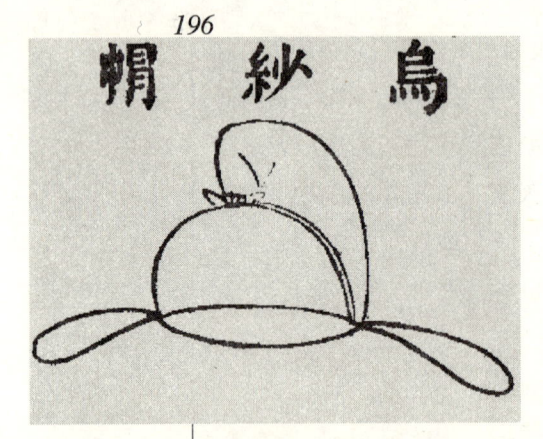

乌纱帽

唐巾、东坡巾

唐尚乌纱帽

《唐书·车服志》："乌纱帽者，视事及燕见宾客之服也。"是官吏视事及燕居，皆乌纱帽也。又，《云溪友议》："李回谓魏谟曰：'如今脱却紫衫，纱帽秀才，仆为试官，依前不送公。'"是秀才亦服纱帽也。

唐宋头巾形尖为美

《闻奇录》："又覆巾子射之云：'近来好裹束，各自竞尖新；秤无三五两，因何号一斤？'"是唐庶人仍以巾裹头，而以尖新为美观。又，《归田录》陶榖诗云："尖檐帽子卑凡厮。"是宋初帽子亦尖形。

宋头巾带垂前

《老学庵笔记》："予童子时，见前辈犹系头巾，带于前，作胡桃结背子。"是头巾之裹束，亦以带为固，且必垂带于前，以为饰也。盖至宋已以帽为礼服，巾为便服，与六朝时之以帻为官服、以帽为便服者异矣。

周以来笠之状况

《诗·小雅》："彼都人士，台笠缁撮。"传云："台所以御暑，笠所以御雨也。"郑笺："台，夫须也。都人之士，以台皮为笠。"

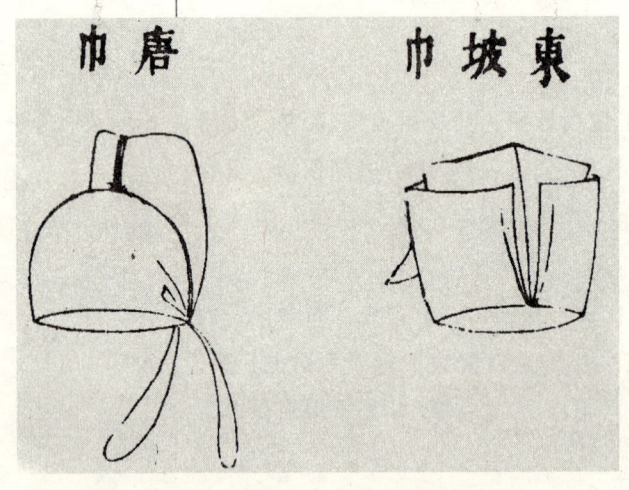

按：《小雅》云："南山有台。"传："台，夫须也。"疏："夫须，莎草也，可为蓑笠。"是笠之质以草织成也。

笠无贵贱皆服之

《左传》注："兵车无盖，笘人执笠，依毂而立，以御寒暑，名曰笠毂。"是贵人用笠也。《诗·小雅》："何蓑何同荷笠。"是下至牧人亦服笠也。然后世之笠，皆用以御风日及雨，夏秋用之，冬日则否；而杜注兼云御寒，则不得其义矣。

古笠有柄

《史记·平原君传》："虞卿者，游说之士也。蹑蹻担簦，说赵孝成王。"徐广曰："笠有长柄者谓之簦。"又，《篇海》："簦笠以竹为之，无柄曰笠，有柄曰簦。"

古簦笠即今之伞

《急就篇》注云："簦笠皆所以御雨。大而有把，手执以行，谓之簦；小而无把，首戴以行，谓之笠。"是以《古逸诗·越谣》云："君担簦，我跨马，他日相逢为君下。"由是证之，《左传》"笠轂"之笠，既云箧人手执，亦必为有柄之簦。簦较笠大而广，形盖与今伞无异。惟今伞能开合，簦能开合与否，载籍未言，不知果何如耳。

晋时有曲柄笠

《世说新语》："谢灵运好戴曲柄笠。"按：《急就篇》："簦有柄，手执以行；笠无柄，方戴于首。"兹虽曲柄而仍戴之，其真状不能明也。

唐以笠御雪

唐宋以来诗歌言笠者极多。太白云："饭颗山头逢杜甫，头戴笠子日卓午。"又云："箬笠青茫茫。"箬亦竹类，以无异义，并不录。惟柳子厚云："千山鸟飞绝，万径人踪灭；孤舟蓑笠翁，独钓寒江雪。"是以笠御雪。《左传》注所谓"御寒"者，或即此欤？

《独钓寒江雪》诗意图

清时草帽

古为笠，或以台草，或以竹，或以箬。至清时，以麦茎编

为辫,盘缀成笠,光泽轻松柔软,广约二尺,极为外国所羡,于是草帽辫为出口大宗。

周时沐发义意

《韩非子》:"为政犹沐也,虽有弃发,必为之爱。爱弃发之费,而忘长发之利,不知权者也。"又,《淮南子》:"今沐者堕发,而犹为之不止,以所去者少,所利者多。"夫曰"忘长发之利",曰"所利者多",则沐者不惟去垢取洁,亦所以沃发使舒长也。

周沐发状况

《左传·僖二十四年》:"头须求见,公辞焉以沐。谓仆人曰:'沐则心覆,心覆则图反。'"是沐时须平身低头,平身故心覆也。又,"叔武将沐,闻君至,喜,捉发走出,前驱射而杀之。"是沐时须解发,发已解而迎客,故捉以出也。

贵妃出浴图

周沐发洗面盥手去垢之法,惟恃米汁,至汉犹然

《左传·哀十四年》:"陈氏方沐,使疾,而遗之潘沐,备酒肉焉。"注:"潘,米汁,可以沐头。"又,《内则》云:"沐稷而靧粱。"注:"沐发用稷汁,取其滑也。靧,洗面。洗面用粱汁,取其洁也。"盖古时发之上覆以纚,纚之上加以冠,不勤沐则发垢腻,垢腻多则虮虱生矣。滑则去垢易也。又,《史记·外戚传》:"丐沐沐我,请食饭我,乃去。"注:"沐,米潘也。"是汉仍以米汁沐也。

古栉发盥沐靧面次数

《内则》:"子事父母,鸡初鸣,咸盥漱,栉纚笄总,拂髦。"然则每日晨起,须理发一次也。又,《内则》云:"日五盥,盥者以手沃水,取净也。"手操作多,则生垢易,故日五盥手。又云:"三日具沐,其间面垢,燂潘也潘请继。"盖发沫而干，干丽栉，须时甚久，故不能日日为，须隔三日。至面垢则随时可洗，绎经义或日一为之。其间者，言三日之间也。

晋时澡豆

《世说》："王敦初尚主，如厕还，婢擎金澡盘盛水，琉璃碗盛澡豆，因倒著水中而饮之，谓是干饭。群婢莫不掩口而笑。"

唐宋人用澡豆者仍少

《酉阳杂俎·贬误》云："予门吏陆畅娶童溪女，群婢捧匜，以银夆盛澡豆。陆不识，辄沃水服之。其友生问：'君为贵门女婿，几多乐事？'陆云：'贵门礼法，甚有苦者，日俾予食辣面，殆不可过。'"又，《渔隐丛话》："王荆公面黑，夫人为置澡豆。公曰：'天生黑于予，澡豆其如予何？'"以是证唐宋人沐浴，不尽用澡豆，尚与今异也。

古沐后晞发状况

《庄子》："孔子见老聃，老聃新沐，被发而干，俟干。慗然似非人。"盖古人发多而长，被发下垂，形状诡怪，故曰非人。又，《淮南子》："今沐者堕发，而犹为之不止，以所去少，所利者多。"

晋、唐晞发状况

《世说》："谢万造王恬，坐少时，王便入门内，谢以为厚待己。良久，乃沐头散发而出，亦不坐，仍据胡床，在中庭晒头，神气傲迈，了无酬对意。"唐杜甫诗云："当风晞白发。"是亦沐后，欲发得风易燥也。

周栉发器

《内则》："栉用椫注：白理木。栉，注：梳也。发晞用象栉。"注："沐发为除垢腻，故用涩木以为梳也。晞，燥也。沐已干则发涩，故用象梳以取滑也。"

汉、唐理发用梳

《说文》："梳，理发也。"《释名》："梳，言其齿疏也。"《长杨赋》："头蓬不暇梳。"《唐书·吴竞

宋代女子梳头用具

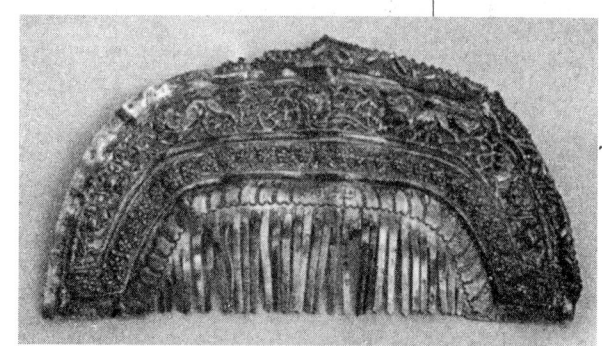

传》："朝有讽谏，犹发之有梳。"

若周时越人则剪发不冠

《韩诗外传》："越王勾践使稽廉献民于荆王，荆王使者曰：'越，夷狄之国，请欺其使者。'荆王曰：'勾践，贤人也，其使者必贤，子慎之。'使者出见稽廉曰：'冠则得以俗见，不冠不得见。'稽廉曰：'夫越，亦周室之列封也，处江海之陂，与魭鳣鱼鳖为伍，文身剪发，而后处焉。今来至上国，必曰"冠得以俗见，不冠不得见"，如此，则上国使适越，亦将劓墨、文身、剪发，而后得以俗见乎？'荆王闻，披衣出谢。"

周以来重须状况

《左传·昭七年》："楚子享公于新台，使长鬣者相。"是以长鬣为美，故使相君行礼。又，《左传·昭十七年》："吴公子光谋借取餘皇，船名。众许之。使长鬣者三人伏于舟侧，诈为楚人。"尤足证楚人长鬣之多。

擒将图中的美髯公关羽

周时以无须为耻

《孔丛子》："子思适齐。齐君之嬖臣，美须眉，立乎侧。齐君指之而笑，且言曰：'假貌可相易，寡人不惜此之须眉于先生也。'子思曰：'非所愿也。人之贤圣，在德不在貌。吾性无须眉，天下侯王，不以此损其敬。仅患德之不昭美也，不病毛发之不茂也。'"此可证子思无须，齐王以为可耻，故欲以其嬖臣之须移于子思，则当时之风尚可想矣。

汉仍以须多为美

《后汉书·光武纪》："是美须眉者耶？"又，《东平王传》："为人美须髯，要带十围。"《赵壹传》："美须豪眉。"《蜀志·关羽传》："犹未及髯之绝伦也。"羽，美须髯，故云。又，《史记·张良传赞》："观其相乃如妇人女子。"是子房无须，故太史公讥之也。

六朝人之保护须法

《南史》："刘文仲尝献齐高帝缠须绳一枚。"《世说》："陆云诣张华。华为人多姿制，又好帛缠须，云见，大笑不已。"夫以绳缠、以帛缠者，恐须或着污而点尘土也。又，《后汉·温序传》："序受剑，衔须于口，顾左右曰：'既为贼所迫杀，勿令须污土。'"是将死而仍护须也。

六朝时面脂

《世说》："江淮以北，谓面脂为面泽。"

按：面为风日所吹曝，涂以脂则光泽。

汉以来口脂

《释名》："唇脂，以丹作之，象唇赤也。"《正字通》："燕脂，以红蓝花汁凝脂为之，燕国所出，后人用为口脂。"

汉初男子傅粉

《史记·佞幸传》："孝惠时，郎侍中皆冠骏䴅，贝带，傅脂粉。"

周以来妇女首饰状况　周妇人不冠

《内则》："妇事舅姑，鸡初鸣，咸盥漱，栉縰，笄总。"

按：《释名》："总，束发也，总而束之也。"《诗·齐风》："总角卯兮。"注："总束其发，以为两角。"又，《仪礼·丧服》："总六升。"注："首饰象冠。"縰，注云："韬发者也。"盖妇每日晨起理发，既韬之以縰，更以笄簪也。总约其发，使整齐也，与男无异也。所异者，男冠，女则否耳。《内则》妇事舅姑礼节，与子事父母同。惟男冠绥缨，妇则否。故知周妇不冠。

周妇笄衡头上饰以玉

《诗·鄘风》："君子偕老，副笄六珈。"传："副者，首饰，编发为之。笄，衡笄也，垂于副之两旁。珈，笄饰之最盛者，所以别尊卑。既笄而加

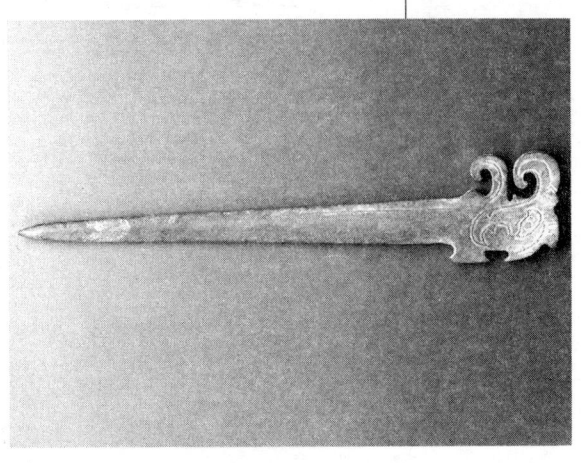

商代玉笄

饰，如今步摇上饰。"孔氏曰："珈，加也。王后之衡笄，皆以玉为之，垂于副之两旁，当耳其下，以紞系瑱。由副既笄，而加此饰，故谓之珈。"据此见周时妇人，虽王后祭祀，亦不冠。只以笄衡于副之两旁，系之以玉，垂于耳际以为瑱。此女最盛礼服之状况也。

周时以发黑为美

《诗·鄘风》云："鬒发如云。"传："黑发也。"又，《左传·昭二十八年》："有仍氏生女，发黑而甚美。"注："服虔云：'发美为鬒。'"是古以发多而黑者为美观。

古又以敛发为庄重

《曲礼》："敛发毋爱髢。"注："毋垂馀如髢。"《诗经》注："髢，益发也。"言取他人之发，以益己之发，即假发也。垂馀则有假发之嫌，不庄雅，故礼以为戒。

然周初贵妇人已有假发

《礼·少牢馈食礼》："主妇被锡。"注："被锡，读为髲鬄。古者或剔贱者、刑者之发，以被妇人之紒同结为饰，故名髲鬄焉。"是周初贵妇已以假发为饰，《曲礼》之言，不必拘也。

至春秋妇人假发盛行

《诗·鄘风》："鬒发如云，不屑髢也。"言己发甚美，不屑以假发为饰。又，《左传·哀十七年》："初，公自城上，见己氏之妻发美，使髡之，以为吕姜髢。音剃。"注："髢，髲也；假发也。"是竟以暴力剔贱者之发，而益其妻发。其重视假发为何如哉！

古以油沐发使光泽

《诗·卫风》："自伯之东，首如飞蓬。岂无膏沐，谁适为容？"
按：膏者，油也。以油涂发，发即光泽，至今犹然。

春秋贵妇人时髻样

《诗·小雅》："彼君子女，卷发如虿。"又，"匪伊卷之，发则有旟。"《通俗》云："虿，蝎也。"笺："虿尾上翘，妇发卷起如虿尾也。"旟，笺云："扬也。"盖髻样卷起，如旐之扬空，生动飞舞也。兹二语写当时妇

《通俗》，即《通俗编》。

发结束状况，可谓神妙入微。而"发则有旂"四字，能意会不可言传，尤奇绝，为后人百思所不到。经文之可贵如此。

古妇人理发器

《诗·鄘风》："玉之瑱也，象之揥也。"笺："揥，所以摘发也。"即今之梳也。有齿，以象牙为之，取其洁而滑。然此只贵妇人能办，若庶人则以木为梳，所谓樿栉也。

周时妾不得笄

《国语》："司马子期欲以其妾为内子，访之左史倚相，曰：'吾有妾而愿欲笄之，其可乎？'"

按：笄者，簪也。《士昏礼》："女子许嫁，笄而醴之。"又，《内则》："十有五年而笄。"女之有笄礼，犹男之有冠礼。妾贱，故终身不得笄。笄则可衡笄于首，系六珈以为饰，服最贵之首服矣。司马子期以其非礼，故访于左史倚相。古人之不敢放肆如此。

汉妇首上步摇

《诗》："副笄六珈。"传云："既笄而加饰，如今步摇上饰。"钱氏曰："今人步摇加饰，以珠饰之。小者六，多者倍蓰，至三十六。"疏云："步摇，副之遗象。"又，《周礼·天官·追师》，郑注："副以覆首，若今步薕。"《释文》："薕本作摇。"据是则汉之步摇，周副之遗也。

汉步摇状况

《前汉·江充传》："冠禅纚步摇。"注云："冠禅纚，故行步则摇。"由是证之，步摇女饰，以行步颤动为美，故以为名也。

汉假髻

《宋书·礼制》："皇后谒庙，首饰假髻步摇，八雀九华。"假髻者，即《诗》所谓髢也。

汉妇人画眉

《汉书·张敞传》："又为妇画眉，长安中传张京兆眉怃。"苏林云："怃，妩也，媚也。"

按：《诗》云："螓首蛾眉。"眉与目，自周以来为妇容所最重。眉

张敞画眉

欲其细而长；或广而短、疏而薄，则以黛画之，令其浓翠弯长，以增妩媚，远望之与真无异。观"蛾眉"之语，殆自周时已画眉，不然无由与蛾类也，而至今未已。以些微之事，传之数千年，可谓久矣。

周妇人以粉黛为饰

《韩非子》："故善毛嫱、西施之美，无益吾面，用脂泽粉黛，则倍其初。"

汉美人傅粉状况

《广川王传》："延画工画舍，望卿<small>王姬名</small>。袒裼，傅粉其旁。"傅者，涂也，涂粉于面及项也。凡美人晨起梳洗妆饰，须褪去长衣，方动作灵敏，故袒裼也。

晋妇人仍重假发

《世说》："陶公<small>侃也</small>少有大志，家酷贫。同郡范逵举孝廉，投侃宿。时冰雪积日，室如悬磬。母湛氏曰：'汝第出外留客。'湛头发委地，下为二髲，卖得数斛米；斫诸柱，割半为薪，锉诸荐以为马草。逵感其意，到洛称荐，终得其力。"

后齐时妇人至贵假发，贱真发，髻状如飞鸟

《集异记》："后齐时妇人，皆剪剔以著假髻，而危邪之状如飞鸟。至于南面则髻心正西，始自宫内，被于四远。"盖不剪剔真发，则假发碍于安放。飞鸟之状，殊不易得也。

春秋时美人项领眉目口齿姿态

《诗·卫风》："硕人其颀，领如蝤蛴，齿如瓠犀，螓首蛾眉。巧笑倩兮，美目盼兮。"此诗状美人首上之姿态，可谓千古绝调矣。蝤蛴者，

《尔雅》注："木中虫，白而长，故诗人以比妇人之颈。"犀，坚也。《前汉·冯奉世传》："器不犀利。"言坚利也。瓠犀者，言美人齿如瓠子之洁白而坚利也。螓首者，传云："螓首，颡广而方。"蛾眉者，《前汉·扬雄传》："何必飏累之蛾眉。"师古云："影若蚕蛾眉也。倩者明媚，盼者分明，言目黑白分明也。"读此诗，千载下如睹其貌、如面其人矣。

战国美人眉目朱唇姿态

宋玉《神女赋》："眸子炯其精朗兮，了多美而可观。眉联娟以蛾扬兮，朱唇的其若丹。"

东汉时美人首部时妆姿态

《集异记》："汉桓帝元嘉中，京都妇女作愁眉、啼妆、堕马髻、折腰步、龋齿笑。愁眉者，细而曲折；啼妆者，薄拭目下若啼痕；堕马髻者，作一边；折腰步者，足不在体下；龋齿笑者，若齿痛，乐不欣欣。始自大将军梁冀家所为，京师翕然，诸夏皆放。"

唐时美人粉黛之重致印眉痕

《北里志·颜令宾传》："令宾卒，诸客挽词颇多。其一章云：'昨日

巫山神女

寻仙子，辎车忽在门。人生须到此，天道竟难论。客至皆连袂，谁来为鼓盆。不堪襟袖上，犹印旧眉痕。"又，《妆楼记》："徐州张尚书建封也诸妓多涉猎书史，人有借其书者，往往粉脂痕印于青编。"夫以黛画眉而痕能印于襟上，虽今日演剧之女妆，其浓无以过之；而指尖涂粉，则今日之所无。想见古美人涂抹浓重，状态骇人也。

自周以来妇女穿耳

《庄子》："为天子侍御，不剪爪，不穿耳。"又，《吴志·诸葛恪传》注："母之于女，恩爱至矣。穿耳附珠，何伤于仁？"夫曰"不穿耳"，可见普通穿耳者多；耳有孔可缀物，故可"附珠"。

卷五 身服

三代以来衣服状况　殷尚白衣

《礼·王制》:"殷人哻而祭,缟衣而养老。"传:"殷尚白而缟衣裳。"

按:《诗》:"缟衣綦巾。"传:"缟衣,白色。"是殷时以白色为极重,故以养老也。

周时单衣

《礼·玉藻》:"禅为絅。"注:"有衣裳而无里曰禅。"按:《说文》:"禅,衣不重。"即今所谓单衣也。《诗》曰:"衣锦尚絅。"言锦外覆以单衣,即今所谓袍罩也。

周时夹衣

按:《急就篇》:"衣裳施里曰袷。"《玉篇》:"袷衣,无絮也。"《韵会》:"袷,夹衣也。"《诗·邶风》:"绿衣黄里。"既有里,则袷同夹衣矣。又,《礼》:"以帛里布,非礼也。"尤周御夹衣之明证。

周时绵衣

《左传·宣十二年》:"申公巫臣曰:'师人多寒。'王巡三军,拊而勉之,三军之士皆如挟纩。"注:"纩,绵也。"古时无棉,皆以蚕丝为絮。挟纩者,言于夹衣之中,絮以蚕丝,轻而暖,故巫臣取以为喻。然此只富人

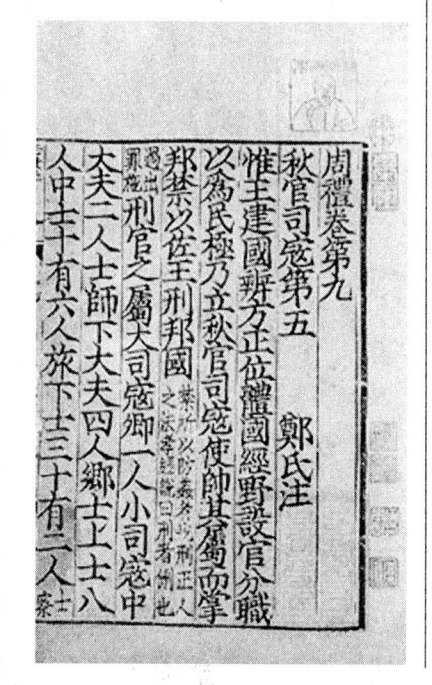

《周礼》书影

能为之,一般军民,盖不能也。

周时裘服之杂、等级之分

《中论》:"救寒莫如重裘"。《周礼·天官·司裘》:"掌为大裘,以供王祀天之服。"《诗·小雅》:"彼都人士,狐裘黄黄。"《豳风》:"取彼狐狸,为公子裘。"《玉藻》:"君衣狐白裘。"《战国策》:"千金之裘,非一狐之腋。"是最贵者,狐白裘也,故云"士不衣狐白"。《玉藻》云:"君之右虎裘,厥左狐裘。君子狐青裘,羔裘。"是士大夫次贵之裘也。《诗·小雅》:"舟人之子,熊罴是裘。"《玉藻》云:"犬羊之裘,不文饰也。"是最次之裘,庶人所服也。

周时裘服毛外向

《礼·玉藻》:"大裘不裼。"裼者,袒而有衣。大裘以黑羊皮为之,虽只天子服以祭天,然黑黯无文采,故无庸裼以增美,是可证文外向也。《诗》曰:"狐裘黄黄。"盖狐皮惟腋纯白,馀黄色者多,惟毛向外,故视之有黄黄之色。《论语》:"羔裘玄冠不以吊。"吊主哀,不以美为敬;羔裘鲜洁华美,炫人瞻视,故于吊不宜。又,周时以裘分等级,毛若不外向,级何由分哉?

惟裘毛外向,故服有裼裘之分

《礼·玉藻》:"君衣狐白裘,锦衣以裼之。君子狐青裘,玄绡衣以裼之。麑裘袖绞衣以裼之。羔裘,缁衣以裼之。狐裘,黄衣以裼之。""裘之裼也,见美也。"注云:"裘上加裼衣,裼衣虽加他服,犹开露裼衣,见裼衣之美,以为敬也。"又云:"袒而有衣曰裼,示威猛之卫也。"盖裘美矣,更称裘之色加以裼,裨飘扬飞舞以助其美。其制今剧场犹有之,披于肩上而无袖,但于领处结项以为固,披拂威风,里衣尽露,故注曰"袒而有衣",又曰"犹开露"也。是于裘之外,裼以助裘美也,吉服也。

狐裘图

锦衣狐裘
朝天子之
服苏氏曰
此狐裘
白裘也

袭者，《玉篇》云："重衣也。"《礼·玉藻》："服之袭也，充美也。"注："充，覆也。充美者，掩塞其美也。"又，《玉藻》云："吊则袭，不尽饰也。"是袭者即今之衣罩。清时吊丧，以石青单褂罩于外，使内美不著，是其遗制也。

又，《檀弓》："曾子袭裘而吊，子游裼裘而吊。曾子指子游而示人曰：'夫夫也。为习于礼者，如之何其裼裘而吊也？'主人既小敛，袒、括发，已成服。子游趋而出，袭裘带绖今孝条而入。曾曰：'我过矣，我过矣！夫夫是也。'"注："主人始丧，未变服之前，吊者吉服，故裼裘。及主人变服后，吊者虽着朝服，而加武以绖，故袭裘。"是衣裘者当吊，则以袭掩覆其裘之美，使不著也。

周时暑衣状况

《诗·周南》："为絺为绤。"注："精曰絺，粗曰绤。"疏："煮葛为之。"盖古时皆以麻布为寻常衣品，夏日御暑则以葛，葛布较麻布尤爽健也。若今日则棉布盛行，至夏日则以麻衣御暑，而兼用葛。麻布较棉布亦清爽，故今日冬春无衣麻者。又，《周礼·天官·内司服》："缘衣素纱。"注："素纱者，今之白缚也。"汉时俗名，今不知其义。按《玉篇》："纱，縠也。绉纱曰縠，纺丝而成之。"又，宋玉《神女赋》："动雾縠以轻步。"是周时御暑之衣，葛縠织品有絺绤，丝织品有纱，縠已大备也。

周时大礼服状况　国君礼服

《玉藻》云："玄端而朝日于东门之外。"《周礼·春官》："其斋服有玄端、素端。"《穀梁·僖三年》："桓公委端、搢笏而朝诸侯"。注："端，玄端之服。"疏："其色玄，而制正幅无杀，故谓之玄端。"

卿大夫礼服

《左传·昭公元年》："刘子曰：'吾与子弁冕端委以治民。'"又，《昭公六年》："晏平仲端委立于虎门之外。"服虔云："礼衣端正无杀，故曰端。文德之衣尚袖长，故曰委。"

大礼服形状如帷

由上考之，是君臣大礼服，皆曰端委。服虔所谓"端正无杀"者。按：《论语》云："非帷裳，必杀之。"注："杀者，削也，剪也。帷裳，

僖三年、昭公元年，本书《春秋》三传纪年，时有省"公"字者。

礼服以正幅制，不剪缝，端正若帷。"盖礼服既以整幅制，则上下宽狭如一，不能如深衣下畔之宽倍上畔也。

周深衣状况

深衣者，疏："衣、裳相连，被体深邃，故谓之深衣。"《经》云："古者深衣，盖有制度，以应规矩、准绳、权衡。"盖大礼服之外，卿士大夫最重要之服也。

《经》，指《礼经》，即《礼记》。

深衣去地高度

《深衣》云："短毋见肤，长毋被土。"盖周时下体之衣未备，衣太短则下体露矣，太长则拖地。观汉时朱博令掾史衣去地三寸，则周时衣去地至多不过寸耳。

深衣袖口尺寸

《礼·玉藻》云："袪尺二寸。"注："袪，袂口也。"又，《郑风》："掺执子之袪兮。"疏："袂是袪之本，袪是袂之末。"《玉篇》云："袂，袖也。"袂末者，袖口也，宽尺二寸，围之则二尺四寸也。

深衣腰深尺寸

《玉藻》云："深衣三袪。"注："三袪者，谓要中之数也。袪尺二

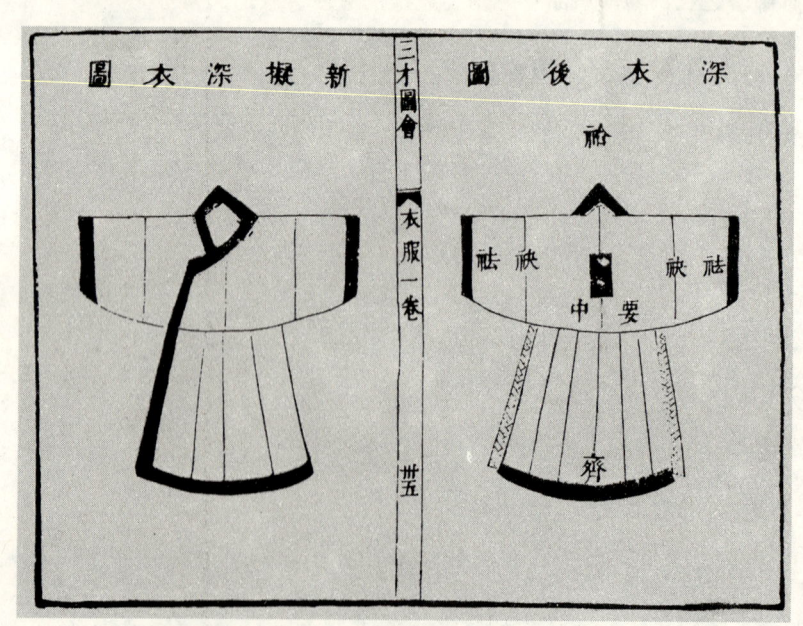

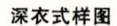

寸，围之为二尺四寸，三之七尺二寸。"古腰要同。深之度也。

深衣下摆尺寸

《玉藻》："缝齐倍要。"注："齐者，裳下畔今名下摆。要者，裳上畔。"其广度即上文所云"深衣三祛"，七尺二寸也。倍之则一丈四尺四寸。又，《深衣》云："要缝半下。"注："裳下畔一丈四尺四寸。"是古衣下摆之宽度也。惟今之所谓腰深下摆只度其半，此则其全度也。

深衣袖长尺寸

《深衣》云："袂之长短，反诎之及肘。"注："衣幅自肩下垂，及肘而尽，接之以袂，长二尺二寸。自肘至腕，长一尺一寸。而袖长二尺二寸，为自腕以下，袂尚余一尺一寸也，故回诎之，祛可及肘也。"

按：今日度袖长，自领起至袂末，共尺寸若干。古则命肘以下者为袖，肘以上仍谓之衣。所以然者，古衣当腋处最肥，望之仍与上衣为一。故自肘以上，不谓为袖。若今衣则当腋处，衣与袖分，故度之起不同也。

深衣抬肩宽窄尺寸

《礼·玉藻》云："袂可以回肘。"《深衣》云："袼音各之高下，可以运肘。"注："袼，衣袂当腋之缝也。即今抬肩。运肘者，祛当腋处，使稍宽可以回转其肘。"

按：身体或须抑骚，必肘能回转入内，然后如意。古人袂口既一尺二寸，以今例古，则当腋处必二尺始可回肘；然无明文，不能臆断。

古袖下馀衣尺寸

《礼·玉藻》："袂可以回肘。长中继掩尺。"注："长衣、中衣，继袂之末，掩馀一尺。"疏："言袂下尚馀衣一尺也。"

深衣前后幅交接处皆在旁

《玉藻》："衽当旁。"注："衽，裳幅所交接处也。"又，《深衣》："续衽钩边。"注："衽，在裳旁者也。钩边，若今曲裾也。言汉时。"疏："深衣，裳一旁则连之相著，一旁则有曲裾掩之，与相连无异。郑以后汉之时，裳有曲裾，故以'续衽钩边'似汉时曲裾。"是古人前后裳之联结，皆在两旁，而连接处又有钩边以为掩护，使若相连，至为美观也。

周时衣方领，其高二寸

《玉藻》："袷二寸。"注："曲领也。"又，《深衣》："曲袷音劫如矩以应方。"注："袷，交领也。古者方领，如今汉时小儿衣领。"疏："汉时领皆向下交垂，故郑云'古者方领'。似今唐时拥咽，今俗名围脖。故云'若今小儿衣领'，但方折之也。"是周时衣领，其高二寸，形方，故云如矩，如矩则曲矣。

周蔽膝状况　蔽膝尺寸

《说文》："韠，韍也，所以蔽前者，以韦。"《礼·玉藻》："韠，下广二尺，上广一尺，长三尺，其颈五寸。"是蔽膝之广，狭于裳之上下畔数倍也。

蔽膝异名

《诗·小雅·采菽》笺："芾，太古蔽膝之象。冕服谓之芾，其他服谓之韠。"疏云："韍、同芾。韠，俱是蔽膝之象。"是蔽膝因事而异名，实则一也。

蔽膝

蔽膝

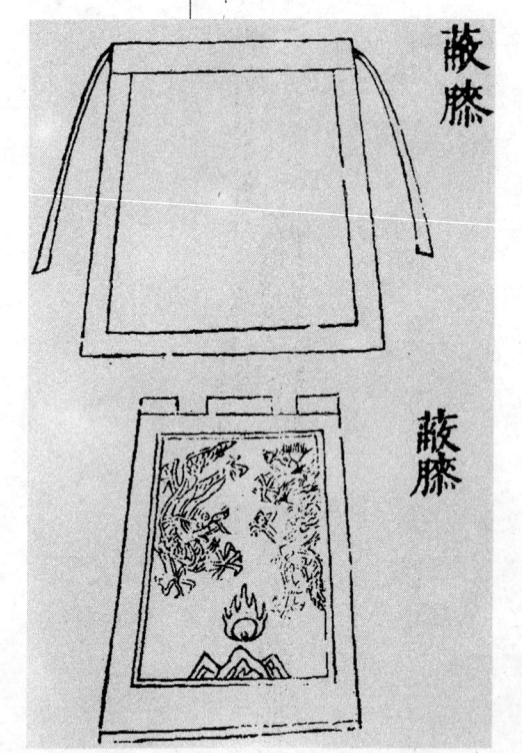

蔽膝颜色以贵贱而分

《礼·玉藻》："韠，君朱，大夫素，士爵韦。"注："爵韦者，爵色之韦也。"又，《诗·桧风》："庶见素韠兮。"又，《说文》："一命缊韠，再命赤韠。"又，《玉藻》："一命缊绂幽衡，再命赤绂幽衡，三命赤绂葱衡。"注："缊，赤黄之间色，所谓韎也。衡者，佩玉之衡也。"

按：《诗·小雅》："韎韐有奭"传："韎韐者，茅蒐染韦也，其色盖亦赤黄。"佩玉之衡者，按《周礼·冬官·玉人》："大璋、中璋九寸，边璋七寸，衡四寸。"注："衡，勺柄龙头也。"盖以衡系玉，佩之使不坠也。是蔽膝以朱色为最贵，赤与素次之，缊又次之，爵色之韦为最次也。

古衣不定身长尺寸之故

凡经传所记衣裳尺寸，皆有广狭而无长度，盖以人身高矮不同，人人各异，故不能预定也。

周时束带高下之度

《礼·深衣》："带下毋厌髀，胯骨。上毋厌胁，当无骨者。"

按：《汉书·杜邺传》注："厌，压也。"髀胁皆有骨，带压于骨则不固，且不适，故戒之。

周带之颜色等级及缘饰等级

《礼·玉藻》："天子素带朱里，终辟。诸侯素带，终辟。大夫素带，辟垂。士练带，率音律下辟。居士锦带。弟子缟带。"注："辟，缘也。终，竟也。天子终此带尽缘之也。辟垂者，言带之下垂者缘饰之，由纽及末。鞶束于腰者为鞶。则否也。下辟者只缘饰带末，即绅也。"

周带结束真相

《礼·玉藻》："弟子缟带，并纽约用组三寸，长齐于带。"注："纽，谓带之交结之处。约者，以物穿纽，约结其带也。三寸者，组之广也。"盖古者带不自结，自结则两端或参差不美观，而纽有定处，外用组约之以为固；而组之长复与带齐，故又曰绅、韠、结三齐也。又，《列子》："管夷吾射中小白带钩。"《孟子》："岂谓一钩金？"注："带，钩也。"是春秋时又以钩为带结也。

周垂绅尺寸

《论语》："子张书诸绅"疏："以带束腰，垂其馀以为饰，谓之绅。"《玉藻》云："绅长制：士三尺，有司二尺有五寸。"

绅下垂过裳

《玉藻》："凡侍于君，绅垂，足如履齐。"盖侍君以磬折为敬，绅下垂及足，则出裳之下畔矣。

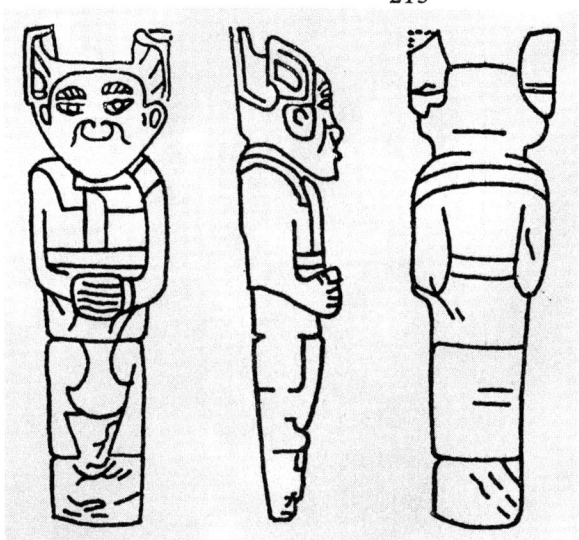

西周玉人图

卷五 身服

孔子像
其绅下垂过裳

周时观衣裳缘饰即知父母存否

《士冠礼》："服纁裳，纯衣。"注："纯衣，缘衣也。"《曲礼》："父母存，冠衣不纯素。"注："纯，缘也。"又，《深衣》："具父母、大父母，言俱在。衣纯以缋。具父母，衣纯以青。如孤子，衣纯以素。"是无论父母在否，衣皆有缘饰，特以色为别，望即知之。

古庶人布衣

《史记·田单传》："王蠋，布衣也，义不北面于燕，况在位食禄者乎？"又，《蔺相如传》："臣以为布衣之士，尚不相欺。"

按：古所谓布，麻布也。纯为庶人服，不染，后世谓之白衣，亦谓之褐。

春秋时紫色衣服最贵，僭服则杀身

《左传·哀十七年》："良夫紫衣狐裘，至，袒裘，不释剑而食。太子使人数之以三罪而杀之。"杜注："紫衣，君服。"

按：《论语》："恶紫之夺朱也。"可见紫非正色，杜所谓君服者，必春秋之时尚，非周制也。

春秋六国时惟儒服宽大守周制

《礼·儒行》："鲁哀公问于孔子曰：'夫子之服，其儒服乎？'孔子曰：'丘少居鲁，衣逢掖之衣。'"注："逢，大也，肘腋之所特宽大也。"又，《孔丛子》："子高衣长裾，振褒袖，见平原君。平原君曰：'子亦儒服乎？'"盖时代久则服式改，独儒者仍守周旧制，宽博异众，故咸异之。是儒服之宽博，特异于众也。

周以灰水洗衣

《礼·内则》："冠带垢，和灰请漱；衣裳垢，和灰请浣。"又，《礼·深衣》："完且弗费。"注："锻濯灰治。"疏："锻濯谓打洗，用灰治理，使和熟也。"

按：以灰水洗衣，今乡民犹然。盖以灰水腻滑去垢，而不知仍周遗法也。

周时虽不忌白衣，然事若可哀，则白衣而不彩衣

《曲礼》："大夫去国，逾境，为坛位，向国而哭，素衣、素裳、素冠，彻缘。"又，《史记·荆卿传》："太子及宾客知其事者，皆白衣冠以送之。"是凡凶事皆衣白也。

周时内衣

深衣之内，必有里衣，近身取暖，无古今一也。《礼·内则》："衣不帛襦袴。"《急就篇》注："短而施要腰同曰襦。"《说文》："短衣也。"《释名》："襦，耎也，言温耎也。"又，"单襦，如襦无絮也。"据是则襦纯为里衣，里衣不外露，故不帛。此上身之里衣也。

袴者，《急就篇》注："胫衣也。"《释名》："跨两股各跨别也。"盖上身长有深衣，短有襦，既足取暖。而两股无所卫，深衣虽长，仍不能御下体之风寒，故著袴以卫两胫。胫以上至膝即无矣，故刖者不著袴。《韩非子》："齐有狗盗之子，与刖危子戏而相夸。盗子曰：'吾父裘有尾。'危子曰：'吾父冬不失袴。'"注："刖足者不衣袴，虽终其冬夏，无所损失。"

按：古胫以上无衣，故刖足即不袴。注曰"胫衣"，言胫以上不衣也。其制大概如今之套袴，每股各一，不相连也。然在内不系观瞻，故亦不帛也。此下身之里衣也。

周下体无衣，故防露下体

周时下体，只有胫衣，胫以上无衣。《说苑》："晋平公以蒺藜布堂上，召师旷。旷至，履而上堂。平公曰：'安有履而上堂者乎？'师旷解履刺足，伏刺膝。"夫惟膝无衣，故伏而刺膝也。又，膝以上无衣，下体易露，故时时防之。《曲礼》："暑毋褰裳，褰则下体露。"《论语》："当暑袗絺绤，必表而出之。"盖絺绤透明露体，表之则实而不露。又，《曲礼》："不涉不撅。"注："撅，揭衣也。"《说文》："揭，高举也。"言涉水揭衣露体，不得不尔，否则忌高举也。又，《墨子·公孟篇》："是犹裸者，谓撅者不恭也。"裸体全露，撅则只露下体，故取以为喻；若撅不露体，而以裸为喻，则不合矣。是尤下体内衣不备，隐微易露之确证也。又，《吕览》："是犹保者，谓高撅者之不恭。"义与《墨子》同。

又，《拾遗记》："苏秦、张仪同志好学，遇见坟籍，行路无所题记，以墨书掌及股里，夜还而写之。"夫惟股无衣，故不书于臂而书于股。若有衣，股如何书？又，《三国志·贾逵传》注："逵贫，冬常无袴，过其妻兄柳孚宿，天明，著孚袴去。"是汉时贫者，有时不着袴，尚与周同也。

古振衣致敬状况

《说苑》："田忌至舍，王北面正领、齐袪。"

按袪者，袖末也。将致敬于人，使两袖或有参差，则不庄；故既正领，复齐两袖。想见古人振衣鹄立情形也。

汉单衣、纱衣、夹衣

《前汉·江充传》："初，充召见犬台宫，衣纱縠襌衣。"师古曰："襌衣，若今之朝服之中襌也。"按中襌者，于朝服之内着一单衣，清时谓之趁衣，即单衫也。衣纱縠襌衣，即纱衫，必夏日也。又，《史记·匈奴传》："服绣袷绮衣。"注："言绣表绮里。"又，《贾谊传》："白縠之表，薄纨之里。"夫既有表里，则夹衣也。

汉絮衣

《前汉·文帝纪》："九十以上，帛人二匹，絮三斤。"师古曰："絮，绵也。"

按：《急就篇》注："渍茧擘之，精者曰绵，粗者曰絮。"今则谓新者为绵，故者曰絮。帛二匹，絮三斤，言以帛制夹衣，中置絮以御寒，所谓挟纩也。

汉衣青紫最贵

《汉书·夏侯胜传》："经术苟明，其取青紫，如拾芥耳。"又《后汉书·耿弇传》："弇兄弟六人，皆垂青紫，省侍医药，当代以为荣。"可证两汉贵人皆服青紫，故俗尚荣之。

汉素纱单衣

汉白衣贱

《汉书·龚胜传》："闻之白衣，戒君勿言也。"师古曰："白衣，官府趋走贱人也。"

汉士大夫仍宽博

《隽不疑传》："不疑褒衣博带。"师古曰："言著褒大之衣，广博之带。"按：自周以来，儒者皆褒衣博带，与世俗殊，故平原君见孔子高，衣长裾，振褒袖，即曰"子亦儒服乎"？是儒者之服，自古宽大，故一望而知。汉仍如此也。

汉官吏衣长拖地

《汉书·朱博传》："敕功曹：'官属多褒衣大袑，不中节度。自今掾史，皆令去地三寸。'"师古曰："袑，大袴也。"夫特敕令去地三寸，则未敕之先，衣袴之拖地可想也。又《朱云传》："有荐云者，召入，摄齌登堂。"师古曰："齌，衣下之裳也。"摄之使离地，以防失足。又《盖宽饶传》："初拜司马，未出殿门，断其禅衣，令短离地。"此又汉官吏衣拖地之确证也。

汉学者犹方领，余则圆领交而下垂

《后汉书·马援传》："援兄况，勃衣方领，能矩步。"注："《前书音义》曰：'颈下施衿领，正方，学者之服也。'"是两汉士人皆方领也。余

汉墓画像砖中的男子服饰

则皆圆领。《礼·深衣》"曲袷"，郑注云："古者方领。"既云古方领，以见汉圆领多也。圆领者，自项后交于前下垂；今僧道衣领，其遗象也。

汉官吏不吏服则罚

《景帝纪》六年诏曰："夫吏者，民之师也，车驾衣服宜称。""亡度者或不吏服，出入闾里，与民亡异。令长吏二千石朱两轓，千石至六百石朱左轓。车骑从者不称其官衣服，下吏出入闾巷无吏体者，二千石上其官属，三辅举不如法令者。"是官吏不吏服，则必罚也。

汉仍有蔽膝

《史记·武安候传》："坐衣襜褕入宫不敬。"注云："《尔雅》：'今蔽前谓之襜。'"郭璞云："蔽膝也。"然古冕服尚有蔽膝，名芾。是蔽膝亦礼服之一。兹云"不敬"，似汉时已为燕居操作之服矣。

（旁注：武安候传，此处省略了"列（传）"字。书中多类此。）

西汉朝服尚单衣

江充召见犬台宫，衣纱縠襌衣；盖宽饶拜司马，未出殿门，断其襌衣。俱见前。是皆朝天子也，而皆襌衣。

按：《说文》："襌衣，不重也。"《礼·玉藻》："襌为絅。"注云："有衣而无里曰襌。"盖西汉朝服未有定制，故见天子者多以襌衣。襌衣盖与周深衣同也。

东汉朝服状况

《晋书·舆服志》："西汉二百余年，未能制立。中兴后，明帝始采《周官》、《尚书》、《礼记》及诸儒记说，制天子、三公、九卿、特进之服。衣皂上，绛下，前三幅，后四幅，衣画而裳绣，凡十二章。素带广四寸，朱里，以朱绿裨饰其侧。中衣以绛缘其领袖。赤皮为韨，绛袴袜，赤舄。"

按：前三幅者，古人忌胸前衣缝当中。后四幅者，又《深衣》所谓"负绳及踝"，使衣缝正当正中也。六朝皆用之。

汉时里衣 单襦

扬子《方言》："汗襦，或谓单襦。"

按：今则曰汗褂。夫曰"汗"，则为亲身内衣可知。然至后汉则又有

长襦,《后汉书·李忠传》注"上使忠解浣长襦"是也。夫既曰长襦,则为外衣,与袍盖同。

汉裤开裆如今日小儿

《汉书·上官皇后传》:"帝时体不安,左右及医皆阿意,言宜禁内。虽宫人使令,皆为穷袴,多其带。"服虔曰:"穷袴,有前后当,不得交通也。"可证未穷袴之时,袴裆皆开露如今日小儿。多其带以为约束,则交通绝矣,虽欲施无礼不得也。由此推之,周时只有袴以衣胫,自膝以上即无衣。故《礼》戒暑月褰裳,孔子絺绤必表,诚以下体只有外衣遮护,若高揭外衣,或外衣透明,固不便。即汉时之开裆袴,衣服若不宽博稳重,有时亦或露不雅也。又以证周时虽欲禁内而无术也。旧说解褰裳为不敬,不敬之事多矣,胡独注意于此?固别含深意也,特其故不可明言耳。

汉时之裈

《玉篇》:"裈,亵衣。"《说文》:"亵,私服。"言私处所服也。《急就篇》注:"合裆谓之裈。"《释名》:"裈,贯也,贯两脚,上系腰中也。"

余尝详考之,《急就篇》所言,既云有裆,则犊鼻裈也。《释名》所言,则一直筒,无裆,故贯两脚,上系于腰,而两股则承以袴也。皆周时所无,以下证明之。

犊鼻裈

《史记·司马相如传》:"相如身自著犊鼻裈,与佣保杂作。"刘奉世曰:"犊鼻穴在膝上,为裈财令至膝,习俗因以为名,非以其形似也。"

余按:刘说非也。鼻者裈裆,《急就篇》所谓"合裆"者也。鼻之旁有两孔,两股穿之,短而在膝上,与当中之裈裆齐,以便动作,形正与犊鼻相似,胡言非乎?试观今日学生运动时,所着之裤岔,音叉。正其制也,不过古肥今瘦耳。

贯脚裈与袴不连,非若今日之为一

若《释名》所谓"贯两脚上系腰中"之裈,亦有一

司马相如像

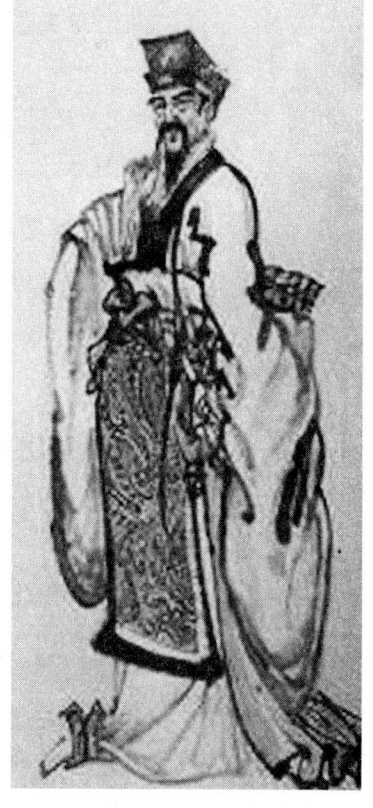

事,可证明其形象。考《魏志·裴潜传》注:"黄初中,韩宣为尚书郎,尝以职事当受罚于殿前,已缚,束杖未行。文帝辇过,问:'此为谁?'……特原之,遂解其缚。时天大寒,宣前以当受杖,豫脱袴,缠裈面缚。及其原,裈腰不下,乃趋而去。"

按:小袴若今之套裤而长,以碍于受杖,故脱之。而裈则上系于腰,下覆乎臀,受杖仍碍,故缠向上,使臀露可受杖,故不须脱。以是知寻常裈无裆,惟犊鼻裈有。为一直筒,故能贯两脚,上系腰中;如有,裆则不能缠向上矣。惟能缠向上,故既原宥,乃曰"裈腰不下而去也"。其形大概如今之裤腰,特垂下者长,不与裤连,以便私溺耳。

汉时袍大行

按:袍之见于经者,皆为里衣。《礼·玉藻》:"缊为袍。"《丧大记》:"袍必有表。"注云"裹衣"。在内为裹衣,故以缊为之。缊者,败絮也,《论语》"衣敝缊袍"是也。是袍在周时虽有其名,纯为内衣,与襦无异。至汉时则著于外。《后汉·李忠传》注:"上使忠解浣长襦,忠更作新袍小单衣而上之。"则为长袍也。故《释名》云:"袍,丈夫著之至跗者也。"跗者,据郑《士丧礼》注:"足上也。"袍长而至足,则为外衣矣。《释名》又云:"袍,苞也,苞内衣也。"尤为外衣之证。是袍之名与周同,实则异也。《释名》为汉人刘熙作,则当时所尚也。

汉禁贾人衣锦

《高帝纪》诏曰:"贾人不得衣锦绣、绮縠、絺纻。"

按:贾人惟利是视,汉初重农,故为是苛禁以抑末,令财多无所用之。

魏晋时之裙

《魏志·管宁传》:"常著布襦袴、布裙。"《世说》:"王子敬为人书练裙。"

按:裙即下裳。盖襦之下接以裙,取美观;若袍,则连衣裳为一矣。

魏晋时袴褶

《吴志》裴注:"吕范释韝,著袴褶,诣阁下。"按,韝者,《史记·张耳传》:"赵王祖韝蔽,自上食。"注:"臂捍也。"以缚左右手,于事

《吴志》,即《三国志》的《吴志》。

便也。褶，《丧大记》注："袷也。"又，《急就篇》注："褶，谓重衣之最在上者也。其形若袍，短身而广袖。"《类篇》云："袴褶，骑服。"夫短身而广袖，则便于骑射，故曰骑服。《晋书·舆服志》："弓弩队各五十人，黑袴褶。"然则范之著袴褶诣阁下，是以戎服见也。又以证其时戎服，皆短身而广袖也，其形大概如今马褂。

晋时单衣、夹衣

《世说》："晋孝武年十二时，不著复衣，但著单练衫五六重。"是晋时天虽寒，不著绵衣。殆以绵衣不若单衣之飘扬适体，且美观；不然，以天子尚不能挟纩哉？

晋时之复袴、复襦

《世说》："韩康伯数岁，家酷贫，大寒只得襦。母殷夫人自成之，令康伯捉熨斗，谓康伯曰：'且著襦，寻作复袴也。'儿云：'已足，不须复袴也。'母问其故，答曰：'火在熨斗中而柄热，今既著襦，下亦当暖，故不须袴耳。'"

按：母曰"寻作复袴"，知襦亦复襦也。大寒只得复衣取暖，知当时贫家得絮衣之难。

六朝时衣服宽博

《颜氏家训》："梁世士大夫，皆尚褒衣博带，大冠高履，出则舆马，入则扶持。"

按：周时只儒者褒衣博带，梁则士大夫无不然，此又文之过也。

六朝时尚白衣冠

《南齐·豫章文献王传》："宋元嘉时，诸王出入，得白衣裙帽，见人主。上与嶷友睦，令依元嘉，嶷固辞不奉敕，唯上幸第，乃白服乌纱帽，以侍宴焉。"又，程大昌《演繁露》曰："《隋志》：宋齐之间，天子宴私，著白高帽。太子在永福省则白纱帽。隋时以白帢通为庆吊之服，国子生亦

晋武帝司马炎

服白纱巾也。晋著白接篱。接篱，巾也。南齐桓崇祖守寿春，著白纱帽，肩舆上城。今人必以为怪，古未有以白色为忌也。郭林宗遇雨垫巾，李贤注云：'巾以葛为之，本居士野人所服。魏武造幍，其巾乃废，今国子学生服焉，以白纱为之。'是其制皆不忌白也。今世人丽妆，必不肯以白纻为衣。古今之变，不同如此。"

由是证之，宋齐时燕服，必白色者多，故帝特令白服，依元嘉故事。是六朝燕居之服尚白之证也。又观程氏所述，宋齐天子，燕居皆著白高帽，至隋以白幍通为庆吊之服。是六朝迄隋，士庶皆服白巾，天子燕居亦白帽之证也。至唐，只国子学生白纱，可见唐时虽不忌白，而服白帽者已少，不与隋同也。程大昌宋人，曰"古今之变，不同如此"，又以证伊时已忌白也。

唐官服颜色

《隋唐嘉话》："旧官人所服，惟黄紫二色而已。贞观中，始令三品以上服紫，四品以上朱，六品、七品绿，八品、九品以青焉。"

隋唐士庶白衣

《隋书·礼仪志》："隐居道素之士，被召入见者，白单衣。"又，《李泌外传》："时号白衣宰相。"又，《猎狐记》："卢龙节度使张直方，欲令秀才张知古同出猎。时方雪，知古有祁寒意。直方出皂袍令服之，知古乃加麻衣其上焉。"

按：麻衣者，白衣也。皂袍为八品官服，知古秀才不敢僭服，故加麻衣其上。又，沈蕃《梦游录》："显宦三十年，忽然梦觉，仍著白衣。"亦其证也。

唐皂袍短后

《猎狐记》："知古脱麻衣，露皂袍短后。保姆曰：'岂有逢掖之士，而服短后之衣乎？'"盖袍之短后，原以便骑射，武士所服，故姆讶之也。

唐宋以袍为朝服

《唐书》："天子袍衫，皆用赤黄。"《朝野杂记》："大臣夺情者，服惨紫袍。"《归田录》："陶穀为学士，常晚召对便殿。穀望见上，将前而却者再。太祖笑曰：'此措大索事。'顾左右，取袍带来。上已束带，穀遽趋入。"是君臣皆以袍为朝会之礼服也。

汉庶人以索韦为带

《后汉·张霸传》:"玄霸子自田庐,被褐带索,要说张温。"又,《周盘传》:"乃解韦带,就学廉之举。"是士人常以索为带,又以韦为带也。索者麻绳,韦者熟皮。然此自庶人无常之服。若士夫以上之带,自周以来,皆以帛为之,以迄六朝。皆宽四寸,朱里,故有锦带、绣带、缟带诸名。至唐而以坚韧之物为带。

唐宋有犀带、玉带、金带

《摭言》:"裴晋公质小眇小,有相者云:'观公形神,不大贵则当饿死。'一日游香山寺,见一妇人,致一缇褶于僧伽蓝楯上,祈祝良久,掷筴而去。少顷见缇褶在故处,知其遗忘,度追已不及,乃守至暮,不至。次晨仍至其处俟之。俄见前妇人来,公问即与之。盖有玉带二、犀带一,假于人,遗要津以救父。欲以一遗公,不顾而去。后见相者曰:'公必有阴德及物,前程未可量。'"又,《五灯会元》:"东坡留玉带镇山门。"《老学庵笔记》:"靖康末,括金赂虏,诏群臣服金带者,权以通犀带易之。"

按:犀带者,以犀角制为板;玉带者,上嵌以玉;金带者,镂金为之。陆游云:"执政正透,从官倒透。"皆墙而坚韧,其约束皆在背后,而前不垂绅,今戏剧所服者是也。

宋时犹以不束带为不敬

《归田录》:"陶谷夜召见,却望不前者再。太宗笑曰:'此措大索事。'顾左右,取袍带来。上已束带,谷遽趋人。"是君不束带,则失见大臣之礼,故不敢进。《老学庵笔记》云:"散腰则谓之不敬。"盖古人于袍之外不再加衣,而袍又宽博,散腰则衣襟汗漫矣,故曰不敬也。

宋时裹肚 今云兜兜

《老学庵笔记》:"裹肚则紫地皂绣。"

《摭言》,即《唐摭言》。

唐太宗李世民像

半臂

《实录》曰：隋大业中，内官多服半臂，除即长袖也。唐高祖减其袖，谓之半臂，今背子也。江淮之间或曰绰子，士人竞服，隋始制之也。今俗名搭护，又名背心。

半臂（背子）图

按：襦袴不帛，以其为亵衣也。裹肚则愈亵矣，施之以绣，殆非古也。

宋时背心

《老学庵笔记》云："往时执政签判文书，衣盘领，紫背子。"又云："冷则著背心。"背子、背心盖一物，今俗所谓坎肩是也。盘领者，即圆领也。

周以来服剑状况

《礼·玉藻》："必佩剑。"又，《少仪》云："君子之衣服、服剑弗贾。同价。"又，《左传·哀十七年》："良夫袒裘，不释剑而食。"是贵者皆服剑也。《史记·孟尝君传》："冯先生甚贫，犹有一剑耳，又蒯缑。"裴骃曰："蒯，茅类，可为绳。缑，剑把。蒯缑者，言其剑无物可装饰，但以蒯绳缠其把也。"是贫贱者亦服剑也。盖古人尚武，必佩剑以防身，亦所以壮其威仪，故贵贱皆服之。

古佩剑在左

《礼·少仪》："执君之乘车则坐。仆者右带剑。"

按：古人立乘，仆居中，君居左，右佩剑，则无妨于君。然由此可证佩剑者之皆左。左佩，所以便右手拔剑也。

春秋时佩剑为必需之礼饰

《新序》："季札西聘晋，带宝剑以过徐君。徐君不言，而色欲之。季札为有上国之使，未献也。使归，徐君已死，乃以剑带徐君墓树而去。"夫以使上国未献，可知剑在当时为威仪所必需，与衣裳而并重矣。

汉人仍带剑成俗

《史记·萧相国世家》："乃令萧何赐带剑履上殿，入朝不趋。"又，《史记补传》："魏相好武，令诸吏带剑前奏事。或有不带剑者，至借剑而后敢入。"又，《萧望之传》："当见者露索去刀兵。"《隽不疑传》："门

下欲使解剑。"又，《龚遂传》："民有带剑者。"又，《后汉·赵喜传》："自王莽篡乱，旧章不存，皇太子与东海王等，杂止同席，宪章无序。喜乃正色，横剑殿阶，扶下诸王，以明尊卑。"是汉四百年，无论官吏庶民，皆佩剑也。

晋佩木剑

《晋书·舆服志》："汉制，自天子至于百官，无不佩剑，其后惟朝带剑。晋世始代之以木。"六朝因之，则纯为装饰品矣。于是古人带剑之风，从此遂绝。

周以来搢笏状况

《礼·玉藻》："凡有指画于君前，用笏。造往也受命于君前，则书于笏。"又，"将适公所宿，斋戒居外寝，沐浴，史进象笏，书思对命。"是笏有二用：一则受君命，备遗忘，暂书于笏；一则将入朝，有所敷奏，亦书于笏，备临时遗漏也。《释名》云："笏，忽也，备忽忘也"。

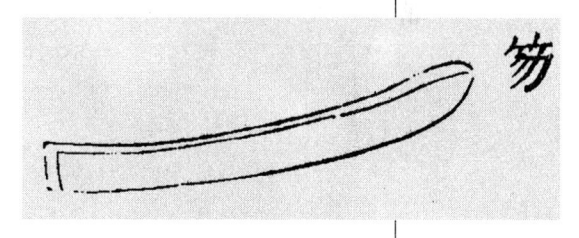

古代的笏

周时子事父母亦搢笏

《礼·内则》："子事父母：鸡初鸣，冠、緌、缨、端、韠、绅，搢笏。"搢者，插也。插于腰带，备受亲命，过时遗忘，立书于笏。

周笏等级以质为差

《礼·玉藻》："笏，天子以珠玉，诸侯以象，大夫以鱼须文竹，士竹本象可也。"竹本象者，言以象牙饰竹也。

周笏尺寸

《礼·玉藻》："笏度二尺有六寸，其中博三寸，其杀六分而去一。"然今所传之古笏，大概宋明物为多，实微作弧形，以便搢而不坠。《礼》但言其尺寸，不知周制果如何也。疑亦微弧。

汉晋名手版，谒长官用之

《后汉·范滂传》："滂执公仪诣蕃，蕃不止之。滂怀恨，投版弃官而

去。"注:"版,笏也。"又,《风俗通》:"陈蕃上冢,令刘子舆会其冢上。蕃持版迎之,长跪。令徐下车坐,不令去版,辞意又不谦让,蕃深忿之。"又,《吴志·凌统传》:"统将精兵万余人,过本县,步入寺门,见长吏怀三版,恭敬尽礼。"是皆以长官礼待本县吏,故执版。

汉时谒长官持版,不许垂臂入门

《三国志·赵岐传》注:"常侍唐衡弟为京兆虎牙都尉,初之官,不修敬于京兆尹,入门不持版。郡功曹赵息呵廊下曰:'虎牙仪如属城,何得放臂入府门?'促收其主簿。衡弟顾促取版。"

按:不持版则垂臂,故曰"放臂入府门"。若持版入门,则以两手奉版鼻间,伛偻鞠躬,状至恭谨,即《范滂传》所谓"执公仪"也。滂嫌陈蕃不辞公仪,示优礼,故恚而去官。

晋时笏头有笔

《晋书·舆服志》:"笏,古者贵贱皆执笏,其有事则摺之于腰带。所谓搢绅之士者,搢笏而垂绅带也。绅垂长三尺。笏者,有事则书之,故常簪笔。今之白笔,是其遗象。"又,"手版即古笏矣。尚书令、仆射、尚书手版头复有白笔,以紫皮裹之。"

按:簪笔者,以笔簪于头也。至晋不簪笔,安笔于笏头,以便记事。惟名曰白笔,则不得其义也。六朝皆如此。

三国及晋时又名笏曰簿

《蜀志》:"秦宓见太守,以簿击颊。"注:"簿,手版也。"版故能击,则为笏明矣。又,《左传·桓二年》:"衮冕黻珽。"杜预注:"珽,玉笏也,若今吏之持簿。"是晋初亦谓笏为簿也。

晋时参谒长官仍以执笏为公仪

《世说》:"赵王伦为相国,羊忱为长吏,乃版以参相国。"又,"桓温止新亭,大陈兵卫。王入失厝,倒执手版。"是晋时谒长官公仪,仍与汉同也。

唐时在家庭仍搢笏

韩愈《曹成王碑》:"出则囚服就辩,入则拥笏垂鱼,坦坦施施。"是

满床笏图

唐朝名将郭子仪六十大寿时，七子八婿皆来祝寿，因其均为朝官，故拜寿时笏板放满床头

处家亦笏，与周时同。

五代时执笏有笔无笔之分

《舆服杂事》："五代以来，惟八座尚书执笏，以笔缀手版头，紫囊裹之。其余王公卿士，但执手版，主于敬，不执笔，示非记事官也。"

按：此与六朝制正同。惟裹笔用紫囊，不用皮，较六朝稍进，然仍无今日之铜冒。又，王公贵人，版而不笔，唐以前亦未闻有此区别。

宋外官亦执笏

《宋史·孔道辅传》："为泉州军事推官。有蛇出天庆观真武殿中，一郡以为神。州将率官属往奠拜之，欲上其事。道辅径前以笏击蛇，碎其首。观者初惊，后莫不叹服。"是不惟参谒持笏，寻常出入亦笏也。

明笏之等差

《正字通》："明制，笏四品以上用象牙，五品以下用木，以粉饰之。"归有光《项脊轩志》云："顷之，持一象笏至，曰：'此吾祖太常公宣德间执此以朝，他日汝当用之。'"

按：明太常寺卿正四品，故用象笏。然自元明以来，似只官吏用笏，寻常已不执，亦犹晋时佩木剑，只入朝佩之，以为礼饰，余则否也。至清，虽入朝亦不用矣。然参谒长官，仍云执版，其实递红纸手本耳，非古

手版也。

周以来之重长爪

《韩非子》："韩昭侯握爪，而佯亡其一爪，求之甚急。左右或割其爪而效之，昭侯以此察左右之臣不忠。"据此，是侯之左右皆长爪也，不惟昭侯。昭侯如此，则其国之风尚可想矣。又，《庄子》："为天子侍御，不剪爪。"是亦以爪长为贵也。

汉末仍重长爪

《神仙传》："汉末仙人王方平，降东海蔡经家。俄，麻姑亦至，其爪甚长。经私念以麻姑爪搔背痒良佳，而方平已知，大怒，命跪于庭，数而笞之。"夫蔡经为仙人弟子，乃犹羡长爪，而至于受笞，其重为何如？

明代持笏文臣像

周以来妇女衣服状况

《诗·郑风》："缟衣綦巾。"传："缟衣，白色；綦巾，苍艾色。是庶女所服也。"然则周庶民妇女尽白衣也。又，《卫风》："衣锦褧衣。"又，《郑风》："裳锦褧裳。"笺云："褧，襌也。"中衣锦，为其文之太著，上加襌縠，庶人之嫁服也。然则庶民女嫁时，亦可衣锦，但须加以縠耳。则周时妇女社会之服色，可推想而可知。

周女衣表里之色

《诗·邶风》："绿兮衣兮，绿衣黄里。""绿兮衣兮，绿衣黄裳。"传："美庄姜也。"是周时贵妇人衣绿色，裳黄色，而衣之里亦黄也，与庶女异矣。

周士人妻服色

《士昏礼》："女次，纯衣纁袡。"注："次，首饰也；纯衣，丝衣；袡，缘也；纁，玄色。"士较庶人为贵，故其妻可衣丝衣，且可以玄色缘饰其四周，而中仍缟色，不能如贵妇之衣黄绿衣也。

古妇人尚长袖

宋玉《神女赋》："奋长袖以正衽兮，立踯躅而不安。"又，《史记·

货殖传》：'"赵女郑姬，揄长袂。"袂，袖末也。古深衣之袖，自腕下余尺余，想女衣亦然也。

古袿衣以肩瘦为美

宋玉《神女赋》："振绣衣，被袿裳。"又，《汉书·元后传》："是时政君坐近太子，又独衣绛缘诸于。"师古曰："诸于，大腋衣，即袿衣。"又，《后汉·皇后纪》："簪珥光采，袿裳鲜明。"《释名》云："妇人上服曰袿。其下垂者，上广下狭，如刀圭也。"

按：刘熙说，非也。曹子建《洛神赋》云："肩若削成。"唐《画诀》曰："美人莫画肩。"盖古妇人以无肩为娟秀，圭正上狭下广，故袿字从衣从圭，纯以形似；且衣亦无下狭于上之理。今戏剧所衣宫衣，犹仿佛近之。故知《释名》误也。

西汉时贵妇衣曳地

《史记》："文帝常衣绨衣，所幸慎夫人，令衣不得曳地。"是可证妃嫔衣皆曳地也。又，《汉书·王莽传》："莽母病，公卿列侯遣夫人问疾，莽妻迎之，衣不曳地，布蔽膝，见之者以为童。"是可证公卿列侯之夫人，衣皆曳地，故见莽妻不识，以为童婢。近法国前数十年，侯、伯爵夫人，衣皆曳地长丈余，正与我汉代同也。

《洛神赋图》（局部）

汉妇衣尚缘饰

《汉书·贾谊传》:"今民卖僮者,为之绣衣丝履偏诸缘。是古天子后服,而庶人得以衣婢妾。"服虔曰:"偏诸缘者,加牙条以为缘也。"

按:牙条者,即今日妇女所用之绦带,俗所谓绦子也。而汉即有之,想见当时女饰之大备已。

唐宋妇人著裙之风盛于古

《李娃传》:"容貌妍丽,宛若生平。著旧石榴裙,紫襦裆,红绿帔子。"又,张泌《小金传》云:"有妇人年四十余,著瑟瑟裙。"又,《唐人杂句》:"红裙妒杀石榴花","新换霓裳月色裙","白妆素袖碧纱裙"。又,宋苏轼诗"从来不解醉红裙",以"红裙"为娼妓之代名词。是宋时妇人殆无不服裙者。沿至明清,更以裙为礼服,于是蛱蝶裙、九霞裙、柳丝裙、百褶裙等名,不可胜数矣。自裙行而袿衣遂废。此妇女衣服沿革之大略也。

周以来妇人下体之里衣

周之时男女衣无甚区别,男下体里衣不全,既详于前矣,女亦然也。故衣服不得不宽博,不宽博则护下体不密也。彼夫桑间濮上、野田草露之咏时有者,势使然也。诚以其时下体只有胫衣,两股间无内衣,故外衣不可褰举,礼以为戒。晋平公以蒺藜布地,师旷步则刺足、伏则刺膝,刖则

唐代《簪花仕女图》中仕女身着长裙

不裤，其故可想也。

唐女裤仍开裆如今日小儿

《汉书·上官皇后传》："虽宫人使令皆为穷裤，多其带。"师古曰："穷裤，即今之绲裆裤。"按：《诗·秦风》："竹闭绲縢。"毛传："绲，绳也。"《说文》："绣带也。"《集韵》："绲，缝也。"是唐之绲裆裤，中有缝，但结以带，使不开张，以便私溺。若汉则两裆虽合，尚开拆如今日小儿，故多其带以防强暴。若唐则平时皆如此也，故曰绲裆。今俗语缚物犹曰绲物。绲裆者，即将裆缝结以绳，使不开露。唐以后何时成今制，则不可考也。

卷六 足服

周时足衣种类

《周礼·天官·屦人》："掌王及后之服屦。为赤舄、黑舄……素屦、葛屦。"注："复下曰舄，禅下曰屦。夏则用葛，冬则用皮。"

按：《古今注》云："复下曰舄，以木置。备行礼久立，地泥湿，故复其下使干腊也。"据是，是舄者，履下为薄木板，两层，中空，四围有墙，故泥湿不能及足。若夫屦，或曰履，或曰鞻，同袜。或曰扉，均禅下，与舄异。禅者，单也。《诗》所谓"纠纠葛屦，可以履霜；公孙硕肤，赤舄几几"者是也。

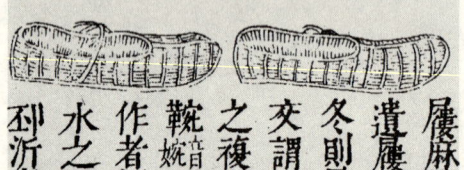

周时登堂即脱履户外

《曲礼》："户外有二人，履，言闻则入，言不闻则不入。"又，"侍于长者，履不上于堂。"又，《庄子》："脱履户外，膝行而前。"《列子》："无几何而往，则户外之履满矣。"又，《说苑》："晋平公谓师旷曰：'安有履而上堂者乎？'"

按：古人席地而坐，登堂则就席，故履则不恭。今日本、朝鲜皆如此，仍周制不变，兹可谓真守旧矣！

不脱履则可得大祸

《左传·哀二十五年》："卫侯与诸大夫饮酒，褚师声子袜而登席。公怒，戟其手，曰：'必断而足！'"《吕氏春秋》："齐王疾痏，使人之宋迎文挚。文挚至，不解履登床，问王之疾。王叱而起，将生烹文挚。"夫因不脱履而至于断足、遭烹，古人之重视为何如哉！

周时处室内皆跣足

《左传·宣十四年》："楚子闻之，投袂而起，履及于窒皇。"注："寝门也。"古人处室皆跣足，言王出不及履，履人追及于窒皇，始进履也。又，《襄三年》："公读其书，跣而出。"注："恐绛死，故不及履。"又，《列子》："宾者以告列子，列子提履，跣而走。"是古人燕居，无不赤足也。

周无袜之证

《说苑》："晋平公不悦于师旷，置酒祁虒台，使郎中马章布蒺藜于阶上，令人召师旷。旷至，履而上堂。平公曰：'安有履而上堂者乎？'师旷解履刺足，伏刺膝，仰天而叹。"夫惟无袜，故刺足难忍。又，《左传·哀二十五年》："卫侯为灵台于藉圃，与诸大夫饮酒焉。褚师声子袜而登席，公怒。辞曰：'臣有疾足疾。异于人，若见之，君将殼音呕，却也。之，是以不敢。不敢解袜。'"袜者仍履。褚师之足，时有恶创，溃烂污秽，解履则全露矣，故云不敢。是益可证解履则赤足也。或者谓周人于威仪最尚恭敬，赤足不亵乎？岂知古人衣服宽博，下垂及地，坐作皆不露足，无不敬也。或又谓冬月不寒乎？岂知人手常外露，虽冬月不寒，足亦如此

孔子问礼老子
　　图中老子脱履于地

卷六　足服

耳，况覆衣于上乎。

古户外解履、着履状况

《曲礼》："解履不敢当阶，防后升。就著也履跪而举之，屏于侧。"又，"君赐爵，卒饮，退则坐取屦，隐辟避同而后屦，坐左纳右，坐右纳左。"

按：古人之坐皆跪，而坐于足，虽纳履亦如此。若两股前伸而纳，则箕踞矣，古最忌之。

古履有綦束缚取固 今谓鞋带

《礼·内则》云："履著綦。"郑玄曰："綦，履系。"又，《冠礼》云："黑履，青絇。"郑云："絇之言拘也，以为行戒，状如刀衣，鼻在履头。"疏："即用物穿履头为絇，相连为行戒也。"又，《曲礼》"解履"注云："即解系也。"古者履头鼻綦绳相连结之，将升堂解之也。又，《庄子·盗跖篇》："丘得幸于季，愿望见履綦。"

按：古人履状，大概如今日皮鞋，于脚面用绳连结之，使固而不坠，故郑云"以为行戒"也。《韩非子》："文王伐崇，至凤黄虚，履系解，因自结"；又，"晋文公与楚战，履系解，自结之"，是其证也。

古人饰履之侈

《晏子春秋》："景公为履，黄金之綦，饰以银，连以珠；良玉之钩，其长尺，冰月服之以听朝。晏子朝，公迎之，履重仅能举足。"又，《史记·春申君传》："其上客皆蹑珠履。"

按：后世女子，常以珠饰履，男则无有，然其状可想象得之。至于黄金为綦，良玉为钩，则颇不得其真状。或曰黄金可为索，曩妇女缠足时，常以小连环金索为鞋绊，景公之綦，或亦如之。而玉钩讫不能得其仿佛也。

秦时脱履状况

《新序》："秦二世胡亥之为公子也，昆弟数人，诏置酒飨群臣。诸子赐食先罢，胡亥下阶，视群臣陈履状善者，因践败而去，见者莫不太息。"是秦时解履于阶下也。

秦二世胡亥

西汉时仍脱履户外

《汉书·隽不疑传》："胜之躧履起迎。"师古曰："履不著跟曰躧。躧谓纳履未正，曳之而行，言其遽也。"

按：暴胜之时为直指使，居传舍中，而不疑有盛名，故见不疑来，曳履而出，惶遽不及著跟也。是虽居传舍室中，仍脱履也。

西汉时仍无袜，脱履后即赤足

《史记·滑稽传》："东郭先生贫困，衣敝，履不完。行雪中，履有上无下，足尽践地。道中人笑之，东郭先生应之曰：'谁能履行雪中，令人视之，其上履也，其履下处乃似人足者乎？'"

按：履无底，又无袜，趾印雪中，足迹宛然，与履印异，故曰"似人足"。是可证西汉仍赤足著履，与周同也。

西汉多以革为履

《汉书·贡禹传》："孝文皇帝衣绨履革。"又，《郑崇传》："每见曳革履，上曰：'吾识郑尚书履声。'"按：师古注："革，生皮。"不用柔韦，示俭。生皮坚韧，故有履声。

西汉履仍有系

《汉书·张释之传》："王生老人曰：'吾袜解'，顾谓释之：'为我结袜！'释之跪而结之。既已，人或让王生：'奈何廷辱张廷尉，使跪系袜乎？'"又，《哀帝纪》："成帝令中山王诵《尚书》，又废。及赐食于前，后饱。起下袜系解。"又，《王莽传》："受句同絇履。"《礼》郑注："絇之言拘也。"是自汉初至汉末，履皆有系也。

西汉有罪则徒跣不履

《汉书·匡衡传》："衡免冠徒跣待罪，天子使谒者诏衡冠履。"又，《董贤传》："诣阙免冠徒跣谢。"是可证汉罪人不履，故待罪者皆跣足。

西汉有织履，如今之毛绳鞋

《汉书·翟方进传》："方进辞后母，至京师受经。母怜其幼，随之长安，织履以给方进。"

按：后世之履，皆裁布帛为之。即汉时有草履、韦履，皆不用织。兹

言织履，必以丝绳为之，《周礼》所谓"丝履"也。疑与今日冬月所服之毛绳鞋相类。或曰草履亦织。

东汉末有鞋

刘熙《释名》："鞋，解也。著时缩其上，如履然。解其上则舒解也。"

按：既曰缩、约也。曰解，则鞋亦有系也。即文义揣之，似鞋之制，较履为轻便，故曰"舒解"，然著之者不数见也。

木屐图

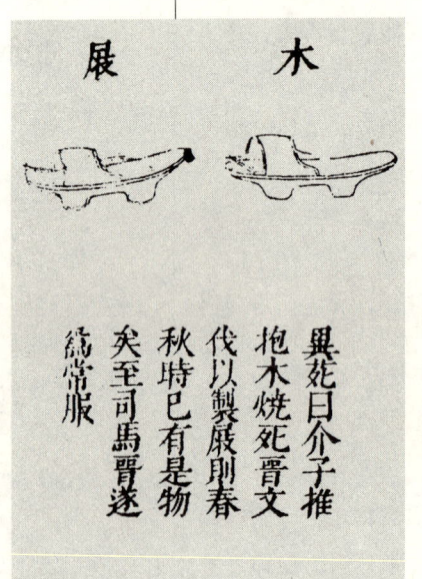

异苑曰介子推抱木烧死晋文伐以製屐则春秋时已有是物矣至司马晋遂为常服

东汉末男女皆着木屐

王褒《僮约》云："若残，当作俎机、木屐及彘盘。"是以残木屑为屐，其贱可知，盖只粗人服之。至《后汉·戴良传》："初，良五女并贤，有求姻者，便许嫁，疏裳布被，竹笥木屐以遣之。"又，《高士传》："袁闳身无单衣，足著木屐。"

按：木屐，见中国人服者少，惟日本人服之。前后有齿，行则托托有声，而妇人尤多，其状殊不庄。故自东汉以前，服之者皆穷寒下士，富贵则否也。

魏晋仍入室脱履赤足

《魏书·曹真传》："赐剑履上殿。"是可证上殿者皆脱履也。又，《邴原传》注："太祖北征，归。原至，通谒，太祖大惊喜，揽履而起，远出迎原。"是旅行亦入室脱履。《世说》："王子猷、子敬兄弟共坐一室，上忽发火，子猷遽走避，不惶取履；子敬徐扶侍者出。"又，"谢遏夏月尝仰卧，谢公清晨卒来，不暇著衣，跣出户外，方蹑履。"夫曰"户外方蹑履"，是入室时即脱履户外也；曰"不惶取履"，是入室必跣足也。又，《会稽典录》："贺循与人交久而敬，在官常著袜，人鲜见其足。"是尤为脱履赤足之证。

晋时屐大行

《世说》："王子敬兄弟见郗公，愔也。蹑履问讯，是不在室内。甚修外生礼。及嘉宾死，皆着高屐，仪容轻慢。命坐，皆云有事不暇坐。"又，

"阮遥集好屐。或有诣阮，见自吹火蜡屐，因叹曰：'未知一生，当著几两屐？'"又，"谢公闻淮上捷报，面无喜色，惟入室屐齿忽折。"又，"谢家宾客，登山则去屐前齿，下山则去后齿。"是晋时亦以屐为不庄，而高屐则尤轻慢。然当时卿大夫皆著之者，则以晋时风俗轻佻，人物高旷，故独喜之也。

刘宋时尚着赤舄

《宋书·舆服志》："绛袴赤舄。"是舄之制，至六朝尚存，唐以后则不见矣。

自南北齐始有长勒靴，古履制一变

《南齐书·豫章文献王传》："性泛爱，不乐闻人过失，有投书相告，置靴中，竟不视，取火焚之。"夫靴若无勒，胡能置书？又，《梦溪笔谈》："中国衣冠，自北齐以来，全国窄袖绯绿，短衣长勒靴。"

按：周秦以来只有履，履有系无勒。据《释名》："赵武灵王好著短勒靴。"盖武灵胡服，胡服之履有勒，并胫装入，名曰靴，不用系，一可取暖，一自然稳固。然武灵之靴勒短甚，且偶为之，殁则已，当时未行。北齐之祖高欢亦胡种，故有长勒靴。勒长益暖，益不用系。然至隋仍不通行。《隋书·舆服志》云："长勒靴，田猎、豫游则服之。"可知非田猎仍不长勒也。岂非以其违古制而不庄雅哉？然后世遂因而不改矣。

隋唐鞋始大行，然非官服，且有带

《隋书·舆服志》："紫丝鞋，田猎服之。"田本游戏，故可服鞋。《隋唐嘉话》："郑愔为吏部侍郎，赃污狼藉。有选人系百钱于鞋带上，愔问其故，答曰：'当今之选，非钱不行。'愔默然不语。"又，杜甫诗："青鞋布袜从此始。"是唐时常著者尽鞋也。惟鞋有带以为固，似今日小儿式也。

唐时仍登堂脱履

《国史补》："韦陟有疾，房尚书琯使子弟问之，延入卧内，行步悉借茵毯。房氏子袜而登阶，侍婢皆笑之。"是笑其不脱履也。又，《酉阳杂俎》："明皇于便殿召见李白，时白方醉，因召纳履，白遂展足与高力士曰：'脱靴！'力士失势，遽为脱之。"是白醉不知脱靴履，上故召之也。白著官服入见，明皇令去靴而纳履耳。

唐以长勒靴为官服

《唐书·韦斌传》："朝会常大雪，在廷者皆振裾更立。斌不徙足，雪甚，几至靴。"

按：有勒方谓靴。"几至靴"者，言几至靴勒口也，谓雪深也。不然，靴已著地履雪矣，胡云"几至"？又，《唐书·李光弼传》："将战，纳刀于靴曰：'战，危事也。吾位三公，不可辱于贼。'"夫勒不长，那能容刀？又，《酉阳杂俎》："张评事摸靴，得银一铤。"是可见唐时，无论朝服、军服，凡官家皆著长勒靴，已与清时同。清时固常装置杂物于靴勒内也。

唐靴皆黑色

《摭言》："会高力士终以为李翰林脱乌皮六缝为耻，因谮之于贵妃。"又，唐人诗："趁朝把笏著乌靴。"又，《灵鬼志》："韶自外入，著黑介帻幽履。"是靴纯为黑色，自唐而已然也。

唐时制靴状况

颜真卿诗："缝靴蜡线油涂锥，急逢龙背须且骑。"夫线蜡则滑而易抽，以油涂锥，亦取其滑而易入。以今日视之，似为迂拙，然古人工艺之坚实可想。

唐时避雨湿，不用㠯用钉鞋

《通鉴》："德宗出幸奉天，天大雨，从者皆著钉鞋。"

按：钉鞋今日尚有之，一则不滑，一则底高，遇泥水不畏。惟皆以桐油敷布上，使水不能浸入，故名曰油鞋。兹名曰钉鞋，似尚未知以油浸也。

唐木屐仍大行

《唐摭言》："京师长者，皆着木屐。"夫长者皆着，少年可知。想见长安街上，橐橐之声盈耳也。

五代及宋以靴为朝服，鞋为便服，鞋仍有带

《归田录》："冯道与和凝同在中书。一日，和问冯曰：'公靴新买，

其值几何?'冯举左足曰:'九百。'和性褊急,遽回顾小吏曰:'我靴何得一千八百?'因诟责久之。冯徐举右足曰:'此亦九百。'于是哄堂大笑。"又,《老学庵笔记》:"淳熙己酉,车驾幸候潮门,从驾臣僚皆擞带子著靴。"是自五代至南宋,皆以靴为朝服。又,《归田录》:"往时学士,循唐故事,见宰相不具靴笏,系鞋坐玉堂上。"是言惟学士清贵,可着鞋坐玉堂,见宰相,他人须具靴笏也。是以鞋为便服,靴为礼服,自宋初而已然,至清不改。又,宋陶穀诗云:"短勒靴儿末厥兵。"是宋靴之有勒益明。又鞋而曰系,是宋鞋之有带,殆与唐同。

周以前足无里衣,有之自汉始

周以前不履则跣,前已详之矣。至汉初,履之内复加里衣。《淮南子·说林训》:"钧之缟也,一端以为冠,一端以为䊷。冠则戴致之,䊷则蹍音展,践也。履之。"又,《后汉·礼仪志》:"绛袴䊷袜"。

按:《集韵》:"䊷所以束衣也。"《类篇》:"䊷,足衣也。"依两训诂之,"䊷"亦有约束意,似即《急就篇》注所谓"裹足之巾"也。是为足上里衣之创始。

至后汉而有袜,仍之至今

《后汉书·李忠传》注:"光武衣垢,使忠解浣,忠更作新袍小单衣袜以上之。"又,《蔡文姬传》:"时且寒,赐以头巾、履、袜"。又,《宋书·舆服志》:"绛袴绛袜。"唐人《李娃传》:"特为生制新履袜。"又,

文姬归汉图

《灵鬼志》："韶自外入，著白袜幽履。"又，杜甫诗："青鞋布袜从此始。"盖至是而足之里、外衣皆备。

周以来妇女足服

周之时男女履舄，盖无殊异。是以《周官》屦人所掌王及后之赤舄、黑舄、素屦、葛屦，句繶皆同；即下至命夫命妇之命屦、功屦、散屦亦同。其他经传，言及妇足服者甚少也。

古妇女仍上堂脱履跣足

《淮南子》："古者家老异饭而食，殊器而享。子妇跣足上堂，跪而斟羹。"是周时妇女入室亦脱履也。

秦汉时妇女履始有锐形

《史记·货殖传》："今夫赵女郑姬，揄长袂，蹑利屣，目挑心招，出不远千里，不择老少者，奔富厚也。"说者谓利屣为妇人缠足之始，此不然。自古女体弱于男体，而女子服饰，贵轻纤，忌重拙，惟履亦然。利屣者，不过较方形之男履稍狭，以期妍媚耳，与后世之锥形异也。

六朝时男女靴可换著

《北齐书》："任城王湝为并州刺史，有妇人临汾水浣衣，有乘马人换其新靴而去。妇人持故靴诣州言之。湝召城外诸妪，以靴示之，绐曰：'有乘马人于路被劫，遗此靴。'一妪抚膺哭曰：'儿昨著此靴向妻家。'如其语捕获。时称明察。"据此则男子与妇人靴可换著也。是六朝时男女履尚无异，亦何怪魏武赐蔡文姬履袜，不以为亵哉！

六朝时之女皮履

《南齐书》："高帝令宫人著紫皮履。"

唐时女著木屐、皮屐

《摭言》："京师妇女始嫁，作漆画屐，五色采为系。"又，张泌《小金传》："蓬发曳漆履。"夫可漆可画，则木屐也。《云溪友议》："崔涯，吴楚狂士，与张祜齐名。每题诗倡肆，誉之则车马盈门，毁之则杯盘失措。常嘲一妓云：'布袍皮袄火烧毡，纸补筡篏麻接弦，更著一双皮屐子，纥梯纥榻到门前。'"今日日本妇女在街上行，隔数十武，即闻"纥梯

纥榻"声者，木屐子也，岂知其为唐制哉！读此诗，唐时妇女步履声音，如耳闻目睹。

宋时妇人鞋底已成尖形，与清无异

《老学庵笔记》："宣和末，妇人鞋底尖，以二色合成，名'错到底'。"夫鞋而有尖，非缠足不如此也，是确证已。又，刘改之《咏美人足》云："衬玉罗悭，销金样窄，载不起盈盈一段春。又有时自度歌声，悄不觉微尖点拍频。又知何似？似一钩新月，浅碧笼云。"味此词，是宋时女足形，已与清时无异。盖自隋唐以来，妇女妆饰以纤丽为尚，变本加厉，至宋而已极。必谓缠足起于某时者，固执之论也。袁子才《随园随笔》辨之甚详，兹从略。

宋神宗皇后像，可见翘尖的鞋头

卷六　足服

卷七 饮食

周时制造食物之法 炮豚

《内则》："炮，取豚若将，同牂，牡羊也。刲之刳之，实枣于其腹中，编萑以苴之，苴，裹也。涂之以墐涂，炮之。涂皆干，擘之，濯手以摩之，去其皽。音展，膜也。为稻粉糔，音修，汁也。溲浸也之以为酏，粥也。以付豚。糊之也。煎诸膏，膏必灭之，油深没豚。钜镬汤，以小鼎芗脯于其中，使其汤毋灭鼎，三日三夜毋灭火，而后调之以醯醢。"

按：《说文》："炮，毛炙肉也。"《广韵》："裹物烧也。"经言造炮肉，先取豚若羊杀之，实枣于腹内；再裹之以苇，涂之以泥，炮之使干，擘而摩去其油膜；再以稻米粉为糊，糊豚四周，煎于油镬中，使干，置小鼎中；再将小鼎置大镬沸汤中。"汤毋灭鼎"者，惧水浸入小鼎，败肉味也。煮三日三夜而后调醯醢食之，可谓费矣。然不知发明若干年，而后能制法繁复若此也。

周制杂肉糜法 名捣珍

《礼·内则》："捣珍：取牛、羊、麋、鹿、麇之肉，必脄。注：夹脊肉也，今所谓里脊。每物与牛若一。捶，反侧之，去其饵。注：筋腱也。熟出之，去其皽，柔其肉。"按：捣珍者，捣取牛羊等肉使烂。"必脄"者，脄肉肥美也。"每物与牛若一"者，言四者肉之多寡与牛等也。反侧捶之，其筋可去，筋去则肉和，熟而去其膜，调以醯醢，则肉柔矣。此制法甚奇，不用刀切，椎捣使烂，和五种肉为一，且筋膜尽去，均匀和合，调

西周毛公鼎

而食之，其有异味可知也。

周食生牛肉法 古名曰渍

《礼·内则》："渍：取牛肉必新杀者，薄切之，必绝其理，湛同沈诸美酒，期朝而食之，以醢若醯、醷。"

按："必绝其理"者，言切肉时横断其纹理也，横断则生肉易嚼；渍以美酒，至明朝方食，则美味生而膻味去矣；更调以梅酱，注：醷，梅酱。适口可知。

周制干肉糜法 古名煎

《礼·内则》："为煎：捶之去其皽，编萑布牛肉焉，屑桂与姜，以洒诸上而盐之，干而食之。施羊亦如之。施麋、施鹿、施麇，皆如牛羊。欲濡湿也肉，则释以盐水润释。而煎之以醢。欲干肉，则捶而食之。"

按：《说文》："干煎曰煎。""为煎"者，言为煎肉之法也。亦不刀切，捣之使烂，晾于苇簿之上。"诸"者，菹也。洒以姜桂盐菹，俟其干，煎食之。然亦可濡食，煎以醢则润而释矣。此种食法，有类于今日之腌肉，可久存。不过古人捣肉使烂，今则块腌，古较今尤精耳。

周煎肉饼法 名糁

《礼·内则》："糁，《说文》：以米和羹也。取牛、羊、豕之肉，三如一。小切之，与稻米，稻米二、肉一，合以为饵煎之。"

按：今日用麦粉和肉煎为饼。饼即饵也，见《说文》。兹用稻米，必煮米使极烂，然后能和肉为饵。惟今日煎时用油，古则无之，是今较古胜也。

周制炙肝法 名肝膋

《礼·内则》："肝膋：取狗肝一，幪之以其膋，脂膏即油。濡炙之，举焦其膋，不蓼。"

按："幪之"者，覆之也，言覆肝于铛，再以脂油炙之。"举"者，皆也，皆焦然后食之。蓼者，辛菜；"不蓼"者，不用辛菜也。经不言用醯醢，且不刀切，或食时割之，和酱食也。

周制薄粥法

《礼·内则》："黍酏。"又曰："饘酏。"注："饘，厚粥；酏，薄

粥。"贾逵曰："酏为粥清，清者，粥而去米也。"又曰："取稻米，举糙溲之。小切狼臅胸臆膏，以与稻米为酏。"是又于薄粥内加狼膏以益其味。其制法大概与今之牛油茶相类也。

周人拌饭之香料 名淳熬、淳母

《礼·内则》："淳熬：煎醢加于陆稻上，沃之以膏，曰淳熬。淳母：煎醢加于黍食上，沃之以膏，曰淳母。"是盖以稻米、黍米为饭，既加以煎醢，复以膏沃之，味厚极矣，故曰淳。

周配置食味之法

《礼·内则》："脍，《说文》："细切肉为脍。"春用葱，秋用芥。芥酱。豚，春用韭，秋用蓼。辛菜。脂用葱，膏用薤，和用醯，兽用梅。鹑羹、鸡羹、鴽，酿之蓼。鲂鱮蒸；雏，烧；雉，芗无蓼。""雉，芗无蓼"者，言食雉但可投以芗，不可和以辛菜也。其配置之法，有用之至今者，在当时亦可谓精矣。

周食物所忌

《礼·内则》："不食雏鳖。狼去肠，狗去肾，狸去正脊，兔去尻，狐去首，豚去脑，鱼去乙，鳃形。鳖去丑。窍也。牛夜鸣则庮；同莸。羊泠毛而毳，膻；狗赤股而躁，臊；鸟麃色而沙鸣，郁。臭也。豕望视而交睫，腥；马黑脊而般臂，漏。"观以上之研究，亦可谓精细矣。不过狗、兔、狐狸等物，自隋唐以来已不食，而马尤为粗品。然周时人皆食之，似不如后人检择之精也。

周人制酸菜、泡菜之法 名菹

《周礼·天官》："醢人掌四豆之实。韭菹、菁菹，注：蔓菁。茆菹、注：即凫葵。葵菹、即白菜。芹菹、菭菹、注：水中鱼衣。笋菹。注：竹萌或稚蒲。"

按：《侯鲭录》："细切曰虀，全物曰菹。"又，《释名》："菹，阻也。

《侯鲭录》书影

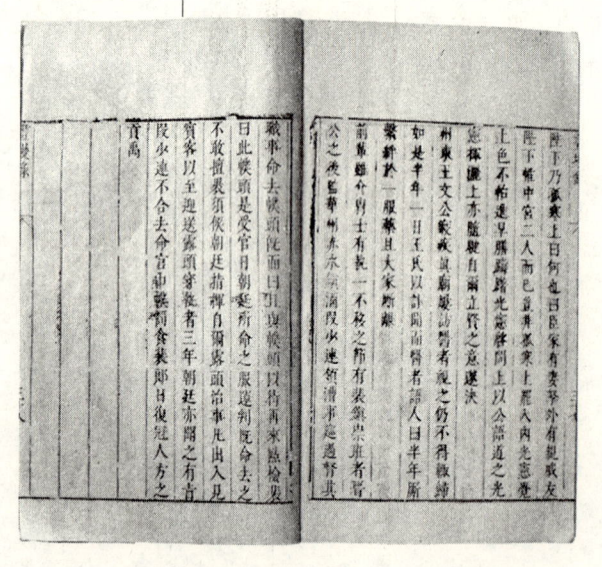

生酿之，遂使阻于寒温之间，不得烂也。"即今之泡菜、咸菜也，又今之酸菜也。观醢人掌七菹，醢者，醋也，故知菹亦为酸菜也。《诗·小雅》"疆埸有瓜，是剥是菹"是也。

周时肉酱种类之多 今只遗虾酱一法

《礼·曲礼》："毋歠醢。"疏："肉酱也。"《周官·醢人》："掌四豆之实。醓醢、注：肉酱。蠃醢、注：蚬蝓。蠯醢、注：小蛤。蜃、注：大蛤。蚳醢、鱼醢、兔醢、雁醢。"注："凡作醢者，必先膊干其肉，然后莝之，杂以粱曲及盐，渍以美酒，涂置瓶中，百日而成。有骨为臡，无骨为醢。"

按：周醢共有八种之多，其见于《诗》者，《大雅》云"醓醢以荐"是也。醢尚充祭品，其珍贵可知。盖古人食肉，淡煮者多，殽蒸是也。故食时酱最需要，孔子所以不彻也。今只有虾酱是其遗法，余则不数见矣。

周时纯以豆米所为之饼饵

《周官》："笾人掌四笾之实。糗饵、粉餈。"注："糗，豆米所为。饵、餈皆饼也。"

按：是三物，盖皆以豆米之粉为之，如今日之小米面饼、杂花面饼，皆蒸熟食之。

周专置调和食味之官，名曰食医

《周礼·天官》："食医掌和王之六食、六饮、六膳、百羞、百酱、八珍之齐。同剂。""凡和，春多酸，夏多苦，秋多辛，冬则咸，调以滑甘。""凡会膳食之宜，牛宜稌，羊宜黍，豕宜稷，犬宜粱，雁宜麦，鱼宜苽。"注："食医和其剂者，酌天时与王体气之宜也。"然则周时调和五味，皆有专门之学以为之，宜其精矣。

周时制造糖果之法

《礼·内则》："枣、栗、饴、蜜，以甘之。堇、荁、枌、榆、免、薧，免新生而干者。滫、瀡以滑之。"

按：今日制糖果之法，皆渍以冰糖及蜜，无庸再沃以枌、榆等汁。周时不尔者，冰糖、砂糖等物，皆尚未有，取甘之法只用饴。饴者，饧也，黍汁造，今腊月之糖瓜是也。

周时置食次序

《曲礼》："凡进食之礼：左肴带骨曰肴右胾。切肉。食音俟，饭也。居人之左，羹居人之右，脍细切肉会合之。炙处外，醯酱处内，葱渫蒸葱，音峙。处末，酒浆处右。"古人尚右，故取食皆以右手。其数取者置在右，为便也；而醯酱每食必用，故置在内，俾尤近，以便沾濡。

古弟子尚食、侍食、彻食礼节

《管子·弟子职》："先生将食，弟子馔馈，注：馈谓选具其食。摄衽盥漱，跪而坐馈，置酱错食，陈膳毋悖。凡置彼食，鸟、兽、鱼、鳖，必先菜羹，注：先菜后肉。羹胾中别，愚按："别"疑"列"之讹。胾在酱前。注：远胾近酱。其食要方，注：陈设食器要令成方。饭是为卒。左酒右浆，告具备也而退，奉手而立。"

按："胾在酱前"者，即《曲礼》"脍炙处外，醯酱处内"之意也；陈设食器要方者，贵整齐也；"饭是为卒"者，言最后具饭也。注言"既饭而食，则卒"者误也。此皆言陈设食物先后次序。至陈设既毕，故下云"告具"也。告具者，言食品具备，请先生食也，故知注非也。此尚食之礼节也。

又云："三饭二斗，注：三食饭，二毁斗。吴云："方本作叶，叶当为汁，即所谓飧。左执虚豆，右执挟匕，注：挟匕以载肉。周还而贰。注：云再益。惟嗛之视，同嗛以齿；注：类也。周则有始，柄尺不跪，是谓贰纪。注：豆有柄，长尺则立而进之，此是再益之纲纪也。先生已食，弟子乃彻，趋走进漱，拼前板祭。"

按：前三句谓侍食者应备之器："二斗"者，备既饭而污，更替取洁，犹今之食番菜必易器也；"左执虚豆"者，豆有柄，左手执之而中空，备食时承接淋漓也；"右执挟匕"者，言以二匕载肴肉，右手所执，侍食者须预置二斗，并置虚豆、挟匕于左右也。"周还而贰，惟嗛之视"者，嗛者尽也，尽则益之。"同嗛以齿"者，齿者序也，言数食若同时并尽，则按次序益之也。"拼扫也前板祭"者，板者，敛食之器，《公羊传》所谓"睨而刻其板者"是也。古食必祭，食罢则以板敛其祭，扫而清洁之。此侍食、彻食之礼节也。

周宾主食时礼节

《曲礼》："侍食于长者，主人亲馈，进食。则拜而食；主人不亲馈，则不拜而食。"

《曲礼》："客若降等，注：大夫食于卿则等卑。执食兴辞。注：欲食于堂下。主人兴辞于客，然后客坐。主人阻客，客复坐也。主人延客祭。注：古食必祭先农；延，导也。祭食，祭所先进，肴之序，遍祭之。三饭，注：三食也。《礼》：食三飧而告饱，须劝乃更食。主人延客食胾，然后辩肴。注：凡食肴，初脊辩于肩，至肩乃饱也。"

若君赐食则礼节益谨

《礼·玉藻》："豆，去席尺。注：恐污席。若赐之食而君客之，则命之祭然后祭。注：祭敌体方得。先饭，辩尝羞，饮啜饮以利喉，非饮酒。以俟。若有尝羞者，则俟君之食然后食，饭饮而俟。君命之羞，羞近者，命之品遍也尝之，然后唯所欲。凡尝远食，必顺近食。"

按：今日会食，食远者，主人必推致之，不然客不远取。又，初尚一羹，主人不导客，客辄不先尝，犹古礼之遗。

侍食于尊长礼节

《礼·玉藻》："侍食于先生，异爵者后祭先饭。注：若为尊者尝食。客祭，主人辞曰：'不足祭也。'注：祭者，盛主人之馔。客飧，主人辞以疏。"

古将食罢最重飧礼

《礼·玉藻》："侍食于君，君未覆手，不敢飧。"

按："覆手"者，注云："以手循口边肴粒，恐污着也。飧，谓用饮浇饭于器中也。礼食竟，更作三飧以劝，助令饱实，使不虚也。"又，《玉藻》："侍食于先生""客飧"疏云："飧是已食饱。饱犹美食，故作三飧，示仍欲食也。"饱仍欲食，则食之美可知。由前解则飧助腹内饱实，由后解则兼以悦主人，是飧有为己、为人二义也。

若食于敌体者，主人失礼，客可不食而飧

《礼·杂记》："孔子食于少施氏而饱，少施氏食我以礼。吾祭，作而辞曰：'疏食不足祭也。'吾飧，作而辞曰：'疏食也，不敢以伤吾子。'"《玉藻》："孔子食于季氏，不辞，不食肉而飧。"疏："凡礼食，先食胾，次食肴，乃至肩。至肩则饱，乃飧。不食肉而飧，乃主人不辞故也；不辞则失礼。"《家语》云："从主人也。主人不以礼，客不敢尽礼；主人尽

礼，客不敢不尽礼也。"

按：今日食罢，恒对主人言食太饱，犹有飨之遗意，而祭礼之亡则久矣！

古食罢以酒漱口礼节

《曲礼》："主人未辩，食肴未毕。客不虚口。"注："虚口谓酳也。"疏："食罢以酒荡口曰酳。敌以上可不俟主人。主人恒让客，不自先饱；故客须俟主人辩，乃漱口也。"又，《仪礼·公食大夫礼》："宾卒食，会饭三饮。"注："三漱浆也。"食竟漱口也。

按：《曲礼》"客不虚口"，疏云："谓食竟饮酒荡口，使清洁及安食也。用浆曰漱，用酒曰酳。"然公食虽设酒优宾，不得用为酳，但以浆漱口而止也；若私客则可用酒酳。

按：今日食罢漱口，用清水而略温，太寒则激齿，不惟不以酒，亦不以浆。而古人不尔者，今则漱而吐之，古似漱而下之也。古盖以吐为不敬。

古食罢彻馔情景

《曲礼》："卒食，客自前跪，彻饮齐，注：齐，酱属也。卑客如此，敌则否。以授相者。主人赞馔者。主人兴，起也。辞于客，不听自彻。然后客坐。"是食于尊者之前，主人不听自彻，可复坐也。《玉藻》云："君既食，又饭飧。饭飧者，三饭也。君既彻，执饭与酱，乃出授从者。"注："授己之从者。食于尊者之前，当亲彻也。"是主人益尊，听自彻，出授己之从者也。又，《玉藻》："主人自置其酱，则客自彻之。"注："敬主人也。彻，奠于序端。"是食于敌等者之家，主人敬客自尚食，故客亦自彻以敬主人，所谓礼因地异也。

古极重礼食不能食

《左传·宣十六年》："王享有体荐，宴有折俎。"注："半解其体而荐之，所以示共俭。""折俎者，体解节折，升之于俎，物皆可食，所以示

西周酒器——蟠龙盖盉

历代社会风俗事物考

慈也。"

按：古者飨同享礼最盛，宴礼次之，示俭示慈，即《左传》所谓"飨以训恭俭，宴以示慈惠"也。示惠故可食，示俭不可食，犹大羹不调，用以祭神，礼益恭也。

古燕食共器，以手取饭

《曲礼》："共食不饱。注：共羹饭之大器。共饭不泽手。注：古礼，饭以手，不用箸。毋抟饭，注：共器若以饭作抟，则多得不谦。毋放饭，疏：手就器中取饭，若粘著，不得拂放本器中。毋反鱼肉。注：同器食已，啮残不可反器中，为人秽。"然燕食如此，若礼食则不共器也。

古食时所忌，犯则不恭

《曲礼》："毋流歠，注：饮也。大歠若流水嫌疾。毋咤食，注：若嫌薄。毋啮骨，毋投与狗骨，毋固获，毋扬饭，扬之使凉。饭黍毋以箸，嫌速，当以匕。毋嚃音踏，不嚼也，亦嫌速。羹，毋絮羹，加盐梅。毋歠醢。为嫌淡。客絮羹，主人辞以不能烹；客歠醢，主人辞以窭。"

古食须释剑

《左传·哀十七年》："卫君召浑良夫食，至，袒裘，不释剑而食。太子使牵以退，数之以三罪而杀之。"

按：古者剑不去身，独食时不脱则不敬，况又袒裘乎？然以此为罪，可见古威仪关系之重。

古礼食不共器，器之多少以爵秩而分

《礼·礼器》："上大夫八豆，下大夫六豆。"又，《乡饮酒》："六十者三豆，七十者四豆，八十者五豆，九十者六豆。"又，《左传·昭六年》："季孙宿如晋，晋侯享之，有加笾。武子退，使行人告曰：'得贶不过三献。今豆有加，下臣弗堪。'"是古礼专器而食，故器有多寡，因年爵而异也。

古贵人燕食，每食奏乐

《礼·檀弓》："知悼子卒，未葬。平公饮酒，师旷、李调侍，鼓钟。注：君食则乐。"是国君食时必奏乐也。又，《左传·哀十四年》："左师每食击钟。闻钟声，公曰：'夫子将食。'既食，又奏。"是大臣食亦奏乐

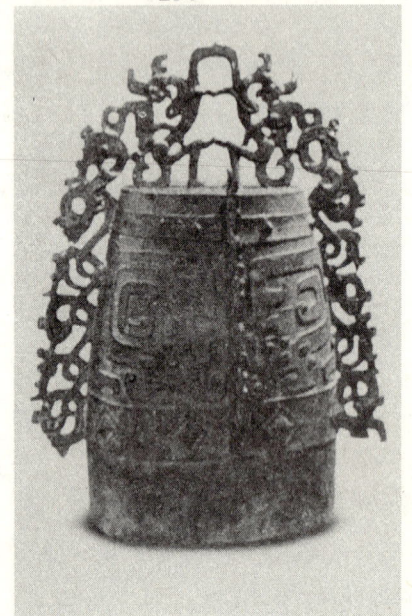

西周时期青铜乐器——克钟

也。不惟食时奏，罢食亦奏。清时督抚提镇署外，辄有钟鼓楼，峙列东西，然日久成具文，只督抚出时鸣炮吹笛，食时无奏乐者。而边荒提镇衙署，建树威严，食时辄吹笛三声，擂鼓三声，俾市民闻知，俗所谓"三吹三打"，岂知仍成周遗意哉！

春秋时贵人尽肉食

《左传·襄二十八年》："公膳，日双鸡，饔人窃更之以鹜。御者知之，则去其肉，而以其洎馈。子雅、子尾怒。"注谓"公家供卿大夫之常膳"，是不宴会，常食亦肉也。又，《左传·庄十年》："齐师伐我，公将战，曹刿请见。其乡人曰：'肉食者谋之，又何间焉？'刿曰：'肉食者鄙，未能远谋。'"又，《昭公四年》："肉食之禄，冰皆与焉。"又，《说苑》："晋献公时，有祖朝者上书，公使告之曰：'肉食者已虑之矣。'"是可见公家皆肉食，故以肉食为代表公卿之名词也。

食时祭先礼节

《礼·内则》："君赐食，命之祭，然后祭。"《玉藻》："后祭先饭。"《论语》："虽蔬食菜羹，必祭必齐如也。"《左传·襄二十八年》："叔孙穆子食庆封，庆封泛祭，穆子不悦。"注："食有祭，示有所先也。泛祭，远散所祭，不共。"故穆子恶之。然则祭亦有礼节，远散所祭则失礼。似将祭品置于食案，不以器盛。今农家馌南亩食于野者，将食必先以勺酌饭洒之，犹周礼之遗；而士大夫则否。孔子曰"礼失求诸野"，岂不然欤！

古食器类别：载食器、造食器、取食器；箸尚不重

《周礼·天官》："笾人掌四笾之实。""醢人掌四豆之实。"又，《左传》："染指于鼎。"《论语》："一箪食，一瓢饮。"《说苑》："鲁有俭者，瓦鬲煮食而美，盛之土铏，以进孔子，孔子如受大牢之礼。弟子曰：'瓦甄，陋器也；煮食，薄膳也，先生何喜如是乎？'"又，《考工记》："夫人享诸侯，案十有二寸。"是皆载食之器也。笾与箪皆竹制，豆则木制，鼎则金，瓢则瓠。以鼎为最贵，子路所谓"吾亲殁之后，南仕于楚，

累茵而坐，列鼎而食"也。以瓢为最俭，庄子所谓"剖之以为瓢"也。又，《礼运》疏："中古之时，虽有火化，未有釜甑。"釜甑与鬲，皆造食之器。又，《曲礼》："饭黍，毋以箸。"《易》："不丧匕鬯。"《考工记》："梓人为饮器，勺一升。"《汉书·礼乐志》："勺椒浆。"勺者，酌浆而饮之也；匕者，载食；箸者，挟食，皆取食之器也。又，《曲礼》："羹之有菜者用梜，无菜者不用梜。"梜者，箸也。是周时箸尚不要也。

周时以鱼、稻、黍为美食

《论语》："食夫稻，衣夫锦，于汝安乎？"《孟子》曰："鱼我所欲也，熊掌亦我所欲也。"夫以鱼与熊掌并称，其贵重可知。又，《汉书·地理志》："吴楚之民食鱼、稻。"盖鱼、稻皆产于水乡，而中原少水，虽有而不多，然吴楚之民皆食之，《志》之正异之也。又，《诗·小雅》："其饷伊黍。"注云："丰年虽农人亦得食黍。"可见黍之贵重，田家不常食。

周穷民至食蒺藜实

《说苑》："由侍二亲之时，常食藜藿之实。"又，"晋献公谓东郭民祖朝曰：'食肉者已虑之矣，藿食者尚何与焉？'"又，《庄子》："孔子穷于陈蔡之间，七日不火食，藜羹不糁。"按：糁者，《说文》："以米和羹也。"不糁者，言只有藜而无米也。

又按：《说苑》："晋平公布蒺藜于庭，师旷行则刺足，伏则刺膝，仰天叹曰：'夫殿庭非生藜藿之地！'"由此证之，藿食藜羹，皆以蒺藜实为之，子路所食者是也。但以蒺藜为米煮食之乎，抑舂其实为粉和粟米食之，因后世久不食此，故其详亦无从揣测也。

又按：蒺藜皆旅生，无艺之者，性恶雨喜旱。旱年五谷焦枯，独蒺藜益肥茂，沿阡陌蔓生，实累累坚实有粉，固可食也。古荒地多，此物益盛，穷民值歉岁多收食之，故晋公以藿食为穷民之代名词。今则视为恶草，虽遇荒年，无知其可食者，故备论之。

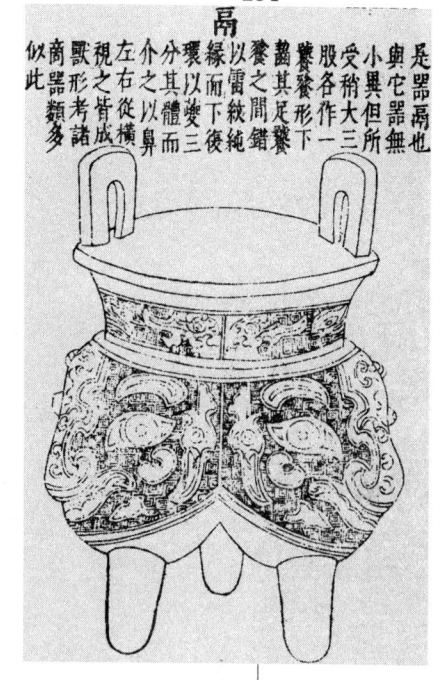

鬲图

《诗经·豳风》诗意图

周时已普食百菜

《诗·豳风》："七月烹葵及菽。"又，《仪礼·士虞礼》："夏秋用生葵。"又，《列女传》："漆室女曰：'昔晋客舍吾家，系马园中，马佚驰走，践吾葵，使我终岁不食葵。'"

按：王祯《农书》："葵为百菜之主，备四时之馔。"又，《左传·成十七年》："鲍庄子之知不如葵，葵犹能卫其足。"夫叶能卫足，又四时可食，则今日之百菜也。或名曰菘，所谓秋末晚菘也。

古食盐种类之多，而以虎形为尤奇

《周礼·天官·盐人》："祭祀，供其苦盐、散盐；宾客，供其形盐、散盐；王之膳羞，供饴盐。"注："苦盐，出于池，盐为颗，不湅治味苦。散盐即末盐。"又，《天官·笾人》："朝事之笾，其实形盐。"注："形盐，筑盐为虎形也。"

按：苦盐出于盐池，今河东盐池所出者是也；散盐者，今海盐或井盐，碎为粉者是也；形盐者，即《左传·僖三十年》所谓"盐虎形"者是也，原以供宾客，礼场用之，取其美观，今则无矣。

周时男女及小儿食盐量数

《管子》："凡食盐之数，一月丈夫五升少半，妇人三升少半，婴儿二升少半。"

历代社会风俗事物考

按：小儿食盐少于大人，宜也。至妇人少于男子，则不可解，岂古妇人食量，较男子减少几及半乎？不然，胡食盐量数相差若是？

古食盐防身肿

《管子》："无盐则肿。"又，"民恶食而无盐则肿。"

按：五味辛苦酸甘，皆可不食，独不食盐则身肿生毛，至今犹然。故中国古人，于食盐法发明最早。《说文》云："宿沙初作煮海盐。"考宿沙尚在五帝前，至春秋已数千年。管子治齐，煮海为盐，富擅天下。故穷究盐之利害，俾民知不食则肿，而恶食者肿尤甚也。

周食狗之剧，且以祭神

《月令》："天子乃以犬尝稻，以犬尝麻，先荐寝庙。"《周礼》："供其犬牲。"又，《礼·内则》："狗去肾。""狗赤股无毛而躁，臊。音骚。"又，《史记·聂政传》："家贫，客游以为狗屠，可以旦夕得甘毳。"又，《荆轲传》："爱燕之狗屠及善击筑者高渐离。"夫至以屠狗为专业，则当时社会食狗之风尚可知矣。

汉时食麦饭，以葱为菜

《后汉·冯异传》："仓卒芜蒌亭麦饭。"又，《高士传》："阴就请井丹，设麦饭葱菜。"

按：今日为麦饭者，皆取将熟之麦而实未坚实者，煮以为饭，香嫩可口，无以干麦为之者。光武过滹沱时当十月，则无鲜麦，而亦为之者，可见古人常以麦实为饭，与粟等也。葱菜者，咸葱为菜以下饭也。

汉时仍贵黍，常炊黍饷客

周时黍稷用以祀神。《论语》："子路拱而立，杀鸡为黍而食之。"是以黍饷客也。《后汉·庞公传》注："司马德操尝诣德公，**值上墓**，德操便其堂，呼德公妻子速作黍。"又，《三国志》注："钟茂尝诣姊，姊为杀鸡炊黍，而不留也。"是至汉时仍以黍饷客，则黍之贵于常食可知。

汉时烧饼贩子

《三国志》注："赵岐遭家祸，诣北海贩胡饼。孙宾硕过市，疑其非常人，问曰：'自有饼耶？贩之耶？'岐曰：'贩之。'"

值上墓，此处原文为"值其渡沔上先人墓"。本书引用古籍，个别之处有节略原文者，但不害文意。

按：胡饼者，即今日之烧饼。贩饼即叫卖于市者也，汉已与今同。

汉时食品繁于古

《汉书·孔光传》："太师入省中用杖，赐餐十七物。"师古曰："食具有十七种物。"

按：周时虽大宴飨，食品不过数种。兹有十七种之多，较周时已进步矣。

汉时食器箸最要

其盛食之器，据《汉书·主父偃传》："丈夫生不五鼎食，死则五鼎烹耳！"张晏曰："五鼎食，牛、羊、豕、鱼、麋也。"又，《霍后传》："许后五日一朝皇太后于长乐宫，亲奉案上食。"又，《史记·张耳传》："敖自持案上食，礼恭甚。"又，《后汉·梁鸿传》："妻为具食，不敢仰视，举案齐眉。"《三国志·魏武传》："及欢悦大笑，至以头没杯案中，肴膳沾污巾帻。"

按：杯者，碗也。案者，上食所用，四边有矮墙，下有矮足。《公羊传》："睋而刻其板。"板即案也，用以敛食器。今朝鲜人款客，席地坐，食时宾主各一案，犹古制也。今中国人上食之案，有墙无足，只上食用之，食时则否，因不席地坐也。

其取食之器，《史记·留侯世家》："臣请借前箸筹之。"又，《周亚夫传》："上召亚夫赐食，独置大胾，无切肉，又不置箸。亚夫心不平，顾谓尚食取箸。"又，《三国志·先主传》："先主方食，失匕箸。"

按：周时食用箸甚少，至以手奉饭。汉则无不用箸，观亚夫顾尚食不索他器，独索箸，可知其重矣。若今日，则箸尤要也。

汉食时忌后饱

《汉书·哀帝纪》："及赐食于前，后饱。起下，袜系解。帝由此以中山王为不能。"

举案齐眉图

按：今日子弟赴宴，父母亦辄以后饱为戒。后饱令人疑贪食，古人尤重。

汉时炊饭已用箪蒸

《世说》："宾客诣陈太丘，宿。太丘使元方、季方炊。客与太丘论议，二人俱委而窃听，炊忘著箪，饭落釜中。太丘问：'饭何不馏？'元方、季方长跪曰：'大人与客语，乃俱窃听，炊忘着箪，今饭成糜。'"

按：《说文》："馏，饭气蒸也。"由此可证汉时炊饭之法与今时同，即以米置釜煮之，再以笊篱捞出，置箪上蒸之。元方等忘著箪，及既觉知，已成糜矣。糜与粥不同，粥米少而稀，糜则浓厚也。

汉代漆器

汉魏晋之豆粥、粟粥

《后汉·冯异传》："光武至饶阳芜蒌亭，异上豆粥。"《汉书·公孙弘传》："食一肉，脱粟之饭。"《世说》："石崇为客作豆粥，咄嗟便办。""许允为魏明帝见收，举家号哭。允妇曰：'勿忧！作粟粥待。'顷之允至。"

按：北方少稻，人常食曰谷，谷即粟。脱粟者，言去壳不精凿也，即今之小米也。

晋时仍不共器食

《世说》："顾荣在洛阳，尝应人请，觉行炙尚食者人有欲炙之色，因辍己施焉。"夫辍己而与他人，则不共器可知；否则，不便专主如此也。

六朝时食饭多用漆器

六朝时已有瓷器，《齐民要术·合面脂法》云"以绵滤著瓷漆盏中"是其证。然瓷器盖甚寡，多用漆器。《齐民要术·种漆》云："凡漆器，送客之后，须以水净洗，置床薄上，于日中晒之使干，则坚牢耐久。若不

即洗，盐醋浸润，气彻则皱，器便坏矣。"观此，是六朝时食饭皆用漆器也。又，《种榆》云："十年之后，镞作魁、碗、瓶、榼、器皿。"又以证漆器皆以榆木镞成也。

晋时贵人以五盘碗为俭食

《世说》："殷仲堪既为荆州，值水俭食，尝五碗盘，外无馀肴。"夫肴至五碗五盘，下饭亦足矣，而犹以为俭，甚矣，晋人之奢！

晋人已食韭菜花

《世说》："石崇饭客，恒冬天得韭蓱虀。"

按：此即今日之咸韭花也。七月采之，加以姜瓜，捣为泥，渍以盐，过秋开瓮，馨香扑鼻。而晋人则食新制者，观其合麦苗、韭根捣之，因冬月韭无叶，而麦则有苗，可伪韭叶，加韭根复有韭味，纯食鲜者，与今法异矣。

唐贵人犹以鼎食

《明皇杂录》："李适之既贵且豪，常列鼎于前，以备膳羞。一日，庭中鼎跃出相斗，耳足皆落。明日，适之罢知政事。"

唐人饆饠饼状况

《任氏传》："行及里门，门扃未发，旁有胡人鬻饼之舍，方张炭炽炉，暂往栖止。"按：此即今日之烧饼。张炭炽炉，即今日烧饼炉之状况也。

唐时已不食狗

《汉书·樊哙传》："以屠狗为事。"师古曰："时人食狗亦与羊豕同，故哙专屠以卖。"

按：自六朝以来，不见有以屠狗为业者，然不敢确定其无有。独师古此注，惧读者不明，故曰"时人食狗与羊豕同"云云，可见唐时已不屠狗而食矣。至乡曲偷狗盗鸡、私鬻狗肉者，虽至今不免也。

宋时食品之种类

《老学庵笔记》："集英殿宴金国人使，九盏：第一，肉咸豉；第二，爆肉双下角子；第三，莲花肉油饼骨头；第四，白肉胡饼；第五，群仙炙

太平毕罗；第六，假团鱼；第七，奈花索粉；第八，假沙鱼；第九，水饭咸豉旋鲊瓜姜。看食：枣、锢子臃饼、白胡饼、馓饼。"

按：今去南宋时七百年耳，其馔品无一与今同者，而假团鱼、假沙鱼尤不可解。既无其物，何必假者？且宴外使，必系盛馔，而只九盏，今普通朋友宴会，尚不只此，亦足以观世变矣。

周以来饮酒状况　造酒之法

《周礼·天官》："酒正掌酒之政令，以式法授酒材。"又，《月令》："孟冬，乃命大酋：秫稻必齐，曲蘖必时，湛饎必洁，水泉必香，陶器必良，火齐杜云'同粢'必得。皆所谓酒材，授者以其法授酒人也。"

按：秫者，今之高粱，北方以其米酿白酒，俗所谓烧酒也。饎者，黍与黏稻；湛饎者，煮稻黍为糜，俟凉再加曲蘖，盛以瓯而酿之也。今南方用稻，北方用黍，黍酒色黄，俗曰黄酒，而其法周时皆有之。

古酿酒未熟既熟之识别

《周礼·天官·酒正》："辨五齐汉杜子春：读同粢；郑司农：读若剂。之名：一曰泛齐，二曰醴齐，三曰盎齐，四曰缇齐，五曰沈齐。"

按：此"齐"应依杜读为"粢"。粢者，黍米。言始酿米泛起，继而滓汁相将，有若醴然；继而盎然大泛，成缇色矣，缇者黄赤相间也；终而齐沉汁清，酒成熟矣。五者皆酿酒之识验。旧注谓祭祀不尚味，贵多品，若五齐为五种酒者，误也。

周时酒名

《天官·酒正》："辨三酒之物：一曰事酒，二曰昔酒，三曰清酒。"

按：事酒者，有事于祭祀，执事者得饮之，常用之酒也。昔者，久也，今所谓陈酒也。清者，藏之过久，无几微渣滓，色愈澄、味愈烈也。

周时无烧酒

按：五齐之试验及所谓湛饎，皆今时以黍为糜，加曲蘖酿酒法，故屡以清浊及滓汁浮沉为辨。若烧酒则全恃蒸气，故其色白。唐李白诗云："呼童烹鸡酌白酒。"是唐时已有烧酒也，惟不知始于何时。考《吴志·韦曜传》："或密赐茶荈以当酒。"茶色黄，故可当酒。是三国时仍无白酒也。

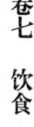

周时饮料之多

《天官·浆人》："掌共王之六饮：水、浆、醴、凉、医、酏。"

按：浆者，以水煮米，米汁相载，即俗所谓米汤也。醴者，甜酒，以黍糜酿之，少加曲蘖，酿数日榨出即味甘，今所谓甜黄酒，即古之醴。凉者，冰水；医者，梅浆。二者即今之酸梅汤，而镇以冰块也。酏者，饴也，即今所谓饧，和以水而饮之也。五者醴与凉、医，今皆有；浆与饴专作为饮料者，少也。

周以冰保持食味状况

《周礼·天官·凌人》："春始治鉴，凡外内饔之膳羞，鉴焉，凡酒、浆之酒醴亦如之。"

按：鉴者，注云："如甄，大口，以盛冰，置食于中，以御温气，使不腐也。"今都会夏日有冰之地仍如此，而开始于周，可谓久矣。

周时卖浆者独多

《庄子》："吾尝食于十浆，而五浆先馈。"又，《信陵君传》："薛公藏于卖浆家。"

按：十浆者，注云："十家并卖浆也。"先馈者，皆先馈进于己，今所谓竞卖也。周时载记不见有卖他食物者，而卖浆者独多。浆者，饮料，古无茶，似以此供过客行旅之用也。

周时以酒为刑，至晋犹然

《周礼·地官·闾胥》："凡事，掌其比觵挞罚之事。"注："乡饮酒有失礼者，则罚以觵酒，重则挞之。"

按：觵者，盛酒之器，轻则饮以酒，重则挞以鞭，然则罚饮亦刑之一也。又，《世说》："谢奕作剡令，有一老翁犯法，谢以醇酒罚之。"是晋时亦以酒为罚也。

古君臣有过，皆可罚以酒

《檀弓》："知悼子卒，未葬。平公饮酒，师

古代冰鉴

鑑 冰

李然觀鑑不唐鑑以設大氣上之作方
唐又此如得鑑方異飾抵通而四風如
精井鑑頓不則漢者器漢徹設足窻手
工漢與大辨近鑑捐唐以冰豈承四
所之鄭口昔於鑑做之禦於非以傍
能製號以鄭今國象溫擎大塵
到作不惑玄矣古然器盤置
也同冰為故而唐所用耶寒於立底

旷、李调侍，鼓钟。杜蒉自外来，闻钟声，曰：'安在？'曰：'在寝。'杜蒉入寝，历阶而升，酌，曰：'旷饮斯！'又酌，曰：'调饮斯！'又酌，堂上北面坐饮之，降，趋而出。平公呼而进之，曰：'蒉！曩者尔心或开予，是以不与尔言。尔饮旷何也？'曰：'子卯不乐。知悼子在堂，斯其为子卯也大矣！旷也，太师也，不以诏，告也。是以饮之也。''尔饮调何也？'曰：'调也，君之亵臣也。为一饮一食，亡君之疾，是以饮之也。''尔饮何也？'曰：'蒉也，宰夫也，非刀匕是供，又敢与知防，是以饮之也。'平公曰：'寡人亦有过焉，酌而饮寡人！'杜蒉洗而扬觯。公谓侍者曰：'如我死，则必勿废斯爵也。'"又，《晏子春秋》："景公惭焉，举觞自罚。"又，《淮南子》："魏文侯觞诸大夫于阳曲，饮酒酣，文侯喟然叹曰：'吾独无豫让为臣乎！'蹇车举白而进之，曰：'请浮君。罚也。'"是君有过，可罚以酒也。又，《晏子春秋》："景公饮酒，田桓子侍，望见晏子，复于公曰：'晏子衣缁布之衣，麋鹿之裘，乘栈轸之车，而驾驽马，是隐君赐也。请浮晏子。'公曰：'诺！'晏子坐，酌者奉觞而进之曰：'君命浮子。'"是臣有过，亦以酒为罚也。夫酒者，人所喜饮，而以是为罚，且以酒代刑，倘遇嗜饮者，不愈得意乎？然其风至今未已，此等习惯，殊不可解已。

周时卖酒即悬旗帜，而量酒则以升概

《韩非子》："宋人有酤酒卖酒者，升概甚平，遇客甚谨，为酒甚美，悬帜甚高，然不售，酒酸。怪其故，问长者杨倩。倩曰：'汝狗猛也，人畏焉。或令孺子怀钱挈壶瓮而往酤，而狗迓而龁之，此所以不售也。'"

按：悬帜甚高者，欲使人望而知为酒家也。升者，所以量酒。概者，横木，过升口即知酒满与否也。今以斗量豆米者犹用之，谓之斗概。而古之量酒者亦用之，今则否矣。

古礼酒必和以水

《礼·玉藻》："凡尊，必尚玄酒。""惟飨野人皆酒。"注："尊尚玄酒，不忘古也。"野人不得依古礼，故有酒无水。

按：此亦犹"大羹不和"之意，敬之至也。对野人无所用其敬，反得饮醇酒。此等古礼，于人情不适，故自汉以后，无行之者。

春秋酒器
——牺尊

古饮时安放尊壶规矩

《礼·少仪》："尊壶者面其鼻。"又，《玉藻》："惟君面尊。"注："面尊者，尊鼻向君，君宴臣专其恩惠。若两楹相见，尊鼻向两楹间，在宾主之间夹之，不得专向君也。"

按：两楹相见者，两国之君见于两楹之间，堂之正中也。既有两君，故尊鼻不得专向国君。

古酒尊多以角制

《诗》曰："酌彼兕觥。"《左传》："觞曲沃人。"《礼》："扬觯。"皆酒尊也，而皆从"角"。今角尊犹有存者，底敛口哆，径约三寸余，上有华纹，其遗制也。

古盛酒多用皮壶

扬雄《酒箴》："自用如此，不如鸱夷。鸱夷滑稽，腹大如壶，昼日盛酒，人复夜酣，常为国器，托于属车。"又，《史记》："夫差怒，盛以鸱夷，投之江中。"

按：鸱夷，制以皮，腹大，口小，形扁。用以盛酒，旅行携之，挂于车箱，无震宕撞碎失酒之患，今出行携酒者仍用之，故子云云"托于属车"也。至夫差以鸱夷盛子胥尸，不过形较大耳，殆如今之酒篓矣。

汉人之赛酒多少须平均

《史记·灌夫传》："夫与长乐卫尉窦甫饮，轻重不得，不平。夫醉，搏甫。"按：此必卫尉饮少，不肯再饮，而灌夫饮多，故云不得其平，恚而搏之也。今饮者犹然，俗名曰对钟，其黠者骗他人先饮，己则不饮。灌夫之用武，想亦如此也。

汉时贵人恃势不肯多饮

《史记·魏其侯传》："灌夫起行酒，至武安，武安膝席曰：'不能满觞。'夫怒，因嘻笑曰：'将军贵人也，毕之！'时武安不肯。"

按：古人跪坐，以臀压足，故两膝外向。若致敬于人，身直竖则膝着席，故谓之膝席。然人为我酌酒，应避席伏。武安恃势，只膝席，又声言不能满觞，傲极矣，故夫不悦，而责其毕饮也。

汉人行酒时礼节

《史记·魏其侯传》："武安起为寿，坐皆避席伏。已，魏其侯为寿，独故人避席，馀皆半膝席。灌夫不悦。"

按：是时武安为相，起为寿者，为斟酒毕饮，以祝寿为名，今所谓敬酒也。避席伏者，言离坐席而伏于地也。今为人行酒，人起立离坐致敬；古人不尔者，因席地坐，起立反不恭也。人以丞相故，皆避席伏，示不敢当。魏其侯亦曾为丞相，则避席者少，膝席者多。膝席较避席傲多矣。夫感世态炎凉，故不悦也。细读此文，汉时士夫酬酢状况，有如目睹。

古饮酒一饮须一栖，不尽则有罚

《汉书·叙传》："赵、李诸侍中皆引满举白。"孟康云："举白者，见验饮酒尽不也。"即今日饮罢倒栖示人，以见其尽也。师古曰："一说，白者，罚爵之名也。饮有不尽者，则以此爵罚之。魏文侯与大夫饮酒，令曰：'不釂音醮，饮酒尽也。者，浮以大白。'"然则古饮酒一饮须尽一栖，否则受罚，自周末已然，不似今人之可徐饮也。

古少者与长者饮，亦一饮一栖，但有后先

《礼·曲礼》："长者举未釂，少者不敢饮。"

按：此益足证古人饮酒，一饮须尽一栖。不然，长者尊未尽，少者先尽，则不恭矣。若如今日习惯，可徐徐饮之，则长者之尽爵须时，少者永俟之不敢饮，则不合矣。釂，《说文》云："饮酒尽也。"

唐时仍一饮一杯，故有酒巡

张说《虬髯客传》："酒既巡。"《博异记》："食毕命酒，才一巡。"王建诗："劝酒不依巡。"黄辉诗："玉烛抽看记饮巡。"巡者，遍也。依次尽爵，遍饮为一巡。盖一人饮讫，再及一人，非若今日之一齐干杯。是以《灵应传》云："酒至贵主。"《集异记》云："酒至溪神。"《摭异记》云："上为临淄王时，游昆明池，会诸豪家子饮，酒及于上。"夫曰"至"曰"及"，则依次也。依次则一饮一杯，非若今日之可任意也。后又

刘伶醉酒扇面

读任蕃《梦游录》，见五六人方宴饮，酒"至紫衣"、"至白面年少"、"至黑衣"、"至绿衣"、"至黑衣胡人"、"至张妻"，叙饮状尤悉，愈足证前说之不谬。

汉魏人之闹酒与今同

《史记·游侠传》："郭解姊子负解之势，与人饮，使之釂。非其任，强灌之。"又："陈遵招人饮，投辖井中不使去，至登堂拜太夫人而逃。"又，《吴志·韦曜传》："皓每宴飨，坐无能否，率以七升为限，虽不悉入口，皆浇灌取尽。"观此，则汉时酗酒之风，比今尤烈也。

唐凡宴饮皆设酒纠掌罚筹

《玉泉子》："昨日坡下郎官集送某官出牧湖州，饮饯邮亭，人客甚众。有仓部白员外末至，崔骈郎中作录事下筹。白自以卑秩，人乘凌竞，更固辞上次，酌四大器，白连饮三器。"又，"崔郾为京兆尹日，三司使在永达亭子宴丞郎，崔乘醉突饮，众人皆延之。时谯公夏侯孜为户部使，问曰：'尹曾任给舍否？'崔曰：'无。'公曰：'若不曾历给舍，尹不合冲丞郎宴。'命酒纠来，要下筹，且吃罚爵，取三大器物，引满饮之。"

按：杜诗云："罚筹如猬毛。"筹，盖酒纠掌之。酒纠即录事，专司觞政，凡遇应罚者，皆酒纠执行。故皇甫嵩《醉乡日月》云："欢之征有十三，录事貌毅而法峻，八也。"此尤足征凡宴饮必设录事以司觞政。录事貌庄罚严，不徇私，故欢乐也。又，郑哲《才鬼记》："翘翘时为录事，

独下一筹，罚蔡家娘子。"是虽女郎宴会，亦有录事司罚筹也。

汉行酒不用侍从

《史记·魏其侯传》："魏其侯为寿。"又，"武安起为寿。""灌夫起行酒。"按：为寿者，特敬人酒，宜自斟，灌夫亦客，乃自行酒。又，《后汉·马武传》："世祖见之甚悦，每劳飨诸将，武辄起斟酌于前，世祖以为欢。"是君臣宴会，亦自起行酒也。

古至尊亦行酒

《吴志·虞翻传》："权既为吴王，欢宴之末，自起行酒，翻伏地阳醉，不持。权去，翻起坐。权于是大怒，手剑欲击之。"时权为吴君已二十余年，以如是尊位，君臣宴会犹自起行酒，可见古人酒礼至为郑重。故虞翻阳醉，伺权去而又起坐，以示不醉，致权怒也。

汉时禁三人以上饮酒

《汉书·文帝纪》："赐大酺五日。"文颖曰："汉律：三人以上无故群饮酒，罚金四两。"文帝施恩于民，使民得酺酒，五日以内可群饮也。

宋时主人劝酒必冠带

《老学庵笔记》："前辈置酒饮客，终席不褫带。后稍废，然犹以冠带劝酬。"按：劝酒，欢燕事耳，而犹必冠带。赵宋时士夫威仪，犹敦谨如此。

古皇帝临幸臣家，必为君具酒食，至唐犹然

《史记·卫皇后传》："上被霸上还，过平阳公主。……既饮，讴者进。"又，《东方朔传》："帝过馆陶公主，主亲上食奉觞。"又，《世说》："晋武帝尝降王武子家，武子供馔，并用琉璃器，食蒸豚肥美，异于常味。"又，《大唐新语》："房玄龄避位归第。时大旱，太宗将幸

宋太祖雪夜访普图

芙蓉园观风俗。玄龄敕其子亟洒扫具馔,曰:'乘舆必至。'既而,帝果幸其第,载入宫。"

按:后世人主过臣第,既无宿设,仓卒具馔,必俭而不恭矣。即能丰美,而非饭时,犹不敬也。而古人不尔者,似当时以饮馔为一定礼节。不然,玄龄胡为"亟敕其子"哉?此等习惯,宋以后即不见。盖君威日尊,上下之情日益悬隔,此亦其一端也。

晋时迁官,往贺者皆款以酒食

《世说》:"羊曼拜丹阳尹,客来早者,并得佳设,日晏渐馨,不复及精,随客早晚,不问贵贱。羊固拜临海,竟日皆美供,虽晚至,亦获盛馔。"

按:今日贺人迁擢,无有具食者,只婚嫁有之。疑晋时贺人迁官,其周旋礼节,与今贺婚嫁同也。

古食时不饮酒,食后饮酒,唐宋犹然

今日宴会,皆先饮酒后食,古则与今正相反。观《曲礼》及《弟子职》、魏晋传记,载食事甚多,而皆不及酒,其饮酒者皆非食时。如《世说》:"晋武帝幸王武子家,武子设蒸豚盛馔。"而不言饮何酒。又如:"王恭欲请江卢奴为长史,晨往诣江,江犹在帐中。王坐,不敢即言,良久乃得及。江不应,直唤人取酒,自饮一碗,又不与王。王且笑且言:'那得独饮?'江曰:'卿亦复须耶?'"他记饮酒事尚多,而皆非食时。

此等习惯,至唐宋犹然。段成式《诺皋记·许汉阳传》:"食讫命酒。"又,《虬髯客传》:"公访虬髯,对馔讫,陈女乐二十人,列奏于前,食毕,行酒。"又,《宣室志》:"既设馔共食,食竟,饮酒。"《灵鬼志》:"食毕,命酒。"又,徐铉《物怪录》:

白衣送酒图

此图描绘了晋王弘遣白衣使送酒与陶渊明的情景

"六七人共食，食毕，命酒欢饮。"又，段成式《异疾志》："烹鸡设食。食毕，赍酒欲饮。"是唐时宴会皆食后饮酒，若今之食后饮茶。《老学庵笔记》记政和时宴北使，共九盏，每盏盛何食，皆一一详载，而亦无酒。夫宴外国使，必盛设矣。倘有酒，必与馔名并详，而竟不及，以是证宋时饮食次序仍不与今同也。

历代饮食时席地、用床、用桌之状况

此等状况，可分三期。自汉以前，席地坐，即席地食。如《弟子职》所谓"坐必尽席"者，因不尽席则去食太远也。又曰："亦有据膝，毋有隐肘。"注："隐肘则身太伏，太伏则失仪矣。"凡此皆席地食之证。此一期也。自汉末至五代，多坐床，食时即置饮食于床。段成式《剑侠传》："遂揖客入宴，升床当席而坐，二少年列坐两旁，陈列品味。"又，《虬髯客传》："行次灵石旅舍，既设床，烹羊肉且熟，遂环坐，食羊肉。"又，《墨昆仑传·附记》："彭博通尝会饮，日暝，独持两床，降阶就月，酒俎之类，略无倾泻。"又，孙颀《幻异志》："板桥三娘子先起点灯，置新作烧饼于食床上。"又，《五灯会元》："奉化趯倒餐床。"盖自唐以前，即置食物于坐床上；唐末五代时，别有食床，略如今之矮方桌，此一期也。至北宋，高座行，有椅子、杌子，因又有桌子。俱见后。其饮食时置列状况，遂与今同。此又一期也。

宋代
《夫妻对坐宴饮图》

卷八　周时车马

车马部（一）

周马车箱及轮广衡长尺寸

今人读古书，至车马，往往不能解，由不明其车马形象也，明其形象则豁然矣。按：《考工记》："兵车之轮，六尺有六寸。乘车如之。"又，《舆人》云："轮崇，车广，衡长，三如一。"注："衡者，辕端横木，所以扼马领使不得脱。三如一者，言三者皆六尺六寸也。"又："三分车广，去一以为隧。"注："舆，深也。"疏："隧谓舆之纵。舆横六尺六寸，三分取二，得四尺四寸，以为纵。"即车箱广六尺六寸，长四尺四寸，与今制正相反也。

周车式高矮宽广尺寸

《周礼·舆人》："三分其隧，一在前，二在后，以揉其式，以其广之半为之式崇。"注："式深尺四寸三分寸之二，高三尺三寸。"

按：车隧箱长四尺四寸，三分一则一尺四寸余也，以是为式之宽度。车广六尺六寸，半之则三尺三寸。式者，凭也，高三尺三寸，然后可凭。然古人立乘，必致敬于人方凭式，其寻常则凭较。《舆人》又云："以其隧之半，为之较崇。"注："较，两輢上出式者。"式高三尺三寸，加较高二尺二寸，共高五尺五寸。輢者，方望溪云："植于舆之两旁者为輢，横于輢间、当车前而为人所凭者为式。輢陷于隧间，式关于輢间而不可动摇，故亦曰揉。"较者，亦横木，高于式二尺余，立乘凭之，高矮方适宜，故《诗》云："倚重较兮。"惟较在式上，故云重也。《诗》疏云："较高于轼，同式。"輢是两旁植木，较横輢上。古者立乘，平常立则凭较；及应为敬，乃俯凭轼。吴淑和云："车箱长四尺四寸，以三分之，前一后二，横设一木，去车床即车底三尺三寸，谓之式。又于式上二尺二寸横设一木，谓之较。古人立乘，平常凭较，敬则落手，下凭式而头得俯。"由以上诸说考之，古马车制度，如目睹矣。

周马车一辕尺寸及形状与马驾车之法

《考工记》："辀人为辀，轨前十尺而策半之。"按：两辙之间为轨。轨前十尺者，言车辕即辀伸出隧外，当轨者长十尺也。又云："任正者，十分其车舟之长，以其一为之围。"按：任正者，古马车只一辕，在正中，其后端与后轸介，下托车床。车床长四尺四寸，合隧前之辕十尺，共长一丈四尺四寸。十分一，即一尺四寸四分，辕周围之度也。又，"衡任者，五分其长，以其一为之围。"注："衡任者，谓两轭之间也。"疏："服马有二，一马有一轭。轭者，厄马领使不得出，则当辀颈之处，费力之所者也。"故其围加倍，否则易毁。按：服马者，一辕居正中，辕之两旁，各驾一马，负衡引轭，车始能行。《诗》所谓"两服上襄"也。若驾四马，则两服马之外，各有一马谓之骖，《诗》所谓"两骖雁行"、"两骖如舞"也。《左传·哀十七年》："良夫乘衷甸中甸同乘两牧。"注："兵车一辕，二马夹之，其外更有二骖，是谓驷马。今止两牧，盖以四马为上乘，两马为中乘。"又，《家语》："孔子一车两马。"此皆止有两服，而无两骖。颈者，辕之前端向上作微弧形，有若颈，车行之力全在此，围若与前等，恐折也。

周车盖状况

《考工记》："轮人为盖，达常围三寸。注：达常，盖斗柄，下入杠中者。程注：同楹，即杠也，柱也。围倍之，六寸。围倍故足，以含达常。信其程围以为部注：盖斗。广，部广六寸。径六寸，备四面凿孔以纳弓。部长二

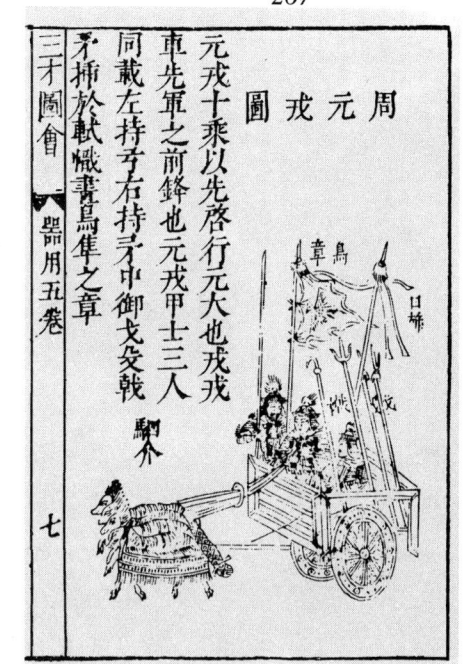

尺，桯长倍之，四尺者二。八尺。十分寸之一谓之枚。所以支盖。弓凿广四枚，注：弓伞骨。凿上二枚，凿下四枚。上用力小，下用力大。上欲尊而宇𩥇下曰宇欲卑。上尊而宇卑，则吐水疾而溜远。盖已太也崇，则难为门也；盖已卑，是蔽目也，是故盖崇十尺。良盖弗冒弗纮。冒覆布，纮系绳。殷畮而驰，不队，谓之国工。"

按：王光远云："盖之制，上为部，中为达常，下为桯，旁为弓。所以腾盖。达常小于桯，桯小于部。非部无以纳弓于其旁，非桯无以含达常于其中。"盖古车盖竖于车中，其柄分为三部：在下者为桯。中为达常。达常围三寸，桯围六寸而有孔，故可含达常于其中。在上者为部，部径六寸，长二尺。其上端凿孔以纳弓，以为盖骨；其下端凿孔以纳枚，以支盖弓，而含达常于其中，以为张弛。部二尺，桯八尺，故知盖高一丈。盖原以避日雨，故曰"上尊宇卑，则吐水疾而溜远"。

"盖已崇则难为门"者，"门"字注疏皆不详。吾疑即车板上纳桯之穴也。穴之上必更有关以为固，太高则障风，关则毁矣，故曰难乎其为门。

古车盖可解下，至汉犹然

《周礼·夏官·道右》："王下，则以盖从。"注："以盖从，表尊"疏："盖有二种，一者御雨，一者表尊。此则表尊之盖也。"

按：古车盖，桯之下端插于车中，而中含达常，故可持下，以达常为

带有车盖的秦始皇陵铜车马

柄。持覆尊者，非贵人不许御。故后世以"冠盖"为卿士之代称，班孟坚《西都赋》所谓"冠盖如云"也。又，《汉书·上官皇后传》："天大风，车不得行，解盖授桀。桀奉盖，虽风常属车；雨下，盖辄御。上奇其材力。"观是，则汉时车盖仍能解下，制与周同也。

周车轮状况　泽行轮如刃

《考工记·轮人》："凡为轮，行泽者欲杼，行山者欲侔。杼以行泽，则是刀以割涂也，是故涂不附。侔以行山，则是搏以行石也，是故轮虽敝，不甄于凿。"

按：杼者，注云"削薄其践"也；侔，上下等也。轮之践地者薄，故泥不附而行速。轮上下等则坚，故石虽撞而不敝。"不甄于凿"者，谓不动于凿中也。

周车辋用火弯之，无锯故也

《考工记·轮人》："凡揉牙，车辋。外不廉而内不挫。廉，绝也；挫，折也。旁不肿，负起。谓之用火之善。是故规之以视其圆。"

按：轮之外围，古谓之牙，今谓之辋，用以安辐。今制辋之法，用至坚之枣木，锯解为片，裁作弯形，衔接为规。古无锯，以火烤棘木使弯。《晏子春秋》："今夫车轮，山之直木也。良匠揉之，其圆中规。"是其证。烤失火候，则外面易崩绝，内易伤折，而旁虞肿起。复恐其不圆，度之以规，今仍如此。则轮成矣。夫锯者，木作之不可离者，而古无之。至以火弯巨木成轮，此古木器之所以难欤。

周轮不敷铁，轮末以木为齿

《考工记·轮人》："视其绠，欲其蚤同爪之正也。"又，"六尺有六寸之轮，绠三分寸之二，谓之轮之固。"注："绠者，轮箄也。"疏："凡造车轮，皆向外箄。谓辐末出牙外。向外箄，则车不掉。震动。正也者，爪入牙中，凿孔必正直，不随邪也。"三分寸之二者，注谓"出于

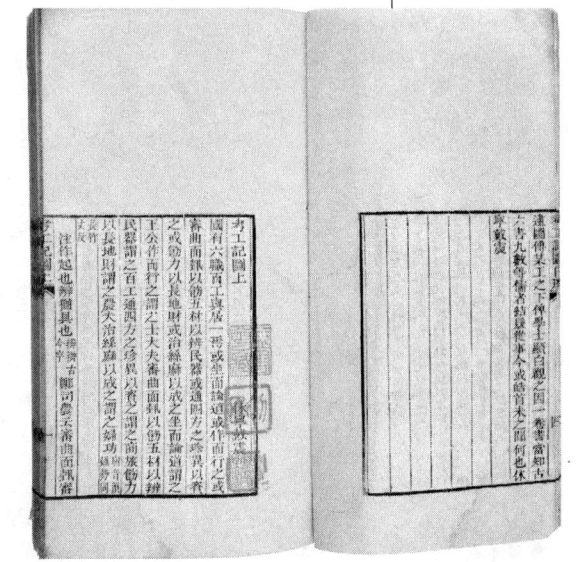

《考工记》书影

辐股凿之数也"。

按:"出于辐股凿之数"者,谓辐末穿出辋外三分寸之二,使辋不亲地,用以护辋,故谓之固;且车行稳,故曰不掉。若今世则以铁敷轮,固于古远矣。而山西所产车轮,且以铁为齿,护于四周,殆仍周算之遗意也。

又按:绠在轮外周,注谓"轮算曰绠",其形状至不明了。今绎经义及孔疏,知绠者并非别一物敷于轮周,如今世之轮铁,乃辐之末端即爪出牙外三分寸之二也,故曰"视其绠欲其蚤同爪之正"。明蚤与绠非二物,即辐股末端之牙者为爪,爪穿出牙外者为绠,故视绠则知蚤正。然郑注"算"之义仍不明了。按《说文》云:"算者,蔽也,所以蔽甑底。"盖隔饭使不亲甑。今辐末外出六分余,间一凿凸出一绠,而牙上未凿孔之处,则凹六分余。凹凸相间,有若算形。算着地使牙不亲地,故轮安而固。方望溪谓"今时车牙外今谓辋,以铁叶裹之,绠之制疑类此",于注疏之义全不合,盖误以绠与辐爪为二物。若为二物,则视绠与爪正有何关哉?

周牛车两辕状况

《考工记·车人》:"柏车山车毂长一柯。大车任载平地之车。崇三柯,羊车郑云'羊,善也',有疑。二柯。彻广六尺,鬲长六尺。"注:"鬲,辕端厌牛领者。"疏:"牛车两辕,一牛在辕内,故鬲狭。"

按:彻广六尺者,言比马车皆狭六寸也。车狭六寸,因而牛鬲比马衡亦皆短六寸,明三者皆牛车也。柯者,斧柄,三尺为柯。马车轮崇六尺六寸,牛车大则轮崇九尺,羊则轮崇六尺,柏车由渠二柯者三计之,则轮亦崇六尺也。郑说"羊"为"善",似有"安稳"之意。郑恐人不明,云"若今之定张车",而未详说。至孔作疏,又隔数百年,复不能详"定张"之义。故羊车之诂,讫不能无疑也。

牛车箱纵长横狭,与马车相反

《考工记》:"大车崇三柯,绠轮算寸,牝服车箱二柯有同又三分柯之二。纵八尺。羊车二柯有三分柯之一。箱纵七尺。柏车二柯。箱纵六尺。"方望溪云:"乘车崇六尺有六寸,绠二分寸之二。大车轮加崇,九尺。故绠加广。乘车之轸,六尺有六寸,又三分去一以为隧者,御与左右并乘,横排三人。必横广乃能容,六尺六。而纵不必长也。四尺四寸。车彻广六尺,

而牝服则八尺者，横狭而纵长，然后载物多而车行安也。"

按：牛车之箱，与马车广狭正相反。所以然者，马车载人，牛车载物也。方云"绠加广"，"广"字误。绠为爪穿出者耳；绠寸者，乃长一寸也。

牛车之辕长于马车

《考工记·车人》："凡为辕，三其轮崇。三分其长，二在前，一在后，以凿其钩。"按："三其轮崇"者，柏车、羊车轮崇六尺，而辕长则一丈八尺也；大车轮崇九尺，而辕则二丈七尺。若马车，轮崇六尺六寸，辕止一丈四尺四寸，较牛车则短。"一在后以凿其钩"者，疏云："言以一分托舆板。钩者，辕之钩心也，就辕凿孔纳杙，以钩车箱也。"

按：疏说非也。牛车既两辕，每辕凿孔纳两杙，下垂以夹车轴而激轮行。非上钩车箱，因车箱两边，尽托于两辕之上，辕动箱即行，不须钩心。此其误，皆由富贵人未亲睹其物，故说每不合也。

牛车辕前端亦曲

《考工记·辀人》："凡揉以火𤈷之使曲，或使直。辀，辕也。欲其孙而无弧深。今夫大车之辕挚同直，其登又难；既克其登，其覆车也必易。此无故，辕直且无桡也。曲也。是故大车平地既节轩挚之任，前后轻重相称。及其登陁，阪也。不伏其辕，抑之使下。必缢其牛。此无故，辕直且无桡也。

按："必缢其牛"者，因不伏辕则车后仰，后仰则牛吭受羁绊之缢，不能用力矣。辕曲则无是。

西周兽面纹辕饰
古代车上辕部的装饰

卷八　周时车马

又,"故登阤者,倍任者也,犹能以登。言任虽重犹能登。及其下阤也,不援其邸,同底。必絼其牛后。此无故,辕直且无樧也"。按:"必絼其牛后"者,因下阤时,车下行速,故以手援车底之前端,以缓其行。否则崩奔而下,牛后为鞋《左传》注:"在后曰鞋。"所絼而仆矣,辕曲则免。

按:古牛车两辕,牛居中,以鬲被牛领,引车使行,与今同;而辕曲,则与今异也。又观文义,似当时民多有为直辕者,故经再三言之。然曲辕难为且不坚,故今无曲辕者。

周时立乘执绥

《论语》:"升车,必正立执绥。"惟立乘,故易堕。《史记·张仪传》:"张仪至秦,详同伴失绥堕车,不朝。"

按:绥者,升车用之,《曲礼》所谓"并辔授绥"也。此云"正立执绥"、"失绥堕车",则乘车时亦手不释绥也,释绥则倾跌随之。是绥有二用:一登车为引,一乘时恃以为安也。

惟立乘,故须有骖乘

古御者居中,尊者居左,右则骖乘。骖乘者,所以护持尊者,防其危险,故亦名车右,《曲礼》云"至于大门,命车右就车,门间沟渠必步"是也。又,《左传》:"逢丑父使公齐顷公下取饮。"因丑父先与公易乘,公为车右,故伪命公取饮,因以逃也。又,《襄二十三年》:"'鞅请骖乘。'持带,遂超乘。右抚剑,左援带。"是范鞅意虽劫魏献子,而持带、援带,皆所以护尊者使不跌,则骖乘之职务也。又,《公羊传》:"阳虎囚季孙,将出而杀之,以其弟阳越为右。至于孟衢,临南投策而坠之,阳越下取策,临南骤捶马衔走焉,季孙竟免。"以此证车右之职不惟护持尊者,即御者有事,亦车右下车为役,故得遣阳越监季孙而免季孙也。

周国君登车时状况

《曲礼》"君车将驾,则仆执策立于马前。已驾,仆展视也轸,车阑。效驾,白已驾。奋衣由右上,取贰绥,跪乘,执策分辔,驱之五步而立。先试之。君出就车,则仆并辔授绥,左右攘辟,车驱而驺。至于大门,君抚仆之手而顾,命车右就车。"

按:并辔授绥者,并六辔及策于右手,以左手转身向后,授君正绥使

古代君车出行图

上也。辟者，辟行人；攘者，攘臂指挥，至大门始命骖乘登也。

古为妇人御礼节

《曲礼》："仆御妇人则进左手，后右手。"《坊记》亦云："御妇人进左手。"疏："仆在中央，妇人在左。仆御之时，进左手持辔，使形势相背也。若进右手，则近相向，不能别嫌。"

古乘车尚左

《史记·信陵君传》："公子从车骑，虚左，自迎侯生。"又，《战国策》及《说苑》："秦王乃自驾千乘万骑，虚左方，自迎太后葚阳宫。"按：古人尚右，独乘车尚左。所以然者，古乘车横长而立乘，故尊者须人护持。而御者立于当中，尊者居左，骖乘从右扶持之，其势顺，易置则不顺也。若兵车，则御者居左，元帅居中。详见后。

古车盖朱色，可倾仄用之

《韩非子》："管仲出，朱盖青衣，置鼓而归"又，《晏子春秋》："拥大盖，策驷马。"又，《说苑》："孔子将行，无盖。弟子曰：'子贡有盖。'"又，《家语》："孔子遇程子于途，倾盖而语。"《志林》云："倾盖者，道行相遇，骈车对语，两盖相切，小语之义，故倾盖也。"按：

卷八　周时车马

始皇出巡雕塑

东坡释"倾盖",较他书得之矣,而仍不详。古车盖可竖可解,此必程子车上无盖,孔子与骈车对语,解盖使倾仄,并以荫程子也。若两盖相切,胡云倾哉?

古登车时有乘石

《周礼·夏官·隶仆》:"王行,洗乘石。"注:"王所登上车之石也。"又,《诗·小雅》云:"有扁斯石,履之卑兮。"又,《淮南子》:"周公践东宫,履乘石。"是不惟君登车履石,臣亦然也。

古在车上行式礼状况

《周礼·夏官·齐右》:"掌祭祀、会同、宾客前齐车,王乘则持马,行则陪乘,凡有牲事则前马。"又,《曲礼》:"国君下宗庙,式齐牛。"

按:牲事者,即"式齐牛"也。古者祭祀,最重牛牲,故国君在车上遇齐牛,则致敬而式。凡式视马尾,当须端拱拱手,手不持绥。斯时最易倾跌,故齐右下车前马,使却行以免惊奔。

古乘车遇人多亦式

魏文侯式段干木之庐,是敬其人而式其庐也。又,《韩诗外传》:"荆伐陈,陈西门坏,因其降民,使修之。孔子过而不式,子贡执辔问曰:'礼,过三人则下,二人则式。今陈之修门者众矣,夫子不为式,何也?'"是可证遇稠人广众亦式也。

周妇人车有衣，又不立乘，故不外露

《曲礼》："妇人不立乘。"疏："妇人质弱，不能立乘，需坐乘。"又，《诗·卫风》："翟茀以朝。"又："淇水汤汤，渐车帷裳。"又，《左传·定九年》："载葱灵，寝于其中以逃。"

按：翟者，羽也。注："妇人乘车不露见，车之前后设障以自蔽，谓之茀。"葱灵者，注云："辎车名也。"《说文》："辎軿，衣车也。"是皆妇人之车也。惟不外露，故可托妇人寝于中以逃。妇人车有衣，又不立乘，故男有车右，妇人无骖乘也。《左传·闵公二年》："归夫人鱼轩。"鱼轩者，以鱼皮为饰，亦妇车也。

古为国君及妇人御仪式

《曲礼》："仆御妇人则进左手，后右手。御国君则进右手，后左手。"

按：进左手者，以左手持辔也。妇人在左，左手持辔则形相背，可别嫌。御国君则反是，又以面君为敬也。由此证之，妇人不必尽乘衣车也。

古御者鞭策之端有针

《淮南子·道应训》："白公虑乱，罢朝而立，倒杖策，錣音注，针也。上贯颐，血流至地而弗知也。"又，"今有良马，不待策錣而行；驽马虽策錣之不能进。为此不用策錣而御则异矣。"又，《韩非子》："延陵卓子乘苍龙与翟文之乘，前则有错饰，后则有利錣。"又，《孔丛子》："左手执辔，右手运策。"

按：策者，马捶，端有针曰錣。倒杖策，故针贯颐，流血至地也。盖古御者以策捶马，并以策端之针刺马使速行，虐亦甚矣。左手执辔、右手运策者，左司静职，右司动职，古与今同也。

古以脂油膏车

《诗·卫风》："载脂载舝，旋车言迈。"又，《小雅》："尔之亟行，遄脂尔车。"笺："舝，车轴头金也，古者车不用则脱其舝。"又，《史记·齐世家》："淳于髡曰：'狶膏棘轴，所以为滑也。然而不能运方穿。'"

按：舝者，以铁杙插于轴头，使轮不外脱也。轴与毂相摩处皆金，得脂则滑。古无植物油，皆用兽油。棘木者，枣木也，性坚，今北人犹以为轴。

古栈车饰车宽狭之不同

《考工记》:"栈车欲弇,饰车欲侈。"注:"栈车无革鞔易坏,饰车谓革鞔车也。弇者车箱微向内,侈者微向外。革鞔者,以革覆舆及毂,再加漆画,坚而美观,故曰饰车。"

按:"巾车"职云:"大夫乘墨车,士乘栈车。"栈车者,柴车也,"晏子常乘以朝,不显君赐,景公欲浮以酒"者是也。栈车不坚,故箱欲狭;饰车坚,故箱宜阔,亦各因其材也。

周时已有雇车

《新序》:"宁戚欲干齐桓公,穷困无以自进,于是为商旅赁车以适齐,暮宿于郭门之外。桓公郊迎客,夜开门,辟赁车者,执火甚盛,从者甚重。宁戚饭牛于车下,望桓公而悲,击牛角而歌。"

按:赁者,借佣也,《史记·范雎传》"为人佣赁"是也,今谓之雇。"为商旅赁车"者,言以租赁牛车为业,为人载重也。周时无客店,故宿于门外衢旁,公出使辟也。《吕氏春秋》亦载此事,作"将任车"。高诱注云"任,亦将也",后儒驳之,训任为载,皆非是。任者,赁之省字。《集韵》云:"赁或作任。"是"任"、"赁"同义也。

周时车箱内铺席,马身上被衣

《韩非子》:"简主谓左右:'车席太美,吾将何属以履之?'"又,《左传》:"或濡马褐以救之。"注:"马衣也。"

按:马出汗,弛驾时惧伤风,步马者因被以衣。《左传·襄二十六年》"左师见夫人之步马者",正兹时所用也。步马者恐马过劳,弛御后遽与刍秣,饱食致病,乃牵行空处,徐徐往还,以调其气,今谓之"溜马"。而杜注解"步马"为"习马",失其义矣。

周时非命民不得乘饰车骈马

《说苑》:"古者必有命民。民有能敬长怜孤、取士好让、居止方者,命于其君,然后得乘饰车骈马。未得命者不得乘,乘者有罚。"故其民虽

有余财侈物，而无仁义则无所用之。故其民皆兴仁义。

古惊车状况

《荀子》："定公问于颜渊曰：'东海子之善驭乎？'对曰：'善则善矣！虽然，其马将失。'定公不悦，入谓左右曰：'君子固谗人乎？'三日而校来谒曰：'东海毕之马失，两骖列，同裂。两服入厩。'"注：两服马在中，两骖马在外，擘裂中马，牵引而入于厩也。

周末贵人车从之多，因是证明数事

《说苑》："子路曰：'吾亲殁之后，南仕于楚，从车百乘。'"《韩诗外传》："田子方之魏，魏太子从车百乘迎于郊。"《吕氏春秋》："匡章谓惠子于惠王之前曰：'蝗螟，农夫得而杀之，为其害稼也。今公行，多者数百乘，步者数百人；少者数十乘，步者数十人，其害稼亦甚矣！'"《孟子》："从车数十乘。"

按：古从车若是之多者，一以表威；一因古无售食物之商店，凡旅行皆自持米粮釜鬲，自造食物，而庖人之属亦须追随，故须多车载之。然亦无须数百乘。匐輵雷殷，行列数里，其状甚怪，而讫不解其义之所在。然因是又证出当时社会二事：一燃料易，随处皆有，人虽多，造食不艰；一刍秣贱，马虽众易养也。

战国时赏赉恒以车

《庄子》："宋人有曹商者，为宋王使秦。其往也，得车数乘。王说之，益车百乘。反于宋，见庄子曰：'夫处穷闾厄巷，困窘织席，槁项黄馘者，商之所短也；一悟百乘之主，而从车百乘者，商之所长也。'庄子曰：'秦王有病，召医破痈溃痤者，得车一乘；舐痔者，得车五乘。所治愈下，得车愈多。子岂治其痔耶？'"又，"有见宋王者，锡车十乘，以其十乘骄稚庄子。"此以今社会观之，以一寒士乍得车数十乘，其夫马何以养？又何以用之？售于人乎？则君赐也；置于家乎？则虚耗也。而得之者反喜而骄人，则不得当时社会之真情况矣。

古兵车状况

古兵车皆以革鞔之使坚，所谓"革车三千乘"也。而无盖，尊者则笾人执笠，依毂而立，以御寒暑，《左传·宣三年》"又射，汰輈，以贯笠

春秋时期的战车模型

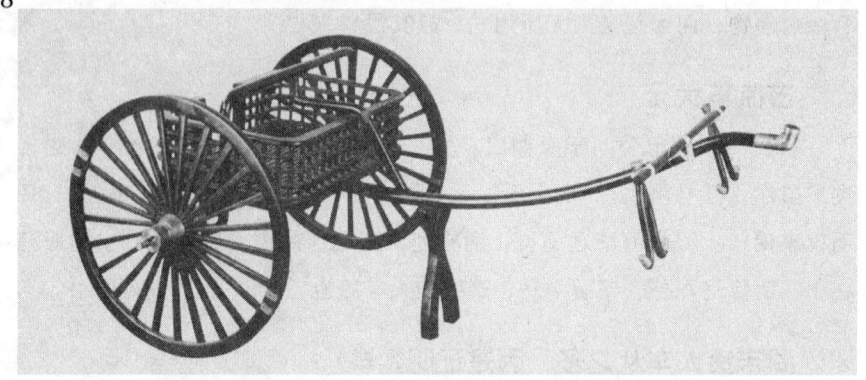

毂"是也。而有扃，扃者兵阑，排置兵器，《左传·宣十二年》"晋人或以广队不能进，楚人惎之脱扃"是也，扃脱则车轻；有旆，旆者帅旗，竖于车上，进居前，退殿后，《左传》"少进，马还，楚人又惎之拔旆投衡"是也。拔旆卧衡上，则不帆风，车行速。而马亦被甲。《左传·成二年》："齐侯曰：'余姑翦灭此而朝食！'不介马而驰之。"注："介，甲也。"其车制广狭，皆与寻常乘车同。

古兵车尊者居中

《左传·成二年》："韩厥代御居中。"杜注云："自非元帅，御者皆在中，将在左。"可证兵车元帅及君皆在中也。又，《诗》："左旋右抽。"郑笺："左，左人，谓御者。右，车右也。中军，谓将也。"兵车之法，将居鼓下，故御者在左。

古兵车有楼车

《左传·宣十五年》："登诸楼车，使呼宋人而告之。"楼车高，登之可与城上人语，否则不闻也。又，《成十六年》："楚子登巢车，以望晋军。"巢车盖亦上有楼，若鸟巢然，登之则敌人动静虚实皆在望中。其高盖有数丈，不然，晋人夷灶塞井设幕，不得清晰如是。惟其高如是，其广若干，挽以马乎，推以人乎，如何而后免倾危之患，其详制则不可考矣。

兵车上建旗状况

《周礼·春官·司常》："交龙为旂。"《释名》："旂，倚也，画作两龙相依倚也。"又，《尔雅》："有铃曰旂。"注："悬铃于竿头。"又，《说文》："旂有众铃，以令众也。"是旂者，画两龙于上，复于竿头悬铃，以为号令也。又,《春官·司常》:"熊虎为旗。"注:"画熊虎者,言其猛莫敢犯。"又,《释名》:"熊虎为旗,军将所建,象其猛如虎,与众期其下也。"是旗者,期也,画虎以象威,与众期其下,以听誓约也。而旗之末曰斿,《博雅》:"天子十二斿至地。"曲柄者曰旃。而军帅所建者曰斾,进则居前,《左传·庄二十八年》"子元、斗御强、斗梧、耿之不比为斾",注"子元自与三子持建斾以居前",疏"行军之次,斾最居前"是也;退则殿后,《左传·宣十二年》"令尹南辕返斾"。斾者,旐之末,郭璞云"旐帛全幅长八尺,斾帛续旐末为燕尾",《释名》云"鱼蛇为旐,建之于后,所以察事宜之兆"者是也。

旗之长度有等差

《新序》:"司马子期猎于云梦,载旗之长拖地,天子方至地。芋尹文拔剑齐诸轸而断之。子期曰:'吾有罪于夫子乎?'对曰:'臣以君旗拽地故也。'国君之旗齐于轸,大夫之旗齐于轼。"

古国君旅行以车为宫、辕为门

《周礼·天官·掌舍》:"掌王会同之舍,设梐枑再重,设车宫辕门。"注:"凡会同必于野,故以车为宫,以辕为门,而于其中设帷幕。"

按:以车为宫者,将车环列四周以为垣;以辕为门者,将两辕竖起于左右,上建旗帜,中出入以为门也。而今之衙署两边出入之门仍名辕门,岂不误哉!

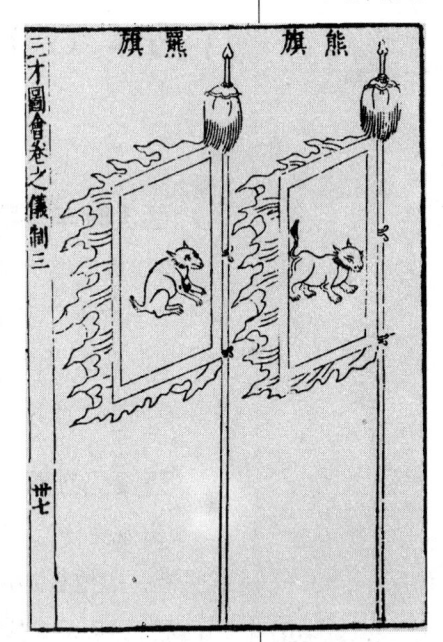

熊旗、黑旗

卷八 周时车马

卷九　汉以来车马

车马部（二）

西汉时车马状况

西汉时车马大致与周同而渐异。周时惟王后得坐乘，虽天子皆立乘；汉则大车立乘，安车坐乘。周时男车无有帷者；汉则男子乘辎车，有襜帷。周时马车一辕，至少驾二马；汉则可驾一马，是汉时乘车亦双辕，与周牛车同也。此其大略也，至东汉末则更异矣。以次述之。

西汉仍立乘

《周亚夫传》："天子为动，改容式车。"师古曰："古者立乘，凡言式车者，谓俯身抚式，以礼敬人也。"又，《汉书·成帝纪》："升车正立不内顾。"又，《韩安国传》："安国行丞相事，引堕车，蹇。"如淳曰："为天子导引，而堕车跛蹇也。"

按：惟立乘则式车，惟立乘则危而易堕，《后汉书·舆服志》所谓"立车"、徐广所谓"高车"者是也。若周时皆立乘，则无立车之名。立车者，所以别于安车也。

西汉初已乘辎軿车

《张良传》："上虽疾，强载辎车，卧而护之。"师古曰："辎车，衣车也。"又，《后汉书·舆服志》："旧典，传车骖驾乘，赤帷裳，惟郭贺为冀州，敕去襜帷。"又，《昌邑王传》："使大奴以衣车载女子。"又，

汉代马车复原图

《后汉书·刘盆子传》："乘赤屏泥绛襜络。"注："车上施帷以屏蔽者，交络之以为饰。"是自西汉初，男子已乘帷车，后遂衍成风俗矣。

汉时乘车两辕渐改周制

《汉书·鲍宣传》："宣行部乘传，去法驾，驾一马，为众所非，坐免。"

按：周时乘车一辕居中，至少两马在辕左右驾之，若一马则衡偏而难用力。兹云驾一马，必双辕车而马居中也，与周载重之牛车正同。又，《后汉书·江革传》："革以母老，不欲摇动，自在辕中挽车，不用牛马。"夫既曰辕中，则两辕之间矣。可证一辕立乘车，在汉时惟法驾及礼车或有之，寻常乘车皆双辕矣。

汉时坐乘之安车，开周所未有

《汉书·申公传》："于是上使使束帛加璧，安车以蒲裹轮，驾驷迎申公。"又，《枚乘传》："始以蒲轮迎枚生。"又，《杜延年传》："赐安车驷马，罢就第。"

按：《后汉书·舆服志》："安车，立车。"徐广曰："立乘曰高车，坐乘曰安车。"又按：《晋书·舆服志》云："按周礼，惟王后有安车，王亦无之。自汉乃有之，有青、黄、亦、白、黑五种。"是安车创自汉，汉

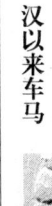

安车图

以前无有也。人情好逸而恶劳，自是以后，历魏晋，至齐梁，立车遂绝迹，无不安车矣。

汉安车上有蓐有凭

《汉书·周阳由传》："俱在二千石列，同车未尝敢均茵凭。"又，《世说》："汲黯与周阳由共车，未尝敢均茵凭。"又，《丙吉传》："西曹地忍之，此不过污丞相车茵耳。"又，《五行志》："或乘小车，御者在茵上。"师古曰："车小不得回避，而在天子茵上也。"苏林曰："在茵上坐也。"此皆坐乘之安车也。若立乘之车，则茵凭无所谓均。惟安车亦广，故能容二人并坐。其谦抑自下者，敛身逼处，占地遂狭，故曰不敢均。然安车仍有凭者，以古人车上亦跪坐，非若今世之箕踞，得凭以为扶，则安稳不倚仄；见人亦可式，惟无重较耳。

汉时贵人皆朱轮

《汉书·杨恽传》："恽家盛时，乘朱轮者十余人。"又，《翟方进传》："遣使者以朱轮授孙贤。"又，《李寻传》："将军门九侯十二朱轮。"按《后汉书·舆服志》云："公、列侯安车朱斑轮。"是朱之中尚有斑文以为美。此制相沿最久，自西汉讫清末二千余年皆如是，惟后世轮朱而不斑耳。

汉时较轼益华美

《后汉书·舆服志》："安车倚鹿较，伏熊轼，皂盖。"注："倚鹿较者，画立鹿于车之前，两藩外也。伏熊轼者，车前横轼为伏熊之形也。"

按：画立鹿于两藩外者，因安车无须较，故只画其形以为美观，而轼则仍旧。轼即凭也。前谓安车无重较者，以此证明也。

汉时驷马须一色

《汉书·食货志》："自天子不能具醇驷。"师古曰："谓驷马杂色也。"

按：此言与匈奴大战后，马多物故，虽天子驷马亦杂色，不能醇一。

是可证未战前，凡乘驷马者，皆四马一色也。

西汉时仍有骖乘

《史记·袁盎传》："上朝东宫，赵谈骖乘。"又，《卫绾传》："诏中郎将骖乘，还而问曰：'君知所以得骖乘乎？'"又，《汉书·霍光传》："宣帝始立，谒见高庙，大将军光从骖乘，上内严惮之，若有芒刺在背。后车骑将军张安世代光骖乘，天子从容肆体。"凡此皆礼车立乘，故仍有骖乘以为护持也。

汉时对尊者登车为不敬

《汉书·佞幸传》："莽求见太后，具言淳于长骄佚，欲代曲阳侯，对莽母上车。"师古曰："上车当于异处，便于前上，言不敬。"

按：今日登车时，如长者在前，须回避长者登之，犹汉之遗俗也。

西汉士夫因贫始乘牛车

《汉书·食货志》："自天子不能具醇驷，而将相或乘牛车。"《朱家传》："乘不过軥牛。"晋灼曰："軥牛，小牛也。"《蔡义传》："以明经给事大将军幕府。家贫，常步行，资礼不逮众门下，好事者相合为义买犊车，令乘之。"《朱义传》："常居鄠田，乘牛车。"又，《史记·五宗世家》："其后诸侯贫者，或乘牛车也。"是皆因贫而乘。盖自武帝征匈奴后，马少，贫者不能置，故乘牛车。而诸侯王尤国之贵族，亦乘牛车，于是社会慕之，乘者渐多，演为风俗。至魏晋时，虽极富贵人家，亦无不犊车矣。

昭君出塞时亦乘马车

西汉时官吏法驾皆马

《汉书·朱买臣传》：“买臣既为会稽太守，有顷，长安厩吏乘驷马来迎。”张宴曰：“故事，大夫乘官车驾驷。”

按：驾驷者，驾四马相并，仍两服两骖也，立车也。东海于公令高大门闾，能容高车驷马，诚以门不广，四马不能并入，不高亦不能容立车也。

汉官吏不法驾则免官

《汉书·鲍宣传》：“'宣行部乘传去法驾，驾一马，舍宿乡亭，为众所非。'宣坐免。”又，《韦玄成传》：“祀孝惠庙，天雨淖，不驾驷马而骑至庙下。有司劾奏，等辈数人皆削爵为关内侯。”又，《后汉书·谢夷吾传》：“迁巨鹿太守。后以行春乘柴车，从两吏，冀州刺史上其仪序失中，有损国典，左转下邳令。”

按：古时官威甚肃，盖以为人既为官，即有官之威仪。若放弃定制，以平民自列，即为蔑视法令，故须免官。至于骑行，自周以来无之。至汉时非行阵而骑者，乃驺从耳。若以大官而骑，则有失官仪，况祭庙重礼，尤不可乎！

汉铜出行车马仪仗

汉初随从车乘仍多

《汉书·蒯通传》：“武臣以车百乘，骑二百，迎徐公。”是仍有战国豪侈之余习。以骑兵二百迎人，以为行列威武，虽至今有之；而车百乘，则不得其义矣。

汉贾人不得乘马车、骑马

《汉书·高帝纪》：“贾人不得乘骑马。”言不得乘马车并骑马也。又，《舆服志》：“贾人不得乘马车、除吏。”古以商贾不耕不织，唯利是图，故抑之使不得列于良民。然百货之流通，商贾是赖，便民利用，莫大于是，故先王特创市廛，以居商贾。秦汉以来，盖逐末者渐多，恐其伤农，故为是虐政，若成周则无是也。

汉车盖颜色、物质

《景帝纪》："中六年，诏三百石以上皂布盖，千石以上皂缯覆盖，二百石以上白布盖。"

按：缯者，帛也。官尊以帛，卑以布。色则皂为贵，白为卑。

后汉时车上羽盖

《后汉书·虞延传》："帝善之，敕延从驾到鲁。还经封丘城门，门下小，不容羽盖，帝怒，使挞侍御史。"

按：羽盖者，盖上饰以羽为美观，门下不能入。按《前汉书·黄霸传》："赐车盖特高一丈。"天子之盖，盖亦高一丈，车高四尺，共高一丈四尺，故县城门不能入。然解下则无以表尊，故帝怒。

后汉时男子皆乘帷车而贱轺车

《后汉书·楚王英传》："遣大鸿胪持节护送，得乘辎軿。"《苍颉篇》曰："衣车也。"又，《袁绍传》："士无贵贱，与之抗礼，辎軿柴毂，填接街巷。"又，《赵岐传》："岐遂逃难四方，卖饼北海市中。时安丘孙嵩年二十余，游市见岐，察非常人，停车呼与共载。岐惧失色，嵩乃下帷。"

按：帷车在前汉时，有故或乘之，而不数见。至后汉，无论贵贱，除法驾外，尽用帷车。故《晋书·舆服志》云："汉世贵辎軿而贱轺车，晋贵轺车而贱辎軿。"轺者，《说文》："小车也。"《释名》："轺者，遥也，可四向遥望也。"《前汉·平帝纪》："征天下能知逸书古记者，在所为驾一封轺传，遣诣京师。"注："以一马驾轺车而乘传也。"盖轺车甚小而轻，故可一马驾之。又，轺车牝服浅而无帷，其形略如今火车上之有顶敞车，故乘之可远望，尤足证汉世车皆双辕已。

汉辎軿车以平顶圆顶分贵贱

《东观汉纪》："梁冀僭侈，作平上軿车。"平上者，平顶也。平上而僭，可知皇帝车平上，臣下皆圆顶也。

汉末犊车风行，自是贵人无乘露车者

《魏略》："孙宾硕乘犊车过市。"《世说》："汉末卢充三月三日临水

戏，忽见一犊车。"是城市出入皆犊车也。又，《后汉书·单超传》："其仆从皆乘牛车而从列骑。"是更以牛车为贵，谓超家虽仆从亦乘也；较西汉之因贫而乘者，风尚异矣。盖自汉魏以来，贵人车皆有屋。《金楼子》云："刘义宣就民间僦露车自载。"露车无屋，义宣战败亡命始乘之，是其证。

汉末车有后户旁户，为西汉所未有

《三国志》注引《魏略》："孙宾硕乘犊车从骑过市，见赵岐贩胡饼，疑其非常人，乃开车后户，顾所将两骑，令下马扶上之。时岐以为是唐氏耳目也，甚怖，失色。宾硕闭车后户，下前襜，车帷。谓之曰：'终不相负。'"又，《世说》："汉卢充三月三日临水戏，忽见一犊车，乍沉乍浮。既上岸，充往开车后户。"又，《说文》："庂，音泰。辒车旁推户也。"

按：车之有户，不惟西汉无之，即东汉初亦不见也。汉末始盛行，至晋遂以有户无户为定制矣。

魏晋已无骖乘之名，车特大，可容四五人

《世说》："晋文帝与二陈同车，过唤钟会同载。"又，"桓宣武与简文太宰同载。"是一车可乘三人，并御者共四人，而无骖乘之名。盖皆乘安车，无须骖乘以为护持。而晋文帝既与二陈同载，又唤钟会，并御者为五人，是其车特大，不惟与周异，与后代亦异也。

晋时同车并坐之证

《世说》："晋武帝时，荀勖为中书监，和峤为令。故事，监、令由来共车。峤性雅正，常疾勖谄谀。后公车来，峤便登，正向前坐，不复容勖。勖方更觅车，然后得去。"

按：此时同车坐乃并坐，非若今世之有前后也。故《汉书·宁成传》曰："不敢均茵凭。"峤坐正中，太不均矣，故不能容勖。足征车隧犹广，非止容一人。

汉魏六朝上下车仍在车后

周时上下车皆由后，至六朝不改。《世说》："范宣未尝入公门，韩康伯与同载，遂诱俱入郡，范便于车后趋下。"

按：此时之车有后门，故从后下。又，梁元帝《金楼子》云："齐武

帝微时与刘撝不相识,尝附人车载。至撝门,同乘者与撝善,造撝,言毕辞退。撝怪之,曰:'与萧侍郎同车。'撝即至车后请焉。"是亦有后门之证也。

晋世因尚牛车,故贵人赛牛

《世说》:"石季伦牛形状气力不胜王恺牛,而与恺出游,极晚发,争入洛城,崇牛数十步后,迅若飞禽,恺牛绝走不能及。"又,"王君夫有牛,名'八百里驳'。"又,"彭城王有快牛,至爱惜之。"又,"王丞相曹夫人妒,禁丞相有侍御。久之,丞相不能堪。乃密营别馆,众妾罗列,儿女成行。会夫人登平台,见数儿甚白皙,谓左右曰:'是谁家儿?玉雪可念。'左右以实告。乃将黄门及诸婢,持食刀自出寻讨。丞相亦命驾,飞辔出门,犹患牛迟,乃以左手攀车阑,右手捉麈尾,以柄助御者打牛,狼狈奔驰,劣得先至。"

按:《晋书·舆服志》云:"古贵者不乘牛车,汉末诸侯寡弱,贫者至乘牛车。自灵献以来,天子至士遂以为常乘。"夫既以牛为常乘,则乘马者必绝迹矣。于是富贵家之赛牛,亦犹周时之赛马。马有千里,牛亦有八百里,岂非异闻哉!

牛车之贵至隋男子仍乘之

《宋书·陈显达传》:"当时快牛,称陈世子青牛,王三郎乌牛,吕文显折角牛。"可见宋齐之时,士夫之贵牛车,仍与晋同。至隋骑风虽盛,然犹有牛车。牛宏弟射杀其车牛,是其证。是自西汉迄隋,士夫皆乘牛

晋代彩绘木牛车

卷九 汉以来车马

车，至唐宋始易以妇女也。

晋非法驾礼车不立乘

《晋书·舆服志》："自二千石以上，郊庙明堂法出，皆大车立乘，驾驷；他出乘安车，致仕告老赐安车。元帝时，太子释奠，制曰：'今草创，未有高车，可乘安车。'"

按：元帝初渡江，礼制未备，故无高车。高车即大车也。是行大礼时且或不立乘，他可知矣，而臣民益可知矣。

晋时车有耳

《晋书·舆服志》："诸公给安车黑耳驾三，其非持节都督者，给安车黑耳驾二。"又，"尚书令轺车黑耳有后户，仆射但有后户无耳，并皂轮。尚书及四品将军，则无后户。"

按：此则晋世官吏所乘者尽轺车也。轺车小轻便，不施帷，可远望；而不见有乘辎軿者，《志》所谓"晋世重轺车而轻辎軿"者，信然矣。然既有户，则四周有墙也，特浅耳，故可遥望。惟所谓耳者，为汉世所无，《志》亦不详其制，无从臆说也。

晋士大夫偶游戏骑马

《世说》："庾小征西，当出未还。妇母阮，与女共上城楼上，俄顷翼归。阮云：'闻庾郎能骑，我何由得见？'妇告翼，翼于道盘马，始两转坠地。"是可证士夫骑者绝少，故欲观也。又，"王湛停墓所。兄子济来拜墓，与语，极惋愕，自视缺然。济去，叔送至门。济从骑有一马，绝难乘，少能骑者。济问叔好骑否，叔便驰骋，济益叹其难测。"又，"杜预之荆州，朝士悉祖，杨济不坐而去。须臾，和长舆来，曰：'必大夏门下盘马。'往果然。长舆抱内车，共载归。"是可证习骑为偶然游戏也。

南北朝时，南朝多乘车不能骑，北朝多骑马少乘车

《颜氏家训》："梁世士大夫尚褒衣博带，大冠高履，出则车舆，入则扶侍，郊郭之内，无乘马者。周宏正为宣城王所爱，给一果下马，常服御之，举朝以为旷达。至乃尚书郎乘马，则纠劾之。及侯景之乱，肤脆骨弱，不堪行步，不耐寒暑，坐死仓卒者，往往而然。"

按：北朝拓跋氏本胡人，胡人自匈奴以来，皆善骑马。拓跋氏起，抚

有中原，于是卿士大夫皆能骑马。北齐、北周，又皆胡种。至于隋，因中原之势，混一南北，于是士大夫乘车之习尚渐微，骑风大盛。至于唐，中外官吏遂无不骑马，惟妇女始乘牛车。此一变也。

唐京官上朝骑马

《朝野佥载》："周张衡位四品，退朝，见路旁蒸饼新熟，遂市其一，马上食之，被御史弹劾，降敕流外。"又，《摭言》："薛逢晚年厄于宦途，常策羸赴朝，值新进士缀行而出，团司所由辈斥令回避，逢遣一介曰：'报道莫乞相，阿婆三五少年时，也曾东涂西抹来。'"夫官至四品，在唐时亦尊甚矣，而骑马赴朝，可见当时朝臣，殆无不骑马也。又，王昌龄诗："虢国夫人承主恩，平明骑马入金门。"是妇人入朝亦骑马也。可见当时之风尚矣。

唐明皇调马图

唐外官亦骑马

《开元天宝遗事》："姚崇牧荆州三年，代日民遮道不使去，所乘马鞭镫皆留之，以表瞻恋。"夫既曰鞭、镫，则非乘车所用，而骑马所用也。又，韩愈《曹成王碑》："王即假为使者，从一骑，踔五百里，抵良壁，鞭其门大呼曰：'我曹王，来受良降，良今安在？'"是在外大官亦皆骑马也。

唐京官贫者无马，至骑驴上朝

杜甫《逼仄行》："自从官马送还官，行路难行涩如棘。我贫无乘非无足，昔者相过今不得。实不是爱微躯，又非关足无力。徒步翻愁官长怒，此心炯炯君应识。晓来急雨春风颠，睡美不闻钟鼓传。东家蹇驴许借我，泥滑不敢骑朝天。"是因泥滑不敢骑驴入朝，若非雨后则骑驴矣。又

卷九 汉以来车马

绎诗意：承平时，凡京官所骑之马，皆官马也。乱后马少，收还官，故难得骑。是诗本叙与毕君阔绝之故。然所以阔绝者，非关足无力，实恐徒步访友，为长官所见，谓失官体而触怒也。是又可证唐时京官，虽闲暇与朋友过从，亦不可徒步自轻，否则被劾也。是皆史所不载，而其风尚习惯，尽于诗中见之，故后人谓杜诗为"诗史"也。又，《隋唐嘉话》："武后称周，心不安，多置里行拾遗、补阙御史，至有'车载斗量'之咏。有御史台令史将入门，值里行御史数人聚立门内，令史不下驴冲过，诸御史大怒将杖之，令史云：'今日之过此驴，请先数之，然后受罚。'御史许之。谓驴曰：'汝技艺可知，精神极钝，何物驴畜，敢于御史里行！'乃羞而止。"以是证京官贫者，宁骑驴不徒步也。唐盛时已如此也。

张果老骑驴图

唐京官暇日出门必骑

《北里志·楚儿传》："字润娘，往往有诗句可传。近以退暮，为万年捕贼官郭锻所纳。尝一日自曲江归，与锻行相去数十步。郑光业时为补衮，道与之遇，楚儿遂出帘招之，光业亦使人传语。锻知之，曳至中衢，击以马筴，声甚冤楚，观者如堵。光业心甚悔，且虑其不任矣。明日特过其居侦之，则楚儿已在临街窗下弄琵琶矣。驻马使人传语，润娘持彩笺送光业诗，光业取笔，于马上答之。"是锻与光业皆骑马游行，而锻之眷属则乘车也。又，《神女传》："梁警善吟咏，每公卿宴集，则遣骑邀之。"是送迎朋友亦以骑也。又，《摭言》："彭伉与湛贲，俱宜春人。伉先举进士及第，湛往贺，摈不使与官人名士同席，二人有连，其妻甚愤之。未数载，湛一举登第。时伉方跨驴纵游郊郭，忽有家僮驰报。伉闻，失声而坠。"是出游郊外亦必骑也。

唐人远行亦骑马

《宣室志》："元和中，青齐许真西游长安，至陕，陕从事留饮酒，至暮方别。僮仆前去，行未十里，兀然坠马。及寐，已曛黑，马亦失去。"

又,《摭言》:"熊执谊赴举,次潼关,秋霖月余,滞于逆旅。俄闻邻舍吁嗟声,则前尧山令樊泽应制科至此,马毙囊空,莫能自进。执谊遽辍所骑马,倒囊济之,泽遂登科。"又,《云溪友议》:"廖有方元和末下第游蜀,至宝鸡,适公馆,忽闻呻吟之声,潜听之,见暗室之内一贫病儿郎。问其疾苦行止,强而对曰:'辛勤数举,未遇知音,盼睐叩头,惟以残骸相托。'拟求疹救,是人已逝。有方遂贱鬻所乘鞍马于村豪,备棺瘗之,恨未知其姓字,题为金门同人。"又,《摭言》:"咸通末,执政病举人仆马之盛,奏请进士咸乘驴。"

按:进士应举,皆数千里赴京师,而皆骑马。且必有仆人随之,仆亦乘马,而少乘车者。盖唐人尚武,其精神如此;而鬻骑救友,其顾全同类,侠义又如此!

唐女子亦乘马

徐嶷《物怪录》:"从二女奴,皆乘白马。"又,白行简《李娃传》:"忽有人控大宛来迎娃。"又,沈既济《任氏传》:"刁缅使苍头控青骊,以迓任氏。"又,王昌龄诗:"虢国夫人承主恩,平明骑马入金门。"是女子出门常骑行也。又,《虬髯客传》:"红拂女既夜奔卫公,乃雄服乘马,

红拂图

卷九 汉以来车马

将归太原。"又，《任氏传》："任氏不得已，遂行，鉴以马借之。任氏乘马居其前，郑子乘而居后。"是长途远行，女子亦骑马也。

唐时惟妇女专乘牛车，车上有帘

《明皇杂录》："玄宗将幸清华宫，贵妃姊妹竞饰犊车，饰以金翠，间以珠玉，费数百万贯。既而甚重，牛不能引。"又，《幽怪录》："陇西李𪟝暇游长安东市，见一犊车，侍婢数人，潜目车中，有白衣姝，绝代色也，遂尾犊车而行。"又，徐巍《物怪录》："乃遇一车子，驾白牛，从二女奴。"又，《章台柳传》："朔至京师，已失柳氏所在，叹想不已。偶于龙首岗，见苍头以驳牛驾辎軿，从两女奴。掀帘招之，则柳氏也。"是京师风尚，凡妇女均乘犊车，亦犹魏晋时男子之乘牛车。且车上必有帘，盖其制已与今略同矣。又，《刘无双传》："'郎君可假作理桥官，车子过桥时，近车子立，无双若认得，必开帘子。'仙客如其言，至第三车，果开帘子，窥见真无双也。"是宫车亦有帘也。

唐时妇女下车以帏拥入，不使人见

唐《物怪录》："犊车入中门，白衣姝一人下车，侍者以帏拥之而入。"

按：周时乘车皆露乘，惟妇人乘帷车，而出入尚无以帏壅蔽之举。至晋时有步幛，石崇作锦步幛，长四十里，见《世说》。兹所谓帏，盖亦步幛之类也。

唐车有门有锁

《霍小玉传》："李生勒马欲回，豪士遽命奴仆数人抱持而进，急走推入车门，便令锁却。"

按：此男子车也。既有门可锁，必成屋形，否则虽锁，仍可逃也。惟门在前在后抑在旁，是否与汉晋同制，无从详考耳。

宋时妇女仍乘犊车

《老学庵笔记》："京师承平时，宗室戚里岁时入禁中，妇女上犊车，皆令二小鬟持香球在旁，而袖中又自持两小香球。车过，尘土皆香。"又，

"成都诸名族妇女，出入皆乘犊车。"是京师及外郡妇女乘犊车，仍与唐时同也。

宋时士夫仍骑马，与唐同

《词苑丛谈》："东坡春夜行蕲水中，过酒家，饮醉，乘月至一溪桥上，卸鞍曲肱少休，及觉已晓。"又，"东坡与子由别郑州西门外，马上赋诗寄子由云：'登高回首坡陇隔，惟见乌帽出复没；苦寒念尔衣衾薄，独骑瘦马踏残月。'"又，《宿南山诗》："横槎晚渡碧涧口，骑马夜入南山谷。"是旅行皆骑马也。又，《扈驾诗》："病马羸驺只自尘。"是京师卿士出入亦骑马也。视汉韦玄成因雨淖舍法驾而骑，即被劾失侯；梁士夫偶骑马，即目为放达或被劾者，异矣。

宋妇女仍骑马

《嬾真子》云："文枢密知成都回，姬侍皆骑马，锦绣兰麝，溢人眼鼻。"是可证宋时妇人仍骑马也。

宋时轿子

《老学庵笔记》："徽宗南幸，御棕顶轿子。"盖轿之上覆以棕，可御雨也。又，"童贯既诛，传死士有欲夺其首者，张御史乃置首函于竹轿中，自坐之。"

按：童贯诛于路中，执法者张御史也。竹轿者，以竹为之，惧失贯首，故坐于轿底。凡轿皆用人昇，或二人，或四人，或八人，故亦曰肩舆，苏轼《贺朱寿昌得母》诗所谓"白藤肩舆帘蹙绣"是也。

轿之历史

古有步辇，不用马，用人。后汉犹然。《后汉·井丹传》："就起，左右进辇。丹笑曰：'吾闻桀驾人车，岂此邪？'"夫曰驾，则止推挽而已，非舁使离地也。至晋有肩舆。《世说》："谢中郎是王蓝田女婿，尝著白纶巾，肩舆径至扬州听事。"始用人昇，然不数见。

宋徽宗像

至唐有兜舆，始以人舁。《北里志》："有府吏李金者，能制诸妓，径入曲追天水入兜舆中。至则蓬头垢面，涕泗交下，搴帘一视，亟使舁回。"又，《刘无双传》："是夕更深，闻叩门甚急。及开门，乃古生也，领一兜子入，谓仙客曰：'此无双也，今死矣，后日当活。'"又，"茅山使者暨舁兜人，在野外处置讫。门外有檐子一、十人、马五匹。"檐子者即肩舆。《新五代史·卢程传》："程拜命之日，肩舆导从，喧呼道中。庄宗闻传呼声，左右曰：'宰相檐子入门。'庄宗登楼望之，笑曰：'此所谓似是而非者也。'"盖讥檐子之不称也。是可证肩舆而四周张檐，即名"檐子"。若兜子，则无檐。惟在唐时，无论兜子、檐子，皆妇人乘之；若男子，不惟不乘轿，且少乘车。古押衙所备之檐子，为舁无双，马则备王仙客骑也。至后唐，男子始多乘轿者。《新五代史·宦者传》："张承业曰：'误老奴矣！'乃肩舆归太原，不食而卒。"及"宰相檐子"，皆其证也。沿至宋，则名轿子。明清以来，自县令以上皆乘轿子，而以帷色分等差，只武官有乘马者。民气之委靡，去隋唐远矣。

骑之历史

《管子书》云："殷人之王，立帛牢，服牛马，天下化之。"盖自黄帝以来，即训练牛马使驾车，至夏殷始成功，风行天下也。然仍不能骑，是以春秋时有车战、步卒，而无骑兵。至赵武灵王改胡服，始招国人习骑射，是为中国有骑兵之始。是以秦始皇驾千乘万骑，自迎太后于雍。武臣以骑二百迎徐公，贵人驺从，始有骑卒。然卿士大夫，除在行阵间，仍无乘马者。赵廉颇一饭斗米、肉十斤，被甲上马，以示可用，武人耳；文臣则否。汉高帝之自鸿门逃归，舍车独骑，樊哙等四人则持剑盾步走；而其败彭城逃也，仍车而不骑；至推堕孝惠、鲁元公主，以减轻载任，是虽亡命，仍不肯骑。以故两汉四百年，以迄魏晋六朝，卿士大夫皆乘车，无骑者。是不惟畏劳，诚以威仪所关，不宜轻佻若是。汉韦玄成祭太庙，以泥淖不能驾驷，骑而往，坐失侯，是其证。至隋灭陈，承北朝骑射之余风，于是卿士大夫又以骑马为能，而以乘车为耻。自唐迄宋皆然。此其大略也。或谓《左传·昭二十五年》"左师展将以公乘马而归"，是为骑马之始。是说也本之刘炫。炫谓此乘马乃单骑而归，为骑马之渐，而注疏者皆不主之。杜注云："欲与公俱轻归。"言轻车而归。孔疏："古以马驾车，不单骑也。至六国之时，始有单骑。苏秦所云'车千乘骑万匹'是也。

昭陵六骏图（局部）

《曲礼》云'前有车骑'者，《礼记》乃汉世书耳，经典无骑字也。"是亦不以刘炫之说为然也。又，按《论语》："乘肥马，衣轻裘。"皆谓其驾肥马。此乘马与《论语》何以异？炫疑为单骑者，殆以公潜走。岂知古人最重威仪，公国君，何至骑？且《传》何以不言骑也？

驴之历史

春秋战国无驴，至汉初陆贾作《新语》，始云"夫驴、骡、骆驼、犀、象、玳瑁、琥珀、珊瑚、翠羽、珠玉，山生水藏，择地而居"。夫以驴与珠玉、珊瑚并列，则驴之在汉初，其贵可知，其少可知。又，《汉书·西域传》："乌秅国有驴无牛。"又，"敦煌、酒泉小郡及南道八国，给使者往来人马驴橐驼食，皆苦之。"是西汉末中原虽无驴，西方极边之郡，已渐有矣。是以蜀王褒《僮约》，有"喂食马牛驴"之语也。至东汉末，中原已多。《世说》："王仲宣好驴鸣。既葬，文帝临其丧，顾语同游曰：'王好驴鸣，可各作一声以送之。'赴客皆一作驴鸣。"是可证驴在中原已习见。《三国志》："诸葛瑾面长，孙权在驴面上书曰：'诸葛子瑜。'恪即援笔续书'之驴'二字。"是江东亦有矣。又，《世说》："晋明帝未尝见驴。谢公云：'陛下姑言其状。'明帝以袖掩口曰：'吾以为似猪。'"是东晋江东仍未多也。至隋唐，则策蹇者之多，不可胜数，然东南边郡仍少。柳子厚云："黔无驴，有好事者船载以入，放之山下。虎见之，庞然大物也，以为神。他日，驴一鸣，虎大骇，远遁。"是唐时黔尚少。至于今，不惟骑之，驾车、曳磨、驮物，遍中国矣。

骡之历史

古中国亦无骡（赢）。《吕氏春秋》："赵简子有白骡，亟爱之。其臣

卷九 汉以来车马

阳城渠胥有疾。医者曰：'得白骡肝则生，不得则死。'简子曰：'杀畜活人，不亦仁乎？'遂杀而取其肝。"《正韵》云："骡同骡。"史载此者，见骡之可贵，简子不爱惜以活人也。又，《楚辞·九叹》："同驽骡与桀驷兮。"是春秋及战国时已有骡。然至汉初仍甚贵，故陆贾《新语》以驴、骡与珠玉并称。又，《汉书·卫青传》："薄暮，单于遂乘六骡，冒汉围西北驰去。"又，《常惠传》："乌孙贡驴骡橐驼。"至三国已渐多。《吴志·诸葛恪传》注："驴骡无知，伏食如故。"又，《晋诸公赞》："刘禅乘骡车降邓艾。"盖骡之为物，驴父马母，或马父驴母。汉初中国驴未多，故难孳诜。至六朝，已娴驴马相配之法。《齐民要术》："驴覆马生骡，马覆驴亦生骡。"是其证。至唐末骡遂多。《闻奇录》："闻群骡撼铃声。"《李泌外传》："所乘骡忽惊逸。"《传信录》："益州进白骡。"然唐时仍甚贵。《摭言》云："咸通中，进士及第，过堂后，便以骡从，车服侈靡。时蒋泳擢第，家君戒之曰：'尔门绪寒微，慎勿以骡从！'"是其证。至于清代，满蒙与中国混一，于是骡之多过于马矣。

车轮敷铁之历史

历周秦迄两汉，车轮皆以爪外穿为算，以障蔽轮牙，辋也。而不敷铁，皆见前矣。《晋书·舆服志》："轮皆朱斑重牙。"夫既曰重牙，则晋轮之无铁可知。又，《拾遗记》："因墀国在西域之北，送使者以铁为车轮，十年方至晋。及还，轮皆绝锐。"是益可证晋世车轮尚未敷铁。

卷十 屋室 取暖附、灶附

夏宫室修广丈尺

《考工记》："夏后氏世室，堂修二七，注：十四步，步六尺。广四修一，注：四分修加一。五室三四步，四三尺。"注云："堂上为五室，象五行也。三四步室，深也。言有三步者、四步者。四三尺以益广也。方三步者，广益三尺；方四步，广益四尺。木室于东北，火室于东南，金室于西南，水室于西北。其方皆三步，其广益之以三尺。土室于中央，方四步，其广益之以四尺。此五室居堂，南北六丈，东西七丈。"疏云："中央之室大一尺者，以其在中，号为大室，故多一尺也。云'此五室居堂南北六丈、东西七丈'者，以其大室居中，四角之室，皆于大室外接四角为之。大室四步，二丈四。四角室各三步，一丈八。则南北三室十步，故六丈。东西三

二里头夏文化遗址

室，六丈外加两三尺又四尺，故七丈也。"

按：敞者为堂，隔者为室。堂修十四步，共八丈四尺，南北除三室六丈，尚余二丈四尺，以为前后檐阶。堂广十七步半，为十丈五尺，东西除三室七丈外，余三丈五尺，以为堂之东西屋翼。盖堂之广过于修，故室所余广亦过于修也。世室者，宗庙也。

夏堂阶室窗及涂墙之色

《考工记》："九阶，四旁两夹窗，白盛。"注："九阶者，堂之南面三，三面各二。窗助户为明，每室四户八窗，户两旁各有窗。"白盛者，注云："蜃灰也。盛之言成也。以蜃灰垩墙，所以饰成宫室。"古无石灰，烧蜃壳为灰，色白，以涂墙取洁。凡三代王宫宗庙之墙，皆垩音恶以白，民不得用。《周礼·地官》："掌蜃共白盛之蜃。"《韩非子》："宫有垩，器有涤，则洁矣。"是自周初至战国，皆以蜃垩墙也。

夏门堂广修之度

《考工记》："夏门堂三之二，室三之一。"注："三之二者，言得正堂修广三之二也。"即正堂修八丈四尺，门堂五丈六尺；正堂广十丈五尺，门堂七丈也。室三之一者，方望溪云："门之左右，各隔其半以为室，敞其半以为堂也。"

殷王宫高度修度

《考工记》："殷人重屋，堂修七寻，八尺。崇三尺，四阿重屋。"注："重屋者，王宫正堂，若大寝也。阿，栋也。四阿，四面皆注溜也。重屋，重檐也。"

按：四面皆注溜者，即今所谓廊檐。凡宫殿皆四面廊也。

周明堂修广崇度

《考工记》："周人明堂，度九尺之筵，东西九筵，南北七筵，堂崇一筵。五室，凡室二筵。"注："明堂者，明政教之堂。周堂高九尺，殷三尺，则夏一尺矣。禹卑宫室，谓此一尺之堂欤？"疏云："夏言宗庙，殷言王寝，周言明堂，皆举一以见其二皆同也。"

按：殷未言广，周南北七筵，合六丈三尺，为修度；东西九筵，合八丈一尺，即广度也。由此证之，凡三代王宫，宗庙、明堂同。堂上皆五室，

中央一室，四隅各一室。其修广虽不同，而规模则无异也。

周王宫门高五丈，宫角楼高七丈，城角楼高九丈

《考工记》："王宫门阿之制五雉，长三丈、高一丈曰雉。宫隅之制七雉，城隅之制九雉。"注："阿，栋也。"疏："谓门之屋两下为之，其脊高五丈。"宫隅、城隅，注云："浮思也。"疏云："按汉时云'东阙浮思灾'，言灾，则浮思者，小楼也。"是可证周宫门高五丈，宫城角楼高七丈，如今紫禁城。都城角楼高九丈也。

古宫室墙皆土筑

《考工记》："墙厚三尺，崇三之。"

按：崇厚以是为率。假令墙高二丈七尺，厚则九尺。周时尚不能砖石作墙，虽王宫宗庙，皆土筑，故不得不厚。《诗》云："缩版以载，作庙翼翼。"缩者，约也，言约版以筑庙墙。是古宫室皆土墙之证也。

古屋脊坡度之率

《考工记》："葺屋草屋三分，瓦屋四分。"疏："谓屋南北深一丈二尺。三分者，峻宜四尺；四分者，峻宜三尺。"方望溪云："三分屋之南北深，以其一为屋脊高，四分亦然。"

按：古之所谓屋，专指屋脊两边下垂者而言，故疏云"深一丈二尺，三分者峻四尺，四分者峻三尺"，以是为率。倘屋更深，则峻宜更加也。茅屋与瓦屋所以不同者，因茅去水迟，故其坡度宜下降，下降则去水速。瓦去水疾，故其坡度虽少杀无妨。专指屋脊言，若今日之平顶房，古谓之无屋也。古幞亦然。其平顶者，虽上空不得谓之屋。屋则有脊高起，前后坡下矣。《礼》云："中屋履危。"《史记·魏世家》："使吏捕范痤，痤因上屋骑危。"危者，屋脊，故可骑。然则今日之屋式，仍与三代同，可谓古矣。

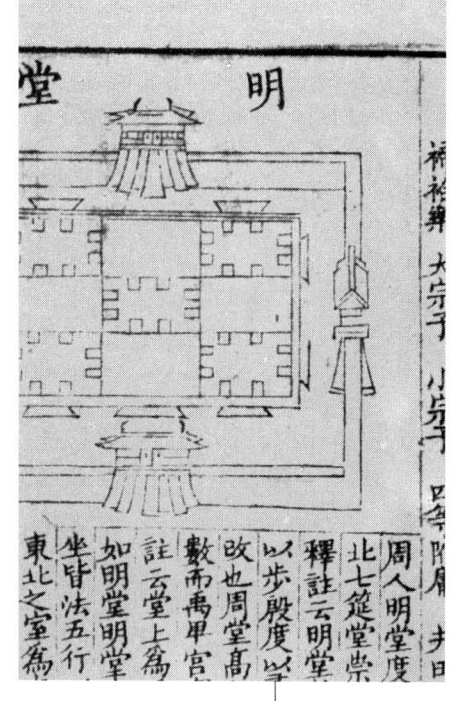

周代明堂

卷十 屋室

古庙堂亦以茅覆顶

《记》所谓茸屋者，非必穷民，庙堂亦然。《左传》云："清庙茅屋。"《大戴礼》："古明堂以茅盖屋，上圆下方。"是其证也。

周庭中甬路高度

《考工记》："堂涂十有二分。"注云："堂涂者，令甓裓。"疏："令甓者，今之砖；裓则今之砖道也。"《释文》云："裓音阶，即砖阶也。十有二分者，言堂高九尺，涂高一尺八寸也。"《尔雅》："堂涂谓之陈。"《诗》曰："胡逝我陈。"注："陈者，堂下至门径也，即今之甬路。"惟周堂有三阶，此正中阶下之甬路。其宾阶、阼阶下是否有涂，《礼》无明文。又，涂广亦未说，疑十有二分或兼崇广言也。

古筑墙时状况

《诗·小雅》："约之阁阁，椓之橐橐。"又，《诗·大雅·绵》："救之捄捄，度之薨薨，筑之登登，削屡凭凭，百堵皆兴。"笺云："约，缩版也；椓，揉土也。"言以杵土而声橐橐也。削屡凭凭者，言墙筑成有凹凸不齐之处，而削之使平也。此宣王考室之诗。宗庙之墙尚以土筑，他可知矣。

古筑墙以版计功

《吕氏春秋》："楚人以两版垣也，吴起变之而见恶。"注："楚人以两版筑垣，起教之用四，用四则工省而筑多。"又，《韩非子》："宋王筑武宫。讴癸倡，行者止观，筑者不倦。王闻，召而赐之，对曰：'臣师射稽之讴，又善于癸。'王召射稽使之讴，行者不止，筑者知倦。王曰：'其讴不胜如癸美，何也？'对曰：'王试度其功。'癸四板，射稽八版；摘其坚，癸五寸，射稽二寸。"

春秋时有东西厢

《左传·昭四年》："竖牛曰：'夫子疾病，不欲见人。'使寘馈于个而退'"注："个，东西厢也。"

按：《公羊传》："路寝者何？正寝也。"《尔雅·释名》："无东西厢，有室，曰寝。"然则凡言寝者，皆无厢也。

周屋上加涂，敷瓦者少

《吕氏春秋》："高阳应将为室，家匠对曰：'未可也。木尚生，加涂

其上，必将挠。以生为室，今虽善，后必败。'高阳应曰：'木益枯则劲，涂益干则轻。以益劲任益轻，则不败。'匠人无词。后果败。"又，《韩非子》："虞庆为屋，谓匠人曰：'屋太尊。'匠人对曰：'此新屋也，涂濡而椽生。'"是古人为屋，先架椽，再以泥涂其上，而不言加瓦。盖周时瓦尚贵，虽卿士家造屋，不尽用之也。

战国时瓦屋渐多

《古史考》："夏昆吾作瓦。"《史记·龟策传》："桀为瓦屋。"盖言其侈。以故周诗状宫室者至多，而不及瓦，盖其时瓦屋实少。至战国时，赵廉颇与秦兵战，秦兵鼓噪勒兵，屋瓦皆震，似其时瓦屋已多。盖陶业日益发达，虽寻常百姓已力能为矣。

周时已有平房

《庄子》："孔子之楚，舍于蚁丘之浆，其邻有夫妻臣妾登极者。"注："极，平头屋也。"

古贫民门户状况

《左传·襄十年》："筚门圭窦之人，而皆陵其上，其难为上矣。"注："筚门，柴门；圭窦，小户，穿壁为户，上锐下方，状如圭也。言伯舆微贱之家。"又，《韩非子》："筑十版之墙，凿八尺之牖。"盖古人之墙，皆以土筑，就壁穿户，上锐则不隤。牖者，助户取明。故亦就壁凿取，形圆，贾谊《过秦论》所谓"绳枢瓮牖"也。

周时屋内取暖之法

《吕氏春秋》："卫灵公天寒凿池，宛春谏曰：'天寒伤民。'公曰：

商城遗址复原图

'天寒乎？'宛春曰：'公衣狐裘，坐熊席，陬隅有灶，是以不寒。'"《新序》同，陬作隩。是于屋隅筑灶，烧以取暖也。又，《左传·定三年》："邾子自投于床，废于炉炭，烂，遂卒。"是装炭于炉，近床取暖，可移徙也。又，《昭公十年》："初，元公恶寺人柳，欲杀之。及丧，柳炽炭于位，将至，则去之。"是以炭温地，使元公坐其处而暖也。

古灶突形状

《说苑》："臣闻客有过主人者，见灶直突，横平。旁有积薪，谓主人曰：'曲其突，远其积薪。不者，且有火患。'"

按：曲突者，使烟突曲而向上，火不旁溢，炊烟出易也。又按：今日从汉魏墓中掘出瓦灶之模型，皆中置大釜，四隅安小釜，或四或二，而灶门上皆有墙，隔烟煤使不落釜内。而今灶皆无之，殊不如古人也。

古户枢涂油

《淮南子》："人有少言者，犹不脂之户也。"注："不脂之户，难开闭也。"

按：车轴涂以脂则轻，户枢亦然，故曰难启闭。

古庶人皆白屋

《汉书·吾丘寿王传》："或由穷巷，起白屋，裂地而封。"又，《萧望之传》："恐非周公致白屋之意。"《王莽传》："开门延士，下及白屋。"师古曰："白屋，以白茅覆屋也。"然则汉时士庶，尽居茅屋，无瓦屋者，故以白屋为贫贱之代名，与白衣同也。

汉唐谓里间屋为箱

《汉书·周昌传》："吕后侧耳于东箱听。"《金日磾传》："莽何罗袖白刃从东箱上。"《袁盎传》："'臣所言，人不得知。'乃屏错，错趋避东箱。"此天子正殿之箱也。《杨敞传》："延年起，至更衣，敞夫人遽从东箱出。"此卿士家正厅之箱也。师古曰："正寝之东西室皆曰箱，言似箱箧之形。"

按：此即今正厅之东西里室，俗曰里间屋。古人以其严密似箱，故名。与厢异。厢者，正厅前之东西房，唐《会真记》所谓"待月西厢下"者是也。又，唐张说《虬髯客传》："引公入东厅，厅之陈设，穷极珍丽，

箱中妆奁冠镜首饰之盛，非人间所有。"此箱中即东厅之里室也。若《世说》所云："陆机兄弟住参佐廨中，三间瓦屋，士龙住东头，士衡住西头。"既未云箱，是无里室；又官廨，故屋有瓦也。

后汉始以墼砌墙，不纯用版筑

《后汉书·周纡传》："纡廉洁无资，常筑墼以自给。"《说文》云："墼，音激。令适也。一曰土墼未烧者。"

按：今江北、河北人砌墙多以墼。法以木模盛湿土，用石打使坚，晒干用之，下借砖石，上垒以墼，外垩以石灰，墙坚而观美。惟极贫者始以土筑墙。汉末殆以如此，故纡售墼以自给。《说文》云"瓴纡"，瓴纡者，甓也。《诗》曰："中唐有甓。"陶侃所运者是也。陶后之物也，岂尚可筑乎？证以《纡传》，其诂误矣。许亦以未安。又曰"未烧土墼"，此诂近之，而仍未允。查未烧之砖曰坯。若土墼，则大于墼数倍，干即用以砌墙，非烧后始用。《礼·杂记》："三年之丧，居垩室之中。"郑玄注云："垩室，垒墼为之，不涂墍。"是其证。若如许说，墼似待烧始用者。此由古时士人，与农分处，不悉农家事物，故虽以许叔重之通博，诂此字不能真确。至宋刘郯注此传云："墼非筑而成，当作墍。"是愈不知字义而强说矣。

自三代迄两汉皆以蜃灰涂墙，至汉末蜃竭，始代以石灰

《考工记》："夏后氏九阶，四旁两夹窗，白盛。"《周礼·地官·掌蜃》："掌敛互物蜃物，以共白盛之蜃。"郑注云："白盛，蜃灰也。谓饰墙使白。今东莱用蛤，谓之叉灰。"盖至汉时中原之水渐少，所产之蜃已用竭，故止东莱沿海之地用之，而又杂以蛤，故谓之叉灰。叉者，杂也。今匠人以土和石灰，仍谓之叉灰。疏谓"蜃蛤在泥中，叉取以为灰，故谓之

清人绘
《阿房宫图》

卷十 屋室

叉灰"，以叉为叉取之叉，误之远矣。

蜃灰既竭，至后汉乃代以石灰。《后汉·杨璇传》："特制马车数十乘，以排囊盛石灰于车上。既与贼战，乃顺风鼓灰，贼不得视，遂败。"是可证当时建筑用石灰。然魏晋时仍不多，张华《博物志》"烧白石作白灰既讫，著地经日俱冷，遇雨及水浇，即便然烟焰起"云云，此可证晋时石灰尚少，故以为异。

唐以麻和石灰泥壁，贩卖者益多

《酉阳杂俎》："乃请后堂厅上，掘地为池，方丈，深尺余，泥以麻灰，汲水满之。"夫以麻和石灰泥池为固，则以麻灰泥壁也必矣，今名曰麻刀灰。然则泥壁之法，唐已与今同。又云："宝历中，荆州有庐山人，常贩桡朴石灰，往来于白洑南草市。"又，《五代史·唐臣传》："安重诲常欲除潞王从珂。明宗曰：'吾为小校时，不能自足，此儿为我担石灰，拾马粪，以相养活。'"此以证自唐以来，石灰民间已习用也。

唐住宅临街有窗牖

《北里志·楚儿传》："性狂逸，后以衰退，为汾阳裔孙郭锻所纳，避正室，置于他所。每有旧识过其所居，多于窗牖相呼。后以途中与大理司直郑光业相语，为锻所笞。光业深虑其不任，明日特过其居侦之，则楚儿临街牖下弄琵琶矣。"又"张住住少敏慧，与邻儿庞佛奴相悦，有结发之契。及住住将笄，其家拘管严，佛奴稀见其面。后因寒食争球，故逼其窗下以伺之，忽闻住住语。"又，《乐府杂录》："将军韦青于街牖中闻其歌

唐长安城遗址

音寥亮。"是无论贫富贵贱，临街皆有窗也。若今日只商家临街有窗，住室皆面向内，无临街有窗者。古今住室不同若是。

晋唐时屋梁皆可不梯而登

晋干宝《搜神记》："西江有一宅，住者皆不安，最后买于东邻刘氏。刘持刀夜于屋梁伺之。"唐任蕃《梦游录》："独孤遐叔自蜀归，距金光门尚有六七里，天已曛黑，乃宿于废寺廊下。夜半忽有若贵人宴饮院中，遐叔惧为所逐，乃潜伏屏气于佛堂梁上伺之。"

按：刘氏持刀登屋梁，或由梯登。若遐叔偶宿废寺，何从得梯？乃亦登梁上。若以今日之屋梁论，不梯不能登也。乃古人不尔者，疑屋制与今异也。又，《北齐书·苏琼传》："迁清河太守，部民赵颖送新瓜一双，置于听事梁上。"夫梁上可置物，必便于取携。若今日之梁，能置大瓜乎？又，谢朓诗："杏梁宾未散。"李峤诗："嘉宾集杏梁。"此诗若在今日，则成笑柄。以此见古屋制梁栋安排，与今大异。

卷十一 灯烛

周时以薪为烛

《礼·少仪》："执烛抱燋。"注："未爇曰燋。"又,《周礼·春官·菙氏》："掌共燋契,以待卜事。"注："杜子春读燋为薪樵之樵。"是燋者,樵也,薪也。薪之燃甚速,故亲执其既燃者,复抱未燃者,以待续爇。又,《毛诗·巷伯》传云："昔者颜叔子独处于室,邻之嫠妇又独处于室。夜暴风雨至而室坏,妇人趋而至。颜叔子纳之而使执烛,放乎旦而烝尽,缩屋而继之。"按:烝者,细薪也;缩,束也。言烝尽,束屋上茅燃之。又,《周礼》:"司烜庭燎。"疏云:"若人所执之烛,以荆燋为之。"是皆以薪为烛之确证也。

故古亦谓烛为火

《左传》:"饮桓公酒乐,公曰:'以火继之。'"又,《哀十六年》:"良夫代执火者而言。"《晏子春秋》:"晏子饮景公酒。日暮,公呼具火。"《史记·孟尝君传》:"夜食,有一人蔽火光。"火者,即烛也。因燃薪为烛,其光甚大,故亦谓曰火。汉魏以后,始以灯烛为照夜之专名,凡在屋内者,无曰火矣。

古学校弟子执烛之详情

《管子·弟子职》:"昏将举火,执烛隅坐。错总注:烛束。之法,横于坐所,栉依《礼记》郑注,当为"枿"。之远近,乃承厥火。注:栉谓烛尽。尽,烬同。言察其烬之远近,以薪续其火也。居句如矩,

战国漆绘人形灯

蒸间容蒸，燃者处下，注：蒸，细薪。捧椀以为绪。注：烛烬，椀贮绪。右手执烛，左手正栉。有堕代烛，交坐毋背尊者，乃取厥栉，遂出是去。"

按：古人执烛情形，此文可谓详尽矣。"居句如矩"者，言以新烛接燃旧烛，相交形如矩，旧注误。而以燃者处下，则火易传也。"捧椀以为绪"者，言以椀承烬，使不落地，免危险也。"右手执烛，左手正栉"，"正栉"二字殊不解，后阅《檀弓》"夏后氏堲周"，郑注引此文曰："右手折堲。"《释文》引则曰："左手执烛，右手折即同堲。"孔疏引则曰："左手执烛，右手正堲。"乃知今本《管子》"右"讹为"左"，"左"讹为"右"；而"折堲"二字，亦以形近之故，讹作"正栉"。此"栉"字为讹字，余"栉"必皆为讹字，以致义意全不明了。堲者，烬也。郑以《弟子职》之"折堲"，与"堲周""堲"字同，故引以释《礼》文。若为栉者，郑胡取乎？又左右颠倒，于理亦不适。古今人动作，左手常居静职，右手常居动职，执烛有定，故左手为之；折堲常动，故右手为之。今以形近之故，"左"讹"右"，"右"讹"左"，义全螯矣。折堲者，即拨烬使落也。烬落则烛明。"乃取厥栉，遂出是去"，言弟子将退，取烛烬出外弃之也。"栉"无训"烬"者，而《管子》原注训"栉"为"烬"，可证房玄龄所见《管子》仍为"堲"，与陆、孔同也。

古宴客必至饮时始燃烛

《礼·少仪》："其未有烛而后至者，则以在者告。"按：此系召客夜饮，而至有先后也。其后至者，日暮室暗，不能见人，故主人告以某在斯也，某在斯也。此以后世便利状况例之，何至夜暗不能辨人，室不燃烛？古人不尔者，以其害甚多：暑月益热，一也；火大烬多，易有危险，二也；费巨，贫者不办，三也；不洁，四也；须有人执，五也。以故非客毕集至饮食时不燃。

古夜宴时主人执烛礼节

《礼·少仪》："凡饮酒，为献主者，执烛抱燋。客作而辞，然后以授人。"注："未爇曰燋。主人亲执烛敬宾，示不倦也。"疏："既欲留客，又取未爇之炬抱之也。"又，《曲礼》："烛不见跋。"注："跋，本也。"疏："本，把处也。火炬照夜易尽，尽则藏所燃残本。恐客见残本多，知夜深，主人厌倦也。"

古执烛者必在屋隅

《弟子职》："皆将举火，执烛隅坐。"又，《檀弓》："曾子病，童子执烛隅坐。"按：执烛必在屋隅者，古人席地坐，而薪烛火甚大，屋隅闲旷，可不妨人，且防火害也。以故《少仪》云："执烛不让，不辞，不歌。"诚以执烛而辞让或歌，易致火患也。

古人夜书须人执烛，至宋犹然

《韩非子》："郢人有遗燕相国书者，夜书，火不明，因谓持烛者曰：'举烛。'"又，韩愈《毛颖传》："惟颖与执烛者常侍。"又，《名臣言行录》："韩魏公帅定州，时夜作书，一侍兵执烛，他顾，烛燃公须。"是古人夜间做事，执烛者必在侧，欲秘密不得也。

古庭烛状况

《周官·司烜氏》："凡邦之大事，共坟烛庭燎。"又，"阍人设门燎。"又，《燕礼》："甸人执大烛于庭。"注："坟，大也。树于门内曰庭燎，于门外曰大烛，皆所以照众为明。"《效特牲》所谓"庭燎之百"，由齐桓公始也。然遍考《礼经》，无树烛明文。而甸人则明言执大烛于庭，疑凡庭燎坟烛，亦皆手执。贾疏以郑注树烛与执火烛于庭不合，乃谓"诸侯之燕，使人执庭燎，天子则树于庭"，似为强说。

古大烛以苇制

《周礼·司烜》"庭燎"疏云："庭燎所作，依慕容所为，以苇为中心，以布缠之，饴蜜灌之，若今蜡烛。"又，《阍人》"门燎"，《释文》云："其所作之状，盖百根苇皆以布缠之，以蜜涂其上，若今蜡烛矣。"

按：蜡含蜂蜜中，周时尚未解蜜与蜡分解之法，故以布束苇，灌蜜于中，又涂蜜于外。苇得蜡，故质坚而耐久，状有类于唐之蜡烛也。

其手烛制法

《释文》云："对人手蓺者为手烛。"孔疏云："用荆燋同樵为之，不惟不涂蜜，且不缠布。"因小烛皆燃于室中，涂蜜缠布，则臭恶人嫌，故燃甚速，至抱樵以俟也。

至战国始有油灯

《庄子》："山木自寇也，膏火自煎也。"《楚辞》："兰膏明烛，华容

备些。"

按：膏者，脂也，兽油也。盖至此时，始以盏盛动物油，置炷于中，燃以取明，不用燋烛。然古无植物油，牛羊等油值昂，盖非富者不办；若兰膏，则加香料于其中，贫者尤不能为。夫自唐虞三代数千年皆以薪束为烛，烟焰迷人，动生危险；又专人手执。乍易以膏，所患皆免，其快可知矣。

汉时中国尚无蜡烛

《西京杂记》："南粤王献高帝石蜜五斛，蜜烛二百枚。"

按：蜜烛者，蜡烛也。古蜜与蜡不能分解，混合为一，故亦曰蜜烛。可见汉初无此物，故南粤以为贡，其珍可知。至郑玄注《三礼》，言烛者多矣，而无以蜡烛为证者。玄，东汉末人，可知伊时亦无。《淮南子》云："膏烛以明自烁。"《龚胜传》云："膏以明自销。"益证当时尽油烛也。

晋初有蜡烛

《世说》："石季伦以蜡烛作炊。"又，"周仲智饮酒醉，瞋目还面，谓伯仁曰：'君才不如弟，而横得重名！'须臾，举蜡烛火掷伯仁。伯仁笑曰：'阿奴火攻，固出下策耳！'"然"石季伦以蜡烛作炊"，原以竞豪富，则当时蜡烛之贵可想。盖初兴故。《世说》又云："简文集谈士，以致前客后客夜坐，每设白粥，唯燃灯二，暗辄更益炷。"

古人灯烛下书写图

卷十一 灯烛

按：《说文》："主，同炷。火主也。"今谓之灯心。以细绳或絮捻成者，俗谓之灯捻。简文帝王，仍燃油灯，《世说》故特记其俭，以是证东晋时蜡烛仍贵也。自蜡烛行，而油灯又不足贵。

自晋以后，有蜡烛，有油灯。蜡烛美而洁，便于提携；油灯污而秽，难以携带。于是富贵之家用蜡烛，《归田录》"寇莱公自少年富贵，不点油灯，虽寝室亦燃烛达旦，厕溷间烛泪成堆"是也。贫俭之家燃油灯，《归田录》所谓"杜祁公为人清俭，在官未尝燃官烛，油灯一炷，荧然欲灭"是也。

六朝已燃植物油

《齐民要术》："种红花收子，既任车脂，亦堪为油。"又，"麻子科大，收此一实，足供美烛之用。"唐孙愐《唐韵》"榨"字注云："侧嫁切，打油具也。"夫既曰"打油"，则是打植物子使出油，如今日之麻油、豆油是也。植物油常贱于动物油，故自有植物油，无再燃膏油者。是自六朝已不以动物油为灯，可断言矣。又，唐《本草》"柏"字注："陈藏器曰，子可压油，为灯极明。"是其证已。

汉代十五连盏灯

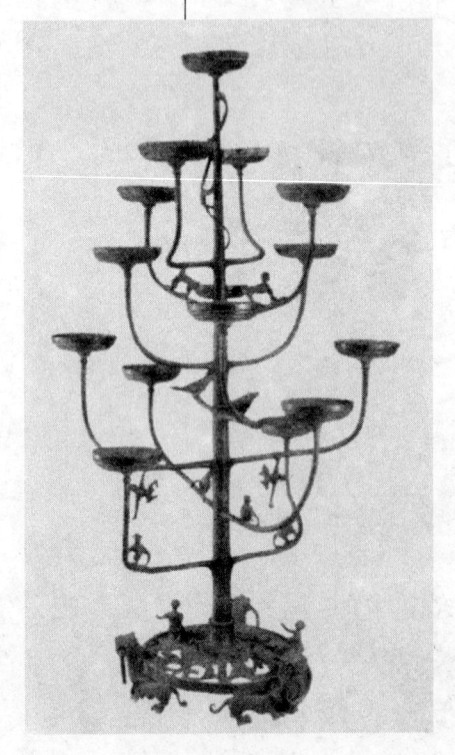

宋之省油灯盏

《老学庵笔记》："宋文安公集中有《省油灯盏》诗，今汉嘉有之，盖夹灯盏也。复为二层。一端作小窍，注清冷水其中，每夕一易之。寻常盏为火所灼，故易干，此独不然，其省油几半。"

按：油灯之制，大半以铜、铁、锡为之，下承以盘，使不敧仄，中有柱。盏者，盛油之器，则架于柱颠，置炷于中，燃以取明。然时久则热，灼油易干；复盏而注水于内，则盏不热，故省油。

古灯台之高度

《西京杂记》："咸阳宫有青玉五枝灯，高七尺五寸，作蟠螭以口衔灯，灯燃，鳞甲皆动，炳若列星。"又，"宣帝上林有雁足灯。"又，《北里志》："裴晋公尝游妓院，为恶少所窘，公阴遣介求救于胡造尚书。胡来，主人上灯。胡起，取铁灯台摘去枝叶，而合其跗，足也。横置膝上，令曰：'凡三钟引满，三台酒须尽，不得有滴沥，犯令者一铁跖。'恶少长跪乞命。"又，《东宫遗事》："有铜驼灯，夕供油七升。"又，韩愈《短灯檠歌》："长檠架也八尺空自长，短檠二尺便且光。裁衣寄远泪眼暗，搔头频挑移近床。太学儒生东鲁客，二十辞家来射策。夜书细字缀语言，两目眵昏头雪白。此时提携当案前，看书到晓那能眠？"是汉唐油灯皆置檠上。其高七八尺者，盖不动；其高二尺者，可移徙，读韩诗如目睹其状矣。然后世之檠皆尺余，所以然者，隋唐以前，屋内器具不备，又皆席地坐。所谓案者，矮几也，故移置案前，不置案上。若宋以后，则案高而据椅，今日之坐，古谓之据。故短檠而置案上，视古尤便也。

古蜡烛皆蜜烛，与今蜡烛异，今蜡宋尚无

自宋以前所谓蜡烛，皆蜂蜜中所含之蜡也。盖自魏晋时始能将蜜蜡分解，专以蜡作烛，故亦曰蜜烛。唐人《夜怪录》云"少顷有秉蜜炬自内出者"，是唐仍以蜂蜡为烛之证也，即《晋书·阮孚传》所谓"蜡屐"之蜡也。若今日之蜡烛，则产于四川泸州各地树上。正月时，土人赴云南蒙自购蜡种，归放于蜡树上而食其叶。至五月叶尽，万树皆枯，枝干皆生白衣，远望若雪。将白膜刮下，即蜡油也。自此蜡行，作烛者遂不用蜂蜡。惟不知始于何时。考《海录碎事》云："仙人烛木似梧桐，以为烛，可延数刻。"此即蜡树也。《海录》为宋叶廷珪作，是宋时中国尚少树蜡。李时珍《本草纲目》曰："蜡树四时不凋，五月开白花，其虫大如虮虱，延缘树枝，食汁吐涎，剥取其渣，炼化成蜡。"又，"水蜡树，叶微似榆及甜楮树，皆可放虫产蜡。"时珍，明人，是明时树蜡已风行。至于清，凡为烛皆以树蜡，几不知蜜蜡可为烛矣。

古妇人会烛夜绩状况

《汉书·食货志》："冬，民既入，妇人同巷，相从夜绩，女工一月得四十五日。必相从者，所以省费燎火，同巧拙而合习俗也。男女有不得其所者，因相与歌咏，各言其伤。"

按：同巷必相从夜绩者，男女数十人，萃于一室，人多则夜不寒，话言多则不倦，互相仿效则巧拙同。费省者，按《列女传》云："齐女徐吾者，齐东海上贫妇人也，与邻妇李吾之属，会烛相从夜绩。徐吾最贫，而

古人夜绩图

烛数不属。李吾谓其属曰：'徐吾烛数不属，不能出烛。请勿与夜也！'徐吾曰：'妾以烛不属之故，起常先，息常后，洒扫陈席，以待来者，自与敝薄，坐常处下。夫一室之中，益一人烛不为暗，损一人烛不为明，何爱东壁之馀光乎？'"夫以数十人同绩一室，而会合出烛，则一人所出者甚微，故曰费省。又，《拾遗记》："魏文帝所爱美人薛灵芸，常山人也。居生贫贱，每聚邻妇夜绩，以麻蒿自照。"按褪麻之梗，白而洁，细而长，燃之则明，故古取以代烛。以此证三国时贫民，仍以柴为烛，不能膏烛也。

按：古无棉，所谓绩者，皆绩麻，宋人诗所谓"昼出芸田夜绩麻"是也。自南宋后，棉花入中国，所谓"绩者"，皆绩棉也。河北人家，至冬纠合数十家，掘地为室，容数十人，共一灯，男女纺绩于其中，夜午方罢。与《食货志》、《列女传》所述正同，令人悠然相见周秦遗俗也。

卷十二 城廓

周王城高广

《考工记》："匠人营国，言筑都城。方九里。"是王城每面长九里也。又曰："城隅之制九雉。"注："长三丈、高一丈为雉。隅，谓城角浮思也。"疏："城隅高九丈，城身高七丈也。"

按：宫门阿五雉，宫隅七雉，故知隅高二丈。今城隅角楼高九丈，除二丈即城身高，故疏云高七丈也。

王城十二门

《考工记》："国方九里，旁三门。"是每面三门，每三里开一门，四面十二门。今北平城为元所筑，亦每面三门。及明徐达入北京，以城大难守，自东西面北头之门起，迤北全堕之。是以东西北三面只有二门，合前三门共九门，有违周制矣。而鼓楼在元时，居全城正中者。今偏在北城，殊不壮观也。

周列国城高广

《考工记》："宫隅之制，以为诸侯之城制。"按：宫隅高七雉，除浮思二雉，高五雉。今以为诸侯城制，是高五丈也。《左传·隐元年》："都城过百雉，国之害也。先王之制，大都不过参国之一。"注："侯伯之城方五里，径三百雉。"

按：百雉恰足三之一，过则为

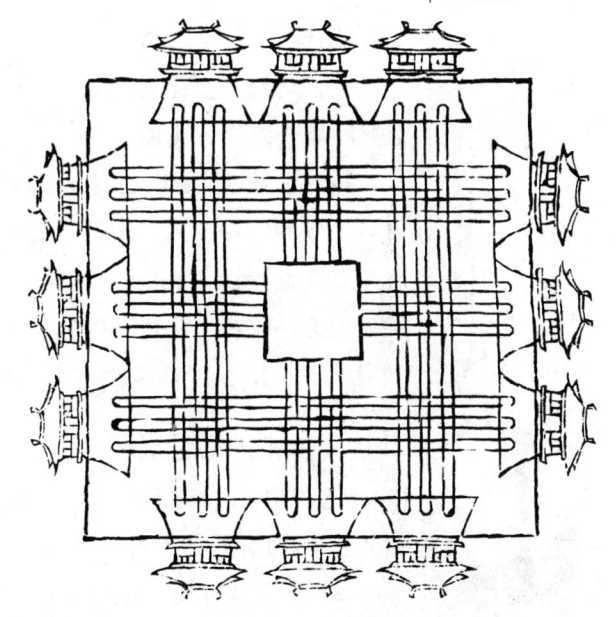

《三礼图》中的周王城图

害。由此推知侯伯之都城为三百雉，三百雉合九百丈。以每里一百八十丈计之，正五里，故注云"侯伯之城方五里"也。

周城墙上女墙与今同

《左传·宣十二年》："国人大临，注：临，哭也。守陴者皆哭。"注："陴，城上俾倪。"孔疏："俾倪者，看视之名。"《释名》云："城上垣曰陴，于其孔中，俾倪非常。"《说文》云："城上女墙，俾倪也。"

按：城上之短垣曰女墙，中有孔，守城者以墙为蔽，于孔中睥睨探望，窥见敌情，唐韩偓诗所谓"宫鸦犹恋女墙啼"是也。自周及汉唐，以迄于今，仍而不改，可见古制之善矣。

周城有县门

《左传·庄二十八年》："楚子元以车六百乘伐郑。众车入自纯门，及逵市，县门不发。内城门。"又，《襄公十年》："逼阳人启门，诸侯之士门焉。县门发，鄹人纥抉之，以出门者。"孔疏："县门者，编版广长如门，施机关以县门上，有寇则发机而下之。服虔云：'抉，撅也。谓以木撅县门，令在门内者出也。'"

按：自汉以来，史所记战事多矣，而从未有县门，则此制之废弃已久，故其详亦不悉也。

古保护城垣之法

《公羊传》："晋人执宋仲几于京师。仲几之罪何？不蓑城也。"何休注："若今以草衣城也。"

按：古者城垣皆以土筑，雨淋则土堕，故以草衣城，有类于蓑。观何休注，汉魏时即如此。又，《北平图经》："东城泡子河外，即通惠河，元时常于此处以苇衣城。"是元时仍如此。盖自周至元，凡城皆以土筑，故至今无一存者。至明始以砖筑城，可数百年不圮。今北平南城，为明嘉靖时筑，城上之砖印记宛然，是其证也。

周都城内布置概况

《考工记》："匠人营国，方九里，旁三门。国中九经、九纬，经涂九轨。左祖右社，面朝后市。"

按："经涂九轨"者，言路广能容九车也。左祖者，宗庙，言宗庙建

于左；而社在右，今北平皇宫尚如此也。"面朝后市"者，言王宫前为朝会之所，后为市肆也。

周朝面积及位次

《考工记》："市朝一夫。"注："市与二朝，占地各百亩。二朝者，内朝、外朝。"按：周一夫授田百亩，内朝、外朝各占地百亩，故曰一夫。又，《曲礼》："天子当依同扆，状如屏，画为斧文，高八尺。而立，诸侯北面而见天子曰觐。天子当宁注：门屏之间。而立，诸公东面、诸侯西面曰朝。"疏："当依、当宁皆南面。凡天子三朝：其一在路门内，谓之燕朝，太仆掌之；其二是路门外，谓之治朝，司士掌之；其三是皋门之内、库门之外，谓之外朝，朝士掌之。"燕朝朝公族；治朝每日视朝治事之位，《司士》所谓"王南向，三公北面东上，孤东面北上，卿大夫西面北上"是也；外朝是询众庶之朝，即《朝士》所谓"左九棘，右九棘，面三槐"是也。

又，《秋官·朝士》："掌建邦外朝之法。左九棘，孤、卿、大夫位焉，群士在其后；右九棘，公、侯、伯、子、男位焉，群吏在其后；面三槐，三公位焉，州长众庶在其后。左嘉石，平罢民焉；右肺石，达穷民焉。帅其属而以鞭呼，趋且辟。禁慢怠也朝、错立、族谈者。"注："树棘者，取其赤心而外刺；错立者，立违其位；族谈者，聚谈。"按：《左传·昭十一年》："叔向曰：'朝有著定，会有表。'"注："著定者，朝内列位常处。"错立者，违著定之处而立也。古会盟必于野，故设表以为位，异于朝也。

周正月国民至阙下观象读法

《周礼·天官》："正月之吉，县治象之法于象魏，使万民观治象，挟日而敛之。"注："象魏，阙也，从甲至甲，谓之挟日。"象者非惟书其事，且揭其图，使观者易辨而知警也。

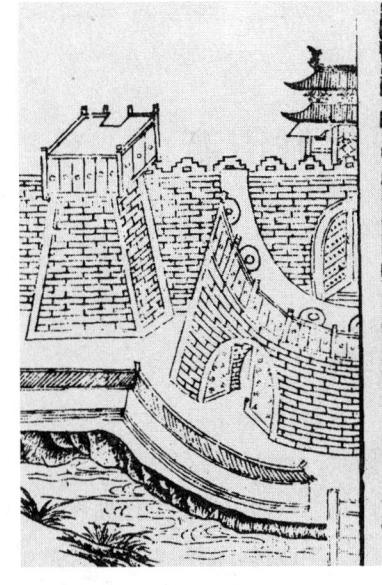

古代城图

卷十三 都城街衢

周都城街衢

《考工记·匠人》："国中九经九纬。经涂九轨，环涂七轨，野涂五轨。环涂以为诸侯经涂，野涂以为都经涂。"

按：南北曰经，东西曰纬。九经九纬，言经纬路各有九，而其广能容九轨也。环涂者，绕城道；野涂者，国外道。"为诸侯经涂"者，言诸侯城内道七轨；"为都经涂"者，言诸侯所属之都，道则五轨，以次递降也。由是证之，周丰镐及洛阳街衢，横竖均有九，而其广则皆九轨也。

周诸侯都城路广亦九轨

九轨者，诸侯之路逊周王二轨。然《左传·桓十四年》："宋人以诸侯伐郑，焚渠门，入及大逵。"又，《宣公十二年》："入自皇门，至于逵路。"注云："涂方九轨曰逵。"夫郑最小国，尚皆九轨；则齐晋大国，更不待言。然则周制诸侯不必尽从也。

周时夜禁

《周礼·秋官·司寤氏》："御晨行者，禁宵行者、夜游者。"按：黑夜游行，一则恐其为盗，一则恐其遇盗，故皆禁也。

周街衢行人秩序

《礼·王制》："道路，男子由左，妇人由右，车从中央。"注："道中三涂，远别也。"

殷周时道路厉行清洁

《韩非子》："殷之法刑，弃灰于道者，断其

经纬涂轨图

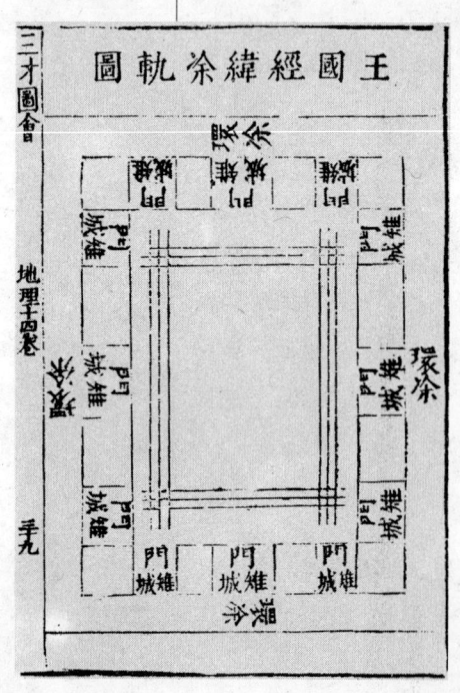

手。子贡疑其重，夫子曰：'知治之道也。'"又，《史记·李斯传》："商君之法，刑弃灰于道者。"夫弃灰，细故也；然能使道路污秽，有碍观瞻，故严刑以防之。由是证古人之厉行清洁、讲求卫生之过于后人也。

汉长安之街衢概况

《三辅黄图》云："有香宝街、夕阴街、尚冠前街。"《三辅旧事》云："长安城中，八街九陌。"《汉书》："刘屈氂妻子枭首华阳街"，"京兆尹张敞走马章台街"，"陈汤斩郅支王首，悬于藁街"。张衡《西京赋》云"参涂夷庭，街衢相经，廛里端直，甍宇齐平"是也。又，张衡《东京赋》："经涂九轨。"是汉都街衢，广亦九轨也。

秦仍刑弃灰

《汉书·五行志》："秦连相坐之法，弃灰于道者黥。"是盖仍沿商周之法。世动谓秦法严，然黥刑较断手仍轻也。

唐城门出入规程

《隋唐嘉话》："诸街晨昏出入传叫，以警行者，代之以鼓。城门入由左、出由右，皆马周发之。"

汉唐以来都会盗劫则鸣桴鼓

《汉书·尹赏传》："长安城中，薄暮尘起，剽劫行者，死伤横道，桴鼓不绝。"又，《张敞传》："由是桴鼓稀鸣，市无偷盗。"又，唐杜甫诗："杀人红尘里，报答在斯须。"又，《隋唐嘉话》："诸街晨昏传叫，代之以鼓。"是在汉唐时，都城街市以人烟繁盛，故杀掠劫夺白昼不讳，街吏闻警则鸣鼓以报也。

汉禁夜行

《史记·李广传》："尝夜从一骑出，从人田间饮。还至霸陵亭，霸陵尉醉，呵止

李广射虎图

广。广骑曰：'故李将军。'尉曰：'今将军尚不得夜行，何乃故也！'止广宿亭下。"是可证不惟城内禁夜行，即四郊亦禁也。又，《三国志·魏武传》注："武帝为洛阳北部尉，小黄门蹇硕叔父夜行，即棒杀之。"是其罪可至死也。

晋时禁夜行

《世说新语》："王安期作东海郡，吏录一犯夜人来。"又："殷浩始作扬州，刘尹行，日小欲晚，便使左右取襆。人问其故，曰：'刺史严，不敢夜行。'"是非都城，而外郡亦禁夜，且并官吏禁也。

唐夜鼓一动即禁夜行

白行简《李娃传》："久之日暮，鼓声四动。姆曰：'鼓已发矣，当速归，勿犯禁！'"又，《摭异记》："宪宗迁葬，都人士毕至。裴通远家在崇贤里，妻女辈亦往纵观，日暮归至天门街，夜鼓将动，有白头妪亦忙遽而行。裴家青衣谓妪曰：'若步履不逮，惧犯禁，车中尚可通融。'"观是则唐时夜禁，以鼓为限，鼓声起，则都市行人绝。男子徒行固禁，即妇女乘车马者亦一律禁也。

客馆图

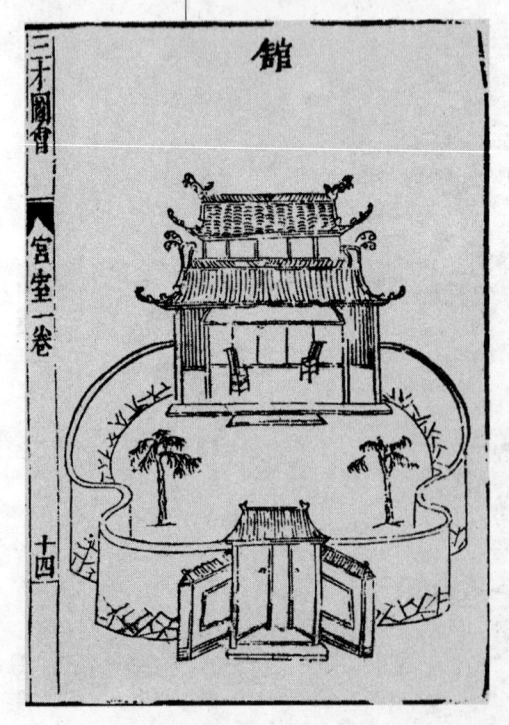

古长途官道路政，专官掌之

《周礼·秋官·野庐氏》："掌达国道路，至于四畿。注：不通之处，使人治之。比国郊及野之道路、宿息、井树。宿，止宿；息，昼止；井，供饮食；树，为蕃蔽。凡有宾客，则令守涂地之人聚櫎同析之；有相翔窥伺者，诛之。凡道路之舟车擊互者，叙而行之。"

按：古驿站客馆均未备，沿官路宾客往来，则宿于野，而又无售饮食者，故设专官，按道路远近设止宿之处，设昼憩之庐，今所谓打尖。掘井以供宾客制饮食，列树以备行旅荫凉，而以为遮卫。又孤宿郊外，恐夜有盗贼也，则令土人击柝以为警。车马众多，恐其争路也，则令以次按叙而行。此不能以今日沿大道村镇稠密、逆旅栉比、且到处皆有售饮食者之习惯窥测也。

古修长涂官道

《晏子春秋》："景公筑露寝之台，三年未成。又为邹之长涂。"

按：邹为大都，此长涂必由临淄至邹，有数百里之远，发民筑之，民固病矣。然古人之重视路政，便利交通，可见一斑矣。

古重视行旅死者

《周礼·秋官·蜡氏》："若有死于道路者，则令埋而置楬焉，书其日月焉，悬其衣服任器于有地之官，以待其人。"

按：此等惠政，在清时夏日行官道每逢之，埋于路侧，上插木标，书其死之日月及衣服颜色，以待寻者，而始于周官也。

古禁蒙布巾、持兵仗行官道

《周礼·野庐氏》："掌凡道禁。"郑注："禁，谓若今绝蒙布巾、持兵仗之属。"按：持兵仗恐其行劫。禁蒙布巾，颇不得其义，得无以其骇众欤？然至汉尚如此也。

又，"禁野之横行径逾者。""禁行作不时者，不物者。"按：不由正道，横行径逾，必有奸邪。不时者，注云："不时谓不夙早也则莫同暮者也；不物，谓衣服操持非比常人也。"故皆禁之。

自周以来列树表道

《左传·襄九年》："晋伐郑，杞人、郳人从赵武、魏绛斩行栗。"注："表道树也。"孔疏："行道也。"

按：《周语》云："列树以表道。"此"行栗"即表道之树，以其碍行军，故斩之。

秦以松表道，晋以槐表道

《汉书》："贾山上书曰：'秦为驰道，树以青松。'"是秦以松表道也。左太冲《吴都赋》曰："驰道如砥，树以青槐，亘以绿水，玄荫耽耽，清流亹亹。"是晋时官道两旁皆树槐也。

唐仍以槐表道

《国史补》："贞元中，度支欲取西京槐树为薪，更栽小树。"又，吴

《周语》，《国语》中的一部分。

秦驰道遗址

子华有《题湖城县西道中槐树》诗，皆官道槐树也。

清官道多柳而杂以槐

清时官道宽数十丈，两旁树柳，中杂以槐。余幼时自正定应举赴京师，行官道六百余里，两旁古柳参天，绿叶幂地，策蹇而行，可数里不见烈日。柳荫下卖茶、卖酒、卖饼饵者，络绎不绝，疲则憩，热则乘凉，渴饮饥食惟所欲，虽远行而有闲逸之趣。自铁路行而数百里参天之古木尽毁，官道为民地所蚀，只容二轨，于是数千里之遗制旧迹，遂泯灭无余。

卷十四　都城市肆

周市在王宫后，面积百亩

《考工记》："匠人营国，左祖右社，面朝后市。"后市者，言在王宫后也。又云："市朝一夫。"古一夫授田百亩，是市在王宫后，而地广百亩也。

周时市朝之布置

《周礼·天官·内宰》："凡建国，佐后立市，设其次，司市所居。置其叙，胥师、贾师所居。正其肆，陈其货贿，出其度量淳幅广制，匹长。祭之以阴礼。"然市亦谓之朝。《论语》云："吾力犹能肆诸市朝。"《史记·孟尝君传》："独不见夫趋市朝者乎？明旦，侧肩争门而入；日暮之后，过市朝者掉臂而不顾。"注云："谓市之行位有如朝列，因言市朝耳。"然则古市内行列整齐，有市社，有官厅，而肆廛则列于两旁，招商列居，甚整齐也。

周管理市政制度

一、市官之严厉

《周礼·地官·司市》："掌市之治教、政刑、量度、禁令。以次叙分地而经市。""凡市入，则胥执鞭度守门，市之群吏平肆，展成奠贾。上旌于思市亭次以令市。市师莅焉，而听大治大讼；胥师、贾师涖于介市亭之属次，而听小治小讼。""市刑，小刑宪罚，以文书播于众。中刑徇罚，以其人示市。大刑扑打也罚。"

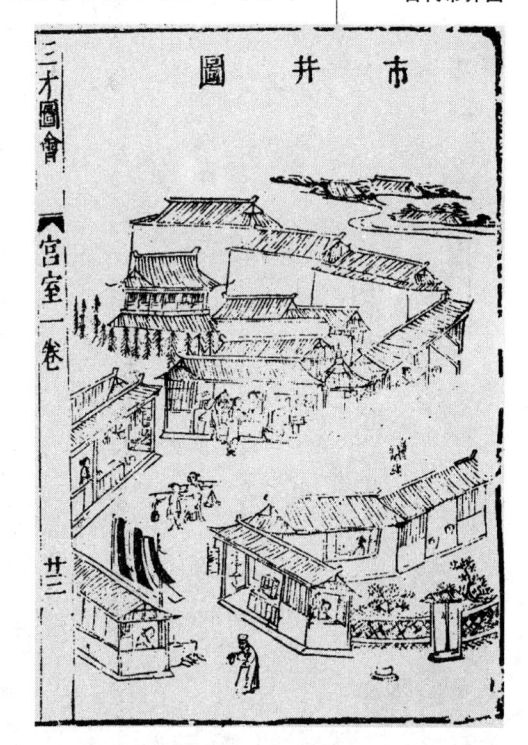

古代市井图

二、市货以类陈列，不许杂乱

《司市》云："以陈肆辨物而平市。"又，《肆长》："陈其货贿，名相近者相远也，实相近者相尔同迩也。"

按："陈肆辨物"者，物同使列于一区，则美恶易辨。"名相近者相远"也，言名虽同而实不同，不许同列以欺人也。"实相近者相迩"也，言货之名与实相同，可近列一处也。皆所以防弊也。

三、严禁靡物与诈欺

《司市》："以政令禁物靡而均市。""以贾贵，音古。民禁伪而除诈。"

按：物靡者，郑云："侈靡也。"侈靡则悦目而售易，价因以昂，可使物价不平均，又无用，故禁之。"贾民"者曾为贾，知物情伪，故欺诈易去也。又，《胥师》："察其诈伪饰行儥慝者而诛罚之。"贾民即其属也。

四、物有定价，悬高处使人知

《司市》："以量度成贾而征儥。同买。""群吏平肆，展整也成平也奠贾，同价。上旌于思次以令市。"又，《贾师》："展其成而奠其贾。"

按：征儥者，言按丈尺升斗定物价，而高悬于市亭，使买者有所征信而不疑也。

五、严防盗贼与市民秩序

《司市》："以刑法禁虣同暴而去盗。"又，《司虣》："禁其斗嚣者，与其虣乱者、出入相陵犯者、以属游饮食于市者。若不可禁，则搏而戮之。"又，《司稽》："掌巡市，而察其犯禁者与其不物者而搏之。掌执市之盗贼以徇，且刑之。"《胥》："各掌其所治之政，执鞭度而巡其前；掌其坐作出入之禁令，袭其不正者。凡有罪者，挞戮而罚之。"

按：属游饮食者，言聚而群游饮食也。不物者，言衣服视瞻奇异不经也。袭其不正者，言掩捕犯禁之人也。

六、遗物招领

《司市》："凡得货贿六畜者，亦如之，言旌于叙也。三日而举之。"

按：市有遗物，事之常也，置于叙以待认领。三日举之者，言过三日无人认领，则没入官也。

七、设专官掌契券

《质人》："掌成市之货贿。""凡卖儥者质剂焉，大市以质，小市以剂。掌稽市之书契。""凡治质剂者，国中一旬，郊二旬，野三旬，都三月，邦国期。期内听，期外不听。"

按：此即司市所谓"以质剂结信而止讼"也。注："质剂，券也。"先郑云："谓两书一札同而别之也。言保物要还也。"疏："古未有纸，故以札竹版书。大小者，言券有长短也。治质剂者，言听质剂之讼也。讼有期，过期则不听此讼也。"

八、贷民钱国息五厘

《泉府》："凡民之贷者，与其有司辨而授之，以国服为之息。"后郑云："以国服为之息，以其于国服事之税为息。假令贷万泉，期息五百。"若是则五厘也。

古市一日三合

《周礼·地官·司市》："大市，日迫同侧而市，百族为主。朝市，朝时而市，商贾为主。行为商，居为贾。夕市，夕时而市，贩夫贩妇为主。小贩。"又，《礼·郊特牲》云："大市于中，朝市于东偏，夕市于西偏。"

按：古市面积只百亩，除司市等官听事之处，疑太狭。今一日分为三时之市，各有所主，易期而入，则无壅矣。

古以人民与牛马同上市

《质人》："掌成市之货贿、人民、牛马、兵器、珍异。"郑云："人民，奴婢也。"疏："以其在市，平定其价，故知非良人。"

按：古时必罪人方为奴婢，故云"非良人"，非若后世良人亦为奴婢也。奴婢可买卖，故与牲畜同上市议价也。

周时卖兽肉者悬兽首于门，以为识

《晏子春秋》："君服之于内，而禁之于外，是何异悬牛首于门而卖马肉于内也？"据此，是当时卖何兽肉，即悬其首于门，以为标识也。

汉都城市场

《三辅黄图》："长安市有九，各方二百六十六步，六市在道西，三市

在道东。凡四里为一市。致九州商人，在突门夹横桥大道，市楼皆重屋。有令署以察商贾货财买卖之事，三辅都尉掌之。直市在富平西南二十五里，即秦文公造。物无二价，故以直市为名。"张衡《西京赋》云："郭开九市，通阛连阓，旗亭市楼重立，俯察百隧"是也。隧，道也。又，按：《郡国志》："长安大侠黄子夏居柳市，司马季主卜于东市，晁错朝衣斩于东市，西市在醴泉坊。"

按：周市在王宫后，地只百亩，殊迫隘。至秦汉，都城规模较周大启，于是市肆亦异制：六市在道西，三市在道东，必大街之东西，不定在王宫后。又，四里为一市，较周制亦宏敞。而"各方六百六十六步"，可证市自为院落，有若今日特辟之商场；沿承周制，尚无临街列肆售物，若今日都市之杂乱。而管理市政者为三辅都尉，张衡《西京赋》所谓"周制大胥，今也惟尉"是也。而市楼皆重屋，市楼即旗亭。旗者，商家所竖之招牌，悬于楼头，故曰旗亭，《史记》褚先生所谓"臣为郎时，与方士会旗亭下"者，此也。

汉酒市

《汉书·万章传》："长安炽盛，街闾各有豪侠，章在城西柳市。"又，"酒市赵君都。"

按：柳市已见前，大侠黄子夏所居，盖以其地多柳而名。酒市，盖又以其地多酾酒者而名也。惟柳市、酒市，是否在九市之内，抑在道东或道西，则不详也。

周时商货皆以玺节出入，否则没官

《周礼·地官·司市》："凡通货贿，以玺节出入之。"又，《掌节》："货贿用玺节，皆有期以反节。凡通达于天下者，必有节以传辅之。无节者，有几则不达。"又，《司关》："掌国货之节。凡货不出于关者，举其货，罚其人。"

按：节者，竹符也，持此为凭，货达则反节。然则古之经商者，运违禁品不易也。

古商贾之诈伪

《新序》："鲁有沈犹者，旦饮羊饱之，以欺市人。鲁氏之鬻牛马者，

善豫贾。同价。孔子将为司寇,沈犹氏不敢朝饮其羊,鲁氏之鬻牛马者不豫贾。"

按:朝饮其羊,则腹大而似肥;豫贾者,盖豫先宣传其牛马之美,而昂其值,其实不符也。

汉时已有在街上叫卖食物者

《三国志》注:"赵岐遭家祸,诣北海贩胡饼。孙宾硕过市,疑其非常人,问曰:'自有饼耶?贩之耶?'岐曰:'贩之。'宾硕曰:'买几钱?卖几钱?'曰:'买三十,卖亦三十。'"是在市上叫卖也。

汉已有书肆

《后汉·王充传》:"常游洛阳市肆,阅所卖书,一见辄能诵忆。"是汉已有书肆也。

汉晋时酒垆

《史记·司马相如传》:"与俱之临邛,尽卖其车骑,买一酒舍酤酒,而令文君当垆。"又,《世说新语》:"阮公邻家妇有美色,当垆酤酒。阮与王安丰常从妇饮,阮醉,便眠其妇侧。"又,"庾公为尚书令,着公服经黄公酒垆下过。"注:"垆,酒肆也,以土为堕,四边高似垆也。"

按:《说文》:"垆,黑刚土也。"《吕览》:"凡耕之道,必始于垆,为寡泽而后枯。"酒垆者,古陶器大者殊少,而又无釉,疑即以刚燥之土,筑使中空,四边高起,候干用以盛酒而不漉也,抑或以陶器置当中,惧其毁坏,四周用此燥土培壅以为固,且免沈酒。不然,胡必以垆哉?后阅《汉书》,"垆"作"卢",师古曰:"累土为卢以居酒瓮,四边隆起,形如锻卢,俗学谓当卢为对温酒火卢,失其义矣。"观此则与余后说合也。

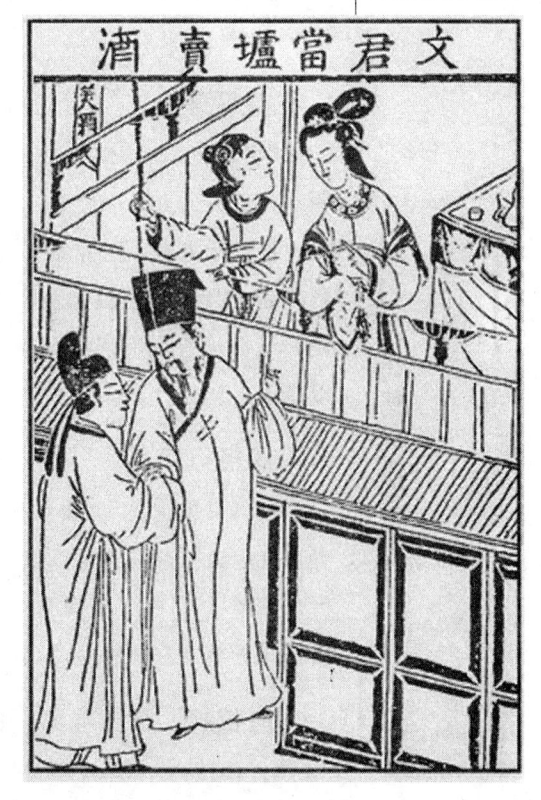

文君当垆卖酒图

唐时鬻胡饼状况

《任氏传》："行及里门，门扃未发，旁有胡人鬻饼之舍，方张炭炽炉，暂往栖止。"按：胡饼者，即今之烧饼也。炽炭火炉中，而以饼置炉上灼之，食顷熟矣。其制法传自胡人，故曰胡饼。

唐都市卖蒸饼状况

《朝野佥载》："周张衡位四品，退朝，见路旁蒸饼新熟，遂市一枚，马上食之，被御史弹劾，降敕流外。"

据此，唐都城街上，似已随便设肆，与今无异，不必有定市也。若古则无是。《晏子春秋》云："晏子宅陋，景公欲易其宅。晏子曰：'臣家贫而居近市，百物取给焉。若居与市远，则朝夕不便。'"是可证临淄虽繁盛，尚无临街设肆之制，而市有定处，故去市远则购物难。汉时盖尚如此，至唐则与今无异。

汉已有牛牙人

《后汉·逢萌传》："君公遭乱，独不去，侩牛自隐。"注："谓平会两家买卖之价。"

唐马牙人

《集异记》："宁王方集宾客，鬻马牙人麹神奴者呈二马，皆神骏精彩。问价，牙人曰：'此一千，此五百。'座客皆不识其贵贱之由。"

按：牙人者，主介绍平会两家买卖价值，费唇舌牙齿，故曰牙人。今各物皆有牙人，不只牛马，想汉唐亦然，特不见于载记耳。若周制则无是，凡物价皆由市官酌定，以旌于市亭，《贾师》所谓"展成奠定也价，以令于众"也。

唐各行有首

唐《灵鬼志》："吴太伯祠在苏阊门西，人多献牲牢以祈福。时乙丑春，有金银行首画美人以献。"又，《虬髯客传》："某日午时，访我于马行东酒楼下。"又，《周礼·地官》"肆长"孔疏："一肆立一长，使之检校一肆之事，若今行头。"是唐时各行皆有行首，与今略同。

唐衣肆、质肆当铺、书肆

《任氏传》："郑生不知是计，入西市衣肆。"又，《李娃传》："生不

古代市肆画像砖

知是计,乃质衣于肆,以备牢醴。"又,"娃命出门,生骑而从,至旗亭南偏门鬻坟典之肆,生拣而市之,载以归。"

总观古市肆概况,周以前市自市、街自街,凡列肆必于市,临街无鬻物者。西汉盖仍如此,故长安有九市之多。至唐则街市已混为一,沿街设肆,不必定在市,以迄于今,仍而不改。故唐以后状况,可臆揣而知,不必考也。

古契券,周名质剂,汉名下手书,唐名画指券

《周礼·司市》:"以质剂结信而止讼。"又,《质人》:"凡卖儥者质剂焉,大市以质,小市以剂。"郑注:"质剂,谓两书一札而别之也,若今之下手书,言保物要还矣。"孔疏:"古未有纸,故以札书。""汉之下手书,即今唐时画指券,与古质剂同也。"

按:札者,竹简也。两书一札而别之者,谓甲乙各书于札上,中分而各持其一以为信。汉时仍以竹为之,而名"下手书"。东汉末虽有纸,盖贵甚,仍无用者。至唐则尽以纸矣,然"画指"之义仍不详也。

古收债以合券为凭

《战国策》:孟尝君使冯谖收责于薛,"载契券而行"。"使吏召诸民当偿者,悉来合券。券遍合,起,矫命以责赐诸民,因烧其券。"按:此亦以竹为券,剖而分之,各持其一,故合之以为信。

又,《汉书·高帝纪》:"及见怪,岁竟,此两家常折券弃责。"按:此亦以竹简为券,既不征索,故折毁也。

卷十五 闾里

周民居闾里概况

《周礼·地官·大司徒》："令五家为比，使之相保；五比为闾，二十五家。使之相受；四闾为族，百家。使之相葬；五族为党，五百家。使之相救；五党为州，二千五百家。使之相赒；五州为乡，万二千五百家。使之相宾。"按：注"相保者，奇衺相保也"，即互保此五家无奸宄。相受者，后郑云："有故而寄托，使之相受。"相葬者，百家之财力赡，互相助财。相救者，五百家势众，故可相救。相赒者，禒札相赒。禒札者，或灾荒，或疠疫，以二千余户之众，不能全被灾，可互赒恤也。相宾者，以万二千之户口，秀民必多，故由乡校宾其贤者于国校，使毕业而为官吏也。

按：王都百里以内为乡，乡有大夫主其治，州有长，党有正，族有师，闾有胥，比有长。若百里以外则为遂，以邻、里、酇、鄙、县组成，五家为邻，五邻为里，五里为酇，五酇为鄙，五鄙为县，五县为遂。其实，遂之邻、里、酇、鄙、县，与乡之比、闾、族、党、州，名异而实同。必异名者，备师田行役，各以旗物率其众，便于识别耳。

按：古之时，民无郊居者，如后世之乡村。只夏日即农郊居，《书》所谓"厥民析"，《诗》所谓"中田有庐"是也。言庐于井田之中，及秋后农事毕，则归都邑。《诗》云："曰为改岁，入此室处。"言冬日农毕将改岁矣，入居都邑之室也。室在邑，庐在野，

闾里图

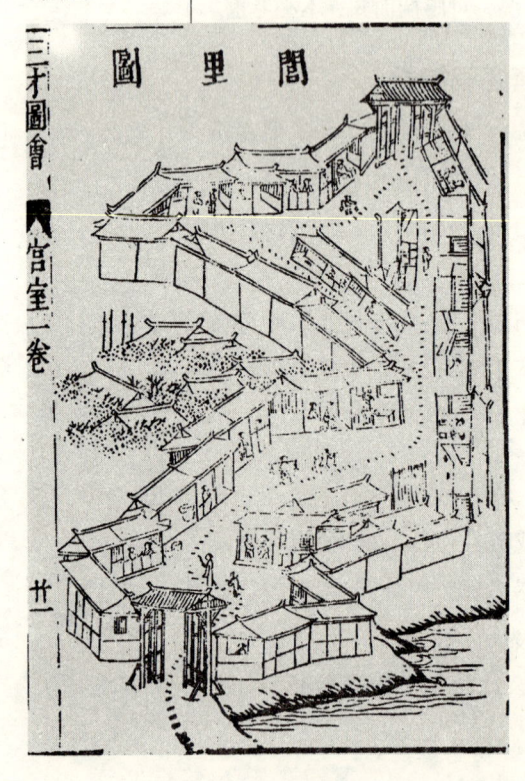

三代时截然不同，不能如后世之混合称之。观《大司徒》授民田，以室数制之，不以庐数，注云"留城郭之宅曰室"，是其证。故夫比、闾、族、党、邻、里的组合，皆都邑之状况也。

至春秋以社为里之代名

《管子》："公子开方以书社七百下卫矣。"《左传》："书社五百。"《商子》："里有书社。"《史记索隐》云："古者二十五家为里，里各立社。书社者，书其社之人名于籍。下卫者，言以此七百社降卫也。"

汉闾里必有门，门有监

《史记·郦食其传》："为里监门。"又，《张耳传》："俱之陈，为里监门。"又，《万石君传》："内史庆醉归，入外门不下车。万石君闻之，不食。庆恐，肉袒请罪，不许。举宗及兄建肉袒，万石君让曰：'内史贵人，入闾里，里中长老皆走匿，而内史坐车中自如，固当？'"又，《汉书·于定国传》："始定国父于公，其闾门坏，父老方共治之。于公谓曰：'少高大闾门，令容驷马高盖车。'"

按：闾里皆二十五家，此二十五家共一门出入，又有门监以司启闭、稽奸邪，使莠民无所容纳。古里政之整齐如是。

汉长安里名

《三辅黄图》："长安闾里一百六十，室居栉比，门巷修直。有宣明、建阳、昌阴、尚冠、修城、黄棘、北焕等里。"《汉书》云："万石君奋徙居陵里。"又，"徙家长安戚里。""宣帝在民间时，常在尚冠里。"刘向《列女传》："节女，长安大昌里人也。"戚里者，所居皆皇家之姻戚，故以名也。

汉仍有乡名

《史记·陈平传》："阳武户牖乡人也。"注：汉制十亭为一乡。又，《陈胜传》："行至蕲大泽乡。"按：周制五州为乡，乡大于州县。汉则为州县属，仅大于亭耳。汉承秦制，多与周异矣。

秦汉亭制

《新序》："梁边县与楚邻界，梁之边亭与楚之边亭皆种瓜。"又，

亭图

《高士传》："始皇以金璧置阜乡亭。"是六国时即有亭，而不详其制。《汉书·高帝纪》："及壮，试吏，为泗上亭长。"师古曰："秦法十里一亭。亭长者，主亭之吏也。亭谓停留行旅宿食之馆。"又，"求盗之薛治。"注云："亭有两卒，一为亭父，掌开闭扫除；一为求盗，掌逐捕盗贼。"是亭者有二义：一以便行旅，如《刘宠传》："尝出京师，欲宿亭舍，亭吏止之，曰：'整顿洒扫，以待刘公。'"又，《王忳传》："妾夫为涪令，过宿此亭。"又，《范式传》："辟公府之京师，道宿下亭。"又，《张式传》："父业，郡门下掾，送太守妻子还乡里，至河内亭。"又，《高士传》："桓帝以安车征韩康，康辞安车，乘柴车先行至亭。亭长以征君当过，发人牛修道桥，及见康车，以为田叟也，夺其牛。"是官吏过往及人民宿止，皆亭长是赖。一以防盗贼，如《朱博传》："少时给事县为亭长，好客少年，捕搏敢行，稍迁为功曹。"又，《高帝纪》："令求盗之薛。"是亭长逐捕盗贼，保护行旅，有功可升为功曹也。

晋唐仍有亭

《世说》："褚季野于章安令迁太尉记室参军，乘估客船，送故吏数人投钱唐亭住。尔时吴兴沈充为县令，当送客过浙江，客出，亭吏驱公移牛屋下。后县令知，鞭挞亭吏以谢。"又，"褚公尝至金阊亭。"是晋时仍有亭，亭吏即汉之亭长，其所掌盖仍与汉同。又，唐人《集异记》："安阳城南五里有一亭，过客宿止辄死。有一士人不信，宿其中。"又，《摭异记》："灵壁县东界有一亭，旁有古树参天。"是亭之制至唐仍存。自秦汉讫唐，千余年不废，可谓久矣。

秦汉乡吏、亭长以外之乡官

《史记》："三老五更，遮说汉王。"又，《高帝纪》："举民年五十以上，有修行、能帅众为善，置以为三老，乡一人；择乡三老一人为县三老，与县令、丞、尉以事相教。"《正义》曰："《百官表》：'十里一亭，十亭一乡，乡有三老，掌教化。'"又，《文帝纪》："三老，众民之师也。"又，"以户口率置三老、孝悌、力田常员。"又，《明帝纪》："赐三老、孝悌、力田人三级。"注："皆乡官名。三老高帝置，秦即有。孝悌、力田高后置。"又，《武帝纪》："赐县三老帛人五匹，乡三老、孝悌、力田帛人三匹。"是三老者，有县三老，有乡三老，其责任在掌教化，故诏云"众民之师，民有不臧，则可让之"，《司马相如传》所谓"让责也三老、孝悌以不教诲之过"是也。孝悌、力田之识，盖与三老同，而力田微异。力田者，盖主以精勤农事为率，故相如让孝悌而不及力田。唯孝悌、力田二官，是否有县乡之分，史无明文，不敢臆说。

乡官之等级

《汉书·尹赏传》："乃部户曹掾史，与乡吏、亭长、里正、父老、伍人，杂举长安中轻薄少年恶子。"是县令之下即乡吏，乡吏之下即亭长，亭长之下即里正，里正之下为父老、伍人。若夫功曹、户曹、贼曹等职，乃佐县令治事者。乡吏、亭长有功，虽可擢为曹掾，乃县属而非乡官。《史记》："陈馀为里监门，吏常以过笞馀。"此所谓吏，即乡吏也。

若夫三老、孝悌、力田三职，虽乡官，乃人民之表率，专司教导，职虽微而名甚荣，与乡吏、亭长截然不同。以故皇帝有恩赐时，每及三老、孝悌、力田，而不及乡吏、亭长。此外乡官复有乡啬夫。《后汉·郑弘传》："弘少为乡啬夫。"又，《郑玄传》："少为乡啬夫。"注："其乡小者，县署啬夫一人。"《前书》曰："乡有啬夫，掌听讼收赋税。"而不言县有啬夫。盖此官为县所署，何乡人即佐县官清理其乡之讼狱、收税等事，不惟与三老等职异，与乡吏等官亦异也。

六朝时乡官

《通考》云："宋五家为伍，伍长主之；二伍为什，什长主之；十什为里，里魁主之；十里为亭，亭长主之；十亭为乡。乡有乡佐、三老、有秩、啬夫、游徼各一人，所职与秦汉同。"

按：秦汉时十里为亭，二十五家为里，十里二百五十家。兹百家为里，十里即千家。六朝之亭长，与汉之乡吏，所辖正同。而十亭为乡，乡佐所辖则万家矣。又有三老、有秩、啬夫，与乡佐分司治化，甚美备也。至隋开皇十五年，罢州县乡官。唐初复置，凡百户为一里，里置正一人；

五里为乡，置耆父一人，以耆年平谨者县补之，亦曰父老。贞观九年，乡置长一人、佐二人，十五年复省。然《耳目记》云："新昌令夏侯彪之初下车，问里正曰……"又，杜甫诗："来时里正为裹头。"是皆天宝以后事，仍有里正名。意者乡长省而里正仍存欤？然自唐以来，乡官之制，名虽存而实则废。凡里正等吏，仅以供县官驱役、差徭奔走，其猥贱与皂隶同，凡士人无为之者，讫明清皆如此。周官之美意破坏尽矣，非若汉末以陈实之大贤，亦可为亭长也。见《三国志》注。

古乡官之于风俗关系

周乡官所谓州长、党正、族师、闾胥、乡大夫属。鄙师、酇长、里宰、邻长遂大夫属。等，皆乡官，政教兼理，主知民善恶，为役先后；知民贫富，为赋多少；考德行，察道艺。至三年，则比而兴起，贤者能者宾礼之；否则，纠其过恶而戒之，故教化易成。至汉，则以乡吏、亭长、啬夫分司其刑政、钱赋各事，而别举三老、孝悌、力田专掌教化。凡有孝子顺孙、贞女义妇、让财救患，及学士为民式者，皆旌表其门，以兴善行。故司马相如至蜀，则让责也三老、孝悌以不教诲。又，《韩延寿传》："至令民有骨肉争讼，既伤风化，重使贤长吏、啬夫、三老、孝弟受其耻。"处民师之地，专教导之责，激扬风化，兴举孝廉，善者无不名，能者无不达。讫至东汉，社会风俗之淳良，人民气节之高尚，远非三代所能及，人徒见汉末乱而忽忘之耳。岂知政乱于上而风清于下，无善行而不彰、无文学而不达者，则以此乡官激扬褒举之力也。呜呼盛矣！

乡图、遂图、军图

周因乡制善，盗贼奸宄逃亡无所容

《韩非子》："温人之周，周不纳。客问之曰：'客也？'对曰：'主人。'问其巷人而不知也,吏因囚之。君使人问之曰:'子非周人也,而自谓非客,何也?'曰:'臣少尝诵《诗》曰:"普天之下,莫非王土。率土之滨,莫非王臣。"今君天子,则我天子之臣也。岂有为人臣又为客哉?'君使出之。"又,《管子》:"夫善牧民者非以城郭也,辅之以什,司之以伍。伍无非其人,人无非其里,注:谓无客寄。里无非其家。故奔亡者无所匿,迁徙者无所容。不求而约,不召而来,因亡无所匿。故民无流亡之意,吏无备追之忧。"观是则周时盗贼奸邪,无所容身;凡行旅而无保证者,随所至而立困。而比闾族党组织之尤要者,二十五家之内,必有总门以为出入,而门必有监,以为稽查。人徒詈商君法严,无验者逆旅不纳,而不知盛周即如此也。又,周时社会,奴仆待遇惨酷极矣,而无一亡者,诚以其时乡制善,逃亡无所入,不待出境,即可缉获;即能出境,亦旋即被囚,故不敢逃,即逃亦自归也。

卷十六 祠祭

郊天用牛须卜，牛口伤即不用

《春秋·宣三年》："春王正月，郊牛之口伤，改卜牛。牛死，乃不郊。"

按：郊者，祭天也。唯天子得郊天，鲁以周公之故，亦得郊天。而郊必用牛，牛必卜，《祭义》"君召牛，择其毛而卜之，吉，然后养之"是也。而牛或微伤，即不用，而改卜；牛若死，即不郊。一若天神，唯牛是重。牛口虽小伤，天即厌之者，故宁不郊，而不敢以有眚之牛祭也。

太牢祭孔图

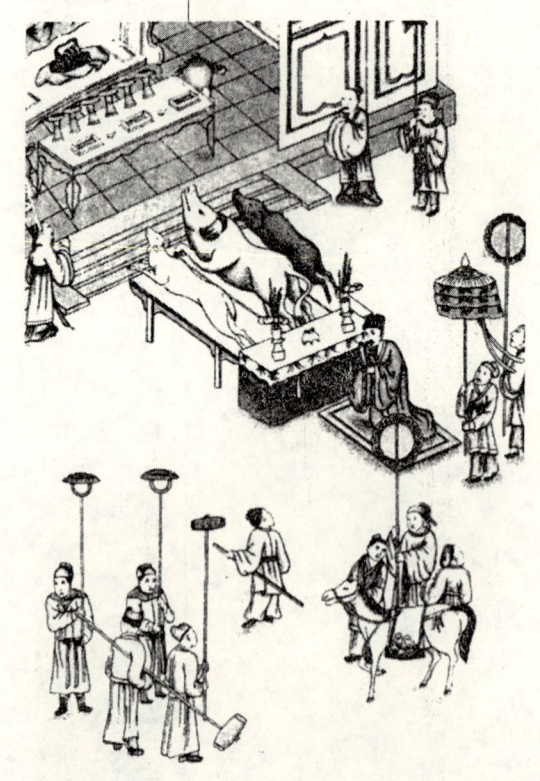

牛角伤亦不敢郊

《春秋·成七年》："春王正月，鼷鼠食郊牛角，改卜牛。鼷鼠又食其角，乃免牛。"

按：鼷鼠极微细，《玉篇》云："螫毒，食人及鸟兽皆不痛。"《本草》："陈藏器曰：'极细卒不可见，食人及牛马成疮，不觉。'"然则食郊牛角，其伤极细微矣，亦改卜不用，其视牛之重如此。

祭宗庙亦以牛为重，至衣以文绣

《高士传》："庄周曰：'子不见郊祭之牛乎？衣以文绣，食以刍菽。'"又，《史记·老庄列传》："养食之数岁，衣以文绣。"是既为牺牛，平日养之，即衣以文绣也。

牛入庙时为牛歌舞

《祭统》："君迎牲。"又，《周礼·地官·封人》："凡祭祀，歌舞牲。"注："谓君牵牲入时，随歌舞之，言其肥香以歆神。"是牲之入庙，君须迎牲而牵之，佐以歌舞。若曰牛肥香可爱，人见之而歌舞，神见之当亦愉悦如人也。

牺牛之尊贵

《祭义》："君式齐牛。"《曲礼》："国君下齐牛。"言君，而卿大夫可知矣。意谓此为祖宗所享之牛，故道遇之，必式以致敬也。

凡祭牲皆衣以文绣

《周礼·夏官·羊人》："凡祭祀，饰羔。"又，《小子》："凡沈、祭川。辜、碟祭。候禳，候四时恶气禳去之。饰其牲。"注："饰者，饰之以缋；缋者，文绣也。是除牛牲外，凡豕牲、羊牲、犬牲，皆以文绣饰也。

古以牛为质祷病

《韩非子》："秦昭王病，百里买牛而家为王祷。"

按：此系百姓闻王病，买牛质于里社，而为王祷，病愈杀牛以祀神也。

古以牛祭燕子

《月令》："仲春，玄鸟至。至之日，以大牢祠于高禖，天子亲往。"注："玄鸟，燕也。高辛氏之出玄鸟遗卵，简狄吞之而生契。"《诗》所谓"天命玄鸟，降而生商"是也。后王以为媒官嘉祥，而立其祠。太牢者，牛祭也。

古以犬为祭牲，或伏瘞或磔

《周礼》："犬人掌犬牲，凡祭祀供犬牲，伏瘞亦如之。"注："伏，伏犬以王车轹之。"即轹祭也。又，《月令》："磔犬于城门。"

按：犬肉后世人不食已久，谁复以祭神？而周时大祭皆用之。不惟大祭，凡寻常禳除不祥之举，无不以犬，较他牲用尤多，岂以其腥恶为馨香欤？可见古今人食品之异。

古祭时以香草达馨香

《周礼·天官》："祭祀共萧茅。"按：萧者，香草也。《诗》："取萧

祭脂。"《郊特牲》："萧合黍稷，臭阳达于墙屋。"亦以缩酒。

古祭先必以尸，尸服亡者之服

《祭统》："孙为王父尸。"《周礼·春官·司服》："若将祭祀，则各以其服授尸。"《曾子问》："'祭必有尸乎？'孔子曰：'祭成丧者必有尸，尸必以孙。孙幼则使人抱之。无孙则取于同姓可也。'"宋程颢曰："古人祭祀用尸，义极深。人之魂气既散，必求其类而依之。"人与人既为类，骨肉又为一家之类，至诚相通，以此求神，宜其享之。后世以尊卑之势，遂不肯行。

按：程子所说尸义极为深至。《论语》："乡人傩，朝服而立于阼阶。"傩者，黄金四目，状极凶恶，入人家室内驱逐疫鬼。孔子恐并惊庙神，故立阼阶，俾祖宗来依。是其事与尸异，而理则相通，要其使鬼神以子孙为凭依则一也。

尸之坐位

朱子曰："神主之位东向，尸在神主之北。"又，《晏子春秋》："尸坐堂上不席，以忧故也。"据是则尸坐于神主之左，以便神依以享祭，故忧惕而不席也。

为尸之光荣

《诗》："皇尸载起，鼓钟送尸。"又，《曾子问》："尸弁冕而出，卿大夫皆下之。"《孟子》："'敬叔父乎？敬弟乎？'彼将曰：'敬叔父。'曰：'弟为尸，则谁敬？'彼将曰：'敬弟。'"是子孙而为尸，凡祭者遇之，皆致敬也。

古以石函藏主

《左传·哀十六年》："及西门，使贰车反祏于西圃。"注："祏，藏主石函。"孔悝去国，故载石祏而去。

按：孔悝亡命去国，仓皇奔窜，而仍载石函与主同去，古人视主之重如此。

古祭必以祝史致祷词

《周礼·春官》："太祝，下大夫二人，上士四人。小祝，中士八人。

丧祝，上士二人。"又，《新序》："中行寅将亡，乃召其太祝而欲加罪焉，曰：'子为我祝，牺牲不肥泽耶？戒斋不敬耶？使吾国亡。'"又，《左传·桓六年》："祝史正辞，信也。不虚称君美。今民馁而君逞欲，祝史矫举以祭，臣不知其可也。"又，《昭二十年》："齐侯疥，遂痁，期而不瘳。梁丘据与裔款言于公曰：'吾事鬼神丰，于先君有加矣。今君疾病，为诸侯忧，是祝、史之罪也。诸侯不知，其谓我不敬，君盍诛于祝固、史嚚以辞宾？'"

按：杜注："诈称功德以欺鬼神曰矫举。"然则祭时祝词皆太祝为之，即各项祭品亦皆祝史省观。然因亡国而罪太祝，病不愈而杀太祝，亦可谓迷信之甚矣。

古祭先齐戒之诚

《礼·祭义》："齐之日，思其居处，思其笑语，思其志意，思其所乐，思其所嗜。齐三日，乃见其所为齐者。祭之日，肃然必有闻乎其容声；出户而听，忾然必有闻乎其叹息之声。"

按：人鬼相通，诚而已矣。必如是而后精神通，神来享；否则神不接也。

古庶人不得立宗庙，不能用牛羊豕，祭服则尚黄

《礼·哀公问》："待年而食者，不得立宗庙。"《王制》："庶人祭于

刘邦祭孔图

寝。春荐韭，夏荐麦，秋荐黍，冬荐稻。韭以卵，麦以鱼，黍以豚，稻以雁。"

按：待年而食者，农夫力田者也。古，士以上始得立庙。庶人无庙，祭于家，且祭品亦不得用大牲。贵贱之界分如此。又，《王制》："黄衣黄冠而祭，息田夫也。"又，"野夫黄冠。"黄冠，草服也。

按：野人应白衣，而祭则用黄，殊不得其义。

周年终大蜡之盛况

《周礼·地官》："国索鬼神而祭祀，则以礼，属民；而饮酒于序，以正齿位。"又，《礼·杂记》："子贡观于蜡，孔子曰：'赐也乐乎？'对曰：'一国之人皆若狂，赐未知其乐也！'子曰：'百日之蜡，音乍。一日之泽，非尔所知也。张而不弛，文、武弗能也；弛而不张，文、武弗为也。一张一弛，文、武之道也。'"《郊特牲》云："蜡者，索也，岁十二月合聚万物而索飨之也。"

按：岁终合万神而祭之，以为报赛。祭罢，国人大飨，而会饮于序，《月令·孟冬》所谓"大饮烝"是也。欢呼舞蹈，其状若狂。百日蜡、一日泽者，言勤劳稼穑有百日之久，而娱乐只一日也。张弛者，以弓为喻，用则张，不用则弛，喻民劳逸须相循环，不可偏一。自文、武以来，其道如是。然则周时每至岁终大蜡之日，全国人欢欣鼓舞，如醉如狂，其盛状可想矣。又，《诗·豳风》："十月涤场，朋酒斯飨，曰杀羔羊，跻彼公堂，称彼兕觥。"亦大蜡大饮之况也。

秦仍年终大蜡

《礼运》："仲尼与于蜡宾。"注："夏曰清祀，殷曰嘉平，周曰蜡，秦曰腊。"又，《韩非子》："秦襄王病，百姓为之祷。病愈，杀牛塞祷。郎中阎遏、公孙衍出见之曰：'非社腊之时也，奚自杀牛而祠社？'"是可证秦至腊日，即杀牛索飨百神，与周之大蜡同也。

社祭

《礼·祭义》："王为群姓立社，如北平先农坛。曰太社。王自为立社，如中央公园社稷坛。曰王社。诸侯为百姓立社，曰国社；自立社，为侯社。大夫以下成群立社，曰置社。"注："社，所以祭后土先农也。"

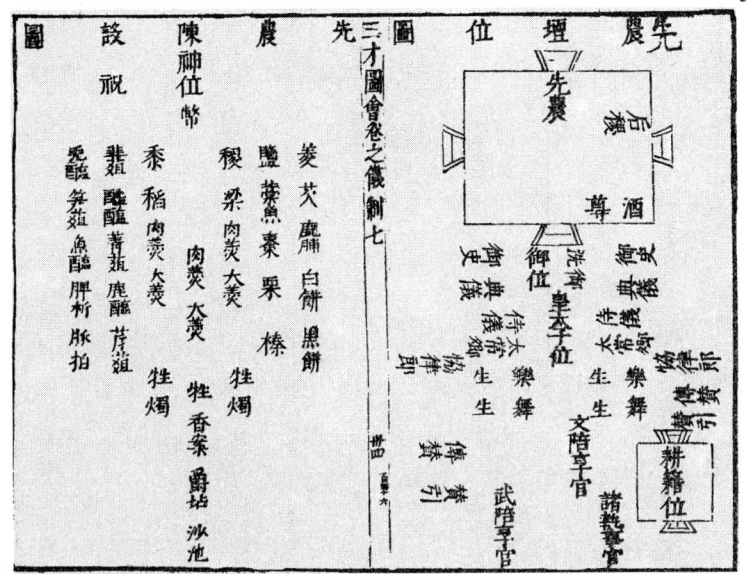

先农坛位图与先农陈设图

古二十五家必有社

《左传·哀十五年》:"书社五百。"《商子》曰:"里有书社。"《史记索隐》:"古者二十五家为里,里各立社。书社者,书其社之人名于籍也。"

《商子》,即《商君书》。

古以丛木为社,外围以垣,中有门

今之社只有坛。古社既筑坛,必树以丛木。故所谓社者,实攒木也。《大戴礼·千乘篇》:"教其书社,脩其灌庙。"

按:《毛诗传》:"灌木,丛木也。"《吕氏春秋》:"问其丛社。"丛社,亦丛木。注:"古者皆以社为丛,丛即灌也。"又,《墨子》:"三代圣主,其始建国营都,必择木之修茂者,立以为丛位。"注:"丛位即丛社。"又,《墨子》:"季孙绍与孟伯尝治鲁国之政,不能相信,而祝于禁社。"禁者,丛(叢)字之讹,仍丛社也。是以《世说新语》云:"阮宣子伐社树,有人止之。宣子曰:'社而为树,伐树则社亡;树而为社,伐树则社移矣。'"是社为丛木之证也。惟《周官》郑注云:"中攒木为之,外围以垣,中有门。"然则古社之概况与今同,只多丛木耳。应璩书所谓"虚社高木"、梁元帝诗所谓"丛林多古社"者,此也。

社树必涂绘彩画,其实为狐鼠之宅

《韩非子》:"桓公问管仲曰:'治国奚患?'曰:'社鼠。夫为社者,

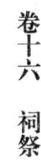

卷十六 祠祭

树木而涂之，涂以文采。鼠穿其间，窟穴其中，熏之则恐焚木，灌之则恐涂阤。'"是社虽为丛木，木上必加涂缋以为饰也。阤者，脱也。涂见水则脱。又，《世说》："谢幼舆谓周侯曰：'卿类社树，远望之，峨峨拂青天；就而视之，其根则群狐所托，下聚溷而已。'"然则社不惟为鼠所穴，亦狐之窟宅也。

周时祭社之盛况

《左传》："公如齐观社。"《韩非子》："非社腊之时也，奚自杀牛而祠社？"是祭社必以牛也。又，《礼·郊特牲》："唯为社事，单出里。"注："事，祭也。单出里者，里人尽出祭也。"是祭社之盛况，几与大蜡同也。国民至是日，饮食歌舞，醉饱欢乐，其状况可知矣。

祭社亦有尸

《周礼·士师职》："若祭胜国之社稷，则为之尸。"按：祭亡国之社尚有尸，祭当代社更有也。

古春秋两季祭社

《月令》："仲春，择元日，命民社。"注："元日者，甲日也。"天干甲为首，故曰元。亦犹祓禊用已日也，无定日也。但祓用上已，兹未言上中，盖视人事临时择定。此春社也。《周礼·春官》："社之日，莅卜来岁之稼。"注云："卜来岁之稼，则社宜为秋祭。"

社稷坛

按：《月令》："孟冬，是月也，大饮烝。天子仍祈来年于天宗，大割祠于公社。"是秋社在孟冬举行。不曰冬而曰秋者，言秋事毕，百物敛藏，宜祭社以为报也。《月令》"天子祈来年于天宗"，即《春官》所谓"莅卜来岁之稼"也。此秋社也。

社鸟不可犯

《论语比考谶》："子路、子贡过社，树有鸟。子路抟鸟，社人牵子路。子贡说之，乃止。"可见时人视社之重，虽社树鸟亦不可犯也。

若亡国之社则上覆以屋，不使见天阳

《礼·郊特牲》："天子大社，必受霜露风雨，以达天地之气也。是故丧国之社屋之，不受天阳也；亳社北牖，使阴明也。殷社。"又，《吕氏春秋》："狐援说齐宣王曰：'殷之鼎陈于周之廷，其社盖于周之屏。亡国之社不得见于天。王必勉之，无使太公之社盖之屏。'"注："屏，障也，言屋其上也。"是亡国之社，上覆以屋，而北其牖，不使见天日，变阳而为阴。若现代之社，则暴露之，使受霜露风雨也。然此皆为国社，里社则私社也，私社则否。

凡盟必于社

《墨子》："齐有二人讼者，久不决，乃使之人共一羊，盟齐之神社，二子许诺。于是洍洫，同掘欿。挋羊而漉其血。"盖古人以社为明神所凭依，事不能决，虽官吏亦无如何，则使对神盟诅，以济法律之穷。《周礼·秋官》所以有"司盟"之职，专掌百姓"盟诅"之事也。

又听阴不正讼则在亡国旧社

《周礼·地官·媒氏》："凡男女之阴讼，听之于胜国之社。"注："亡国之社，奄其上而栈其下。"阴讼者，中冓之事，不欲暴其情，故于此听之。

按：此最为仁政。淫秽之事，不暴其情，则廉耻可保。胜国社上皆屋而少牖，光阴晦而不明。于此听阴讼，恰与事相应也。

汉社日分肉

《史记·陈平传》："里中社，平为宰，分肉甚均。父老曰：'善！陈

孺子之为宰。'"

按：此系祭罢而分其胙肉也。虽未言其情状，然是日之为社会佳节无疑也。又，《睢弘传》："昌邑有枯社卧木复生。"又，《蔡邕集》有《陈留东昏库上里社碑记》，是必始筑社成，请中郎记其事，其重可想。

汉仍春社秋社

《汉书·五行志》："建昭五年，兖州刺史浩赏禁民私所自立社。"张宴曰："民间三月，九月立社，号曰私社。旧二十五家为一社，而民或十家、五家共为田社，故禁之。"

汉亦为人立社

《史记·栾布传》："燕齐之间皆为立社，号曰栾公社。"盖西汉时，除皇家外，尚无为人立祠庙者，故曰社也。若后汉则有为贤人君子立庙之事，如《王乔传》"乃为立庙，号叶君祠"是也。

六朝唐宋社日仍盛

《魏书·王修传》："母以社日亡，来岁邻里社，修感念母，哀甚。邻

陈平像

土地解饷

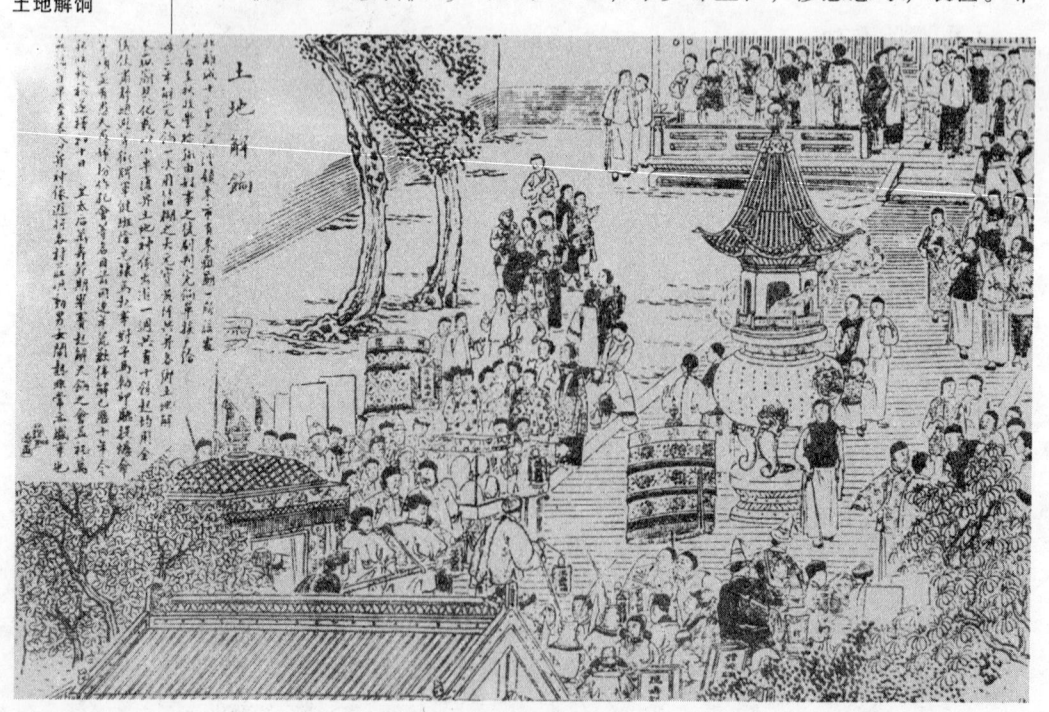

里闻之，为之罢社。"唐杜甫诗："今年大作社，拾遗能住否？"宋《墨庄漫录》云："今人家闺房，遇春秋社日，不可组紃，谓之忌作，故周美成《秋蕊香词》云：'闻知社日停针线。'"观以上诸证，自六朝以迄唐宋，社日之盛况仍与周秦两汉同，可谓久矣。至历代诗人言社者尤多，不可枚举，略而不书，书其能为社会状况证者。

周以甲日社，后代社日用戊巳日

《月令》："择元日，命民社。"是周秦用甲日社也。《埤雅》云："燕之往来避社，而嗛土不以戊巳日，笯口布翅支尾。"是后代又以戊巳日社，惟不知始于何时耳。

卷十七 学校

历代学校制度,《通考》等书记之详矣。兹所欲知者,乃学子在校起居饮食、洒扫应对、进退诵读诸状况,而非其制也。全书宗旨如此,而学校尤甚。

周时乡校校规

《管子·弟子职》:"少者之事,夜寐蚤作。既拚盥漱,注:扫席前曰拚;盥,洁手;漱,涤口。执事有恪。摄衣共盥,先生乃作。沃盥彻盥,注:既盥,彻盥器。泛拚正席,注:谓泛水而拚之。先生乃坐。出入恭敬,如见宾客。危坐乡同向师,颜色毋怍。"此晨起侍先生盥漱洒扫及出入坐起之状况也。颜色毋怍者,言幼年学子对先生常有羞缩不安之态,于威仪不方雅,视瞻太拘促。盖古人学规虽严肃,绝不欲使弟子不活泼,欠雍容,故首举以为戒。

古学校图

授课规程及诵读仪式

又云:"授业之纪,必由长始。注:先从长者教。一周则然,其余则否。注:一周之外,不必从长始。始诵必作,起立。其次则已。次诵则不然。"

按:古人最重长幼,故授业亦以长者为先。

言行坐作应对宾客及请业仪式

"凡言与行,思中以为纪。注:思合中和。古之将兴者,必由此始。后至就席,狭坐则起。注:狭坐之人,见后至者则当起。若有宾客,弟子骏迅也作。对客无让,应且遂行。趋进受命,所求虽不在，必以命反。注：言反白。反坐复业，若有所疑，捧手问之。师出皆起。"

按：对客周旋，弟子与弟子不必逊让，逊让反慢客矣，应直且字，疑直之讹。遂径行。古人讲求威仪，详密如是。

弟子馈食陈列食品仪式

"至于食时，先生将食，弟子馔馈，注：选具其食。摄衽盥漱，跪坐而馈，置酱错食，陈膳毋悖。凡置彼食，鸟兽鱼鳖，必先菜羹。注：先菜后肉，食之次也。羹胾细切肉，音恣。中别，胾在酱前。其设要方。注：陈列食器要令成方。饭是为卒。言最后具饭，注非。左酒右浆。告具而退，奉手而立。"

按：告具而退者，具者备也，陈食既备，告先生食也；奉手而立者，侍食于旁也。

弟子侍食仪式及礼节

"三饭二斗，左执虚豆，右执挟匕。周还而贰，惟嗛之视，同嗛以齿。周则有始，柄尺不跪，是谓贰纪。先生已食，弟子乃彻，趋走进漱，拚前板祭。"

按：三饭二斗者，言饭毕即易斗以取洁，如今之食番菜，每菜易器也。虚豆者，备承接淋漓。挟者，箸也，与匕同为取食之器。贰者，再

孔子讲学图

卷十七 学校

益；嗛者，尽也，同尽则以次再益。柄尺不跪者，言豆有柄长尺，则立而进之。拚前板祭者，拚者，扫也，板者，敛食之器；板祭者，言以板敛祭品也。《公羊传》"睋而刻其板"，与此板同也。至此而弟子侍食之礼毕。

弟子会食礼节

"先生有命，弟子乃食。以齿相要，坐必尽席。注：所谓食坐尽前。饭必捧揽，羹不以手。亦有据膝，毋有隐肘。注：隐肘则太伏。既食乃饱，循咡覆手。注：咡，口也。覆手而循之，所以拭去不洁也。振袵扫席，已食者作。抠衣而降，旋而向席。各彻其馈，如于宾客。既彻并器，乃还而立。"注：并谓藏去也。

按："饭必捧揽"者，《曲礼》云："共饭不泽手。"注："古礼，饭以手不以箸，故云捧揽也。""有据膝毋隐肘"者，言食时态度俯仰适中也。

洒扫仪式及规矩

"凡拚扫也之道，实水于盘，注：备泛洒。攘臂袂及肘。注：恐湿袂。堂上则播洒，室中握手。注：堂上宽故播散而洒，室中隘故握水掬水洒。执箕膺擖，舌也。厥中有帚。注云：既洒水将扫，故执箕当舌置帚于箕中也。入户而立，其仪不忒。执帚下箕，倚于户侧。注：谓倚箕于户侧也。凡拚之纪，必由奥始。西南隅。俯仰磬折，拚毋有彻。动也，不得触动他物。拚前而退，聚于户内。坐板排之，坐板者，卧板也，以板排出秽。以叶适己。注：向己。实帚于箕。先生若作，乃兴而辞，注：拚未毕，故辞令止。坐执而立。遂出弃去。既拚反立，是协是稽。"

按：坐板排之者，旧注谓板秽时以手排之，以板为除，义似不协。余谓坐板者非人坐，乃卧板于地，排秽其上而出之也。读此文，古弟子洒扫细节，如目睹矣。

弟子在塾，夜间执烛状况

"昏将举火，执烛隅坐。错总薪束之法，横于坐所，枱据《礼记》注，为圣。之远近，乃承厥火。居句如矩，蒸细薪间容蒸，然者处下，捧椀以为绪。烛灰。右手执烛，左手正枱。据《礼记》郑注引，当为折圣。有堕代烛，交坐毋倍尊者。乃取厥枱，当为圣。遂出是去。"此节详解，皆在灯烛

门。圣者，烬也。交坐毋背尊者，言毋蔽尊者明也。

夜寝时弟子侍枕席礼节

"先生将息，弟子皆起。敬奉枕席，问何所趾；俶始也衽则请，有常则否。改衽席问何趾。先生既息，各就其友。相切相磋，各长其仪。周则复始，是谓弟子之纪。"按：纪者，纲纪也，今谓校规，古谓之纪。

吴云："是盖周时通行全国之乡校规程，未必为齐所独有。"按：周秦文可以考求当时社会情状者，除《曲礼》、《内则》、《婚礼》诸篇外，以此为最详矣。真第一宝书也。读之若身游成周时乡校而参观也。

古学校之等级　学子按等递升与今同

《礼·学记》："古之教者，家有塾，党有庠，术注：应为遂。有序，国有学。"

按：五百家为党，万二千五百家为遂。是升学次叙，由庠而序，由序而国学也。但党之下为闾，闾亦有学。孔疏云："党庠乃教闾中所升者。"但闾学何名，《礼》无明文，殆如今之小学也。

周学校年年招考，年年考试

《礼·学记》："比年入学，中年考校。一年视离经辨志，视其企向。三年视敬业乐群，五年视博习亲师，七年视论学取友，谓之小成。九年视知类通达，强立而不反，谓之大成。夫然后足以化民易俗。"

按：比年入学者，年年有来学之人也。中年考校，注："中犹间也。"言于入学期间，常考其德行道艺也。离经者，谓离析经理，使章句断绝，视其能解未也。辨志者，视其企向何经也，一年级之事也。若三年级，则视其能敬业乐群与否，视一年级有进矣。五年级则视其能博习群经、亲爱本师与否，视三年级有进矣。七年则视其论学取友能合道与否，视五年又进矣。九年则视其能知类通达与否，果能于事类之通变洞达无遗，又能自立，临事而不惑，则学成矣，故可使化民成俗也。

三代大学小学之位置

《礼·王制》："有虞氏养国老于上庠，养庶老于下庠。夏后氏养国老于东序，养庶老于西序。殷人养国老于右学，养庶老于左学。周人养国老于东胶，养庶老于虞庠，虞庠在国之西郊。"注：上庠、东序、右学、东

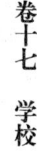

胶，皆大学也，皆在国内王宫东。下庠、西序、左学、虞庠，皆小学也，皆在西郊。惟殷人相反，大学在西郊，小学在王宫东也。

古学校亦为乡老饮酒游息习礼之地

《左传·襄三十一年》："郑人游于乡校，以论执政。然明谓子产曰：'毁乡校何如？'子产曰：'何为？夫人朝夕退而游焉。'"又，《周礼·地官》："国索鬼神而祭祀，则以礼属民，而饮酒于序，以正齿位。"注："正齿位者，《乡饮酒义》所谓'六十者坐，五十者立侍，六十者三豆，七十者四豆，八十者五豆，九十者六豆'是也。必正之者，为民三时务农，将阙于礼，至此农隙，而教之尊长养老，见孝悌之道也。"此以后世社会窥测，于学校之中而养老、而饮酒、而父老游息，且宾兴于是、乡射于此，似于校务有妨矣。而不知古人所谓学，非第讲诵也，凡长幼进退揖让之节，饮酒习射、齿位尊卑、俎豆多寡之分，其礼式皆于学校举行，使弟子及国民得观摩讲习之益，而国家养老又恒于校中，则谓古学校为公共习礼之场所可也。

战国时学宫仍以习礼为重

《列女传》："孟母其舍近墓，孟子之少也，嬉游为墓间之事，踊跃筑埋。孟母曰：'此非吾所居。'乃去。舍市旁，其嬉戏为贾人炫卖之事。孟母又曰：'此非吾所以居处子也。'后徙舍学宫之旁，其嬉游乃设俎豆揖让进退，孟母曰：'真可以处吾子矣！'"

汉师教授必居帐中

《汉书·董仲舒传》："为博士，下帷讲诵，弟子传以次相授业，或莫见其面。"又，《后汉·马融传》："融才高博洽，为世通儒，教养诸生，常有千数。常坐高堂，施绛纱帐，前授生徒，后列女乐，弟子以次相传，鲜有入其室者。"是两汉经师教授者，皆设帐也。

汉时学校弟子赁人作食

《汉书·兒宽传》："诣博士，受业孔安国。贫

马融像

无资用，尝为弟子都养。时行赁作，带经而锄，休息辄读诵。"

按：都养者，师古曰："都，凡众也。养，主给烹炊者也。贫无资用，故供诸弟子烹炊。"又，《世说》："服虔既善《春秋》，将为注，欲参考同异。闻崔烈集门生讲传，遂匿姓名，为烈门人赁作食。每当至讲时，辄窃听户壁间。"盖汉时经师门下，常有数百人，其贫者自炊，其富者赁人作炊，与今同也。

汉代传经讲学画像砖

古入学必与师以资

《拾遗记》："贾逵门徒来学，不远万里，或襁负子孙，舍于门侧，皆口授经文，赠献者积粟盈仓，世谓舌耕。"《魏志·邴原传》注："原十一而丧父，家贫，早孤。邻有书舍，原过其旁而泣。师问曰：'童子何悲？'原曰：'孤者易伤，贫者易感。夫书者，必皆具有父兄者，一则羡其不孤，二则羡其得学，心中恻然而为涕零也。'师亦哀原之言而为之泣曰：'欲书可耳。'答曰：'无钱资。'师曰：'童子苟有志，我徒相教，不求资也。'于是遂就书。"是汉末就师求学者，必与师以资以为报。又，《北史·贾思伯传》："初，师伯与弟思同师事北海阴凤。业竟，无资酬之，凤遂质其衣物。时人为之语曰：'阴生读书不免痴，不识双凤脱人衣。'"是六朝时学子仍以资酬师，与后世同也。

古弟子礼师须北面

《汉书·于定国传》："定国为廷尉，乃迎师学《春秋》，身执经，北面备弟子礼。"

自唐虞三代以来，闾里以上皆有校。校弟子之优秀者，每年以次升学，至大学而止，略如今日学制，由初级小学而高等，而初中，而高中，

孔子及其弟子

而大学也，而统名之曰庠序。里人习礼于此，游息于此，大和会于此，则视今稍异。官校既多，无私人讲学者，以故春秋以前之学人，无有师弟受授之说。至春秋末叶，兵戎兴，赋税重，乡校隳，于是私人讲学之风渐盛，孔子其首出者也。孔子之徒三千，身通六艺者七十二人；而七十二人之中，若曾子、有子、子张、子夏、子游，又各有徒党传业。迄于汉代，只明一经，即有弟子。其大师门下，恒数百人或千余人。自是以来，私塾益昌，其所谓官学者，形式而已。由两汉至明清，二千余年，形状如一，可谓久矣。至清末，学校兴，私塾废，形式始变也。

卷十八 农田

三代井田状况

《韩诗外传》："古者八家而井田，方里为井，广三百步，长三百步。六尺一步。一里其田九百亩。广一步，长百步，为一亩。广百步，长百步，为百亩。八家为邻，家得百亩。余夫各得二十五亩。不在本井之内。家为治也公田十，共八十亩。余二十亩，共为庐舍，各二亩半。八家相保，出入更守，疾病相忧，患难相救，有无相贷，饮食相召，嫁娶相谋，渔猎分得。"

按：经传言井田者多矣，无如《韩诗》之简当明了。"井"字形共为九区，区各百亩，八家分占，中央为公田，八家为公家各种十亩，共八十亩；余二十亩，各得二亩半，以为田庐。《诗》曰："雨我公田，遂及我私。"又曰："中田有庐。"中田者，公田也，井字之中也。

井与井间之水道沟洫

《考工记·匠人》："九夫为井。井间广四尺，深四尺，谓之沟。方十里为成。成间广八尺，深八尺，谓之洫。方百里为同。同间广二寻，深二仞，谓之浍。专达于川，各载其名。"注："载其名者，识水所从出。"

按：沟、洫、浍、川，皆由小水以达于大水，偶值水潦，水易泄，不至为灾。

九夫为井之图

井与井间之道路

《周礼·地官·遂人》："凡治野，夫间有遂，遂上有径。"注云："二尺，可容牛马。"按：夫间者，百亩与百亩之间也，径二尺，可容人与牛马行也。

又，"十夫有沟，广深各四尺。沟上有畛；注：可容大车。百夫有洫，深广各八尺。洫上有涂；容乘车一轨。千夫有浍，注：广二寻，深二仞。浍上有道；容二轨。万夫有川，川上有路，容三轨。以达于畿。"按：沟、洫、浍、川，即匠人所营之水道。而水道之上为径涂道路，亦随水道而递广，以便行人车马往来，以达于王畿。

按：井田之制，沟、洫、浍、川，一纵一横；其中阡陌，亦一南一东，十字相交。一以防水潦，一以限戎马、设险要，故《左传·成二年》："晋与齐平，要齐之封内，尽东其亩。"言使垄亩尽东西行，晋伐齐循垄东行，军行甚易，齐人所谓"唯吾子戎车是利，不顾土宜"是也。若南东其亩，则戎车不利矣。然沟洫之制，不始于周。《书》："浚畎浍距川。"《论语》："禹尽力乎沟洫。"观是，自夏后以来即经营沟洫，自禹至周，非一人之力，一时所成。其坏也，自周至秦，其由来已久，非一时之力。观《左传·襄十年》："子驷为田洫，司氏、堵氏、侯氏、子师氏皆丧田焉。"是井田之坏，春秋中叶已然；世谓始于商鞅开阡陌，李悝尽地利者，误也。然则三代时农田状况，与今迥殊，读《周礼》如目睹矣。

古按都邑室数授田，田下者可多授

《周礼·地官》："凡造都鄙，制其地域而封沟之，以其室数制之，不易之地家百亩，一易之地家二百亩，再易之地家三百亩。"

按：古之人民，尽居都邑，故按室数授田。而田有高下，上田授百亩，每年可种，不易之田也；息一年一种者为一易；息二年一种者为再易。封沟者，四境界上，以沟洫为封，树木以为阻固。盖古者地广人稀，而国与国邻，必有疆界封树以为标识，且以阻交通、限戎马。至后代人口增多，而阡陌沟洫占地颇广，故商鞅开阡陌以益田也。阡陌者，沟洫上之道路也。

古农民夏日出而就田状况

《诗》："中田有庐，疆场有瓜，是剥是菹。"《正义》云："古者宅

《插秧图》

在都邑，田于野外，农时则出而就田，须有庐舍，故言中田，谓于田中作庐，又于田畔种瓜也。"按：《正义》释"中田"，误。中田者，公田，居一井之中，故曰中田，言庐于井之正中也。

又，《汉书·食货志》："春，将出民，里胥平旦坐于右塾，里门侧之堂。邻长坐于左塾，毕出然后归。夕亦如之。"注："里胥、邻长坐于门侧者，督促劝之，知其早晏，防怠情也。"

古农毕归都邑状况

《诗》："穹窒熏鼠，塞向墐户。嗟我妇子，曰为改岁，入此室处。"郑笺："穹，穷；窒，塞也。向，北出牖。墐，涂也。"言既穷塞室内孔穴，熏鼠而出之，更塞北向牖，以备朔风也。

按：此言秋后农事毕，将由田庐而归都邑，预先修治邑中住室，以为岁莫御寒计也。

牛耕考

《随园随笔》云："贾公彦以为古无牛耕，牛耕始于汉赵过，故《周礼》牛人之职，不言耕事。然《山海经》曰：'后稷之孙叔均，作牛耕。'孔子弟子冉耕字伯牛，似乎三代时已有牛耕矣。严冬友曰：'平原君云："秦以牛田之水，通粮。"当为牛耕之始。'故《吕氏春秋》：'季春出土牛

示农耕早晚，此其国俗也。'"又，《史记·律书》："牛者，耕种万物也。"

按：以牛耕地，周以前载记实无明文。然冉耕字伯牛，实牛耕之确证。谓始于秦者，盖不然也。后之人又谓始于汉赵过者，乃魏贾思勰之误。思勰《齐民要术·序》云："赵过始为牛耕。"唐贾公彦承其说。岂知《汉书·食货志》言赵过为代田，用耦犁二牛三人耕，盖变通牛耕之法，非创始牛耕。又，贾谊当文帝时，前于过远矣，而有"百姓煦牛以耕，曝背而耘"之语，此又一确证也。又，《论语》："犁牛之子骍且角。"注："犁，杂色也。"然"犁"字，各字书皆训耕。吾以为犁牛即耕牛，耕牛劳苦，最为下等，故以为喻。又，《食货志》："民或苦少牛，无以趋泽，故平都令光教过以人挽犁。"若过以先无牛耕，皆人挽犁，焉用教哉？此尤确证也。

古农妇饷耕状况

《诗·豳风》："同我妇子，馌彼南亩。"又，"其饷伊黍。"又，《左传·僖三十三年》："初，臼季使，过冀，见冀缺耨，其妻饁之，敬，相待如宾。"按：饁者，馈也，男耕于野，妇往馈食。"同我妇子"者，言妇饁田，并携其幼子也。是盖春初耕作，尚未移居于田庐时也。若已往田庐，则一井之地，距庐甚近，无庸饁也。

古代耕织图

古灌园以桔槔

《庄子》："子贡南游楚，见汉阴丈人抱瓮而灌。子贡曰：'有械在此，一日浸百畦，用力寡而见功多，夫子不欲乎？'为圃者卬同仰而视之曰：'奈何？'曰：'凿木为机，后重前轻，挈水若抽，数如泆汤，其名曰槔。'"又，《史记·田单传》："莒人求滑王子法章，得之太史嫩之家，为人灌园。"又，《邹阳传》："于陵子仲为人灌园。"

古锄苗去留规矩

《吕氏春秋》："凡禾之患，不俱生而俱死，是以先生者美米，后生者为秕。是故其耨锄也也，长其兄而去其弟。注：杀小留大。不知稼者则去其兄而养其弟，不收其粟而收其秕。"

按：今日锄苗者有谚语曰："捡苗如上粪。"言锄时捡择大者留之，其功效如益一次粪也，不知古人于数千年前早有此研究。又，《汉书·食货志》："苗生叶以上，稍耨陇草，因隤其土以附苗根。故其《诗》曰：'或芸或芓，黍稷儗儗。'芸，除草也。芓，附根也。言苗稍壮，每耨辄附根，比盛暑，陇尽而根深，能耐也风与旱，故儗儗而盛也。"此可见我国农业，在上古时代讲求已极精，徒以儒家向不保存农学书籍，至使三代农书尽归散失，至可惨痛。兹吕氏所述乃千百之一，周秦书所仅见者耳。

古农家种苗不地、不时、不行之防备

《吕氏春秋》："其为畮亩同也，高而危则夺，泽陂则埒。按：《尔雅》："山上有水埒。"疏云："停泉陂则埒，言低则停水也。"旧注非。见风则偯，仆也。高培则拔，寒则雕，同洞。热则脩，长也。一时而五六死，故不能为来。不俱生而俱死，虚稼先死，虚根不实，众盗乃窃。望之似有余，就之则虚。不粟。"是不地害稼也。又，"所谓今之耕也，营而无获者，其早者先时，晚者不及时，寒暑不节，稼乃多菑实。"是不时害稼也。又，"四序参发，大甽小畮，为青鱼肤，去也。苗若直猎，地窃之也。既种而无行，耕而不长，则苗相窃也。弗除则芜，除之则虚，则草窃之也。故去此

三盗者,而后粟可多也。"是不行之害也。知其害则知防矣。

古穷民在田拾穗状况

《诗》:"彼有不获稚,此有不敛穧;彼有遗秉,此有滞穗,伊寡妇之利。"注:"穧,禾之铺而未束者。秉,把也。主人不暇取,寡妇得捃拾之也。"又,《列子》:"林类年且百岁,拾遗穗于故畦。"又,《魏略》:"焦先不践邪径,必循阡陌,及其捃拾,不取大穗。"又,《后汉·范冉传》:"遂推鹿车,载妻子,捃拾自资。"是穷民拾禾稼,自古有之。惟周时只云寡妇,不云男子,以其时民年二十即授田,而寡妇则无田可耕,故拾穗也。若后世之穷者,则不惟寡妇。此亦社会之一小变态也。

周时农民之概况

盛周农民概况,经、传言之详矣;而《汉书·食货志》则总括《经》、《传》、《礼记》等书,叙述尤明了。大哉班书,真千古第一良史也。《志》云:"理民之道,地著为本。故必建步立亩,正其经界。六尺为步,步百为亩,亩百为夫,夫三为屋,屋三为井,井方一里,是为九夫。八家共之,各受私田百亩,公田十亩,是为八百八十亩,余二十亩以为庐舍。出入相友,守望相助,疾病相救,民是以和睦,而教化齐同,力役生产可得而平也。民授田,上田夫百亩,中田夫二百亩,下田夫三百亩。岁耕种者为不易上田;休一岁者为一易中田;休二岁者为再易下田,三岁更耕之,自爰其处。农民户人已受田,其家众男为余夫,亦以口受田如比。士工商家受田,五口乃当农夫一人。此谓平土可以为法者也。若山林薮泽原陵淳卤之地,各以肥硗多少为差。""民年二十受田,六十归田。七十以上,上所养也;十岁以下,上所长也;十一以上,上所强也。种谷必杂五种,以备灾害。

周田庐舍图

三才图会 地理十五卷 四

圖之舍廬田周

此周制公田百畝之圖也每一格起田一畝畝以橫一步直長百步爲法畝水入遂故廬舍之地宜如畝法若以二十畝居四界之中則當方四畝四分七厘強所餘田不合一畝三畝之制矣

田中不得有树，用妨五谷。力耕数耘，收获如寇盗之至。惧天灾。还同环庐树桑，菜茹有畦，瓜瓠果蓏，殖于疆埸。鸡豚狗彘，毋失其时。""在野曰庐，在邑曰里。五家为邻，五邻为里，四里为族，五族为党，五党为州，五州为乡。乡，万二千五百户也。邻长位下士，自此以上，稍登一级，至乡而为卿也。于是里有序而有庠，序以明教，庠则行礼而视化焉。春令民毕出在野，冬则毕入于邑。其《诗》曰：'四之日举止，同趾。同我妇子，馌彼南亩。'又曰：'十月蟋蟀，入我床下，嗟我妇子，聿为改岁，入此室处。'所以顺阴阳、备寇贼、习礼文也。春将出民，里胥平旦坐于右塾，邻长坐于左塾，毕出然后归；夕亦如之。入者必持薪樵，轻重相分，可见春时尚不出居田庐。班白不提挈。冬，民既入，妇人同巷，相从夜绩，女工一月得四十五日。半夜同半日。必相从者，所以省费燎火，同巧拙而合习俗也。男女不得其所者，因相与歌咏，各言其伤。"

　　按：《经》、《传》言周时农民生活状况者甚多，然皆散漫不具。此文于授田归田之制，春出田庐农作、冬归邑室度岁，及妇孺馌耕南亩、同巷冬夜妇人绩麻各情状，以次陈述，历历如绘，无一字不本于《诗》、《书》、《礼》经，而源本详悉，荟萃终始，读之较《经》、《传》则为明晰，故录以为殿。

　　若夫秦汉以来，田地为民所私有而可买卖，古民无鬻田者。赵马服君之为将、秦王翦之伐楚，皆先购良田，汉萧何亦大购田，是其证也。田制既异，人口亦渐多，于是夏日出居田庐、冬日入居邑室之动作，亦渐不同，而野外村居多矣。循是以来，数千年间不异其状，故亦不再述焉。

卷十八　农田

卷十九 嫁娶 出妻礼节，再嫁妻妾当夕次叙附

周时有官媒

《周礼·地官》："媒氏掌万民之判，注：判，半也，主合其半成夫妇。凡男女自成名以上，皆书年月日名焉。令男三十而娶，女二十而嫁。凡娶判妻出妇入子者，再嫁而携其子入家者。书之。以息争讼。中春之月，令会男女，于是时也，奔者不禁。司男女之无夫家者而会之。"又，《诗》："取妻如之何？非媒不得。"又，《士昏礼》："昏礼，下达。"注："必使媒氏下通其言。"婚必由媒交接，设介绍，皆所以养廉耻。盖上古人只知有母，不知有父。自伏羲定嫁娶之礼，以俪皮为聘，人始有夫妇。有夫妇然后有父子，始与禽兽殊。三代以来，更相沿饰。至周遂有媒氏专官，未必始于周。专司判合之事。凡男无家女无夫者，即为主婚，以王命会之，免其怨旷。一则保人廉耻，一则顺民所欲。民有欲而为廉耻所拘，不能自达者多矣。今媒氏以命令行之，俾鳏寡者各如其愿，无私合之名，免淫奔之俗，于社会风化所关甚大也。

春秋仍有官媒

《管子》："凡国、都，皆有掌媒。丈夫无妻曰鳏，妇人无夫曰寡，取鳏寡而和合之，予田宅而家食之，三年然后事之，供国役。此之谓合独。"

按：掌媒即《周礼》所谓"媒氏"也。是春秋仍有专官以理婚事也。

《荆钗记》之说媒插图

婚期多于春日举行

《诗》："桃之夭夭，灼灼其华。之子于归，宜其室家。"又，《周礼·地官》："中春之月，令会男女；于是时也，奔者不禁。"

按：中春者，仲春也，夏历二月也。非周正。周授民时，仍用夏历。是时桃红柳绿，天气和暖，人民嫁娶，多于是时。其怨女旷夫，则未免有情，谁能遣此？故虽奔而不禁。此以证社会婚者，皆于是时也。

周议婚时礼节

古婚礼，《仪礼·士昏礼》言之详矣，而礼节太繁，反不易参究。兹择经传叙述简括者明之。

《礼记·昏义》："纳采、用雁。问名、生母名。纳吉、卜吉。纳征、先纳聘财。请期，亲迎期。皆主人筵几于庙，而听命于庙。"

按：今日定婚者，男家须以财为聘礼。富贵人家，只衣服首饰，而无现金；贫者则以钱财多少为争议。若周时则纳财为一定礼节，又以婚姻为人生第一大事，故纳采、卜吉、亲迎无不告庙而行。"听命于庙"者，凡卜必于庙，卜得吉，若祖宗所命也，然后行之。

古亲迎必以夜，衣服皆尚黑

《仪礼·士昏礼》云："昏礼，下达。"郑云："士娶妻之礼，昏为期，因而名焉。阳往而阴来，日入三商为昏。"疏："三商者，刻漏之名。"又云："主人爵弁、纁裳、缁袘，从者毕玄端，乘墨车，从车二乘，执烛前马。"

按：下达者，言阳下达于阴，古婚必男家先以媒妁求女家。必夜行者，言迎阴气入家宜于夜。夜，阴时也。车服皆尚黑，黑亦阴，正与时相称。与今代嫁娶之尚红者迥殊。又，"从车二乘，执烛前马"，惟以夜，故执烛舆前，以为导引。若今日白昼亲迎，仍有彩灯执持行列，与告朔饩羊无以异，失其义矣。

亲迎时礼节及新妇登舆时状况

《说苑》："诸侯以屦二两加琮，大夫、士庶以

亲迎图

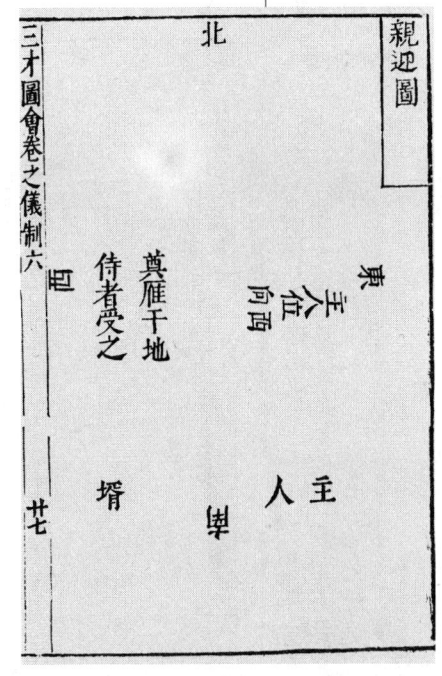

屦二两加束脩二,曰:'某国寡小君,使寡人奉不珍之琮,不珍之屦,礼夫人贞女。'夫人曰:'有幽室数辱之产,未谕于傅母之教,得承执衣裳之事,敢不敬拜祝。'祝答拜:'夫人受琮。'取一两屦以履女,正筭衣裳,而命之曰:'往矣!善事尔舅姑,勿贰尔心,无敢回也!'女拜,乃亲引其手,授夫乎户。夫引手出户,夫行女从,拜辞妇女母于堂,拜诸母于大门。夫先升舆执辔,女乃升舆。毂三转,然后夫下先行。大夫、士、庶称其父曰:'某之父,某之师友,使某执不珍之屦、不珍之束脩,敢不敬礼某氏贞女。'母女母曰:'有草茅之产,未习于织纴纺绩之事,得奉执箕帚之事,敢不敬拜。'"是自诸侯至于士庶,亲迎时所持礼物,或以玉,或以束脩,可随贵贱而差;独屦二两,则无贵贱必具。且女临登舆,其母即以此屦履女,亦无贵贱皆同。揆其用意,似此屦为男家所备女服,故将登舆,母必以此屦履女,非若琮与束脩之纯为彩礼也。然衣服首饰均不及,而独遗以屦,意者新妇入门,为践履之始,故独重之欤?

古亲迎时奠雁、御车及新妇入门共牢、合卺状况

《礼记·昏义》:"父亲醮注:酌而无酬酢曰醮。子而命之迎,男先于女也,子承命以迎。主人筵几于庙,而拜迎于门外。女父。婿执雁入,揖让升堂,再拜奠雁。降出,御妇车,而婿授绥,御轮三周,先俟于门外。三周,即授御者先归。妇至,婿揖妇以入,共牢而食,合卺音谨,以一瓠分为两瓢,名曰卺,各执其一。而酳。食后以酒漱口。"

按:古人以男女配阴阳,雁随阳,故奠雁。婿既为妇御,又先驰归,备迎妇于门外。牢者,牲也;共牢者,共食一牲也。古食罢以酒漱口,必以卺盛酒者,取合同之义也。今日婚者,坐帐后饮交杯酒,盖犹共牢合卺之遗意。而雁不易得,代之以鹅,亦曰"奠雁",甚无谓也。

古代纳后合卺图

古入洞房将寝时男御女媵交换铺陈卧席状况

《仪礼·士昏礼》："共牢、合卺既彻，彻馔器。主人说同脱服于房，媵受。妇说服于室，御受。姆授巾。将寝清洁。御衽卧席于奥。媵衽良婿也席在东，皆有枕，北止。同趾。主人入，新婿。亲说妇之缨。烛出。将寝，故侍者持烛出。媵馂主人之馀，御馂妇馀，赞酌外尊酳之。"

按：夫妇将寝，故弛礼服。御者，婿之侍者，媵则新妇侍者。婿衣媵受，妇衣御受，示交接有渐也。姆授巾，俾女备拂拭洁清也。良者，良人，即婿也。御为妇铺卧席，媵为婿铺卧席，仍交接之义。北趾者，足北向。至新婿为新妇脱缨，则晚妆俱卸矣，故侍者持烛出也。馂者，食馀馔也。媵馂男馀，御馂妇馀，无一事不以交接为义。此等礼节，后世未见有行者，盖亡已久矣。

天明新妇谒见舅姑仪式

古以夜昏，故妇不及舅姑，至天明行之。《礼记·昏义》云："夙兴，妇沐浴以俟见。质明，赞见妇于舅姑，妇执笲、枣、栗、段脩以见。赞醴妇。妇祭脯醢，祭醴，成妇礼也。舅姑入室，妇以特豚馈，明妇顺也。"

按：赞者，赞行礼之人也。古初见必以贽，妇人贽枣栗；笲者，盛枣栗之器也，以豚馈者，新妇初为舅姑上食也，妇道如是也。

第三日舅姑享新妇仪式

《礼记·昏义》："厥明，注：又次日。舅姑共飨妇以一献之礼，奠酬。舅姑先降自西阶，妇降至阼阶，以著代也。"

按：婚之次日，妇既见舅姑，舅姑于第三日即飨妇。西阶者，宾位；阼阶者，主位。新妇居阼阶，示自此授以室，代为家政也，故曰"著代"。又按：《韩诗外传》："厥明见舅姑，舅姑降自西阶，妇升自阼阶，授之室也。"以降为升，义尤明，当从《外传》。

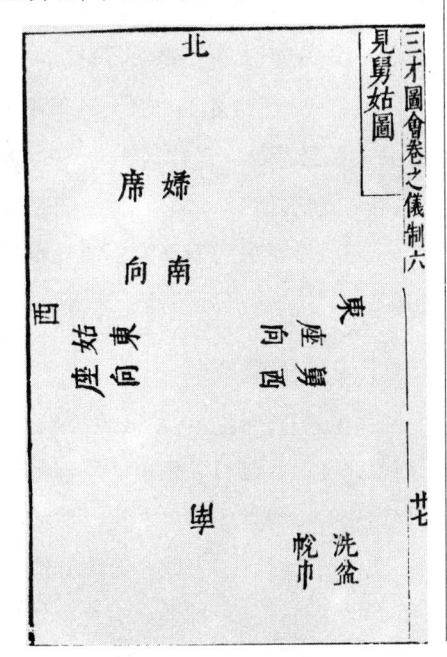

见舅姑图

古嫁女后三夜不息烛，娶亦不贺

《礼记·曾子问》："嫁女之家，三夜不息烛，思相离也。娶妇之家，三日不举乐，思嗣亲也。"《郊特牲》："昏礼不贺，人之序也。"是古不以嫁娶为喜事，故不贺。而嫁女之家，尤相思念，有远别之悲，赵太后至持踵而泣。然娶妇究为喜事，《曲礼》已有"贺取妻"之文。后代贺者成为风俗，不能以古礼绳。惟古时贺娶者有之，贺嫁者绝无；今则嫁女已贺矣。序者，代也。

古新妇入门之眼波视态羞媚况

《吕氏春秋》："白圭新与惠子相见，惠子说之以强，白圭无以应。惠子出，白圭告人曰：'人有新娶妇者，妇至，宜安矜烟视媚行。竖子操蕉火而巨，新妇曰："蕉火太巨。"入于门之中有敛陷，新妇曰："塞之，将伤人之足。"此非不便之家氏也，然而有大甚者。今惠子之遇我尚新，其说有大甚者，将毋类是？'"

按："安矜烟视媚行"，形容新妇之状态，可谓入微矣。然可意会，难以言诠。安者，从容；矜者，谨慎；烟视者，眼波流动不直睨；媚行者，动止羞缩柔媚安徐也。是皆新妇初入门之状态，反是则失身份，白圭所言者是也。

汉初女过期不嫁则有罚

《汉书·惠帝纪》："女子年十五以上至三十不嫁，五算。"应劭曰："欲人民繁息也。汉律人出一算，算百二十钱，唯贾人与奴婢倍算。今使五算，罪谪之也。"

按：女子失时不嫁，不惟与生息有关，准之人情，亦大背盭。汉律五算之罚，殊不为苛，以于风俗所关甚大也。

汉时贺婚成俗

《汉书·宣帝纪》："五凤二年，诏曰：'夫婚姻之礼，人伦之大者也；酒食之会，所以行礼乐也。今郡国二千石或擅为苛禁，禁民嫁娶不得具酒食相贺召。由是废乡党之礼，令民亡所乐，非所以导民也。'"

按：汉律，三人以上无故群饮，罚银四两，吏因并嫁娶而禁之，故诏不许也。是可见民嫁娶具酒食相贺召，已成风俗，与周异。观《陈平传》：

张负以女孙与平,"为平贫,乃假贷币以聘,予酒肉之资以内妇"。是其证也。

汉时新婚夜听房状况

《后汉书·袁隗妻传》:"初成礼,隗问之曰:'南郡君马融,妻之父。学穷道奥,文为词宗,而所在之职,辄以货财为损,何邪?'伦对曰:'孔子大圣,不免武叔之毁;子路至贤,犹有伯寮之想。家君获此,固其宜耳。'又曰:'弟先兄举,世以为笑。今处姊未适,先行可乎?'对曰:'妾姊高行殊邈,未遭良匹,不似鄙薄,苟然而已。'隗默然不能屈,帐外听者为惭。"据是,新婚之夕于窗外窃听新妇语及其动作以为笑乐,自汉时而已然也。

春秋时已有回门礼

今人嫁女,弥月后与婿归来号回门,始于《公羊传》:"高固及子叔姬来,曰:'何诸?为其双双而俱至者欤?'"是周时已有回门礼,说见《随园随笔》。

迎亲图

汉时婚用青庐

《世说》："魏武少时，尝与袁绍好为游侠。观人新婚，因潜入主人园中，夜叫呼云：'有偷儿贼！'青庐中人皆出观，魏武乃入，抽刃劫新妇与绍还。"是新婚居青庐，与周之用黑色车服，为义同也。

看新妇

《随园随笔》云："今人新婚，亲友看新妇。"

按：《世说》："谢尚书娶诸葛恢之小女，恢在时不允，恢亡乃婚。于是王右军往谢家看新妇，容服光整，犹有恢之遗风。"是晋时已有此礼。

六朝时男家催妆及回门时女家打婿之恶习

《酉阳杂俎》："北朝婚礼，青布幔为屋，在门内外，谓之青庐，于此交拜。迎妇，夫家领百余人或十数人，随其奢俭，挟车俱呼'新妇子，催出来'，至新妇登车乃止。"是男家之催新妇上妆登舆，甚暴戾也。又云："婿拜阁日，谓今回门。妇家亲宾妇女毕集，各以杖打聟即婿字。为戏，至有大委顿者。"是婚后婿往妇家，妇家亦戏虐新婿以为报也。然至打以杖，谑亦甚矣！

隋唐时娶妇之详礼

《酉阳杂俎》："近代婚礼，当迎妇，以粟三升填臼，席一枚以覆井，枲麻也三斤以塞灶，箭三只置户上。妇上车，婿骑而环车三匝。女将上车，以蔽膝覆面。妇入门，舅姑以下从便门出，更从门入，言当蹑新妇迹。"又，"妇入门，先拜猪樴橛也及灶。娶妇，夫妇并拜，或共结镜纽。"又，"娶妇之家弄新妇，腊月娶妇不见姑。"又，"新妇乘鞍"。读此，隋唐时娶妇礼节如目睹矣。而其礼今无一存，惟交拜及弄新妇尚不免耳。

唐婚时用晓

《酉阳杂俎》："《礼》，婚礼必用昏，以其阳往而阴来也。今行礼于晓。"是唐时婚礼已不以夜，若今日则竟在日中矣。

六朝时南北重娶不重娶之异

《颜氏家训》："江右不讳庶孽，丧室之后，多以妾媵终家事。疥癣蚊虻，或不能免，限以大分，故稀斗阋之耻。河北鄙于侧出，不预人流，是

以必须重娶,至于三四。母年有少于子者,后母之弟,与前妇之兄,衣服饮食,爰及昏宦,至于士庶贵贱之隔,俗以为常。"

按:重娶之风,自周以来有之。凡为后母所虐者,皆其父重娶者也,而非为其子侧出而不纳妾。抑或六朝时,河北风俗如此乎?

宋时婚礼令婿坐马鞍为乐

《归田录》:"今之士族,当婚之夕,以两椅相背,置一马鞍,反令婿坐其上,饮以三爵,女家遣人三请而后下,乃成婚礼,谓之'上高坐'。凡婚家举族内外姻亲与其男女宾客,堂上堂下,竦立而视者,惟婿上高座为盛礼。"

按:今日河北人家,新妇下轿时,恒当门置一马鞍,令从鞍上过,谓之登高以取吉。宋时则施之于婿,且置于椅上,令婿上高座。座诚高矣,危亦甚矣。古今婚礼之有趣者,当以此为第一;六朝之打婿次之;周时之御、媵交换服侍男女以为交接之导引,又次之也。

汉时嫁女之早为前后所未有

《后汉·阴瑜妻传》:"年十七,适阴氏。"
《班昭传》:"年十有四,执箕帚于曹氏。"
《汉书·上官皇后传》:"月余,遂立为皇后,年甫六岁。"

按:年十七出嫁者,今世亦有之;十四岁则罕矣;若六岁者,则古今未有也。

古人之轻于出妻年五十无子必被出

《仪礼·士昏礼》"姆"郑注云:"姆,妇人年五十无子,出而不复嫁,能以妇道教人者,若今时乳母矣。"

按:妇人无子,岂其愿哉?年五十将老矣,而被出,复何所归?只有为傅之一途耳。古男子对于妇人,无情若是,苛薄若是。轻视人道若此,而不闻圣人有所纠正,此一失也。

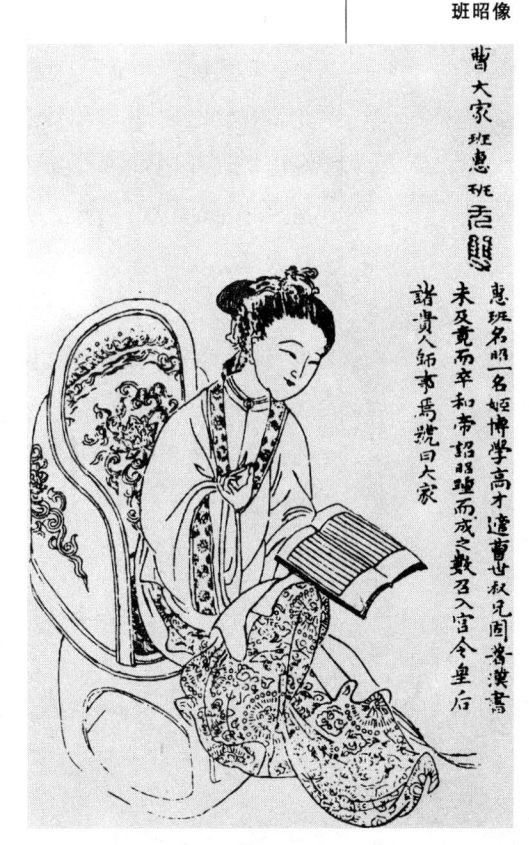

班昭像

曹大家班惠班彪熊 惠班名昭一名姬博学高才遼董世叔兄固赠汉书未及竟而卒和帝诏昭踵而成之数召入宫令皇后诸贵人师事焉號曰大家

古箕踞出妻，生子不类亦出妻，因口舌或一枣栗而出妻

《韩诗外传》："孟子之妻独居，踞。孟子入户视之，白其母曰：'妇无礼，请去之。'母曰：'将上堂，声必扬；独入户，视必下。汝于燕私之处，入户不有声，令人踞而视之，是汝无礼？汝妇无礼？'"是因妻箕踞非，欲出妻也。又，《孔丛子》："尹文子生子不类，怒而杖之，告子思曰：'此非吾子也！吾妇殆不妇，言失妇道。吾将黜之。'子思曰：'若子之妻，则尧舜之妻，复可疑也。此二帝圣者之英，而丹朱、商均不及匹夫，生可类乎？'"是因生子貌不类己，而欲出妻，其罪状尤为莫须有也。又，《史记·陈平世家》："'有叔如此，不如无有。'伯闻之，逐其妇而弃之。"是因口舌出也。又，《汉书·王吉传》："少时学问，居长安。东家有大枣树垂吉庭中，吉妇取枣以啖吉。吉后知之，乃去妇。"是因食一枣而出妇也。以是证古男子对妇之无情，待遇苛薄，匪夷所思。

惟常被出，故必预先蓄积以备养老

《韩非子》："卫人嫁其子而教之曰：'必私积聚。为人妇而出，常也；其成居，幸也。'"此可见妇而被出，不必有大恶，故于嫁时即刻刻防此。观《史记·陈轸传》云："故出妇嫁于乡曲者，良妇也。"是良妇而亦被出。《礼记·檀弓》："伯鱼之母死，期而犹哭，夫子曰：'嘻！其甚也。'伯鱼闻之，遂除之。"疏："伯鱼母出，期而犹哭。"故夫子以为甚，是大圣亦出妻。又，"子上之母死而不丧，被出而死。门人问诸子思曰：'昔者子之先君子丧出母乎？'今曰：'然。''子之不使白也丧之，何也？'子思曰：'昔者吾先君子无所失道，道隆则从而隆，道污则从而污。伋则安能？为伋也妻者，是为白也母；不为伋也妻者，是不为白也母。故孔氏之不丧出母，自子思始也。"是大贤亦出妻，而皆莫详其故，恐亦无大过也。

古出妻礼节

《礼·杂记》："诸侯出夫人，夫人比至其国，以夫人之礼行。仍待以夫人之礼，义未绝。至以夫人入，使者将命曰：'寡君不敏，不能从而事宗庙社稷，使使臣某敢告于执事。'女家主。主人对曰：'寡君固前辞不教矣。言纳采时，答词有"不教之女"。寡君敢不敬须以俟命。'有司官陈器皿，主人有司亦官受之。"注："器皿，其本所赍物也。律，弃妻畀所赍。"即返

其嫁妆也。是国君弃妻之礼节也。又，"妻出，士庶出妻。夫使人致之曰：'某不敏，不能从而共粢盛，使某也敢告于侍者。'谦语。主人对曰：'某之子不肖，不敢辟诛，避罚。敢不敬须以俟命'。使者退，主人拜送之。"不言返所赍，想亦与诸侯同也。是士庶出妻之礼节也。所异者，既出妻则必宣布其罪过，而使者仅曰"不能从而事宗庙"、"不能从而共粢盛"，若女仍无过，而过在男子者，含意不露，弗与女家以难堪；而使者将去，主人仍拜送之，真可谓彬彬有礼矣。又最异者，无论贵贱，只男家弃女，女家即顺受，既无若今日之赔偿以钱财，亦无罪过有无之争议。所以然者，以当时社会风俗，出女再嫁不难，非若后世之以再醮为耻。又，自古女子以从人为义，男女不平等，视为固然，故被弃虽不当而不辞也。

自周迄宋，妇女皆不讳再嫁

贞女不再嫁，操守清洁，自古义之，然在周时殊无特别旌表之举。盖王道本乎人情，礼缘义起，女而守固为义，即再嫁亦不违礼。其见于载记者，自周迄宋，皆如是也。自明以来，士族搢绅之家，皆耻于再醮，以守节为高，以改嫁为不义，不验人情，但崇虚矫，致使社会男女，受无形之拘束。及其溃决，遂并廉耻而胥捐，放佚狂荡不可制止。斯非古圣人之过，乃宋明以来，腐儒客气不衷之谈之有以致之也。兹将历代改嫁之见于载记者，述之如左。

圣人家妇改嫁

《礼·檀弓》："伯鱼死，其妻嫁于卫。"又，"子思之母死于卫，赴于子思，子思哭于庙。门人至，曰：'庶氏之母死，嫁于庶氏。何为哭于孔氏之庙乎？'子思曰：'吾过矣！吾过矣！'乃哭于他室。"夫孔子在春秋，为第一讲礼之家矣，乃其子死，子妇不免于嫁，何况其他？诚以矫而守，不如顺而去，且以防矫守之流弊也。

春秋人视异姓同母兄弟如亲兄弟

《左传·成十一年》："声伯之母不聘，穆姜曰：'吾不以妾为姒。'生声伯而出之，嫁于齐管于奚，生二子而寡，以归声伯。声伯以其外弟即管氏子为大夫，而嫁其外妹于施孝叔。"是视其异姓兄弟如亲兄弟。可见当时士大夫不以再嫁为讳也。

曲阜孔庙大成殿

春秋士人妻中道改适他姓及再归，本夫仍可再受

《左传·成十一年》："声伯既嫁其外妹同母女弟于施孝叔，晋郤犨来聘，求妇于声伯。声伯夺施氏妇而与之。妇人曰：'鸟兽犹不失俪，子将若何？'曰：'吾不能死亡。'妇人遂行。生二子于郤氏。郤氏亡，晋人归之施氏。施氏逆诸河。"是娶妻而见夺，夺数年而又归，本夫仍承受无异词。益可见当时社会，不以改适为病也。

春秋时女守寡，其家即亟为择配

《左传·闵二年》："卫惠公之即位也，少。齐人使昭伯烝于宣姜，不可昭伯不可。强之。生齐子、戴公、文公、宋桓夫人、许穆夫人。"宣姜者，惠公之母；昭伯者，惠公之庶兄。是齐人怜其女寡，以势力强使再嫁于昭伯，兼植党也。又，《僖二十三年》："公子重耳至秦，秦伯纳女五人，怀嬴与焉。"怀嬴者，怀公之夫人。怀公死，嬴寡，故复使嫁于重耳也。是可见当时社会，宁害义，不使女守寡也。

汉时仍重视同母兄弟，仍寡则再嫁

《史记》："武帝母王太后，母曰臧儿。臧儿嫁槐里王仲，生信与两女。仲死，臧儿更嫁为长陵田氏妇，生男蚡、胜。臧儿即武帝母长女嫁为金王孙妇，生一女矣，后纳太子宫，生武帝。武帝即位，闻太后有女在长

陵，乃自往迎取，携见太后曰：'臣得与姊俱来，赐钱千万。'"是不以异姓同母姊为嫌也，且以田蚡为丞相。田蚡者，太后之异姓同母兄弟，太后视之等于同母兄弟，故帝以蚡为丞相也。是当时不鄙视再嫁，故皆不讳其事也。观太史公直书不隐，其风尚可知矣。又，"平阳公主夫曹寿有恶疾，归国，公主守寡，即再嫁卫青。"又，"鄂邑长公主寡，与丁外人通，旋谋封外人真嫁之。"皆不鄙再嫁之证也。

又，《后汉书》："阴瑜妻名采，荀爽之女也，十九而寡。采时尚丰少，后同郡郭奕丧妻，爽以采许之，因诈称病笃，召采。既不得已而归，怀刃自誓。"是女本不愿再嫁，而父强之也。爽为当代名流望族，犹强迫女嫁，他可知矣。

如不再嫁而私奔，则以为耻

早寡再嫁，原不为非，倘私奔则于德有累。《史记·司马相如传》："文君既私奔相如，卓王孙大怒曰：'女至不才，吾不忍杀，不分一钱也。'"是以私奔为耻，非怒其再嫁。先圣制礼不闲再嫁者，即惧有此也。

魏晋时名族女再嫁

《吴志·步夫人传》："生二女，长曰鲁班，字大虎，前配周瑜子循，后配全琮；少曰鲁育，字小虎，前配朱据，后配刘纂。"又，《世说》：

古代人物图

"诸葛恢女适庾亮儿,后为苏峻所害,将改适江彪,与亮书及之。亮答曰:'贤女尚少,故其宜也。'"是皆名族而改嫁也。

唐宋名族女再嫁

《随园随笔》云:"唐时公主再嫁者二十三,三嫁者四。"详见《新唐书·公主传》。宋秦国大长公主初嫁米福德,再适高怀德。韩昌黎之女先适李汉,后适樊宗懿。宋范文正公之子妇,先嫁纯礼,后适王陶。陶,公之门生。公尚居相位,而公所立庄,有孀妇改嫁之费。公母谢氏亦改嫁者也,得封吴国太夫人。又,王荆公为相时,以子雱颠,改嫁雱妇。是唐宋贵人皆不以再嫁为耻,世俗可知。至明,王端肃公恕娶陈郎中妻,于服中封一品夫人,士林争指目之。至清则绝迹矣。

古出妇改嫁后再见前夫,前后夫皆不避

《汉书·朱买臣传》:"妻既去,其后买臣负薪墓间,故妻与夫家俱上冢,见买臣饥寒,呼饭饮之。"又,《癸辛杂识》:"放翁原配唐氏为姑所出,改适宗室赵士程。后先生游沈园,遇唐氏夫妇。唐言于赵,以酒肴馈先生,先生即题《钗头凤》一阕于壁而去。"此以今日社会状况揆之,必两相回避不暇矣。不惟前夫耻见后夫,后夫亦不愿见前夫,且妇人更无介绍两夫之理。而宋时不尔者,可见视再嫁为甚寻常也。

《钗头凤》词意图

古妻妾当夕次序　诸侯每夜御二人,五日而遍

《内则》:"妾虽老,年未满五十,必与五日之御。"注:"诸侯取九女,侄娣两两而御,则三日也;次两媵,则四日也;次夫人专夜,则五日也。"疏:"夫人及两媵各有侄娣,凡六人,两两而御,故三日也。"是诸侯每夜御二人,五日而遍也。

天子十五日而遍

《周礼·九嫔》注云:"女御八十一人,当九夕;世妇二十七人,当三夕;九嫔九人,当一夕。"是天子最多每夜御九人,三夫人当一夕,后当一夕,十五日而遍。是至少每夜三人或一人当夕。

王后当夕次叙,望前与望后不同

《内则》:"必与五日之御。"郑注:"望前,卑者在前,尊者在后;望后乃反之。"

按:卑者在前,诸侯则侄娣先当夕,最后夫人;天子则女御先当夕,至十五日后专夕,十六日仍后专夕,最后乃及女御,故云反之也。

卿大夫三日妻妾遍当夕,士二日而遍

《内则》:"妻不在,妾御莫敢当夕。"疏:"此谓卿大夫以下。大夫一妻二妾,则三日御遍;士一妻一妾,则二日御遍。妾恒避女君御日,女君御日固不敢当夕;纵令自当御日,女君不在,犹不敢当夕也。"

月辰避夕

《内则》:"妻及月辰,居侧室。"

按:月辰者,天癸至也。惟《礼》只言妻而不及妾御者,妻居正室故也。惟妻虽避夕,妾亦不敢当夕也。

卷二十 丧事

古人将死时，以生绵覆口上以候绝气

《礼·丧大记》："属纩以俟绝气。"注："纩，新绵，易动摇，置口鼻上以为候。"如纩不动，即气绝也。

古人初死必登屋招魂，大呼死者名字使归，至唐犹然

《礼运》："及其死也，升屋而号，告曰：'皋某复！'然后饭腥而苴孰。"按：皋者，疏云："皋皋，引声之言。"某者，死者姓名；复者，返也。言北面长呼告天，使某返也。

又，《丧大记》："复注：招魂也。有林麓，则虞人设阶。"凡复，男子称名，妇人称字。按：设阶者，设升屋之阶也。

又，《墨子》："其亲死，列尸弗敛，登屋窥井，挑鼠穴，探涤器，而求之其人焉，以为实在，则戆愚甚矣！知其亡也必求焉，伪已甚矣！"按：《墨子》所言窥井、挑鼠穴、探涤器诸状况，乃民间无识者相衍之陋俗，《王制》无是也。《王制》只"登屋招魂"耳。而《墨子》以是攻儒者，儒岂有此鄙猥之举哉？然因是可得周时社会人死时之状况矣。汉牟融曰："人临死，其家上屋呼之。"又，段成式《金刚经鸠异》："及明，已闻对门复魂声，问其故，子昨宵暴卒。"又，"补阙孙董善占梦，有人梦枣生屋上，孙曰：'重来重来，呼魄之象。'其人果卒。"重来者，枣（棗）字形；呼魄即复魂。是可证汉唐人初死，皆叫魂也。

殓前先浴尸沐头

《丧大记》："管人汲，不说同脱。繘，井绳。屈之。尽阶，不升堂，授御者。御者入浴，小臣四人抗衾也衾，御者二人浴。浴水用盆，沃水用枓，浴用絺巾，挋音振，拭也。用浴衣，如他日。平日。小臣爪足。蕱足爪。"此浴身之礼节也。又，"御者差沐于堂上，君沐粱，大夫沐稷，士沐粱。

应为稻。管人受沐，乃煮之。授御者沐，沐用瓦盘，挋用巾，如他日。小臣爪手翦须。"此沐头之礼节也。沐浴既已而后敛。又，"曾子之丧，浴于爨室。"盖贵人皆浴于正寝，曾子以士，故浴于爨室也。

古殓衣左衽，结绞不纽死结难解

《丧大记》：凡敛衣"皆左衽，结绞不纽"。疏："衽，衣襟也。生向右，左手解，抽带便也。死则襟向左，示不复解也。结绞不纽者，生时带并为屈纽，使易抽解；若死则无复解义，故绞束毕结之，不为纽也。"

古殓时口须含饭

《礼·杂记》："古者凿巾以饭。"疏："饭，含也。凿巾者，大夫以上贵，故使宾为其亲含，恐尸为宾所憎秽，故设巾覆尸面，而当口凿穿之，令含得入口也。"

古未殓前以冒覆尸

《礼·杂记》："冒者何也？所以掩形也。"注："掩尸形恐人恶之。"

按：冒者，盖亦巾之类而大于巾，覆尸全不露，故谓之冒。愚谓掩形不惟恐人恶，陈尸未敛，亦不宜暴露也。

古必三日始殓

《礼·问丧》："'死三日而后殓者，何也？'曰：'孝子亲死，悲哀志懑，故匍匐而哭之，若将复生然，安可得夺而殓之也？故曰"三日而后殓者"，以俟其生也。三日而不生，亦不生矣。孝子之心，亦益衰矣。家室之计，衣服之具，亦可以成矣。亲戚之远者，亦可以至矣。是故圣人为之断决，以三日为之礼制也。'"

按：今日乡间或有三日殓者，都邑则绝无也。乡间衣服棺椁需远市，都邑则立具。又，夏日殓尤速。

三代入殓时晨暮不同

《檀弓》："夏后氏尚黑，大事殓用昏。殷人尚白，大事殓用日中。周人尚赤，大事殓用日出。"

按：今时殓者，用昏者多，仍夏道欤？

古殓以衾裹尸，以布束尸

《礼·丧服大记》："小敛：布绞，缩者一，横者三。君锦衾，大夫缟

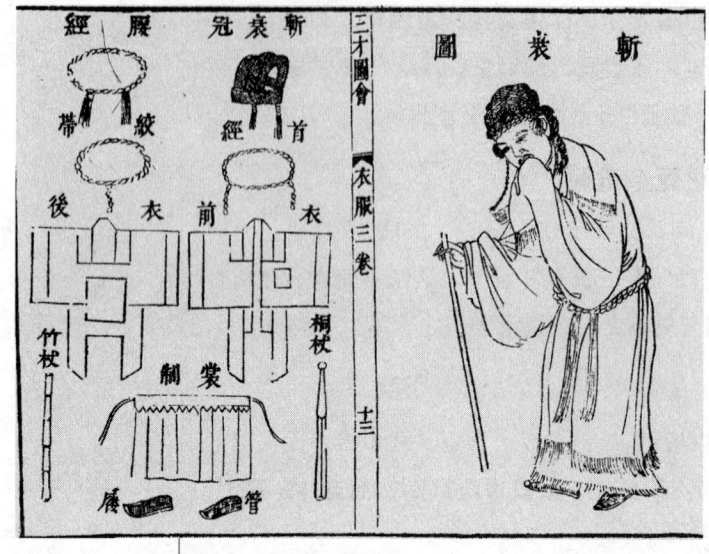

斩衰图

衾，士缁衾，皆一，衣十有九称。"疏："布绞者，以布为绞。缩，从也，谓从者一幅竖置于尸下，横者三幅亦在尸下。从者在横者之上，每幅之末析为三片，以结束为便也。"又云："衣布于衾上，然后举尸于衣上，屈衣裹，又屈衾裹之，然后以绞束之。"由是证古之敛近尸者衣，衣之外裹以衾，再以布束之以为固也。此虽是小殓，然大殓亦如此，不过布绞加多耳。今江南尚有行之者，余则少也。

初遭丧即袒括发

《檀弓》："袒括发，去饰去美也。"又，"去饰之甚也。"又，《士丧礼》："主人髺发袒。"注："髺发者，去笄纚而紒。"

按：紒者，结也，髺也。盖以麻约发而为髺，示毁容尽也。

丧服袖特宽，至三尺三寸

《礼·杂记》："弁绖，其衰侈袂。"注："常服袂二尺二寸，侈则三尺三寸。"按：服斩衰，正以志哀，侈袂示哀之甚也。

服斩缞麻带草履杖行

《左传·襄十七年》："晏桓子卒，晏婴粗缞斩，苴绖、带、注：麻有子曰苴。杖，菅屦。"

按：今日丧者犹以粗麻绞为带，杖行；独草履无用者，皆白布鞋，盖以平日亦常草履，不足表哀痛。

又按：自清至民国，服制皆变古，独丧服不变，无一不与古同，鲜遵当代服制者。此可见孝亲之事，不与他同，故国家亦不干涉也。

古孝子之居处饮食

《左传·襄十七年》："晏桓子卒，晏婴食鬻，同粥。居倚庐，寝苫，枕

草。"又，《檀弓》："悼公之丧，季昭子问于孟敬子曰：'为君何食？'敬子曰：'食粥，天下之达礼也。'"《孟子》曰："三年之丧，齐疏之服，齐，衣下缝也。不缉曰斩衰，缉曰齐衰。饘粥之食，自天子达于庶人，三代共之。"是居倚庐，食薄粥，无贵贱皆行之。古事事尚等级，独此平等也。

古处丧之瘠弱饥寒状况

《墨子》："上士之操丧也，必扶而能起，杖而能行。"又，"哭泣不秩声，言无次第。翁缞绖。言偻。垂涕，处倚庐，寝苫枕块。又相率强不食而为饥，薄衣以为寒，使面陷目陷，颜色黧黑，耳目不聪明。"是周时社会遭丧者之普通状况也。

古孝子处倚庐，非谒母不入内，寡言语

《礼·杂记》："三年之丧，言而不语，对而不问，庐垩室之中，不与人坐焉；在垩室之中，非时见乎母也，不入内。"按：倚庐在中门外，不入门者，不入中门至内寝也。

倚庐架木为屋，垩墼 音激 为墙

《礼·丧大记》："父母之丧，居倚庐，注：倚木为庐于中门外之东。不涂，以草夹障，不以泥涂。寝苫，草也。枕块。君为庐，宫之，以帷障之如宫。大夫士襢之。露而不障。既葬，柱楣涂庐，不于显者。不涂庐外显处。""既练，居垩室。"十二月小祥，以蜃灰涂庐使白。"既祥，黝垩。"又，《杂记》："三年之丧，居垩室之中。"郑玄云："垩墼为之，不涂墍。"

按：倚木为庐者，即架木为室，而以墼砌墙。墼者，打土晒干为之，不陶不烧。即以此砌墙，而不涂墍以为饰。襢者，袒也，言露而不障。柱楣者，使庐高起而受光。至小祥，则垩室使白，且黝地使黑，以为饰也。

古哭必辟踊，若伛者跛者则否

《礼·檀弓》："有子与子游立，见孺子慕者，有子谓子游曰：'予壹不知夫丧之踊也，予欲去之久矣。情在于斯，其是也夫！'子游曰：'人悁斯戚，戚斯叹，叹斯辟，辟抚心斯踊矣。'"又，"辟踊，哀之至也；有算，为之节文也。"疏："男踊女辟，哀痛之至。若无节限，恐伤其性，故辟踊有算。算者，数也，每一踊三跳，三踊九跳为一节。士三踊，初死日一踊，小殓一踊，大殓一踊。凡三日三踊。大夫五踊，诸侯七踊，王九

踊。"又，"妇人倡踊。"注："倡，先也。"是妇人亦踊，不惟抚心痛哭也。又，《问丧》："伛者不袒，跛者不踊。"诚以伛则不能露胸，跛则不能跳起也。

古哭君亦踊

《左传·宣十八年》："子家使晋还，袒、括发，注：以麻为发。即位哭，三踊而出。时公薨。"又，《晏子春秋》："遂袒免，问音以布约首。坐，枕君尸而哭，兴，三踊而出。"杜注："九跳为一节。"《礼》所谓"辟踊有节"。

按：踊必三者，当时定制，少则简，多则过，故以九跳为节。然自汉以来，即不见有行此礼者，殆亡已久矣。

丧拜之不同

《檀弓》："孔子曰：'拜而后稽颡，颓乎其顺也。注：殷丧拜，言主人拜宾也。稽颡，首触地无容。稽颡而后拜，颀乎其至也。'"

按：拜而后稽颡者，先合手屈膝，以首触地也；稽颡而后拜者，先屈膝以首触地，起而合手也，皆所谓丧拜也。丧拜无容，以遭丧痛悼皇遽，不能之容。今孝子见宾，即稽颡而不合手，皆不拜，犹周之遗俗。

周时遭丧，父斩衰，母齐衰，男免女髽

《礼·丧服小记》："斩衰，括发以麻。"疏："主人为父之服也。"又，"为母括发以麻，免音问而以布。齐衰，恶笄，带以终丧。"注："母服轻至免，可以布代麻也。"齐者，衣下缝。不缉曰斩衰，缉曰齐衰。是可证为父服斩衰，为母服齐衰。括发以麻者，郑注："《士丧礼》云：'自项以前交于额上，却绕紒也，如著幓头矣。'"若以布代麻则名免。是括发与免，形式如一，只用麻用布不同耳。至去笄纚而紒，同髻。使发露则同也。又云："男子免而妇人髽。"免者，郑注："以布广一寸，自项交于额，却绕也。"髽者，郑注云："形与括发如一，即露髻。"然则免也、髽也、括发也，名异而形实同也。

女髽以榛为笄

《礼·檀弓》："南宫绦之妻之姑之丧，孔子诲之髽，曰：'尔勿从从尔！尔勿扈扈尔！'盖榛以为笄，长尺，而总八寸。"注：去纚而紒曰髽，纚所以韬发。今遭丧，但露紒已。紒者，髻也。益证髽即括发也。

古以白布缠髻，故秃者不免

《礼·问丧》："秃者不免。"注：免音问者以白布广一寸，从项中交于额，却向后绕于髻也。然秃则不免。是可证古只以白布约髻，若秃则无髻可约，非若今世之只约白布条于额也。

古乡里助丧详情　邻里代为糜粥

《礼·问丧》："亲始死，水浆不入口三日。不举火，故邻里为之糜粥以饮食之。"又，《曾子问》："昔者吾从老聃，助丧于巷党。"又，《檀弓》："孔子之故人原壤母死，夫子助之沐椁。"皆邻里助丧之证也。

古丧事必有主丧者代主人负责治事

《礼·檀弓》："孔子之丧，公西赤为志焉。""子张之丧，公明仪为志焉。"注："志谓章识。"又，《荀子》："修士之丧动一乡，属朋友；庶人之丧合族党，动州里。"注："属者，谓付托之使主丧也。"又，《史记·项羽本纪》："每吴中有大徭役及丧，项梁尝为主办，阴以兵法部勒宾客及子弟。"又，《陈平传》："邑中有大丧，平贫，侍丧，以先往后罢为助。"是自周迄汉，皆有邻里助理丧事，并由主人特请人付托之，以为主办，无一不与今同也。

居丧期限，殷周皆三年，至战国已不行

《论语》："高宗谅阴，三年不言。"《礼·王制》："父母之丧，三年不从政。"是殷周皆三年丧也。至春秋时，盖已不守此制。《论语》："钻燧改火，期可已矣。"是必已有丧父母而期服者，故宰予敢如是昌言。而墨子之徒，只服三月，深以久丧为非。又，《孟子》："然友反命，定为三年之丧，父兄百官皆不欲，曰'吾宗国鲁先君莫之行。'"是至战国，三年之丧，举世莫有行者，惟儒者行之。《韩诗外传》："齐宣王谓田过曰：'吾闻儒者亲丧三年。'"是其证也。

前汉仍短丧

古君父丧同，而文帝临终，诏三十六日除服，

汉文帝像

自是为定例。于是宰相翟方进后母死，以为身备汉相，不敢逾制，既葬，三十六日除服。又，《薛宣传》："后母病死，修去官持服。宣为丞相，谓修三年服少能行之者，兄弟相驳不可，修遂竟服，由是兄弟不和。"

有服丧三年者则名誉特起

《公孙弘传》："后母死，服丧三年，遂举孝廉。"《原涉传》："时又少行三年丧者。及涉父死，让还南阳赙送，行丧冢庐三年。"《哀帝纪》："河间王良丧太后三年，为宗室仪表，益封万户。"盖当时无行三年丧者，偶有之，即交口称道也。

然亲死不奔丧则有罚

《汉书·陈汤传》："汤待迁，父死，不奔丧。司隶奏汤无循行，张勃选举故不以实，坐削户二百。"

至后汉遭丧无不去官守制，且有以弟丧、师丧去官者

后汉承光武、明帝提倡礼教之后，凡父母丧，无不去官守制者。而赵苞以伯父丧去官；陈重以姊忧去官；谯玄迁太常寺丞，以弟服去职；刘焉拜中郎，以师祝公丧去官。以是证后汉之社会风俗，虽三代不能及，为中国风俗第一淳美之时期。

光武帝刘秀像

汉时丧服皆缟素

《高帝纪》："寡人亲发丧，兵皆缟素。"《苏武传》："云中生口言，太守以下吏民皆白服，言上崩。"《翟方进传》："方进薨，少府供张，柱槛皆衣素。"

按：自周时亲死服斩衰，皆以素布为衣。又，《荆轲传》："白衣送至易水上。"凶事服白，其来已久，至汉犹然也。

古赙丧成俗至今不改

《礼·檀弓》："孔子之卫，遇旧馆人之丧，入而哭之哀，出使子贡说骖脱骖而赙之。"注："赙，助丧用也。"是解骖马鬻以为丧费也。又，《汉书·朱建

传》："建母死，贫，未有以发丧，方假贷服具，陆贾为说辟阳侯，奉百金为祝。注：衣被之具。列侯贵人以辟阳侯故，往赙凡五百金。"又，《原涉传》："所知母死，涉因入吊，问以丧事。家无所有，乃即与宾客市买衣被棺具等物，载至丧家。"是自周迄汉，凡贫者遇丧，无不赖朋友资助。后世因之至今，不更述。

汉时官吏死，可因赙致富

《何并传》："吾生素餐日久，死虽当得法赙，勿受。"又，《后汉·羊续传》："二千石卒，官赙百万。"

按：法赙者，官家例赙，不论贫富。又，《原涉传》："哀帝时，天下殷富，大郡二千石死官，赋敛送葬皆千万以上，妻子通共受之，以定产业。"是于法赙外，又赋敛同僚以为亡者妻子生活费，资至千万，则巨富矣。唐宋以来，官吏卒远方，朋友资助经纪其丧事者，不可胜数，然无有因丧醵资致富者。是以风俗淳朴，莫过于两汉。

历代吊丧者之礼节

《论语》："羔裘玄冠不以吊。"《礼·内则》："行吊之日，不饮酒食肉。"

按：羔裘玄冠，皆吉服华美；饮酒食肉，违哀戚之义，故皆不宜于吊。《礼·檀弓》："曾子袭裘而吊，子游裼裘而吊。曾子指子游示人曰：'夫夫也为习于礼者，如之何其裼裘而吊也？'主人既小敛，以衣衾裹尸。袒括发，子游趋而出，袭裘带绖以布条加武上。而入。曾子曰：'我过矣！我过矣！夫夫是也。'"

按：袭者，注："充美也，言掩抑其美使不见也。"即以单衣护于裘外。裼者，注云："裘上加裼衣，裼衣虽加他服，犹开露见美以为敬也。"曾子以吊主哀，故掩裘美而袭裘，岂知主人未敛，犹吉服，吊者不宜凶服，故子游仍裼裘以见美；及主人小敛而易服，子游乃袭裘加绖于武冠梁以吊也。

晋时吊丧须执孝子手

《世说新语》："顾彦先平生好琴，及丧，家人常以琴置灵床上。张季鹰往哭之，不胜其恸，遂径

曾子像

上床，鼓琴，作数曲竟，抚琴曰：'顾彦先颇复赏此不？'因又大恸，遂不执孝子手而出。"又，"王东亭与谢公交恶。王征东闻谢丧，便出都往哭。督师刁约不听前，曰：'官平生在时，不见此客。'王亦不与语，直前，哭甚恸，不执末婢手而退。谢琰小名。"是可证当时吊哭已，须执孝子手安慰之，为一定礼节。清时上大夫吊丧已，必掀帐至孝子处，唁慰数语，盖犹古之遗俗，惟不执孝子手为小异耳。

晋时吊丧必主人先哭客乃哭

《世说新语》："阮步兵丧母，裴令公往吊之。阮方醉，散发坐床，箕踞不哭。裴至，下席于地，哭，吊唁毕便去。或问裴：'凡吊，主人哭，客乃为礼。阮既不哭，君何为哭？'"又，"王右军与王述不睦。后述丧母，右军屡言出吊，而卒不果。后诣门自通，主人既哭，不前而去，以陵辱之。"

按：古吊丧无不哭者，至晋时须主人哭乃哭，主人若不哭，客即不哭。故主人闻客至，必先哭以为礼也。

唐人吊丧须服白衫，须哭泣

《大唐传》载："唐临性宽仁多恕，尝欲吊丧，令家僮取白衫，僮乃误持余衣，惧未敢进。临觉察，谓曰：'今日气逆，不宜哀泣。向取白衫且止。'"是可证唐人吊丧，不白衣则不吊；且吊必哭泣，不似晋人之必俟主人哭也。

六明时哭有词

《颜氏家训》："礼以哭有言者为号，然则哭亦有词也。江南丧，哭时有哀诉之言尔，山东重丧则惟呼苍天，期功以下则惟呼痛深。"

按：今日男子哭皆号，无有言者；惟妇人乃有之，风气又与古异也。

六朝时不吊则怨

《颜氏家训》："江南凡遭重丧，若相知者同在城邑，三日不吊，则绝之；除丧，虽相遇则避之，怨其不己悯也。有故及道遥者，致书可也，无书亦如之。北俗则不尔。"

按：此必赴而不吊也。不然，虽同都邑，三日之间，未必尽闻知，安得怨其不吊？

南北朝年节时对丧家之异

《颜氏家训》："南人冬至岁首，不诣丧家，若不修书，则过节束带以申慰。北人至岁之日，重行吊礼。礼无明文，则吾不取。"

按：古人视冬至节极重，与元旦同。至时人皆贺节欢忭，不诣丧家宜矣。至重行吊礼，甚无谓也。凡礼之不合人情者，必不能久。唐宋以来不见有此，盖此俗之革除久矣。

六朝时年节见孤子则泣

《颜氏家训》："已孤而履岁，及长至之节，无父，拜母、祖父母、世叔父母、姑、兄姊则皆泣；无母，拜外祖父母、舅、姨、兄姊亦如之。此人情也。"

按：无父，过年节拜父族时，父族以其无父可拜，憯然而泣；无母，拜母族时，母族以其无母可拜，故亦泣。盖皆幼子初丧父母一二年事也。今世外甥初丧母，新年至外家，仍有此感。

六朝时初释服见君必泣，否则见薄于人

《颜氏家训》："江左朝臣子孙，初释服，朝见二宫，皆当泣涕。二宫为之改容。颇有肤色充泽，无哀感者，梁武帝薄其为人，多被抑退。裴政出服，问讯武帝，贬瘦枯槁，涕泗滂沱。武帝目送之曰：'裴之礼不死也。'"

按：此已释服矣，尚有此习惯，齐梁时礼教过东西晋远矣。

历代忌日之重

《礼·祭义》："君子有终身之丧，忌日之谓也。忌日不用，注：不做事。非不祥也；言夫志有所至，而不敢尽其私也。"

按：父母死日，今谓之忌辰。至忌辰则哀戚思慕，无论年远近皆如此，故曰"终身之丧"。古礼至今不变者，惟此耳。

六朝时忌日仍与周同

《颜氏家训》："忌日不接外宾，不理众务。魏王修母以社日亡，来岁有社，修感念哀甚，邻里为之罢社。"

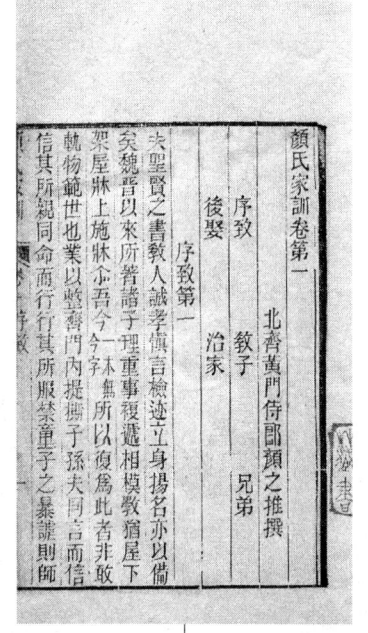

《颜氏家训》书影

卷二十 丧事

武则天像

按：不接外宾、不理众务，即《祭义》所谓"忌日不作"也。然邻里因忌而罢社，盖修之哀有逾于众人者，故感动如此。

唐忌日状况

《耳目记》："周武则天左领军权龙褒不识忌日，问府吏曰：'何名私忌？'对曰：'父母亡日请假，独坐房中不出。'褒至忌日，于房中静坐，有青狗突入，褒大怒曰：'冲破我忌！'更陈牒文书，改明日作忌。"

按：独坐不出，乃不接外宾、不理众务之义。述此者以见忌礼自周迄唐毫未变更，以迄于今，故唐后不更述。

卷二十一 葬

周时以独木板棺为最贵

《庄子》："宋有荆氏者，宜楸柏桑。其拱把而上者，求狙猴之杙者斩之；三围四围，求高名之丽者斩之；七围八围，贵人富商之家求樿傍者斩之，故未终其天年。"注："樿傍，棺也，棺之全一边者，谓之樿傍。"

按：全一边者，谓棺之四墙皆一板所成，非数板凑成，故非大木不办。今世仍重之，谓之独傍独盖，又曰四独，即樿傍之义也。

周制棺以槚木为最贵

《左传·襄二年》："初，穆姜使择美槚，以自为榇。"又，《襄四年》："季孙为己树六槚于蒲圃东门之外，注：欲为己榇，定姒薨，匠庆用蒲圃之槚，为榇。"

按：《说文》："槚，楸也。"木性坚而纹理甚美，故古人喜以为榇，犹今之尚黄柏、楠木也。然周时亦有用柏者，《左传·定元年》"魏舒卒，范献子去其柏椁"是也。

周人饰棺之丽

《礼·丧记》："周人墙置翣。"又，《檀弓》："孔子之丧，公西赤为志焉，注：志谓章识。饰棺墙，置翣。子张之丧，公明仪为志焉，褚幕丹质，蚁结于四隅。"注："卢植曰：'墙，载棺车箱也。墙之障柩，犹垣之障家。'"《三礼图》曰："翣，以竹为之，高二尺四寸，广三尺，衣以白布，柄长五尺，葬时令人执之

曲阜孔子墓

于柩车傍。""褚幕丹质"者，注云："以丹布幕为褚。"按：《玉篇》："褚者，囊也，言以丹布为幕而覆棺也。""蚁结于四隅"者，注云："画褚之四角，其纹如蚁行往来交错。"又按：翣者，疏云："在旁曰帷，在上曰荒，凡饰棺总曰柳。"《史记·栾布传》所谓"置广柳车中"者是也。

又按：今富贵人家，入敛后即以红帛幄，冒棺使不露，即褚幕丹质也。今出殡时之棺罩，即古之棺墙帷荒之属。特今柩舁行者多，古则輓行，故墙翣之属，亦微异耳。

古代灵座灵床图

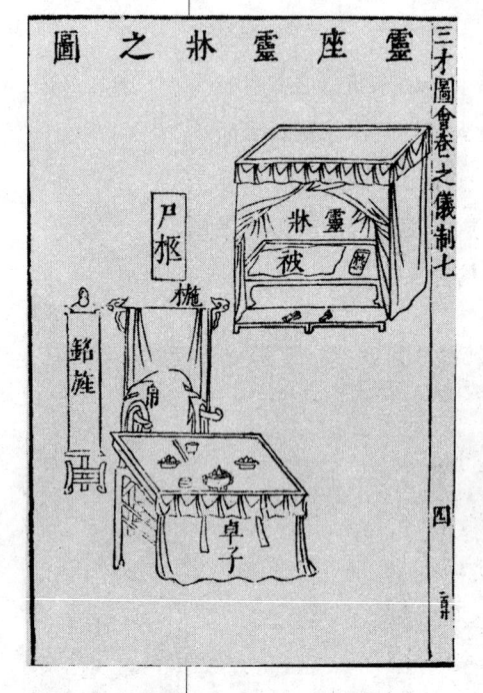

周出殡运柩之法及护丧者之众

《礼·内则》："吊于葬者，必执引；若从柩及圹，必执绋。"又，《曲礼》："助葬必执绋。"注："车曰引，棺曰绋。"疏："引，柩车索也；绋，引棺索也。凡执引用人，贵贱有数。若其数足，则引人不得遥行，皆从柩也。"何东山曰："天子千人，诸侯五百人，大夫三百人，士五十人。从柩者是执引所馀，绋是拨动之义。人无定数，故执绋以示助力。"由此证之，古灵车之行，以引牵挽。引之多寡，视贵贱而分，有定数。人执一索，引车前行，不用牛马。若绋则大于引。考《尔雅》："绋，繂也；繂，音律。大索也。"盖灵车至葬所，牵绋以移柩入冢也。

又：今日皆舁柩而行，舁柩人数，最少十六人或三十二人；最富贵人家，六十四人而止；惟天子乃用百二十人。若古则大夫三百人，天子则千人，其威仪之侈丽十倍于今，无怪墨翟之以为非也。

周引柩索用麻

《左传·宣八年》："冬，葬敬嬴，旱无麻，始用葛茀。即绋。"注："茀，所以引柩。"然因旱无麻，即不能用麻索，亦可见葬仪之侈，用索之多矣。

周葬时先以椁布冢内，再以鹿卢系棺入冢

《礼·檀弓》："季康子之母死，公输若方小。敛，般请以机封，将从

之。公肩假曰：'不可。夫鲁有初，公室视丰碑，三家视桓楹。般，尔以人之母尝巧乎？'"注："丰碑，斲大木为之，形如石碑，于椁前后四角树之，穿中于间为鹿卢，下棺以绋绕。天子六绋四碑，前后各重鹿卢也。"桓楹者，"斲之形如大楹耳，四植谓之桓。"

按：天子用石碑下棺，诸侯不敢用石，以木斲为碑，树于椁之四角，碑上有孔，各安鹿卢，棺到时将绋大索绕于鹿卢之上，徐徐下之，此天子诸侯之礼也。公输般巧，请以机械下棺，有类于诸侯之礼，故公肩假以为不可。桓楹者，但将木斲之若楹，不为碑形，植四隅以下棺而已。夫曰"树于椁之四角"，是棺未到而预将椁置于冢内也。用碑系棺，是天子亦悬柩下葬也。惟《左传·僖二十五年》："晋侯请隧，弗许。"杜注："辟地通路曰隧，王之葬礼也。诸侯皆悬柩而下。"据杜说，是天子不悬棺葬也。郑与杜孰是，不敢定，疑杜非也。

古贫贱者之出殡及下葬状况

古以引即索挽灵车，士用五十人；下而至于庶民，当更少于士，然亦较今日为多。葬用碑绋，乃富贵之家，至庶民则不用。《礼·檀弓》："悬棺而封，人岂有非之者哉？"注："贵者用碑绋，贫但手悬棺而下。"然则古贫民下葬，与今日同也。

古窆内保护棺之法，以蜃炭为最贵

《礼·檀弓》："有虞氏瓦棺，始不用薪。夏后氏堲周，殷人棺椁。""周以蜃灰。"堲周者，注云："火熟曰堲，烧土冶成砖，以周于棺也。"《释文》云："堲，烛头烬，即木烬。"蜃灰者，按，《周礼·掌蜃》："掌敛互物蜃物，以供闉圹之用。"注："互物者，蚌蛤之属；闉，塞也；圹，穿中也。将葬，先塞蜃灰以御湿，使棺不朽。"然则夏后氏之堲周，依郑诂"冶土成砖，围于棺之四周"；依《释文》"以木烬塞于棺之四周"，诂虽微异，要其御湿之意则相同。至周，以蜃灰御湿，又视夏进步耳。特夏尚无椁，周承殷既以椁护棺，复于椁外塞以蜃灰，法益密耳。蜃灰之力与今之石灰同，周无石灰，用蜃灰垩墙使白者是也。

然蜃灰在周时盖甚贵，观《左传·成二年》："宋文公卒，始厚葬，用蜃灰。注：烧蛤为炭以瘗葬。"夫以诸侯用之，尚曰"厚葬"，则贫贱者之不能用可知矣。

西周随葬玉俑

周时从葬之物品　明器

《荀子》："荐器则冠有鍪而无縱，瓮庑虚而不实，木器不成斫，陶器不成物，簿竹也器不成内。"注：荐器，明器也；鍪，冠卷如兜鍪也；縱，韬发者也；冠，明器之冠也；瓮庑，所以盛醯醢。人器实，明器虚。按：明器者，冥中所用之器也，皆象其形而不必盛以物，故曰"人器实，鬼器虚"。《檀弓》所谓"夏后氏用明器，示民无知"，孔子所谓"备物而不可用，知丧道"者也。

又，"以草束为人马车物，以木制为偶人。"《檀弓》云："涂车刍灵，自古有之，明器之道也。孔子谓为刍灵者善，谓为俑者不仁，殆于用人乎哉？"按：涂车者，以泥为车。刍者，草；刍灵者，言束草为人马。俑者，偶人，有面目机能，似乎生人。《孟子》曰："始作俑者，其无后乎？为其象人而用之也。"《淮南子》："鲁以偶人葬而孔子叹。"孔子之所以叹，谓此为用生人之渐也。观此，自夏以来，凡生人所用之物，皆一一制为冥器，送之墓中，以备死者之用；而只有其形，实不能用，聊以尽心焉而已，故孔子美之。

又以实物从葬

《檀弓》云："殷人用祭器，示民有知也。"按：殷人尚鬼，不忍死其亲，故以真祭器送葬。又，《礼·檀弓》："宋襄公葬其夫人，醯醢百瓮。曾子曰：'既曰明器，而又实之。'"按：明器宜虚，今置醯醢于中，则实矣，故曾子非之。

又按：《西京杂记》：汉广川王发掘战国时魏王墓，其中鼎盂、琴瑟、刀剑、几杖诸物皆备。又，《墨子·节葬篇》："死者虚府库，然后金玉珠玑比乎身，纶组节约车马藏乎圹，又必多为屋幕、鼎鼓、几挺、壶滥、滥、浴器也。戈剑、羽旄、齿革，寝而埋之。"是皆以真物从葬之证也。

甚至以生人从葬

秦穆公以三良从葬，国人作《黄鸟》诗以志哀。又，《左传·宣十五年》："初，魏武子有嬖妾，无子。武子疾，命颗曰：'必嫁是！'疾病，

则曰：'必以为殉！'"又，《成二年》："宋文公卒，始厚葬，用殉。"又，《昭十三年》："楚王缢于芊尹申亥氏。申亥以其二女殉而葬之。"又，《哀三年》："季孙有疾，命正常曰：'无死！'"又，《礼·檀弓》："陈干寝疾，属其兄与其子曰：'如我死，必大为棺，使吾二婢子夹我。'"又，《墨子》："天子杀殉，众者数百，寡者数十；将军大夫杀殉，众者数十，寡者数人。"又，《西京杂记》："广川王去疾掘幽王墓，其中僵人有立者，有卧者，有伏于几上者，共百余尸。"皆当时殉葬者也。此等惨酷不仁之事，不知起于何时，然幽、厉以前绝无之。至春秋战国尤甚，直至西汉此风始已，然亦不敢谓其必无。干宝之母，以其妾从葬而竟不死，干宝感之，因作《搜神记》。是至晋尚偶有此非人之事也，呜呼惨已！

未葬前方相氏以戈击圹

《周礼》："方相氏狂夫四人，大丧先柩及墓入圹，以戈击四隅，驱方良。"注："方良者，魍魉也，土怪也。"方相氏，黄金四目，形状极可畏怖，傩时用以驱役鬼，此又用以驱土怪也。

周时即有挽歌

《庄子》："绋讴所生，必于斥苦。"司马彪注曰："绋，引柩索；斥，疏缓，若用力也。引绋所以有讴歌者，为人有用力不齐，故促急之也。"然则挽歌者所以齐人力，犹今日筑墙棹船者之喊号，非所以助哀。若后世之《薤露歌》，则纯为哀挽矣。

汉魏时以白布缠棺

《世说》："白布缠棺竖旐旟。"按：今日运柩远行者，皆以红布衣棺，内绪以棉，无用白布者。兹所谓"竖旐旟"，盖亦运柩远行，故以旐旟为识，即铭旌也。

汉时仍以绋引柩，以墙翣饰棺

《后汉·范式传》："式因执绋而引，柩于是乃前。"《史记·栾布传》："乃置之广柳车中。"《后汉·赵咨传》："复重以墙翣之礼。"

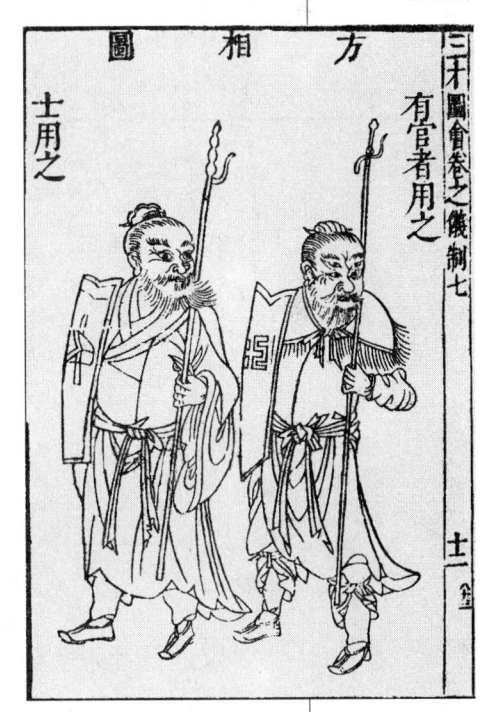

方相图

翣散　翣云　翣

周禮：黑布青二色相間為亞形，用黑青二色相間為亞形

按禮惟諸侯得用輴，輴以蜃，今士大夫用云翣，家備其制，姑撰二云翣二黻翣以當此。

古之翣圖

按：绋者，大索也。挽车用引，引柩用绋。凡棺饰总曰柳，即墙翣之属。翣柄长五尺，上衣以白布，葬时令人执之于柩车之傍，翼棺使不露。然则汉时出殡仪式，无一不与周同。

汉冢内以炭苇保护棺椁

《汉书·田延年传》："茂陵富人焦氏、贾氏，以数千万阴积贮炭苇诸下里物。"又，《魏志·文帝纪》："勿施苇炭，勿藏金银铜铁，一以瓦器。"

按：夏用冶土，周用蜃炭，皆以御湿。至汉则加以苇，苇中空，亦能御湿。惟所谓炭，不言其名。然蜃炭至汉时，惟沿海地有之，中原已绝，盖石灰也。石灰御湿之力，与蜃炭等。惟苇、炭二物皆不贵重，魏文帝至与金银并称，遗嘱不许用，则不得其解。抑兹二物在汉时亦贵重乎？

汉仍以偶车马及诸明器送葬而加以铜钱

《汉书·尹翁归传》："百姓遵用其教，卖偶车马下里伪物者，弃之市道。"师古曰："偶谓土木为之，象真车马之形。"张晏曰："下里，地下蒿里伪物也。"又，《孔光传》、《翟方进传》："赐乘舆秘器。"《张禹传》："赐东园秘器。"秘器者，即周之明器，皇室所造，较民间略工耳，故赐大臣用之。此可证上自天子，下至百姓，皆以偶物送葬，即今洛阳北邙山古墓掘出者是也。又，《张汤传》："会有人盗发孝文园瘗钱。"如淳曰："埋钱于园陵以送死。"是可见当时风俗，埋钱送葬，必百姓亦为之，若周则无是也。

汉送葬者人多至数千，虽车马亦白，兼奏乐

《汉书·爰盎传》："剧孟虽博徒，然母死，送葬车千余乘。"又，《后汉·范式传》："乃见有素车白马，号哭而来。会葬者千人，咸为挥涕。"又，《郭太传》："四方之士千余人，皆来会葬。"又，《周勃传》："常为人吹箫给丧事。"

按：周时大夫之丧，只引车即三百人，加以其他送葬者，必千余人矣。是以"高柴葬其妻，犯人之禾，犯，躐也。申详'请庚偿之也'。"是

历代社会风俗事物考

可证送葬者之众，有如社会，然后能将所过之禾稼，全行踏平，不然不至赔偿也。事见《檀弓》。此等遗俗，两汉犹盛。至送葬者皆素车白马，惟东汉礼盛之时如此，他则不见。吹箫乐丧，则更周所无。然其俗至今不改。今门有吊客，则吹乐致敬。又，灵柩出门临窆，皆奏乐，非俱娱宾，并礼死者，为一定仪节。

唐运灵柩仍以车，仍挽而不舁及杠房形状

唐白行简《李娃传》："由是凶肆日给郑生，令执穗帷，获值以自给。无何能挽歌，曲尽其妙。初，二肆之佣赁也凶器者，互争胜负。其东肆车舆皆奇丽，殆不敌，惟哀挽劣焉。其东肆长知生绝妙，乃醵钱二万索雇焉。其党耆旧共较其所能者，无能及生。"夫曰"肆"、曰"佣凶器"，则唐已有杠房。曰"车舆"，则唐时仍挽灵车，而非若今日之抬杠。曰"其党耆旧"，则是挽灵舆、执穗帷、形若伞，又类佛幢。吹箫、唱挽歌之人有专业者，遇事则凶肆召集之，无事则散，游手好闲，与凶肆二而一、一而二，一切均与今日同，惟尚未舁柩耳。

古柩前有铭旌，书官爵于上

唐杜牧诗云："粉书空换旧铭旌。"铭旌者，以帛为之，今世用红色，或金书，或墨书。兹云"粉书"，则书白字于上也。书白字，则旌或红、或绿、或黄，非素帛可知。"空换旧铭旌"者，因李使君没后十日，授处州太守之命始到。李原池州刺史，今授新官，铭旌上换书处州太守衔称，而不及见，故曰"空换"。由是可证古铭旌备书死者官衔于上，于柩前执之，俾人一望而知也。今富贵之家仍用之。

汉坟之特高

《周礼·春官·冢人》注引《汉律》："列侯坟高四丈，关内侯以下至庶人，各有差。"按：周天子之坟高三仞。八尺曰仞，则两丈四尺也。汉仍律尺，列侯之坟过周天子矣；若天子则不曰坟，而曰山陵，诚以其高大若山也。

古代食案、铭旌、明器图

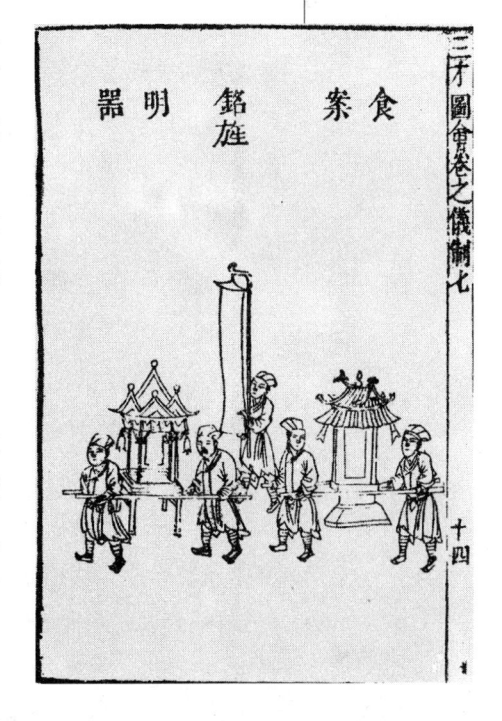

卷二十二 坟墓

自殷以前不封无坟不树

《礼·檀弓》："国子高曰：'葬也者，藏也。藏也者，欲人之弗得见也。是故衣足以饰身，棺周于衣，椁周于棺，土周于椁，反壤树之哉！'"又，《荀子》："葬田不妨田。"注："言所葬之地不妨农耕也。殷以前平葬，无丘陇之识也。"又，《檀弓》："孔子既得合葬于防，曰：'吾闻之，古也墓而不坟。'"注："言殷时不坟也。"由是证之，自殷以前，葬皆不起坟，今辄有殷以前名人墓者，不足据也。

周贵人有公葬地，不家自为墓

《周礼》："冢人掌公墓之地，辨其兆域而为之图。先王之葬居中，以昭穆为左右；凡诸侯居左右以前，谓畿内诸侯。卿大夫、士居后，各以其族。凡死于兵者，不入兆域；凡有功者，居前。"

按：此所掌为天子及公卿大夫之墓地。王居中，诸侯居左右，卿大夫居王墓后。可见古有爵者亦有公葬地，虽天子亦与卿大夫同兆域，不似后人之家有墓地。昭穆者，父子也。父为昭，子为穆；昭列左，穆列右。

周庶民有公葬地，有墓官掌之，不许异地

《周礼》："墓大夫掌凡邦墓之地域，为之图，令国民族葬，而掌其禁令，正其位，掌其度数，使皆有私地域。凡争墓地者，听其狱讼，帅其属而巡墓厉，居其中之室以守之。"注："厉者，茔限遮列处，居中者官寺署也在其中。"

按：古者民无私田，年二十授井田百亩，六十归田，故无葬地。公家为择一公葬地，使民丛葬其处；而公葬之中，复有各族私域，画分遮列。《王制》云："墓地不请。"诚以墓地为公家所给，不得请求馀地，有所检择也。

周始为坟，坟高有制，若庶人则不得起坟

《周礼·冢人》疏引《春秋纬》云："天子坟高三仞，诸侯半之，大夫八尺，士四尺，庶人无坟。"又，《檀弓》云："庶人县封，葬不为雨止，不封不树。"

按：八尺曰仞，三仞两丈四，周律尺合今营造尺八寸二分，然则周天子坟合今二丈尚微弱。至汉，诸侯尚高四丈，天子则益高。若士只四尺，虽今庶民尚过之。盖时益后则益侈。然观《檀弓》"孔子既得合葬于防，曰：'丘东西南北之人也，不可弗识也。'封之，崇四尺。"正与周制合。又，"吴季札葬其子，封高可隐。"季札，大夫，正与周制八尺合。是纬书可据也。

周墓树之等差

《周礼·冢人》疏引《春秋纬》曰："天子树以松，诸侯树以柏，大夫树以栾，士树以槐，庶人树以杨柳。"据此，是庶人许树也；而《檀弓》云"庶人不封不树"，则不许也。又，《左传》："伍子胥曰：'树吾墓槚。槚可材也，吴其亡乎！'"是卿大夫之所树，不定依周制，疑庶人亦许树也。

周墓形状种种之不同

今坟概作圆形，古则异是。《礼·檀弓》："孔子之丧，有自燕来观者。子夏曰：'夫子言之曰："吾见封之若堂者矣，见若坊者矣，见若覆

孔子弟子守丧图

卷二十二 坟墓

夏屋者矣，见若斧者矣。从若斧者焉，马鬣封之谓也。'"

按：马鬣，注疏无确诂。愚按文义"从若斧者焉，马鬣封之谓也"，是马鬣即斧形，为一式。马鬣者，马领上之毛向上直竖，与斧形相类，盖即筑坟头使形锐而长，与斧相似。子夏恐人不解，更以马鬣释之。"马鬣封"盖俗语，若曰斧形者，即俗所谓"马鬣封"也。

周已祭墓

《周礼·冢人》："凡祭墓，为尸。"《孟子》："蚤起，施从良人之所之，遍国中无与立谈者，卒之东郭墦间之祭者，乞其余，不足，又顾而之他。"由是证之，周贵人祭庙时多，祭墓时少。非不祭也，祭庙必以其子孙为尸，祭墓则外人可为尸，是祭墓礼轻于祭庙也。若庶人则无庙可祭，尤须祭墓。墓者，先人体魄所寄托，神主则人为。以人为之神主，与体魄比，孰为亲切乎？故有庙者亦不忘祭墓，良心之所不能已也。先儒必谓周人轻墓者，亦不然也。

周以来之重墓哭墓

《左传·僖二十八年》："晋侯围曹，门焉多死。曹人尸诸城上，晋侯患之，听舆人之谋曰：'称舍于墓。'师迁焉，曹人凶惧。"是居其墓上，并未掘墓也，而惧若是。又，《曲礼》："适墓不登陇坟也"，"为宫室不斩丘木"。是墓树尚爱之，见墓则敬也。又，《檀弓》："颜渊曰：'吾闻之：去国则哭于墓而后行，反国不哭，展墓而后入。'"是出入皆告墓而后为也。又，"孔子过泰山侧，有妇人哭于墓者而哀。"《淮南子》："譬若遗腹子之上陇，以礼哭泣之，而无所归心。言不识父面。"是有事则哭墓，寻常展墓亦哭也。是皆古人重墓之确证也。

古侯王墓内陈设精美及其宽广状况

《西京杂记》：广川王去疾，好聚无赖少年，发掘国内冢墓，述古墓内形状甚悉。

"魏襄王冢皆以文石为椁，高八尺许，广狭容四十人，中有石床石屏风，不见棺柩、明器踪迹，但床上有玉唾壶一枚、铜剑二枚，金玉杂具皆如新物。"按：魏襄王即《孟子》内之梁襄王也，惠王之子。而广川王乃景帝孙，其掘墓当在武帝时，计自襄王至武帝时不过二百年，故墓内器物

尚如新也。

"魏哀王冢,以铁灌其上,穿凿三日乃开。有黄气如雾,触人鼻目,七日乃歇。初至一户,无扃钥,石床方四尺,床上有石几,左右各三石人立侍,皆武冠带剑。复入户,石扉有关钥,叩开见棺柩,黑光照人,刀斫不入,烧锯截之,乃漆杂兕角为棺,厚数十寸,累积十余重,力不能开,乃止。复入户,亦石扉关钥,得石床方七尺,石屏风、铜帐钩一具,或在床上,或在床下,或在地下,似是帐糜朽而铜钩坠落。床上石枕一,尘埃胐胐甚高,似是衣服。床左右石妇人各二十,悉皆立侍,或有执巾栉镜镊之象,或有执盘捧食之形,无余异物,但有铁镜数百枚。"按:石人而能刻出执镜镊巾栉之象,古雕工之精细可想;而以兕角杂漆为棺,虽刀锯不能开,此等艺术亦后世所无,惜今皆不存耳。

"幽王冢甚高壮,羡门既开,皆是石垩,拨除丈余深,乃得云母深尺余,见百余尸纵横相枕藉,殉者。皆不朽。惟一男子,余皆女子,或坐或卧,衣服颜色,不异生人。"按:羡者,墓道也,《史记·卫世家》"共伯入釐侯羡自杀"者是也。羡门者,墓道之门也。石垩者,即《周礼》与《左传》所谓蜃炭也。烧蜃为炭,藉以御湿,而厚至丈余,故殉葬之尸虽僵而不腐,衣服颜色历数百年不变,以蜃炭遮护、空气不能入故也。古人葬术之精如此。

"晋灵公冢甚瑰壮,四角皆以石为獾犬捧烛,石人男女四十余,皆立侍。棺器无复形兆,尸犹不烂,孔窍中皆有金玉,其余器物皆朽烂不可别。"按:棺椁器皿,坚于人身矣,然皆腐朽,而尸独不朽。只孔窍塞金玉,似不能保全身不坏,疑别有善法。又,棺椁皆朽烂不存者,以无蜃炭御湿故也。

又按:周幽王魏无幽王为犬戎所杀,甫经大乱,百姓疮痍未复,而其葬至用蜃炭厚丈余,云母石至尺余,且杀殉百余人,墓宫宏侈若是。晋灵公为赵穿所杀,葬疑率矣,而石人一项,至有四十余,他明器想称是也。以是见古贵人之奢侈,非后人所能梦想。而石人雕刻之精工,及漆棺之坚固,其工艺亦突过后人也。

秦始皇墓内状况

贾山《至言》云:"秦始皇死,葬乎骊山,采金石冶铜锢其内,漆涂其外,中成观游,上成山林。"又,刘向《谏起昌陵疏》云:"秦始皇葬

秦始皇陵

于骊山之阿，下锢三泉，上崇山坟，高五十余丈，石椁为游馆，人膏为灯烛，水银为江海，黄金为凫雁。棺椁之丽，宫观之盛，不可胜原。"是墓内有池沼、有游馆，池沼以水银为水，水内复作为凫雁。统古今帝王葬埋之侈，盖无过始皇者矣！然未十年即为项羽发掘也。

汉士夫坟上起祠堂

自周以来，士大夫有宗祠祭先，虽天子，无在墓上建祠堂者。自叔孙通说汉惠帝为高祖立原庙，久之，卿士大夫亦在墓上为祠堂。《霍光传》："其后光妻显，改光所自造茔制而侈大之，筑神道，盛饰祠堂。"又，《龚胜传》："敕子孙勿随俗动吾冢，种柏，作祠堂。"《张禹传》："禹年老，自治冢茔，作祠室。"《原涉传》："令先人俭约，非孝也。乃大治起冢舍，周阁重门。"《盐铁论》："今富者积土成山，列树成林，台榭连阁；中者祠堂屏阁阙罘罳。"是西汉时冢上起祠成为风俗，只富即为之，不必贵人。且于祠堂之外，筑高阙；阙之隅，筑罘罳，以壮观瞻。此等情况，在今日只明清皇陵有之，皇陵外亲王冢间有之，余虽卿相不如是也。然则古人之奢侈，胜今多矣。

晋人已迷信坟墓风水

《世说新语》："人有相羊祜父墓，后应出受命君。祜恶其言，遂掘断墓后，以坏其势。相者立视之曰：'犹应出折臂三公。'俄而祜坠马折臂，位果至公。"又，"晋明帝解占冢宅，闻郭璞为人葬，帝微服往看。因问主人：'何以葬龙角？此法当灭族！'主人曰：'郭云："此葬龙耳，不出三年，当致天子。"'帝问：'为是出天子邪？'答曰：'非出天子，能致天子问耳？'"

按：相墓之法，盖自古有之。《诗》曰："相其阴阳，观其流泉。"卜宅如是，卜墓亦如是，而其书皆佚。至晋郭璞著有《青囊经》，是为相墓最古之书，今尚存。

汉时墓上已有石马

《西京杂记》："陈缟入终南山采薪还，晚趋舍，至张丞相墓前石马，以为鹿也，以斧挝之。"

按：后世墓上有石人、石马、石羊以为陈列，兹只云石马，想不止此一物也。

古盗墓状况

《吕览》高诱注云："有人自关中来者，为言奸人掘墓，率于古贵人冢旁，相距数百步外为屋以居，即于屋中穿地道以达葬所。从其外观之，未见有发掘之形也，而藏已空矣。"

按：今北平贵人墓土无一不被掘者，棺内宝玉，葬后数月必出墓，而盗取之法与此尽同。此道行之可谓久矣。

西汉始有墓志埋铭，后则墓上亦有碑

葬者藏也，故自古无志墓者，有之自西汉始。《西京杂记》："杜子夏杜邺临终，自作文。及死，命刊石埋于墓侧，墓前种松柏五株。"

按：此实埋铭之始。后之墓志皆埋于地下者也。若墓碑，若墓表，若墓碣，则树于墓上；若神道碑，则树于墓门者也。

汉代霍去病墓前马踏匈奴石雕

卷二十三　坐席 床榻椅子附

周坐席状况

古器用不备，皆坐于地上，而借以席。《周礼·春官》："司几筵，下士二人。"注："筵亦席也。铺陈曰筵，借之曰席。"筵铺于下，席铺于上，所以为位也。

按：筵大于席，盖铺地上，使无隙地以为洁；筵之上再铺以席，而人坐之也，故古人入室即脱履。

古人席地而坐图

一席容四人

《礼·曲礼》："群居五人，则长者必异席。"注："席以四人为节。"疏："古者地敷横席而容四人，四人则推长者居席端。若有五人会，应一人别席，因推长者一人于异席也。"是席以坐四人为度。故《曲礼》又云"并坐不横肱"，横肱则妨他人。此亦一席坐数人之证也。

若有丧则可专席

《曲礼》："有丧者专席而坐。"按：有丧则身着凶服，衣凶服与人共席，恐人嫌，故专席。

坐席规矩

《曲礼》："侍坐于所尊敬，毋余席。"注："必尽其所近尊者之端，为有后来者。"疏:"所以然者,欲得亲近先生,备顾问,似若扶持然;且使下端有空处,俾后者得坐。"是不余席有二义:一近先生,问业便,奉侍便;一尽席则下端有余,便后来者空也。又,《玉藻》:"读书、食则齐。豆,去席尺。"注:读书声当闻于尊者,食必为污席也,故坐与席齐。豆去席尺者,亦恐污席也。

登席礼节

《礼·玉藻》:"登席不由前,为躐席。徒坐不尽席尺。"注:"升席必由下,由前则躐席。徒坐者,谓饮食非讲问时,故不尽席。"

跪坐客态之同异

古之坐,自膝以下向后屈,而以尻坐于足上。《曲礼》"坐左足则著右,坐右足则著左"是其证。故《仪礼·士相见》云:"坐则视膝。"夫必以尻坐于足上,身向后而膝向前,而后能视膝。《史记索隐》云:"古人跪坐。"由《仪礼》"视膝"之言证之,跪与坐相近而微不同。《释名》:"跪者,危也。两膝隐地,势危倪也。"《正字通》:"伸腰及股而势危者为跪。"因跪而益致其恭。然则跪者两膝屈而身股直竖,胡能视膝乎?但后世皆曰古跪坐,义虽不同,亦不能改也。

若两脚向前则为箕踞,不恭

《韩诗外传》:"孟子妻独居,踞。孟子入室视之,白其母曰:'妇无礼。'"《汉书·张耳传》:"高祖箕踞骂詈。"《陆贾传》:"佗魋结箕踞见贾。"师古曰:"箕踞,谓伸其两脚而坐,形似箕。"正今日平坐之式也。

故古之跪礼并不重,略示敬于人

在今日而言跪,其礼甚重,古则坐时略示敬于人耳。《史记·范雎传》:"秦王跽跪也而请曰。"《枚乘传》:"长君跪曰:'幸甚!'"是皆坐时身略竖起,致敬于人。故以秦王之尊,亦行之于臣下也。

秦跽坐女陶俑

古因下衣不全，屈身之事皆跪行之，以防露体

古者下衣不全，故时时防露体，曾于"身服部"详之矣。箕踞或露下体，故不论男女，以为大不敬。屈膝坐则永无露体之嫌。不惟此也，凡俯身之动作，屈身之动作，无不跪为之。《史记·张释之传》："跪为王生结袜。"《张良传》："跪为老人纳履。"夫结袜纳履，足可蹲地为之；而不尔者，以蹲则两股开张，有暴下体之势，故必坐为之。跪者，坐而竖身也。

周宾主席向

《左传·昭二十五年》："叔孙婼聘于宋，宴饮酒乐，宋公使昭子右坐。"注云："改礼坐。"疏：《燕礼》云："司宫筵宾于户西，东上；小臣设公席于阼阶上，西向。是礼坐公西向、宾南向也"云云。

按：周时宾升自西阶，主升自阼阶，其揖让皆宾东向、主西向。又，《史记》郭隗谓燕昭王曰："今王将东向坐，目指气使以求臣，则厮役之人至。"是周时以东向为尊也。

汉仍坐席，仍一席坐数人

《汉书·贾谊传》："文帝与语，不自知膝之前于席。"是皇帝亦席地坐。《隽不疑传》："登堂坐定，不疑据地曰……"惟席地，故坐可据地。《史记·任安传》："卫将军从此两人过平阳主，主家令两人与骑奴同席而食，此二子拔刀断席别坐。"《世说》："管宁与华歆共席读书，有乘轩过门者，歆废书出看。宁割席分坐曰：'子非吾友也！'"是自西汉初迄东汉末，仍共席坐也。

汉坐席以东向为尊

《史记·淮阴侯传》："得广武君，令东向坐，而己西向事之。"《武安侯传》："尝召客饮，坐其兄南向，自坐东向。以为汉相尊，不可以兄故私桡。"是东向尊于南向。《南越传》："使者皆东向，太后南向，王北向。"《盖宽饶传》："从西阶上，东向特坐。"《楼护传》："坐者百数，皆离席伏，护独东向正坐。"是客皆以东向为尊。《后汉·邓禹传》："进见，东向，甚见尊宠。"《桓荣传》："乘舆常幸太常府，令荣坐，东面设几杖，会百官。"是天子特以东面尊元老也。

汉宴饮食时坐席之礼节

《史记·魏其传》："饮酒酣，武安起为寿，坐皆避席伏。已，魏其起为寿，独故人避席耳，馀半膝席。灌夫不悦，起，行酒至武安。武安膝席曰：'不能满觞。'"按：避席者，下席也，示不敢当，离席而伏于地也。膝席者，言方坐而示敬于人，两股竖起，因而两膝著席，故曰"膝席"。即跪也。若坐，则两膝向前不着席也。苏林谓"下席而膝半在席上"者，误也。《仪礼》："坐则视膝。"为古坐足确证。

又按：谢罪者皆避席。《吴志·张昭传》："昭避席谢。"《后汉·皇甫嵩传》："坐者感动，皆离席请之。"离席者，仍席下席也。

古有忧则不正席坐以见意

《汉书·原涉传》："闻友人丧，侧席而坐。"谷永《讼陈汤疏》曰："臣闻楚有子玉得臣，文公为之侧席。"《万石君传》："子孙有过失，不谯让，为便坐。"师古曰："坐于便侧之处，非正室也。"按：此即侧席也。

古席甚薄，一人可坐五十重

《后汉·戴凭传》："光武诏公卿大会，说经。群臣皆就席，凭独立。光武问其意，凭对曰：'博士说经皆不如臣，而坐居臣上，是以不得就席。'""正旦朝贺，百僚毕会，帝令群臣能说经者更相难诘，义有不通，辄夺其席以益通者，凭遂重坐五十余席。"可证古坐席薄甚，不然五十重席，高不能坐矣。

后汉兼坐床，然仍跪坐

《向栩传》："常于灶北坐板床上，如是积久，板乃有膝踝足趾之处。"又，《魏志·管宁传》："宁常坐一木榻上，积五十年，未尝箕踞，榻上当膝处皆穿。"夫必跪坐，床上积久，乃有膝踝足趾之痕。若如今日之垂腿坐，则无是矣。

按：魏晋时虽有袜而仍多赤足，前于"足服部"述之详矣，兹又于上二事证之。膝虽隔裤，用力重尚可日久有痕；若足趾隔袜，虽日久于木上亦不能有迹。兹竟有趾痕者，以古人常赤足也。

东汉坐床者虽多，然床上尚无茵席

东汉坐床者，记载不可胜数，然床上无铺借。盖古人席地坐，而席又薄，其苦可知，乍得床以为甚适，故无借也。《后汉·袁术传》："六月，坐簀床而叹。"注："簀，第也，谓无茵席也。"夫以术之僭侈，尚无茵席，他更可知。彼向栩、管宁床上之有膝踝痕者，亦无席之证也。

魏晋时皆坐床榻不席地，而有独榻坐、连榻坐之分

《蜀志·简雍传》："性简傲，独擅一榻坐。"《世说》："杜预拜镇南将军，朝士悉至，皆在连榻坐。时亦有裴叔则。羊稚舒后至，曰：'杜元凯乃复连榻坐客！'不坐便去。"按：《玉篇》："榻者，床之狭而长者也。"人多则连坐一榻，势使然也。

又，《世说》："谢公领中书监，王东亭有事应同上省，王后至，坐促，王、谢虽不通，太傅犹敛膝容之。"按：连榻而跪坐，拥挤堪虞，故裴、羊不悦；谢公能敛膝容王，称盛德也。

晋时不席地之证

《世说》："裴遐在周馥所，馥设主人。遐与人围棋，馥司马行酒。遐正戏，不时为饮。司马恚，因曳遐坠地。遐还坐，举止如常。"又，"支道林还东，时贤并送于征虏亭。蔡子叔前至，坐近林公。谢万石后来，坐小远。蔡暂起，谢移就其处。蔡还，见谢在焉，因合褥举谢掷地。"是皆不言坐床，而实不席地。如席地则不言坠地、掷地矣。于是数千年之席地制至是遂改革无余，此亦起居史上之一大纪念也。

魏晋床上始铺簟褥及草

《魏书·焦先传》："自作一瓜牛庐，营木为床，布草蓐其上。"《世说》："王恭从会稽还，王大看之，见其坐六尺簟，因语恭：'卿东来，故应有此物，可以一领及我。'恭无言。大去后，即举所坐者送之。既无余席，便坐荐上。"又，"陶侃母因家贫，锉诸荐以为马草。"是皆于床上借以草蓐，其富者于草蓐之上再加以簟，以为洁清，视汉人之坐必亲床者，进矣。

若今日之坐，古人皆曰据

箕踞者，席地坐、足伸向前也。据者，垂腿坐榻上也。《汉书》："帝据厕见大将军。"《世说新语》："庾公夜登黄鹤楼，僚属皆散。庾公徐曰：'老子于此处兴复不浅。'因便据胡床与诸人咏谑。"又，"谢万诣王恬，良久，乃沐头散发而出，亦不坐，仍据胡床，在中庭晒头。"又，"陆机赴假还洛，辎重甚盛。戴渊使少年掠劫，渊在岸上，据胡床指挥。"又，"王子猷中途求桓子野奏笛，子野便回下车，据胡床，为作三调。"按：厕者遗器，即今日之马桶。胡床者，两横木相交，中连以绳，可合可张，便于行旅。此二物皆不能跪坐，故据之。据者，垂腿向前，即今之坐也。

又，张说《虬髯客传》："司空杨素骄贵，凡公卿上谒，皆踞床而见。卫公李靖献奇策，素亦踞见。"按：踞床即垂脚坐床，与据同。

若今日之着鞋垂脚坐，始见于梁侯景

《南史·侯景传》："床上常设胡床及筌蹄，著靴，垂脚坐。"按：古人虽坐床，亦脱履。侯景着靴，不合一也；垂脚坐床，不合二也。史书之所以纪异。按：此亦据也，正今日之坐式。

然至唐坐床仍跪坐，不垂脚

唐人《灵应传》："遂升阶相见，登榻而坐。"又，《李泌外传》："泌方寝，肃宗入院，不令人惊之，登床捧泌首置于膝。"夫既曰登榻、登床，则不垂脚可知，如垂脚则不登矣。登则跪坐也，故古有榻登以为级。

榻登

自汉魏迄唐，皆坐床榻，席地者渐少。然古人跪坐，必先登床而后能坐。惟床高二尺，登颇不易，则有榻登以为阶梯。《释名》云："榻登，施大床之前，小榻之上，所以登床也。"

胡床考

自汉末有胡床，《集异记》"汉灵帝好胡床、胡坐即今坐式"是也。胡床，今名马架，亦名麻

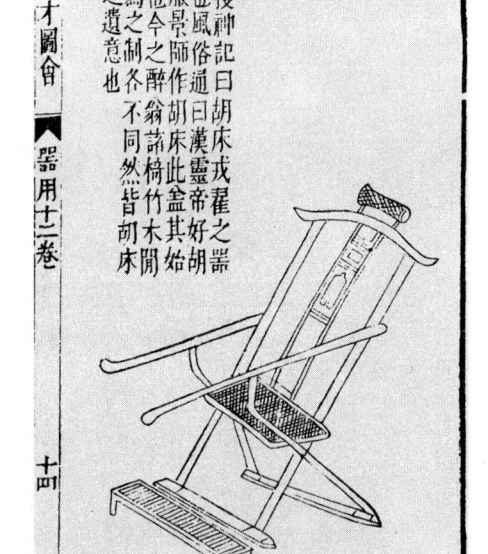

胡床图

402

榨。因以麻绳连缀木上，可合可张，取携最便，故出门者恒携之。庾公登黄鹤楼据胡床，戴渊在岸上据胡床指挥；桓子野据胡床，作三弄；王恬出不坐，仍据胡床，皆见前章。又，《南齐书·刘宪传》："游诸故人，惟一门生持胡床随后。"《南唐书·刘仁瞻传》："世宗在城下，据胡床督攻城。"盖胡床中缀一绳，用则张之，不用则合，或佩于鞍马，或挂于车辕，且可挂于壁。李商隐《为濮阳公陈情表》云："黄犊留官，胡床挂壁。"是其证。故或疑胡床为矮凳者，非也。矮凳如何能挂乎？惟此物在宋以前只能据，而不能坐，故古无曰坐胡床者。

桌子考

桌子之名，始见于杨亿《谈苑》。《谈苑》云："咸平、景德中，主家造檀香倚卓，言卓然而高可倚也。"《五灯会元·张九成传》："公推翻桌子。"观《谈苑》记其名兼释其义，可见宋以前无此物，为主家所新创也，故其字《谈苑》从"卓"，《五灯会元》作"桌"。《五灯会元》为南宋沙门济川作，用卓既久，遂以意造为桌字。

椅子考

此名亦见于宋初。《默记》云："徐铉谒李煜，久之，老卒取椅子相对。铉止之曰：'但正衙一椅足矣！'"又，《老学庵笔记》："高宗在徽宗服中，用白木椅子。钱大主入觐，见之曰：'是檀香椅子耶？'"其在宋初，惟皇后得坐金漆椅。《宋史·后妃传》："刘贵妃与孟后朝太后。孟后坐金漆椅，妃亦设此椅。左右不服，乃呼太后出矣。妃起立，暗撤之，妃再坐而仆。"是其证。

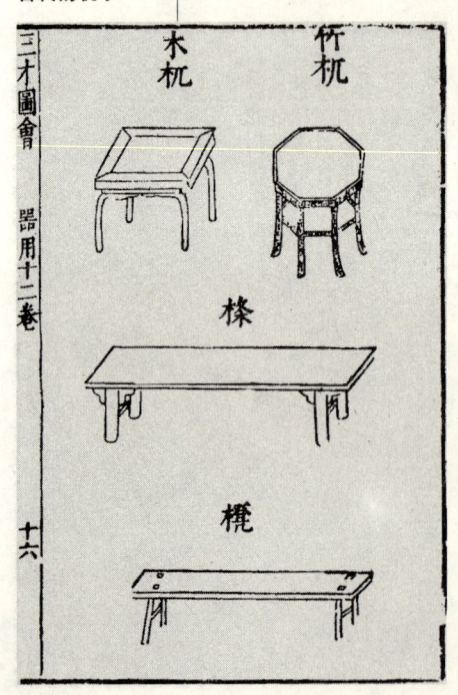

杌子考

此物亦至宋始见。《宋史·丁谓传》云："谓已罢相知郓州，私自寅缘，复许留京。次日早朝赐坐，左右为设墩，谓曰：'有旨复平章矣。'乃更以杌子进。"是在宋初，非宰相不能坐杌子，相以下则僭，其贵若此。

以上三物，定其兴于宋初，又有一证。《闻

古代的杌子

三才圖會　器用十二卷　十六

木杌　�杌
㭞
橙

见录》:"宋太祖雪夜叩赵普门,设重茵地上,炽炭烧肉。"是可证桌椅等物,在宋初虽赵普家尚无有,故席地坐也。

桌、椅、杌至南宋遂大兴

《老学庵笔记》:"往时士大夫家妇女坐椅子、杌子,则人皆笑其无法度。"是可证至放翁时,虽妇女已坐椅子、杌子,与今日等也。盖在宋初,物以创始而见贵,至南宋又百余年,虽士庶之家无不有也。又,放翁之所谓"坐"仍据也,可见南宋时,不跪坐已久,虽以放翁之博雅,亦从俗以据为坐,与今日同,即《宋史》所谓"坐,亦皆据"也。

盖席地之风,历三代两汉,至晋而更;跪坐之容,历三代两汉以讫于唐,约数千年,至宋而革。迄于今,惟日本、高丽仍席地跪坐,合中国无有也。且高座既兴,高几、高案亦相因以起。凡读书、习字诸动作,亦相因以变更。曩侯景垂脚坐床,群以为异,史官特笔书之者,后无不如此。此中国起居史上之一大革命,而载籍无详者,岂不异哉?

几案考

古所谓几,矮甚。《考工记》所谓"室中度以几",《书·顾命》"玉几",《庄子》"隐几而卧",皆为席地时凭抚之器;且多用于老人,故几与杖桓连称,《诗·大雅》"或授之几",《后汉·桓荣传》"东面设几杖",是其证。至于书案,曹操曾表进。然古时跪坐,与几皆为矮器。自宋时高坐兴,于是几案亦相随以高大,如今式。

卷二十四 拜跪

古拜屈膝，头与腰平

拜与揖异，揖可立为，拜必屈膝。《世说》："陶公既救出梅赜，赜见陶公拜，陶公止之。赜曰：'梅仲真膝，明日岂可复屈耶！'"是拜必屈膝之证也。然虽跪地而首不至地。《荀子》："平衡曰拜。"注："平衡谓磬折，头与腰如衡之平。"是跪地后身磬折，使头与腰相平如衡，即古拜式也。

拜后稽首、顿首礼节轻重之区分

拜式既明，然后可究其轻重礼节。《周礼·春官》："大祝辨九拜：一曰稽首，二曰顿首，三曰空首，四曰振动，五曰吉拜，六曰凶拜，七曰奇

古代拜月图

拜,八曰褒拜,九曰肃拜,以享佑祭祀。"

稽首之真相

按:稽首者,注云:"拜头至地也。"盖既拜而头俯至地,稍迟而后起,敬之至也。《左传·哀十七年》:"公会齐侯,盟于蒙,孟武伯相。齐侯稽首,公拜。齐人怒。武伯曰:'非天子,寡人无所稽首。'"又,《左传》:"孟献子相鲁,如晋。公稽首。知武子曰:'天子在而君辱稽首,寡君矣!'"是必拜天子而后稽首,为拜礼之至重者。

又按:《荀子》云:"下衡曰稽首,至地曰稽颡。"是稽首头不至地,但下衡而已,与郑注异。然礼莫重于拜天子,天子而不至地,更何事可至地乎?郑故不从之。

顿首之真相

顿首者,郑注云:"拜头叩地也。"即叩首也。盖稽首者,俯首至地,稍住而起;顿首则以首叩地,一叩即起。疏云:"敌者顿首。"然则顿首之礼,轻于稽首,故列稽首之次。段玉裁谓《周礼》之顿首,即他经之稽颡,误也。稽颡者,头触地无容,甚迫急;顿首则以首叩地而有容,甚从容,故疏云"敌者用之"。又,稽颡纯为凶礼。

空首之真相

空首者,注云:"拜头至手,所谓拜手也。"疏云:"君答臣下空手,所谓拜手。一拜答臣子,再拜答神与尸。"观疏意,空首者,即拜也。拜不至地,至手而止,即《荀子》所谓"平衡"也。又,《公羊传》:"赵盾北面再拜。"何休云"头至手曰拜手"是也。

吉拜之真相

吉拜者,注云:"拜而后稽颡。"

按:寻常拜礼无稽颡者,惟遭丧有之。《仪礼·士丧礼》:"主人哭,拜稽颡。"注云:"头触地,无容。"又,《檀弓》:"孔子曰:'拜而后稽颡,颓乎其顺也;稽颡而后拜,顾乎其至也。三年之丧,吾从其至者。'"是稽颡者,仓皇哀泣,见人即以头触地,

《仪礼》书影

而无容节，纯为丧礼，非吉礼。郑以稽颡释吉拜，殊不可解。盖拜而后稽颡者，见人先拜，竖身再俯而稽颡也；稽颡而后拜者，见人先以头抢地，然后再从容拜也。由孔子之言观之，皆处丧之礼。故吾疑吉拜者，乃从容之义，对上文振动而言，不稽颡也。振动拜即恐惧而拜，无别义，故不详也。

凶拜之真相

凶拜者，注云："稽颡而后拜，谓三年服者。"

愚按：降臣俘虏见于纪传者，亦往往稽颡，不专亲丧，故经曰凶拜。凶拜之所包者广也，郑注仍非也。

奇拜、褒拜之真相

奇拜者，注云："先屈一膝，今雅拜是也。"褒拜者，注云："再拜。"

按：汉之雅拜，疏不言其义，其状不明。清时见面一屈膝行问安礼，即古之打跧，与注所谓先屈一膝者相类。再拜者即再起再俯，惟首不至地，至地则叩首矣。

肃拜即揖之真相

肃拜者，注云："但俯下手，今时揖是也。"疏："肃拜但俯下手，惟军中有此，所谓介胄不拜也。"

按：《曲礼》："介者不拜，为其拜而蓌音挫拜。"注："蓌拜则失容。"又，《左传·成十六年》："晋楚战于鄢陵，楚子使工尹襄问之以弓，郤至见客，免胄承命，曰：'以君之灵，间蒙甲胄，不敢拜命。为事之故，敢肃使者。'三肃使者而退。"注云："肃使者，肃手至地，若今揖。"《释文》云："揖，擪也。"许慎云："揖，举首下手也。"由是证之，古之揖与今异：今揖上手至额，自下而上。古揖则下手至地，自上而下。古之揖，今戏剧所行者是也。

古男女拜之异

《礼·内则》："凡男拜，尚左手。凡女拜，尚右手。"

按：尚者，上也。今拜则两手相对。古拜则两手相交，男尚左，女尚右。段玉裁云："凡沓合也手，右手在内，左手在外，是谓尚左手，男拜如是，男之吉拜如是，丧拜反是。左手在内，右手在外，是谓尚右手，女

龙女牧羊图

图中展现了古代男女拜揖时的情景

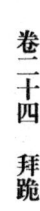

拜如是，女之吉拜如是，丧拜反是。《丧服记》：'袪尺二寸。'注：'袪，袖口也。尺二寸，足以容中人之并两手也。'"

按：段说非也。如以手内外分男女，则当曰前、曰外，不当曰尚。《尚书序》："尚，上也。"《诗·卫风》："上慎旃哉！"注："上，尚也。"又，《论语》："好仁者无以尚之。"注："尚，加也。"既曰尚左、尚右，则以此手加于彼手之上也。

古小官见大官必拜

《汉书·汲黯传》："黯见蚡，未尝拜，田蚡为丞相。揖之。"又，"'自天子欲令群臣下大将军，大将军尊贵，诚重，君不可以不拜。'黯曰：'夫以大将军有揖客，反不重耶？'"是西汉群臣，每见丞相、见大将军必拜也。又，《晋书·王祥传》："及武帝为晋王，祥与荀顗往谒。顗谓祥曰：'相王尊重，今见便当拜也。'祥曰：'相国魏之宰相，吾等魏之三公，相去一阶耳。'及入，顗遂拜，而祥独长揖。"是晋时官爵差一阶，见则亦拜也。

古拜谒须称名

《后汉·周党传》："及光武引见，党伏而不谒。"注："谒，请也，告也。党应伏地告某谒。"

按:"伏地告某谒"者,当伏地时,应告"臣某谒见"也。伏而不谒者,只伏地下拜,而不称名,违常例也。

南北朝送迎宾客捧手与揖之状况

《颜氏家训》:"南人宾至不迎,相见捧手而不揖,送客下席而已;北人迎送并至门,相见则揖,皆古之道也。"

按:捧手者,拱手,立而不俯;揖则下手至地,虽立而身磬折也。

古朋友幼者见长者必拜

《世说》:"宗承以忤魏武见疏,位不配德。文帝兄弟每造其门,皆独拜床下。"又,《蜀志·庞统传》注引《襄阳记》曰:"庞德公,襄阳人。孔明每至其家,独拜床下,德公初不令止。司马德操尝造德公,值其渡沔,上祀先人墓,德操直入其室,呼德公妻子,使速作黍。其妻子皆罗列拜于堂下。"

按:独拜者,主人不答拜也。不令止者,每见必拜,不止之也。德操既令德公妻子作黍,是德公妻子与德操非初见也,而亦必罗拜者,汉时宾客,见面则拜,俗使然也。

唐朋友仍见面则拜

张说《虬髯客传》:"红拂第长,虬髯行三,虬髯呼为一妹。张氏呼李郎来见三兄,公骤拜之。"是虽于逆旅遇友,亦拜也。又,《人虎传》:"文豪李征既化为虎,路遇同年进士御史袁傪。傪闻草间哭声,视之乃虎,而能言。傪既知其为征,乃曰:'傪素以兄事故人,愿展拜礼。'乃再拜。虎以妻子为托,叙谈甚久。告别,傪乃再拜上马。"是于路上对故人而事以兄礼,亦再拜也。他若韩愈《马少监墓志》云:"愈以故人子,拜北平王于马前。"白行简《李娃传》:"郑生见娃母,跪拜致词。"是皆以后辈见前辈而拜,后世或有之,不足以见当时之特俗也。

唐时虽男女相乱,初见亦拜

《虬髯客传》:"公归逆旅。其夜五更初,忽闻叩门而声低者。公起问焉,乃紫衣带帽人,杖一囊,曰:'妾杨家之红拂女也。'公遽延入,脱去衣帽,乃十八九佳丽人也,素面青衣而拜,公惊答拜。"是虽文君之私

奔相如，初见亦拜。又，皇甫枚《非烟传》："象乃跻梯而登，烟已令重榻于下。既下，见烟盛服立于花下。拜讫，俱喜极不能言。"是男女星夜幽会亦拜。夫黑夜私奔，逾墙幽会，淫亵极矣，而相见必拜，其他可知。

至宋虽后辈见前辈不尽拜矣

《老学庵笔记》："前辈遇通家子弟，'初见请纳拜'者。既受之，则设席望其家遥拜其父祖，乃就坐。先君尚行之。"观放翁之言，"初见请纳拜"者，可见不请者多矣。即请拜，有受、有不受者；如受之，则须遥拜其父祖以为答。若唐以前，则见无不拜，拜无不受，不必请纳拜也。盖拜跪之礼，至宋一变，与坐席同。

所以然者，古席地坐，置身低下，故视拜跪为甚轻。至宋则人擅一椅，不惟席地之礼废，即床上跪坐之礼亦废。置身日高，高则下就难，故视拜跪为甚重。拜跪与坐席，其始也相因以俱兴，其末也相因以俱变。沿革变迁，有不期然而然者，虽大贤大哲，亦不能与风会反也。

明代人的见面礼

唐宋见天子既拜而舞

《明皇杂录》："玄宗既平内难，将欲草制书，甚难其人，顾谓苏瓌曰：'谁可为诏？试为思之。'对曰：'臣男甚敏捷，然嗜酒，幸免酷醉，足了其事。'遽命召来。时宿醒犹未解，粗备拜舞。"又，"玄宗召李白，时宁王邀饮已醉，拜舞颓然。"又，"有黄门奉使交广归，拜舞于殿下。"至宋犹然。《老学庵笔记》："先君言，旧制朝参，拜舞而已，后增以喏。"按：拜舞者，盖既起而舞，以示欢欣舞蹈之义。今戏剧天子升殿，群臣拜起辄扬臂举足、掀袍作势回旋者是也。喏者，唐代有之，朝贺则无，今戏剧拜起而长声唱者是也。

明皇之召苏瓌、李白，皆一人燕见，虽拜舞而兴趣索然。若大朝之时，百官拜起，扬袂举足，回旋殿廷，真盛事也。

卷二十五 讼狱

古欲讼先以财物为抵，然民事与刑事不同

《周礼·秋官》："以两造禁民讼，入束矢于朝，然后听之。"注："束矢者，百矢。《诗》曰：'其直如矢。'不入束矢，是自服其不直也。"疏云："不实则没入官。"

又，"以两剂禁民狱，入钧金三日，乃致于朝，然后听之。"注："狱，谓相告以罪名者。剂，今券书也。"疏："券书，谓狱讼之要辞。三十斤曰钧。"

按：讼者，盖今所谓民事；狱者，今所谓刑事也。讼轻，故入束矢；狱重，故入钧金。然贫者胡以堪哉！

古讼两造皆坐而无席

《左传·襄十年》："王叔之宰与伯舆之大夫瑕禽，坐狱于王庭。"注："坐狱者，坐讼也。"故《晏子春秋》云："晏子曰：'狱讼不席。'"又，"婴闻讼夫坐地，今婴将与君讼，敢不坐地乎？"是古讼狱者皆坐地之证也。

古命夫命妇不躬坐狱讼

《周礼·秋官》："凡命夫命妇，不躬坐狱讼。"注："使其属与子弟代之也。"

按：清时命夫命妇狱讼有报告，今则无论何人，皆可遣人代讼，且可聘律师代也。

古立肺石以达民隐

《周礼·秋官》："以肺石达穷民。凡远近茕独老幼之欲有复于上，而其长弗达者，立于肺石三日，士听其词，以告于王而罪其长。"注："肺

石，赤石也。穷民，天民之穷而无告者。"立肺石三日，言赤心不妄告也。

愚按：肺者，肺腑也。有欲达其肺腑之意者，立此所以示也。肺石至六朝仍有，《封氏闻见记》云："梁武帝诏于谤木、肺石旁，各置一函。"是其证。

讼不决则使两造盟于社，而使其乡党供酒牲以惧之

《周礼·秋官·司盟》："有狱讼者，则使之盟诅。凡盟诅，各以其地域之众庶，共其牲而致焉。既盟，则为司盟共祈酒脯。"注："不信言理屈而诈者则不敢听此盟诅，所以省狱讼。"

按：此法有数善：万民狱讼，无佐证可成其罪，欲赦之则受害者不甘，欲罚之则为恶者不服，对神盟诅，理屈者恐而不敢，即敢勉强为之，必生愧怍，可望色而知，一也；凡狱讼曲直，乡党必知其实，今忽累及乡党，使供牲酒，必有不欲而质证其曲直者，二也；又为变诈者，惧不见直于乡里，而他日不相保受，或者自服，三也。此事初视之甚可笑，继思之有至理。供牲者，注："盟者书辞于策，杀牲取血，坎其牲，加书于上而埋之也。"

古狱为圜形

《周礼·秋官·大司寇》："以圜土聚教罢民。凡害民者，置之圜土而施职事焉。……其不能改而出圜土者，杀。"注："圜土，狱城也。"罢民者，夜在圜土，昼役司空，欲其劳则归善，故曰罢同疲。

按：出圜土者，即今所谓越狱也，故杀。司马迁《报任安书》云："幽于圜墙之中。"圜墙即圜土，以此证汉狱仍与周同制也。

古徒刑必赭衣

《荀子》："杀赭衣不纯。"《说苑》："豫让赭衣入缮宫。"《史记·张耳传》："唯孟舒、田叔等十余人，赭衣自髡钳，称王家奴。"《汉书·楚元王传》："衣之赭衣。"《吾丘寿王传》："赭衣塞路。"

按：徒刑者，即所谓"昼役司空"也。赭者，赤也。衣赭衣，所以使

清代监狱

人知其为罪人也。此等衣制，至清尚有，沿历数千年，可谓久已。

凡犯徒刑罪，先坐嘉石以示众

《周礼·秋官·大司寇》："以嘉石注：文石，树之外朝门左。平罢民。凡万民之有罪过而未丽于法，而害于州里者，桎梏而坐诸嘉石，役诸司空。坐石期满役于司空。重罪，旬有三日坐，期役；坐石十三日役一年。其次九日坐，九月役；其次七日坐，七月役；其次五日坐，五月役；其下罪三日坐，三月役。使州里任之，则宥而舍之。"

按：梏在首，桎在足。役期长者，坐石日亦长；役期短者，坐石日亦短也。必先坐石者，所以示众。任者，保也，期满使州里保出，不复为非也。

古防范囚犯之刑具

《周礼·掌囚》："凡上罪梏拲而桎，中罪桎梏，下罪梏。"注："梏者，校也，即枷。在首，犹牛之有梏。拲，两手共一木。在足曰桎。"

按：拲者，今之手铐；桎者，今之脚镣。桎、梏、拲，上罪全有之。中罪去拲，使手自由；下罪则只刑其足，使不能逃走而已。

古递解罪人胶目鞲手

《吕氏春秋》："'管仲吾仇也，愿生得之。'鲁君许诺，乃使吏鞲其拳，胶其目，盛之以鸱夷，置之车中至齐。"

按：鞲，革也，以革囊其手，使不能动作。胶目者，以胶糊其目，使不能视。今贼劫人为质者，犹用其法。鸱夷者，大皮壶。既鞲手胶目，复将其全身装入鸱夷中，即夫差以鸱夷盛子胥尸沉之江中者是也。

古代刑具图

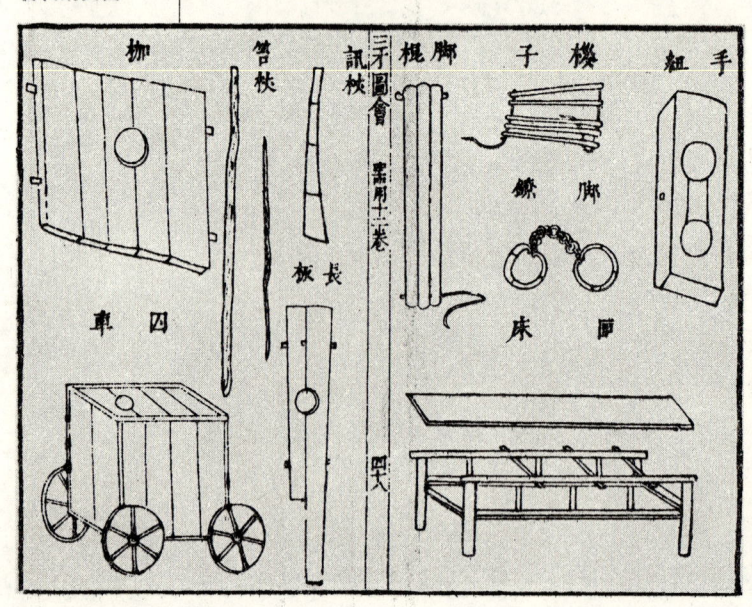

周极轻之刑曰觵罚酒挞、曰髡

《周礼·地官·闾胥》："凡事掌其比，觵挞罚之事。"注："乡饮酒有失礼者，则罚以觵酒，重者挞之。"又，髡刑剃人发，不在五刑之内，盖亦极轻刑也。

周时五刑之惨酷

《周礼·秋官·司刑》："掌五刑之法，以丽万民之罪：墨罪五百，劓罪五百，宫罪五百，刖罪五百，杀罪五百。"注："夏刑大辟即杀二百，膑辟三百，宫辟五百，劓、墨各千。"至汉文帝，除墨、劓、刖三刑。宫刑至唐乃除。是周之五刑，沿自虞夏，仍而不改。夫杀刑至今不能废，宜也；至其余四刑，惨酷极矣。墨者，黥也，先刻其颡成文，以黑色涅之，终身不灭。《商鞅传》"以黥徒二人夹之"，"英布以尝受黥刑，人呼黥布"是也。劓者，截鼻。宫者，去势。《左传·襄十八年》"夙沙卫连大车以塞隧而殿"，殖绰、郭最以为奄人殿师，齐之大辱，汉司马迁被宫刑，终身耻之，以为"无颜上先人丘陇"是也。刖者，去足。卞和抱璞刖足，孙膑刖足为齐将，齐踊贵屦贱，在春秋时此刑尤多。夫人之罪既不至死，则受刑于一时，尚可迁善改过于后日；而黥其面焉，割其鼻焉，去其势、斧其足焉，使其终身残废，不可以为人，则其酷甚于死矣。乃历三代而不改，至汉文帝乃去其三，至唐乃去其宫刑焉。呜呼，何其晚哉！

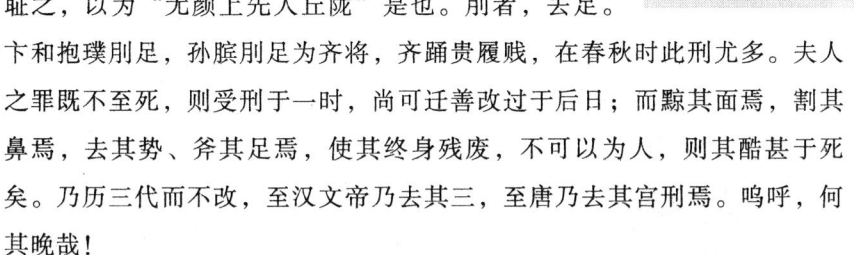

西周青铜器——刖足奴隶鬲

周处分残废人之法

《周礼·秋官》："墨者使守门，劓者使守关，宫者使守内，刖者使守囿，髡者使守积。"是以《昭五年》：楚共王曰："晋，吾仇敌。今其来者，上卿、上大夫也。若吾以韩起为阍，言刖使守门。以羊舌肸为司宫，加宫刑。可乎？"又，《说苑》："齐景公被发，御妇人以出正闱，刖跪击其马而反之。"是守内、守门之证也。又，古之乐官必为瞽者，遇大祭祀，百数十人排队而出，有视瞭以为相，可见无一有目者。故古之瞽者，皆不失业，无如今日之沿街乞食者。此则古人因材利用之善也。

卷二十五 讼狱

古盗贼妻子入官为奴

《周礼·秋官·司厉》："掌盗贼之任器货贿。其奴，男子入于罪隶，女子入于舂藁。"《左传·襄二十三年》："初，斐豹，隶也，著于丹书。以丹书其罪。栾氏之力臣曰督戎，国人惧之。斐豹谓宣子曰：'苟焚丹书，我杀督戎。'"是男子入于罪隶之证也。《汉书·楚元王传》："使杵臼碓舂于市。"即舂也。槁者，炊食也。女子质弱，故使为之。

又罪人亡逸，其妻子亦为奴

《新序》："钟子期夜闻击磬声而悲，召问之，曰：'臣之父杀人而不得，亡去。臣之母得为公家隶，臣得为公家击磬。臣不睹臣之母三年矣。昨日为舍市而睹之，意欲赎之无财，是以悲也。'子期为赎其母。"是有罪而逃者，则必奴其妻子，与盗贼同也。

汉唐犯重罪，妻子皆没为官奴婢

《汉律》："罪人妻子，没为奴婢。"《魏志·毛玠传》："出见黥面反者，其妻子没为官奴婢。"唐次《柳氏旧闻》："玄宗幸太子宫，见使用无妓女，令高力士选民间女五人进之。力士曰：'臣以为掖庭中，故衣冠以事没入者不少，可备选。'"又，《刘无双传》："以父曾为朱泚伪官，置大辟，无双没入掖庭。"又，《因话录》："肃宗燕宫中，有女优绿衣秉简为参军者，乃伏法蕃将阿布恩之妻也。"是自汉迄唐，凡犯重罪者，其妻子无不没为官奴婢也。

古杀人状况

古欲斩人，先使伏于鑕上。《说苑》："秦始皇既囚太后，令曰：'敢谏者死！'茅焦既谏，解衣伏质。"《史记·张苍传》："犯死罪当斩，解衣伏质。"《汉书·王欣传》："欣已解衣伏质。"师古曰："质，鑕也，欲斩人皆伏于鑕上。"至斩人之器，则不以刀而以斧。《管子》："至堂阜，桓公亲迎，袚而浴之。管仲诎缨捷衽，使人操斧而立其后。公辞斧三，然后退之。公曰：'垂缨下衽，寡人将见。'"

按：管仲曾射桓公中带钩，故自请死罪，使人操斧以备诛，而冠缨下垂，则于斩首时有碍，故屈缨于上，使不护项。又，衣襟下垂，腰斩不便，故敛衽露体，俾无遮护。是皆就死时状态。乃不持刀而持斧者，诚以

古杀人尽以斧也。

古杀人后必暴其尸三日

《周礼·秋官》："凡杀人者踣诸市，肆之三日。"《左传·成十七年》："晋厉公杀三郤，皆尸诸朝。"《襄二十三年》："楚杀令尹子南，尸诸朝三日。"《昭公二年》："郑子晳死，尸诸周氏之衢，加木焉。"注："书罪于木，加尸上也。"即《论语》所谓"肆诸市朝"也。又，《桓十五年》："郑祭仲杀雍纠，尸诸周氏之汪。"注云："汪，池也。"是不朝不市，而于野也。然自汉以来，不见有陈尸之事，只王允杀董卓，肆之于市，卓尸肥，夜燃灯于脐中，谓之卓蜡，他甚少也。

古有焚尸刑，有车裂刑

《周礼·秋官》："凡杀其亲者，焚之；杀王之亲者，辜之。"郑注："辜，车裂也。"《左传·襄二十二年》："轘观起于四竟。"杜注："轘，车裂也。"又，《史记·商鞅传》："乃车裂之。"至汉以后，则甚少矣。

古代车裂图

古以金帛赎罪

《虞书》曰："金作赎刑。"《孔丛子》："颜仇由善侍亲，子路义之。后仇由以非罪执，子路请以金赎焉。"《新序》："钟子期为击磬者赎其母。"《史记·李广传》："当斩，赎为庶人。"《后汉·明帝纪》："天下亡命殊死以下，听得赎论：定也。死罪入缣二十匹，右趾至髡、钳、城旦舂十匹。"是自死罪以至最轻之舂罪，皆可以金帛赎，故富者无所畏也。城旦者，戍边塞，昼伺寇虏，夜筑长城。右趾者，谓刖其右足也。但自文帝时，即诏除肉刑，

谓右趾为刖足，疑注非也。

汉女刑有顾山

《平帝纪》："天下女徒言女应受徒者已论，归家，顾山钱月三百。"又，《光武纪》："女徒雇山归家。"如淳曰："令甲，女子犯徒罪，遣归家，每月出钱雇人于山伐木，名曰顾山。"

按：此刑后世少见，汉世重聚敛，故有此刑也。

汉死罪可改宫刑

《景帝纪》："诏：死罪欲腐者，许之。"《光武纪》："诏：死罪募下蚕室。"

按：此可见宫刑之重。观诏语曰"欲腐者"，盖有宁就死不欲腐者矣，故须募也。蚕室常温，割势后惧中风，故居之。

按：周时王宫以阉人守内，亦因材利用耳，与劓、刖同也。故其时士大夫家，亦常用阉人。《左传·襄二十八年》："崔子怒，寺人御而出。"是其证也。至汉时帝王，宫嫔愈多，须阉人愈众，自然之宫刑不敷用，则募以致之矣。故《后汉·郎𫖮传》："臣闻古者，本无宦官。武帝末，春秋高，数游后宫，始置之。"

司马迁像

卷二十六 笔墨纸砚之沿革

文具

成周以前皆以刀代笔

《考工记》:"筑氏为削,长尺博寸,合六而成规。"郑注:"今之书刀。"疏:"汉时蔡伦造纸,蒙恬造笔。古者未有纸笔,则以削刻字。至汉虽有纸笔,仍有书刀,是古之遗法也。"

按:削者,刀也。今日出土之龟甲文,皆以刀划字于上,而皆为殷物。《考工记》作于周初,由是证成周以前,皆以削刻字,无所谓笔。故至汉因名曰"书刃",言以刀作字也,《东观汉记》"建初中以书刃赐马严"是也。

春秋战国以竹木为笔而不废刀

《古今注》:"古之笔不论以竹以木,但能染墨成字,即谓之笔。"《曲礼》云:"史载笔。"《管子》云:"于是令百有司,削方墨笔。"《庄子》云:"众史皆至,舐笔和墨。"《韩诗外传》:"墨笔操牍。"

按:兹所谓笔,皆竹木之笔也。先削成薄片,成斜刃形,而析其末,使竹木之文理碎析蒙茸,然后能染墨。舐笔者,舐其尖使润,受墨易也。然仍不废刀。周末虽有帛书,大多数用竹简,字讹则以刀削去。《史记·孔子世家》:"孔子为《春秋》,笔则笔,削则削,子夏之徒不能赞一辞。"是其证。又,《拾遗记》:"任末削荆为笔。"后汉时虽有毛笔,任末以家贫,削荆为之,亦古以竹木为笔之证也。

古竹笔,今木匠仍用之。宋《嬾真子》云:"古笔多以竹,如今木匠

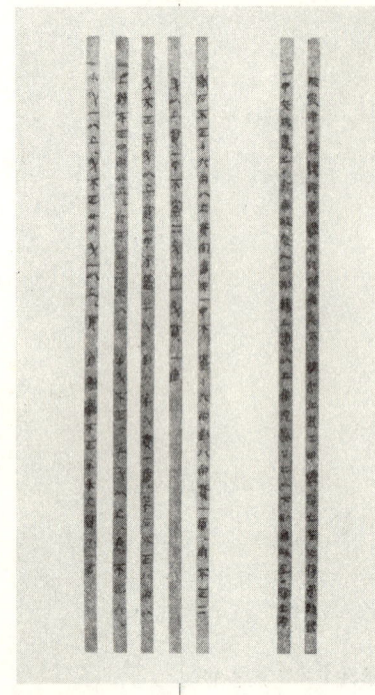

所用墨斗竹笔，故字从竹。"按：今木匠所用竹笔，长约五六寸，笔尖削成薄片，宽半寸余，成斜刃形，以刀析其末，使刀碎能受墨，即秦以前之笔。至所用墨斗，疑亦周旧也。

秦汉以兽毛为笔

《史记》："始皇令蒙恬与太子扶苏筑长城，恬取中山兔毫造笔。"《古今注》："秦蒙恬以枯木为管，鹿毛为柱，羊毛为被，所谓苍毫也。"

按：竹木能染墨而不能含墨，作字甚艰。蒙恬以鹿毛为心，更以羊毛被于四周，束于管中。鹿毛质劲，羊毛质柔，含墨多，作字更速。后世精益求精，更益以兔毫，束以竹管。《西京杂记》所谓"天子笔管，以错宝为跗，毛皆以秋兔之毫"，韩愈《毛颖传》所谓"封于管城者"是也。

至汉仍刀笔并用

西汉时虽以帛书，东汉虽有纸，然多用竹简。用竹简即不能废刀。《汉书·郅都传》："临江王欲得刀笔为书谢上。"《原涉传》："削牍为疏。"《朱博传》："与笔札使功曹自疏奸臧。功曹惶怖，大小不敢隐。博知实，敕自改而已，投刀使削所记。"《孔光传》："时有所言，辄削草稿。"皆刀笔并用之证也。故夫《萧何世家》云："以秦时刀笔之吏……"《汲黯传》云："人言刀笔吏，不可为公卿。"《尹齐传》云："以刀笔吏稍迁至御史。"《周昌传》："尧少年，刀笔吏耳！"当时之称"刀笔吏"，似今口之称书记生，缮写小吏也。然就《朱博传》观之，似刀自刀，笔自笔，刀专供笔误刊削之用，与周以前以削刻字，所谓"书刃"者异也。

至晋只用笔不用刀

刀笔与竹简，相因为用者也。晋时纸盛行，竹简遂废。竹简废而刀亦废。故自晋以来，遂无刀笔之语。

春秋战国时以漆为墨

《论语比考谶》："孔子读《易》，漆书三灭。"《后汉·杜林传》："林前于西州得漆书《古文尚书》一卷。"又，《吕强传》："至有行赂定兰台漆书经字，以求合其私文者。"

按：古作字于简，竹简光滑，若施以今日之墨，干即脱落，故必以漆。《管子》云："有司削方墨笔。"庄子云："舐笔和墨。"《韩诗外传》："周舍赵臣墨笔操牍。"凡所谓墨，皆漆也。然不曰漆而曰墨，殆于漆之中加以黑色，俾字易显明也。然摩挲久则仍灭，故孔子读《易》有"漆书三灭"之语也。

至西汉始制墨成块

《西京杂记》："尚书令仆丞郎，日给隃糜墨。"《汉官仪》："尚书令仆丞郎，日给隃糜墨二枚。"

按：《地理志》："隃糜县，属右扶风。"必其地有以制墨为专业者，所产最良，故因以为名。然既曰"枚"，则已制墨成块，不专用漆。

晋始废漆墨、用烟墨

东汉虽有纸，仍用竹简，故漆墨仍不废。至晋尽用纸，烟墨始行。《墨经》云："晋始烧黍为烟，和以松煤。"唐初，高丽贡松烟墨。宋张遇供御墨，始用油烟入麝，谓之龙剂，以迄于今。

古以竹帛为纸

《墨子》："杀其人民，取其牛马货财，则书于竹帛。"《说文》："著之竹帛谓之书。"《汉书》："讽诵《诗》、《书》百家之言，不可胜数，著于竹帛。"是书字于竹帛之上也。其以竹为书者，小则曰简。《诗·小雅》："畏此简书。"毛传："简书，戒命也。"孔疏："古者无纸，有事书之于简，故曰简书。"《左传·闵元年》"请救邢以从简书"是也。再

战国楚帛书

小则曰札。《史记·司马相如传》："上许，令尚书给笔札。"注："札，木简之薄小者。"又与简札名异而实同者，曰牍，曰毕。《史记补传》："东方朔初入长安，至公车上书，凡用三千奏牍。"《汉书·许皇后传》："书对牍背。"又，《周勃传》："乃书牍背示之曰：'以公主为证。'"师古曰："牍，木简。"又，《礼·学记》："今之教者，呻其占毕。"疏："占，视也；毕，简也。"又，《尔雅·释器》："简谓之毕。"盖简、札、牒、毕，同物而异名，而牒之小与札同。《说文》："札，木牍也。"《汉书·路温舒传》："编以为牒。"师古曰："小简曰牒。"是毕与简等，牒与札等，而札、牒更小于简、毕也。

其大者则曰方、曰策。《孟子》曰："吾于武成，取二三策而已矣。"《中庸》曰："文武之道，布在方策。"蔡邕《独断》云："策者，简也。单执一札，谓之为简；连编诸简，谓之为策。"凡书字有多有少，一行可尽者，书之于简；数行可尽者，书之于方；方所不容者，乃书于策。又，杜预《左氏序》："大事书之于策，小事简牍而已。"孔疏云："策者，册也，连编于简为之。"按：《仪礼·聘礼》云："不及百名书于方。"郑玄云："方，板也。"是方广于简，字在简多不能容，乃书于方板上；方复不能容，乃接书于简；简多，按次序连编之，乃名为策。策者，一文而联多简之总名，非策更大于方也。汉魏时校订古书，常有脱简、错简诸事。脱者，于策中少一简；错者，倒置策简之先后也。

故夫今日可以纸为者，古无不以竹木

一、契券

《周礼·质人》："凡买儥者质剂焉。"郑注："质，剂券也。"疏："古未有纸，故以札书。"《汉书·高帝纪》："此两家常折券弃责。"师古曰："以简牍为契券，既不征索，故折毁之。"是契券皆以竹木。

二、名刺

《史记·高帝纪》："乃绐为谒曰'贺钱万'，实不持一钱。"注云："谒谓以札书姓名。"若今通姓名。又，《郦食其传》："生瞋目按剑叱使者曰：'走入复言沛公：吾高阳酒徒也，非儒人。'使者惧而失谒。"《后汉·郭泰传》："士争归之，载刺常盈车。"《祢衡传》："乃阴怀一刺，既而无所之适，至于刺字漫灭。"凡所谓谒，皆竹札也，故惧而失谒、谒可盈车；怀谒久不用，字至磨灭也。

三、书疏 须盛以囊

《史记补传》："朔初入长安，至公车上书，凡用三千奏牍。公车令两人共持举其书，仅然能胜之。"夫惟竹简，故其重若是，而书疏则盛以囊。《汉书·东方朔传》："文帝集上书囊，以为殿帷。"是可证群臣凡有书奏，皆以囊盛。不以囊则人见，且简札散乱，无所收束。由是推之，凡朋友书问往还，亦必皆以囊。故《后汉·广陵思王传》："荆哭不哀，而作飞书，封以方底囊。"底方则容广也。

四、书籍

《庄子》："惠施多方，其书五车。"夫惟竹简，故著书至有五车之多。又，《论语比考谶》："孔子读《易》，韦编三绝，铁挝三折。"夫惟竹简，故贯之以韦；读毕一简，以铁挝掀一简也。《韩非子》："魏昭王读法，十余简而睡矣。"是亦编简为策之证也。

东汉时以竹简制书之法，简长二尺四寸

《后汉·吴祐传》："欲杀青简以写经书。"注："杀青者，以火炙简令汗，取其青易书，复不蠹。"又，《周磐传》："编二尺四寸简，写《尧典》一篇，并刀笔各一，以置棺前。"又，《曹褒传》："撰次天子至于庶人冠婚吉凶终始制度，以为百五十篇，写以二尺四寸简。"是欲写经书，先将竹简杀青而书之，长则以二尺四寸为度也。

若法令之书则简长三尺

《左传·定九年》："郑驷颛杀邓析而用其《竹刑》。"杜注："析私造刑书，书于竹简，故曰竹刑。"而不言其尺寸。《汉书·杜周传》："君为天下决平，不循三尺法。"孟康曰："以三尺竹简，书法律也。"又，《朱博传》："廷尉治郡断狱以来且二十年，亦独耳剽日久，三尺律令，人事出其中。"是汉时刑书竹简，长皆三尺，比寻常书

武威汉简

长六寸也。

后汉始有纸

《后汉·蔡伦传》："自古书契多编以竹简，其用缣帛者谓之为纸。缣贵而简重，并不便于人。伦乃造意，用树肤、麻头及敝布、鱼网以为纸。"纸之创造始于此。然东汉至魏，仍兼用竹简。《魏书·张既传》注引《魏略》曰："常畜好刀笔及版奏。"是其证也。

古贫者得书难，常写于门墙、衣服及股上

《拾遗记》："苏秦、张仪，同志好学，遇见坟、典，行路无所题记，以墨书掌及股里，夜还而写之。析竹为简，剥树皮编以为书帙。"又，"贾逵家贫，削庭中桑皮以为牒，或题于扉屏。"又，"任末观书合意者，题其衣裳，门徒更以净衣易之。河洛秘奥，非正籍所载，皆注记于柱壁及园林树木；好学者来辄写之。"是可证古时纸固少，即竹简，贫者亦不易办，故任处写书。

至东晋纸大行，始不用竹，书而以卷计

《世说》："庾仲初作《扬都赋》成，以呈庾亮。亮大为其名价，于是人人竞写，都下纸为之贵。"又，"庾子嵩读《庄子》，开卷一尺许便放去，曰：'了不异人意。'"又，《世说》注："褚陶曰：'圣贤备在黄卷

汉造纸场景图

中。'"始不曰简,而曰卷矣。

唐时书籍仍为卷,至宋装为册,而仍以卷计

唐韩退之《王适墓志》:"得一卷书若告身者,袖之。"

按:王适妇翁,必嫁其女于官人。适本秀才,媒妁受贿绐妇翁,谓适为官人,持一卷书作告身即诰封轴以为证。由是可证,唐时书籍皆为卷形。史谓某人藏若干卷书者,殊名与实符。至宋印本书行,皆装成册,而仍以卷计,则不合矣。

汉人作书已用砚

自秦以前,不见人用砚。俗传周武王有砚铭者,伪也。周初承殷,皆以削刻字。周末用漆书,调漆时或用砚。然诸子所记,或曰和墨,或曰墨笔,而不及砚。故吾谓今木匠所用墨斗为周制。至西汉制墨成块,用时须磨,磨必以砚。故《汉书·薛宣传》云:"下至材用笔研,皆为设方略。"《后汉·班超传》:"安能久事笔砚间乎?"似当时读书者,为不可离之物,至汉末而愈多矣。

古佣书致富

《拾遗记》:"汉安帝时,家贫不得仕,乃挟竹简、插笔,于洛阳市佣

东坡试砚图

书。美于形貌，又多文辞，来僦其书者，丈夫赠其衣冠，妇人遗其珠玉，一日之中，衣宝盈车而归。"是可证汉时能书者少。又士人能书，恒耻而不为，故有佣书者，业必发达也。

古人作书不凭几

《世说》："桓宣武北征，袁虎宏。时从，被责免官。会须露布文，唤袁倚马前令作。手不辍笔，俄得七纸。"又，"夏侯泰初尝倚柱作书。时大雨，霹雳破所倚柱，衣服焦然，神色无变，书亦如故。"

按：今人作书必凭案，有能悬肘悬腕者，则以为能。若魏晋时尚无高几可凭，故随地可作书，无不悬肘也。

古竹书易亡之故

《后汉·吴祐传》："父恢为南海太守，欲杀青简以写经书，祐谏曰：'此书若成，则载之兼两。'"

按：此时所谓经，五经耳。兼两者，数车也。只五经即载数车，故五胡乱起，中原文物悉成灰烬。彼夫汲冢竹书有七十余车，实书类亦不多也。

隋唐已有木板书

《随园随笔》云："按陆深《河汾燕闲录》云：'开皇十三年十二月八日，上敕佛经雕板行世。'唐柳玭《家训序》言在蜀时，尝阅书肆，见字书小学，率雕本。"是自隋已有木板，但只雕佛经。至唐末渐及于字书小学，尚未有雕本经书。

五代始刻九经及其他经籍

齐召南《历代帝王年表》云："后唐明宗长兴三年，初刻九经板印卖之。至周广顺三年，九经板始成。"又，《五代史·和凝传》："文集百卷，自镂板行世。"又，《宋史·艺文志》曰："周显德时，始有经籍刻板，学者无笔写之劳。"又，欧阳修有蜀刻本《韩集》。是可证五代时不惟刻九经，并刻其他书籍，不似唐末之只刻小学也。

至宋刻板书始大备

五代时虽刻九经，只正文及注，疏则畏难而不刻。《随园随笔》云：

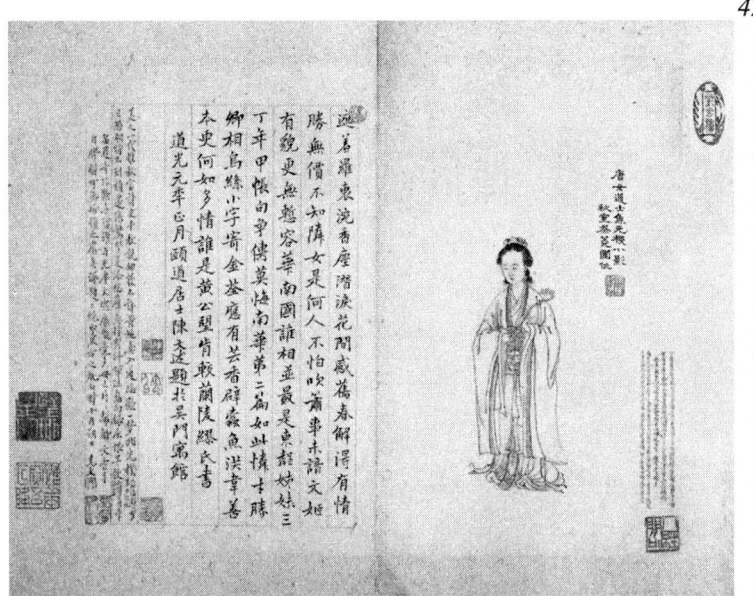

南宋刊刻的《唐女郎鱼玄机诗》

"宋真宗幸国子监,问邢昺经板几何。昺曰:'十余万。臣少从师授经,有疏者百无一二,力不能传抄。今板本大备,士庶家皆有之。'"是刻板书至北宋已大备也。

书籍变迁之历史

自曹魏以前,皆用竹简写书,或以帛。帛贵,用者少,皆简书也。至东汉有纸。纸初发明,汉魏时盖仍贵,其见于史者,仍用简书,不废刀笔。至晋纸多,简书始废,此一变也。晋以后虽有纸,但书必手抄。《南史》:"沈麟士年过八十,犹手抄细字书数十箧。""梁袁峻自写书,日课五十纸。"至五代时虽有刻板书,盖甚不备,仍不免手抄。故苏轼《李氏山房藏书记》言:"老儒先生自言其少时,欲求《史记》、《汉书》而不可得,幸而得之,皆手自书。近年市人,转相摹刻,日传万纸,抄写之劳始免。"此又一变也。至清末影印行,能将巨帙缩为小帙,携带尤易,此又一变也。

卷二十七 迷信 禁忌

古救日食状况

《夏书·胤征》曰："辰弗集于房，瞽奏鼓，啬夫驰，庶人走。"是自夏时，逢日食，则举国惶恐奔驰以救之也。《周礼·夏官·太仆》："凡军旅田役，赞王鼓，救日月亦如之。"又，《地官·鼓人》："救日月则诏王鼓。"又，《左传·昭十七年》："日有食之。昭子曰：'日有食之，天子不举，不举盛馔。伐鼓于社；责群阴。诸侯用币于社，伐鼓于朝，自责。礼也。其余则否。'大史曰：'三辰有灾，百官降物，素服。君不举，辟移时，乐奏鼓，祝用币，史用辞。'"

杜预云："集，安也；房，舍也。辰不集于房者，言不安于舍次也。"盖古人以日月食，乃三辰之灾，故举国上下竭力救护。又，《左传·桓十五年》："六月日食。"《文十五年》："四月日食。"皆用币伐鼓，与此同。此种救护礼节，至清仍存，每日食则百官素服，商民敲铜铁器，以为救护，铿锵震天。又，《周礼·女巫》注："鲁人因日食而哭。"夫至于举国皆哭，则由震恐以至于悲惨矣。然自三代至清，沿之数千年，何其久哉！

古忌迎太岁动作

《荀子》："武王之伐纣也，行之以兵忌，东面而迎太岁。谓逆岁星。"《尸子》："武王伐纣，鱼辛谏曰：'岁在北方，不北征。'武王不从。"

按：今日建筑房屋，俗避太岁所向，谓犯之则凶，古则动兵亦忌也。

太岁像

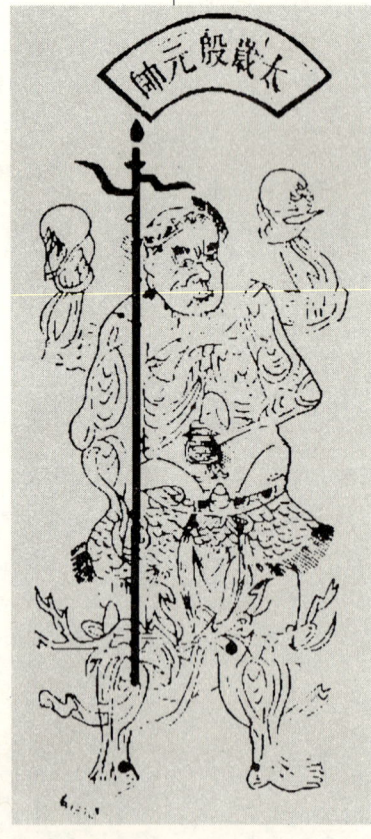

周时忌子卯日

《礼·玉藻》："子卯稷食菜羹。"《左传》："辰在子卯，谓之疾日，君彻宴乐，学人舍业，为疾故也。"《礼·檀弓》："晋平公谓杜蒉曰：'尔饮旷何也？'蒉曰：'子卯不乐。'"注云："纣以甲子死，桀以乙卯亡，王者谓之疾日。"又，《左传·昭十八年》："二月乙卯，周毛得杀毛伯过而代之。苌弘曰：'毛得必亡。是昆吾稔之日也。'"注："昆吾以乙卯日与桀同诛。稔，熟也，言其侈恶积熟，故诛。"

按：此等禁忌，殊不可解。桀纣罪恶贯盈，以子卯日诛，宜也，胡为反忌是日，学人至于舍业哉？抑以帝王死于是日，是日必大凶。然昭王南征死于江，幽王死于骊山，皆凶死，胡后人不忌其死日？吾疑其尚有说也。

古忌晦日

《左传·成十六年》："郤至曰：'陈不违晦注：月终阴之尽，故兵家忌之。以犯天忌，我必克之。'"

汉忌癸亥日

《后汉·邓禹传》："明日癸亥，匡等以六甲穷日不出，禹因得更理兵勒众。"按：癸为十干末，亥居十二支末，癸亥日居六十甲子之末，故曰穷日，不出兵。

古忌五月五日生

《史记·孟尝君传》："田婴有贱妾有子名文，文以五月五日生。婴告其母曰：'勿举也。'其母窃举生之。及长，其母因兄弟而见其子文于田婴。婴怒。文顿首，因曰：'君所以不举五月子者，何故？'婴曰：'五月子者，长与户齐，将不利其父母。'文曰：'人生受命于天乎？将受命于户邪？必受命于户，则可高其户耳，谁能至者！'"又，《西京杂记》："王凤以五月五日生，其父欲不举，曰：'俗谚：举五日子，长及户则自害，不则害其父母。'其叔父曰：'昔田文以此日生，为薛公。以古事推之，非不祥也。'遂举之。"又，《世说》："胡广本姓黄，以五月五日生，其父母置瓮中，流于江湖。胡公取之，养为己子，后登台司。"又，《宋书》："王镇恶以五月五日生，父母欲弃之。祖猛曰：'昔田文以此日生，

为齐相。此儿必兴吾宗。'遂举之。"又,《孝子传》:"纪迈以五月五日生,父母弃之。"是此禁忌,自周至六朝而未已,迄唐始渐衰。《唐书·崔信明传》:"以五月五日正中时生,其父请太史令占之。"是仍有所疑也,特不杀耳。又,《癸辛杂识》:"宋徽宗以五月五日生,以俗忌改作十月十日,为天宁节。"是宋时尚以是为忌也。

汉及六朝人忌辰日哭丧

《颜氏家训》:"阴阳说云:'辰为水墓,又为土墓,故不得哭。'"王充《论衡》云:"辰日不哭,哭则重丧。今无教者,辰日有丧,不问轻重,举家清谧,不敢发声,以辞吊客。"

按:此等禁忌之无理,殆与五月五日生子同也。

春秋时忌见科雉及两头蛇

《说苑》:"楚庄王猎云梦,射科雉,得之。申公子倍攻而夺之。王将杀之,大夫谏曰:'争雉必有说,子姑察之。'不出三月,子倍病而死。邲之战,楚胜晋,归而赏功。申公子倍之弟请赏于王曰:'臣之兄读《故记》曰:"射科雉者,不出三月必死。"臣之兄争而得之,故夭死也。'王命发府而视之,于记果有焉,遂赏之。"按:科雉不知为何物。《康熙字典》云:"科雉,兽名。"而不言其本,胡得之而必死哉?然古载记即有之,怪甚矣。

《新序》:"孙叔敖为儿时,出游,见两头蛇,杀而埋之,归而泣。其母问其故,对曰:'闻见蛇两头者死,向者吾见之,恐人复见也,杀而埋之。'母曰:'如是存心,必不死。'既而果不死。"按:此亦与得科雉者存心同耳。彼何以死,此何以不死?盖事出偶然,无关休咎也。

古以女为不祥

《左传·襄二十五年》:"郑伐陈,入之。陈侯奔,遇贾获,载其母妻,下而授公车。公曰:'舍尔母。'辞曰:'不祥。'"是以母为不祥,弗与共车也。又,《列女传》:"赵简子伐楚,至河,津吏醉不能渡,欲杀

《说苑》书影

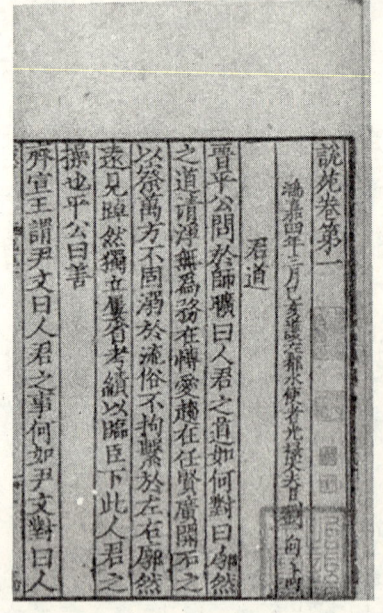

之。津吏女娟既说简子而免其父，且请操楫而渡。简子曰：'吾将行，选士大夫斋戒沐浴。'义不与妇人同舟而渡也。"是亦以女为不祥，恐同舟败事也。又，《汉书·李陵传》："'吾士气少衰、鼓之不起者，何也？军中岂有女子乎？'乃搜得，尽斩之。明日斩首三千级。"是军中尤忌有妇人也。

古忌东益宅

《新序》："哀公问孔子曰：'寡人闻之东益宅不祥，有之乎？'孔子曰：'不祥有五，而东益不与焉。'"按：此事《淮南子》亦载之，谓"哀公欲西益宅，史争之，以为不祥。哀公怒，问其傅宰折睢"。盖一事而传闻异词，然或曰东，或曰西，亦足证其无正理，而纯为习惯之迷信矣。

周及汉皆恶枭鸣，唐以枭为报喜

《说苑》："齐景公为露寝之台，成而不通焉。柏常骞曰：'为台甚急，台成，君何为不通？'公曰：'然。枭昔者鸣，其声无不为，吾恶之甚，故不通焉。'"又，《汉书·霍光传》："鸮数鸣殿前树上，大怪之。"按：枭昼伏夜动，纯为阴物。俗谓其夜见鬼始鸣，必自三代时有是说，不然何恶之甚哉？

枭图

然至唐时，又以枭为报喜。《剧谈录》："韦颛举进士，未放榜，拥炉愁叹。忽檐际有枭怪鸣，疑有殃咎，忽禁鼓一鸣，报颛及第。"又，《隋唐嘉话》："有枭晨鸣于张率更庭树，其妻以为不祥，连唾之。率更云：'急洒扫，当迁官。'言未毕，贺客盈门。"

古人迷信蛇妖

《左传·文十六年》："有蛇自泉宫出，入于国，如先君之数。秋八月，声姜薨，毁泉台。"又，《韩非子》："涸泽蛇将徙，有小蛇谓大蛇曰：

'子行而我随之,人以为蛇之行者耳,必将杀子。不如相衔负我行,人以我为神君也。'乃相衔负以越公道,人皆避之,曰:'神君也。'"

按:《韩非子》虽寓言,然当时人心理,实如是也。

古以狗矢浴不祥

《韩非子》:"燕人无惑,言祛惑,注皆误。故浴狗矢。燕人,其妻有私通于士,其夫早自外而来,士适出。夫曰:'何客也?'其妻曰:'无客。'问左右。左右言无有,如出一口。其妻曰:'公惑易也。'因浴之以狗矢。"又,"燕人李季好远出,其妻私有通于士。季突之,士在内中,妻患之。其室妇曰:'令公子裸而解发,直出门,吾属佯不见也。'于是公子从其计,疾走出门。季曰:'是何人也?'家室皆曰:'无有。'季曰:'吾见鬼乎?'妇人曰:'然。''为之奈何?'曰:'取五牲之矢浴之。'"

按:牲矢避鬼魅,古所未闻。迷信至此,只有捧腹而已。

古以刍狗祷病

《庄子·天运篇》:"夫刍狗之未陈也,盛以箧衍,笥也。巾以文绣,尸祝斋戒以将之。及其已陈也,行者践其首脊,苏者取而爨之而已。"按:《淮南子》:"疾疫时行,则刍狗为帝。"是刍狗者,束草为狗,被以文绣,供于神,用以祷病。病愈多,刍狗愈贵。然祷罢则以车轹之,践踏之,复为薪矣。观《魏志·周宣传》:人尝三梦刍狗,三占皆不同而皆应,人问其故,"宣曰:'刍狗者,祭神之物。故君始梦,当得食也。祭祀既讫,则刍狗为车所轹,故梦中当堕车折脚也。刍狗既车轹之后,必载以为樵,故后梦忧失火也。'"是刍狗之用,自周迄三国仍相同也。至唐则代以纸马,《博异记》:"王昌龄舟行至马当山,祷神祈风,具酒脯纸马。"是其证。

古以桃木避不祥

《左传·襄二十九年》:"楚人使公亲襚,乃使巫以桃、茢先祓殡。楚人弗禁,既而悔之。"杜注:"茢,黍穰。"孔疏:"茢是帚,盖桃为棒也。"按:《左传·昭十二年》:"楚王曰:'唯是桃弧棘矢,以共御王事。'"杜注:"桃弧棘矢,以御不祥。"又,《庄子》:"插桃枝于户,连灰其下,童子入不畏,而鬼畏之。"是鬼智不如童子也。惟鬼畏桃木,故

鲁人先以桃茢袪亡鬼。后楚人知其故，故悔，悔先灵被袪也。又，《礼记》："君临臣丧，以巫祝桃茢执戈。"是鲁又以楚子为臣也。

又，《汉书·广川惠王传》："'今欲糜烂望卿，使不能神。'取桃灰毒药，与支体杂煮之。"又，《王莽传》："莽感高庙神灵，遣虎贲虎士入高庙，拔剑四面提击，斧坏门牖，桃汤赭鞭，鞭洒屋壁。"是又煮桃木为汤以避鬼也。又，《宋史·五行志》："西川孟昶每岁除日，命翰林为词，题桃符。"又，李时珍《本草集解》曰："桃味辛气恶，故能厌伏邪气。"今人门上用桃符辟邪，以此也。又，元好问诗云："十九桃符傍门户。"是可证刻桃为符，至新年则悬门上以辟邪也。又，古今载记以桃木避鬼之事，难更仆数。他迷信事，或古有今无，独此事历周迄今不改，胡其久如此哉！

写有门神名字的桃符

周以来梦之迷信

《周礼·春官》："占梦，中士二人。"注："专占梦之吉凶。"《诗·小雅》："乃寝乃兴，乃占我梦。"又，"大人占之，众维鱼矣。"又，《正月》篇："讯之占梦。"又，《左传·成十年》："晋侯梦大厉。"又，《史记·赵世家》："赵盾在时，梦见叔带持要而哭，甚悲；已而笑，拊手且歌。盾卜之，兆绝而后好。"又，"简子梦之帝所甚乐。"又，《史记·佞幸列传》："文帝梦欲上天，不能，有一黄头郎从后推之上天。后阴目求推者郎，即见邓通，尊幸之。"是周及汉皆重视梦，而周且有掌梦专官也。至三国魏周宣以占梦著大名，而占无不验，事尤奇也。

古梦棺者必得官

《世说新语》："人有问殷中军：'何以将得位而梦棺器，将得财而梦矢秽？'殷曰：'官本是臭腐，所以将得而梦棺尸；财本是粪土，所以将得而梦秽污。'"又，《晋书·索紞传》："索充初梦天上有二棺落充前。紞曰：'棺者，职也，当有京师贵人举君。二官者，频再迁。'俄而果然。"

又，《因话录》："李逢吉未掌纶诰前，家有老婢好言梦，后多有应。李公久望除官，因访于婢。一日，婢至惨然。公问故，曰：'昨夜与郎君作梦不好。'意欲不说。公强之，曰：'梦有人舁棺至后堂，云"且置在此"，不久即移入堂中。此梦恐非佳也。'公闻甚喜。俄除中书舍人，后知贡举，未毕而入相。"又，杂家小说记此等事亦甚多，不胜录也。

古诅祝所恶之人使神加殃

《左传·隐十一年》："郑伯使卒出豭，行二十五人出犬鸡，以诅射颍考叔者。"注："郑前伐许，颍考叔执郑伯之旗蝥弧以先登，子都射之颠，故郑伯使巫祝诅之。"

按：《书·无逸》："厥口诅祝。"疏："诅祝，谓告神明，令加殃咎也。以言告神谓之祝，请神加殃谓之诅。"又，《周礼·春官》："诅祝掌盟诅之祝号。"郑司农云："诅谓祝之使沮败也。"然则诅射颍考叔者，即请神加以殃咎也。故《汉书·班婕妤传》："飞燕谮婕妤祝诅。考问，辞曰：'使鬼神有知，不受不臣之诉；如其无知，诉之何益？'"是其证也。

古盟誓歃血状况

《晏子春秋》："崔杼既弑庄公而立景公，杼与庆封相之，劫诸将军大夫及显士庶人于太公之坎上，令无得不盟者。为坛三仞，埳其下，以甲千列环其内外，盟者皆脱剑而入。维晏子不肯，崔杼许之。有敢不盟者，戟拘其颈，剑承其心，令自盟曰：书词。'不与崔庆而与公室者，受此不祥。'言不疾，指不至血者死。以指抹血歃口。所杀七人。次及晏子，晏子奉杯血，仰天叹曰：'呜呼！崔子为无道，而弑其君，不与公室而与崔庆者，受此不祥。'俯而饮血。"按：歃者，饮也。《左传·僖二十五年》："宵，坎血加书，伪与子仪、子边盟者。"注："掘地为坎，沥牲血坎中，加盟书其上。"

又，《周礼·秋官·司盟》："掌盟载之法。"注："盟者，书其词于策，杀牲取血，坎其牲，加书于上而埋之，谓之载书。"即《左传·昭十二年》所谓"坎用牲加书"也。兹言"太公之坎上者"，言于太公庙为坎也；"指不至血"者，言以指抹血歃于口也。此所谓劫盟，与《哀十五年》"大子与五人介，舆豭从之，迫孔悝于厕，强盟之"，《十六年》"大子使五人舆豭从己，劫公而强盟之"，性质同也。夫既知为人所不欲，而犹强使之盟，似一盟即永不敢背者，则当时人之心理忠厚，实过后人也。

若天子之合盟及列国会盟，则执牛耳，不以貑

《周礼·天官·玉府》："若合诸侯，则共珠盘、玉敦。"注："珠槃以盛牛耳，尸盟者执之。"疏："敦盛血。"又，《夏官·戎右》："盟则赞牛耳、桃茢。"疏："尸盟者既以珠盘盛牛耳，更以玉敦盛耳血使歃。戎右执桃与茢，祓除不祥。"此天子合诸侯之盟也。夫以天子之尊，尽可命令诸侯，使从其令，而必以盟，是盟更重于天子之命可知也。

天子合诸侯而盟，其执牛耳者，自为天子之属。若诸侯与诸侯盟，则以尊者执牛耳，是以常有争执。故《哀十七年》："武伯问于高柴曰：'诸侯盟，谁执牛耳？'"又，《定八年》："晋师将盟卫侯于鄟泽，赵简子曰：'群臣谁敢盟卫君者？'涉佗、成何曰：'我能盟之。'卫人请执牛耳，成何曰：'卫，吾温、原也，焉得视诸侯？'将歃，涉佗捘卫侯之手，及捥。卫侯怒。"按：注云："盟礼，尊者莅牛耳，主次盟者。"卫君与晋大夫盟，臣当执牛耳，晋人恃其强，背礼侮卫君也。然无论天子合诸侯、诸侯与诸侯，凡盟必歃血于口。《左传·襄九年》："郑子孔、蟜曰：'与大国盟，口血未干而背之，可乎？'"又，《史记·平原君传》："毛遂谓楚王之左右曰：'取狗马之血来。'毛遂奉铜盘而跪进之楚王曰：'王当歃血而定从。'既毕歃，遂定从于殿上。毛遂左手持盘血而右手招十九人曰：'公相与歃此血于堂下。'"即盟时尸盟者以次以手抹血于口也。

古重视卜筮

卜用龟，以火灼龟视其兆而定吉凶。《说文》："兆，龟坼也。"盖以火灼龟板，上现坼文，即以此坼文定吉凶，《史记·赵世家》所谓"兆绝而后好"、《文帝纪》"兆得大横"是也。在夏商时，卜盖重于筮。周时卜筮并重，其卜词有千二百之多。然《左传》云"筮短龟长"，似周人心理，亦以卜为重。故凡得大龟者谓之宝，椟以玄纁，藏于太庙。《论语》："臧文仲居蔡，山节藻棁。"甚贵重也，有大事则启之。汉以后用者少，唐或用之，唐以后载籍则不见，盖失传久矣。

筮用蓍草，枚长二尺或五尺、七尺。筮时用五

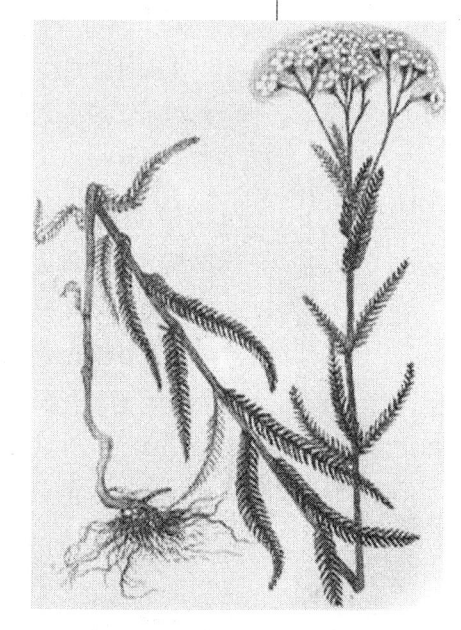

蓍草

十枚，去一，四十九枚，三揲成一爻，十八揲成六爻。《周易》即其筮辞。又有《连山易》、《归藏易》，先儒谓为夏、殷《易》，今不传。

周设卜筮专官

《周礼·春官》："大卜，下大夫二人；卜师，上士四人；卜人，中士八人。"又，"筮人，中士二人。"夫掌卜之官，尊至大夫，其重视为何如！是以周时凡事必卜，冠婚丧祭、祭牛，皆卜而后定，大事更可知。其见于《仪礼》、《春秋传》、《国语》者，不可胜数。至战国已少，秦汉尤少。以此见迷信心理，愈古愈甚也。

至战国遂有卖卜为业者，以迄于今

《庄子》："支离疏者，鼓筴播精，足以食十人。"注：鼓筴，音策。揲蓍也。足食十人，言卖卜可养十人也。又，《高士传》："严君平垂帘卖卜成都市，日得百钱自给，卜讫则闭肆下帘。"又，《史记·日者传》："司马季主者，楚人也，卜于长安东市。"又，《汉书·张禹传》："禹为儿，数随家至市，喜观于卜相者前。久之，颇晓其别蓍布卦意。"是皆以卜相为业，开肆得钱以自给，为春秋以前所未有。又，《前定录》："宣平坊王生善易筮，李相国揆往问之。王生每以五百钱决一局，而来者云集。"是卜资之昂，为唐以前所未有也。

古相术

春秋时以威仪音声相人，即可决其休咎。其见于《左传》者，如斗伯比谓屈瑕举趾高、心不固，必败，后果败死；又，晋侯见鲁成公不敬，季文子曰"晋侯必不免"，果陷厕卒；又，晋士贞伯谓郑伯视流而行速，必不能久，果死；又，叔向谓单子视下言徐，无守气矣，决其将死，是以威仪相也。又，楚子上谓商臣蜂目而豺声，必为乱；鲁臧文仲谓齐君语偷，必死；楚子文谓越椒熊虎之状而豺狼之声，必灭若敖氏；叔向母闻伯石啼声曰"是豺狼之声也，必丧羊舌氏"，后皆验，是以声音相也，而皆恶征。而善征先见者，如《文元年》："王使内史叔服来会葬。公孙敖闻其能相人也，见其二子焉。叔服曰：'谷也丰下，必有后于鲁国。'"后果验。又，《韩诗外传》："卫姑布子卿善相，迎孔子而视之五十步，从而望之五十步，谓子贡曰：'得尧之颡、舜之目、禹之颈、皋陶之喙，必圣人也。从前视之，盎盎乎似有土；从后视之，高肩弱脊，此惟不及四圣

也。'"此又以行步时左右前后气象相也。

至战国秦汉相术能以纹理知休咎

春秋时之相，皆按理而决，至战国则益进。战国之时，最著者为梁唐举。《荀子》："相人，古有姑布子卿，注：相赵襄子、孔子。今之世梁唐举。注：相李兑、蔡泽。观人形状颜色，知其吉凶妖祥。"此仍有理可凭也。至《韩非子》云："今战胜攻取之士不赏，而卜筮视手理者日赐。"又，《周勃传》："纵理入口，此饿死法也。"后亚夫竟饿死。夫只以纹理相，则古所无也。又，《后汉·班超传》："祭酒，生燕颔虎颈，飞而食肉，此万里封侯相也。"后果然。是其术较春秋益进矣。

他若窦广国、卫青等，相者皆预知其封侯，而史失其词。凡此皆不录，录其有相法者数则，以见其变迁。自此以后，以相人为业者益多，与垂帘卖卜等，故不备录。

古有巫官

《周礼·春官》："司巫，中士二人，府一人，史一人，男巫无数，女巫无数。"注："巫，能制神之处位次主者。"疏："巫与神通，掌三辰之位次。"又，凡以神仕者无数，以其艺为之贵贱之等。《国语》云："古者民之精爽不携贰者，而又能齐肃中正，则明神降之。在男曰觋，在女曰巫。圣人用之，使制神之处位次主。"是巫之来已久。其可考见者，《世本》云："巫咸始作巫。"是自殷已有也。

古巫有事时之盛况

《周礼·春官·司巫》："掌群巫之政令。若国大旱，则帅巫而舞雩。"注："雩，旱祭也。鲁僖公欲焚巫、尫，以其舞雩不得雨。"疏引《春秋纬》云："雩者，呼嗟求雨之祭。"按：《左传·僖二十一年》："夏，大旱，公欲焚巫、尫。"又，《檀弓》云："鲁穆公曰：'吾欲暴尫而奚

反映明人讲风水之习的太保相宅图

卷二十七 迷信 禁忌

若？'"又云："吾欲暴巫而奚若？"郑注云："尪者面向天，冀天哀而雨之。"又，《女巫》云："旱暵则舞雩。凡邦之大灾，歌哭而请。"注："崇阴也。"又按：《论语》云："风乎舞雩。"是舞雩在郊外，值天旱，男巫则呼嗟向天，女巫则舞蹈歌哭，觊天哀而有雨。苟天不雨，则或置巫日中而暴之，甚或并巫、尪而焚之。若天之不雨，其咎端在巫者。在后世人君，值天不雨，或下诏罪己，意尚不失为正大；古则归咎于巫，其心理甚不可解。然当天旱，男女巫舞雩于郊外，歌哭舞蹈，其盛况为后世所未有矣。

古巫能下神、视神鬼

《周礼·司巫》："凡丧事，掌巫降之礼。"郑注："降，下也，巫下神之礼。今世或死既敛，就巫下禓音伤其遗礼。"疏："禓，当家之鬼。"盖既敛，使巫降死者之神也。是下神之事，自周至东汉未革。又，《左传·成十年》："晋侯梦大厉，坏大门及寝门而入。公觉，召桑田巫。巫言如梦。又曰：'不食新矣。'后竟如言。"又，《庄子》："小巫见大巫，拔茅而弃。"又，《吴志·张纮传》："陈琳曰：'足下与子布在彼，所谓小巫见大巫，神气尽矣。'"又，《酉阳杂俎》："明皇东封归，至华山，见金天王道旁迎驾。明皇令巫视之，所言衣服处所皆同。"又，《宣室志》："韦皋为西川节度使张延赏婿，未达时依延赏，颇遭白眼。有巫谓张夫人曰：'韦郎有神护之，禄位过令公。'"是古巫能视神鬼。又，古籍记载类此者甚多，未必尽妄。疑古巫实有一种学理相传授，故周为设专官；后代失其传授，而山野乡僻之巫，遂群起为骗矣。见今尤多，故不再述。

唐宰相堂饭常人食之即死

《中朝故事》："宰相堂饭，常人多不敢食。郑延昌在相位，一日其弟延济来，值食次，遂同食，其弟一夕而卒。"

以纸钱为冥资之历史

唐陈鸿睦《仁茜传》："仁茜，邯郸人。大业初，江陵岑之象为邯郸令，延仁茜教其子文本。仁茜夙与冥官成景善。成景朝太山府君过邯郸，仁茜令文本为具食，并赠以金帛。文本问是何等物，仁茜曰：'鬼与人异，真不如假，可以黄色涂大锡作金，以纸为绢帛。'"云云。可证隋末尚无以纸为冥资之事，故仁茜教之。至唐则渐多。《摭言》："王勃在马当山遇老人曰：'吾有债十万，可为吾偿之。'后勃买冥资十万焚之。"段成

式《酉阳杂俎·支诺皋》云："乃货衣具凿楮，如期焚之。"又，"具酒脯纸钱，乘昏焚于道。"又，《再生记》："王抡妻梦抡已死，求钱三十贯，即取纸剪为钱，召巫者焚之。"又，《五代史》："寒食野祭焚纸钱。"《宋史·外戚传》："李用和少穷困，居京师凿纸钱为业。"

按：凿纸钱者，即《诺皋记》所谓"凿楮"，盖以圆铁管中含铁柱，打叠纸上即成钱形。今犹用此法，但皆杂货店为之，无专以此为业者，而宋时有之，想见古人之焚化多于今日也。

墓俑之历史

孔子曰："始作俑者，其无后乎？以其象人而用之也。"是自周时以木刻人殉葬。至晋六朝隋唐，则以泥塑人马及各项什物殉葬，以便死者，今发掘者是也。至明清尽易以纸，所糊人马什物，大小与真者无异，视古之泥塑物小不盈尺者异矣。此外，又糊院宇居室、重楼杰阁焚之，则古所无也。

战国随葬明器
——舞队俑

卷二十八　厕溷　便旋

古厕溷制度　周制与洋茅厕同

《周礼·天官·宫人》："掌王六寝之修，为其井匽，除其不蠲，去其恶臭。"郑玄云："井，漏井，所以受水潦。蠲，犹洁也，《诗》云：'吉蠲为饎。'郑司农云：'匽，路厕也。'玄谓匽猪谓溜下之池，受畜水而流之者。"疏云："谓于宫中为漏井以受秽，又为匽猪，使四边流水入焉。井匽二者，皆所以除其不蠲洁，又去其恶臭之物。"

按：此等排秽之法，颇与今日之洋茅厕相类。漏井者，即上面受秽之管也。水潦者，溲溺也。言为井以受溲溺之秽而漏之于下也。猪同潴者，蓄水。郑谓匽猪为溜下之池者，即上漏井之秽落于池中也。受蓄水而流之者，即便旋已，放蓄水荡秽，使流出也。其用意纯与今之洋茅厕相同。

周路上有官厕

《周礼·宫人》："为其井匽。"郑司农云："匽，路厕也。"后郑虽不从其诂，然可证古时路上皆有官厕，与今正同。

周厕有池坎

《左传·成十年》："晋侯将食，张，如厕，陷而卒。"按：此文杜注不详释。张者，腹胀，故如厕遗。据《周礼》"井匽"注，厕，上有井，下有溜池。是凡厕皆下有极深之坑坎也。晋侯病甚，盖跌于坎陷之中而卒也。

又，《说文》："槭𥂖，褻器也。"贾逵注《周官》："槭，虎子也。厕，行清；𥂖则行清内之空中者也。"即厕内下掘之坎也，故晋侯陷其中而卒。《金楼子》云："汉燕王旦将败，厕中豕

夜壶

群出。"夫厕内有豕，必为深坑，豕不得出。豕出，所以记异也。又按：今山西各处之厕，皆下掘坎深约六七尺，广如之，而横两板于坎上，履之以溲溺。板即《史记·万石君传》所谓"厕牏"也。下望黝然，深可没顶。疑晋时遗制，故晋侯陷其中可致死，因误倒入坎内，头必向下也。

古不共厕

《随园随笔》云：《士丧礼》："隶人涅厕。"注："古人不共厕。涅者，填之也。"是亦厕为土坑之证也。

古厕有垣墙为蔽，又有马桶

《史记·万石君传》："建为郎中令，每五日洗沐归谒亲，入子舍，窃问侍者，取亲中裙厕牏，身自浣涤。"注：徐广曰："牏，筑垣短板也，音住。厕牏谓厕溷垣墙，建隐于其侧浣涤也。"据此，是厕必有垣墙以为隐蔽也。但自身自洗濯观之，牏若为垣墙，于洗濯之义甚不合。原《说文》、《广韵》、《玉篇》等字书，皆训"牏"为筑墙短板，板横坎上，履以溲溺，易沾污，故洗濯之，似非垣墙也。

徐广又云："一读'牏'为'窬'，言自洗涤厕窬。厕窬，泻除秽恶之穴也。"吕静曰："槭箭，亵器也，音威豆。"又，孟康曰："厕，行清；窬，行中受粪者也。东南人谓凿木空中如曹谓之窬。"据此，是厕者于地掘坎，小便于其中。牏者，即今之马桶，故石建为亲洗濯。

由以上二说，厕牏虽未得确诂，然由汉魏晋宋人注，可证明古厕有垣墙为隐蔽。又以证汉魏时凿木空中如槽，即今马桶；不过古时工拙，不能如今制法，须凿木为之耳。

盖厕者乃便旋之定所，故所在有之。《左传·哀十五年》："迫孔悝于厕，强盟之。"又，《史记·项羽本纪》："沛公起如厕。"《高后纪》："乃断戚夫人手足，居之厕中。"又，"逐产，杀之郎中府吏厕中。"是厕必有垣墙或屋，备遗时人不见，故曰"厕中"也。以上厕溷。

古便器状况

《周礼·天官·玉府》："掌王之燕衣服、衽席、床笫、凡亵器。"又，"内监执亵器以从。"郑注："亵器，清器，虎子之属。"按《说文》："槭箭，亵器也。"贾逵解《周官》："槭，虎子也。古之受大小溲者，皆以虎子呼之。"又按《韩非子》："赵襄子漆智伯头为溲杯。"溲杯亦虎子也。

且由《说文》观之,凡今日之马桶、小便壶,皆名虎子,后人但以小便器为虎子者,误也。以上便器。

古谓小便器为清。《史记·万石君传》注:"厕,行清;窬,行中受粪者也。"又,《周礼》:"内监执亵器以从。"郑注:"亵器,清器。"清者,小便,专于厕内行之。《史记》:"范雎为魏齐笞击。雎佯死,即卷以箦置厕中,宾客饮者醉,更溺雎。"是其证。久之遂谓小便器为清。汉应劭《风俗通》云:"扶风臧中英家多怪,有孙女三四岁亡,求之不能得,二三日乃于清中溺内啼。"又,梁柳恽《捣衣诗》:"踟蹰理金翠,容与纳宵清。"宵清者,溲器,言捣衣罢将睡,置清备遗也。

古遗时先以枣塞鼻

《世说》:"王敦初尚主,如厕,见漆箱盛干枣,本以塞鼻,王谓厕上亦下果,食遂至尽。"

按:枣能御臭,干烈尤佳,故用来塞鼻。

古大遗时先脱衣,至宋犹如此

《世说》:"石崇厕,常有十余婢侍列,皆丽服藻饰;置甲煎粉、沉香汁之属,无不毕备。又与新衣着令出,客多羞不能如厕。王大将军往,脱故衣,著新衣,神色傲然。"

按:是必因遗时脱故衣,遗罢,谓故衣著臭不堪用,俾着新衣出,以示其富,非入厕必易新衣方令遗也。又,《玉泉子》:"杨希古性洁净,内逼如厕,必撤衣无所有,然后高履以往。"又,《五灯会元·湛堂传》:"师半夜特往登溷,方脱衣,悟即提净桶至,师曰:'待我脱衣。'脱罢,悟复到。"按湛堂,北宋时人。是可证自晋至唐宋,凡大溲皆脱衣也。盖古人衣服宽博,不脱长衣,则大溲不能办,亦犹清时服大礼服之难以大遗也。

更衣说

由《世说》及《五灯会元》考之,古人大遗时必脱衣,因是而思及古所谓更衣。更衣之名,始见于《史记》。《卫皇后传》云:"武帝还过平阳主,饮酣,起更衣。"而注不释其义。《汉书·灌夫传》:"坐乃起更衣,稍稍去。"师古云:"坐谓坐上之人也。更,改也。凡久坐者,皆起更衣,以其寒暖或变也。"又,《东方朔传》:"后乃私置更衣。"师古云:"为

休息易衣之处。"又,《杨敞传》:"大将军光与车骑将军张安世谋欲废王更立。议既定,使大司农田延年报敞。敞惊惧,不知所言,汗出洽背,徒唯唯而已。延年起至更衣。"师古曰:"古者延宾必有更衣之处也。"据师古所释,更衣之义,只为坐久寒暖变更;然田延年诣杨敞,并非宴饮久坐,而亦至更衣。吾深疑更衣者,乃备客便旋之私处,不必如师古所言,只为寒暖更衣而设。如纯为更衣,他侍御尚可随侍。惟其为便旋,故虽以武帝天子之尊,起更衣只子夫侍,他侍御无人者,即其证也。此有一确证,《论衡·四讳篇》云:"夫更衣之室,可谓臭矣。"臭则为厕无疑也。又,田延年至杨敞家起至更衣,亦便旋也。因便旋时须脱衣,久之遂名其处为更衣。必如师古所诂,似太拘也。

自六朝至宋,大遗后以筹子拭秽,并以水涤净

大遗后以何物拭秽,古载记甚不详。晋裴启《语林》云:"刘寔诣石崇,如厕,见两婢持锦囊。寔遽退,笑谓崇曰:'乃误入卿室。'崇曰:'厕耳。'寔更往。向乃守厕婢所进囊是筹。"《北齐书》:"文宣帝令杨愔进厕筹。"以筹拭秽,始见于此。又,《五灯会元》:"广教院归省禅师,僧问如何是清净法身,师曰:厕坑头筹子。"按:筹者,木枚也。古盖纸贵,或无粗纸,故以木枚拨落馀秽。又,《湛堂传》:"师半夜特往登溷,方脱衣,悟即提净桶至,师曰:'待我脱衣。'脱罢,悟复至。未几,悟供筹子。师涤净已,召接净桶去。"是可证自六朝迄宋,大溲讫,先用筹子拭秽,再以净水洗涤,脱衣著衣,甚繁难也。

至元始以纸拭秽

《元史·后妃传》:"裕宗徽仁皇后事太后孝,至溷厕所用纸,亦以面擦,令软以进。"以纸拭秽,始见于此;若以前,虽贵人亦用筹也。今乡里之民,仍有用筹者,馀则用纸者多。

古不厕遗则有罚

《左传·襄十五年》:"师慧过宋朝,将私焉。注:小便。其相曰:'朝也。'慧曰:'无人焉?'"又,《定二年》:"邾庄公与夷射姑饮酒,私出。阍乞肉

裴启《语林》书影

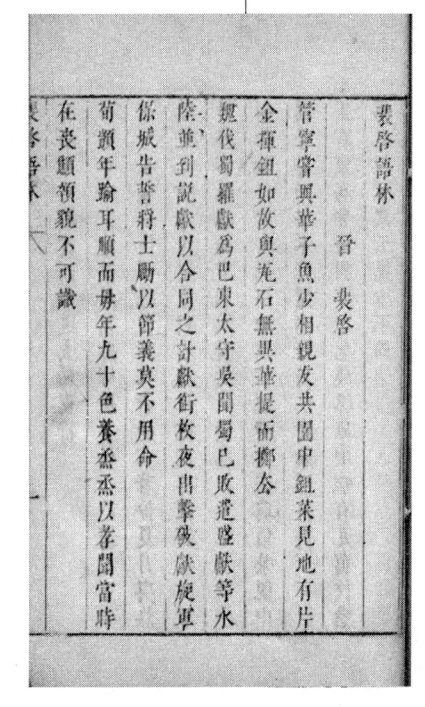

焉，夺之杖以敲之。"又，"三年春二月辛卯，郏子在门台，临廷，阍以瓶水沃廷。郏子望见之，怒。阍曰：'夷射姑旋小便焉。'命执之。"又，《世说新语》："谢万在兄前，欲起索便器。于时阮思旷在坐，曰：'新出门户，笃而无礼。'"是可证便旋必于厕，且须无人，古今一也。

汉魏时侍中为皇帝执虎子

《西京杂记》："汉朝以玉为虎子，以为便器，使侍中执之，行幸以从。"是以《魏志·苏则传》注："旧仪，侍中亲省起居，故俗谓之执虎子。始则同郡吉茂者，是时仕甫历县令，迁为冗散。茂见则，嘲之曰：'仕进不止执虎子。'"夫所谓旧仪者，即《汉官仪》也。

卷二十九 取水 取火 取材木

古取火法

古取火之法有三：一用木燧；二用金燧；三用石敲火。至清同治年尚如此。后泰西火柴入中国，古取火之法始废。

钻木取火法

自燧人氏见大鸟啄木出火，知木中藏火，因创钻木取火之法。见卷一。后世因之，数千年不改。《礼·内则》："右佩木燧。"注：木燧，钻火也。《左传·文十年》："命夙驾载燧。"又，《定四年》："王使执燧象以奔吴师。"《史记·孙子传》："庞涓夜至斫木下，见白书，乃钻火烛之。"是至周时钻火之法仍大行。

然所钻之木，须随时改易。是以《论语》云："钻燧改火。"改火者，据马融注："《周书·月令》有更火之文。春取榆柳之火，夏取枣杏之火，

燧人氏取火图

季夏取桑柘之火，秋取柞楢之火，冬取槐檀之火。一年之中，钻火各异木，故曰'改火'也。"至必改之故，邢疏谓取木之色，与四时相配，而不言不改不能得火。又，《周礼·司烜》："掌行火之政令，四时变国火，以救时疾。"变亦改也。既曰"救时疾"，似别有意义，非不改不能得火也。又，《北史·王劭传》："劭以上古有钻燧改火之义，近代废绝，上表请改火。"是可证当时钻火，已不改木。又，唐杜甫《清明》诗云："旅雁上云归紫塞，家人钻火用青枫。"是枫木春日亦出火。又，崔元翰诗："操舟众工立嚛岸，湿橹钻火磨星红。"是凡木皆可出火。又以证钻火之法，至唐仍不废也。

钻燧取火之巧法

《淮南子》："若以燧取火，疏之则弗得，迟也。数之则弗中。疾也。正在疏、数之间。"注："得其节，火乃生。"按：今日春时，匠人钻木，急遽则出火。兹云弗中，似古人以燧取火之法，今已不知。

至周时兼用金燧取火

《周礼·秋官·司烜》："掌以夫燧取明火于日。"注："夫燧，阳燧也。"疏："取火于日，故名阳燧。犹取火于木为木燧也。"又，《考工记·辀人》："金锡半，谓之鉴燧之齐。"注："鉴燧，取水火于日月之器也。"

按：鉴燧，即夫燧，亦曰金燧。《礼·内则》云："左佩金燧。"注："取火于日也。"即以金锡为镜，凹其面向日取火，故曰鉴燧。

汉末仍用金燧取火

《魏志·管辂传》注："君不见阴阳燧在掌握之中，形不出手，乃上引太阳之火，下引太阴之水，嘘吸之间，烟景以集。苟精气相感，县象应乎二燧。"

按：阳燧即《周礼》所谓夫燧、鉴燧，《内则》所谓金燧也；阴燧即《秋官·司烜》所谓"以鉴取明水于月"也。明水，祭祀用之，非备人饮食，故下略焉。又按：燧在掌

取火器物
——火镰

握，其物甚小，故佩于腰以备用。而引火之法，各书不详，今竟失传，甚可惜也。

金燧取火之详情

《梦溪笔谈》云："阳燧面洼，向日照之，光皆聚向内。离镜一二寸，光聚为一点，大如麻菽。着物则火发。"《梦溪笔谈》为宋沈存中著，是至宋仍有以阳燧取火者。惟天阴或夜则不能用。《内则》云："左佩金燧，右佩木燧。"盖有日时，以金燧取火甚易，无日则以木燧也。

按：今日以凸面玻璃镜，向日照之，则光聚如豆，以易燃物置其下，顷刻即得火。古无玻璃，用金镜，盖亦以易燃物当焦点而得火也。

魏晋后敲石取火

潘岳诗："烦如敲石火。"刘昼《新论》："人之短生，犹如石火。"是可证魏晋六朝，已以石敲火。至唐时敲石取火者尤众。柳宗元诗："夜发敲石火，山林如昼明。"白居易诗："深炉敲火煮新茶。"韩昌黎诗："牧童敲火牛砺角。"是其证也。

以石敲火之法

法以铁片与石相撞，下藉以火绒，俾火星落于绒上，再以取灯北方土名即发烛。接引之，即发焰。火绒者，以艾或纸加以硝水，揉之使软。取灯者，北方以褪皮麻秸破之，断为枚，长五六寸，涂硫磺于首，遇火即燃。当光绪初，火柴未盛行，取火之具有火镰，缝皮为包，安铁为刃，内装火石一片，火绒一团。欲用火，取火绒豆许，放石上以刃撞之，顷刻即得火。为吸旱烟者不可离之物。后火柴大行，火镰、火石、火绒等物遂渐废。

发烛之历史

北方以麻秸头涂硫磺，用以发火，名曰"取灯"。南方则以松木或杉木。清高士奇《天禄识馀》云："杭人削松木为小片，其薄如纸，熔硫磺涂木片头分许，名曰'发烛'。"史称周建德六年，齐后妃贫者，以发烛为业。

按：发烛即今之取灯，是自六朝时已有。又，宋陶毂《清异录》云："夜有急，苦作灯之缓，有知者，披杉条，染硫磺，置之待用。一与火遇，

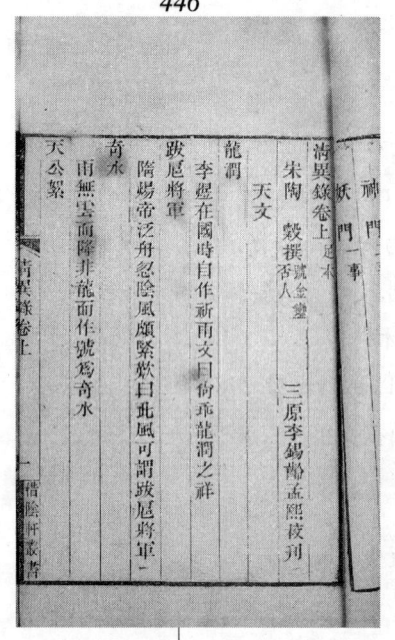

得焰遂然。既神之，呼'引光奴'。今遂有货者，易名'火寸'。"按"引光奴"即齐之"发烛"。然宋时实亦名"发烛"。《嬾真子》云："司马温公乡居看书至夜分，乃自篝火灭烛而睡。至五更初，公即自起，发烛点灯著述。"是其证。惟北方之发烛，用麻梗或用杉木，则不可知。盖自以石敲火之法兴，发烛为引火所必需，故古今重之。

古钻燧时代，家家皆藏火种

古因得火之难，家家藏火种备用。《孟子》："踵门求水火，无弗与者。"又，《韩诗外传》："客谓刖通曰：'臣里妇见疑盗肉，其姑去之。'恨而告于里母。里母曰：'安行，今令姑呼汝。'即束蕴请火去妇之家，曰：'吾犬争肉相杀，请火治之。'"又，干宝《搜神记》："桂阳太守李叔坚家，犬有人行，又于灶前畜火。叔坚云：'儿婢皆在田中，狗助畜火，可不烦邻里，此何足怪。'"据是，则家家藏火种备用，不必以燧也。

古汲水用瓶，公共置之，瓶常在井旁供众用，至唐有木桶

《周易·井卦》："赢其瓶，凶。"《左传·襄十七年》："卫孙蒯田于曹隧，饮马于重丘，毁其瓶。重丘人闭门而诟之。"又，扬子云《酒箴》："子犹瓶矣，居井之湄。"是可证瓶为公共物，常置井侧，供众用也。故孙蒯毁其瓶，重丘人皆诟之。又，《后汉·鲍少君传》："拜舅姑礼毕，提瓮出汲。"又，《世说》："魏文帝以毒置枣蒂中，令任城王食之。既中毒，太后索水救之。帝预敕左右毁瓶罐，太后徒跣趋井无以汲，须臾遂卒。"是可证自周迄汉魏，皆以陶器汲，尚无木桶也。陶器易毁，故扬子云《酒箴》云："子犹瓶矣，居井之湄。一旦更同专碍，为甃所轠，身提黄泉，骨肉为泥。"是其证。至唐有木桶。段成式《剑侠传》："见老人方箍桶，乃出桶板一片。"以桶汲，虽轠而不碎，较古便多矣。

古村聚会汲状况

《高士传》："管宁所居屯落，会井汲者，或男女杂错，或争井斗阋。宁患之，乃多买器，分置井傍，汲以待之，又不使知。来者得乃怪之。问

知宁所为，乃各自责，不复斗讼。"

按：今日村落，仍多会井汲，晨暮炊前，汲者最多。惟用木桶，汲甚速。古用瓶惧毁，汲甚缓，缓则易争也。

古桔槔汲水状况

《庄子》："子独不见桔槔者乎？引之则俯，舍之则仰。"又，《天地篇》："子贡南游楚，见汉阴丈人抱瓮而汲。子贡曰：'有械于此，一日浸百畦，用力寡而见功多，夫子不欲乎？'曰：'若何？'曰：'凿木为机，后重前轻，挈水若抽，数如泆汤，其名曰槔。'"又，《说苑》："卫有五丈夫，俱负缶而入井，灌韭，终日一区。邓析适下车，为教之曰：'为机重其后，轻其前，命曰桥，终日灌韭百区，不倦。'"

按：桔槔今日尚有，然井略深不能用也。用于河边，或有泉之池边最宜；若井，则须极浅也。惟古只灌园用之，今则寻常汲亦用之。

宋时之水车

苏东坡《咏无锡道中水车》云："翻翻联联衔尾鸦，荦荦确确蜕骨蛇。"按：此即今日之水车也，衔联不断，周而复始，有若蛇之蜕壳。读此诗，知今制与宋制无异。今北方以顺德、真定、定州、保定各属为最多，天旱时遍野皆是。

民取材木及燃料状况

周以前，凡山林薮泽皆为官有。山中林木，许民斩伐，然必以时。至时，民入山斩材，而出入有期限，恐其尽物。若非时斩材则曰窃。故材木常足而山不童。终春秋世，无买卖木材者。战国以后，此制遂坏。至汉有雇山之刑，似材木伐取已无制限。自是北方之山先童，材木渐感不足，且水泉因以枯竭，雨旸亦不时，至今日遂受其大病。自大河南北、太行东西，纵横数千里之山冈，尽属不毛，殊为可惜！而自周以后三千年来，凡为国家者，无人虑及，其如之何哉？

《周礼·地官·山虞》："掌山林之政令，令万民时斩材，有期日。凡窃木者有刑罚。"按：《孟

牛曳水车图

子》曰："斧斤以时入山林。"不时则为窃，故刑罚之。然至期入山，亦非漫无限制也。《林衡》云："若斩木材，则受法于山虞。"受法者，必核其为何事斩材，材之大小多少，及出入期限之细则也。《礼·王制》云："草木零落，然后入山林。"注："十月之中也。"即《山虞》所谓"仲冬斩阳木"也。然《山虞》尚有"仲夏斩阴木"之文，疑仲夏民无暇，必官用也。

守护山林之法

《林衡》云："掌巡林麓之禁令，而平其守。"注："平守者，平其地之民，守林麓之部分。"

按：林麓广大，只官吏守望，万不敷用，窃仍不免。乃即以林麓附近之居民，负守护林麓之责。平均其地与民，区分部守，而巡查督责者林衡也。力省而功多矣。

古今燃料之概况

时愈古燃料愈多，随在取足。一因人少，一因山林为官有，不许私人山取材木，故植物蕃衍，不竭其源。三代以后，山林之法不讲，民任意入山取材，十山九童；人口蕃殖亦益多，用愈广。故古之所弃者，今视为珍；今之所珍者，古皆轻视也。

樵夫图

春秋时燃料足，常烧泽以裕租税

《管子》："齐之北泽烧，光照堂上。管子入贺曰：国不能无薪而炊，北泽烧，农夫卖其薪，一束十倍。此租税所以九月而具也。"

按：古之都市，亦买薪而炊。北泽为官有，都市之薪所自出，烧之则都市富人皆买于农夫，故其价十倍，而租税速具也。

又常烧泽猎兽

《韩非子》："鲁人烧积泽，天北风，火南倚，恐烧国。哀公惧，自将众救火，左右尽逐兽而不救。"

按：此专为猎兽而烧也。不烧则蒲苇蒹葭为麇麚狐兔所宅，不易得。此以今日视之，所得殊不偿失，而古不尔者，以燃料多无所用也。

周已有木炭，盖皆富贵人用之

《周礼·天官》："宫人执烛，供炉炭。"《地官》有掌炭官。又，《礼记·月令》："季秋之月，草木黄落，乃伐薪为炭。"《左传》："郑子废于炉炭，烂，遂卒。"又，"寺人柳炽炭于位。"

按：以炭取暖或炊饭，简洁而无烟，胜于薪矣。然见于传记者，皆富贵家用之，盖其值昂也。

作炭须在山中

《史记·外戚传》："窦广国入山作炭。"《晋书·阮籍传》："孙登常经宜阳山，作炭人见之。"《魏书·刑罚志》："富民入山作炭。"唐《集异记》："王用入山作炭。"

按：作炭之法，伐薪烧之，烧透以土埋其烬。而山者薪之所自出，故恒入山。

六朝已发见石炭，至隋渐有用者

《水经注》："邺县冰井台，井深十五丈，藏冰及石墨。石墨可书，又燃之难尽，亦谓之石炭。"至隋王劭上表请变火曰："今温酒及炙肉，用石炭、柴火、竹火，味各不同。"是至隋已有用石炭者。然唐段成式《酉阳杂俎》记无劳县石墨，爨之弥年不销，以为物异。以是证唐烧石炭者仍少也。

至宋烧石炭者渐多

《老学庵笔记》:"北方多石炭,南方多木炭,而西蜀又多竹炭。"《东坡志林》言彭城东有石炭。然宋时虽有烧石炭者,并不重之。盖其时燃料尚易于今日也。

晋唐以来贵人用木炭之侈

以草木做燃料,烟煤尘污,而炊饭烹茶,味又不美,于是古贵人皆用木炭。《晋书·羊琇传》:"性豪侈,屑炭作兽形以温酒。洛下豪贵竞慕效之。"《唐书·德宗纪》:"罢九成宫贡立兽炭。"又有凤炭,《开天遗事》:"杨国忠屑炭塑作凤形。"又有炼炭,《剧谈录》:"洛中豪贵子弟常馔必以炭炊,往往仍不愜意。僧圣刚者见而问之,曰:'凡炭必先烧令熟,乃可入爨,谓之炼炭。不然有烟气。'"至宋又有琴炭,《老学庵笔记》:"承平时,炭皆斫作琴形。"至于今山木皆尽,木炭之产渐少,强以榾柮为之,求如昔年之炭,身披白灰,掷地作铜声者,几绝迹矣。

至清末,石炭为民生不可离之物

自唐以来,都邑烧木炭。明清以来,木炭渐乏,稍稍用石炭。初只都邑富人及食肆用之,农人仍燃柴草,无用石炭者。至清末,民生愈蕃,木植愈少,只禾麻草柴,不敷炊爨,于是农家亦用石炭,虽贫民亦不能离。然石炭之矿,有时而尽,更数百年,必仍变易。论者悬想,谓必代以电气,不知果如何也?

明代煤矿

卷三十　官吏休沐今日放假　佩印　受杖　多虱

汉官吏五日一休沐

《史记·万石君传》："每五日洗沐，归谒亲。"文颖曰："郎官五日一下。"又，《郑当时传》："孝景时为太子舍人，每五日洗沐，常置驿马长安诸郊，存诸故人，请谢宾客。"又，《日者传》："宋忠为大夫，贾谊为博士，同日俱出洗沐。"《正义》云："《汉官仪》：'五日一假，洗沐也。'"

按：官吏洗沐，在周秦时不见。然汉制多沿秦，疑秦时即有，载籍失之耳。洗沐亦名休沐，借洗沐之名出署休息一日。盖古官吏与后世异。既入署，则日夜寝食于其中。至五日洗沐，然后得出。凡请宾、访友、游戏诸事，皆于是日行之。非若后世官吏，散值即归私邸也。

病则以沐偿，郎官富者可买沐

《汉书·杨恽传》："郎官故事，令郎出钱市财用，给文移，乃得出，名曰山郎移。文移，即文书。病尽一日，辄偿一沐，或至岁余不得沐。其豪富郎，日出游戏。恽为中郎将，罢山郎。"师古曰："贫者实病，皆以沐假偿之也。"

按：豪富郎日出游戏者，出钱市沐，故可常不在署。其贫者，病一日则偿一沐，故终岁不得休。汉承秦制，辄不如秦。秦不闻卖官，汉则入赀为郎而卖官矣。秦革封建制度，官吏或

《汉官仪》书影

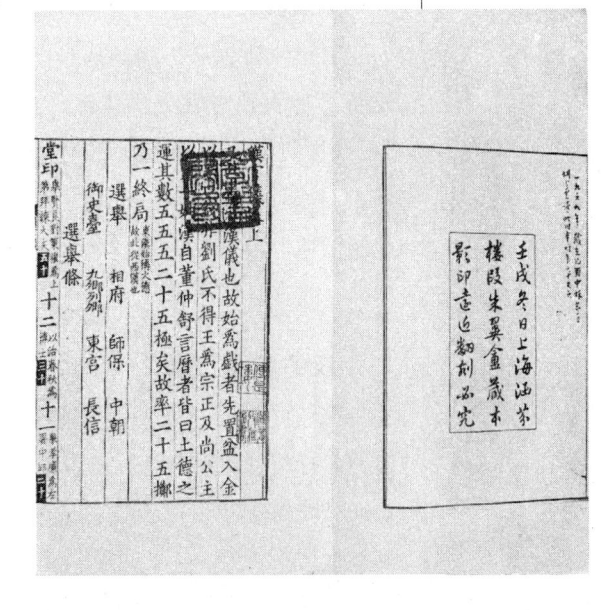

有休沐，然必不卖沐，汉则竟可以财市矣。此真古今之创闻。故太史公《六国表·叙》云："学者见秦在帝位日浅，不察其终始，因举而笑之，不敢道。此与以耳食无异，悲夫！"太史公盖深愤汉尽用秦法，且事事不如秦，而反诟秦也。今观卖沐事，亦其一端已。

然宰相亦休沐

《史记·张苍传》："王陵常救苍不死，及苍贵，常父事王陵。陵死后，苍为丞相，洗沐，常先朝陵夫人上食，然后敢归家。"又，《汉书·张安世传》："休沐未尝出。"《上官皇后传》："光霍光常休沐得出，桀常代光入决事。"又，《孔光传》："沐日归休，兄弟妻子燕语。"又，唐《李德裕传》："因兵事，竟不得休沐。"是自汉迄唐，凡宰相亦休沐，与郎吏同也。

宦官、武士、郡吏亦休沐

《后汉·蔡伦传》："每至休沐，辄闭门绝宾。"《魏志·许褚传》："从士须他谋为逆，惮褚不敢发。伺褚休下日，怀刃入。"是宦竖及武士皆有休沐也。又，《华歆传》："少为郡吏，高唐为齐名都，衣冠无不游行市里。歆为吏，休沐出府，则归家阖门。"又，《梁习传》注："刘类为弘农太守，吏二百余人，不与休假。"是外吏汉魏时亦例有休沐也。

自六朝至唐宋官吏皆有休沐

宋鲍照诗："三朝国庆毕，休沐还旧京。"又，梁刘孝绰有归沐诗赠任昉。是六朝时官吏仍休沐。惟隔几日方沐，不详。至唐刘禹锡诗云："五日思归沐，三春羡众还。"又，孟浩然诗："共乘休沐暇，同醉菊花杯。"是唐时官吏仍五日休沐，与汉同。想六朝亦尔也。至宋、明、清，此制浸微。苏轼诗云："天风淅淅吹玉沙，诏恩归沐休早衙。"是龙兴节休沐，非五日休沐也。

汉冬夏至放假

《薛宣传》："及日至休吏，贼曹掾张扶独不休，坐曹治事。宣出教曰：'日至，吏以令休，所由来久。曹虽有公职事，家亦望私恩意。掾宜从众，归对妻子，设酒肴，请邻里一笑为乐。'"师古曰："日至，冬至、夏至也。"

宋节假多至七日

汉时节假，观《薛宣传》，只一日耳。至宋，则多少不等。《文昌杂录》云："祠部休假，元日、寒食、冬至各七日。上元、夏至、中元、腊各三日。馀立春、清明等节各一日。岁共七十六日。"

阅明、清载记及所目睹，官吏以端阳、中秋二节为例假。又至十二月二十日封印，正月二十日开印，此一月中皆休沐之期也，然宰相仍每日视朝召对。清多沿明制，盖官吏每日入衙，每日归邸，与汉时官吏常驻署中者异矣。

魏郎官受杖须脱袴缠裈束缚

《三国志》注："黄初中，韩宣为尚书郎，常以职事当受罚于殿前。已束缚，杖未行，文帝辇过，问此为谁？特原之，遂解其缚。时天大寒，宣前以当受杖，预脱裤缠裈面缚，及其原，裤腰不下，乃趋而去。"

按：尚书郎为清贵之官，乃在殿廷受罚，至脱袴露体，束缚手足，同于罪犯。受罚至此，亦云辱矣。然并未褫职，偶有过，以此罚之耳。古云"士可杀不可辱"，兹所谓辱耶？非耶？然当时官吏亦安之者，似相沿已久，不足异也。

晋官吏受杖不脱袴

《晋书·王蒙传》："蒙补长山令，复为司徒左西属。蒙以此职有谴则应受杖，固辞。诏为停罚。"又，《世说》："桓公在荆州，欲以德被江、汉，耻以威刑肃物。令史受杖，正从朱衣上过。桓式年少，从外来，云：'向从阁下过，见令史受杖；上捎云根，下拂地足。'意讥其不著。公云：'我犹患其重。'"夫曰"杖从衣上过"，是隔衣受杖，必不脱袴也。然必受缚。《世说》："桓南郡好猎，麞兔偶腾逸，参佐无不被系束。桓道恭时为贼曹参军，常自带绵绳著腰中，玄问：'此何为？'曰：'公猎，好缚人士，会当被缚，手不能堪芒也。'"是虽不脱袴露臀，而束缚仍不免也。又，《汉晋春秋》云："向雄为河内主簿，送牺牛，道喝死。太守吴奋召雄与杖，雄不受杖，曰：'郡牛亦死。'"是理直亦可不受杖也。

北齐时仍杖参佐

《北齐书》："吴遵世为大将军墨曹参军，从游东山，有云起，恐遇

雨，使遵世与李业兴筮之曰：'著，赏绢十；不著，罚杖十。'遵世筮无雨，业兴筮有雨。须臾云散。二人各受赏罚。"是虽戏亦杖也。

唐宋参军、簿尉、判官仍受杖

杜甫《送高三十五书记》诗云："脱身簿尉中，始与捶楚辞。"宋蔡梦弼注云："适曾为封丘尉，不得志。"以谓唐时参军、簿尉受杖责也。又，韩愈《赠张功曹》诗："判司卑官不敢说，未免捶楚尘埃间。"是判官亦受杖也。又，杜牧《寄侄阿宜》诗："一语不中治，鞭笞身满疮。"是杖刑复兼鞭刑也。

《曲渚纪闻》："富丞相判汝州，黄山谷为汝州叶县尉，到官逾期，杖之。"今按山谷《还家呈伯氏》诗云："强趋手版汝阳城，更责愆期被诃诟。法官毒螫草目摇，丞相霜威人避走。"即指此也。

然唐宋时，京曹不见有受杖者。至元、明，外官固杖，京曹亦杖。《元史》："赵子昂为兵部郎中，桑哥早到，六曹官后到者笞之。断事官引子昂受笞，有解之者始免。"《邓文原传》："转运司，凡五品以下官皆杖决。州县无如之何。"《明史》："海瑞以操江杖御史之演剧者，而魏珰之廷杖大官，更无论矣。"至清，则官吏有罪，须褫职方受刑，不似前代之以微过受杖也。

古官吏佩印状况

今官吏之印，皆函于匣；古印皆佩于肘，刻刻不离，自战国以迄魏晋皆然。由今思之，凡印皆金质，终日系肘上，有妨动作，甚可笑也。

周之时官吏有符节，不见有印，至战国始有之。《史记·蔡泽传》："怀黄金之印。"《苏秦传》："佩六国相印。"《张耳陈馀传》："乃脱解印绶，推予张耳，耳不受。陈馀如厕，耳乃佩其印。"《高后纪》："禄乃解印属典客。"夫曰佩、曰解，可证印无时不系身也。此官吏也。又，《汉书·霍光传》："乃即持昌邑王手，解脱其玺绶，扶王下殿。"昌

汉官印

洛阳令印

军假司马

彭城丞印

宜禁春丞

汉匈奴破虏长

永世侯印

邑王故为天子，由是可证天子亦常常佩印。此等习惯，至晋而未已。《世说》"周顗曰：'今年杀诸贼，当取金印如斗大，系肘后。'"是其证。至隋唐，此等习惯遂已。

古拜某拜官即与某官印以为信，不似后世受代始有印

《汉书·朱买臣传》："初，买臣待诏，常从会稽守邸会稽官吏至都住所。者饭食。及拜太守，买臣衣故衣，怀印绶，步归郡邸。值上计时，会稽吏方相与群饮，不视买臣。买臣入室与共食，食且饱，少见其绶。守邸怪之，前引其绶，系印带。视其印，会稽太守章也。守邸惊出，语上计掾吏，群相惊骇。"是可证甫拜官即给与新印；到官后方收前太守印，缴京师或销毁也。

古官吏多虱

古士人衣服宽博，中衣盖不常更换，而懒于沐浴，身垢与衣垢相接，故多虱，习以为常，视为当然，不以为秽。《列子》："纪昌学射于飞卫，悬虱牖南而望之。"夫物之小者多矣，而独悬虱，可证虱之易得。又，《符子》："齐鲁争汶阳之田，周丰曰：'臣尝昼寝，有群虱共斗乎衣中。'"此春秋士人之多虱。《风俗通》："赵仲让为大将军梁冀从事中郎将，冬日坐庭中，向日解衣裘捕虱。"《齐东野语》："陈思王著论，得虱者莫不剧之齿牙，而野老嚼虱。"此汉魏士夫之虱。《晋书》："王猛见桓温，扪虱而谈，旁若无人。"《世说》："顾和为扬州从事，月旦当朝，停车州门外。周侯诣丞相，历和车边，和觅虱，夷然不动。"又，嵇叔夜《绝交书》："性复多虱，爬搔无已。"《南史·刑邵传》："对客或解衣觅虱。"《北齐书》："邢之才位中书监，对客或解衣扪虱。"此西晋及六朝士大夫之虱。唐人《志怪录》："扬州苏隐夜卧，闻被下有人念《阿房宫赋》。掀被视之，无他物，唯有虱十余。"《墨客挥麈》："王荆公召对时，虱缘须上，上顾而笑。退朝，王禹玉曰：'屡游相须，曾经御览。'"夫虱至沿缘须眉，则其多殆不可思议。此唐宋士夫之虱。自宋以后，虱之记录见于卿大夫者甚少，盖渐以为秽矣。

卷三十一　古贵贱之观察

古官吏暴民之习惯

《左传·昭六年》："楚公子弃疾如晋，过郑，禁刍牧采樵。不入田，不樵树，不采蓺，不抽屋，不强匄，誓曰：'有犯命者，君子废，小人降。'"

按：刍所以食马，樵所以炊饭。樵树者，斩树为薪；采蓺者，采民间蔬菜；抽屋者，抽屋上椽为薪；强匄者，强乞假于民。盖春秋卿大夫旅行从者之常态也。在异国，民尚不敢抗，本国可知矣。而弃疾严禁之，故郑人喜也。又，《昭十三年》："叔鲋求货于卫，淫刍荛者。"注："纵使不法也。"此皆适外国虐民之证也。

其在本国者，如《说苑》："楚文王伐邓，使王子革、王子灵共捃菜。二子出采，见老丈人载畚，乞焉不与，搏而夺之。"又，《檀弓》："季子皋葬其妻，犯人之禾，申详以告曰：'请庚偿也之。'子皋曰：'以吾为邑长于斯也，买道而葬，后难继也。'"夫不与则强夺，葬践人稼，事过而不偿，民岂欲哉？乃竟安之。此皆居国内恃贵为暴也。

又，《韩诗外传》："梁山崩，晋君召大夫伯宗。道逢辇者，以其辇服而其道，伯宗使其右下欲鞭之。"按：辇者行路，岂预知遇大夫？及其既遇，或在狭途中，势不能促避，乃遽欲鞭之，古官吏之贱视民若此。

描绘官吏私设关座、挟诈农船的明代《暴关图》

汉百姓逢官吏不下车即罪之

《后汉·邓晨传》注引《东观汉记》曰："晨与上共载出，逢使者不下车。使者怒，将至亭，欲罪之，新野潘叔为请，得免。"是可证古百姓逢官吏，如乘车，不惟避之，且须下车致敬也。如不下车，即将至邮亭，付亭长杖责。又，《韩康传》："使者征韩康，康辞安车，乘柴车先发。至亭，亭长以韩征君过，方修道桥。及见康，以为田叟也，夺其牛。"是小吏如亭长，亦虐民如此也。

唐时百姓逢官吏不避则予杖

《剑侠录》："黎干为京兆尹，时曲江涂龙祈雨，观者数千。黎至，老人植杖不避，干怒杖之。"又，《隋唐嘉话》："贾岛初赴举京师，一日于马上得句云：'鸟宿池边树，僧敲月下门。'初欲作推字，练之未定，不觉冲尹。冲卤簿。时韩吏部权京尹，左右拥至前。岛具告所以，韩立马良久曰：'作敲字佳矣！'"又，《灵鬼志》："卿犯卤簿，罪应髡。"又，《诺皋记》："京宣平坊，有官人夜归入曲，有卖油者，张帽驱驴，驮桶不避，导者搏之。"是官人虽夜行坊曲中，商民亦须避也。

古官史之威风

《周礼·秋官·乡士职》："三公若有邦事，则为之前驱而辟。"又，《遂士》："六卿若有邦事，则为之前驱而辟。"《县士》："若大夫有邦事，则为之前驱而辟。"注："辟者，令行人避也。"《秋官·士师》："王燕出入，则前驱而辟。"是以《左传·成二年》："齐侯自徐关入，见保者曰：'勉之，齐师败矣！'辟女子。"注："齐侯单身还，妇人不及避。"是自国君下至大夫，出皆辟人。故《韩诗外传》："子路云'入夫子之门，内切磋仁义，外为陈王道，心窃乐之。出见羽盖龙旂彤裘相随，心又乐之。'"此以见官吏之荣宠，虽贤者亦忻羡也。

古官吏卤簿即今日出殡时道旁行列之仪仗

自汉唐以来，官吏出门有卤簿。卤簿者，即舆前陈列之仪仗，如旗帜、刀矛、棨戟之属，分占道路两旁，中不许人过，过则冲卤簿有罪。是以贾岛冲韩昌黎卤簿被捕。至宋犹如此。宋欧阳修《梅圣俞墓志》云："圣俞得疾，卧城东汴阳坊。朝之贤士大夫往问疾者，骈呼属路不绝。城

458

东之人,市者废,行者不得往来,咸惊顾相语曰:'兹坊所居大人谁耶?何致客之多耶?'"夫曰"驺呼",则驺从传呼辟市人也;曰"市者废",则仪仗分列道旁,商贾不得陈列物品也;曰"行者不得往来",则卤簿过而行人断绝也。其状况,与今日北平出殡时陈列道旁之仪仗无以异。至清时,凡宰相尚侍入朝,只有三五驺从,而无卤簿。惟九门提督出,鞭板纷列两旁,传呼警叫,略与殡仪相类。馀官虽京尹,亦否也。若外官督抚出入,仪仗虽盛于京官,然较古亦逊也。

如失官仪则有罚

《汉书》:"景帝六年,诏曰:'夫吏者,民之师也,车驾衣服宜称。亡度者或不吏服,出入闾里,与民亡异。令长吏二千石车朱两幡,千石至六百石朱左幡。车骑从者不称其官服,下吏出入闾巷亡吏体者,二千石上其官属,三辅举不如法令者。'"

按:《朱买臣传》:"顷之,传舍吏驾驷马来迎。"以太守应驾驷马也。《鲍宣传》:"宣行部乘传去法驾,驾一马,舍宿乡亭,坐免归。"又,《后汉书·谢夷吾传》:"迁巨鹿太守,后以行春乘柴车,从两吏,冀州刺史上其仪序失中,左转下邳令。"又,《韦玄成传》:"侍祀孝惠庙,天雨淖,不驾驷马而骑至庙下,削爵为关内侯。"是皆因不法驾而降黜也。

汉至六朝时以骑马为失官仪被劾

《颜氏家训》:"梁周宏正为宣城王所爱,给一果下马,常服御之,举朝以为放达。至乃尚书郎乘马,则纠劾之。"盖自周至齐梁,官吏无骑者,骑则以为失仪,只驺从骑也。

唐宋官吏禁马上食物,禁入酒肆

《朝野佥载》:"周张衡位四品,退朝见路旁蒸饼新熟,遂市一枚,马上食之,被御史弹劾,降敕流外。"又,《归田录》:"仁宗在东宫,鲁肃简公宗道为谕德。偶私饮舍旁酒肆中,会有急,宣公至迟,嘱中使以实对。真宗

宋真宗像

曰：'卿何故私入酒家？'公谢曰：'臣家贫，无器皿。酒肆百物俱备，宾至如归。适有乡里亲客自远来，遂与之饮。然臣既易服，市人不能识也。'上笑曰：'卿为宫官，恐为御史所弹。'"又，《归田录》："言事者奏李庶几与举子于饼肆中作赋。"

按：马上食物，固失官仪；若易服而入酒肆，则谁识之？是以白行简《汧国夫人传》云："二肆陈列车辇，观者甚众。时生父由常州刺史入觐，与同列易服章潜往观焉。"易服则人不知其为官，故虽出入里巷无所忌。彼鲁宗道、李庶几皆易服入市，乃亦遭弹劾，以是见自汉以来之重视官仪，至宋而未已也。

此等官威，至清中叶以后，外官仍旧，京官则渐渐打破，除步军统领外，虽亲王、宰相入朝，路上无呵殿传呼者，骑从之外，伞盖俱无；官再卑者，更无论已。揆其用意，似以法定仪仗为最俗，出入用之，有伤大雅。此亦人心自然之革命已。至入酒肆会饮，凡翰詹科道曹司，无不为之，二品以上者则寡。至民国，则一切解放。回想前代之官威，有如戏剧已。

古重视贵人之丑态

《周礼·地官》："一命齿于乡里，再命齿于父族，三命而不齿。"注："凡农隙饮酒，乡民虽卿大夫，必来观礼。齿于乡里者，以年与众宾相次也；齿于父族者，异姓虽有老，得居其上也。父族尚不敢。不齿者席于宾东，所谓僎也。"

按：《荀子》云："一命齿于乡，再命齿于族，三命族人虽七十不敢先。"不敢先，即《周礼》所谓不齿，径居父族之上也。夫所谓父族者，有世父叔父焉，有伯叔祖父焉，有长于我之兄焉，官虽益高，亲族长幼之序自若也。乃以爵尊之故，凡亲族皆不能与之齿，此在朝廷之上，诚无如何，乃乡饮亦如此焉，则古之重视人爵，为何如哉！

贵则亲畏

《史记·苏秦传》："佩六国相印，行过洛阳，车骑辎重拟于王者。周显王除道，使人郊劳。苏秦之昆弟妻嫂，侧目不敢仰视，俯伏侍取食。"此以后世习惯例之，秦虽贵，昆弟妻嫂何至如是？而不知周秦社会习惯实如是也。

汉虽家庭亦亲不敌贵

《史记·高祖纪》："高祖五日一朝太公，太公家令说太公曰：'皇帝虽子，人主也。太公虽父，人臣也。奈何令人主拜人臣？'后高祖朝，太公拥彗迎门却行。高祖大惊，下扶太公。"按：史记此，盖深讥帝之不学无术，后世且引以为笑谈。然身为帝王而有父，于古实无前例可引为法则。若以古贵贵之心理律之，则家令之言未为尽非，高祖赏之亦未为不当也。

又，《史记·武安侯传》："常召客饮，坐其兄南向，自坐东向，谓汉相尊，不可以兄故私桡。"史记此亦所以深讥武安。然以《周官》"三命父族不齿"之说例之，周正如此也。盖至汉时，学者已渐渐打破崇拜人爵之迷梦，知贵贵之不逾亲亲长长，而有此微词；特俗人如武安辈，尚不知耳。

古以官视为荣

《后汉·光武纪》："光武为舂陵侯家讼逋租于严尤。"注："时宛人朱福亦讼租于尤，尤止车独与光武语，不视福。光武归戏福曰：'严公宁视卿耶？'"按：光武创业为帝，贱时气量宜度越常人矣，乃以官视为荣，言之得意。英雄尚如此，常人可知。

唐贵贱不平等之丑态

《玉泉子》："韦保衡常访同人，方坐，李钜新及第，亦继至。保衡以其后，先匿于帏下。既人，曰：'有客乎？'同人曰：'韦保衡秀才可以出否？'钜新及第，甚自得意，徐曰：'出也何妨。'保衡竟不出。洎韦尚公主为相，钜新方为山北从事焉。"

按：韦、李同客友人家，韦即秀才，亦士人也，何至闻新进士来即匿避帏下？及李问及，主人仍不敢令韦即出见，必请命于新进士，商其可出否。此在今日，必逊谢欢迎其出矣。而不尔者，进士及第即为官，秀才仍庶人。当时社会习惯，盖以庶人与官同会，即亵视官矣。故虽同客友人家，秀才必回避进士。

豪贵见郡王则骇散

《摭异记》："上明皇为临淄王时，曾戎服臂小鹰于昆明池。会有豪家子盛酒馔，方宴，因疾驱直突会前。诸少年颇露难色，忽一少年持酒船令曰：'宜以门族官品备陈之。'酒及于上，因大呼曰：'皇祖天子父相王，

某临淄郡王也。'诸少年闻之,惊走四散,不复顾车服。"

按:诸少年必皆贵人也,宴饮时来一极贵之郡王,此在今日,必益致其敬恭,何至惊骇,遽鸟兽散,如贼之惧捕?而唐时不尔者,以郡王之威严,非他大官可比,故骇散也。

士人不能与官人同宴

《摭言》:"彭伉、湛贲俱宜春人,伉妻又湛姨也。伉举进士及第,湛犹为秀才。妻族为置贺宴,皆官人名士。湛至,命饭于后阁,其妻愤然责之。未数载,湛一举登第。初伉尝侮湛,及湛及第,伉方游郊郭,忽家僮驰报,伉闻失声坠驴,惊湛之骤贵也。"

闻婿及第即与女同席

《因话录》:"赵琮妻父为钟陵大将,琮以久随计不第,穷悴甚,妻族益相薄,虽妻父母不能不然也。一日军中高会,州郡谓之春设者,大将家相率列棚以观之。其妻虽贫,不能勿往。然所服故弊,众以帷隔绝之。设方酣,廉使忽驰吏召将,将甚恐。既至,廉使曰:'赵琮非汝婿乎?'曰:'然。'曰:'已及第矣。'即授所驰书,乃榜也。将遽以榜奔归,呼曰:'赵郎及第矣!'妻族大喜,即撤去帷帐,相与同席,以簪服庆遗焉。"

世态炎凉,至此极矣!当婿未第,以衣弊故,隔绝不与其女通;及闻婿及第,即刻撤帷,与女同席,似忘其衣弊者。且万目睽睽,在稠人广众中,未闻有嗤之者,则当时社会贵贵之念同也。

《因话录》书影

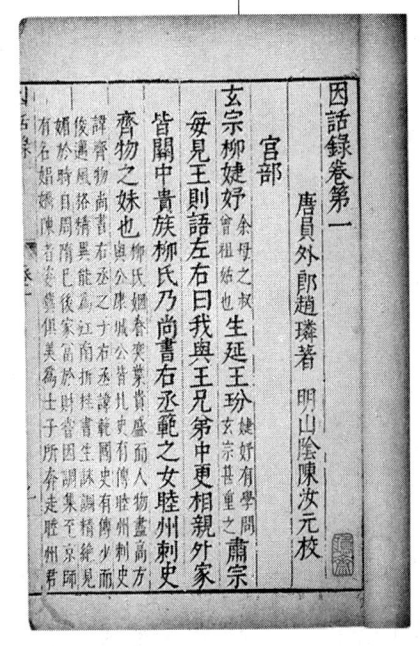

唐宋时请贵人到宅饮宴后须往谢

《五灯会元·鹅湖智孚禅师传》:"侍者来请赴堂吃饭。师曰:'我今日在庄吃油糍饱。'侍者曰:'和尚不曾出入。'师曰:'你但问取庄主。'侍者方出门,忽见庄主归,谢和尚到庄吃油糍。"智孚为唐末人,是唐时贵人时方丈甚尊贵。到宅饮食,过日须往谢也。

又,《曲洧纪闻》:"杜祁公留守洛阳,有何平叔者,年七十余,隐于城西南隅,莳花种竹于园中,以诗酒自娱,从不入市。一日,祁公便服独游,见园内花竹清幽,便入其中。值何饮酒,祁公问讯,即便共酌。

何乃更炙茄饷客，欢燕乐甚。俄署中车骑来迎，旌旗拂路，欧阳永叔、尹师鲁等亦至，立侍于侧。何曰：'公等何人？何侍从之多也？'答：'来迎相公。'何乃知共酌者为留守也。久之，公辞归，何曰：'久不入官府，明日恕不往谢。'"又，《老学庵笔记》："荆公少与孙少述相契重，及罢相归高沙，亟往访之。少述遂留荆公，置酒供饭，至暮乃散。荆公曰：'退即解舟，无由再见。'少述曰：'如此更不去奉谢矣。'"是宋时贵人过友人饮宴，虽非请来，亦须谢也。

卷三十二 历代物价

周时粮每石值黄金二两，每两金值钱不足百文

《管子》："黄金一斤，值食八石。"按：十六两为一斤，正合二两一石。此非周时食贵，乃金价贱也。

又，《管子》："今齐西之粟釜百泉，则鏂二十也。齐东之粟釜十泉，则鏂二也。"按：《左传·昭三年》："齐旧有四量，豆、区、釜、钟。四升为豆，各自其四，以登于釜。"杜注："四豆为区，一斗六升。四区为釜，六斗四升。"是齐定制，一斗六升为区，四区为釜，正六斗四升。乃《管子》曰"釜百泉则鏂二十"，似五倍鏂方为釜。故注云"一斗二升八合为鏂"，岂区、鏂不同欤？泉，钱也。以一斗二升八合之粟，贵则值钱二十，贱则二钱，以此证古粟固贱，然亦因古钱贵故也。

又按：齐粟每石黄金二两，每斗金二钱，每合金二分。则一斗二升八合，值金二钱六分，若与钱则为二十。是黄金二钱六分当钱二十也。是黄金一钱值不足十文，一两不足百文也。虽未能恰合，大概如斯矣。

汉金价贵银价五倍

《汉书·食货志》："黄金重一斤值钱万，朱提银重八两为一流，值一千五百八十，它银一流值千，是为银货二品。"按：朱提县所产银最高，故重三斤余即当一斤金价，它银则五斤价方当一斤金价也。又一两金值钱六百二十五文，比周加五倍。

汉时银价

据《食货志》："朱提银一流值一千五百八十。"八两为一流，是每两

汉五铢钱

银易钱一百九十七文半也，是银之最高者。寻常银一流值钱千，是每两易钱一百二十五也。

元明清金银钱之值

《桐城吴先生日记》云：元初中统时，每钞一贯折银一两，每钞四贯易赤金一两，是金一两当银四两也。洪武十八年，金一两当银五两。永乐十一年，金一两当银七两五钱。未几，金一两复当银十两。至清乾隆，金一两换银十四两九钱六分。嘉庆八年，换银十五两四钱一分。道光十二年，换银十五两七钱三分。同治十年，换银十五两五钱七分；十三年，换银十六两一钱七分。光绪二年，换银十七两八钱七分；五年，换银十八两一钱六分；十八年，换银二十三两七钱一分；二十二年，换银三十一两七钱，金价始暴涨；二十三年，换银三十三两九钱一分。盖至光绪末年，金价随世界为转移，故暴涨如是也。

两汉之谷价、米价

《汉书·食货志》："岁数丰穰，谷至石五钱。"以一石谷舂五斗米计之，是一斗米值一文也。又，《明帝纪》："岁比登稔，粟斛三十。"十斗为斛，是每斗三文也，是最贱之价值。其最贵者，《史记·平准书》："物踊腾，粜米至石万钱。"是汉初兵革时之价，不足为例。又，《食货志》："元帝即位，齐地饥，谷石三百余，民多饿死。"又，"王莽时，青徐地人相食，米石二千。"夫米至每斗二百，几与清时相垺，无怪人相食。若谷石三百，每斗只三十，较后代贱十倍矣，而民仍饿死。以此证汉时钱贵过

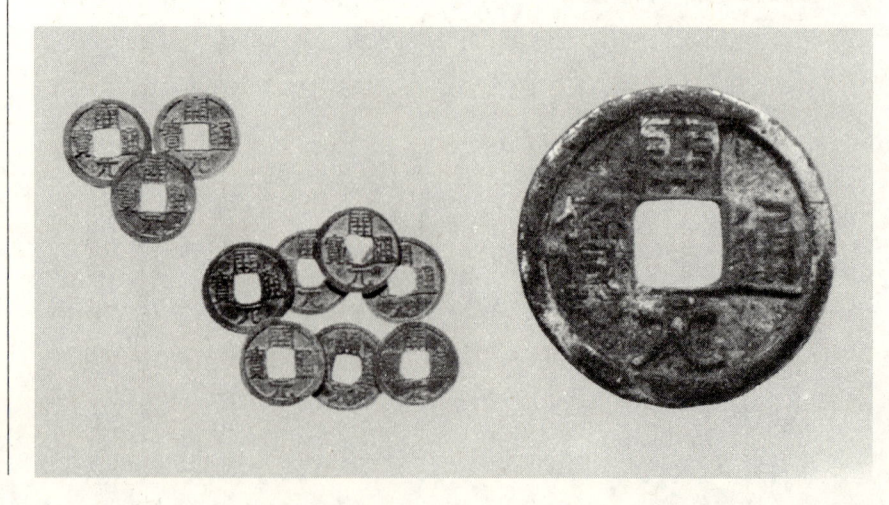

后代远矣。

唐时寻常米价每斗四十文

《通鉴》："苻坚建元七年，岁大熟，斗米五钱。"又，"唐贞观十三年，大熟，斗米三钱。"是皆不能为定价。考唐人《闻奇录》："晋国公王铎为丞郎时，以江淮运米至京，每斗水陆费计七百，而京国米价四十。议欲不运米折价。"是每斗米价四十钱，为唐时寻常之米价，较清时用铜钱时之米价贱十倍也。

汉时地价及一金之值

《汉书·东方朔传》："故鄠镐之间号为土膏，其价亩一金。"按：《庄子·逍遥游》："不过数金。"注云："金方寸重一斤为一金。"是每地一亩，值金十六两也。又按：《公羊·隐公五年》："百金之鱼。"注云："百金，犹百万也。古者以金重一斤，若今万钱矣。"《公羊》为何休注，休，汉人。是汉一斤金，可当万钱也。是亦以一斤为一金也。然则鄠镐上地万钱一亩，他则不及也。

汉中人产值十金

《汉书·文帝纪》："常欲作露台，召匠计之，直百金。上曰：'百金，中人十家之产。'"然则汉时中人产，平均值十金。据《史记·平准书》注：汉时金四两，值二千五百文。是一斤值万钱，十金值十万。是在后世钱贱之时，犹为贫家；汉时不尔者，钱贵后世十倍也。

周时兰草之贵

《说苑》："晏子曰：'今夫兰本，三年湛之以鹿醢。既成则易以匹马。'"按：兰产于南方，中原气候高燥，生殖不宜。古人培以鹿醢，使之开花，值敌匹马，虽今世无此价。可证古人爱花重于今世。

战国时之锥价、狸价

《说苑》："客说齐王曰：'骐骥騄駬，倚衡负轭而趋，一日千里，此至疾也，然使捕鼠，曾不如百钱之狸。干将镆铘，拂钟不铮，试物不知，此至利也，然以之补履，曾不如两钱之锥。'"

按：周时有迎猫之祭，似其时猫尚未驯扰成为家畜，故以狸捕鼠。狸

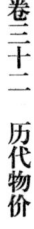

形微大于猫，毛作苍黑色，有纹，无他色者，其灵捷等于猫而凶狠过之，故猫畏焉。尝以数寸长之初生狸与猫，尚畏而不敢食。古以此捕鼠，似曾为家畜，故值百钱。若补履之锥只值二文，此无他，钱贵故也。

汉胡饼价

《三国志》注："赵岐遭家祸，诣北海贩胡饼。孙宾硕过市，疑其非常人，问曰：'自有饼耶？贩之耶？'岐曰：'贩之。'宾硕曰：'买几何？卖几何？'曰：'买三十，卖亦三十。'"按：唐沈既济《任氏传》："有鬻胡饼者，方张炭炽炉。"是即今日之烧饼也。以汉时钱价之贵，而值至三十，疑非一枚也。

汉唐酒价

《汉书·武帝纪》："卖酒升四钱。"是斗酒四十文也。《典论》云："孝灵帝末年，有司湎酒斗，值千文。"是东汉末酒价较西汉贵数十倍也。至六朝讫唐，则每斗三百文。杨松玠《谈薮》云："北齐卢思道常言长安酒贱，斗价三百。"唐杜甫诗云："速来相就饮一斗，恰有三百青铜钱。"是其证。至王维诗"新丰美酒斗十千"，李白诗"金尊斗酒沽十千"，侈言酒美价昂耳，非实录也。是唐时酒价几十倍于汉矣，此无他，唐钱贱也。

汉时一饭之价

《风俗通》曰："太原王子廉，一介不取。尝过其姊饭，留钱十五文，

默置席下。"按：汉时钱贵，一饭十五文，必美食也。

六朝时木柴屋椽及木制魁、碗价

《齐民要术》："榆柴一束三文，杨柳柴每载百文。桐木、榆木椽每根十文，柳木椽每根八文。木碗七文，木魁二十文。"按：魁即盆也。今河北人犹呼瓦盆为瓦魁。载者，一车也。

历代奴婢之价

《晏子春秋》："晏子之晋，至中牟，睹弊冠反裘负刍息于涂侧者，以为君子也，使人问焉。曰：'我越石父，为人臣仆于中牟。'晏子曰：'可得赎乎？'曰：'可。'乃脱左骖以赎之。"是周时一奴价准一马也。又，王褒《僮约》云："从成都安志里杨惠，买夫时户下髯奴便了，决价万五千。"是西汉奴价万五千也。又，梁任昉《奏弹刘整疏》："寅以私钱七千，赎奴当伯，奴名。使上广州去。后寅亡，整复夺取当伯充众。"是六朝时奴价钱七千。又云："整更夺取婢绿草，货得七千。整兄弟及姊共分此钱，又不分逡。刘寅子。婢姊及弟，各准钱五千文，不分逡。"是六朝时婢价亦七千。其次者则五千也。至《世说》所记，苻朗初过江，王咨议问中土奴婢贵贱，朗曰："谨厚有识，中者，乃至十万。"是愤激语，不足为凭也。

晋时羊价

《搜神记》："宋定国担鬼至宛市，化为一羊卖之，得钱千五百。当时石崇有言：'定伯卖鬼，得钱千五。'"此事固荒唐，然足证明羊价也。

汉唐马价

《史记·平准书》："物价腾枭，马一匹百金。"是极贵之价。可见贱时亦约十金，马盖莫贵于汉也。又，《集异记》："宁王方集宾客，鬻马牙人麴神奴呈二马，皆神骏精采。问价，牙人曰：'此一千缗，此五百缗也。'"王所乘皆千里马，非普通马价。

又按：郑简《任氏记》："郑子如市，果见一人牵马求售，眚在左股，郑子以六千买以归。后眚愈，售三万。"是贱则六千钱，贵则三万钱也，是普通马价也。

唐韩滉《五牛图》

唐时牛价

吴融《冤债志》："至时有人牵跛牛过，以四千买之。养六百日，甚肥健。同曲磨家，二牛暮卒，以十五千求买。"是唐牛值十五千也。

按：清时中原牛肥大者，值三十余千，倍唐时价。然唐时钱贵，况清时牛价亦有十五六千者，是古今牛价相等也。

唐驴价

《酉阳杂俎》："开成初，东市百姓丧父，骑驴市凶具。驴忽曰：'负君家力已足，南市卖麸家欠我五千四百，我负君数亦如之，可卖我。'其人惊异，即访麸家，果卖得五千四百。"

唐时鸡子价、鸡价、竹笋、竹竿价

《耳目记》："新昌令夏侯彪之，初下车，问里曰：'鸡子一钱几颗？'曰：'三颗。'乃取十千钱，令买三万颗，谓里正曰：'吾未要，且令母鸡抱之，遂成三万头鸡。经数月长成，令吏与我卖却，一鸡三十文。'半年之间，成九十万。"是可证唐时一文钱可买三鸡卵。长成之鸡，一只值三十文也。清时一鸡卵三文，与唐较贵十倍，理应如是。至鸡一只，清时普通值六七十文，较唐只贵一倍，则不可解也。

又问："'竹笋一钱几茎？'曰：'一钱五茎。'乃取十千买五十万，

令里正栽之。半年成竿，一竿卖一文，成五十万。"是可证唐时一文钱可买笋五茎，一竹竿则值一文也。

唐鸭卵价

吴融《冤债志》："乐平许元惠家，蓄十余鸭。忽多一黑鸭，日产一卵。凡诞三十卵，计其值恰三百钱。"是每卵值十文也。

按：今之鸭卵值倍于鸡卵耳。唐则一钱三鸡卵，十钱则三十枚，是鸭卵贵鸡卵三十倍也。古今之不同如此。

唐时槥价

《酉阳杂俎》："及市槥，正当二千四百文。"此可证唐时棺价，普通者二千余钱也。

晋时赁牛车价

《搜神记》："高安妇苏娥，有杂缯帛百二十匹，欲之旁县卖之。从同县男子王伯赁车牛一乘，直钱万二千。载妾并缯，令婢致富执辔。"

按：所谓旁县，不知道里若干；断非三五日所能往来，故值昂若是。又令婢执辔，是车主不执鞭随，与今日异也。

唐镰刀价

唐时镰刀，每枚三十文。《五灯会元》："王南泉云：'吾这茅镰子，三十文买得。'"是其证。南泉，唐时人也。

六朝布价

《通志》："齐竟陵王子良上表曰：'晋东渡初，绢布所直，十倍于今。官布一匹，直钱一千。及宋元嘉，匹直六百。今则入官好布，匹下百余。'"是东晋初一匹值千钱，至齐一匹布值约百钱也。

晋练价一匹一金

《晋书·王导传》："时库中惟有练数千端，鬻之不售，而国用不给。导患之，于是乃与朝贤俱制练布单衣，士人翕然竞服之。练价踊至一金。"

按：煮熟之缣帛曰练，十六两为一金，一端一金，其值颇昂。但亦视一端丈尺若干。

按：《宋书·沈庆之传》："年八十，梦有人与两匹绢，曰：'老子今

年不免。'两匹绢,八十也。"据是,是一匹绢四十尺。晋宋淳制当同。若如汉制十六两为一金,是金一两只买二尺半绢。古金即贱,尚不至是。疑晋所谓一金,已如《正字通》所言,以二十四铢为一金,即一两也。

五代时之靴价

《归田录》:"冯道与和凝同在中书,一日和问冯曰:'公靴新买,其值几何?'冯举左足曰:'九百。'和性褊急,遽回顾小吏曰:'我靴何得一千八百?'因诟责久之。冯徐举右足曰:'此亦九百。'于是哄堂大笑。"然则五代时官靴,一千八百为定价也。

宋时造船价

《老学庵笔记》:"建炎中,平江造战舰。八舻者长八丈,为钱一千一百五十九贯。四舻者长四丈五尺,为钱三百二十九贯。"

唐牡丹花价及绢价、筮价

白居易《买花》诗:"帝城春欲暮,喧喧车马度。共道牡丹时,相随买花去。贵贱无常价,酬值看花数。灼灼百朵红,戋戋五束素。"是花足百朵者,值帛五匹也。唐时交易多以帛,至帛一匹值若干钱,尚未得确证。

按:杜甫《忆昔》云:"岂闻一绢值万钱。"是天宝乱后之价,不足为准。《前定录》云:"宣平坊李生善易筮,以五百文决一局。相国揆持一缣晨往。"是一缣之值必与五百文相当,有赢而无绌也。由是证唐一缣只数百文。白诗所谓"五束素"者,殆不过三四千也。

唐马医价

《诺皋记》云:"建初中,有人牵马访马医,云马患脚,以二十镮求治。"是唐时医马价二十镮,每镮一百也。

唐竹笼价

吴融《冤债志》:"乃令多买竹作笼,约盛五六斗者储之。明年修广陵城,每笼三十文,大获利益。"

宋缣价每匹千钱

《老学庵笔记》:"承平时,鄜州田氏作泥孩儿,驰名天下。一对至直十缣,一床至三十千。一床者,或五或七也"云云。然则一床约三对,一

对正值十千。十千即十缣之价，一缣正千钱也。宋承平时如此。宋去唐近，唐承平时，每缣必不及千钱，无怪杜诗以一绢值万钱为创闻也。然则唐宋时旅行，以帛为粮及以帛易物者，其价值大概，可比例得之矣。

唐宋时平民每年生活费

唐于逖《灵应录》："纸商陈泰供养一僧，二年不倦。忽一日，僧谓曰：'尔有多少口，几许金便足？'陈曰：'弟子幼累二十口，岁约一百缗粗备。'"据是，每人五千钱，即足一年费。又，《东坡志林》："在岭南，每日费百文。至朔日，预将三千钱分为三十提，以画叉挂于壁上，每日取百钱用之。"

按：东坡在岭南，从者子过、妾朝云及仆役，盖有六七人之谱，而每日只需百钱，即可度日。每人日费十余文，月四五百，年亦五六千，与唐于逖所述者略同也。此虽贫民生活，然在清同光间，正用铜钱之时，亦相去甚远。若今日，则不能比例矣。以是证唐宋时铜钱尚贵也。

明时米价及清乾隆时米价

《明史·王文传》："请每米四石折银一两，民以为便。"是每石米值银二钱五分也。又，《随园随笔》云："曾见正德二年，吴县申报米粮时价文书，白米一石，纹银二钱。又见申文定公与其子书云：'吴下大荒，米每石价贵至六七钱。'"又，《金罍子》云："嘉靖癸丑，京师大饥，人相食，米石二两二钱。"袁子才云："是今日之平价也。"可见乾隆时米二两余一石也，已十倍于明之平价。若今日，则五十余倍于明矣，米价之不测如此！

明代杭州北关夜市

卷三十二　历代物价

卷三十三 历代称呼

历代之称呼天子

西汉称天子曰县官。《霍光传》:"禹曰:'我何病,县官非我家将军不得至是。'"又,《东平思王传》:"今暑热,县官年少,持服恐无处所。"张宴曰:"不敢指斥成帝,谓之县官也。"东汉亦称曰官家。《杂事秘辛》:"官家重礼,缓此结束,当加鞠翟耳。"又,《宋书·后妃传》:"废帝欲鸩王皇后,左右止之曰:'若行此事,官便应作孝子。'"是又对皇帝可称为官也。

花蕊夫人像

隋唐称天子曰大家。《海山记》:"隋文帝死,杨素既立炀帝,归谓家人曰:'小儿子吾已提起,教作大家。即不知了当得否?'"唐《李泌传》:"上烧梨赐泌,颖王恃恩亦求,上曰:'何乃争此?'颖王曰:'臣等试大家心,何乃偏耶?'"又,《五代史·唐家人传》:"大家还魂矣。"是对天子亦可称大家也。

宋则称皇帝曰官家。花蕊夫人词:"法云寺里中元节,又是官家降诞辰。"又,《词苑丛谈》:"道君幸李师师家,不遇,至更初归,愁眉泪眼,憔悴可掬。道君问故,师师奏言:'邦彦得罪去,一杯相别,不知官家来。'"是亦对面称也。

按:殿廷公见,称皇帝皆曰陛下。自两汉迄明清皆然。至曰县官,曰官家,曰大家,皆私称也。乃亦有对面称者,盖燕见亲昵者,无所不可也。

晋时仆称主人曰官

《世说》:"谢太傅与王珣相恶,太傅卒,王往吊,督师刁约不听使前，曰：'官生平不见此客。'"又，"殷中军妙解经脉，有常所给吏，忽叩头流血，言母抱病，若蒙官一脉，便有活理。"是晋时仆称主人皆曰官也。

唐仆媪称男主人曰郎、女曰娘子

白行简《李娃传》："生申喉发调，闻者欷歔。时生父亦易服私往观，有老竖即生乳母婿也，见生，将认之而未敢，乃泫然流涕。生父问故，曰：'歌者酷似郎之亡子。'"又，《猎狐记》："仆曰：'吾家郎君，为陇西观察使，公子亦往陇西省亲，只娘子在家，未便留宿，容吾与娘子商。'"又，《刘无双传》："王仙客以求亲之事，闻于舅母。舅母曰：'是我所欲也，即当议其事。'又数日，有青衣告仙客曰：'娘子适以亲情事言于阿郎，阿郎曰："向前亦未许之，恐是参差也。"'"又，《因话录》："李逢吉家有婢好言梦，曰：'昨夜为郎君作梦不好。'"又，《梦游录》："独孤遐叔谓其妻死，疾走入门，青衣报娘子梦魇方寤。"其小女则曰小娘子，昌黎《祭女挐文》曰："致祭于小娘子之灵。"又，小说称小娘子者尤多。其称小儿则曰小郎。

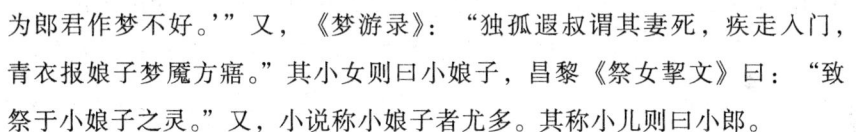

按：今日仆媪称男主曰老爷，主母曰太太，唐之称郎君、称娘子，亦犹是也。

历代父母之异称

《左传·昭二十八年》："叔向曰：'吾母多而庶鲜，吾惩舅氏矣。'"注："言父多妾媵，而庶子少也。"是春秋亦称父为舅。又，《左传·襄二十八年》："卢蒲癸谋杀庆舍，卢蒲姜癸妻舍女曰：'有事而不告我，必不捷矣。'癸告之，姜曰：'夫子谓父愎，莫之止，将不出。我请止之。'"又，《左传·襄二十七年》："成与强怒，将杀之，杀棠无咎。告庆封曰：'夫子言父之身，亦子所知也。'言封知其父璧棠无咎。"又，《檀弓》："曾子曰：'元起易箦。'曾元曰：'夫子之病革矣。'"是春秋时亦称父为夫子也。又，《史记·高祖纪》："上奉卮酒为太上皇寿曰：'始大人常以臣不能治产……'"又，《汉书·霍光传》："光兄骠骑将军去病，过河东，迎父仲孺曰：'去病不早自知为大人遗体。'"是汉称父为大人也。至对外

韩昌黎像

卷三十三 历代称呼

称,《西京杂记》云:"家君刘向以为史佚教其子读《尔雅》。"又,《后汉·袁隗妻传》:"马伦曰:'家君获此,亦其宜耳。'"又,《颜氏家训》:"昔侯霸之子孙,称其祖父曰家公。陈思王称其父曰家父,母为家母。潘尼称其祖曰家祖。古人之所行,今人之所笑也。及南北风俗,言其祖父及二亲,无曰家者。田里猥人,方有此言。"

按:《庄子》云:"其往也,家公执席。"《世说》云:"有人问陈元方:'足下家君何如?'"又,谢公问王子敬:"君书何如君家尊?"是秦汉魏晋时对朋友称其父曰家,何况自称,乃齐梁时以是为可笑,无怪颜氏非之也。

若《淮南子》云:"东家母死,其子哭之不哀。西家子见之,谓其母曰:'社何爱速死,吾必悲哭社。'"江淮谓母为社也。按:此乡里方言俗称,亦犹今日闽人呼父曰郎罢,粤人呼母曰阿吉,北方呼祖父为爷爷、祖母为奶奶,呼父为爹、母为娘,或呼父为爸爸、母为妈妈也。然爹娘之称虽俗,亦最古。古乐府:"朝辞耶娘去,暮宿黄河边。"又,杜甫《兵车行》:"耶娘妻子走相送。"是自晋唐已如此称呼。耶者,爹声之转。又,《南史·始兴王憺传》:"诏征还朝,始兴人歌之曰:'始兴王,人之爹,赴人急,如水火。'"又,韩愈《祭女挐文》:"阿爹阿八。"是爹称自六朝及唐亦有也。又,《颜氏家训》:"今世俗呼其祖考为先亡丈人。"疑丈当为大。按:此必已故之祖考,若尚在堂则不合也。

称人父母

《史记·聂政传》:"严仲子曰:'故进百金,为大人粗粝之费。'"此大人谓聂政母也。是称友人父母亦曰大人也。又,《世说》:"人问陈元方,足下家君何如?"又,谢公谓王子敬:"君书何如君家尊?"是称友人父亦可曰"家",至六朝则加"尊"字。《颜氏家训》:"凡与人言,称彼祖父母、父母、世父母及长姑,皆加尊字。自叔父母以下,皆加贤字。"

按:《文章志》云:"或问子敬:'尊君书何如?'"可证颜氏说之不谬。此等习惯至今不改,惟称人伯叔父或兄弟多曰令,为小异耳。

若对子字父则为失礼

《魏志·司马朗传》:"九岁,人有道其父字者,朗曰:'慢人亲者,不敬其亲者也。'客谢之。"又,《常林传》:"对于字父,是知礼乎?客

亦谢之。"按：字所以表德，此在周时不为不敬，汉魏时文盛，则否也。

古伯父叔父之称呼

《颜氏家训》："古今皆呼伯父叔父，今世多单呼伯叔。"按：《左传·僖二十五年》："周王曰：'未有代德，而有二王，亦叔父之所恶也。'"又，《左传·成二年》："周王使单襄公辞于晋使曰：'其敢废旧典以忝叔父？'"又，《汉书·王莽传》："世父大将军凤病。"师古曰："世父谓伯父也，以居长嫡而继统也。"又，"叔父成都侯商。"又，《楚元王传》："季父不吾取，吾取季父矣。"又，《项羽本纪》："其季父项梁。"是周及汉，呼伯父或为世父，叔父或为季父，而皆父称之证也。至单称伯叔，晋初已如此。《世说》："王济谓叔父王湛曰：'叔好骑乘不？'武帝每见王济，辄以湛调之曰：'卿家痴叔死未？'济曰：'臣叔不痴！'"又，桓玄谓王桢之曰："我何如卿第七叔？"是无论自称人称，皆单曰叔矣。颜氏以为非者，妇称夫弟亦曰叔。《陈平传》："嫂曰：'有叔如此，不如无有。'"若兄子只称叔不称父，则与嫂叔无别矣。

汉世亦称叔父为大人。《汉书·疏广传》："广谓兄子受曰：'今宦成名立，不去惧有后悔。'受叩头曰：'从大人议。'"亦有字叔父者，《史记·爰盎传》："兄子种谓盎曰：'丝但日饮，亡何……'"丝者，盎字。盖汉时犹有古风也。

兄弟子至晋始称为侄

古称犹子。《礼记》："兄弟之子犹子也。"盖引而进之也。亦曰兄子。《论语》："以其兄之子妻之。"《汉书·疏广传》："兄子受。"《爰盎传》："兄子种。"鲜有称侄者。《释名》云："姑谓兄弟之女曰姪。"姪，迭也。更迭、进御也。《礼·内则》注："所谓夫人及两媵，各有姪娣。"《左传》"臧宣叔娶于铸，生贾及为而死。继室以其姪"是也，故字从"女"。乃至晋，始称兄弟之男子曰侄。《颜氏家训》云："兄弟之子已孤，与他人言，对孤者前呼为兄子弟子，颇为不忍。北土人多呼为侄。晋世以来始呼叔姪。今呼为姪，于理为胜。"云云。是至晋始以姪为

项羽像

卷三十三 历代称呼

兄弟子之专称。故《晋书·王济传》云:"济才气抗迈,于叔父湛略无子侄之敬。"《北史·李郁传》:"兄玚卒,抚育孤侄,归于乡里。"至唐宋则尤以为确称,不可更仆数矣。

或曰:《左传》云:"姪从其姑。"《史记·田蚡传》云:"蚡侍酒婴所,跪起如子姪。"是古称姪亦同于后世。岂知姪其从姑者,正姪娣从姑嫁。此本筮词,仿佛而已,不得以事应怀公为证。《史记·田蚡传》之"子姪",姪乃姓之讹。《汉书》作"子姓。"师古曰:"姓,生也,言同子礼,若己所生。"师古于《史》、《汉》考订至精,设《史记》为姪字,师古早言之矣。是皆后人之妄改史文也。又,《公羊》:"诸侯娶一国,则二国往媵之,以姪娣从。姪者何?兄之子也。"是专谓女也。故《尔雅·释亲》云:"女子谓昆弟之子为姪。"而于宗族,则无姪称,此其证也。

妇称夫族今古之不同

《尔雅》:"妇称夫父母为舅姑。"《礼·内则》"妇事舅姑"是也。至汉,则称舅为丈人。《颜氏家训》:"汉时妇对舅称丈人。"古乐府词:"先述三子,次及三妇。"妇是对舅姑之称。其末章云:"丈人且安坐,调弦未遽央。"古者子妇供事舅姑,与儿女无异,故有此言。亦称姑曰大人,舅姑曰公姆,《焦仲卿诗》"五日断一匹,人人故嫌迟……勤心养公姆"是也。至六朝则呼舅为丈人公,《颜氏家训》"今北间妇人呼舅为丈人公"是也。按:今世妇人对人称舅曰公公,姑曰婆婆,至当面呼皆从夫,不知始于何时,与古异矣。

至称夫之兄,《尔雅》云:"兄曰兄公。"郭璞注云:"今俗呼兄钟,语之转耳。"是兄公之称,至晋未改。称夫之弟则曰叔,《史记·陈平传》:"嫂曰:'有叔如此,不如无有。'"夫之姊妹则曰姑,汉《焦仲卿诗》"新妇初来时,小姑初扶床;今日被驱遣,小姑如我长",唐《新妇》诗"未谙姑食性,先遣小姑尝"是也。盖必加"小"字者,以别于舅姑之姑。称夫兄弟之妻,周时曰娣姒,晋曰妯娌。《左传》:"子容之母走谒诸姑曰:'长叔姒生男。'"《尔雅》:"长妇谓稚妇为娣妇,娣妇谓长妇为姒妇。"郭注"今或曰妯娌",是也。至于今妇称夫兄曰大伯,弟曰小叔,姊妹则曰大姑、小姑,兄弟妇皆曰妯娌,然对面呼仍皆从夫。

甥与母族之称呼

《尔雅》:"谓我舅者,吾谓之甥。"《诗·大雅》:"韩侯娶妻,汾王之甥。"《传》:"姊妹之子曰甥。"《广韵》:"外甥也。"甥称母之父母曰外祖父、曰外祖母,此古今之通称也。至六朝则去"外"为"家"。《颜氏家训》:"河北士人皆呼外祖父母为家公家母。江南田里间,亦以家代外,非吾所识。"是其证。称母之兄弟曰舅。《诗》:"我送舅氏,曰送渭阳。"《左传》:"继室以其侄,穆姜之姨子也。"注:"穆姜姨母之子,与穆姜为姨昆弟。"又,《会真记》:"夫人郑氏,生之姨也。"姨称亦迄于今。称母侄则曰中表,《晋书·山涛传》:"涛与宣穆后有中表亲。"中表者,即表兄弟。徐铉《和表弟包颖诗》云:"平生中表最相亲",是其证。然古只曰中表,至唐则直称曰表兄、表弟,杜甫有赠表弟诗,苏轼有饮饯表兄程正辅诗。以迄于今,外家称呼皆大致不改。惟世俗称外祖有曰老爷者、外公者,外祖母有曰姥姥、曰外婆者,皆方言俗呼。又,南北普通称舅母为妗,殊不得解,然《集韵》已言之,其由来久矣。

婿与妾族之称呼

古称女夫曰甥。《孟子》"帝馆甥于贰室"是也。春秋时则称曰婿。《左传·文八年》:"晋侯使解扬归匡戚之田于卫,且复致公婿池之封。"注:"晋公之婿名池也。"婿之名至今不改。至婿称妇父,《尔雅》曰外舅,汉时则曰妇翁。《后汉·第五伦传》:"明帝戏伦曰:'闻君为吏挞妇翁。'"翁者父称。《汉书·金日磾传》:"日磾二子,皆为上弄儿,拥上项。日磾见而目之。儿走且啼曰:'翁怒。'"是其证。故陈后主曰:"妇父乃是翁比,女夫乃是儿例,奈何不敬?"《通鉴》特载其言。今世田野有如此称者,则人笑之,而不知正与古合也。自六朝始呼为丈人。《野客丛书》云:"后山送外舅诗:'丈人江淮英。'"称妇翁为丈人字俗,然字则远矣。仆观《三国志》注"献帝舅车骑将军董承"句下,"承于帝为丈人。古无丈人之名,故谓之舅。"裴为宋元嘉时人,呼妇翁为丈人,已见此时。至唐则以丈人为通称。杨詹事凭,柳子厚妇翁也,子厚祭文直呼为丈人,是其证。后又谓丈人为泰山,《酉阳杂俎》:"明皇封泰山,张说为封

柳宗元像

禅使。说女婿郑镒本九品，封禅后独迁五品，并赐绯衣。黄璠绰曰：'此乃泰山之力也。'"此一因也。又，有谓因东岳有丈人峰，世遂谓丈人为泰山。此又一因也。至今日则又由泰山转而为岳父，因岳父呼妻母曰岳母，对人称则曰家岳，曰家岳母。其不妥，盖甚于古称外祖母曰家也。

婿称妻兄弟及婿与婿称

《晋书·阮瞻传》："内兄潘岳，每令弹琴。"《唐书》："李益、卢纶，大历十才子之杰出者。纶于益为内兄。"又，《文中子》："有内弟之丧，不饮酒食肉。"内弟、内兄之称，至今不改。至女兄弟则曰姨，《左传·庄十年》："蔡哀侯娶于陈，息侯亦娶焉。息妫将归，过蔡。蔡侯曰：'吾姨也。'止而见之。"此姨称之最古者。迄于今则又曰大姨、小姨，以别于母姨。至婿与婿相称，古谓曰亚。《尔雅》："两婿相谓曰亚"。注：《诗》曰'琐琐姻亚。'"汉谓为友婿。《汉书·严助传》："家贫，为友婿富人所辱。"师古曰："友婿，同门之婿。"晋谓为僚婿，郭璞《尔雅》注："今江南呼同门为僚婿"是也。宋谓为连袂。《潜确类书》："范仲淹、郑戬，皆自小官、布衣选配李参政昌龄女，为连袂。"又，"李晋卿有二女，将死，语家人曰：'长女配王乐道，次女配滕元发，足矣。'二人遂为连袂。"后又由连袂而转为连襟。《嬾真子》："江北人呼连袂为连襟。"至今仍之。妻族称呼，以此与妇翁为最繁矣。

唐谓及第进士为先辈

自古皆称高年耆旧为先辈，如《吴志·阚泽传》："泽州里先辈丹阳唐固。"又，《魏志·陶谦传》注："郡守张磐，同郡先辈。"又，《旧唐书·孔颖达传》："隋炀帝集诸郡儒于东都，令国子秘书与之论难。颖达最年少，而先辈宿儒皆为之屈。"是隋时尚如此。乃至唐中叶，则称先辈者为及第进士，而非老称。王维诗："为学轻先辈，何能访老儒。"《北梦琐言》："王凝知举，司空图第四人登科。王谓众曰：'今年榜帖为司空先辈一人而已。'"是所谓先辈，实后辈也。按：《琐言》之说，仍微不合。先辈实进士及第之专称。《云溪友议》云："牛僧孺被举，常投赘于补阙刘禹锡。禹锡对客涂窜其文曰：'必先辈期至矣。'"又，《北里志·杨莱儿传》："进士赵光远一见溺之，及应举，自谓必取。莱儿亦大为夸于宾客，指光远为一鸣先辈。"是皆应试前祝其及第为先辈也，非普通后辈之称。

卷三十四 奴婢佣赁

周盗贼妻子没为奴婢，可上市买卖

《周礼·秋官·司厉》："掌盗贼之任器货贿。其奴男子入于罪隶，女子入于舂槁。"按：罪隶者，隶司空为役；舂槁者，言女子力弱，充舂米炊食之职。是官奴婢皆由盗贼没入，故可买卖。《周礼·质人》："掌成平也市之货贿、人民、牛马。"注："人民，奴婢也。"疏："言奴婢则非良人，而罪人也。"盖官家奴婢多，而卖于民间，民间复可以奴婢上市而买卖之，与牛马同。

亦有因饥寒而鬻为奴婢者，故多可赎

《晏子春秋》："晏子之晋，至中牟，睹弊冠反裘负刍息于涂者，以为君子也。使人问焉，曰：'我越石甫，为人臣仆于中牟。'晏子曰：'何为至此？'曰：'不免冻馁之累，是以为此也。'晏子曰：'可得赎乎？'曰：'可。'乃脱左骖以赎之。"

按：此自鬻为仆也，其契约或若干年、或终身，或可赎、不可赎，故晏子问之。又，《檀弓》："子柳之母死，子硕请具。子柳曰：'何以哉？'子硕曰：'请粥庶弟之母。'"又，《史记·陈轸传》："故卖仆妾不出里巷而售者，良仆妾也。"又，《淮南子》："鲁人有为妾于诸侯，有能赎之者，取金于府。"此皆因贫自鬻为婢妾，主人又因贫而转鬻于人，故多可赎也。

《晏子春秋》竹简

汉奴婢状况

汉魏时奴婢有三种：一因罪没入者，二因贫而为者，三被掠为奴婢者。因罪因贫，自周有之，

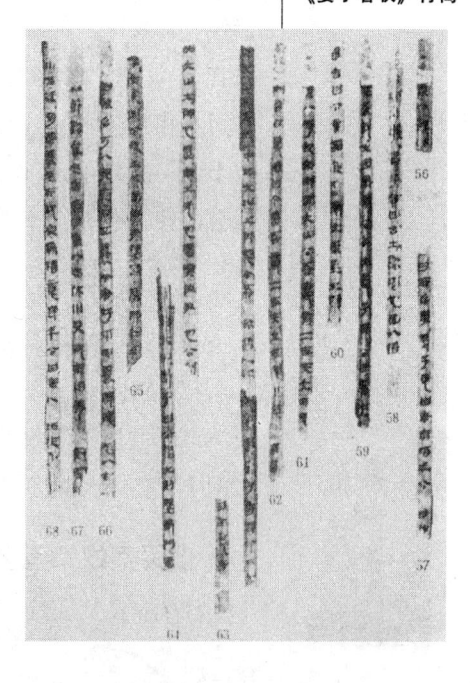

掠卖则周时所无。以此见周时社会较后世不紊乱，其乡政善也。

其因罪没入者，如《外戚世家》"薄姬，原魏豹妾，魏豹平，输织室"，又如《吴志·潘夫人传》"父为吏，坐法死，夫人与姊俱输织室"，又《魏志·高柔传》"营士窦礼，近出不还，营以为亡，没其妻及男女为官奴婢"是也。其因贫者，如《高祖纪》"民以饿自卖为官奴婢者，诏皆免为庶人"，又干宝《搜神记》"汉崔永父死不能葬，因自卖为奴"，又《魏志·杨俊传》"王象少孤特，为人仆隶，见使牧羊，而私读书，被棰楚"是也。其被掠卖者，如《外戚世家》"窦广国年四五岁时，家贫，为人所略卖。传十余家，其家不知其处"，又《魏志·杨俊传》"为人所略作奴仆者凡六家，俊皆倾财赎之"，又《史记·栾布传》"为人所略卖，为奴于燕"是也。

按：略卖之事，不惟春秋时无之，即战国亦不见。盖周时乡政之善，为后世所未有，凡作奸犯科之事，无所容藏，一易地即自困，故绝无此事也。

汉奴婢之多空前绝后

有以上三因，汉奴婢之多，为自古所未有。其见于史者，如《陆贾传》："陈平以奴婢百人遗陆生。"《武帝纪》："发官奴婢三万人苑中养马。"《贡禹传》："诸官奴婢十余万人，戏游无事。"《哀帝纪》："诏诸侯王、列侯、公主、吏二千石及豪富民多畜奴婢，田宅亡限，令有司条奏诸侯、王奴婢二百人，列侯、公主百人，关内侯、吏民三十人。过品皆没入官。"诚以其时富人，如蜀卓王孙僮客八百人，程郑亦数百人。卓文君嫁司马相如，王孙分与僮百人。又，《季布传》："乃髡钳布，并其家僮数十人，之鲁朱家所卖之。"夫一卖即至数十人，少分即至百人，则当时社会奴婢之在豪富家者，诚不可以亿计也。故哀帝下诏限之。然《蜀志·糜竺传》："祖世货殖，僮客万人。"是东汉末此风仍未已也。

汉时卖奴婢衣以绣衣，置市上阑中

《贾谊传》："今民卖奴者，为之绣衣丝履偏诸缘，牙绦。内之闲中。"服虔曰："闲，卖奴婢阑。"按：衣以鲜服者，饰其貌使姣好易售也；内之闲中者，惧其逸去，与闲牛马同也。盖市官特为置阑而税之也。

惟买卖奴婢者多，故价有定准

《汉书·食货志》："田宅奴婢价为减贱。"又，《毋将隆传》："傅太后

使谒者买诸官婢，贱取之，复取执金吾官婢八人。隆奏言价贱，请更平直。"是可证当时奴婢皆有定价，与牛马五谷同，故有价贵贱之感觉。又可证奴婢即财货，故《陆贾传》："谓其子曰：'侍者十人，宝剑直百金；过汝十日而更，所死家得宝剑车骑侍从者。'"是以奴婢与车马宝剑，并为货财也。

汉为奴婢开一线生机

自周以来，主可杀奴。《史记·田儋传》："儋阳为缚其奴，从少年之县廷，欲谒杀奴。"服虔曰："古杀奴皆当告官。"是不过告以杀之之故耳，非告官判其可否也，残酷极矣。至汉文帝四年五月，诏免官奴婢为庶人。哀帝时，又诏官奴婢五十以上免为庶人。《魏志》："齐王芳诏官奴婢六十以上，免为良人。"是以宣帝时，京兆尹赵广汉，胁魏丞相夫人贼杀侍婢事，可见是时虽丞相杀侍婢亦有罪。又，《食货志》云："除专杀之威。"又，王莽时诏："敢炙灼奴婢者论如律，免所炙灼者为庶人。"又诏："除奴婢射伤人弃市律。"又诏："民有被略为奴婢，自讼者免为庶民。"自此以后，专杀者禁，炙灼者禁，五十以上可得自由，始有奴婢亦人之感觉。若汉以前，则视为当然也。至晋时奴亡，只黥其面。《酉阳杂俎》云："晋令，奴亡黥两眼。再亡，黥两颊。三亡，横黥目下，皆长一寸五分。"不能杀也。

然自唐以来，不免棰笞之苦。《摭言》云："有奴事萧颖士十年，笞棰备至，只不敢专杀耳。"至于炙灼侍婢，以在闺房之内，官家不易知，虽今日不免。吾每闻其声，每彷徨惨痛，恨不使其主人即身受其苦。呜呼！此等恶习，何日革除净尽耶？

唐仍有官奴婢

《次柳氏旧闻》："玄宗幸太子宫，见使用无妓女，令高力士选民间女五人进之。力士曰：'掖庭中故衣冠以事没入者不少，宜可备选。'"又，《刘无双传》："以父曾为朱泚伪官，置大辟，无双没入掖庭。"又，《因话录》："天宝末，蕃将阿布恩伏法，其妻配掖庭。"是唐罪人妻子，仍没为官奴婢也。惟据史传所载，只掖庭有之，他衙署不见，盖较汉时少多矣。余民间所有奴婢，大概皆因贫而为也。

汉哀帝像

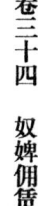

卷三十四 奴婢佣赁

霍小玉红亭
送夫图

唐脱奴婢籍名从良

唐蒋防《霍小玉传》："长安有媒鲍十一娘者，故薛驸马家青衣也，折券从良，十余年矣。"又，《刘无双传》："苍头塞鸿云：'某已得从良客户。'"又，《隋唐嘉话》："京兆韦衮有奴名桃符，有胆力，每征讨必从。衮以久经驱使，乃放从良。"是盖因自古凡为奴婢者，皆罪人，非良人，故以脱奴籍为从良。岂知因贫自鬻者，原本良人，非罪人，"从良"云者，殊不公允也。

唐时仍贫则卖童仆

白行简《李娃传》："生囊中尽空，乃鬻骏马及其家童。岁余，资财仆马荡尽。"是唐时仍以奴为资财也。

历代奴婢价

晏子以一骖赎越石父，是春秋一奴价可抵一马。汉王褒《僮约》："买奴便了，价万五千。"梁任昉弹劾刘整云："以钱七千，赎奴当伯。取婢绿草，货得七千。"是奴价以六朝时为最贱，且男女价相若。唐以后即少见，盖奴渐少矣；然婢仍多，且婢价较奴价日贵也。

古奴仆之服装

古奴婢皆青衣。《通鉴》："怀帝被虏，青衣行酒。"是奴而青衣。《霍小玉传》："鲍十一娘者，故薛驸马家青衣也。"是婢而青衣。《光武纪》："彭宠为其苍头所杀。"注："秦谓奴为苍头，以别于良人。"又，梁武帝诗："平头奴子擎履箱。"李白诗："平头奴子摇大扇。"苍者，黑也；平头者，言奴所服之帽不许有屋，即今日戏剧所服之平顶奴帽是也，故一望而知为奴。又，韩愈诗："一奴长须不裹头，一婢赤脚老无齿。"摹绘奴婢之状况，如目睹矣。

古奴仆之忠主

古奴仆之忠于主人者甚众，兹举一二以见梗概。《后汉书·李善传》：

"善，清阳人，本同县李元苍头也。元家病疫相继死，唯孤儿续，始生数旬。奴婢谋杀之而分其财产，善负孤儿潜逃，亲自哺养，乳为生湩。续十岁归，告奴婢于长吏，收杀之。光武闻，拜善为太子舍人，迁日南太守，转九江太守。"又，《涑水纪闻》："王逵者，屯田郎中李昺仆也。既而昺父子俱坐事系狱，亲友无敢饷问之者，逵旦夕守台门给饮食四十余日。昺贬恩州，诸子流岭外，逵哭送之。既而昺死，逵为治丧，朝夕哭奠如儿子。"他若唐之墨昆仑、红线，亦忠义之尤著者也。

自宋以来，惟闻买婢，《老学庵笔记》云"都下买婢，谓未尝入人家者，为一生人，喜其醇谨"是也，不闻买奴。至清末并买奴亦禁，然至今不能断绝，冤苦时闻。或再数十年，可与奴一律绝迹乎？

佣与客作

佣与童仆异。古所谓童仆，皆奴也，奴不能自由。佣有短佣，有长佣。短佣或一日，或二三日；长佣或以月计，或以年计，计时受值，皆可自由。自春秋有之。《说苑》："宁戚为商旅，赁车以适齐。"赁者雇也，雇即佣也。至战国渐多。《史记·荆轲传》："高渐离变姓名为人庸保，匿作于宋子。"《齐世家》："湣王子法章为莒太史敫家庸。"《范雎传》："臣为人庸赁。"庸与佣通。注云："谓庸作受雇也。"至汉魏益多。有为农家佣者，如《陈涉传》："常与人佣耕。"《儿宽传》："时行赁作，带经而锄。"《梁鸿传》："为人赁舂。"有佣于商家者，如《栾布传》："穷困卖庸于齐，为酒家保。"《杜根传》："为宜城山中酒家保。"有佣于学校者，如《儿宽传》："诣博士，受业孔安国，贫无资用，常为弟子都养。"师古曰："主给烹炊也。"《世说》："服虔匿姓名，为崔烈门人赁作食。"有佣于官署者，如《班超传》："家贫，常为官佣书。"其期最短者，谓之客作。《高士传》："夏馥既诬入党锢，乃改服易形，入林虑山中，为冶工客作。"《魏志》："焦先者，隐士也。饥则出为人客作，饱食

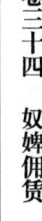

而已，尤自由也。"盖古士人身体健壮而质朴，故穷则为佣以自给，不以为耻。六朝以后，士风华靡，虽困，鲜肯为佣以求活。只《世说》记袁宏为人佣运租。此亦士人习尚之一小变也。

古待遇佣耕者状况

《韩非子》："夫卖庸而播耕者，主人费家而美食，调选𫗧布而求易钱者，非爱庸客也，曰如是耕者且深、耨者熟耘也。庸客致力而疾耕、尽巧而正畦陌者，非爱主人也，曰如是羹且美、钱布且易也。"

按：今日田家待遇佣工，年节以酒肉犒赏，春夏以巾布馈赠，佣者尚辄有烦言，不知数千年前情状已如此也。

卷三十五 治病 傩疫

古医病之法，《周礼·天官》疾医、疡医、兽医，言之详矣。而《黄帝内经·素问》及《史记·扁鹊传》，尤能阐发其精理。兹俱不录。录其治法为后世所无者数则，以及古社会于医者之情况。

古以口吮疽

《史记》："吴起为将，与士卒分劳苦。卒有病疽者，起为吮音盾之。卒母闻而哭之。人问其故，母曰：'往年吴公吮其父，父战不旋踵而死。今又吮其子，妾不知死所矣。'"是可证古社会皆以口吮疽。故起施之士卒，期得其死志。盖疽熟必有脓血，以手挪之则痛，不如以口吸收血易净尽，且不痛也。

古以舌舐痔

《庄子》："宋人曹商，使秦归，以得车多，骄稚庄子。庄子曰：'吾闻秦王有病，召医破痈溃痤者，得车一乘；舐痔者，得车五乘。所治愈下，得车愈多。子岂治其痔耶？'"

按：《说文》："舐，以舌取食也；痔，后病也。"《增韵》："隐创也。"是痔者肛门之病，今所谓痔疮、漏疮也。而以舌舐之，今虽贵人不能有是也。庄子谓"所治愈下"，下莫下于斯矣。

古为小儿剔首、揃痤

《韩非子》："夫婴儿不剔首则腹痛，不揃痤则浸益。剔首、揃痤，必

一人抱之，慈母治之。"注："婴儿痈痤，当揃、剔勿使滋益。"

按：注说非也，剔首、揃痤，自为二事。婴儿顶门多不洁，故剔除之。至不剔则腹痛，今已不晓其义。痤者，疖也；揃者，挤其脓血也，非与剔首为一事。又："弹痤者痛"。夫痈至成熟肿起，破之溃之，法至多矣，乃必弹之，以试其熟否，则后之所嗤也。

至汉时吮痈已嫌其秽

《史记·佞幸传》："文帝尝病痈，邓通常为帝啑音借吮之。文帝不乐，从容问通曰：'天下谁最爱我者乎？'通曰：'宜莫如太子。'他日，太子入问疾，文帝使啑痈，啑痈而色难之。"夫吸脓血于口中，乃天下之至秽，虽以父子之亲，有不能勉强者，故后世为之者少也。

古皆官医

《周礼·天官·医师》："掌医之政令，聚毒药以供医事。凡邦之有疾病者、疕疡者造焉，则使医分而治之。岁终则稽其医事，以制其食。十全为上，十失一次之，十失二次之，十失三次之，十失四为下。"观是，则周时所谓医，皆官医也；药亦官家所备。盖其时士民既无医学，亦无药剂，故政府设专官，以供民求取。惟绎经文，似皆就医，而无往医。若疾重而不能造者，其如之何？此一疑问也。又有疾医，今之内科也；疡医，今之外科也；兽医，今之兽医也。惟食医专掌饮食，为今之所无。

至春秋末始有以医为业者

《史记·扁鹊传》："既传长桑君禁方，为医或在齐，或在赵。在赵者名扁鹊。诊赵简子病。过邯郸，闻贵妇人，即为带下医；过洛阳，闻周人爱老人，即为耳目痹医；入咸阳，闻秦人爱小儿，即为小儿医。秦太医令李醯，自知伎不如扁鹊，使人刺杀之。"是可证庶人初有以医为业者，而技过官医，故官医妒之。若后世，则不胜其妒矣。

其在汉初，则齐人太仓公，诊脉知人生死，行游诸侯，不以家为

《伤寒论》书影

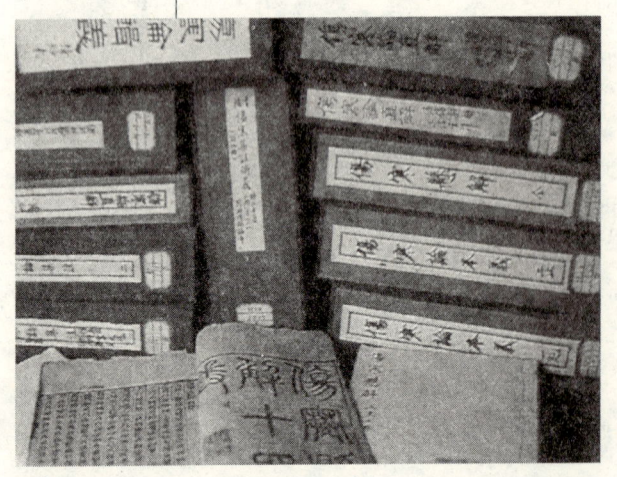

家，或不为人治病，病家多怨之者，被告得罪，少女缇萦上书，愿以身代者是也，其技与扁鹊等。汉末则华佗，佗之师为长沙太守张仲景。仲景名机，华佗闻机名，特诣长沙拜谒。机尽以其术传之，其著述今只存《伤寒论》，余外科书尽佚。此皆以士人专精医术，是以《汉书·杜延年传》云："昭帝末，征天下名医。"可见业医者多，不似春秋前之必为官医也。

中医退化之故，因自古贱医

中国医术，古发明若是之精，魏晋以降，复失传者，何也？以中国社会，自古贱医。《论语》云："人而无恒，不可以作巫医。"医与巫并称，其贱可知。《列子》云："虽乞儿马医，不敢侮也。"以马医与乞儿并，其轻可想。《史记·李广传》："以良家子从军。"如淳曰："谓非医、巫、商贾、百工也。"是为医即非良家。《魏志·华佗传》云："佗本作士人，以医见业，意尝自悔。"悔医贱于士也。《世说》："殷浩妙解经脉，有常所给使，忽叩头流血，言其母病。浩感其诚，为诊脉处方，一剂便愈。遂烧其秘方。"恐人知其能医而贱视也。夫社会风尚如此，读书士人，谁肯为医？其肯为者，学业类不足以辅之。故古人费千辛万苦而得之者，后之人皆不能传也。

华佗像

周时防疫之法

古防疫之法，至为精密。如杼井、萩室，以灰水攻貍虫，而傩疫尤为大观。秦汉以后，遗法皆废，独傩礼尚存，以近于游戏也。

以蜃炭攻貍虫

《周礼·秋官·赤犮氏》："掌除墙屋，以蜃炭攻之，以灰洒毒之，凡隙屋除其貍虫。"按：周时无石灰，而以蜃壳烧灰，其功用与今石灰同。灰洒者，盖以灰和水，洒于屋隙，毒死貍虫。貍虫者，蚤虱之属，可为传染疫病之媒介，故杀之。自周时即研究至此，可谓密矣。

萩室防疫

《管子》："当春三月，萩室熯造。"注："熯，谓火以干之也。三月之时，阳气盛发，易生瘟疫。楸树郁臭，以辟毒气，故烧之于新造之室，

以禳祓也。"

按：《说文》："萩，萧也。"是艾草之属。兹注云楸树，是以萩为楸也。新造之室，湿气停蓄，易生瘟疫，烧萩使干，兼以杀疫，则室可安居。

至春则淘井易水

《管子》："钻燧易火，杼井易水，所以去兹同滋毒。"注："春时之井，当杼之以易其水，去滋长之毒。"

按：《方言》："杼、柚，作也。土作谓之杼，水作谓之柚。"据此则杼井者，必淘掘井土，使易新水，以旧水过冬，有亭毒也。清时北方人家，至春必淘井，盖犹仍周制，亦所以防疫。

傩疫

《周礼·夏官·方相氏》："掌蒙熊皮，黄金四目，玄衣朱裳，执戈扬盾，率百吏而时难，同傩。以索室驱疫。"注："方相者方想，言可畏怖也。"方想，盖汉语也。冒熊皮者，以惊驱疠疫之鬼，如今魌头也。时傩，四时作。索，廋同搜也。"

按：《说文》："魌，丑也。"如今之颠头。徐锴注："方相四目也。"即郑所谓颠头。然则汉之魌头，即周之方相，必黄金四目执戈盾者。古以为疠有鬼，《月令》云："季春命民傩，有大陵积尸之气，与民为厉。"

乡人傩图

是其证。方相氏家逐室驱，鬼见此凶威，自惊怖逃去。是以孔子恐并惊其室神，遇乡人傩，则朝服立阼阶，俾庙神有所依附。今乡里疫重，辄燃爆竹以冲散疫气，犹是理也。

汉傩年只一次，以十二月腊祭前一日为傩期

张衡《东京赋》："尔乃卒岁大傩，驱除群厉，方相秉钺，巫觋操茢，桼穰帚。侲子万童，丹首玄制。桃弧棘矢，所发无臬，飞砾雨散，刚瘅雄鬼必毙。煌火驰而星流，逐赤疫于四裔。"

按：《文选》注引《续汉书》曰："大傩谓逐疫，选中黄门子弟百二十人，为侲子，皆赤帻皂首，逐疫禁中。"盖禁中地小，只百二十人即足。若国民逐疫于都市，则非万童不足以示威。又注引《汉旧仪》："岁十二月，使方相氏蒙虎皮，黄金四目，玄衣丹裳，执戈持盾，率百隶时傩，索室驱疫。以桃弧苇矢且射之，以赤丸五谷播洒之。"然则汉傩装饰与周同，侲子万人，且必以童，并以赤丸五谷到处播洒，其繁盛则较周或过也。惟查《月令》，仲秋、季冬、季春皆傩，汉只十二月傩。《礼仪志》云："先腊一日大傩，谓之逐疫。"是傩与腊并行也。

唐傩疫之盛况

《乐府杂录》："傩用方相四人，戴冠及面具，黄金为四目，衣熊裘，执戈扬盾，口作'傩傩'之声，以除逐也。右十二人，皆朱发，衣白画衣，各执麻鞭，辫麻为之，长数丈，振振声甚厉，口呼各凶神名。振子百，小儿为之，衣朱褶青襦，戴面具。以晦日为之。"

按：面具者，汉以木。《礼仪志》："百官宫府各以木面兽。"是刻木为之。后世以纸糊戴于首，使狞恶可怖，即《周礼》之黄金四目，亦假面具也。不然，如何能以黄金为目，目胡能四哉？又，周傩、汉傩，皆玄裳，唐则衣白衣而画之，更被以朱发，状尤可畏；又以麻鞭振响，亦古所无。振子，即汉之侲子；振子豆者，盖令侲子洒豆打鬼也。

宋傩疫

《老学庵笔记》："政和中大傩，下桂府进面具，比进到，称一副。初讶其少，乃是以八百枚为一副，老少妍丑，无一相似者，乃大惊。至今桂府作此者，皆致富。"按：一副即八百枚，是凡傩者无不戴面具也。又，

《梦华录》:"除夕,禁中大傩,用皇城亲事官,戴假面绣画色衣,执金枪龙旗。"以是证宋傩比唐尤奇丽,盖久视为游戏矣。

古防疫已用隔离法

《汉书·平帝纪》:"民疾疫者,舍空邸第,为置医药。"

按:疫起,传染最速,舍之空邸,使与家属隔离,自汉已如此也。又,曾子固《越州救灾记》:"春大疫,为病坊,募僧二人,视医药饮食。"是亦用隔离法防疫。但病者无人敢看护,僧家慈悲,故募以侍疾也。

卷三十六　赋税　力役　户籍

赋役之制，《通志》等书详矣。兹所述者，多可惊骇之事，令人知百姓之不易为，自古而然，而非其详制也。又后世习焉不察，多谓三代赋役轻于后世，虽班固亦如此。岂知孟子之称述三代，对战国立言耳；今一追想其实况，民困亦甚也。兹编正比较其事实也。

周赋税过后世

《汉书·食货志》："周时有赋有税，税谓公田什一，赋谓车马甲兵士徒之役。"

按：《孟子》云："夏后氏五十而贡，殷人七十而助，周人百亩而彻，其实皆什一也。"什一者，谓十取其一也。战国乱世，不能为准。若汉初，则十五取一；汉末及东汉，则三十取一，过三代远矣。供车马甲兵士徒之役者，按《周礼·地官·县师》："若将有军旅，会同作其众庶及马牛车辇。"又，《鄭长》："则以旗鼓兵革帅而至。"是以《遂人》"以岁时登记夫家众寡，及六畜车马"。必登记者，备赋之也。不但此也，《委人》职云："掌敛野之赋，敛薪刍，凡疏材、木材，凡畜聚之物。"注："疏材，草木有实者也。畜聚之物，瓜瓠芋葵御冬之具也。"是正赋正税以外，尚敛及薪刍蔬果，以备宾客师旅之用。由今思之，周民负担之重及其被扰情况，殆过

征税之法图

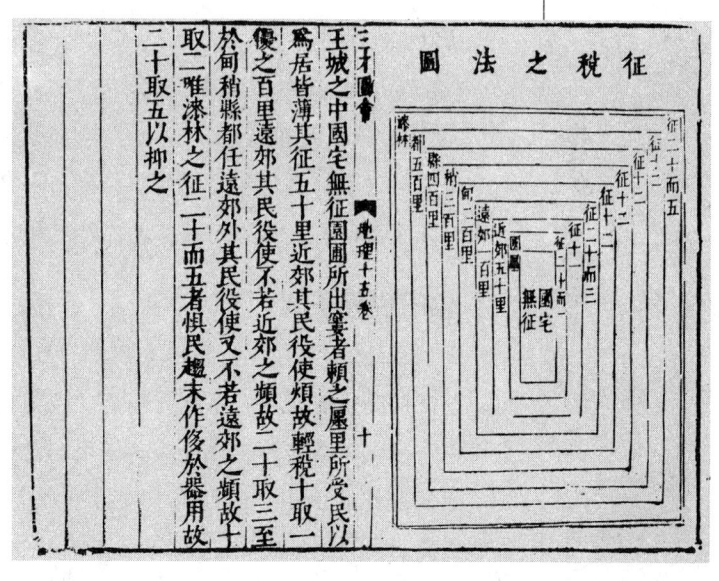

于后世。盖封建之过也。

周即有人口税

《周礼·天官·大宰》:"以九赋敛财贿。"郑玄云:"赋谓口率出泉也,今之算泉。"疏:"以九赋敛财贿者,此赋谓口率出泉。其处有九,故云九也。"又,《地官·闾师》:"职。""凡无职者出夫布。"疏:"使出一夫口税之泉。"按:泉者,钱也。《天官·外府》:"掌布之出入。"注:"布,泉也。藏曰泉,行曰布。"口率者,以口为率,家有若干口,即出若干泉。汉曰算,算口出钱。今外洋有人头税,系以头计,兹则以口计也。于正税正赋以外,复税及人口也。

周税居宅

《周礼·载师》:"凡任地,国宅无征。"后郑云:"国宅,凡官所有宫室,吏所治者也。"夫经特云"国宅无征",是民宅征也。然民宅征率,经无明文。疑下云"园廛二十而一",即民宅征率也。民宅亦名廛,非必商贾。《遂人》:"夫一廛,田百晦。"注:"廛,城邑之居。"又,《诗》:"胡取禾三百廛兮?"传:"一夫之居曰廛。"是廛即民宅。"园廛二十税一",即民宅二十税一也。以故先郑云"国宅、城中民宅,无税",而后郑不从之。诚以一夫之廛与田,皆受之官,皆当有税,特宅税轻于田税耳。

周已敛布帛

《孟子》:"有布缕之征,粟米之征,力役之征。君子用其一而缓其二。"是周时已征及布帛也。

总周时之税,有田税、宅税、口税、车马、甲兵、薪刍、布缕、菜蔬等税。凡后世所有者,周无不有之;周所有者,后世或无也。

汉田税轻于周

周田税十取一,《公羊传》所谓"天下之中正,什一行而颂声作"也。至汉初则十五税一,孝惠元年诏"减田租,复十五税一"是也。后三十而税一,《王莽传》"汉氏减轻田租,三十而税一"是也。王莽废,至光武而复。建武中诏"田税三十税一",复西汉旧制。是汉之田赋,较周轻数倍矣。

汉人税百二十钱

《高祖纪》："初为算赋。"如淳曰："《汉仪注》：'民年十五以上至五十六出赋钱，人百二十为一算，为治库兵车马。'"

按：周之口率钱，不详其确数，又不详其年若干方出口钱。即使轻于汉，然另有车马甲兵之赋，汉则以此赋治车马甲兵，则汉仍轻于周也。

至武帝复税小儿，年二十三钱

汉算虽税人，然只税成童以上之男子，尚未若周以口为率。至武帝用兵，始算口，并婴儿亦税之。《贡禹传》："禹以为古民无赋言不税人，《周官》晚出，禹未见。算口钱，起伐四夷，重赋于民，民产子三岁则出口钱，故民重困，生子辄杀，甚可悲痛！宜令儿七岁去齿乃算。诏从之。"其口赋若干，据《昭帝纪》："毋收四年、五年口赋。"注："如淳曰：'《汉仪注》："民年七岁至十四出口赋钱二十三。二十钱食天子，三钱补车骑马。"'"是盖贡禹奏请以后之定制。若以前，则儿三岁即出钱，且不论男女，只有口即税钱。诚以民至十五乃算，其十五以前不算，甚为疏漏。然以龆龄之年而使出钱，则无名，故名曰"口"。又，幼童难出整算，故只赋二十三。在当时，计臣可谓滴水不漏矣。

又按：贡禹请年二十乃算。兹《汉仪》仍言至十四，是十四以前出二十三，以后出百二十也。诏从其七岁，未从其二十也。又，景帝诏民年二十乃傅，禹所请乃复景帝旧制也。

武帝复税人家藏钱及六畜

《武帝纪》："初算缗钱。"李斐曰："缗，丝也，以贯钱也。千钱为一贯，出算二十也。"是百分税二也。夫人家藏钱，难以稽核，税者必少，故元鼎元年诏："民告缗者，以其半与之。"观此，则其税之不当，且难敛钱可知矣。而用以扰民则有余，真可谓拙而少功。又，《昭帝纪》："毋敛今年马口钱。"是养马亦出税也。

魏晋复兼税布缕以迄于明

《通典》："魏武初平袁绍，令收田租亩粟四升，户绢二匹，绵二斤。晋初，亩租米三升，户输绢三匹，绵三斤。"

按：中原地亩，收谷不过四五斗。今税粟米三四升，以二谷一米计，

是几十取二也，税莫重于是矣。又，西汉无税绢丝之事，自魏晋开其端。至六朝隋唐，后兼税麻布及麻。自木棉兴，至元明，于布绢丝绵之外，复税木棉若干斤，皆实物。故历朝复有绢布匹长幅宽及重量之规定。然胥吏上下其手，繁琐扰民之状况可知矣。至清代，始将布匹绢帛之税一概革除，而田税亦轻于往古也。

民役

自春秋以来，凡国家筑城、浚河、筑路、修造宫室、官署，无不役民为之，此役于工者也。了望烽燧，守堠关塞，此役于兵也。在国民对于国家，为当然义务，然使之不时或太过，如秦筑长城，隋开汴河，不世建筑，虽赖以成，而民亦叛之。今将汉以前役民概略略述，以觇古社会状况；至汉以后详制，自有专书。

周赴役、免役期限及自然免役之人

《周礼·地官·乡大夫》："以岁时登其夫家之众寡，辨其可任者。国中自七尺以及六十，野自六尺以及六十五，皆征之。"注："征者，给公上事也。"疏："七尺者，《韩诗外传》'二十行役'，故知此七尺为二十，六尺者年十五。'《论语》：'可以托六尺之孤。'郑注云：'六尺，年十五以下。'故知十五。"是远郊年十五即赴役，至六十五免；国中年二十赴役，六十而免也。此定制至春秋犹守之。《左传·襄三十年》："晋悼夫人

陈胜、吴广起义

历代社会风俗事物考

食舆人之城杞者。绛县人或年长矣，与于食。后问知其年七十三矣，赵孟召之而谢过焉，遂仕之，而废其舆尉。"是过免役之年而役之，故罪其主者。《乡大夫》又云："其舍者，国中贵者、贤者、能者、老者、病者。"是自然免役之人也。

周役民年只三日而弗与食

《王制》："用民之力，岁不过三日。"又，《周礼·司徒·均人》："丰年则公旬用三日焉，中年二日，无年一日。"由是证役时不惟不与值，且并不与食。如公家与食，则无丰歉之计较。彼"晋悼夫人之食舆人者"，以为其母家筑城，偶食之以为犒，非常食之也。

汉赴役期、免役期

《高帝纪》："萧何发关中老弱未傅者悉诣军。"如淳曰："律，年二十三傅之。"《汉仪注》云："民年二十三为正，一岁为卫士，一岁为材官骑士，习射御骑驰战阵。年五十六衰老，乃得免为庶民，就田里。今老弱未尝傅者皆发之，未二十三为弱，过五十六为老。"师古曰："傅，著也。言著名籍，给公家徭役也。"据是，是汉初民年二十三始充役，至五十六而免也。至景帝时改为二十，《景帝纪》："令天下男子年二十始傅。"师古曰："旧法二十三，更旧制也。"

汉兵役一月，戍边役三日，然可雇人代役

《昭帝纪》："元凤四年正月，诏三年以前逋未出钱更赋未入者，皆勿收。"如淳曰："更有三品，有卒更，古者正卒无常人，皆当迭为之，一月一更，是谓卒更也。有践更，贫者欲得顾更钱者，次直者出钱雇之，月二千，是谓践更也。"以是证汉民每年有当兵一月义务。如不赴直，即出钱二千，令前卒代也。如淳又云："有过更，天下人皆直戍边三日，亦名为更，律所谓徭戍也。然不可人人自行三日戍，又行者当自戍三日，不可往便还，因便住一岁一更。诸不行者，出钱三百入官，官以给戍者，是谓过更也。"汉因秦法而行之，后遂改易，有谪乃戍边一岁耳。"以是证汉戍边义务，每人岁三日。其实不能行，因自内地至边塞，或数百里，或数千

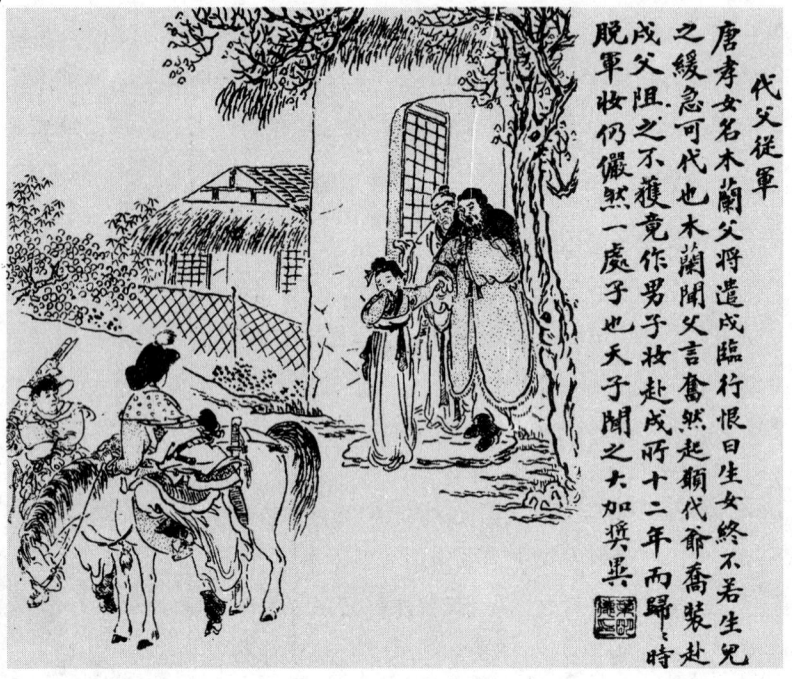

代父从军图

代父从军
唐孝女名木蘭，父將遣戍，臨行恨曰生女終不若生兒之緩急可代也。木蘭聞父言奮然起，顏代爺喬裝赴戍，父阻之不獲，竟作男子妝赴戍所十二年而歸。時脫軍妝仍儼然一處子也，天子聞之大加獎異。

里，行数日始至，至三日即更，徒劳往返，于势不便。故使往者一岁一更，其不往者，则与往者以钱。然钱交官，官盖不全与戍者；若全与，则一年得三万六千，可致富。官盖以此为聚敛之法耳，故逋者多。

汉役平等

《昭帝纪》："虽丞相子，亦在戍边之列。"又，《盖宽饶传》："身为司隶，子常步行，自戍北边。"

六朝时从军自买鞍马

《木兰诗》："军书十二卷，卷卷有爷名。阿爷无大儿，木兰无长兄。愿为市鞍马，从此替爷征。东市买骏马，西市买鞍鞯，南市买辔头，北市买长鞭。朝辞爷娘去，暮宿黄河边。"夫从军已苦，从军而自买鞍马，尤非富人不办也。是等详细景况，史皆不详，赖诗歌传写，略知其梗概，而叹古社会状况之难，与今等也。

古从军戍边之惨状

自唐以前，皆征兵制，除贵人外，皆有当兵义务；非若后世募兵，多无室家。故一遇战事，则生死难卜；远戍边塞，则多年不归。征夫有离乡

之悲，思妇有久旷之怨。临行送别，哭泣悲号，至为惨痛。此等状况，惟于诗歌中见之，他人不能亲切也。

古远戍，其衣皆由家寄，官家盖负输送之责，而不为制衣，故最动思妇之恨。宋谢惠连《捣衣诗》云："纨素既已成，君子行未归。裁用笥中刀，缝为万里衣。盈箧自余手，幽缄候君开。腰带准畴昔，不知今是非？"又，唐杜甫《捣衣诗》："亦知戍不返，秋至拭清砧。已近苦寒月，况经长别心。宁辞捣衣倦，一寄塞垣深。用尽闺中力，君听空外音。"又，陈陶诗："可怜无定河边骨，犹是深闺梦里人。"读此三诗，知古社会幽怨之妇多矣。

其述从军送别者，如杜甫《新婚别》："结发为妻子，席不暖君床。暮婚晨告别，无乃太匆忙！妾身未分明，何以拜姑嫜？"是必当时社会有此事，故有此咏。又，《垂老别》云："男儿既介胄，长揖拜上官。老妻卧路啼，岁暮衣裳单。孰知是死别，且复伤其寒。"是垂老而从军，无子可知，妻何以为情？其悲伤与新婚等。又，《兵车行》："车辚辚，马萧萧，行人弓箭各在腰。耶娘妻子走相送，尘埃不见咸阳桥。牵衣顿足拦道哭，哭声直上干云霄。"夫有妻有子，是中年而从军者，乃家属哭送，哭声震天。不有"诗史"，后世孰知古社会有如此惨状哉？

户籍

古以有口赋，故户籍册也最重。汉魏以后，无口赋而征兵，故户籍仍重。其谓中国人户口数不确者，乃清以来现象耳。若唐以前，则人口数不惟真确，即男女有微眚者，籍必书也；其死亡之率，更真确不待言矣，非若后世之视为具文也。

周有户籍专官

《周礼·秋官·司民》："掌万民之数，自生齿以上，皆书于版。异其男女，登下其死生。"又，《地官·乡大夫》："以岁时登其夫家之众寡，国中自七尺以及六十，野自六尺以及六十五，皆征之。其舍者，国中贵者、贤者、能者、服公事者、老者、疾者，皆舍。以岁时入其书。"夫曰"自生齿以上"皆书，是民间生儿，无论男女必报官也；曰"登下其生死"，是无论男女长幼，凡病死必报官也；曰七尺、六尺以及六十、六十五皆征之，是庶民年岁官家皆有册记，虽欲避而不能也。

周户籍上亲属必详

《大戴礼记》："古者殷属，为成男成女名属，升于公门。"注："殷，众也；成者，成人者也。名，姓名。属，亲属。"是一户之内，除家主外，其长幼亲属皆登于籍也。

汉唐造户口册时，无论男女老少皆入城查看

汉唐户口籍，详于后世，夫人而知之。至其登记时如何情状，史不言之若不详考，不知其扰民、其严厉至于如此也。考《后汉·礼仪志》："仲秋之月，县道皆案户比民。"又，《江革传》："母至岁时，县当案比，革以母老，不欲摇动，自在辕中挽车，不用牛马。"唐章怀注云："案比者，验以比之，犹今貌阅也。"

按：妇人既不能给役，妇而老尤无用，乃年年校阅其相貌，以凭登记。老妇如此，少妇可知；女子如此，男子可知。即此一端，古社会庶民之多事，过于后世也。乃自汉迄唐，慎审如出一辙。诚以人人相貌，皆有特别标识，或小有改易，年年校阅，登记详悉，如犯法而逃避，则易于缉获也。

唐户口册登记之标识种种

唐开元二年，交河、柳城二县户口册，册式如表式。首填户主姓名，次填亲属，《大戴礼》所谓"殷属"也。其亲属之中，无论男女，有眚必书，有痣必书。书眚者，如"右足跛"、"左目眇"等；书痣者，如"耳下有瘤"、"面何部有黑子"，及面白、面赤、面黑等是也。是册为新疆布政使王晋卿先生得之迪化古墓中。原为一画，绘一松，松下立一女鬼，糊于墓墙上，高约五尺，宽一尺六七，背一分厚，皆户口册纸。今迪化，正唐交河、柳城二县地，王维诗所谓"瀚海经年别，交河出塞流"是也。迪化空气干燥，故纸经千年不坏。县印大与今等。先生曾借余观之，故得其详如此。

卷三十七 行旅

周会盟时旅野状况

《周礼·天官·掌舍》："掌王会同之舍。设梐枑再重,设车宫、辕门、棘门,为帷宫,设旌门。"注:梐枑者,联三木交互,以为遮列;车宫者,次车为藩墙;辕门者,仰车以辕表门;棘门者,以戟为门;帷宫者,张帷幕以为宫室;旌门者,树旌于门也。

按:古会盟不于都邑,于旷野,故以车为垣墙,以辕为门,张帷幕以为宫室。《左传·昭十三年》:"晋合诸侯于平丘,子产、子太叔相郑伯以会。子产以幄幕九张行,子太叔以四十。至日,命外仆速张于除。张幕于除地。"是其证也。此国君与卿大夫之旅行,虽赍携多,辎重为累,然有车马,有仆役,所至有官邸,尚能任之。若士庶旅行,则其难有三。

一、古无鬻食者,凡旅行须自行担粮

《庄子·逍遥游》:"适百里者,宿舂粮;适千里者,三月聚粮。"又,《胠箧篇》:"某所有贤者,赢粮而从之。"又,《庚桑楚》曰:"'今吾才小,不足以化子,子胡不南见老子?'南荣趎赢粮,七日七夜至老子之所。"按:赢者,担也。《列子》云:"商丘开因假粮荷畚之子华之门。"畚者,竹器,所以盛粮;荷,亦担也。倘中途粮匮,则不得食。《列子》:"韩娥东之齐,粮匮。过雍门鬻歌假食。"又,《论语》:"孔子在陈绝粮,从者病,莫能兴。"此皆旅行自行裹粮之证也。

二、旅行须携釜鬲,自行炊饭

古裹粮旅行,饭须自炊者,势也。自炊则须携釜鬲。《史记·蔡泽传》:"去之赵,见逐。入韩魏,遇盗,夺釜鬲于途。"又,《孟子》:"孔子接淅而行。"是皆携釜鬲旅行自炊之证。盖春秋时虽有逆旅,而不鬻食,客至假釜鬲为炊,少则可,众则有时不给,故必自携,始便于用。夫

孔子厄陈蔡

釜鬲尚须自备，则匕箸碗勺之类，更不待言。以是证古行李之繁多，过今日十倍。

三、旅行无节传则即时入狱

客无验者，逆旅不纳，佥以为商君之法，岂知自成周即如此。《周礼·地官·大司徒》："令无节者不行于天下。"注："无节不行，所以防寇奸。"又，《比长》职："徙于国中及郊，则从而授之。若无授无节，则唯圜土狱也纳之。"又，《司关》："则以节传出纳之。"又，《掌节》："凡通达于天下者，必有节。"此其事可于《韩非子》证之。《韩非子》云："温人之周，周不纳。客主客问之曰：'客也？'对曰：'主人。'问其巷人而不知也，吏因囚之。"是旅行而无验，即纳圜土。又，《史记·孟尝君传》："昭王既释孟尝君，即驰去，更封传、变姓名以出关。关法：鸡鸣而出客。孟尝君恐追至，客之居下坐者能为鸡鸣，而鸡尽鸣，遂发传出。"

按：更封传者，书伪姓名于传上。其入关时所给之真传，为孟尝君；兹恐见阻，故易伪名。是无节传即不能出入关。又，《商君传》："商君亡，欲舍客舍，舍人不知其商君也，曰：'商君之法，舍人无验者坐之。'"验者，证也，亦传也。是无传并不能宿逆旅。然则古旅行之艰难，饮食犹其次也。

春秋战国客店之情状

周时行旅，除官吏出使、商贾运输外，旅客盖甚稀。而官吏所至驻官邸，《周礼·遗人》所谓"十里有庐，三十里有宿，五十里有候馆"是也。故以逆旅为业者少，然亦有之。《国语》："阳处父如卫，返过宁，舍于逆旅宁嬴氏。"《说苑》："郑桓公东会封于郑，暮舍于宋东之逆旅。逆旅之叟从外来曰：'客将焉之？'"《庄子》："阳子之宋，宿于逆旅。逆旅人有妾二人。"是皆非官设，而自以逆旅为业者也。又，《庄子》："孔子之楚，舍于蚁邱之浆。"注："司马云：'谓逆旅舍以菇蒋草覆之也。'李云：'谓舍于卖浆家。'"是盖业逆旅而兼卖浆，故孔子舍之。又，"阳子居至梁，遇老子于中道，至舍，进盥漱巾栉，与老子语。其往也，舍者迎将，其家公执席；其返也，舍者与之争席矣。"是尤私人业逆旅业之证。又，《史记·商君传》："亡至关下，欲舍客舍，舍人曰：'舍人无验者坐之。'"是商君颁布客舍规程，不得贪受报而宿无验之客，其为商业尤显然。第其时虽有客店，似不卖食，故客仍须自炊。浆者，饮料，如今之卖茶，非食也。

周贵人旅行时祖道犯軷之盛况

祖道者，祭道也。《风俗通》云："共工之子曰脩，好远游，舟车所至，足迹所达，靡不穷览。故祀以为祖神。"祖者，徂往也。《诗》云："韩侯出祖。"《左氏传》："襄公将适楚，梦周公祖而遣之。"又按：《诗·大雅》："仲山甫出祖。"笺云："祖者，犯軷之祭。"犯軷者，《周礼·夏官·大驭》："掌驭玉路车也以祀。及犯軷，王自左驭，驭下祝，登，受辔。犯軷，遂驱之。"注："行山曰軷。犯者，封土为山象，以菩音阜，香草。刍棘柏为神主。既祭，则以车轹之而去，喻无险难也。"王自左驭者，大驭既下车祭軷，王暂执辔，祭讫，驭登车取王手之辔，遂驱而速行也。《诗·大雅》云："取萧祭脂，取羝以軷。"脂与羝乃祖道之

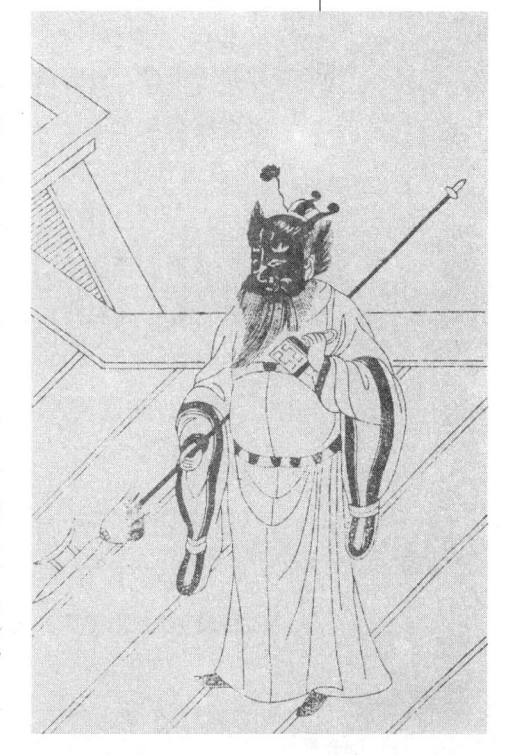

路神像

祭品。以是证祖道在先，既祖，则以车轹神主及土山以行，故曰犯軷也。

按：祖神，《风俗通》以为祖者，徂也。而《汉书·疏广传》："祖道，供张东都门外。"注云："祖者，送行之祭。"一说黄帝之子累祖好游，远死于道，后人以为行神，故出行必祭之，而饮于其处。是以祖为人名，似较应劭训祖为"往"说为胜。

周送行必饮饯

《诗·大雅》："申伯信迈，王饯于郿。"笺云："祖而舍軷，饮酒于侧曰饯。"又，《聘礼》："乃舍軷饮酒于其侧。"注："大夫道祭无牲牢，酒脯而已。"故祭毕，又于旁饮酒以饯别也。是自王及卿大夫，送别者皆饮酒。又，《诗·邶风》："出宿于沛，饮饯于祢。女子有行，远父母兄弟。"是女子送别亦饮燕也。

汉魏时旅行

其官吏旅行，则舍宿都亭。《史记·司马相如传》："往舍都亭。"《严延年传》："母止都亭不肯入。"或止乡亭，《鲍宣传》"舍宿乡亭，人皆非之"是也。或止传舍中，《尹翁归传》："是日移病不听事，因入卧传舍。"《何武传》："武行部必先诣学宫见诸生，然后入传舍。"传舍与都亭皆官设，有官掌之，专备官吏过往。《魏相传》："御史大夫桑弘羊客诈称御史止传，丞不以时谒，客怒缚丞。"师古曰："传谓县立传舍。"是可证非官不许入，故诈称御史。又官吏入传舍，传舍须供饮食，《龚胜传》："胜辞官归里，诏：'行道舍传舍，县次具酒肉，食从者及马。'"是因胜既罢官，特诏仍以官吏待遇。又，《光武纪》："至饶阳，官属皆乏食，光武乃自称邯郸使者，入传舍。传吏方进食，食使者。从者饥，争夺之。"是皆传舍供给官吏饮食之证。以故廉洁自好者，则不入传舍。《魏志·张既传》注"每行县，饬吏携镰自刈草食马，不宿亭传"是也。

汉客店仍不卖食，客仍自炊

汉官吏旅行，有传舍，有都亭，殊无所苦。若士庶旅行，较周时少便者，商设逆旅似渐多。《后汉·黄宪传》："颍川荀淑，至慎阳，遇宪于逆旅。"又，《郭泰传》："每行宿逆旅，辄躬洒扫。及去，后人见之曰：'此必郭有道宿处也。'"又，《世说》："郑玄欲注《春秋传》，尚未成，

时行与服子慎遇客舍。"又，魏武诗："逆旅整设，以通商旅。"可证其时旅店已渐多，唯仍不具食。《后汉·周防传》："父扬，少孤微，常修逆旅以供客，而不受其报。"是不责房值耳。若具食而不受报，焉有此力？又，《魏志·胡质传》注："为武威太守，子威以家贫无车马，自驱驴单行，拜见父。告归，质赐绢一匹，为道路粮。每至客舍，自放驴，取樵炊爨。食毕，复随旅进道。"夫食毕复行，非夜可知。设客舍而售食，万无日中小憩之时，必自炊以误时而少行路也。

汉初旅行仍须持传，但只过关用

《汉书·文帝纪》："十二年，除关无用传。"张宴曰："传，信也，若今过所也。"如淳曰："两行书缯帛，分持其一，出入关，合之乃得过，谓之传也。"时承平久，故过关废传。至景帝四年，七国反，诏诸关复用传出入。自是迄汉末不废。《宁成传》："诈刻传出关。"《终军传》："步入关，关吏予军繻。军问：'此何为？'吏曰：'为复传，复，返也。还当以合符。'军曰：'大丈夫西游，终不复传。'弃繻而去。及军为谒者，建节出关，关吏识之，曰：'此使者乃前弃繻生也。'"张宴曰："繻，符也，若券契。"亦传也。由《终军传》证之，可见未至关时旅行，即不用传，传只过关用；又以证官吏虽过关，不用传也。

至汉末凡官民旅行皆用传，否则厨传不留

《王莽传》："吏民出入，持布钱以副符传；不持者，厨传勿舍，关津苛留。"师古曰："旧法行者持符传，即不稽留。今更令持布钱与符相副，乃得过也。厨，行道饮食处；传，置驿之舍也。"

按：此厨传，疑即客舍，非传舍。传舍非官吏不得入，龚胜告归，特诏令传舍，是其证。又，《王莽传》："大司空士夜过奉常亭，亭长苛之，告以官名，亭长醉曰：'宁有符传耶？'"是官吏舍官舍，须以符传为凭。兹浑言吏民不持传，厨传勿舍，是庶民无传者，厨传不敢留；即官吏无

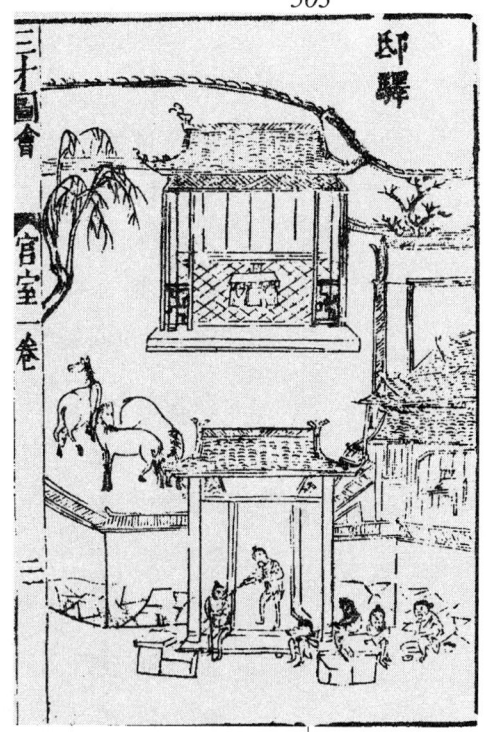

传,亦不敢留也。观师古注,是为汉旧法,莽不过副以布钱耳。是汉末旅行艰于汉初也。

后汉过关符传须向官家买

西汉时符传无卖者,《终军传》:"关吏予军繻。"是至关即予传之证。至东汉则卖传,以为敛财之法。《郭丹传》:"后从师长安,买符入函谷关。"注:"符,即繻也。"又,《东观记》:"丹从宛人陈洮买入关符。"是符传亦可转卖也。

东汉时旅行,有符传则到处护送

《高士传》:"申屠蟠与济阴王子居同在太学,子居病卒,蟠即负其丧至济阴。遇司隶从事于河巩之间,从事义之,为符传护送蟠。蟠不肯,投传于地而去。"按:从洛阳至济阴,东行不过关。然从事特与以符传,云"护送"者,盖有符传即可舍亭驿,免宿逆旅,行路益便也。

五代时旅行仍用传

徐铉《稽神录》:"道士张谨,既失书囊行李,将及潼关,时秦陇用兵,关禁綦严,客行无验,皆见刑戮,因不敢东渡。"是至五代,有事时行路仍用传也。

汉魏送别时之祖饯

《汉书·疏广传》:"广及兄子受上书乞骸骨,归里,公卿大夫故人邑子设祖道,供张东都门外,送者车数百辆。"注:"祖者,送行之祭,因设宴饮也。"又,《刘屈氂传》:"贰师将军李广利将兵出击匈奴,丞相为

祖道，送至渭桥。"是送别兼饮燕，与周同也；唯不言犯载，似其时只祭祖神也。

六朝时客店始卖食

《世说》："王敦为逆，晋明帝乃持金鞭，著戎服，骑马，阴察地势。未至十余里，有客姆居店卖食。"又，《魏书·崔光传》："光弟敬友，置逆旅于肃然山南大路之北，设食以供行者。"是可证凡逆旅皆不设食，独敬友设食，以便行人，故史特书其异。隋唐以来，客舍旗亭，皆卖饮食，行旅劳顿，所至如归，与古异矣。

六朝时送别须啼泣，否则谓为寡情

《世说》："周叔治作晋陵太守，周侯、仲智往别。叔治以将别，涕泗不止。仲智恚之曰：'斯乃妇人，与人别，惟啼泣！'便舍去。周侯名颢独留，与饮酒言话。临别流涕，拊其背曰：'奴好自爱！'"又，《颜氏家训》："别易会难，古人所重。江南饯送，下泣言离。有王子侯，梁武帝弟，出为东郡，与武帝别。帝曰：'我已年老，与汝分张，甚以恻怆。'数行泪下。侯遂密云，言不雨。赧然而出。坐此被责。北间风俗，不屑此事，歧路言离，欢然分首。然人性自有少涕泪者，肠虽欲绝，目犹烂然。如此之人，不可强责。"

按：江淹《别赋》云："黯然销魂者，惟别而已矣。"状送别之情，最为亲切。乃黯然销魂则可，而必强以下泪，则外貌也。彼李陵送苏武诗曰："携手上河梁，日暮欲何之？"其悲痛岂只下泪而已哉！乃六朝人以是为送别仪式，且以是而见责，其前乎六朝如汉魏，后乎六朝如唐宋，皆未有也。真特殊之风俗已。

江亭送别图

唐宋时旅行已大便，唯唐仍以帛为路费

明清以来，旅行者皆持银，沿路易铜钱用之。若唐以前，皆以帛为粮。《家语》："孔子之剡，与程子相遇，倾盖而语，命子路取束帛赠程子。"是赠路费也。魏胡质与其子绢一匹，为道路粮。见前。是魏晋时亦以帛充路费。至唐尤甚。郑哲《才鬼记》："窦玉妻曰：'君不合居此，宜速命驾。常令君有绢百匹。'言讫，赠绢百匹而别。"又，《酉阳杂俎》："秀才权同休下第，游苏湖间，遇疾贫窘，因褫垢衣授仆曰：'可以此少办酒肉，予将会村老，丐少道路资也。'乃具牛肉旨酒，村老皆醉饱，获束缣三千。"又，《稽神录》："谨得行李，更诣主人，遗绢数匹，乃得归。"又，《刘无双传》："古押衙为具檐子一，马五匹，绢三百匹，五更便发。"是皆以绢为旅费也，用银者绝少。盖行路裹粮，万不能多。而古代金银贱，亦难以多带；唯帛则轻而易举，行旅最便。故古视帛与钱币等，不曰"币帛"，则曰"钱帛"；即今久不用帛，俗语犹曰"财帛"，是其证。宋元以来，用者渐少；明清则皆以银换钱，无以帛为粮者。

宋人绘《溪山行旅图》

卷三十八　兵事

周时以鼓进兵、以金退兵

《左传·哀十一年》："吾闻鼓而已，不闻金矣。"注："鼓以进军，金以退军。不闻金，言将死也。"按：《庄公十年》："战于长勺，公将鼓之。刿曰：'未可！'齐人三鼓……"又，《韩诗外传》："赵简子卒，中牟畔之。葬五日，襄子围中牟。围未匝而城自坏者十丈，襄子击金而退之，曰：'吾不乘人于危。'"又，《墨子》："越王焚舟失火，亲自鼓其士而进之，士蹈火死者百余人，王击金而退之。"是皆以鼓进兵、以金退兵之证。想见古战时声势之浩大也。金者，今俗谓之锣。

汉战时仍用金、鼓

《汉书·韩信传》："信建大将旗鼓，鼓行出井陉口。大战良久，于是信、耳弃旗鼓，走水上军，赵空壁争旗鼓。"又，《李陵传》："鼓声不起，又闻金而止。"又，《光武纪》："钲鼓之声，闻数百里。"盖仍以鼓进兵、以金退兵也。

古战时主将可面对语

春秋时战阵之间，仍不废礼让。如晋郤至见楚子必下，免胄而趋风。栾鍼馈子重以饮，虽大战之时，馈遗不绝。至汉初，汉王与项王临广武而语。又，《蜀志·关羽传》注："羽与魏将徐晃夙相爱，遥共语，但说平生，不及军事。须臾，晃下马宣令曰：'得关云长头，赏千金！'羽惊怖，谓晃曰：'大兄，是何言耶？'"由是证之，古兵阵相距甚近，故能对语。若稍远，则语不能闻矣。故汉王数项王以十大罪，项王怒，伏弩射中汉王也。

砲（炮）之沿革

《汉书·甘延寿传》："投石绝等伦。"注："张晏曰：'《范蠡兵法》：

火砲（炮）图

飞石重十二斤，为机发，行二百步。'"按：此即炮也。盖以大木激石，飞至敌所。故《广韵》云："机石也。"是以字从"石"。

又按：《后汉·袁绍传》："曹操发石车击袁绍，军中呼为霹雳车。"唐章怀注云："即今抛车。"又，《唐书·李密传》："以机发石为攻城具，号将军为炮。"是至唐仍石炮也。至金元时，火铳兴，遂又本其法而为火炮。法以铜铁为巨铳，内实火药，燃以发弹，《明纪》"太祖与陈友谅战于鄱阳湖，炮碎御舟"是也。自洋枪兴而火铳废，大炮术亦愈精。于是明清以来所铸之土炮又废，今沿边之地所废置者是也。其余战器，刀矛以外，唯弓箭用之最久，自三代至清不废。其制造之术为极精，外观亦最华美可爱，乃至今无习之者，不唯射术亡，其制造弓箭之绝技亦亡，甚可惜也。

烽燧报寇警

烽燧报寇警，法最迅速。自三代至明清，数千年不废。清咸丰时，太平乱，犹用此法。凡大道十里一墩，高约四丈，有警则以次传烽，顷刻可达数百里。而狼烟最佳。狼烟者，蓄狼屎燃之，其烟冲天，风不能动，尤可俾远方望见。自铁道兴，官路废，墩铺五里一铺亦毁，唯沿长城仍有此遗迹耳。然狼烟之发明，唐以前无有。

《墨子》："筑邮亭者圜之，高三丈以上。令侍杀为辟梯，亭一鼓。寇烽警乱，烽传火以次应之，至主国止，其事急者，引而上下之。烽火以举，辄五鼓传，又以火属之，言寇所从来者少多。旦弇还去来，属次烽勿罢。望见寇，举一烽；入境，举二烽；射妻，疑为栖。举三烽一鼓；郭会，举四烽二鼓；城会，举五烽五鼓。"按：墨子善守，其言筑亭之法，及举烽规矩详矣；至烽燧之形则未言。

《汉书·贾谊传》："斥候望烽燧不得卧。"文颖曰："边方备胡，作高土橹，橹上作桔槔，桔槔头兜零，以薪草置其中，常低之，有寇即火，燃举之以相告，曰烽。又多积薪，寇至即燃之，以望其烟，曰燧。"张宴曰：

"昼举烽，夜燔燧。"师古曰："昼燔燧，夜举烽。"又按：《司马相如传》："边郡之士，闻烽举燧燔。"孟康曰："烽如覆米薁，悬著桔槔头，有寇则举之。燧，积薪，有寇则燃之。"

按：槔者，楼也。土槔者，即《墨子》所谓邮亭，明清时之墩台也。兜零者，《广雅》云："笼也。"即孟康所谓覆米薁，略如篝篾。悬桔槔头，有寇则高举，使远处易望见。《墨子》不言桔槔，然曰引而上下之，则亦悬桔槔也。唯置薪草于兜零中而燃之，不并燃兜零乎？抑兜零为铁制物乎？至于烽燧之分，《史记索隐》云："烽主昼，燧主夜。"魏张晏亦曰："昼烽夜燧。"诚以白日不能见光，故以烽烟告警；夜能见光，不能见烟，故燃燧使起火光以报警。而师古则谓"昼燧夜烽"。实烽燧为一物，皆须燃薪，而后起烟起火光，不过昼以烟为识，夜以火光为识耳。

至唐则焚狼粪为烽烟

无论烽燧，在汉魏时皆燃薪为之。至唐，造烽烟之法益精。《酉阳杂俎》云："狼粪烟直上，烽火用之。"盖烟直上则能望远，否则为风吹倒，远处难见。法诚善也。自此以后，遂名烽燧为狼烟。《宋史·曹翰传》："先是虏至，必举狼烟。翰分遣人举烟直上，虏疑有伏，引去。"然此必白昼用，夜则仍燃燧为光。且以证古时狼多，若今日，虽深山亦不易得若干狼粪为用也。

历代驿传之状况

古人交通迅速之法，唯恃驿传。凡官文书来往，紧急报告，皆赖之。法定若干里为一驿，凡车马上路疾驰，至驿而更，以休人马，故传递迅速。春秋时名曰"遽"，《左传·僖三十三年》："且使遽告于郑。"《左传·昭二年》："郑公孙黑将作乱，子产在鄙闻之，惧弗及，乘遽而至。"亦名曰"驲"，《左传·文十六年》"楚子乘驲会师于临品"是也。至汉名曰"传"，《高帝纪》："田横惧，乘传诣洛阳。"《英布传》："王怒欲捕赫，赫上变事，乘传诣长安。"如淳曰："四马高足为置传，四马中足为驰传，四马下足为乘传，一马二马为轺传。急者乘一乘传。"如如淳说，传以四马为最多。而亦有六马者，《袁盎传》："将乘六乘传，会兵荥阳。"注："六乘者，六马。"盖事愈急马愈多。汉又名"置"，《刘屈氂传》："时上避暑甘泉宫，丞相长史乘疾置以闻。"师古曰："驿也。"

魏晋时期驿吏

按：《风俗通》："汉改邮为置。"《增韵》云："步传曰邮，马传曰置。"盖春秋时人不能骑马，故只有传车，至汉士人能骑马矣，而官吏仍不骑行。又其时往来文书仍竹简，书囊堆积，非车不能载，而官吏有急事，亦常乘传，故仍有传车。凡置马，谓之驿骑。自马递兴而车传渐少。自晋初纸多，而文书简省，马亦可递，故尤迅速。元《马可婆罗游记》云："元世祖时，自塞外辟大道，直达西域，东西数万里。凡传递文书，二十五里为一站，骑马摇铃，到站即更易，传递迅速，朝发夕至。"此皆马递也。至于清唯官吏往来蒙古者，有传车，驰行沙漠中，谓之台站。余内地大路，每三十里一驿，尽马递。故每行官道，辄闻铃声，驿马络绎不绝。至光绪末，邮政兴，而驿马始废。

《马可婆罗游记》，今通作《马可·波罗游记》。

卷三十九　岁时伏腊

凡历代岁首，皆为令节，士民和会，古今如一。兹篇不论，论岁首以外时节之沿革。盖无论士农工商，终岁勤劳，无娱乐之时，则精神不活泼。古之人于是假事以为娱乐，原以节民劳、和民气，亦即所谓张弛也，此其义也。乃执者往往以时节酒食欢娱，祭赛迷信，谓为无理而欲删除之。岂知古人用意，乃假时节以为娱乐，非娱乐之义在时节也。时节者，乃人为。故自古及今有沿革，有转移，有风俗习惯。习惯既久，便视为当然，不能究其所以然。

其在周时，则假祭神为娱乐期

《礼记·郊特牲》："唯为社事，单出里。"注："事，祭也。单同殚出里者，里人尽出祭也。"按：古二十五家为一里，里必有社，年分两季祭之。有春祭，《月令》："仲春，择元日，命民社。"元日者，甲日也。有秋祭，《周礼·春官》："社之日，在卜来岁之稼。"注："秋祭也。"祭之日，椎牛宰羊，里人尽出，祭罢而分其肉。则社日之不治事，酒食燕乐、手舞足蹈可知矣。而一年两举，其在仲春者，以民将劳动而为之；在秋后者，以民劳动既久而为之。皆具深意，非漫然也。

其次为蜡，《礼·杂记》："子贡观于蜡，孔子曰：'赐也乐乎？'对曰：'一国之人皆若狂，赐未知其乐也。'子曰：'百日之蜡，言勤稼穑有百日之劳。一日之泽，非尔所知也。张而不弛，文武弗能也；弛而不张，文武弗为也。一弛一张，文武之道也。'"《郊特牲》："蜡也者，索也。岁十二月合聚万物而索尽也飨之也。"是举于岁终，一年只一次，其详细状况及其礼节，今已不得知。第观子贡所云"一国之人皆若狂"，则当时社会以是日为唯一之娱乐期，殆与社日同也。

至战国仍以社腊为惟一令节

《韩非子》："秦昭王病，百姓为之祷病；愈，杀牛塞祷。公孙衍出见

之曰:'非社腊之时也。'"又,"豕身三虱相与讼,一虱曰:'若不患腊之至而毛之燥耶?'"是可证社腊时杀牛宰豕之多,为社会大酺之唯一令节。腊即蜡也。《说文》:"冬至后三戌为腊,祭百神。"

社腊外,周重上巳节

《周礼·春官·女巫》:"掌岁时祓除疾病。"郑注以汉三月上巳修禊解之,然不甚明确。唯《风俗通》引《韩诗》曰:"三月桃花水之时,郑国之俗,三月上巳,于溱洧两水之上,执简招魂,祓除不详。"是三月上巳,为周时令节。士民游春,祓禊水上,娱乐可知。郑建国在春秋初,在列国为最后。郑如此,列国可知。再证以《周礼》,上巳为令节无疑矣。

两汉时所行之节令

一为上元,《汉志》:"执金吾掌禁夜行,唯正月十五,敕许弛禁,谓之放夜。"一为三月上巳,《卫皇后传》:"帝祓霸上,还。"孟康曰:"祓,除也。从霸水上自祓除,今三月上巳也。"又,《后汉·周举传》:"六年三月上巳,商大会宾客,燕于洛水。"又,《周礼·春官·女巫》,郑注:"如今三月上巳,如水上之类。"是汉以三月上巳为节也。故《后汉·礼仪志》云:"是月上巳,官民皆洁于东流水上。"官民皆出,其盛可知。一为伏腊,《东方朔传》:"久之,伏日,赐从官肉,大官丞日宴不来,朔独拔剑割肉曰:'伏日当早归。'"夫曰早归,可见伏日皆欢娱燕饮。又,《严延年传》:"母从东海来,欲从延年腊。"是可见以腊为令节。又,

《兰亭修禊图》

《杨恽传》："岁时伏腊，烹羊鱼羔。"又，《元后传》："至汉家正腊日，独与其左右相对饮酒。"是益可证社会至伏日、腊日，酒食醉饱之娱乐。一为日至，《薛宣传》："及日至休吏，贼曹掾张扶独不休。宣出教曰：'日至，吏以令休，由来已久。曹虽有公职事，家亦望恩私。意掾宜从众，归对妻子，设酒肴，请邻里，一笑为乐。'"注："日至，冬至、夏至也。"夫至日至而官吏且休沐，社会可知。一为社日，《陈平传》："里中社，平为宰，分肉甚均。"盖其欢娱，仍与周同也。

汉末之寒食

总汉家之令节，为上元、上巳，为伏日、腊日、春社、秋社、夏至、冬至。其见于史者，共有八日，皆社会游宴饮乐之时。至七月七日彩女穿针，见《西京杂记》；五月五日浴兰汤，见《大戴礼》；五月五日赐群臣枭羹，见《汉书》；以及《后汉·刘玄传》"立秋日貙膢"，皆未敢必社会以是日为娱乐之期，故不详。唯至后汉末，忽为介子推而有寒食之节，乡民无知，演为风俗。政府迭禁之，而其风至唐宋仍不已。禁火三日，甚无谓也。

《后汉书·周举传》："太原一郡，旧俗以介子推焚骸，有龙忌之禁。至其亡月，咸言神灵不乐举火。由是士民冬中辄一月寒食，老小不堪。举言盛冬去火，残损民命，使还温食。"又，魏武帝令："闻太原、上党、西河、雁门冬至后百五日皆寒食，云为介子推。北方沍寒之地，老少羸弱，将有不堪之患。令到禁绝烟。如有犯者，家长半年刑。"是寒食在汉末初起，只太原、上党诸郡，未普及于中原各郡。且自《周举传》观之，只子推亡月，一

寒食禁火图

月寒食；自魏武令观之，则自冬至起至清明皆寒食，变本加厉。又观《周举传》，是子推亡于冬月，胡为寒食至清明始已？又胡为至唐宋全国皆然？风俗推移，有不可思议者。然则寒食节在汉末最为苦境也。

魏晋六朝之佳节

《世说》："华歆蜡日集子侄燕饮。"《晋书·戴洋传》："陈眕问洋：'人言江南当有贵人，顾彦先、周宣佩是不？'洋曰："顾不及腊。"'后果以十二月十七日卒，十九日腊。按：蜡、腊皆祭百神，其义一也。歆于此日集子侄燕饮，可证仍为令节也。又十九日腊，可见腊仍无定日，仍于冬至后三戌为之也。

社腊外，则以上巳为最重。《晋书·夏统传》："会三月上巳，洛中王公已下，并至浮桥，士女骈阗，车服烛路。"观此，则上巳为社会最繁华之节。但沈约《宋书》云："魏以后但用三月三日，不复用巳。"盖社会习惯，已重三月三日。三日与上巳期相距甚近，故并上巳节于三日。非若周时之专用三月上巳，而忽视三日也。

盖自秦汉以来，渐重三月三日。《文选》有颜延年《三月三日曲水诗序》注引《续齐谐记》曰："晋武帝问尚书虞挚曰：'三月曲水，其义何？'挚曰：'昔秦昭王三日置酒河曲，见有金人出。二汉相沿，皆为盛集。'"据此，是自汉以来已重三月三。至曹魏以与上巳近，遂即于是日修禊，而废除上巳。故宋颜延年有《三月三日曲水诗序》，齐王元长亦有《三月三日曲水诗序》，皆于曲水修禊，而皆于三月三，是其证也。至是日之繁盛，尽见于沈休文《三月三日诗》。诗云："丽日属元巳，年芳具在斯。开花已匝树，流嘤复满枝。洛阳繁华子，长安轻薄儿。东出千金堰，西临雁鹜陂。清晨戏伊水，薄暮宿兰池。"元巳即上巳，实是日未必为巳日，仍沿旧称耳。又，庾信有《三月三日华林园马射赋》，亦一证也。

六朝时至冬至即拜节

《颜氏家训》："己孤而履岁，及长至之节，无父拜母，无母拜父。"又云："南人冬至、岁首，不诣丧家。"按：以冬至与岁首并称，可见其重相等。不诣丧家者，不赴丧家贺节也。长至即冬至，拜父拜母亦拜节也。是六朝时，视冬至更重于前。

其次，则重九亦重。《太平广记》："晋宣帝于九月九日，赐群臣桑

陶渊明采菊图

落酒。"《晋书》："孟嘉为桓温参军,九日游龙山,风吹帽落。"南《宋书》："武帝为宋公,在彭城九日登项王戏马台。"至今相承为故事,而谢灵运、谢宣远皆有《九日从宋公宴戏马台诗》。又,陶渊明尝九月九日无酒,坐东篱下,摘菊盈握。又,《南史》："齐武帝立商飙馆于孙陵寺冈,世呼为九日台。秋九日车驾幸焉。"是六朝之重九,与三月三日同。惟三日则近水修禊,九日则择地登高;三日则汉旧俗,重九则魏以后始行也。

其他若人日,见薛道衡诗;七月七日,都人皆曝衣,郝隆则仰卧于庭,曝腹中书;又,七月七日当晒衣,诸阮庭中烂然,皆见于《世说》,然社会似不以是为娱乐之期。又寒食、端午、中秋,在六朝时见于文人歌咏者亦少,似其时不甚重也。

惟梁简文帝有《看灯赋》,殆上元夜也。盖上元承岁首娱乐之时,而值月夜,自汉以来,金吾即放夜三日,六朝想当益盛。惟其时灯油盖尚贵,无植物油,故帝赋有"南油俱满,西漆争燃"之语。夫为灯戏而至于燃漆,则后世所无也。

唐宋之令节　上元灯火之大观

古人精神之活泼,远过后人;其魄力之伟大,尤非后人所可比。即如

上元灯火，其布景之奇丽、高远、宏大，在唐代固复绝后人，即宋时亦非今人所能办。其唐宋灯火，见于诗歌者，如王珪诗："双凤云中扶辇下，六鳌海上驾山来。"又，向子湮云："紫禁烟花一万重，鳌山宫阙隐晴空。玉皇高拱云霄上，人物嬉游陆海中。"又，苏味道诗："火树银花合，星桥铁锁开。"又，李商隐诗："月色灯光满帝都，香车宝辇溢通衢。"读此数诗，唐灯火之影及和乐之声，如耳闻目睹矣。盖鳌山、凤辇，不惟排列云空，并能浮摇上下，其宏大固可惊，其技艺之精能亦可佩。至其高度，据《开元遗事》："上在东都，结缯彩为灯楼二十间，高一百五十丈。"又，《雍洛灵异小录》："唐时元夜，寺观街巷，灯明若昼，山高百余丈。"又，《天宝遗事》："韩国夫人造百枝灯，高八十丈，照数十里。"查唐时尺与今尺正同，高至百五十丈，几一里，真惊人矣！此长安东都之盛也。此外，如《开元天宝遗事》云："明皇移仗上阳宫，叶法善言西凉府灯，亦亚于此。令上闭目，已在霄汉，俄尔及地，观灯果然。以铁如意质酒为验。"又，《幽怪录》："明皇于正月望日，问叶天师：'四方何处极丽？'对曰：'无逾广陵。'帝曰：'何术观之？'师曰：'可。'俄而红桥起殿前，帝步而上，俄顷至广陵。士女皆仰望曰：'仙人现五色云

清代灯市

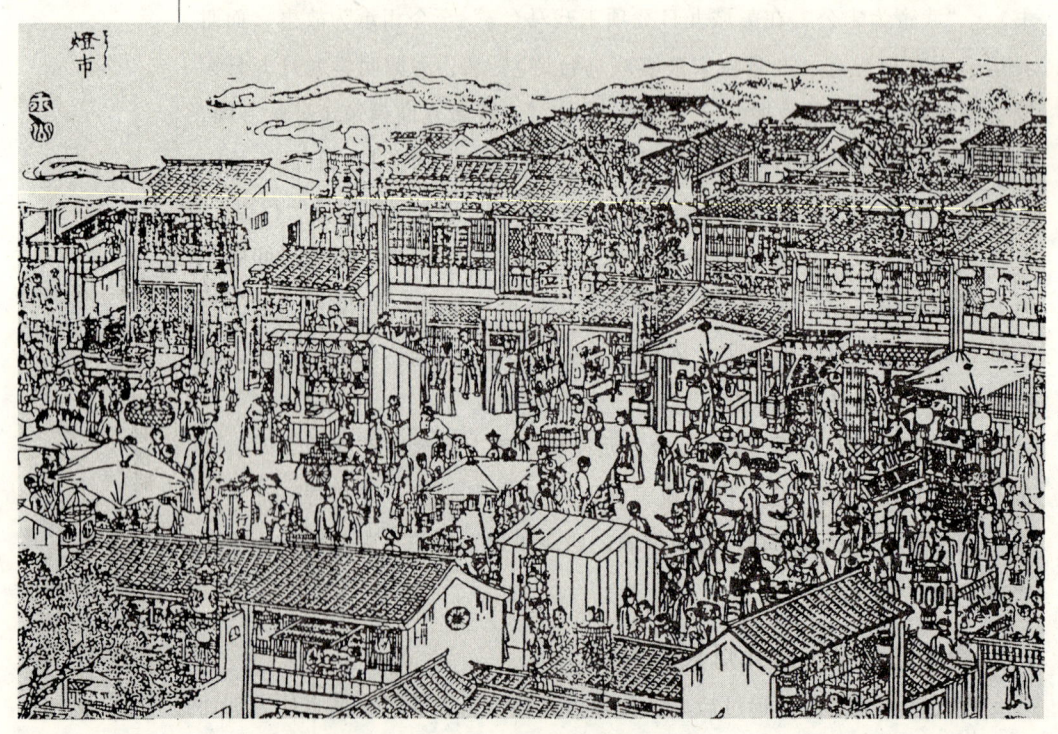

中。'"是西北凉州、东南广陵,灯火皆亚于两京也。

宋时灯火,其见于宋诗者,王安石云:"别开阊阖壶天外,特起蓬莱陆海中。"想见空中楼阁之布置。程汉《金陵元夕》云:"三山火照琼花发,人在南天白玉京。"想见空中山岛之峥嵘。王磐云:"夹路星球留去马,烧空火树乱归鸦。"读此诗,知宋上元灯火,不亚于唐。至元夜状况之见于记载者,如《容斋随笔》:"西京正月十五前后各一日看灯,宋增为五夜,因钱氏纳土,展至十八。"又,《桯史》:"宋宣和中张灯,有夫妇相失者,妇至端门饮赐酒,窃怀金杯,卫士察知,送御前,妇口占词有'窃取金杯作证明'之句,上喜,以杯赐之,命黄门引归。"又,"王韶幼子寀,元夜观灯,为奸人负去。儿觉其异,纳珠帽于怀。适内家车过,寀攀轓大呼,贼骇逸,内人抱置之膝,拥至上前。上问谁氏,具道所以。上叹其早慧,赐压惊金犀钱果,值巨万。"此皆因元夜都城人马拥挤,山崩海沸,故至夫妇相失,幼子被劫;又以证宋时皇帝观灯时出至端门,与民同乐,仍与唐同。故是等小事,辄为皇帝所见,随时处分,得民欢心。内家者,即宦官也。

唐宋之清明节

按:杜甫诗:"三月三日天气新,长安水边多丽人。"足见唐三月三日赴水上修禊之盛。然吾疑只都邑士人及富贵人家为之,在社会未必普遍。其普遍社会,虽乡曲不遗者,乃清明之寒食也,其普遍殆与岁首同。然元旦、上元、日至、社腊等日,纯为社会娱乐之节,独清明时值春和,芳草遍地,天涯游子,最动归思;而柳绿桃红,士女踏春,不忘和乐,其趣味介乎娱乐非娱乐之间。而唐宋时尤甚,分述于后,以见当时风俗。

一、禁火:禁火之俗,先起于并州各地,见《后汉书·周举传》及魏武帝令。均见前。周举已移书介子推庙,曰:"寒食一月,老小不堪,今则三日而已矣。"是后汉中叶,已创行三日禁火。乃观魏武令,仍不止三日。其所以如此者,据《荆楚岁时记》:"介子推三月五日为火所焚,国人哀之,每岁春暮不举火,谓之禁烟,犯之则雨雹伤田。"观此,则愚民迷信,有所畏忌,故周举三日之约,不能即行。至六朝则断火一日。《齐民要术》云:"之推忌日断火,煮醴而食之,名曰寒食。"盖清明节前一日是也。至唐则于清明前三日禁火,至第三日晚,则由宫内出火赐近臣。韦庄诗所谓"内官初赐清明火",韩翃诗所谓"日暮汉宫传蜡烛,轻烟散

入五侯家",欧阳修诗所谓"火禁开何晚,禁火仍风雨"者是也。故过清明则曰新火,杜甫诗:"朝来新火起新烟。"贾岛诗:"暗风吹柳絮,新火起厨烟。"东坡诗:"寒食清明都过了,石泉槐火一时新。"因曾断,故曰新。初只起于并州,后渐普遍全国。风俗推移之不可思议如此。

二、寒食:《邺中记》:"并州俗为介子推断火,冷食三日,作干粥,今之糗是也。"盖既断火即冷食,而冷食以甘者为佳,故唐宋至清明社会卖饧者独多。宋之问诗:"马上逢寒食,春来不见饧。"李商隐诗:"粥香饧白杏花天。"刘筠《寒食诗》:"饧市喧箫吹。"宋祁诗:"箫声吹暖卖饧天。"又,《集异记》:"工部尚书邢曹进讨叛,飞箭中肩,镞不可拔。有胡僧曰:'何不灌以寒食饧?'如法,应手清凉。"是可证饧多于寒食卖,故有专名。盖饧最便于冷食,可涂饼饵。制饼饵,沃各种酪食,故寒食前争蓄之。白居易诗:"留饧和冷食。"张文昌《寒食内宴诗》:"廊下御厨分冷食。"欧阳修诗:"多病正愁饧粥冷。"足见当时寒食之苦况。而"寒食"二字,自唐以来,遂变为节名。余幼时读诗,每问先生清明何以有二名?先生曰:"前二日为寒食,末日为清明。今已不寒食,而有其名,无怪汝疑也。"或问:"蜜与糖亦味甘,唐宋时胡不食?"答曰:"蜜值昂,白糖自大历前未有,宋虽有,值仍昂,非社会所通用。"若饧则米制,价最廉也。

三、祭墓:自汉以来,墓祭与庙祭并重,而庶人尤重。至唐则以寒食为定期。《唐书》:"开元敕寒食上墓。"《礼经》无文,近代相传,浸以成俗。宜许上墓,同拜扫礼。"观此,则寒食祭扫,至早起于隋唐之间,隋以前盖无有,至唐中叶而大盛。柳子厚《与许京兆书》:"近世礼重拜扫,今已缺者四年矣。每遇寒食,则北向长号,以首顿地。想田野道路,士女遍满,皂隶佣丐皆得上父母丘墓,马医夏畦之鬼,无不受子孙追养者。"读此书,则唐时祭扫之盛,如在目前。其祭品则田家多持麦饭。《五代史·唐家人传》:"妃临死呼曰:'何不留吾儿,使每岁寒食持一盂饭,洒明宗坟上?'"又,宋夏竦诗:"汉寝唐陵无麦饭。"是其证。其焚化则纸钱。《五代史》:"寒食野祭焚纸钱。"《宋史·外戚传》:"李用和少穷困,居京师凿纸钱为业。"范成大《寒食诗》:"鸟啄纸钱风。"孙蕙兰诗:"明朝又是清明节,愁听人家买纸钱。"然唐时王勃,"焚阴钱十万,为老叟偿债",见于《摭言》,想亦用以祭墓也。

清明扫墓图

四、清明各种游戏：曰打球，《酉阳杂俎》："荆州百姓郝惟谅，寒食日与其徒郊外蹴鞠。"《北里志·住住传》："幼与庞佛奴有结发契，及将笄，其家拘束严，稀得见之。后佛奴因寒食争球，故逼其窗以伺之。"又，《大唐新语》："清明新进士开宴于曲江亭。又有月灯阁打球之戏。"白居易诗："蹴球尘不起，泼火雨初晴。"韦庄诗："隔街闻筑气球声。"又，"上相闲分白打钱。"白打者，两人对踢也。曰斗鸡，唐人《东城老父传》"玄宗在藩邸时，乐民间清明节斗鸡戏"，李山甫《寒食诗》："锦袖斗鸡喧广场"是也。曰秋千，《古今艺术图》："北方人寒食为秋千戏，以习轻蹻。"又，《天宝遗事》："宫中至寒食节，竞筑秋千，嬉笑为乐。"韦庄诗："满街杨柳绿丝烟，画出清明二月天。好是隔帘花树动，女郎撩乱送秋千。"又，苏轼词："墙里秋千墙外道。"曰野宴，《开元天宝遗事》："长安士女，清明日游春野步，遇名花则设席借草，以红裙递相插挂，以为宴幄。"又，《梦华录》："京师清明日四野如市，芳树之下，园圃之内，罗列杯盘，互相酬酢。"又，《岁华记》："都人游赏，散布四郊，谓之踏青。"然则寒食时人民之嬉游娱乐，不惟城邑，且遍于四郊。其精神之活泼，后之乱世固未有，即承平之日亦未见。古今民族精神之衰旺，由此可以考见矣。

卷三十九　岁时伏腊

唐宋之社日

凡节除岁首外，皆随风俗为盛衰。独社日自三代迄南宋，数千年间，行之不替，在中国历史上，可谓最古最普遍之佳节。乃自元朝以后，此风顿已。盖蒙古主政，八十余年间，中国旧风俗为其所蹂躏，因以灭亡者，不知凡几，社日亦其一端也。推原其故，必因社日全国鼎沸，箫鼓喧填，恐民众起事，严为制止。及禁之既久，遂忘其事，于是以数千年之故俗，竟尔革除。可不悲哉！可不痛哉！

妇女停针线归宁

张籍《吴楚歌词》："今朝社日停针线，起向朱樱树下行。"《墨庄漫录》："今人家闺房，遇春秋社日，不可组紃，谓之忌作。"故周美成《秋蕊香词》云："闻知社日停针线。"是自唐迄宋，妇女至社日皆休假。又，《梦华录》："社日妇女，皆归娘家；外舅姨舅，皆以新葫芦为遗，俗云宜良外甥。"是妇女至是日，皆归宁也。

社日箫鼓饮燕之盛况

韩愈诗："愿为同社人，鸡豚宴春秋。"张耒诗："桑柘影斜春社散，家家扶得醉人归。"杜甫诗："明年大作社，拾遗还在否？"陆游诗："社日取社猪，燔炙香满村。"周子谅诗："鸡豚上戊家家酒，莺燕东风处处花。"读此诗，则唐宋时社日饮食醉饱之乐，有若目睹。刘禹锡诗："枫林社日鼓。"梅尧臣《社日诗》："树下赛田鼓，坛边祠肉鸦。"范成大诗："社下烧钱鼓似雷，日斜扶得醉人回。青枝满地花狼藉，知是儿孙斗草来。"读此诗，则祭社时箫鼓沸天之声，有如耳闻矣。而一年两举，故燕子有春社来秋社去之语。凡节皆有定日，惟社腊无定日：周用甲日，汉用午日，魏用未日，唐以来用戊日。

唐宋之端午、中秋

自汉以来，至五月五日故事独多，盖以此日为阳极之日。《风土记》："端者，始也，正也。五日午时为天中节，故作种种物，能辟邪恶。"在汉时以五彩丝系臂，名长命缕，见于《风俗通》。在晋时作赤灵符着心前，可辟兵，见于《抱朴子》。然故事虽多，在社会似不为娱乐之节，至唐则渐盛。

一、竞渡：《荆楚岁时记》："俗以五日为屈原投汨罗日，伤其死，

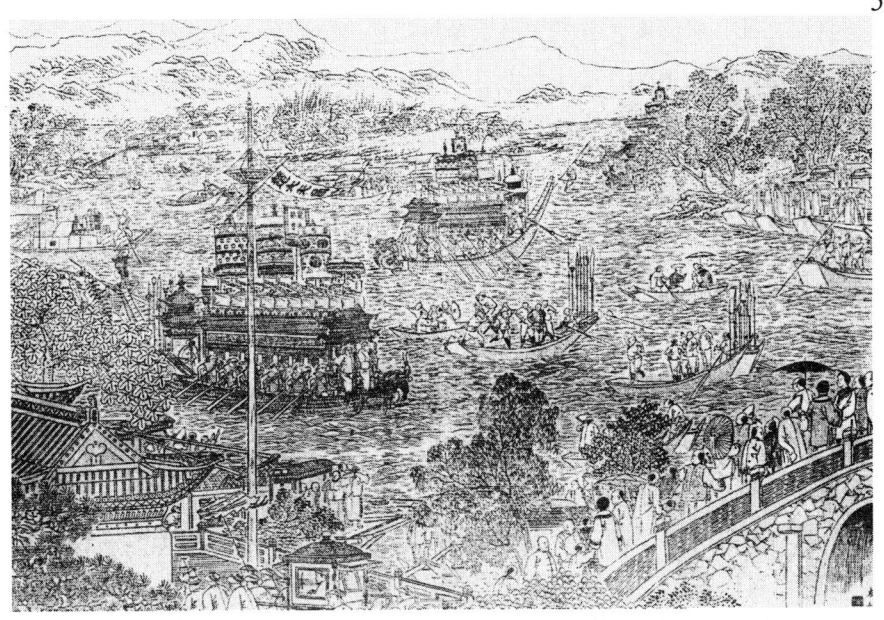

龙舟竞渡图

故以舟楫拯之。其舟轻，谓之飞凫。"

二、斗草：《岁时记》："五日，四民并踏百草，故有斗百草之戏。"又，《刘公嘉话》："谢灵运须美，临刑，施为南海只洹寺佛像须。唐中宗朝，安乐公主五日斗百草，欲广其物，令驰骑取之。"

由此二事，可证唐时端午日民间之娱乐。又，《旧唐书》："孙伏伽谏曰：'太常官司于民间借妇女裙襦五百余，具充妓服，拟五月五日于玄武门游戏，非所以为子孙法。'"夫必社会于是日游戏，然后官司设游戏于玄武门，与民同乐。至若饮菖蒲酒，剪艾为人悬门户上，以角黍相馈遗，虽其来已久，然至唐则家家如是。宋仍与唐同，不具述。

至八月十五夜，在唐时虽有玩月故事，在社会视之，似无若何兴趣。不惟不能与寒食等，并不能与端午同也。其见于唐人小说者，除《集异记》、《异闻录》、《唐逸史》记明皇入月宫、服仙丹，《宣室志》记周生梯云取月事外，余事甚少。而唐诗除王建"今夜月明人尽望，不知秋思在谁家"最驰名外，余如杜工部、李太白、白香山、韩昌黎、柳河东等，吟咏中秋者，偶有之，而不甚著，是其证也。至宋时似盛于唐。《太宗纪》："八月十五日为中秋节，三公以下献镜及承露盘。"又，《膳夫录》："汴中秋节食中秋玩月羹。"是可证已。以中秋为节令，故大臣有献玩月羹而成为汴京风俗。又，晏殊《中秋诗》："苦吟含翰久，清宴下楼迟。"是中

卷三十九　岁时伏腊

秋宴饮之证。然阅庞元英《文昌杂录》记祠部休假节,有立秋、七夕、秋分、重阳,而无中秋,是社会仍不以是日为令节,而端午则休假一日。可见宋时中秋,尚不能与端午等也。

唐宋之重阳

重阳故事,在唐时多于中秋;诗人歌咏者,亦倍蓰中秋,是亦重阳盛于中秋之证也。盖时至重九,天高气清,最宜登高眺望。《唐书》:"王勃过钟陵,九月九日,阎都督大宴宾客于滕王阁。"又,《韦绶传》:"绶为集贤学士,九日宴群臣于曲江。"王维诗:"遥知兄弟登高处,遍插茱萸少一人。"是其证。而俗食蒸糕。《岁时杂记》:"二社及重阳皆食糕,而重阳为盛,以枣为之,或加以栗。"《闻见后录》:"刘梦得作九日诗,欲用糕字,以五经无此字,辍不复为。"是以宋子京《九日食糕诗》云:"飙馆轻霜拂暑袍,糗糁花饮斗分曹。刘郎不敢题糕字,空负诗家一代豪。"而茱萸、菊花、橙橘,为此节之点缀品。《说宝》:"唐太宗九日在蓬莱殿赐群臣橘。"《西京杂记》:"九日佩茱萸,饮菊花酒。"张说有《九日进茱萸山》诗。《东京梦华录》:"都下重阳,酒家皆以菊花缚成洞户,饮者皆以菊花插帽檐而去。"故刘景文九日与东坡诗云:"四海共知霜鬓满,重阳曾插菊花无?"是以菊插帽之证也。

唐谓冬至前一夜为除夜,宋谓冬住

《老学庵笔记》:"陈师锡家亨仪,谓冬至前一日为冬住,与岁除夜为对。余读《太平广记》三百四十卷,有《卢顼传》'是夕,冬至除夜',乃知唐人冬至前一日亦谓之除夜"云云。盖至宋已以冬至除夕与岁暮除夕同名,废而不用矣,故放翁云云。"是夕,冬至除夜"之语,见唐张泌《尸媚传》,记范阳卢顼家婢小金事。《太平广记》偶引之,非《卢顼传》也。放翁盖未见《尸媚传》耳。

唐宋之七夕与中元

七夕白日曝衣,夜陈瓜果祀牛、女二星,士女月下穿针乞巧,备见唐宋小说与诗歌中。盖织女嫁牵牛,牵牛负天帝钱十万不偿,帝罚之,只七夕许与织女渡河相见。自汉时即有是说。《淮南子》云:"七夕,乌鹊填河成桥,渡织女。"是其证。故古诗有"迢迢牵牛星,皎皎河汉女,盈盈一

盂兰盆会图

水间,脉脉不得语"之句。以事涉情恋,动人慕思,虽明知为附会,历代称说而不已。然不如中元节之盛。中元为佛生日,唐宋时佛教盛,故至七月十五即有盂兰会之设,而开元四年竟于中元夜许京师张灯,见于《唐会要》,而戎昱有《中元日开元观观乐诗》,足见其社会点缀犹胜于中秋也。又,《东京梦华录》:"中元买冥器彩衣为盂兰盆,挂搭冥钱衣服焚之。"是宋时仍与唐同也。

宋时节令轻重之等差

《文昌杂录》云:"祠部休假,岁凡七十有六日。元日、寒食、冬至各七日",是此三节最重;"上元、夏至、中元、下元、腊各三日",是为次重节;"立春、人日、中和节、春分、社、清明、上巳、立夏、端午、初伏、中伏、立秋、七夕、末伏、社、秋分、授衣、重阳、立冬各一日",是为再次重节。其中授衣节,不知为何日,然似非中秋;又寒食与清明并列,不知如何分别也。

明清时之端阳、中秋

《说荟》:"嘉靖时有张积中者,江阴人,为礼部书吏,穷困不能归。至五月五日,书吏皆归家度节,令积中在署值日,并醵资数千,以为酒食之费。"是可证明时值端午节,官吏皆休假饮燕,社会可知。又野史:

"元至正二十六年夏,即有'八月十五杀鞑子'之谣,至中秋夜,果数省同时起事,各县蒙古人同时被戕"。盖中秋人民无不夜饮,饮既醉,乘酒兴为之。又按,元时各县皆设蒙官,肆虐于民,至今父老有"十家养一鞑"之传说。平日敢怒而不敢言,至中秋,人民乘酒醉之余,不约而同,同时起事。是可证自明初以来,人民中秋夜饮谯,普遍全国。

至清则以端午、中秋与岁首并称三节。至时则商贾歇业,百工休假,官吏士民于前一日即衣冠贺节。端午粽子,中秋月饼,馈遗纷纭。凡钱债至五月节、八月节必清结,谓之节关。而中秋视端午尤重,即乡僻小民,必饮酒食肉,与元旦同。方之往古,惟六朝之冬至,可以仿佛,余则无此盛也。社会风俗推移之不可思议如此。

其他若社腊,若正月初七为人日,社会久已不知。惟上元有灯火,然唐宋时所为"鳌山星桥,空中楼阁"之观,久已绝迹。三月三日,士流偶有修禊者,市民已不晓其义。清明节谒墓祭扫而已,久不寒食,故无卖饧者。若打球、秋千、蹴鞠、斗鸡、游戏之举,春日庙会,或有为之者,而不于寒食。独七夕以牛女故实,人尚知之;然晒衣、乞巧之举已无。中元节仍有为盂兰会者,小儿剪彩放灯而已。九日登高,亦士流为之,与修禊等。独腊月初八日之腊八粥,社会颇普遍,或盛于宋时腊八粥起宋时,见《梦华录》。也。

织女、牛郎天河会

卷四十　各种游戏

打球 古戏失传之一

打球古名蹴鞠。《史记·仓公传》："处后蹴鞠。"注："打球也。"《汉书·艺文志》有《蹴鞠经》，可见其戏甚古。《荆楚岁时记》云："按刘向《别录》：'寒食蹴鞠，黄帝所造，以练武士，本兵势也。'或云起于战国。"鞠与球同，古人蹴踢以为戏也。自汉以来，好此戏、善此戏者甚多，皆不录，述其可考见当时打球情状者。

打球之时节及其规矩

自隋唐以来，打球多于春日，而寒食为此者尤多。白居易诗云："蹴球尘不起，泼火雨初晴。"是其证。其详在"岁时伏腊"中。《事物绀珠》云："球，两人对踢为白打，三人角踢为官场。球会曰员社。"故韦庄诗："内官初赐清明火，上相闲分白打钱。"盖打球时以钱为赌也。

宋太祖蹴鞠图

至宋打球仍赌物

《紫微杂记》："熙宁间，神宗与二王打球子，上问二王：'欲赌何物？'徐王曰：'臣不别赌物，若赢时，只告罢了新法。'"是宋时打球，仍赌财物，特胜负规则不详耳。

汉时打球窟室中

《汉书·外戚传》："吕后断夫人手足耳目，使居鞠域中。"师古曰："如蹋鞠之域，谓窟室也。"又，《史记·骠骑传》："而骠骑尚穿域蹋鞠。"徐广曰："穿地营域。"是汉时皆凿地为域，而打球其中。盖以球易他适，追逐为劳，穿地为域，则有限制也。

古球制造之法

扬子《法言》："挽摩也革为鞠。"《史记·霍骠骑传》注："《索隐》云：'鞠戏以皮为之，中实以毛。'《正义》云：'今之打球也。'"按：中实以毛，则轻而易起；外挽以革，则坚实不坏，一球可用数年。且轻重适宜，不惟无走气之嫌，亦无太轻之弊，故抵力足而起落灵敏。当光绪中叶，同学有皖人陈某者，善此技。其球系自制，用棉绒一撮，外以粗棉线缠为圆形，径约二寸余，外不用皮，尤为灵敏。打时有缓有急，缓则呆立如木鸡，平舒左臂或右臂，毫不抑扬，其球上下若掌与地相吸然；如欲过右或左，盖手掌稍用力，即飞落一边，换手打之，而身仍呆立不动。如此久之，忽而冲天，忽而左右，一打一易，至尤急时，则身随球舞蹈作势，球随身旋转飞舞，或穿裤下，或绕臂缠项缠股，不知其球之胡以随身不坠如此也。疑即古蹴鞠之遗法，而今人无述之者。

至隋唐有球场，与汉异

汉打球在地域中，至隋唐则有球场。《隋唐嘉话》："驸马杨慎至油洒地，以筑球场。"《唐书·刘悟传》："即徙军山东，开球场。"韩偓诗："帝宴文思球场。"夫既曰场，必其地宽广平坦，便于蹴鞠，有若今日运动场。观唐僖宗宴于球场，场内必有楼阁，以为观球游戏之所也。

唐大臣皆善于马上击球

《金华子》云："周侍中宝、高中令骈，起家神策打球军将，而击拂之妙，天下知名。李相国领盐铁在江南，春时酒乐方作，乃使人传语曰：

'在京国久闻相公打球盛名，如何得一见？'宝乃辍乐命马，驰骤于彩场中。都凭城楼下瞰，见其怀挟星球，挥击应手。"夫球可怀挟，则不甚大；又骑马驰骤，则是击球于马上。马上打球，为后世所无，盖已失传久矣。

至宋有球门

《五灯会元》："石门云：'莫来拦我球门路。'"又，《宋史·礼志》："打球，本军中戏，太宗令有司详定其仪。三月，会鞠大明殿。有司除地，竖木东西为球门，高丈余，首刻金龙，下施石莲花座，加以采缋。左右分朋主之，以承旨二人守门，卫士二人持小红旗唱筹，御龙官锦绣衣持哥舒棒，周卫球场。"按：此球门架木为之，东西各一，与今日足球场之球门正同，想亦打入门者胜也。故有守门者，有持旗唱筹者。唱筹盖记入门之次数，以多少分甲乙、定胜负。创始于宋欤？自隋唐如是欤？不敢定也。

唐宋有球杖

《酉阳杂俎》："有河北军将常于球场中累钱十余，走马以击鞠杖击之，一击一钱，飞起六七丈。"又云："以鞠杖击田彭郎折足。"是唐有球杖。《宋史·乐志》："打球乐队：四色窄袖罗襦，系银带，裹顺风脚，簇花幞头，执球杖。"又，《仪卫志》："球杖金涂银裹。"又，《录异记》："苏校书善制球杖，外混于众，内潜修真。每有所阙，即以球杖干于人，得酬金以易酒。"按：以杖打球，唐以前不见。据《录异记》，不惟宫中用杖，社会亦用杖，盖鞠戏又变矣。至以杖击鞠之状，后人亦无从悬揣。只《酉阳杂俎》云："韦行规少时行城西，日暮风雨忽至，乃下马负一树，见空中有电光相逐如鞠杖。"以是见鞠杖旋转飞舞如空中电光也。又云："某多力，趯鞠高至半塔。"想见打球之高。至清，以杖打球之法又失。只学校网球，以拍打球，甲乙往来掷打，中隔以网，落地者负。宋之球杖，

唐墓壁画
《马球图》

卷四十　各种游戏

或亦类是欤？

按：球戏自清以来即失传，鲜有能之者。后学校兴，球战起，其技术规则皆传自泰西，其器亦购自泰西。而中国固有之蹴鞠法，无能之者。然天下大矣，未必果失传也。大力者登高一呼，必有应者。至中国旧法所制之球，果加研究，必能适用；且工省价廉，亦杜塞漏卮之一也。

弹棋 古戏失传之二

弹棋（棊）之戏，古盖未有。《物原》云："刘向作弹棋。"庾信《象戏赋》注云："弹棋之制，始自汉成帝。帝好蹴鞠，群臣以为过劳，帝曰：'可用其意同者以为代。'刘向乃作弹棋以献之。"是此戏确起于西汉。刘义庆《世说》谓"弹棋始自魏宫内，为妆奁戏者"，误也。

棋数及棋局形状

《后汉书·梁冀传》"善弹棋"注引《艺经》曰："弹棋，两人对局，白黑棋各六枚，先列棋相当，更先弹也。局以石为之。方五尺，中心高。"又，蔡邕《弹棋赋》："丰腹敛边，中隐四企。"是两人对局，各用棋六枚，或黑或白；局必以石者，取其滑而易行，若木则涩也。中心高，故曰丰腹。腹高，故四边下敛而低。隐者、隔者，中高故两边子相隔不相见。企者仰视，四边低，故仰望中心也。李义山诗："玉作弹棋局，中心最不平。"必不平者，欲因难见艺也。故魏文帝最擅名。此棋数及棋局之概略也。

曹丕像

弹棋规则胜负及其巧妙

《世说》："魏文帝善弹棋，用手巾角拂之，无不中。有客自云能，帝使为之。客著葛巾角，低头拂之，妙逾于帝。"是可证两人对弹，以我棋中彼棋则胜。两人皆中，中多者胜，否则负。又，《艺经》云："列棋相对，更先弹之。"是又可证弹时互为后先，如此次甲先弹，再则乙先弹也。然弹局中心隆起，用力猛则超过不能中，缓则难越凸坡，仍不能中。又两边棋子，为中心隐隔，虽相直而不相见，弹中尤难。故蔡赋又云："不迟不疾，如行如留。放一敝六，功无与俦。"皆言其善弹。惟所谓"放一敝六"者，已不能详其故。又，梁简文《弹棋论》有"完五全六、八反四角"之说，尤不能解。然则其概略虽得，其详细节目，则无从尽得也。

弹棋至宋已失传

中国古艺术，一亡于五胡乱华，再亡于唐末五代之乱；至宋而仅存者，更亡于蒙古。如弹棋小技，唐末犹能，见于李义山之吟咏，乃至宋而失传。《老学庵笔记》云："吕进伯作《考古图》，谓古弹棋局如香炉，盖谓其中隆起也。李义山诗'玉作弹棋局，中心最不平'，今人多不能解，以进伯说考之，粗可见。然恨其艺之不传也"云云。今遍加考索，义山诗能解矣，而蔡赋及梁简文所论，仍不能尽通，则欲复其术无由也。

斗草 古戏失传之三

汉以前亦不见斗草之戏。《物原》云："始于汉武。"《荆楚岁时记》："五月五日，四民并踏百草，有斗百草之戏。"又，《岁华纪丽》："端午结庐蓄药，斗百草，缠五丝。"在唐时为最盛。《刘宾客嘉话》云："谢灵运美须，临死日施为南海只洹寺摩诘像须。唐中宗朝，安乐公主五日斗百草，欲广其物，令驰骑取之；又恐为他所得，因剪弃其余。"由此征之，名为斗草，实所斗不只百草，盖以物罕而类多，为他人所无者为胜。是以刘禹锡诗云："若共吴王斗百草，不知应是欠西施。"昌黎《城南联句》："蹙绳觑娥婺，斗草撷玑珵。"杜牧诗："斗草怜香蕙，簪花间雪梅。"吴融涛："数钱红带结，斗草旧裙盛。"范成大："青枝满地花狼藉，知是儿童斗草来。"司空图："明朝斗草多应喜，剪得灯花自扫眉。"是无论男女儿童皆为之，至宋仍盛。苏辙《夫人阁诗》："寻芳空茂木，斗草得幽兰。"晏几道词："斗草赢多裙欲卸。"周必大诗："陌上花开入斗草，瓮头酒熟客传

端午斗草图

觞。"

惟观各家吟咏，不必五月五日，似为之于春日者多，妇女儿童尤多，壮夫为者似少也。然其详细规则，输赢节目，究以品类多为胜乎？抑以物罕为贵乎？只两人为，抑多人亦可为乎？既名斗草，如谢须非草，附于草上，为草之点缀品乎？抑须径为一草乎？今则茫然矣。

藏钩 古戏失传之四

辛氏《三秦记》："汉昭帝母钩弋夫人，手拳而有国色，先帝宠之。世人藏钩之戏，法此也。"又，《宋书·符瑞志》："汉武赵婕妤，家在河间，生而两手皆拳，不可开。武帝巡幸河间，望气者言，此有奇女子气。召而见之，武帝自披其手，即时申，得一玉钩。由是见幸，号拳夫人。"由是，汉世有藏钩之戏。又，周处《风土记》："义阳腊日，为藏钩之戏。分为二曹，以校胜负。若人偶即敌对，人奇即奇人为游附，或属上曹，或属下曹，名为'飞鸟'，以齐二曹人数。一钩藏在数手中，曹人当射知所在。一藏为一筹，三藏为一都。"

按：李义山诗："隔座送钩春酒暖，分曹射覆蜡灯红。"送钩，即送至曹中使藏也。藏在上曹，即下曹射之；在下曹，即上曹射之。二句诗全咏此也。又，《采兰杂志》："古人以每月十九为下九，每值九，置酒为妇人欢，至夜为藏钩诸戏，有忘寐达旦者。"又，《酉阳杂俎》："成式尝于荆州藏钩，每曹五十余人。"又云："藏钩剩一人，来往于两朋间，谓之饿鸱。"想见古人宴会之乐也。

射钩之巧法

《酉阳杂俎》："举人高映善意彄，十中其九，同曹钩亦知其处。当时疑有他术，访知映言，但意举止辞色，若察囚视盗也。"又，"山人石旻，尤妙打彄，与张又新兄弟夜会，张藏钩于巾襆中，旻曰：'尽张空拳，左眼。'有顷，钩在张君幞头左翅中。"惟所谓钩者，今已不知其形式。藏而射得，其赏罚若何？又所谓游附，许射钩否？其细则今更不能知。

钩弋夫人像

历代社会风俗事物考

格五 古戏失传之五

《汉书·吾丘寿王传》："年少，以善格五召待诏。"苏林曰："博之类，不用箭，但行枭散。"刘德曰："格五，棋行。《簺法》曰：'簺白乘五，至五格不得行，故云格五。'"师古曰："即今戏之簺也。"按：《庄子·骈拇篇》："问谷奚事，则博簺以游。"注引《汉书》云："吾丘寿王善格五待诏，谓博簺也。是格五之戏，自战国已行。又，《后汉书·梁冀传》："善格五。"注引鲍宏《簺经》云："簺有四采，棰白乘五是也。至五即格，不得行。"又，《说文》："行棋相棰谓之簺。"亦格五也。观师古注，可证格五至唐犹盛行，惟其详较弹棋尤不明了。观各家注，似只行棋，不掷投。而苏林所谓"不用箭，但行枭散"，《簺经》以簺白乘五为四采，皆莫知其义。又至五而格，胜负如何，亦无及之者。盖其亡尤久也。

博 古戏失传之六

《世本》："桀臣乌曹作博。"是此戏起于夏时。乃至宋而失传。宋李易安《打马图序》云："长行、叶子、博簺、弹棋，世无传者。"是自宋博已失传。故古人所言，有绝对不能解者。盖博之事甚复杂，而历代有改变，又古人所为各经，只详器具，不详规则，故能知其粗迹，不能悉其细目。

博之定名

古博亦用棋，故后人往往谓博即弈。宋孙奭《孟子·弈秋》疏解"弈"字云："《论语·阳货第十七》：'不有博弈者乎？'而解弈为博也"云云。此实大误。查《论语》博弈，不惟何晏注未以弈为博，即邢昺疏亦只云"博，六箸十二棋也。古者乌曹作博，围棋谓之弈"云云，亦未以弈为博。此等误解，皆由博用棋而起。故疑博与弈棋为一事。岂知《左传》曰："弈者，举棋不定，不胜其耦。"《公羊传》："南宫长万与闵公博。"博自博，弈自弈，判然两事。安得以《论语》并举，遂疑为一事乎？

在汉以前皆曰六博，因每人投六箸、行六棋，以箸棋为主而得名也。在汉以后曰"樗蒲"，曰"五木"，以五投为主而得名也。

博具考 箸棋、五木

《楚辞》云："琨蔽象棋，有六博些。"王逸注："投六箸，行六棋，故为六博也。蔽簙箸，琨蔽者，以玉饰之也。"又，《说文》："簙局，戏

东汉六博俑

也。六箸十二棋也。"《后汉书》注引《博经》云："用棋十二，六棋白，六棋黑。"故古皆云六博。《战国策》："临淄甚富，其民无不六博、蹋鞠。"《史记·滑稽传》："六博投壶。"《易林》："野乌山雀，来集六博。"《晋书·张重华传》："六博得枭者胜。"徐陵《玉台新咏序》："争博齐姬，心赏穷于六箸。"似以棋箸为主要具而名之也。

自博变为樗蒲，六博之称较少，多名曰樗蒲。汉马融有《樗蒲赋》，樗蒲者，博之变名。而五木最重，《樗蒲经》云："古者乌曹作博，以五木为子。"《山堂肆考》云："樗蒲以五木为子。"《晋书·刘毅传》："喝五木成卢。"《世说》："桓温厉色掷去五木。"《国史补》："用骰五枚掷之。"李习之集有《五木经》，注云："樗蒲古戏，其投有五，以木为之，故呼为五木。"是以五木为樗蒲主要具而名之也。然则箸也，棋也，五木也，习博之重要具，故缘以得名。兹分述其形象如下。

箸之形象，后又名箭、矢、策、子

《西京杂记》："许博昌善陆博，窦婴好之，相与游处。法用六箸，以竹为之，长六寸。"徐陵《玉台新咏序》"争博齐姬，心赏穷于六箸"是也。亦名曰箭。《列子》："击博楼上，其箭长五寸。其数六。"《汉书·吾丘寿王传》"格五"注云："六博之类，不用箭。"是可证博必用箭，箭即箸也。后亦名曰矢。《晋书·胡贵妃传》："尝与帝樗蒲，争矢伤帝指。"《五木经》云："矢百有二十"是也。亦名曰子，《国史补》云：

"法三分其子，为三百六十。"是子即矢，矢即箭，箭即周秦之箸，名虽变而用则同。盖戏时得若干彩，即投若干箸以为标识。《五木经》云："皆玄曰卢，厥策十六。"注云："十六策者，行马时便以此数矢而隔之。"是可证得卢即投十六矢以为志，又以证《五木经》之策即矢也。

棋之形象

《酉阳杂俎》云："依六博棋形，颇似枕状。"《说苑》："荀息曰：'臣能累十二棋子，加九卵其上。'"《南史·王僧虔传》："臣能累博棋十二不坠。"夫棋上可加卵，其大可知。至晋唐则曰马。《世说》："袁耽投马绝叫。"《国史补》："人执六马。"《五木经》："马策二十，厥色五，凡击马及王采皆又投。"注云："行马，古者人用六棋，故曰行六棋。"此云人执六马，云行马，实一物也。

五木形状

《五木经》云："樗蒲五木玄白判。"注："其投有五，故呼五木。初以木为之，后以牙角。判，半也，合其五投，并上玄下白，故曰玄白判。"又云："厥二作雉，背雉作牛。"注："取二投于白上刻为鸟，背鸟皆刻牛。"《国史补》云："其骰五枚，分上为黑，下为白。黑者刻二为牛，白者刻二为雉。"夫所谓骰五枚者，即五木也，五投也。依《五木经》，雉牛相对，见二牛即不见二雉，见二雉即不见二牛。依《国史补》，不必相对，不相对则可全见。然十采之中，并无二牛二雉同见者，知《五木经》是，《国史补》非也。

博关

以上博具，曰箸、曰箭、曰矢、曰策、曰子，为一物；曰棋、曰马，为一物；曰五木、五投、五骰音头，为一物。尚有一物，盖施于局上者曰关。《五木经》云："矢百有二十，设关二，间矢为三。"注云："间，别也，刻木为关，雕饰之每聚四十矢；又马出初关，非王采不出关。"《国史补》云："法三分其子为三百六十，限以两关，人执六马。"关之用不见于他书。《五木经》"雉牛"注云："雉牛逢敌必斗，虽矢马关亦皆角逐。"以关与马、矢并，其重可知。观《经》云"马出初关，非王采不出关"，似关所以防遏行马，非掷得贵彩，马行不能出也。

彩名考

彩名亦口博齿，《楚辞》："呼五白些。"王逸云："五白，簙齿也。"《晋书·葛洪传》："不知棋局几道，樗蒲齿名。"《列子》："楼上博者射明琼。"注："明琼，今之投子。初以木，后饰以玉，故曰琼。"又，鲍宏《博经》："所掷头谓之琼，琼有五采。"头者，骰也，投也。三字音同，故互用也。皆博齿也。《世说》："桓公与袁彦道樗蒲，彦道齿不合。"《宋史·张昭远传》："一掷六齿皆赤。"是可证木之头刻有彩名，视彩名以定胜负。以其头类齿，故亦曰齿名也。

齿名言人人殊，惟《五木经》及《国史补》相同，且甚详悉。《樗蒲经》云："有雉枭雉犊，为胜负之采。"《博经》云："琼有五采，刻一画者谓之塞，二画者谓之白，三画者谓之黑，一边不刻者，五塞之间，谓之五塞。"《山堂肆考》云："有枭、卢、雉犊、塞，为胜负之采，博头有刻枭形者为最胜，卢次之，雉犊又次之，塞最下。"二经之言太略，《肆考》以五彩若全刻于五木者，尤误。全黑为卢，自六朝至唐皆如此。卢之反即五白，非刻于枭头。《肆考》以五彩当五木，全属想象之词。

《五木经》云："樗蒲五木玄白判，厥二作雉，背雉作牛。"注："以雉犊为彩者，谓其悍戾，逢敌必斗，以求胜也。虽矢马关，亦皆角逐防遏之义也。王采四，卢、白、雉、牛；甿采六，开、塞、塔、秃、撅、橾。"注："甿，贱也。采义未详。全为王，驳为甿。皆玄曰卢，厥策十六。皆白曰白，厥策八。雉二玄三曰雉，厥策十四。牛二各本皆作三，作三则六投矣，依《国史补》改。白三曰犊，厥策十。雉一牛一各本皆作二，依《国史补》改。白三曰开，厥策十二。雉如开。厥余皆玄曰塞，厥策十一。雉白各二玄一曰塔，厥策五。牛玄各二白一曰秃，厥策三。白二玄三曰橾，厥策二。"

《国史补》云："其骰五枚，分上为黑、下为白。黑者刻二为犊，白者刻二为雉。掷之全黑乃为卢，其彩十六；二雉三黑为雉，其彩十四；二犊三白为犊，其彩十；全白为白，其彩八。四者，贵彩也。开为十二，塞为十一，塔为五，秃为四，枭为二，撅为三。"

二书所言彩名彩数皆同。惟《五木经》以橾为甿彩第六，《国史补》以枭为贱彩第五，为小异耳。

其齿名见于汉前者，曰枭，《韩非子》、《战国策》言之；曰五白，《楚辞》言之。尚有一齿，见于《列子》。《列子》："楼上博者射，明琼

张中，反两擒鱼而笑。"注："擒鱼，骰采之名。"汉以前齿名，可考见者只如此。若卢、雉等名，皆起于汉以后，汉以前有无不敢定。至擒鱼只《列子》言之，汉以前亦少见。枭与五白，至唐仍存。枭之用前后虽殊，五白则今古皆贵，以是二者为最久矣。

以上所述者，曰箸、曰棋、曰马、曰关、曰五木、曰骰，皆博具也。曰枭、曰五白、曰擒鱼，汉以前所见之博齿名也。曰卢、白、雉、牛，四贵彩；曰开塞搭秃撅枭，四贱彩，汉以后博齿名也。博具既明，然后其戏法可得而述。

对局人数

《公羊·庄十三年》："南宫长万与宋闵公博。"《史记·吴王濞传》："吴太子侍皇太子博，争道，不恭，皇太子引博局提杀之。"《信陵君传》："公子与魏王博。"《博经》："六棋白，六棋黑。"是皆以二人对局也。《楚辞》："分曹并进，遒相迫些。"王逸注云："言分曹列耦，并进技巧，投箸行棋，转相遒迫，使不择行也。"是人可多，但分为两曹，故云列耦也。故《世说》："桓温请袁耽代戏，二人齐叫。袁既掷，桓即不掷。敌家顷刻失数百万。"是仍二人对局，但桓与袁为曹耦，与《楚辞》同也。至东晋末，则可多人共局。《晋书·刘毅传》："在东府聚樗蒲，余人皆得犊，毅后掷得雉，刘裕最后又得卢。"是共局在三人以上。至唐则可五人对局，《五木经》云："马策二十，厥色五。"注："大率戏时，不过五人。"五色者，各辨其所执也，《国史补》所谓"人执六马"也。是共局可五人也。

古得枭则倍赢食子

《楚辞》："成枭而牟。"注："牟，倍胜也。"《史记·魏世家》："王独不见夫博之所以贵枭者，便则食，不便则止矣。"

汉代博戏图

《正义》云："博头有刻为枭形者，掷得枭合食其子，若不便则余行也。"是得枭则倍赢，可食他人子也。子即箸、即矢也。惟《战国策》云："夫枭棋之所以能为者，以散棋佐之也。"夫一枭之不胜五散，亦明矣。又，《焦氏易林》云："三枭四散，主人胜客。"今皆不能通其义。

然既胜则杀枭

《韩非子》："齐宣王问匡倩曰：'儒者博乎？'曰：'不也。博贵枭，胜者必杀枭，是杀所贵也。儒者以为害义，故不为也。'"又，《家语》："儒者不博，为其兼行恶道故也。"按：枭为恶鸟，故古人多方杀枭。然博得枭则胜，既胜而杀之。过河拆桥，于义有害；行害义之事是行恶道也，故不为。然枭如何杀，其规则则不能详。

自汉至西晋，仍贵枭。《后汉·张衡传》："咸以得人为枭。"注："犹六博得枭胜。"又，《晋书·张重华传》："谢艾曰：'枭，邀也，六博得者胜。今枭鸣牙中，克敌之兆。'"是自汉迄西晋，仍以枭为胜彩。

东晋贵卢雉，唐以枭为最贱

《晋书·刘毅传》："喝五木成卢。"《世说》注引《郭子》："桓公樗蒲，失数百斛米，求救于袁耽。耽在艰中，便云：'大快。我必作采，卿但大唤。'即脱其衰，丧服。共出门去。既戏，袁形势呼祖，掷必卢雉。二人齐叫，敌家顷刻失数百万。"是是时已以卢雉为上彩。盖樗蒲以卢雉为最贵，不贵枭。故自樗蒲兴而卢雉之名大著，枭名遂寂。而呼卢喝雉之声，讫唐尚盛。杜甫诗："咸阳客舍一事无，相与博簺为欢娱。凭陵大叫呼五白，袒跣不肯成枭卢。"韩愈诗："枭卢叱回旋。"以枭与卢并，仍沿古称。诗歌用故事则然耳，实唐时以枭为贱彩中之贱者，前彩名节已详之矣。

卢雉牛白四王彩等级考

晋唐贵卢雉，然卢雉二彩又孰胜乎？是亦规则之一也。考《南史》："宋武帝与颜师伯樗蒲，帝得雉，大悦。后师伯得卢，帝失色。师伯遽敛手曰：'几得卢。'"是可证卢胜雉，故帝失色也。又，贵彩中之牛，较卢雉又孰胜？考《晋书·刘毅传》："后在东府聚樗蒲，大掷一判赢至数百万，余人并黑犊，惟刘裕及毅在后。毅次掷得雉，大喜，褰衣绕床叫曰：'非不能卢，不事此耳。'裕因按五木久之曰：'老兄试为卿答。'既而四子俱黑，一子转跃不定，裕厉声喝之，即成卢焉。"是可证雉不如卢，犊不如雉也。

又，五白在古为最贵，虽枭不如。《楚辞》："成枭而牟，呼五白些。"注："枭二为珉采，牟，胜也。胜枭必五白"，是敌人成枭，故呼五白以求胜敌人。见《朱子集注》，与王逸注异。

盖自六朝以来，卢为最贵，无能上之者。故《南史》："李安人讨晋安王勋，所向克捷。事平，明帝大会新亭楼，劳诸军主，樗蒲官赌。安人五掷皆卢，帝大惊。"惊其得彩之最上，可证此时五白绝不能胜卢。又，《五木经》述王彩，曰卢白雉牛，以五白居第二；《国史补》述贵彩，曰卢雉牛白，以五白第王彩之末。若证以《刘毅传》及《南史》，则《五木经》非，《国史补》是。何者？《毅传》明言卢最贵，雉次之，犊又次之，可证犊之下方为五白。若如《五木经》之次序，雉之上尚有五白、有卢，何为大喜乎？此确证也。杜甫云"凭陵大叫呼五白"，用《楚辞》耳，非最上彩也。

各项规则考

《国史补》云："三分其子三百六十，限以两关，人执六马，其骰五枚，贵采得连掷，得打马，得过关，余采则否。"《五木经》云："矢即子百有二十，设关二，间矢为三，注：每聚四十矢。凡击马及王采皆又投。注：击马谓打敌人子也，打子得售，王采自专，故皆许重掷。王采累得累掷之，变则止。马出初关叠行，注：谓逢可以叠马，即许叠也。如不要叠，亦得重马。被打着尤苦。非王采不出关，不越坑。注：马出关，亦自专之义也。名为落坑，义在难出。故用王采能出。入坑有谪，注：其所罚随所约，并输合坐。行不择策马，一矢为坑。注：谓矢行，致马落坑也，亦有马不可均融数奇，而人坑者。"

按：入坑出坑，为《国史补》所未言。注云："名为落坑，义在难出。"故用"王采能出"云云。于一矢为坑，及矢行致马落坑之义，仍未释明，致令人仍不能了解。盖古戏具以博为最复杂，有五骰，又有箸矢，又有棋马，其行棋行马、投箸投矢，必有与五骰相关联作用，而各书皆不详。故今日虽能将博齿上之彩名考究明晰，而其相关联之点，仍不能详悉也。所可悉者，对局时凭陵大叫，喧嚷号呼，数千年如一也。

若据《刘毅传》，初时人皆得犊，毅得雉胜之矣；宋武帝后得卢，又

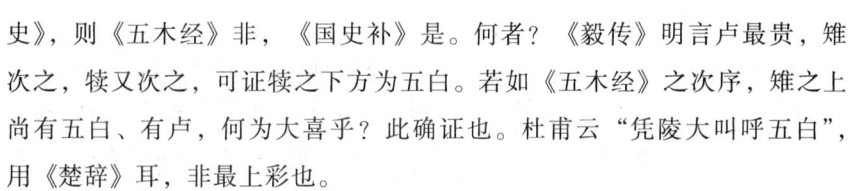

汉明帝像

胜刘毅。若今日之掷色子，全凭博齿判输赢，似甚简单。而又有关、有矢、有马，又甚复杂。其关联之点，只得王彩，可出关，可又投，可越坑，余则不能知也。

古谓博有神，尝以此卜富贵

《晋书》："慕容宝与韩黄、李根等樗蒲，誓曰：'世云樗蒲有神，若富贵可期，愿得三卢。'于是三掷尽卢，祖跣大叫。"又，《宋史·张昭远传》："少喜与里中恶少游。一日，众祠里神，昭远适至。有以博投授之者，谓曰：'汝他日倘有节钺，试掷以卜之。'昭远一掷，六齿皆赤。"又，李安人五掷皆卢，明帝大惊；刘毅掷得雉大叫，刘裕掷得卢，毅甚不悦。是皆以卢为彩王，得之于身命有关。惟陶侃以为"牧猪奴戏"，投之江中，毅然不惑。

古谓博主为囊家，今之聚博徒赌者，谓曰局家，古则曰囊家。王得臣《麈史》云："世之纠率樗蒲博者，谓之公子家，亦谓囊家。"《樗蒲经》云："一有赌，两人以上须置囊，合依条检文书了，授钱入囊家。"是古博徒条例，亦与今同也。

唐代双陆图

双陆 古戏失传之七

《事始》："博陆，采名也。六只骰子皆六。"《朝野佥载》："贝州潘彦好双陆，泛海遇风船破，左手持双陆局，口衔双陆骰子，二日不舍。"是双陆亦有骰子，惟用六与樗蒲异。又，樗蒲尚有马、有箭，双陆则有筹。《集异记》："则天命梁公与张昌宗双陆，公就局，则天曰：'以何赌？'公对曰：'争先三筹，赌昌宗所衣毛裘。'"疑所谓筹，即樗蒲之箸。是盖从博变通而为者。又，宋洪遵有《谱双序》云："弈棋象戏，家彻户晓。至双陆打马叶子，视明琼为标的，非图牒无以得仿佛。双陆最近古，号雅戏。以传记考之，获四名：曰握槊，曰长行，曰婆罗塞，曰双陆。盖始于西竺，流于曹魏，盛于梁、陈、魏、齐、隋、唐之间。"

今观其图，局上各列小杵十五枚，白与黑相错，而下有门，疑即樗蒲之关。小杵则所谓马，所谓槊也。而北双陆与南双陆又微不同。至所谓打马者，又与双陆不同。李易安有《打马图经》，图较双陆尤复杂，而马以能过函谷关为胜。自宋以后，为之者少。疑今日打马将，是沿其名也。

弈棋 古戏仅存之一

《左传·襄二十五年》："今宁子视君不如弈棋。弈者举棋不定，不胜其耦。"注："弈，围棋也。"疏云："《方言》：'围棋谓之弈。自关东齐鲁之间，皆谓之弈。'《说文》：'弈从廾，言竦两手而执之。棋者所执之子，围而相杀，谓之围棋。不胜其耦者，谓举子下之不定，故不胜也。'"

后人以博用棋有白黑、有局、有道，而弈棋亦有白黑、有局、有道，于是误以博、弈为一事。岂知博弈只十二，六白六黑，弈棋则三百。以其多，故能围，若人执六棋，如何能围？甚不同也。《博物志》云："尧作围棋教丹朱。"或曰"舜作，教商均"。《世本》云："桀臣乌曹作赌博围棋。"莫能定其原起。然《左传》已言之，则其戏之古可知。若起于尧舜，至今已四千年，仍守而不失，毫无变易，则可庆也。

古棋局状况及攻守之法

马融《围棋赋》："三尺之局，分为战斗场。先据四道兮，保角依傍。缘边遮列兮，往往相望。"班固《弈旨》云："局必方正，象地则也。道必正直，神明德也。棋有黑白，阴阳分也。骈罗列布，效天文也。四象既陈，行之在人，盖王政也。"又，吴韦曜《博弈论》："所务不过方罫之间。"方罫者，棋道一纵一横，故成方界形。然则古棋局形状，正与今同，惟稍大耳。

弈棋仕女图

按：今围棋先下四子于四角，白黑相错，谓之四柱，即孟坚所谓"四象既陈"，马融所谓"先据四道"也。此本无关系，故日本不著四柱子。中国必著者，遵古义也。日本虽不著，然前四子亦先据四角，与豫著者等也。中国古戏，只此尚存原状。又所谓"保角依傍、缘边遮列"，古着子法亦与今同。边角易活，易作眼，故争据之。宋浮山禅师云："肥边易得，瘦肚难求。"亦谓此也。

古今棋局道数及棋子数目考

今棋局纵横各十九道，若汉魏时则十七道。邯郸淳《艺经》曰："棋局纵横各十七道，共二百八十九道。白黑子各一百五十枚，共三百子。"韦曜《论》："枯棋三百，所志一枰之上。"是汉魏时枰为十七道。至唐增为十八道，柳子厚《柳州山水记》"其始登者，得石枰于上，黑肌而赤脉，十有八道，可弈"是也。至宋时为十九道，比汉时纵横各多二道。《五灯会元》："欧阳文忠请浮山禅师以棋说法，浮山云：'纵横十九路，迷悟几多人？'"是其证。十九道则用子各一百八，共三百六十一子，盖当期之日。故今日弈者算输赢，皆以一百八十起算。山谷诗："枯棋三百共一樽。"仍沿韦曜语也。惟由十七道增至十九道，不知始于何人，尚待考也。

惟棋子有数百之多，故《三国志》记"王粲观人围棋，局坏，粲为覆

围棋雕像

之。棋者不信，以帕覆局，另以他局为之，不误一道"，以著其强记。若今日善弈者，亦能覆局。然皆由下子时如何布局，如何攻守，无一子不呕心沥血而来，故可覆其子，术浅者不能也。若粲则纯以记忆得之，故罕有也。

古以两眼为活、一眼为死之证

《邺侯外传》云："方若棋局，圆若棋子，动若棋生，静若棋死。"至如何生如何死，古书均不言其故。惟黄山谷诗云："湘东一目诚堪死，天下中分尚可持。"言只得一眼，则棋死也，两眼则生矣。又，马融《围棋赋》："离离马目兮，连连雁行。"马目即双眼也。

打劫

凡围棋争一子，可来回相杀，而劫敌人他处，使其不暇顾此，而我得复杀此子者，曰劫。此法亦甚古，《晋书》："阮简为开封令，有劫贼外白甚严。简方围棋长啸，吏曰：'劫急。'简曰：'局上劫亦甚急。'"此古亦打劫之证。

受子

凡两人强弱不能相敌，则强者让弱者一子或两子、或三四子，于未戏之先，先使著几子于局上，名曰受子。此例于魏晋时不见，至宋则有之。《荆公诗话》："苏子瞻云：太宗时有贾元者，侍上棋。太宗饶元三子，元常输一路。太宗知其挟诈，谓曰：'此局复输，当榜汝。'既而满局不死不生。太宗曰：'更围一棋，胜，赐汝绯；不胜，当投泥中。'既得局平，不胜不负。太宗曰：'我饶汝子，是汝不胜。'命抱投之水，乃呼曰：'臣握中尚有一子。'太宗大笑，赐以绯衣。"

古围棋皆赌物

吴韦曜《弈论》曰："或赌及衣物。"《东坡志林》："张怀民与张昌言围棋，书字一纸，胜者得之，负者出钱五百作饭。"《山堂肆考》："杨大年与西厅参政侍郎弈棋，输纸笔砚三物。墨宣毫适尽，但送纸与端砚。"是自三国时至宋皆赌物，惟所赌亦雅，不似博之纯以财也。

弈棋为诸戏之王

凡戏皆取其热闹，围棋则取其寂静；凡戏皆用气力，围棋独运心思。

黄山谷云："心似蛛丝游碧落，身如蜩甲化枯枝。"可谓穷形尽相矣。故晋支公以为"手谈"，王坦之谓为"坐隐"。嗜之者多属幽人；精之者推为国手。石幢花影，古刹偏多；夜雨秋灯，书斋每有。或疏帘清簟，嘿尔旁观；或流水长松，铿然落响。其韵味之冷静幽僻，绝非纨袴市井之所能领略。故欧洲人绝不喜之，扶桑国知其韵味。至古今弈棋故事，多不胜举，只资谈助，无关考核，因并略而不述焉。

象戏 古戏仅存之二

今日之象棋，在古均名象戏。古所谓象棋，皆以象牙为饰，犹象车、象箸、象床也。《说苑》："雍门子谓孟尝君曰：'燕则斗象棋而舞郑女。'"《楚辞》："琨蔽象棋。"皆谓六博棋，加以象饰也。蔡邕《弹棋赋》："列象棋，雕华丽。"则谓弹棋，皆非象戏。象戏之名，始见于干宝《搜神记》。记云："巴丘人家有园，橘大如盎斗，剖之有二叟象戏于其中。"然象戏情形，晋时莫有详者。至周武帝作《象戏经》，后人遂以为武帝创也。

北周时象戏为日月星辰

《北史·王褒传》："武帝作《象经》，命褒注之，引据该洽，甚见称赏。"同时庾子山承旨作《象戏赋》，亦云"臣伏读《象经》"。是武帝创此戏，并著《象经》以为说明也。惟绎庾《赋》，与今象戏，迥不相同。《赋》云："局取诸干，仍图上玄。月轮新满，日晕重圆。坤以为舆，刚柔卷舒。若方镜而无影，似空城而未居。"是取象于天地日月也。又云："促成文之画，亡灵龟之图，马丽千金之马，符明六甲之符。"是取象于龟马也。又，"从月建而左转，起黄钟而顺行。"是又取象于十二月，顺六律以行也。故宋李昉《太平御览》云："象戏，周武帝所造，而行棋有日月星辰之目。"与今所为不同。是可证周武之所造，久已失传。

唐象戏略与今同

牛僧孺《玄怪录》："宝应元年，汝南岑顺于吕氏故宅，夜闻鼙鼓声，介胄人报曰：'金象将军传语，与天那贼会战。'顺明烛以观之，夜半后东壁鼠穴，化为城门，有两军列阵相对，部位既定，军师进曰：'天马斜飞度三止，上将横行击四方，辎重直入无回翔，六甲次第不乖行。'于是鼓之，两军俱有一马斜去三尺止。又鼓之，各有步卒，横行一尺。又鼓之，车进

须臾，炮石交下云云。因发掘东壁，有古冢，有象戏局，车马俱焉。"

按：今日象戏，横九道，竖十道，中为黄河。河南北各五道，两家列阵相对。每家有二车列于最下层之两边，次为两马，次为两象，次两士，将居中。其横第三道与马相直者，两边各有一炮。五卒列于第四道，当中一，隔一道左右各一，又隔一道，守边卒各一。牛僧儒所言"天马斜飞度三止"者，即今所谓马走日字角也。"辎重直入无回翔"者，即今车走直路也。"各有步卒，横行一尺"者，即今步卒只许行一道也。"炮石交下"者，即今炮可隔子击物也。此唐与今同者也。其微异者：唐之军师，可发命令，似今日之将，然今日之士，居将左右，似亦可传达命令。不知唐之军师即今将，抑即今之士也？至于今之将，不许出城，唐之将则横行四击。今之将被扃则输，若能横行四击，则不能被扃，此其不同者。抑唐时以军师为主，另有上将乎？又所谓鼓，今亦无之。知今之象戏又与唐微不同矣。

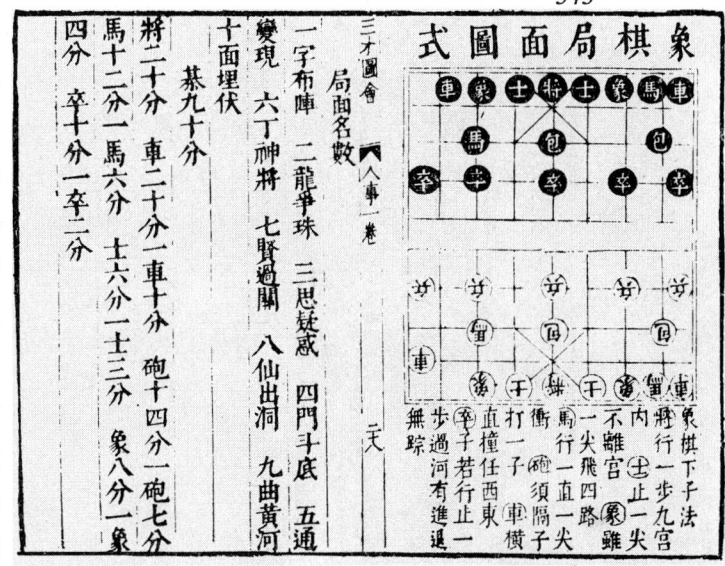

然牛僧孺所言，乃古冢局。古冢既为住宅，总须数百年，则其物为六朝、为隋、为唐，初不定也。至确为唐时者，白居易诗云："鼓应投壶马，兵冲象戏车。"是唐戏有车、有象、有兵，大致与今同，惟鼓为今所无。

宋有七国象戏

晁补之有《广象戏图序》，司马光有《古局象棋图》。其局分七国，王居中，秦居西方，楚韩居南方，东方齐、魏、北方燕、赵，一国用十一子，用各色为别。可合从，可连横。后又有改为三国者，不知始于何时。余幼时尚见有此戏，今则绝迹矣。

色子戏 古戏仅存之三

此戏创自宋朱河，后讹为"猪窝"，李易安《打马图序》所谓"猪窝、

族鬼，鄙俚不堪者"是也。即今之掷色子。朱河则名曰"除红"，有谱。杨维桢有《除红谱序》。除红者，以一红为主，而余三为客，取象于径一围三。据其凡例：凡除红以四骰音头掷之，以四红为主。除一四红，但以余五色计之。自八点以下，皆为罚色；十三色以上，俱为赏色，俱不必赛。自九点以至十二点，俱为赛色。凡赛色点数相同者，谓之赶上，赏一帖；凡赛色多一点者，谓之压倒，赏二帖。少二点、三点者，止罚一帖。

按：今之掷色子，用三骰，宋则用四骰。今骰子一点及四点皆红色，余皆黑色；宋则四点为红色，余则分五色。今骰除二骰点相同者，余一骰若为一点则罚。若相同之二骰，亦为一点则胜。为六则赏，皆不赛；宋则除四红一骰，计余三骰之点，八以下输，十三以上赢，皆不赛。今骰自二点至五点皆赛，宋则自九点至十二皆赛。今赛色只赶上即赢，宋则分等级。今骰三骰点相同，名曰报子，皆赢；宋骰四骰点相同，亦赢。惟今骰掷得一二三，名猪尾，二三四名蹭，皆输；三四五名花三五，四五六名大顺，皆赢，皆不赛，则除红所无也。盖此戏纯取古六博中之五投变化用之，惟博齿只用两头，此则用六面耳。

牙牌 古戏仅存之四

今之牙牌戏最盛行，曰推牌九，曰打天九，曰顶牛，赌博用之。曰牙牌神术，卜筮用之。而推牌九最盛。豪富之家，至一推数十万。实其戏甚不古，宋始有也。

《诸事音考》云："宋宣和二年，有臣上疏设牙牌三十二扇，共计二百二十七点。按星辰布列之位，譬天牌二扇，二十四点，象天之二十四气；地牌二扇四点，象地之东西南北；人牌二扇十六点，象人之仁义礼智，发而为恻隐羞恶辞让是非；和牌二扇，八点，象太和元气，流行于八节之间。其他名类，皆合伦理、庶物、器用。表上，贮于御库，疑繁未行。至高宗时，始诏如式，颁行天下。"以是证宋以前未有，惟当时只说明造牌意义，至其用法，并未分疏。至高宗时，且颁行天下，疑非纯用于戏者。如纯为戏具，下诏颁行，虽荒淫之朝，无此政体也。

斗鸡

斗鸡之戏最古。纪渻子为周宣王养斗鸡，见于《列子》。《左传》："季郈之鸡斗，季氏介其鸡，郈氏为之金距。"注："捣芥子播其羽也，或

斗鸡剪纸

曰以胶沙播之为介鸡。"是等求胜之法，为后来所未睹。《史记·袁盎传》："盎与间里相浮沈，斗鸡走狗。"《后汉书·梁冀传》："好斗鸡走狗。"《唐书·李林甫传》："在东都为击球斗鸡戏。"《五代史》："王彦章曰：'亚次，斗鸡小儿耳。'"是自周迄五代，皆尚此戏。至斗鸡之时，则以清明节为最盛。《东城父老传》："唐明皇在藩邸时，喜民间清明斗鸡。"故韩愈《斗鸡联句》云："天时得清寒，地利喜爽垲。"清明正清寒之时，最宜此戏也。宋元以后，此戏渐稀，今遂绝迹。至臂鹰走狗，历代有之，皆弋猎之事也。

古捕蝉戏

《吕氏春秋》："燷蝉者，务在明其火，振其树而已。火不明，振柳何益？"按：今之捕蝉者，于黑夜置笼灯树下，而撼其树，蝉受震向灯而飞，因捕之。而周时即如此，行之数千年。此用火捕蝉也，《淮南子》谓之"耀蝉"。

又，《庄子》："仲尼适楚，出于林中。见佝偻者承蜩，犹掇之也。孔子曰：'巧乎！'曰：'吾执臂若槁木之枝，天地之大，万物之多，而唯蜩翼之知，吾不反侧，不以万物易蜩之翼，何为而不得？'"注："以竿黏蝉曰承。"按：今日仍有以竿黏蝉者，法以藕胶黏于竿头，或黏鸟，或黏蝉，潜以竿拂之，黏其羽即得。此以竿黏蝉也。

盖自古小儿最爱蝉。《论衡》："充为小儿，与侪伦遨戏。侪伦好掩雀捕蝉，充独不肯。"以小儿爱蝉之故，因常有捕蝉入城市售卖者。《清异录》："唐世京城游手，夏月捕蝉货之，唱曰：'只卖青林乐。'妇妾小儿争买以笼悬窗户间。亦有验其声长短为胜负者，谓之'仙虫社'。"是自周秦迄汉唐，皆以蝉为戏，至于今不改其乐。

卷四十 各种游戏

卷四十一　家庭状况

食饭次数

《庄子》："适莽苍者，三餐而返，腹犹果然。"是每日三餐之证也。又，《战国策》："士三食不餍，而君鹅鹜有余食。"三食者，三餐；餍，饱也。故陆游诗："疾行逾百步，健饭每三餐。"三餐者：

一、晨餐。《诗》："朝食于株。"《左传》："我姑翦灭此而后朝食。"《世说》："羊孚与谢益寿相好，常早往谢许，未食。俄而食下。"是晨起早餐也。盖古人皆鸡鸣而兴，若至日出，则为宴起。故晨时须饭。彼韩昌黎答东野诗："朝餐动及午，夜吟恒达卯。"状东野之贫困慵懒耳，非朝餐至午始食也。又，《吕氏春秋》云："旦至食。"亦其证也。

二、中餐。《汉书·淮南王传》："帝使为《离骚传》，旦受诏，日食

时上。"言晨受诏，至日中午饭时，书已成而奏上也。又，《萧望之传》："太官方上昼食。"又，《宋书·江夏王义恭传》："诸王食皆五盏盘，义恭恃宠，常求须果食。日中无竿，音算。得未尝啖。"夫所谓午饭、昼食、日中果食，皆中食也，即《周礼·天官·膳夫》所谓"燕食"也。燕食者，郑玄云："谓日中与夕食。"又，《五灯会元》："黄山谷晨粥午饭。"是自周至宋，朝食、午食未尝改也。

三、晚餐。《战国策》："晚食以当肉。"《南史·齐明帝纪》："帝性俭约，大官进御食，有裹蒸，帝十字画之曰：'可四片破之，馀充晚食。'"又，唐薛用弱《集异记》："及家螟矣，入门方见其亲与弟妹张灯会食。"又，《唐书·柳玭传》："戒子孙曰：'先君非速客不二羹胾，夕食龁蔔瓠而已。'"又，《说苑》："越赵简曰：'吾门客千人，朝食不足，暮收市征；暮食不足，朝收市征。'"是皆晚食之证。晚食近睡，故柳玭先人只龁蔔瓠而止也。又，《五灯会元》："黄山谷晨粥午饭，过午即不食"，不食晚饭也，佛律也。

古人早起

《内则》："子事父母，鸡初鸣，咸盥漱。""妇事舅姑，鸡初鸣，咸盥漱，以适父母舅姑之所。"又，"男女未冠笄者，鸡初鸣，咸盥漱，昧爽而朝。"又，"凡内外，鸡初鸣，咸盥漱、衣服，敛枕簟，洒扫室堂及庭，布席，各从其事。唯孺子早寝晏起，唯所欲，食无时。"又，《文王世子》："文王之为世子，朝于王季日三，鸡初鸣而衣服，至于寝门外。"是周初皆鸡鸣而起也。至春秋时，"赵武晨兴将朝，尚早，坐而假寐。"见于《左传》。"鸡既鸣矣，朝既盈矣。"又，"三岁为妇，靡室劳矣。夙兴夜寐，靡有朝矣。笺云：朝朝如此。"见于《毛诗》。其早起仍与周初同。此等习惯，历六朝讫唐不改。《宋书·后妃传》："江敩《让婚表》云：'召必以三晡为期，遣必以日出为限，夕不见晚魄，朝不识曙星。'"言公主必日出方令起，故不识曙星。斯可证不为驸马者，皆戴星而起也。又，《玉泉子》："郑馀庆罢相闲居，一日召郎舍会食，众以郑公望重，平旦皆集。"又，《幽怪录》："杜陵韦固少孤，思早娶，客有以前清河司马潘昉女为议者，来旦期龙兴寺门。旦往，斜月尚明。"

按：今日京朝官请客早餐，若平明旦者，明也。即往，岂不可笑？即有事与友人期明朝相见，亦岂能戴月而往？而唐时不尔者，以社会习惯皆

早起也。虽所言皆士大夫家，然士大夫如此，农商可知。今无论士人，即乡舍农人，只农忙时可黎明起；若鸡鸣而起，除元旦一日外，他无有也。此亦民气朝暮之一证也。

晨起为父母进盥洗状况

《礼·内则》："冢子冢妇，鸡初鸣，咸盥漱，适父母、舅姑之所，问衣燠寒，疾痛苛痒，而敬抑搔之。进盥，长者奉水，少者奉槃，请沃盥。盥卒，授巾，问所欲而敬进之，尝而后退。"此成人且有室者之责也。若男未冠、女未笄者，亦鸡鸣起，昧爽而朝，问何饮食矣。若已食则退；若未食则佐长者视具。此只赞助长者事亲，而非其专责。若再幼而为孺子，则不必早起，唯所欲也。

古浴身详状

《礼·玉藻》："浴用二巾，上絺下绤。出杅，音雩。履蒯席，连用汤。履蒲席，衣布，晞身，乃履，进饮。"按：絺精，故用以拭上身；绤粗，故用以拭下身。出杅者，出浴盆也。蒯草涩，可刮垢，故履之。连用汤者，再以汤净身也。身净履蒲席，衣布，以俟身燥而进履。凡浴后必渴，故进饮。

古沐浴、靧面、洗足次数

《内则》："五日则燂汤请浴，三日则燂汤请沐。其间面垢，燂请靧面；足垢，燂汤请洗。"按：浴，浴身也；沐，沐头上发也。古人留发，上覆以巾，易垢腻。故至三日必沐，沐后当风晞发使干。其详尽在"首服"中。若浴身，则可少缓，故五日为之。其间者，三日五日之间也。潘者，米汁；燂者，温也。言日日洗面及足，不似沐浴之隔三日五日为之也。

古今沐浴去垢法之变迁

周时洗衣以灰水，《内则》"衣垢和灰请澣"是也。沐发靧面则以米汁去垢，《内则》"沐稷而靧粱"是也。至汉仍用米汁，《汉书·外戚传》："丐沐沐我。"注："沐，米潘也。"潘即米汁，《左传》"使疾而遗之潘沐"是也。至晋有澡豆，见于《世说》。然以王敦之贵，尚不识为何物，竟以为饭，倒著水中而饮之，可见世俗尚无此物。至唐陆畅娶贵人女，亦不识澡豆，沃水服之，以为食辣面，见《酉阳杂俎·贬误门》。至宋

王荆公面黑，夫人为置澡豆，荆公不用。是唐宋时洗面，用澡豆者仍少。第古之所谓澡豆，与后世异。王敦以为干饭而饮食之，陆畅则以为食辣面，是唐与晋亦异。然究为何质造成，作何形状，今已不能揣知，又以证石硷之发明最晚。《说文》虽有硷字，皆诂作卤。《本草纲目》始言山东济宁出石硷，可浣衣，盖在明时。至清，遂有鹅胰、猪胰、肥皂等名，去垢之剂遂大备矣。

古家庭妇女嬉戏日期

古人精神最活泼，其男子至岁时伏腊则游戏娱乐。女子亦然，社日停针线，端午斗草、藏钩，既详于"时节"、"游戏"各门中。乃汉时妇女，每月复有二日为嬉戏确期。汉《焦仲卿妻诗》云："初七与下九，嬉戏莫相忘。"下九者，据《采兰杂志》云："九为阳数，古人以二十九日为上九，初九日为中九，十九日为下九。每月下九，置酒为妇人之欢，名曰阳会。"盖女子阴也，待阳以成。于是夜为藏钩诸戏，有忘寐达曙者。

据是证每月十九日，为下半月嬉戏之期。前半月嬉戏期，则初七也。七亦阳数。此等取义颇似周人，疑仍周之遗俗。盖妇女终岁炊爨、纺绩、织布、组紃，无日夜不工作，较男子尤勤苦。故于每月择二日具酒食，息

唐宫乐图

劳动，游戏欢娱，以酬其苦。焦仲卿为庐江郡府小吏，并非富贵之家，乃亦如此。足证当时社会皆然，且以见古人调济劳逸之妙用也。

古以牵牛娱小儿

《左传·哀六年》："鲍子曰：'汝忘君之为孺子牛，而折其齿乎？而背之也。'"注："孺子，荼也。景公尝衔绳为牛，荼牵之顿地折齿。"

按：今日家人娱小儿之法，无所不至，而老人为之者少。齐景公生荼之年，约已五十，乃犹衔绳为牛，使小儿牵之，呼叱以为戏。以是见古人活泼气象，至老不息。

汉以来妇女皆学乐

古家家有乐器，不惟男子能奏乐，妇女尤人人能奏乐。故古家庭之乐，迥非后世可比。《史记·万石君传》："石奋对高祖曰：'家有姝，能鼓琴。'"《汉书·杨恽传》："家本秦也，能为秦声。妇，赵女也，雅善鼓瑟。"《元后传》："相者言政君当大贵，禁后父名心以为然，教书，学鼓琴。"又，《司马相如传》："卓王孙有女文君，新寡好音，相如以琴心挑之。"夫琴者至高之乐，而最难能，汉时妇女皆能之。观《焦仲卿诗》："十三学织素，十四学裁衣，十五弹箜篌，十六学诗书。"似学乐为女子一定课程。是以自魏晋六朝以迄唐宋，士大夫家庭，除本为歌妓外，其夫人姬妾，或弹箜篌，或吹箫，或撷笛，或弹琵琶，见于歌咏及杂记者，不可胜数。自朱熹"女子无才便是德"之说兴，南宋、元代尚未受其影响，及至有明，方孝孺、胡广等本朱熹之说，演而为严气正性，于是家庭音乐不唯女子能之，视为不正；即士夫能之，亦目为不材也。而古人活泼性情、节调劳逸之妙用全失，而反响遂生，为孔圣惟一之罪人！

古育婴方法

《礼·内则》："子生，男子悬弧于门左，女子设帨于门右。三月之末，择日，剪发为鬌。"注："鬌，遗发也。"疏："所留不剪也。"又，"子能食，教以右手。今仍教小儿右手使箸。能言，男唯女俞。六年，教之数与四方名。七年，男女不同席，不共食。八年，出入门户及即席饮食，必后长者，始教之让。九年，教之数日。注：朔望六甲。十年，出就外傅，居宿于外，学书计。衣不帛襦袴，注：为太暖伤阴气。礼帅初，温故。朝夕学幼仪，请肄习也简谅。"按：周时育婴之法，大致与今同。惟"幼仪"必习，

为今日所忽略。盖洒扫应对，古人为小学一定课程，所谓"履端于始，礼慎厥初"也。简谅者，注谓所书篇数，犹今小儿写仿影也。

古贺生儿

《史记·卢绾传》："高祖、卢绾同日生，里中持羊酒贺两家。"又，《世说》："元帝生子，普赐群臣。"此汉晋贺生儿也。至唐尤甚。《撫异记》："明皇何后爱弛，乘间泣曰：'三郎独不念何忠脱紫半臂换斗面，为生日汤饼耶？'"汤饼者，宋《嬾真子》云："长命面也。人家生儿，作汤饼会，祝儿长生也。"按：刘禹锡诗云："忆尔悬弧日，余为座上宾。举箸食汤饼，祝词添麒麟。"又，《唐书》："李林甫舅姜度生子，手书贺曰：'闻有弄璋之庆。'"故东坡贺人生子诗云："甚欲去为汤饼客，惟愁错写弄璋书。"用刘禹锡诗及林甫故事也。又，《北史》："高澄尚冯翊公主，生儿为汤饼之会。"是汤饼之名，六朝已有。

小儿束发状况

《诗》："总角丱兮。"注："总束其发，以为两角。"《玉藻》："童子束发朱锦。"盖古人自幼留发，而发皆上梳，分左右束为两角，使不下

儿童游戏图

披。此式最久，至明皆如此也。不以朱束发，必有服者。

试儿

《颜氏家训》："江南风俗，生儿一期，为制新衣，盥浴装饰，男则用弓矢纸笔，女则用刀尺针缕，并加饮食之物及珍宝服玩，置之儿前，观其发意所取，以验贪廉愚智，名为试儿。"

按：此纯为迷信心理，小儿何知？视其物之可喜者取之，自然之理。荀子云："今以百金与抟黍示小儿，小儿必取抟黍，弃百金。"何者？可爱也。今以不可爱之物与珍玩并陈，则十九必取珍玩，胡能验哉？然此法今仍有行之者，似不详审也。抟黍者，鸟名也。至育儿之法，《玉藻》云："童子不裘不帛。"《内则》云："不帛襦袴。"襦袴皆里衣，帛则太暖。注云"伤阴气"，实有至理。若裘，则尤不宜。今富贵人家童子，往往犯此而反不健致疾，因以害儿。

古屋内冬日取暖之法

木炭自周时有之。《月令》："草木黄落，乃伐木为炭，冬日即燃以取暖。"《周礼·天官·宫人》："执烛共炉炭。"《左传》："郑子自投于床，废于炉炭，遂卒。"是装炭于炉，可移徙取暖。亦有为灶炽炭者。《吕氏春秋》："卫灵公天寒凿池，宛春谏曰：'天寒，伤民。'公曰：

斜倚薰笼图

'寒乎？'宛春曰：'公衣狐裘，坐熊席，陬隅有灶，是以不寒。'"又，《左传·昭十年》："初，元公恶寺人柳，欲杀之。及丧，柳炽炭于位，将至，则去之。"是于屋隅筑灶以取暖。又炽炭于坐处，古席地坐。使地温也。汉晋以后，其法益精，又于炭火上罩以薰笼，既可防火险，又可倚以取暖，唐人诗所谓"斜倚薰笼坐到明"是也。又，白居易诗"红泥小火炉"，是取暖而兼烹茶、温酒之用，而皆烧炭。于是晋羊琇作兽炭，唐杨国忠作兽炭，洛中子弟作炼炭，以次起矣。

家庭捕鼠之历史　周猫为野畜

鼠为害于家庭最烈，而古尤甚。古虽王家墙皆板筑，无砖石，易作穴。古无猫。《诗》："麀鹿噳噳，有熊有罴，有猫有虎。"以猫与野兽并列，足证周时猫尚为野畜，未驯为家畜。故蜡祭迎猫。诗曰："穹窒薰鼠。"又曰："洒扫穹窒。"穹窒者，笺云："鼠穴也。"又，《韩非子》云："社鼠熏之则焚木，灌之则涂阤。"足见当时畏鼠之烈。

周以狗捕鼠

古于熏灌之外，则以狗捕鼠。因捕鼠之故，有以相狗为专业者，相其能与否也。《周礼·秋官·犬人》："凡相犬牵犬者属焉。"《吕氏春秋》云："齐有善相狗者，其邻假以买取鼠之狗，期年乃得之。畜数年而不取鼠，以告相者。相者曰：'此良狗也，其志在獐麋鹿豕而不在鼠。欲其取鼠也，则桎之。'其邻桎其后足，狗乃取鼠。"又，《庄子·徐无鬼》："吾常相狗也。"又，《参同契》："狸犬守鼠。"又，《晋书·刘毅传》："既能搏兽，又能杀鼠，何损于犬。"是皆古以犬捕鼠之证也。

以狸捕鼠

次则用狸。狸者，狐类，《诗·豳风》"取彼狐狸，为公子裘"是也。微大于猫，而能食猫。猫见之则不敢动，故猫亦曰狸奴。其皮青黑而作波纹，无他色者，《法言》所谓"辩人狸别，其文萃也"。故至今仍以为裘。性尤嗜鸡，乡间名曰鸡豹子。后人因猫亦名狸奴，辄疑狸即猫者，误也。《本草》云："狸有数种，有斑如猫，而圆头大尾者，为猫狸，善窃雉鸡。"旧为野兽，在周时曾驯为家畜，用以捕鼠。《庄子》："骐骥骅骝，一日千里，捕鼠则不如狸狌。"《韩非子》："令鸡司夜，使狸捕鼠，皆用其能。"《说苑》："骐骥騄駬，一日千里，此至疾也。然使之捕鼠，曾不

如百钱之狸。"是狸能捕鼠，故有卖者。又，《孔丛子》："孔子弹琴，见狸作猫者讹字。方捕鼠。"又，《吕氏春秋》："以狸致鼠，以冰致蝇，虽工不能。"是皆以狸捕鼠之证。惟狸性凶狠，虽能捕鼠，而害亦多，故至汉即不畜之。《淮南子》："狸执鼠，而不可脱同托于庭者，为搏鸡也。"盖是时驯猫之事已告成功，故即舍狸。

最后用猫

猫之驯为家畜，不知确始于何时。东方朔云："飞鸿骅骝，天下之良马，然用以捕鼠于深宫之中，曾不如跛猫。"是西汉时已以猫捕鼠。再证以《淮南子》之不畜狸，必是时驯猫之事已告成功。猫虽勇毅，而性温良，畜之久而无弊。故汉晋时虽甚少，至唐时其族卒大繁，遂为家畜不可离之物，与鸡狗同，而狸复变为野畜。然在魏晋时，殊不多见。如《世说》：魏武爱子仓舒蹙额忧鼠啮其衣；简文帝对客，有大鼠登床；谢虎子上屋熏鼠。苦鼠之事，见于记载者甚多，而不言贵猫。足证此时猫族，孳乳尚未繁。至唐则家有户育，《妆楼记》云："猫一名狸奴。张搏好猫，一曰东守，二曰白凤，三曰紫英，四曰祛愤，五曰锦带，六曰云图，七曰万贯，每视事退至中门，则数十头曳尾延颈，盘接而入。"《唐书·高宗王废后传》："我后为猫，武后为鼠，我当啮其喉。"而韩愈有《猫相乳记》。又俗以猫洗面过耳有客至，见《酉阳杂俎》，尤足征社会皆有，与今日同。

今人家偶无猫，则鼠立猖獗，以是知古鼠祸之烈。乞之其邻。而宋黄山谷《乞猫诗》最驰名。诗云："秋来鼠辈欺猫死，窥瓮翻盆搅夜眠。闻道狸奴将数子，买鱼穿柳聘衔蝉。"又，陆游《赠猫诗》："裹盐迎得小狸奴，尽护山房万卷书。"宋以后吟咏者益多。盖自猫族大繁后，而鼠祸立轻。此亦家庭治安上之一大纪念也。

古妇人见男子则以帐自蔽

《家语》："孔子见南子，隔帏闻环佩璆然。"《风俗通》："泰山太守李张举六孝廉，函封未发，张病物故。夫人于柩前下帷，见六孝廉。"《晋书·谢道韫传》："夫弟献之，尝与宾客谈议，词理将屈，道韫遣婢白献之曰：'欲为小郎解围。'乃施青绫步鄣自蔽，申献之前议。"又，"会稽太守刘柳闻其名，请与谈议。道韫素知柳名，亦不自阻，乃簪髻素褥坐于帐中，柳束修整带造于别榻。"是自周迄晋，凡妇人见外客，皆以帐自

蔽也。乃对家中男子，亦隔以帐。《邺洛鼎岐记》："卢虔后妻元氏，升堂讲老子《道德经》，虔弟元明隔纱帐以听之。"是嫂叔也。古嫂叔不亲授受则有之，更隔以纱帐，不太拘乎？乃至唐妇人出入，亦拥以帏。《天宝遗事》："宁王有乐妓宠姐，善歌而色美，客不能见。李白醉戏曰：'王何惜示于众。'乃设七宝花帐，召宠姐歌于帐后。"又，《物怪录》："犊车入中门，白衣姝一人下车，侍者以帏拥入。"是又惧座上客及门外男子窥见也。

古家庭对于各项禽虫之征验

《西京杂记》："樊将军哙问陆贾曰：'自古人君受命，各有瑞应，信乎？'贾曰：'有之。夫目瞤即眼跳得酒食，灯火华得钱财，乾鹊噪而行人至，蜘蛛集而百事嘉。小既有征，大亦宜然。故目瞤则咒之，火华则拜之，乾鹊噪则喂之，蜘蛛集则放之。况天下大宝乎？'"又，《酉阳杂俎》："猫洗面过耳有客至。"

按：猫洗面者，以舌舐其掌使润，再以掌拭面使净。过耳者，拭面时过耳上也。乾鹊者，盖南方。此本迷信之事，而家庭日所常有，每见猫洗面则曰有客；喜鹊鸣，灯花结，喜蜘蛛下，则曰报喜；惟眼跳则恶之，与汉不同耳。

谓嚏喷为人道之历史

《终风》诗曰："愿言则嚏。"言夫不见礼，愿言我而嚏也。郑康成笺云："今俗人嚏，云人道我。此乃古之遗语也"云云。可证自周迄汉，皆谓嚏喷为人说我也。又，《汉书·艺文志》："杂占十八家，三百一十三卷，内《嚏耳鸣杂占》十六卷。"是嚏可占吉凶也。宋《嬾真子》云："俗说以人嚏喷为人说。"是宋时仍有此俗语，至今不息。家庭妇女只要嚏，即云某人说我。以无理俗语，三千年仍旧，可谓久矣。

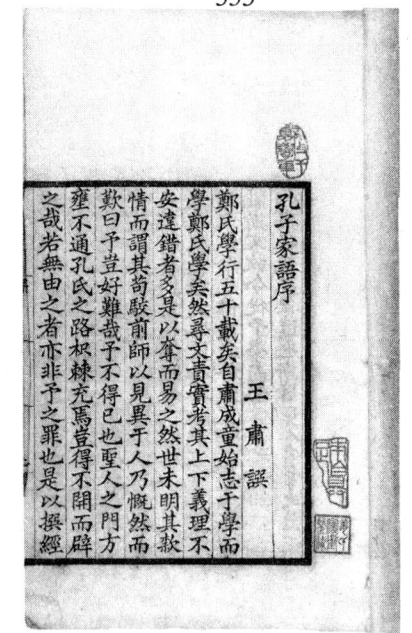

《孔子家语》书影

卷四十一　家庭状况

卷四十二 社会杂事杂物

古以头戴物历史

《孟子》："斑白者不负戴于道路矣。"斑白者，言须发白黑相间也。负，以背负物；戴，以头戴物也。古敬老，幼者于道路遇老者，必代为负戴也。又，《汉书·朱买臣传》："买臣担束薪，行且诵书，其妻亦负戴相随。"是自周迄汉，皆以头戴物也。

按：今中国人无以头戴物者，惟高丽有之，凡中国人之以肩挑、以背负者，无不戴之于头。即汲水之桶，挹水之盆，无论男妇，皆惟头是赖，巍巍然不倾不欹，不溢不坠。中国人见之反诧其能，怪其拙，不知我古人尽如此也。然所以能平稳者，赖有一物，荐于头上。又所戴之物恒至百余斤，亦须有物护持头骨，使不受创。其物维何？则婆数也。

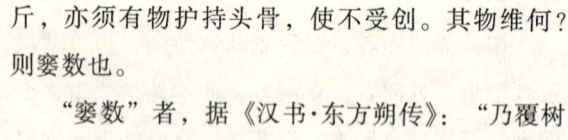

"婆数"者，据《汉书·东方朔传》："乃覆树上寄生，令朔射之。朔曰：'是婆数也。'郭舍人曰：'果知朔不能中也。'朔曰：'生肉为脍，干肉为脯，著树为寄生，盆下为婆数。'"师古曰："婆数，戴器也。以盆盛物戴于头者，则以婆数荐之。今卖白团饼人所用者是也。寄生者，芝菌之类，淋潦之日，著树而生，形周圆，似婆数。"

按：寄生者，夏日大树，雨淋后生耳，色白、形圆、中薄；而婆数者，或以毡，或以絮，亦轮厚而中薄，置头上高低正平，两物之质不同，而形则如一。头若戴盆，荐于头之上、盆之下，不惟头不受创，且能平稳，故曰盆下为"婆数"。此所覆本是寄生，朔能射其形，不能射其名，初

东方朔木雕

曰窭数，此亦如管辂射柸为梳之类。及舍人说其不中，朔乃提出寄生，若曰非窭数即寄生也。宋刘敞不明文义，反谓师古说不通，最可笑也。

又，《杨恽传》："鼠不容穴，衔窭数也。"注："盆下之物，有饮食气，故鼠衔之。"据是则以盆盛饭或羹，今以两手举者，汉时尽以头戴。又据师古注："今卖白团饼人所用者。"知唐时仍戴物也。

发辫之历史

中国自古发皆上挽，而夷狄发皆下被。《左传》："有被发而祭于野者。"《论语》："吾其被发左衽矣。"《礼记》："东方曰夷，被发文身；西方曰狄，被发朱身。"是周时夷狄，发皆下垂，被于项领。至汉时稍进化，则编发。《汉书·终军传》："殆将有解编发、削左衽而蒙化者焉。"《西南夷传》："自桐师以东，北至叶榆，名为嶲、昆明，编发。"又，《晋书·东夷传》："肃慎氏俗皆编发。"又，《宋史·宗泽传》："见编发者尽诛之。"编发即发辫。是自汉迄辽金，四夷皆发辫。然自五胡乱华，拓跋魏、辽、金统中国北部，蒙古更进而一统，讫未能将编发之风，改易中国旧式。

自朱明亡，满人入关。满人即肃慎氏之苗裔，不惟将数千年衣冠制度尽行更革，且强迫华人将头发四周薙去，留其中，下垂编之，被于背上。此种丑态，甚于髡刑。因不乐从而被杀者，至数千人；而遗民耆老旧臣，因避此祸，窜身海外，隐匿于山陬海澨者，不可胜数。此一变也。及至清末，近三百年，不惟愚民莫知其从来，即卿大夫亦颇忘其固有。后学生赴外国留学，发辫垂垂，外国人嗤之，名曰"豚尾"。学生归来，始述其丑不可言。于是资政院议决：许国民剪去发辫。然当时虽有诏令，实卿大夫无一剪去者。民国元年，厉行剪发，凡官吏无一有辫者，然髡者十八九，无定式。此又一变也。

古敬老状况

古最重老，故国家有养老之礼，见于《礼经》者甚详。因之社会亦敬老。《孟子》："斑白者不负戴于道路矣。"言民知礼让，行路时遇老人，无论识与不识，即代为负戴

清代垂辫的少女

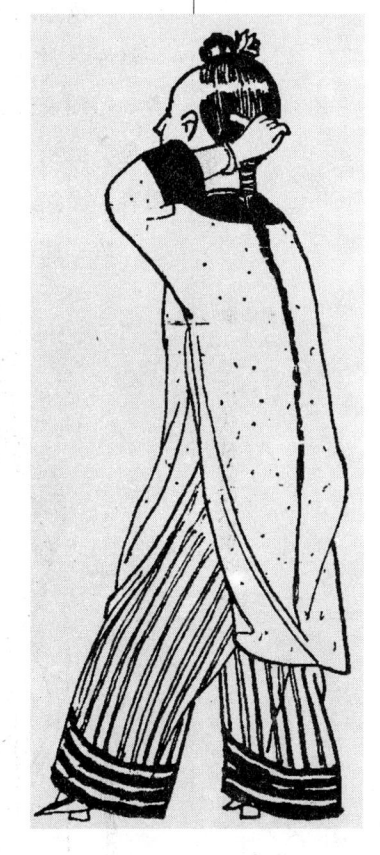

也。又,《汉书·食货志》:"人者必持薪樵,轻重相分,斑白不提携。"又,《地理志》:"鲁地为周公子所封,其民有圣人之风。地滨洙泗,其民涉渡,幼者扶老而代其任。俗既益薄,长老不自安,与幼少相让。故曰:'鲁道衰,洙泗之间龂龂如也。'"夫至于"相让",则有形迹,故曰俗薄。若淳美之时,少者视为当然,老者视为固然,不惊异也。

此等风俗,至汉犹存,故国家时有赐肉、赐帛、赐米、赐絮之诏令。魏晋以降,渐尔稀薄。盖人口日繁,老者益多,不胜其养。而社会之优容老者,虽至今不免也。

汉魏时劫质 今俗曰"绑票"

《汉书·赵广汉传》:"富人苏回为郎,二人劫之。有顷,广汉将吏叩堂户晓贼曰:'京兆尹赵君谢两君无得杀质。'"又,《魏志·夏侯惇传》:"吕布遣将伪降,共执持惇,责以宝货,军中震恐。惇将韩浩乃勒兵屯惇营门,召军吏诸将,皆案甲当部不得动,诸营乃定。遂诣惇所,叱持质者曰:'汝等凶逆,乃敢执劫大将军,复欲望生耶?且吾受命讨贼,宁能以一将军之故而纵汝乎?'因涕泣谓惇曰:'当奈国法何!'促召兵击持质者。持质者惶遽叩头,言:'我但欲乞资用去耳。'浩数责,皆斩之。惇既免,太祖闻之,谓浩曰:'卿此可为万世法。'乃著令,自今已后有持质者,当并击,勿顾质。"由是劫质者遂绝。

按:此事裴注引孙盛曰:"《光武纪》,建武九年,盗劫阴贵人母弟,吏以不得拘质迫盗,盗遂杀之也。然则合击者,即并击。乃古制也。自安、顺已降,政教陵迟,劫质不避王公,而有司莫能遵奉国宪者。浩始复斩之,故魏武嘉焉。"按:今《后汉书·武纪》无此事,而《阴皇后传》有"九年,盗劫杀后母邓氏及弟訢"之语,盖一事也。

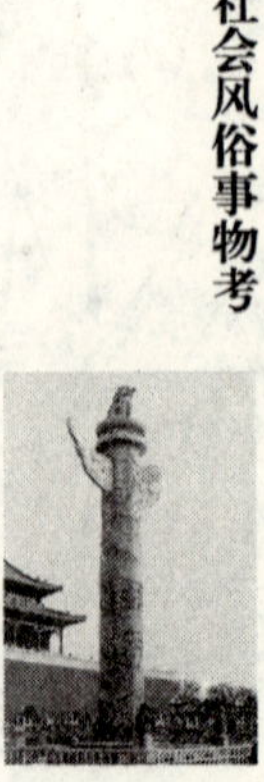

观此,则后汉之时,王公皆被劫,颇类于今日之津沪,盖劫质勒赎最盛之时也。不赎则杀质,今名曰撕票。无不与今同。而古人遇此事,

阴丽华像

不惟禁赎，且质与盗并击，使盗无所得，则源绝矣。若遇劫而赎，是奖盗也，愈奖愈多；若击盗而顾质，是纵盗也，愈纵愈肆。故夏侯惇以大将军之尊而被劫，其部下亦毅然不顾。何者？牺牲少而影响大，不如是不能绝其源。后世法律师其意，亦著令禁赎。然在国家立法，以合击为最优；而在家属私情，则舍质为不忍，故有被劫不敢告官者矣，此盗风之所以益肆也。

古租宅状况

魏晋以前，租宅住者不多见。至六朝则多。《北史·邢劭传》："僦租也小屋与染工为邻。"又，《刘昉传》："使妾赁屋沽酒当垆。"至唐时，士大夫僦屋以居者不可胜数，乃有只租一日者。白行简《李娃传》："生至李娃旧宅，门扃钥甚密。生大骇，诘其邻人，曰：'李本租而居，约已周矣。第主自收，姆徙居，不知其处。'生复回宣阳，以诘其姨。既至，叩扉食顷，有宦者出曰：'此崔尚书宅，昨者有一人税此院，云迟中表之远来者，未暮去矣。'"是仅租一日也。故徐积诗云："赁屋为无扬子宅，休官非为武昌鱼。"李洞诗："税房兼得调猿石，租地仍分洛鹤泉。"盖至唐宋，租宅而居，迁徙靡定，其状况已与今同。

暖房

今人移新宅，戚友恒送酒食会饮宅中，名曰"暖房"，亦曰"温锅"。盖以新宅尚未经人住，集多人燕饮其中，以为厌胜。而唐时即有之，唐王建《宫词》云："太仪前日暖房来。"又，《辍耕录》："今之入宅为迁居者，邻里醵金治具过主人饮，谓曰暖屋，亦曰暖房。"是此俗自唐至今，行之已千余年。

历代贷钱利息　周息五厘

其在周时，政府贷钱于民者，息只五厘。《周礼·地官·泉府》："凡民之贷者，以国服为之息。"郑玄曰："以其于国服事之税为息。假令贷万泉，期息五百。"

按：《载师》云："凡任地，国宅官署无征，园廛二十而一。"是国服之息也。郑云："贷万泉钱也，期一年息五百。"亦二十取一也，即年息五厘也。

汉普通息二分，急则十分

《史记·货殖传》："庶民农工商贾，率亦岁万息二千，百万之家则二

宋代纸币会子

十万。"是贷息为二分。盖普通无事，私人与私人借贷如此。"及吴楚兵起，长安中列侯封君行从军旅，赍贷同贷子钱家。子者，息也。即放债者。子钱家以关东成败未决，莫肯予。惟毋盐氏出捐千金贷，其息十之。三月吴楚平，一岁之中，则毋盐氏息十倍。"是急则可至十分也。至王莽时，凡贷民钱治产业者，既受息岁十一，复取其所赢。又变年息而为月息，令市官贷民钱，收息百月三，是政府贷民钱月息三分也。

中保人为债权者奔走状况

《后汉书·桓谭传》："今富商大贾多放钱货，中家子弟为之保役，作中保。趋走与臣仆等勤，收税与封君比入。是以众人慕效，不耕而食。"按：今之放债者，亦有中保人，日趋附其门，且有因以起家者，饮食醉饱，犹其余事。证以桓谭所言，今古如出一辙。又，《樊宏传》："年八十余终。其素所假贷人间数百万，遗令焚削文契。"文契者，债权之证，中保所取予。削者，汉用竹简为契也。

汉贫民租地种每年租率

《汉书·食货志》："贫民租富民田种，租十五。"即每亩收十斗，以五斗与地主也。今名曰分种，粮与薪皆分之。然分种者少，纳租者多，租率十之二三，无及半者。是租率古重于今也。

斫莝

莝者草也，马牛所食之刍秣也。草长必斫之使细短，然后便于应用。《汉书·尹翁归传》："有论罪，输掌畜官，使斫莝。不中程，辄笞。督极者至以铁自到而死。"又，《世说》："陶侃幼时家极贫，孝廉范逵过宿，时大雪，母湛氏斫柱各半为薪，剉诸荐以为马草。"

按：荐者，席下所铺草也；铁者，莝草之刀。古罪人尝使斫莝舂米，然有程限，不中程则笞也。

古以磨面为业

周时无论为米为面，皆以碓舂成。后乃以磨为面粉，捷于舂碓数倍。日

久遂有以此为业者。《蜀志·许靖传》："少与从弟劭俱知名，而私情不协。劭为郡功曹，排摈靖不得齿叙，以马磨自给。"按：给者，养也。以马磨自给者，必为人磨五谷，得报酬以自养也。唐吴融《冤债志》："同曲磨家，二牛暴卒。"后世业此者尤多。自机器磨兴，此业渐废，然山僻之邑仍不绝也。

古有以磨镜生光为专业者

古用铜镜，镜始铸成，固必磨而后生光。然用之久，光乃退，故有以磨镜为专业者。《淮南子》："明镜之始下型，模也。蒙然未见形容。及其粉以玄锡，磨以白旃，毡也。鬓眉微毫，可得而察。"唐《聂隐娘传》："忽值磨镜少年至门，女曰：'此可为我夫。'父不敢不从，遂嫁之。其夫但能淬镜，馀无他能。"又，《云溪友议》："有胡生者，家贫，少为磨镜镀钉之业。"是皆以磨镜、淬镜、洗镜为专业，沿街售艺，以自给者也。又，《世说补》："徐孺子事江夏黄公。黄公殁，欲会葬，无资以自致，乃以磨镜具自随，所在取直，然后得达。"按：磨镜具即《淮南子》所谓白旃、玄锡诸物也。玄锡者，水银也。

唐代二十八宿铜镜

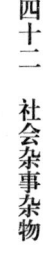

自玻璃镜兴，而铜镜始废。玻璃在古时为至宝，《本草》云："本出颇黎国，故名。"《玄中记》："大秦国有五色玻璃，以红色为贵。"梁《四公记》："扶南人来卖碧颇黎镜，内外皎洁，向日视之，不见其质。"按：此即今日之玻璃镜也。在六朝时珍异若是。又，《唐书》："贞观十七年，拂菻国遣使贡赤玻璃。"又，《宋史》："大中祥符八年，注辇国贡碧玻璃。"是在宋时，仍视为至宝。迄蒙古混一西域，来者益多。至明代番舶交通，运输愈众，于是以水银涂其背，制为照镜，皎洁晶莹，即《四公记》所谓"向日视之，不见其质也"。价廉，物美，于是明清以来，铜镜遂绝迹。

历代养蜂考

蜂能为蜜造蜡，人利赖之。然自周时，不见以畜蜂为业者；有之，自汉始。中国人自古轻实业，汉以前即有之，亦无人记载也。故数千年来，畜蜂之事，毫不进步，至可慨叹。考《高士传》："姜岐当延熹中，桥玄

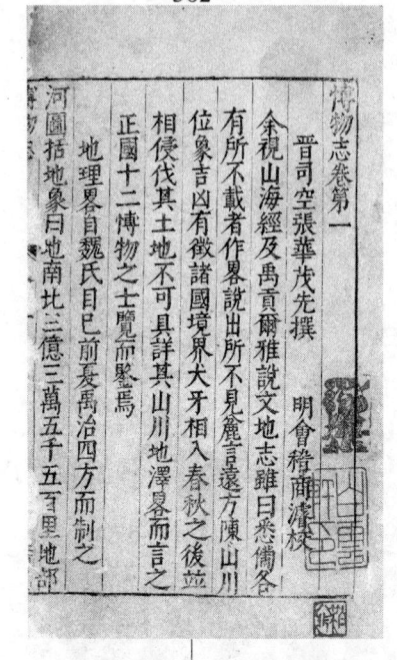

为汉阳太守，召岐，岐不就，遂隐居，以畜蜂、豕为业，教授者满天下，营业者三百余人。"夫既云"教授"，则姜岐必创有新法，于蜂之性情、嗜好、居处以及采割分房并防患之法，研究详悉，著为书说，然后可凭以教授；而其书不传，其法遂亡。至晋张华《博物志》云："远方诸山，出蜜蜡处，以木为器，开一小孔，以蜜涂器内外令遍，春月蜂将生育时，捕取两三头著器中，宿夕飞去，寻伴来，经日渐益，遂停其中。"此不知为岐遗法否？其所谓木器，颇类于今日之蜂箱。但此只为分房之一法，姜岐所教授者，当不止此。又，《阴阳变化录》云："蜂每岁三四月，生黑色蜂，名曰将蜂，又名相蜂。相蜂不采花，但能酿蜜。"按：此即蜂王。《尔雅翼》："蜂以千百数，中有大者为王，为蜂群之主。"一群中不能有二王，有二则哄而分出。而张华《博物志》亦未言及。盖姜岐之教授法，至晋已全亡。然分房之法，讫未失传。五代潘纺《蜂诗》云："今岁分成第几房？剜松为屋蜜为粮。"剜松者，自古蛇鼠最为蜂害，故古人为蜂造屋，皆剜木为之。屋成涂以蜜，备新蜂来为粮。法略与张华同也。

明刘基养蜂之详法

《郁离子》云："灵邱丈人喜养蜂，岁收蜜数百斛，蜡称之，于是富比封君。丈人卒，其子继之。未期月，蜂有举族去者。陶朱公问其故，邻叟曰：'昔者丈人之养蜂，剜木以为蜂之宫，不罅不漏，其置也疏密有行，新旧有次，五五为伍。一人伺之，视其生息，调其喧寒，时其墐发，蕃则纵之析之，寡则与之衷之，不使有二王也。去其蛛蟊蚍蜉，弥其土蜂蝇豹。夏不烈日，冬不凝澌。其取蜜也，分其赢而已矣，不竭其力也。于是故者安，新者息。'"按：宫不罅漏者，恐蛛、蚁、土蜂等为害也。土蜂大于蜜蜂，不惟食其蜜，并食其子。蕃则析之者，即春日分房也。一房只一王，惟此与《尔雅翼》言之，他书未有也。

盖古人得蜜之法有二：一则畜蜂，一则采野蜂蜜。《博物志》："远方山郡僻处，出蜜蜡，所著皆绝岩石壁，非攀缘所及。采者于山顶以篮舆自悬下，乃得之。"又，段成式《酉阳杂俎》："蜀中有竹蜜蜂，好于野竹上结窠，窠与蜜并绀色，甘倍常蜜。"是皆野蜂蜜也。贾岛诗："凿石养

蜂休买蜜。"亦致野蜂也。

今仍有野蜂，惟家蜂蜜色黄，野蜂蜜色白。白蜜为古所未有，古记载皆言蜜为绀色，即崖蜜野蜜亦未有言白色者。今河北密云、昌平、阜平、缘山诸邑，所产蜜皆白色，而皆野蜂蜜。其白如脂，其味含各种花香，较黄蜜尤佳。而家蜂无白者，不知其故也。又，今北平市上所有蜜皆白者，白可掺糖霜，黄则不便。故密云、古北口等处所产白蜜，尽为北平市收去。至其出卖，则每十两不过二三两真蜜而已。

今西法兴，以木箱养蜂，蜜则随酿随采，故其味甚薄。若中国法，一年只春时采蜜一次，故其味之甘浓，胜洋蜂数倍，酿之久与不久故也。西洋人从未尝过此味厚之蜜，反以为伪。又，蜜过夏则结晶，味尤甘，而西洋人尤以为伪，真可笑也。

糖之历史

古味甘食料，曰饴、曰饧、曰蜂蜜，皆液质而色黄。惟蔗糖则白似霜，甜似蜜，不液而沙，取携便而洁白可喜，于饴蜜而外别有风味，真食品中无上之宝也。然唐以前无之。唐以前所谓糖，皆饴饧。扬子《方言》："饧谓之糖。"《说文》："糖，饴也。"是其证。至六朝榨蔗汁为糖。《齐民要术》云："榨蔗汁如饴饧，名之曰糖。"是仍与饧无异。又云："煎而曝之，既凝而冰，破如砖，食之，入口消释，时人谓之石蜜。"是六朝时已有冰糖，仍无砂糖。考《北史·真腊国传》："饮食多酥酪沙糖。"史书此者，以砂糖为中国所无。又考《唐书·摩揭陀国传》："贞观二十一年，始遣使者自通于天子。太宗遣使取熬糖法，即召扬州上诸蔗，拃沸即榨汁如其剂，色味愈西域远甚。"又，《老学庵笔记》："闻人茂德言，沙糖中国本无之，唐太宗时外国贡至，问其使人此何物，云：'以甘蔗汁煎。'用其法煎成，与外国者等。唐以前书传，凡言糖者皆糟也。"据此，是砂糖始于唐初。或曰：《易林》有"饭皆沙糖"之语，岂知"糖"乃"糠"之讹，宋本不如此也，汉焉有砂糖哉？然唐初所谓砂糖者，尽红砂糖也，尚无白糖霜。此有确证，宋王灼《糖霜谱》云："唐大历间，有僧号邹和尚者，不知从来，跨白驴登伞山，结茅以居。须盐米薪菜之属，即

《糖霜谱》书影

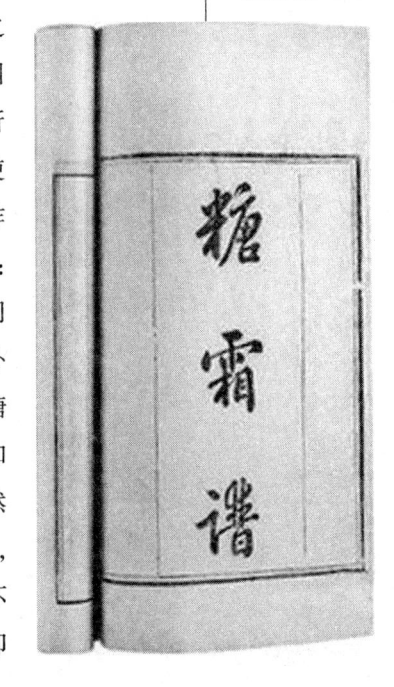

书付纸系钱,遣驴负至市,人知为邹也,取平直,挂物于鞍,纵驴归。一日,驴犯山下黄氏蔗田,黄请偿于邹。邹曰:'汝未知窖蔗为糖霜,利当十倍。'试之,果信。"如贞观时即有白砂糖,到大历几二百年,此糖霜胡能取十倍利乎?故唐初仍无白糖。

按:《说文》云:"窖,地室也。"今谓地窖。藏酒曰窖。窖蔗者,必以蔗藏于地窖,蔗受湿蒸,其汁外浸,遇冷而成霜,其白如雪,其甜如蜜。在初发明时,必利十倍。然此法用蔗多而得糖少。至宋时即将红砂糖复熬之,使变为白砂糖,以迄于今。其详尽在王灼及洪迈《糖霜谱》中。实北宋时,糖霜已盛行。东坡《送僧图宝诗》云:"冰盘荐琥珀,何似糖霜美。"山谷有《寄糖霜诗》,是其证。

汉冬日艺蔬之法

今日严冬,一切园蔬,皆有鲜者。法掘地数尺深,而覆屋其上,屋北低南高,仰其檐,使能受日光,又恐其受风也。檐之下至地皆为窗,糊以纸,而于窖室内垒壑为炕,炕之上覆土尺余,和以粪,种各蔬。炕之端生煤火,使炕上土皆暖。虽蔓生之黄瓜,亦可结实,与夏日无异。而其法实创始于汉时,《汉书·召信臣传》:"太官园种冬生葱韭菜茹,覆以屋庑。昼夜煴蕴火,待温气乃生。信臣皆奏罢之。"是其法发明最早。

乃至魏晋又失传。晋石崇与王恺斗富,冬日恒食韭萍韰。王恺百计不得其法,后贿其侍者,云:"合麦苗韭根捣之。"因冬月无韭,麦苗可伪韭叶,加以韭根,则有韭味。是可证晋时无以温室艺蔬者,不然,奢侈如石崇等,当有鲜韭矣,尚以麦苗作伪哉?知其法久已失传。

汉织锦法

《西京杂记》:"霍光妻遗淳于衍蒲桃锦二十四匹,散花绫二十五匹。绫出巨鹿陈宝光家,宝光妻传其法。霍显召入其第,使作之。机用百二十镊,六十日成一匹,匹值万钱。"按:此即今日之提花也。提花用多钩为之,即镊也。织锦艺术,在汉已发达若此。

马王堆汉墓帛画

古杀猪后以火燎毛

今杀猪后,割其后腿,用铁条从割口挺入其腹遍搅之,再以口吹气于其腹中,令全身鼓胀,然后缚其口使勿泄气,再以汤洗之,用卷刃刮去其毛,使皮肤雪白。若古则杀豕后,先以火燎其毛。《庄子》云:"濡需者虱也,择疏鬣自以为广宫大囿,奎蹄曲隈,乳间股脚,自以为安宫利处,不知屠者之一旦鼓臂布草操烟火,而己与豕俱焦也。"又,《韩非子》:"三虱相与讼,争肥饶之地。一虱过之曰:'若以不患腊之至而毛之燥耶?'"夫曰"布草操烟火",曰"毛之燥",则既杀而以薪燎其毛也。燎毛之后,其垢污如何去,而古书不详。

至六朝时,仍用燎毛之法,而去垢法则详。《齐民要术》:"奥音奥,蒸也猪肉法,净燖猪讫,更以热汤遍洗之,毛孔中即有垢出,以草痛揩。如此三遍,疏洗令净,四破,于大釜煮之。"按:《说文》:"燖,火孰也,燎其毛也。"既燎更洗以热汤,揩以薪草,去其垢污,然后煮之,法亦善矣,然仍不如今日之洁。今日之法始于何时,则难考也。

自古狐为祟

狐之为祟,自汉魏以来小说家所载,不知凡几,诚怪兽也,而周以前亦不能无有。自《虞初志》亡,周以前社会详情,俱湮没不传,于是狐史

亦不详。然时时见于经史。《诗》："为鬼为蜮。"《毛传》："蜮，短狐也。"以狐与鬼并列，其幻可知。又，《庄子》："步仞之丘陵，巨兽无所隐其形，而蘖狐为之祥。"祥者，变异之气也。又，《战国策》："狐假虎威。"又，《史记·陈涉世家》："令吴广之近所旁丛祠中，夜篝火，狐鸣曰：'大楚兴，陈胜王。'于是人多指目胜。"足见秦时社会，久以狐为妖，故假狐言以惑人。此周秦之狐祟也。

其见于汉魏者，干宝《搜神记》："董仲舒下帷讲诵，有客来诣，舒知其非常。客又云：'欲雨。'舒曰：'巢居知风，穴居知雨，卿非狐狸，即是鼷鼠。'客化为老狸。"又，《魏志·管辂传》注："辂远邻数患失火，一日有书生宿其家，主人盛设，书生疑之，不敢寝，持刀倚积薪假寐。欻有一小物，手中持火，以口吹之。生惊，举刀斫，正断其腰，视之，乃一狐。自此无火患。"此狐祟之见于汉魏者也。自晋以后，狐祟之见于传记者汗牛充栋矣，兹皆不录。

古吹火用排

今人家炊饭，冶工冶铁，用风匣扇火，古则用排。《世说》："钟季士先不识嵇康，往诣之。康方大树下锻，向子期为佐鼓排，康扬椎不辍。"按：排者，吹火器。亦名曰鞴。音备。《玉篇》云："鞴，韦囊，可以吹火令炽。"鼓者，盖伸缩韦囊，令进气也。然可以水激。《后汉书·杜诗传》："造水排，铸农器。"注云："冶者为排以吹炭，今激水鼓排。"即水碓也。又，《魏志·韩暨传》："为监冶谒者，作水排，利益三倍。"是可证以水激鞴，使扇风吹火，亦如水碓水磨，以水激轮，使磨旋转也。不过水排但取其能吹火使炽耳，而省人力，故利三倍。至唐时仍用鞴，薛昭《幻影传》云："乃遣崔元亮市汞一斤，入瓦锅，盖一方瓦，叠炭埋锅，鞴而焰起。"又，牛峤《灵怪录》："见一革囊，喘若鞴囊。"是其证。若今之风匣，不知始于何时。法以木板塞匣内，更以鸡毛粘于板之四

《天工开物》
铸鼎图

图中可见风匣

周，以塞罅漏，而安双柄于板上，俾通于外，来回拉之，风从口出。凡人家及铁工灶边，无不用之，而排遂少见矣。

饮茶之历史

周时饮料有六：曰水、浆、醴、凉、医、酏，见于《周官》，浆人所掌。醴者，甜酒；凉者，冰水；医者，梅浆。凉与医即今日之酸梅汤，而镇以冰者也。想当时社会款客联欢，即以此六饮，而不及茶。然周时实有之。《诗》："采荼薪樗。"又，"予所捋荼。"《野客丛书》云："世谓古之荼，即今之茶。不知荼有数种，惟槚荼之荼，为今之茶。"《尔雅·释木》："槚，苦荼也。"注："叶可作羹饮。今呼早采者为茶，晚取者为茗。"《周礼》有掌茶之官。

然自周迄秦，社会饮者殊少见。至西汉王褒《僮约》云："烹茶尽具。"又，"武阳买茶。"是西汉人渐有饮者。三国时吴主孙皓，每宴飨饮酒以七升为率。韦曜不能饮，皓密赐茶荈以当酒。然至六朝时，饮者尚少。《世说》："王蒙好饮茶，人至辄命饮。士大夫皆患之，云今日有水厄。"又，《洛阳伽蓝记》："齐王肃不食羊肉及酪浆，常食鲫鱼羹，渴饮茗汁。高帝曰：'羊肉何如鱼羹？茗饮何如酪浆？'肃曰：'羊比齐鲁大邦，鱼比邾莒小国，惟茗饮不中，与酪浆作奴。'"夫以饮茶为"水厄"，

陆羽烹茶图

可证晋时士夫嗜茶者十不有一；以饮茗汁不饮酪浆为可怪，又以证北齐时社会普通皆饮酪浆，仍嗜茶者少也，王肃亦以违众，故逊其词曰"茗为酪奴也"。《清异录》云："茶至唐而始盛。"然自陆羽以前，春日茶发芽，采之而已，烹之而已，与瀹蔬而啜者无异也。及陆羽作《茶经》，创制茶法、烹茶法，于是茶事益精，家置而户有，国家至榷茶税，则当时社会用茶之多可想矣。待至宋，制造益精，迭见于欧阳、苏、黄诸诗人歌咏，其状况略与今同。

古扫地苕帚即用黍穰

《左传·襄二十九年》："楚人使公亲禭，乃使巫以桃茢先祓殡，楚人弗禁，既而悔之。"杜注："茢，黍穰也。"孔疏："《檀弓》云：'君临臣丧，以巫祝桃茢执戈，恶之也。'郑玄云：'桃，鬼所恶；茢，萑苕，可扫不祥。君临臣丧，《礼》有此法。茢是帚，盖以桃为棒也。《毛诗传》曰：'蒹为萑，萑苕谓蒹穗也。'杜云'茢，黍穰'者，今世所谓苕帚者，或用蒹穗，或用黍穰，二者皆可为之也。"

按：蒹者，荻属。陆机《诗疏》："蒹或谓之荻，至秋坚成，则谓之萑。"故其穗可以为帚。黍穰者，黍穗，秋老实落，缚其梢为帚。今北方人家多如此，无以荻苇穗为帚者，而古则兼用之。

古帚之长短与今同

《曲礼》："凡为长者粪之礼，加帚于箕上。"又，《管子·弟子职》："执箕膺擖，箕舌。厥中有帚。"以是证古帚长不过二尺，正与今同。至孔疏所谓"以桃为棒"，似今日扫院之帚，以木柄缚帚尾，可远扫，亦可高拂也。

魏晋宫殿榜额皆墨书

《世说》："韦仲将能书。魏明帝起殿，欲安榜，使仲将登梯题之。既下，头发皓然。"又，"太极殿始成，时王子敬为谢公长史，谢送版，使王题之。王有不平色，语使云：'可置著门外。'后谢语王云：'题之上殿，何若？昔魏朝、韦仲将诸人，亦自为也。'王曰：'魏祚所以不长。'乃罢。"按：题额，后世皆木刻为之。魏晋时有刻石，尚无刻木，故题殿额皆墨书。以是证社会榜额，无不墨书也。

古待遇乳母之重

汉武帝乳母，赐良田美宅，所言无不听，见褚补《史记·滑稽传》中，是汉人之重视乳母也。韩昌黎有《乳母墓铭》，曰："入韩氏，乳其儿愈，遂老韩氏。"又曰："及见所乳儿愈举进士第，历官员外郎、河南令，生二男五女。时节庆贺，辄率妇孙列拜进寿。"夫对乳母自称曰儿，称其妻曰妇、子曰孙，其重视乳母等于骨肉。又，《老学庵笔记》："东坡主试，李方叔下第。其乳母年七十，大哭曰：'吾儿遇苏内翰主试不第，他复何望！'遂自缢死。"是亦在李氏养之终身者，故关系若是之切。是唐宋皆重视乳母，不与仆媪等。盖为儿而食其乳以生，其恩不与寻等，故古人皆厚报之，养之终身，不令其去。今人情凉薄，儿长则视乳母若路人者，非也。

古缣帛之幅广幅长

《周礼·内宰》"淳制"注云："淳，幅广；制，幅长。天子巡狩，制币丈八尺，淳四䌹。同䌹，八尺。"疏云："四䌹三尺二寸，幅太广，四当为三。古三四积画，故易误。"三䌹则二尺四寸也。

按：周用律尺，每尺当清时工部尺八寸二分。周幅广三尺二寸，正清工部尺二尺五寸；若裁尺不过二尺二寸，正与今绸缎之幅广相同。若二尺四寸，只当今裁尺一尺六寸，则太窄矣。疏疑四䌹为三䌹只者，误也。且郑时书四字已不积画，与三字迥不同，有汉碑可证。然则周时帛每端长一丈八尺，幅广三尺二寸，合今尺长一丈四尺余，广二尺四寸余也。

唐代《捣练图》

六朝时布帛匹长四十尺，幅广二尺二寸

《宋书·沈庆之传》："年八十，梦得绢两匹，曰：'老子今年不得活。'两匹绢，八十尺也。"由是证六朝时一匹绢四十尺也。又，《通志·赋贡门》："魏天平初，绸绢不依旧式。兴和三年，各颁海内悉以四十尺为度。"是北朝帛长亦四十尺也。至幅广，据《通志》云："魏旧制：绢布皆幅广二尺二寸，长四十尺为一匹。"而南朝幅广则不详，想亦同也。

唐帛匹长仍四十尺，广尺八寸，布幅广亦八寸，长五丈为一端

《通志》："唐武德二年，制绢为匹，布为端，布绢皆阔尺八寸，绢长四丈为匹，布长五丈为端。至开元八年，复申旧制，不得因两不足而加尺。至德宗建中年，复据大历定制，凡尺皆以秬黍为准。"是唐布帛长广始终不变也。

卷四十三 平民仕进

自周至六朝，官人之法，大致以选举。自隋唐迄明清，官人之法，大致以科举。选举者，以德行为先，以材艺为辅。自周秦迄两汉，只能敦品励行，习艺明经，无不脱颖而出。故人人自励，树立声名。乃行之久而弊生。魏晋六朝，尚门第，贵簪缨，而平民受挤，于是变选举而为科举。科举者始于隋，开场命题，较阅文艺。文艺及第，赐进士出身，与以官，谓曰进士科。以文艺为先，以德行为后。然历隋唐五代宋元明清，千余年不废者，以科举比较最为公允，而平民可从此有出路也。故孤寒之士，亦争自琢磨，不能在他途与贵族竞争者，则致力于科举。其选举、科举详制，尽在《通考》、《通典》中。兹所述者，乃历代平民对于仕进之致力，及社会对于仕进者之感想也。

周时选举以三物

周虽封建，然乡大夫、遂大夫及其所属，又司马、司寇、司徒所属，亦取之平民，非所有官吏尽世袭也。《周礼·地官》："五州为乡，使之相宾。"又曰："以乡三物事也。教民而宾兴之。一曰六德：智、仁、圣、义、忠、和；二曰六行：孝、友、睦、姻、任、恤；三曰六艺：礼、乐、射、御、书、数。"注："兴，犹举也。教成，乡大夫推举其于三事之尤贤者、能者，以饮酒之礼宾之。"兴于太学而授官也。又曰："三年则大比。"是宾兴之礼，三年一举也。后世科举，每三年一次，本《周礼》遗意也。

汉平民仕进之法 有以富得官者

《汉书·张释之传》："以訾同赀为骑郎。"如淳

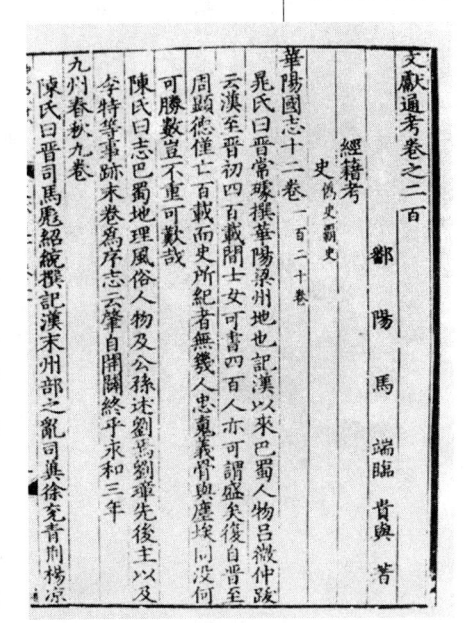

《文献通考》书影

曰："《汉注》：'赀五百万得为常侍郎。'"又，《司马相如传》："以赀为郎。"师古曰："以赀多得为郎也。"又，景帝后二年诏曰："今赀算十以上乃得宦，廉士算不必众。有市籍不得宦，无赀又不得宦，朕甚悯之。赀算四得宦，毋令廉士失职，贪夫长利。"应劭曰："古者疾吏之贪，衣食足知荣辱，限赀十算乃得为吏。十算，十万也。贾人有财，不得为吏，廉士无赀，又不得宦，故减赀四算。"

按：常侍郎官较尊，侍从皇帝，故必有赀五百万方得为。若普通官吏，有家赀十万，即得为也。然廉士有赀十万者少，故减为四万也。是无论何官，必有家赀四万者，方得为也。

盖当时风俗，为官者富人居多，而郎官尤甚，所谓"赀郎"也。《杨恽传》："郎官故事，令郎出钱市财用，给文书。"又，《史记·田叔列传》："有诏募择卫将军舍人以为郎，将军取舍人富给者，令具鞍马绛衣玉具剑，欲入奏之。后赵禹为选任安、田仁，卫将军见此两人贫，意不平。"是当时郎官俸入不能自给，而郎署公用又多责之于郎官，贫者尤不办，故张释之曰："久宦减仲之产。"司马相如免官归，家徒四壁。可证汉时京曹年年赔累，与清代同，故喜富人也。

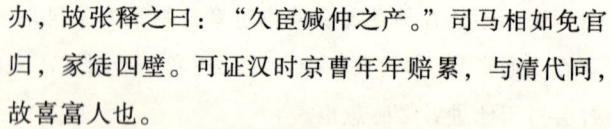

韩信像

有由郡县吏为大官者

汉时古道犹存，只敦品励行，即可被选为县吏。淮阴侯布衣时，贫无行，不得推择为吏。许靖为许劭所排摈，不得齿叙，是其证。及得为吏，树立声名，自然迁秩。如张敞以乡有秩补太守卒史，察廉为甘泉仓长，鲍宣初为乡啬夫，任安为亭长，是由县吏以次迁擢。陈万年为郡吏察举至县令，赵广汉为郡吏州从事擢为平准令，是皆由郡吏以次迁擢，而其初皆平民也。以上略述一二人以见例。

有以文学入仕者

孤寒下士，他不能有所作为，惟恃读书为出路。如贾谊，河南守闻其秀才，召置门下；后吴公为廷尉，即荐为博士。又，疏广以好学，征为博士。又，

郑崇为郡文学史，梅福为郡文学补南昌尉，是皆以文学起家。自博士有弟子员，弟子能明一经以上者，内则为郎侍，外则为郡掾。如眭弘以明经为议郎，诸葛丰以明经为郡文学，是皆以明经而贵显。自武帝诏举贤良文学之士射策，如董仲舒、公孙弘、严助、马宫、何武，并以射策得贵显，而严助一擢即为中大夫。朱买臣、吾丘寿王、主父偃、终军之属，并以上书得贵显，而朱买臣亦一擢即为中大夫。自此孤寒读书之士，始奋迅起矣。

有以品行得举者

冯唐以孝著为郎中署长，京房、盖宽饶、杜邺、师丹并以孝廉为郎。而后汉李善，本民家奴，以救主故，即征为太子舍人。自是以后，孝友义侠，蒸为风气。三公及州郡闻名，争相辟举，无不彰显者。故东汉风俗，较西汉尤良。

魏晋六朝尚门第，平民进取难

自魏陈群创九品官人之法，于是州郡皆置中正，以定其选择，六朝皆承用其法。然自魏晋以来，崇尚门第，寒俊之士得上品甚难。《世说》："周伯仁母，本汝南民家女，谓伯仁兄弟曰：'我所以屈节为汝家作妾，为门户计耳。汝若不与吾家亲亲者，吾亦不惜馀年。'伯仁等悉从命，由此李氏在世，得方幅齿遇。"又，"陶侃少时家酷贫，同郡范逵举孝廉，投侃宿。于时冰雪在地，室如悬磬，而逵仆马甚多，侃母既截发易米，斫柱为薪，剉席荐为马秣，人人餍足。明旦去，侃追送百里许。逵感其贤，始荐于张夔、羊晫诸人。后晫为十郡中正，举侃为鄱阳小中正，始得上品。"由是观之，在晋时平民进取，已不易如斯也。若贵族子弟，几见如是哉！

又，《通考》："晋时州有大中正，郡国有小中正，皆掌选举。吏部选人，必下中正，征其人居及父祖官名。"夫征父祖官名，即上门第之证。故《南齐书》云："乡举里选，不核才德，其所进取以官婚胄籍为先。遂令甲族以二十登仕，后门平民以三十试吏。"平民与贵族，不平等若是。又，《北齐书·辛术传》："管库必擢，门阀不遗。"鉴衡之美，一人而已，言不专取门阀也。又，《北周·苏绰传》："惩魏齐之失，罢门资之制，察举精慎。"言置门阀不论也。

以尚门阀之故，策士时出种种丑态

《通考》："北齐选举，多沿后魏之制，凡州县所举秀才、贡士、廉

良,天子服乘舆,出坐于朝堂中楹而课试之。秀秀才孝孝廉方正各以班草对。字有脱误者,呼起立席后;书有滥劣者,饮墨水一升;文理猛浪者,夺席脱容刀。"盖既尚门阀,则贵游子弟进,而寒士受挤;不论才艺,则纨袴少年多,而诗书之士少,故有如是种种丑态也。

隋唐以来进士科之荣贵

进士科始于隋,而大盛于唐。唐贞观时,有秀才、明经、进士三科,而秀才科尤高。后以举不中第,即反坐其州长,由是废绝,只明经、进士二科。而明经科较易取,故世所贵者,唯进士科。

《摭言》云:"进士科始于隋大业中,盛于贞观。搢绅虽位极人臣,不由进士者,终不为美。其都会谓之举场,通称谓之秀才,投刺谓之乡贡,得第谓之前进士,互相推敬谓之先辈,俱捷谓之同年,有司谓之座主,京兆府考而升者谓之等第,外府不试而贡者谓之拔解,将试相保谓之合保,造请权要谓之关节,激扬声价谓之还往,既捷列名于慈恩寺塔,谓之题名,大宴于曲江,谓之曲江会。"

进士科荣贵之由

在选举时代,终假人力以进取。惟进士及第,则全由考试文艺所致,不假人力。首试以时务策及经义,次试以当代法律条教,及小学中《说文》、《字林》,算学中《周髀》、《五经算》等书,后更兼试诗赋。虽当时尚有门第余习及权要声气之弊,而孤寒下士,亦往往得售。在社会心理,似进士科全以文学得官,视他途进身之假力于人者,有仙凡之殊,有清浊之异。又,应试得售,今日白衣,明日朱紫,在社会耳目,尤以为荣。故虽乡曲之士,亦父谕其子、兄勉其弟以读书。

唐新进士曲江大宴之盛况

《摭言》:"新进士曲江大宴,先期牒教坊请奏,上御紫云楼垂帘观焉。公卿家率以是日择婿。倾城纵观,钿车珠幕,栉比而至。既彻馔,则移乐泛舟,都为恒例。"夫新进士大宴,至请皇帝临观,则其郑重可知,又何怪社会以是为荣哉。

故进士放榜,谓登科记,为千佛名经。见《摭言》。进士及第,以泥金书帖附家信报喜,谓之泥金信。见《开元遗事》。状元及第,谓曰夺锦标。见《今古诗话》。刘禹锡《寄刘侍郎放榜》诗云:"礼闱新榜动长安,九陌

人人走马看。一日声名遍天下，满城桃李属春官。"孟郊《及第》诗曰："昔日龌龊不足夸，今朝放荡思无涯。春风得意马蹄疾，一日看遍长安花。"又，《纪事诗》云："元和十一年，李凉公榜三十三人，皆取寒素。时有诗曰：'元和天子丙申年，三十三人同得仙。袍似烂银衣似锦，相将白日上青天。'"观此三诗，唐时社会之艳羡及第进士，可谓极矣。

唐举人考试规矩及入棘闱情况

《纪事诗》云："唐举人试日许烧烛三条。韦承贻题诗于壁云：'褒衣博带满尘埃，独上都堂纳卷回。蓬巷几时闻吉语，棘篱何日免重来。三条烛尽钟初动，九转丹成鼎未开。残月渐低人扰扰，不知谁是谪仙才？'"又，薛能诗云："白莲千朵照廊明，一片升平雅颂声。更报第三条烛尽，南宫风景写难成。"夫曰"报三条烛尽"，是烛尽不交卷则逾限也；曰"钟初动"，则是晓钟已动也。以是知唐试进士，以一日一夜为限。

唐社会待遇新进士之丑态

《玉泉子》："韦保衢尝访同人，方坐，李钜新新及第亦继至。保衢以其后，先匿于帏下。既入，曰：'有客乎？'同人曰：'韦保衢秀才，可以出否？'钜新新及第，甚自得意，徐曰：'出也何妨。'保衢竟不出。及韦尚公主为相，钜新方为山北从事焉。"是秀才遇新进士于友人家，即须回避。又，《摭言》云："彭伉、湛贲俱袁州宜春人，伉妻又湛姨也。伉举进士及第，湛犹为县吏。妻族为置贺宴，皆官人名士，贲至，命饭于后阁。其妻愤然责之。"是白衣即不得与官人同席宴。后湛亦一举登第，"伉初尝侮湛甚，时伉方跨驴纵游郊郭，忽有家童驰报，伉闻失声而坠。"是进士及第，可使姻戚之有宿嫌者，惧而堕驴。又，《因话录》："赵琮妻父为钟陵大将，琮以久随计不第，穷悴甚，妻族益相薄，虽妻父母不能不然也。一日军中高会，州郡谓之春设者，大将家相率列棚以观。琮妻虽

曲江会宴

卷四十三 平民仕进

贫，不能勿往，然所服故弊，众以帷隔绝之。设方酣，廉使召大将，既至，曰：'赵琪非汝婿乎？'曰：'然。'曰：'已及第矣。'大将遽持榜归白家人曰：'赵郎及第矣！'妻族大喜，即撤去帷帐，相与同席，以簪服庆遗焉。"是其婿不及第，则以与贫女同席为耻；及既及第，则又以与贫女同席为荣也。然士虽进士及第，终身坎坷者多矣。而社会荣视若是，似一种迷信也。

惟唐考试之法尚疏，不尽公允

《玉泉子》云："翁彦枢，苏州人，应进士举。有僧与同乡里，出入故相国裴坦门下，以年耄，虽中门不禁其出入。坦持文柄入贡院，子勋、质日议榜于私室。其予夺进退，僧闻之熟矣。归寺而彦枢访焉，僧曰：'公成名须第几人？'彦枢谓僧戏己，谩应曰：'第八人足矣。'即复往裴宅，二子议如初。僧忽张目曰：'侍郎知举耶？郎君知举耶？'即历数其权豪私仇予夺去取之由，全榜人名，不差一人。勋等大惧，问僧所欲，曰：'有乡人翁彦枢，第八人及第足矣。'榜发，彦枢果及第。"又，《摭言》云："高锴知贡举，诫门下不得受请托。及入闱，裴思谦持仇士良宣

描绘江南乡试的《南闱放榜图》

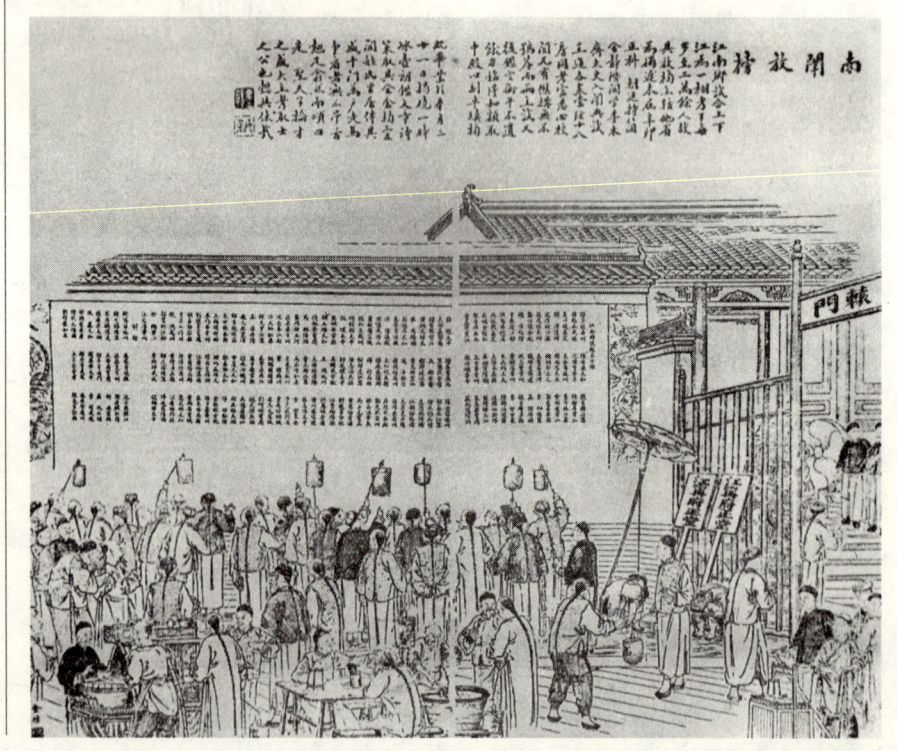

官关节，非状元及第不可。错不得已，许之"。又，《广陵记》："王维以公主力为举首。"此皆由考法疏阔，故舞弊易也。

不过，唐时虽通关节、播声气，而及第之人仍多名士。倘子弟不文，虽豪宗右族，亦耻之而不为。彼王维虽由关节进，因其文采素为岐王所赏拔，故乐为延誉于公主。即裴思谦由宦竖进身，而状元及第后，宿平康里诗云："银釭斜背解明珰，小语低声唤玉郎。从此不知兰麝贵，夜来新惹御炉香。"此诗驰名千古，故仇士良肯为尽力，非若后世之无所挟，而徒以势力进取。又以证唐世之文章为极盛，苟文采不足，徒凭势力得第，无论何人，皆以为辱也。

至宋考试之法始密，不能徇私

唐只制科糊名，进士科皆亮卷，故弊端百出。至宋将试卷糊名，使主试者莫知谁何之文。《通考》云："景德四年，命晁迥知贡举，滕元晏封印卷首。先是，雍熙二年殿试糊名，至是用之礼部，迨明道二年，而天下州郡无不用之。而又恐主试者之认识笔迹，则又将试文誊录，以易字体。"《通考》云："景德八年，始置誊录院，凡试卷经弥封官封卷后，付吏录本，监以内侍二人。京官校对讫，复送封印院，始送知贡举，定去取。"自糊名誊录之法兴，于是主试者虽门生故吏，无能为力。《老学庵笔记》云："东坡知贡举，李方叔被黜。其乳母年七十，大哭曰：'吾儿遇苏内翰知贡举，不及第，他复何望？'遂闭门自缢死。"缘方叔为东坡门生，东坡主试，而方叔不第，故以为绝望。岂知试卷自糊名誊录后，虽亲子弟亦无从摸索，其法实已大公。自此以后，凡平民求进取者，只致力于文学，不患不达。故历元明清，行之千年而不改。及清末春秋两闱，竟废誊录而不用，不知此为防弊之唯一良法。幸科举废耳，设沿袭至今，其弊不可胜言矣。

明清以来，平民进取之法，大概有三级。由童子应县试、府试，再应学政试，取中者曰生员，即秀才也。由秀才应省乡试，取中者曰举人，第一名曰解元。由举人再应会试，取中者曰贡士，第一名曰会元。贡士经殿试，取列一甲第一名者曰状元，一甲二名曰榜眼，三名曰探花。一甲只三人。次为二甲，皆赐进士出身。次为三甲，赐同进士出身。再分别授以官。凡一省置学政一人，考试童生，甄别秀才。凡举人科、进士科，每三年一举行。举人科曰乡试，合一省秀才试之。进士科曰会试，合天下举人

《状元图考》插图

试之。乡试恒在八月，曰秋闱，所谓"槐花黄，举子忙"，故有攀桂、折桂等名也。会试恒在三月，曰春闱，所谓"春风得意马蹄疾"，故有探花、簪花诸故事也。凡秀才每县取中有定额，举人每省取中有定额，大省百余人，小省或不到百人。进士每科有定额，共甲榜不过三百人。而每省复有定额，大省得中二十余人，小省十余人。故虽荒陬僻壤、文化较低者，亦不至脱榜也。此明清以来，平民进取之大略也。

卷四十四 妓

《青楼韵语》插图

古之所谓妓，与后世稍异。《论语》："齐人馈女乐。"《史记·货殖传》："邯郸女子，弹弦跕躧，游媚富贵，遍诸侯之后宫。"汉张禹后堂所蓄，皆妓也，而皆为女乐。故《世说》云："殷仲文劝武帝蓄妓，帝曰：'吾不解声。'"又，魏武遗令："于铜雀台上设匡床、施穗帷，每月朔、十五，令诸妓向床前作伎乐。"又，"谢太傅携妓游山，丝竹陶写。"宋萧琳有《听妓诗》，梁简文帝有《听夜妓诗》。又，《十六国春秋》："石虎郑后，原晋仆射郑世达家妓。"《唐书·太平公主传》："供张声妓，与天子等。"《顺宗纪》："贞元十一年，放后宫女妓六百人。"是皆以妓为乐之证。不然，王公贵人及天子宫中所蓄，曰姬妾可矣，胡必名之曰妓？曰妓则声乐也。兹所述者，非贵人家所蓄之妓，乃社会以妓为业者也。

唐时妓女聚居之地及妓院布置之清雅

自唐以前，营业之妓，载籍不详。至唐始有详记，而《北里志》则妓史之班马也。《志》云："平康里入北门东回三曲，即诸妓所居之聚也。妓中有铮铮者，多在南曲、中曲。其循墙一曲，卑琐妓所居，颇为二曲轻斥之。其南曲中曲者，门前通十字街，初登馆阁者，多于此窃游焉。二曲即巷中居者，皆堂宇宽静，各有三数听事，前后植花卉，或有怪石盆池，左右对设，小堂垂帘，茵榻帏幌之类称是。诸妓皆私有所指占，听事皆彩版，以记诸帝后忌日。"按：记忌日者，例禁歌舞燕宴于忌日也。

假母今之养家之状况与今同

《北里志》："妓之母多假母，原注云：俗呼为"爆炭"，不知其因。亦妓之衰退者为之。无夫。其未甚衰者，悉为诸邸将辈主之。或私蓄侍寝者，亦不以夫礼待。"原注云：多有游惰者，于二曲中为诸娼所豢养，号为庙客。不知所谓。按：今日妓之假母，俗呼为老爆子，盖仍沿唐时"爆炭"之称。爆炭者，言其鞭挞稚妓，威怒爆发如炭之爆也。亦曰鸨母，盖爆之讹。至其所豢之侍寝者，今曰姘头，亦曰靠家。唐"庙客"之称，讫不得其义。

唐妓之来历及受虐情形

《北里志》："诸女自幼丐育，或佣其下里贫家，常有不调之徒，潜为渔猎。亦有良家子，为其家聘之，以求厚赂，误陷其中，无以自脱。初教之歌令而责之，其赋甚急，微涉退惰，则鞭挞备至。皆冒假母姓，咸呼以女弟、女兄，为之行第。"按：今日妓女皆由假母买贫家女，自幼调习歌曲；及其稍长，则责其敛钱。稍不如程，则鞭扑交至。今古鸨母，如出一辙。

唐妓捐钱始能出游

《北里志》："诸妓以出里艰难，每南街保唐寺有讲席，多以月之八日，相牵率听焉。皆纳其假母一缗，然后能出里。其于他处，必因人而游。或约人与同行，则为下牒而纳资于假母。故保唐寺每三八日士子极多，盖有期于诸妓也。亦有乐工聚居其侧，或呼召之，立至。每饮率以三镮，继烛即倍之。"

妓从良仍不悛

《北里志·楚儿传》："楚儿字润娘，往往有诗句可传。近以退暮，为万年捕贼官郭锻所纳，置于他所。润姬狂逸特甚，及被拘系，仍未能悛。锻主繁务，又有正室，至润娘馆甚稀。每有旧识过其所居，多于窗牖相呼，或使人询讯，或以巾笺送遗。锻乃汾阳裔孙，为人异常凶忍，每知必极笞辱。润娘虽自痛愤，而不少革。尝一日自曲江与锻行，前后相距数十步。郑光业时为补衮，道与之遇，楚儿出帘招之，光业亦使人传语。锻知之，曳至中衢，击以马策，声甚冤楚，观者如堵。光业遥视之，甚惊悔，且虑其不任矣。光业明日，特过其居侦之，则楚儿已在临街窗下弄琵琶

矣。驻马使人传语,润娘持彩笺送光业诗云:'应是前身有夙冤,不期今世恶姻缘。蛾眉欲碎巨灵掌,鸡肋难胜子路拳。只拟吓人传铁拳,未应教我踏金莲。曲江昨日君相遇,当下遭他数十鞭。'光业取笔于马上答之云:'大开眼界莫言冤,毕世甘他也是缘。无计不烦乾偃蹇,有门须是疾连拳。据论当道加严棰,便合披缁念法莲。如此兴情殊不减,始知昨日是蒲鞭。'"

按:今日妓女从良者,仍风骚不已,旧习不悛,未几下堂仍操旧业者有之。盖妓女在妓院风狂成性,乍入人家,有如牢狱,难以久安。乃如润娘者,走笔和答,诗词敏妙,直与文人学士相埒,可谓大雅不群矣。乃以所适非人之故,不甘寂寞,仍招蜂引蝶,念旧输情,不知己身之已脱籍妓也。甚矣!结习之难忘。

黠妓自高声价以敛钱

《北里志》:"天水仙哥,字绛真,住南曲。善谈谑,能歌令,姿容平常,而蕴藉不恶。刘覃登第,年十六七,闻众誉天水,亦不知其妍丑,每辞以他事,重难其来,覃则增缗不已。会天水实有所苦,不赴召,覃殊不信。有户部府吏李全者,能制诸妓,居里中,覃闻,召吏至,授以银花榼,径入曲追天水,入兜舆中。至则蓬头垢面,涕泗交下,搴帘一视,即使舁回。"

又,《云仙杂记》:"史凤,宣城妓也。待客有差等,最上者有迷香洞,神鸡枕,锁莲镫;次则交红被,传香枕;下则不可见,以闭门羹待之。使人传语曰:'请公梦中来。'冯垂客宣城,橐囊有钱三十万,尽纳之,得至迷香洞。"

按:天水等伎俩,至今娼妓祖述其法;而纨袴子弟堕其术中者,今古如一,岂不异哉!又,史凤曰"请公梦中来",谑亦甚矣。若后世,必有人痛惩之。而宋时游人,熟视不怪,今古习尚之不同若是。

唐时妓院之危险

自来妓院为危险地,卿士大夫入其中而被劫被辱者,不可胜数。乃唐时竟至杀人,《北里志》:"王金吾,相国起之子。曾游北曲,遇有醉而后至者,遂避之床下。俄顷,又有仗剑后至者,以为金吾也,因枭其首而掷之曰:'来日更呵殿入朝耶?'遂据其床。金吾获免。"又,"裴晋公尝

唐代浔阳妓

狎游，为两军力士十余辈凌轹，势甚危窘。公潜遣介召同年胡证尚书，证皂貂金带，突门而入。主人上灯，胡起取铁灯台，摘去枝叶而合其跗，跗，足。横置膝上，即改令曰：'凡三钟引满一遍，三台酒须尽，不得有滴沥，犯令者一铁跻。'群恶叩首乞命而遁。"

按：妓院为不名誉之地，在其中虽被杀，亦无声诉者；而被劫被辱者，更暗默不言。犹忆光绪三十年冬，有名妓谢珊珊者，寓李铁拐斜街。某贝子往游，貂裘金表、玄狐斗篷等物，为恶少劫夺、席卷而去，亦忍痛不言。至妓女为劫贼掠去勒赎，恶少因一语不合，捣毁什物、咆哮肆威者，尤众。及三十一年巡警部立，警察满街，劫贼既不敢肆行，偶游客发怒捣毁什物，则妓院立呼警察来处罚。于是妓院治安始有保障，千余年不改之状况，至此一变。此亦志北里者之一大纪念也。

唐京妓与外妓谨肆不同，然遇贵人皆须行参谒礼

《北里志》："牙娘居曲中，亦流辈翘楚者。性轻率，惟以伤人肌肤为事。故磏州夏侯表中泽，相国少子，及第中甲科，宴集，因醉戏，为牙娘批颊伤面。次日期集师门，同年皆窃视之。表中因厉声曰：'昨日子女牙娘抓破泽面。'同年皆骇然。主司裴公瓒俯首而哂，不能举者久之。"又云："比见东洛诸妓体裁，及诸州饮妓，固不侔矣。然其羞匕箸之态，勤

参请之仪，或未能去也。若北里之妓，公卿与举子，其自在一也，朝士金章者始有参礼。"

按：恶妓风狂，专以打人取乐者，今古皆有。至贵人入妓院，受诸妓参谒，殆唐人独有风俗。若后世贵人冶游者，愈贵则愈讳之。诚以游戏之地，而忽行参礼，得毋施之非其人，行之非其地乎？

唐宋时官妓

以上所述皆私妓，以歌舞自由营业，厌则从良。乃唐宋时又有所谓官妓、营妓，盖一类也。或曰始于管仲，以《管子》有"女闾三百"之语；或曰始于汉武，以《汉武外传》有"置营妓，以惠军吏无室家者"之语。此皆不可信。汉魏时军中宴飨之事多矣，不见有妓，只贵人第内宴飨有之。东晋时士夫放荡极矣，乃见于《世说》者，谢安可游山挟妓，官吏公宴，从不见其呼召官妓，是晋宋时尚无也。故谓营妓始于管子者固无稽，即谓始于汉武者，亦非信史。官妓之有，盖起于唐天宝以后。此有一征，凡唐载记所谓"某与官妓狎"、"某喜营妓某"，皆天宝以后人，以前则无有也。

凡官吏宴饮则召官妓侑酒

《摭言》："杨汝士尚书镇东川，其子知温进士及第，开宴，汝士命营妓，人与红绫一匹。"又，《东皋杂录》："东坡自钱塘被召过京口，林子京作郡守有会，坐中营妓出牒，郑容求落籍，高莹求从良。"又，《清波杂志》："东坡在黄冈，每用官妓侑觞，群妓争持纸乞歌词。"是唐宋官吏，只有宴会，无不召妓。盖其时士风，不似后来之拘执，视声妓丝竹为固有之事。兼其时官吏多文人学士，妓女之风流文采，又足以副之。故觞咏所至，则湖山生色；歌词传播，则今古茞香。自蒙古兴，此风渐衰。自洪武起，悬为厉禁。于是古人所恃以舒写劳瘁、活泼精神之事，至清末遂铲除无余。而文化之低落随之，出轨之反动以起，则以疏导失宜之故也。

官妓皆由私妓选拔

《本事诗》："韩滉镇浙西，戎昱为部内刺史。郡有妓善歌，色亦闲妙，昱情属甚厚。滉闻其名，召置籍中。昱不敢留，饯于湖上，为歌词以赠之，且曰：'至彼首歌是词。'既至，韩为开筵，自持杯令歌，果唱戎词曰：'好是春风湖上亭，柳条藤蔓系离情。黄莺住久浑相识，欲别频啼四五声。'曲既终，滉曰：'戎使君于汝寄情耶？'妓竦然起曰：'然。'

泪随言下。韩即归之。"

以是证当时官妓，皆由私妓选拔而来。盖一入官籍，即不能自由，且往往受官吏之虐。魏泰《诗话》云："吕士隆知宣州，好笞官妓。会杭州一妓到，士隆喜之。一日，郡妓犯小过，欲笞之。妓曰：'不敢辞，但恐杭妓不安耳。'乃舍之。梅圣俞因作《莫打鸭》诗以戏之。"又，《古今诗话》："苏子瞻守钱塘，有官妓李秀兰，天性慧黠，善于应对。一日，湖中有宴会，群妓竞集，惟秀兰不至，督之良久方来。子瞻已恕之，坐中一倅怒其晚至，诘之不已。子瞻为作《贺新凉》，使歌以侑酒，倅怒顿止。"观是二事，则官妓受虐之种种情形，可推想矣。

有能脱籍者同辈皆羡之

快雪堂东坡帖云："杭州营籍周韶，多蓄奇茗，尝与君谟斗，胜之。韶又知作诗，子容过杭，述古饮之，韶泣求落籍。子容曰：'可作一绝。'韶援笔立成曰：'陇上巢空岁月惊，忍看回首自梳翎；开笼若放雪衣女，长念观音般若经。'韶时有服，衣白，一坐嗟叹。遂落籍。同辈皆有诗送之，二人者最善。胡楚云：'淡妆轻素鹤翎红，移入朱阑便不同。应笑西园旧桃李，强匀颜色待东风。'龙靓云：'桃花水流本无尘，一落人间几度春。解佩暂酬交甫意，濯缨还作武陵人。'"固知杭人多惠也。

按：周韶原唱，以鹦鹉自况，故曰陇上，_{产陇西}。曰雪衣女，_{雪衣女，杨妃所蓄鹦鹉，见《外传》}。胡楚以花卉起兴，以桃李自比，其欣慕周韶，悲伤自己不能脱籍之意，溢于言外，读之令人怜。故楚诗尤佳也。然观《东皋杂录》所记，郑容求落籍，高莹求从良，见前。以是证落籍不定从良也，只脱官家羁绊耳。

唐宋名人与官妓之眷恋

凡唐宋名人，不惟宴饮呼妓侑酒，其恋恋寄情于官妓者，亦不讳也。《古今诗话》："元稹廉访浙东，喜官妓刘采春，题诗曰：'因循归未得，不是恋鲈鱼。'"是恋官妓不归也。又，《丽情集》："元稹使蜀，籍妓薛涛有才色，往侍焉。后登翰林，寄以诗。"又云："灼灼，锦城官妓也。御史裴质与之善。裴召还，灼灼每以红绡聚泪为寄。"是既归仍念官妓不舍也。又，《古今诗话》："韩魏公为陕西安抚使，李师中过之。李有诗名，席间为官妓贾爱卿赋诗曰：'愿得貔貅十万兵，犬戎巢穴一时平。归

来不用封侯印，只问君王觅爱卿。'"又，《吹剑录》："范文正守饶，喜妓籍中一小鬟，既去，以诗寄魏介曰：'庆朔堂前花自栽，便移官去未曾开。年年常有别离恨，为托春风干当来。'介遂买以遗公。"是见官妓而心欲，虽隔多年，必设法以致之也。又以证韩、范皆名儒，亦不讳此也。又，《词苑丛谈》："周邦彦方在李师师家，道君忽至。邦彦伏床下，备闻道君谑语，乃隐括其事，成《少年游》。他日师师歌之，道君大怒，因迁谪邦彦，押出国门。"是君臣同恋一妓而相妒也。又，《青箱记》："魏仲先与寇莱公同游陕郊僧寺留题，后复行到，公诗已用碧纱笼，仲先诗尘昏满壁。时有从行官妓颇慧，以衣袖拂之。仲先徐曰：'若得时将红袖拂，也应胜似碧纱笼。'莱公大笑。"又，《后山诗话》："司马温公为武定从事，同幕私幸营妓，而公讳之。适会僧庐，王荆公往迫之，妓逾垣去。荆公集句戏之曰：'年去年来来去忙，暂偷闲卧老僧房。惊回一觉游仙梦，又逐流莺过短墙。'"《野客丛书》云："钱文僖公留守西京，梅圣俞、尹师鲁、欧阳公同在幕下。一日宴集，欧与所眷妓后至。钱责妓，妓云：'凉堂午睡，失金钗，犹未见。'钱曰：'若得欧推官一词，当为偿汝。'欧即席成《临江仙》，钱令公库偿钗。"是长官与属以妓为戏，虽游寺亦不离官妓，甚或幽会于僧房也。至其他文人，如黄山谷与泸南官妓盼盼相恋，秦少游在蔡州与营妓娄琬甚密，周邦彦在姑苏与营妓岳楚云相恋，更不可胜数也。

薛涛像

唐宋时妓界之文采

《丽情集》："长安有娟女曹文姬，尤工翰墨，为关中第一，时号书仙。"又，《天宝遗事》："长安名妓刘国容，有姿色，能吟咏，与进士郭昭述相爱。后昭述授天长尉，与国容相别。诘旦赴任，国容使女仆赍短书云：'欢寝方浓，恨鸡声之断爱；恩情未洽，叹马足以无情。使我劳心，因君减食。再期话会，以结齐眉。'"是妓而富于文词。

《北梦琐言》："江淮间名妓徐月英，送人诗曰：'惆怅人间万事违，两人同去一人归。生憎平望桥头水，忍照鸳鸯相背飞。'"又，《抒情集》："韦蟾廉访鄂州，罢任，宾僚盛陈祖席，蟾遂书《文选》句云：'悲莫悲兮生别离，登山临水送将归。'以笺毫授宾从，请续其句。座中皆不能属。有一妓泫然曰：'武昌无限新栽柳，不见杨花扑面飞。'座客无不嘉叹。"是妓而能诗。而武昌妓之续句，为学士大夫所不能者，而妓能之，且出语敏妙，当场刺讥，想当时坐客皆赧颜也。又，楚儿与郑光业见前走笔和答，郑诗尚不如楚儿。即周韶、胡楚之诗，在士夫亦为难能也。

《能改斋漫录》："杭之西湖有一倅，闲唱少游《满庭芳》，偶误举一韵云：'画角声断斜阳。'妓琴操在侧云：'山抹微云，天连衰草，画角声断谯门。非斜阳也。'倅因戏曰：'尔可改韵否？'琴即改作阳字韵云：'山抹微云，天连衰草，画角声断斜阳。原作谯门。暂停征辔，原作棹。聊共饮原作引离觞。原作尊。多少蓬莱旧侣，原作事。频原作空回首，烟霭茫茫。原作纷纷。孤村里，原作斜阳外。寒鸦万原作数点，流水绕空墙。原作孤村。魂伤，原作销魂。当此际，轻分罗带，暗解香囊，原作香囊暗解，罗带轻分。谩赢得秦楼薄幸名狂。原作存。此去何时见也？襟袖上，空有余香。原作染啼痕。伤心处，长原作高城望断，灯火已昏黄。原作黄昏。'"

试以琴操改韵，与少游原唱较，几不能判其孰为主宾，则琴操之工于填词，其才诚为不可及。故东坡极赏之。《泊宅编》云："杭妓琴操善应对，东坡善之。后因游西湖，戏琴云：'我作长老，尔试参禅。'问云：'何谓湖中景？'答曰：'落霞与孤鹜齐飞，秋水共长天一色。''何谓景中人？'答曰：'裙拖六幅潇湘水，鬓耸巫山一段云。''何谓人中意？'答曰：'随他杨学士，憋杀鲍参军。如此究竟如何？'坡云：'门前冷落车马稀，老大嫁作商人妇。'琴操大悟，即削发为尼。"

此皆略举一二，以概其余。其他见于载籍者，尚多如烟雾也。盖其时妓女无不知书，其高者能吟咏，通诗歌，可与文人学士相和答。次亦无不通文，故诗词脱手，立可付歌，能定其声、知其意，久之遂习与俱化。以是证古妓界文学，亦高出后世也。